U0641183

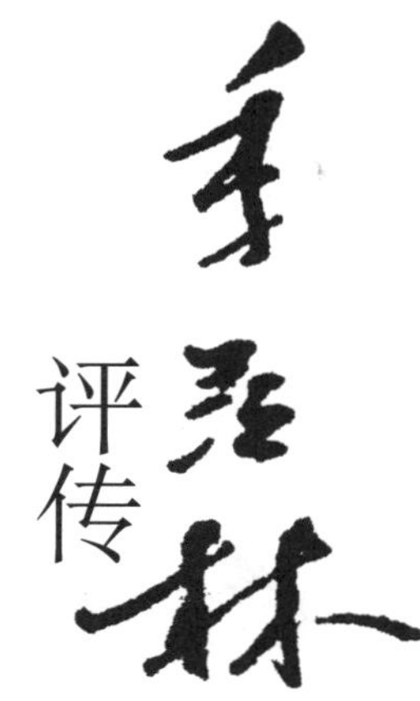

季羡林评传

郁龙余 朱璇 著

山东教育出版社

目录

绪论

从大学问家到大思想家

绪论

从大学问家到大思想家

我们曾经这样评价季羡林："在新旧世纪之交的中国，需要出现预流和引领学术文化思想的大学者时，季羡林风云际会，躬逢其盛，应运而出。他从考据迈向宏论，形成了洪纤并重、超迈前人的学术大格局，呈现出脚踏实地而高天流云的学术大气象。他从中国的首席印度学家、东方学奠基人，变成了当代中国乃至世界学术文化思想界的坐标人物。"[①] 现在，我们应该进一步更全面、更深刻地评价他：季羡林是一位熔铸古今、汇通东西的大学问家，也是在全球化时代能引领时代学术思想文化潮流的大思想家。

一、一位博大精深的大学问家

季羡林是一位博大精深的大学问家。当代著名学者张中行与季羡林曾长期同住北京大学朗润园，他在文章《季羡林先生》中说："他学识广博，淹通中国古典，谙详西洋哲学，纵横古今，驰骋中外，正论顺生，旁说禅道，都见地非凡。"[②] "他会的太多，而且既精且深，我等于站在墙外，自然就不能瞥见宗庙之美，百官之富。"[③] 香港学者饶宗颐与季羡林素有"北季南饶"之称，被称为"最后的通人"。他在给蔡德贵所著《季羡林传》的序中说："他是一位笃实敦厚，人们乐于亲近的博大长者，摇起笔来却娓娓动听，光华四射。他具有褒衣博带从容不迫的齐鲁风格和涵盖气象，从来不矜奇、不炫博，脚踏实地，做起学问来，一定要'竭泽而渔'。"[④]大诗人臧克家长季羡林六岁，对这位山东同乡敬佩不已。1996年在《长年贡献多——贺羡林老友八五华诞》中写道："你学识渊博，对中西文化，最有资格比较衡量。你潜心学海，成绩辉煌，探及骊珠，千秋万岁放光芒！"[⑤]

季羡林一生得到无数荣誉，到了晚年，各种桂冠更是纷纷向他飞来。他有自知之明，将最有代表性的"国学大师""学界（术）泰斗""国宝"三项桂冠公开请辞。那么，到底应该怎样评价他呢？我们将从当代中国的首席印度学家、彻悟真谛的佛学家、开宗立派的东方学家、不可或缺的翻译家、名副其实的比较文学大家、独树一帜的学者散文家、文化交流的伟大重镇、胸怀世界的敦煌吐鲁番学家、笃信马克思主义的大学问家、季羡林的情感世界等十个方面，研究"当代中国乃至世界学术文化思想界的坐标人物"季羡林，进而对 "季羡林现象"进行深入而全面的分析。

（一）当代中国的首席印度学家

2008年1月15日，印度总理曼莫汉·辛格博士应邀在中国社会科学院作题为《21世纪的印度与中国》的演讲。他说："中国伟大的学者，当代最著名的印度学家季羡林教授曾经精辟指出，中国和印度两大文化圈，彼此互相学习、互相影响，极大地加速了中印两大文明的发展进程。这既是历史，也是现实。"[⑥]2008年6月6日，印度时任外交部长慕克吉在印度驻华

① 郁龙余、朱璇：《季羡林治学之道与中国东方学方法论》，北京大学"对话·视野·方法：第一届'东方学研究方法论'国际会议"（2014年5月15—17日）论文。

② 李世中：《读后记》，载张中行《说梦草》第209页；北京：北京师范大学出版社1999年版。

③ 臧克家等：《人格的魅力——名人学者谈季羡林》，第3页；延吉：延边大学出版社1996年版。

④ 蔡德贵：《季羡林传》，第1页；西安：陕西师范大学出版社2009年版。

⑤ 臧克家等：《人格的魅力——名人学者谈季羡林》，第1页；延吉：延边大学出版社1996年版。

⑥ ［印度］曼莫汉·辛格：《21世纪的印度与中国》，载《深圳大学学报》·2008年第2期第5页。

1 印度时任外交部长慕克吉代表印度总统向季羡林颁授印度国家最高荣誉奖“莲花奖”（2008）

要闻

外交部长普拉纳布·慕克吉代表印度总统授予季羡林教授『莲花奖』奖章

2008 年 6 月 6 日上午，印度外交部长普拉纳布·慕克吉先生代表印度总统向中国著名的印度学家、学者、古文字专家及历史学家季羡林教授授予了印度国家最高荣誉奖“莲花奖”奖章。在座的有中国前外交部部长、现任中国人大外事委员会主任委员李肇星先生。

季教授是佛学界的知名学者，他曾翻译过多部印度重要经典，如《罗摩衍那》《沙恭达罗》和《五卷书》等。他的译作唤起了几代中国学生和学者对印度文化的热爱。外交部长慕克吉在北京的医院拜访年近 97 岁高龄的季老时，对季教授说：“今天能来拜访您，我感到很高兴。您把杰出的一生都献给了促进印中友谊和相互理解的事业，一代又一代的后来人将会始终对您心怀感激。印度人民非常珍视您为中国的印度学研究所做出的杰出贡献。在我们心里，您是一位特殊而尊贵的友人。”

季羡林教授对外交部长慕克吉表达了诚挚的谢意，感谢他“不远万里为他带来了这份崇高荣誉——莲花奖”。季教授接着说：“再过三年我就一百岁了，但我认为百岁不是终点，而是另一个起点。只要我还有精力，就要致力于促进印中两国人民间的相互理解进一步加深。”季教授还补充道：“中国和印度为世界文明所做出的贡献是无与伦比的。”季老还表示，外长的来访让他“非常感动，也非常荣幸”，并给他留下了“深刻印象”。

1

大使拉奥琦的伴同下，代表帕蒂尔总统向季羡林颁授印度国家最高荣誉奖“莲花奖”。在此之前，季羡林获得过印度、德国、日本等国的多个奖项，以表彰他的印度学成就。

中国印度之间的文学交流，历史悠久，影响深远。东汉以后的中国文学，实际上是中国先秦、秦汉文学和印度古代文学（以佛教传播为主要渠道）相融合的产物。由于宗教的排他性，印度文学的主流（吠陀教、印度教）作品，没有传播到中国来，即使有，也只是夹杂在汉译佛经中的吉光片羽。这种局面，直到近代才被慢慢打破。但是，早期的印度文学的翻译，大多数由英语、法语等译本转译而来。真正从梵文原典将印度文学的主流作品，翻译介绍到中国并进行学术研究的，季羡林是第一大家。

作为印度学家，季羡林用数十年的时间，在印度古代语言（特别是梵语、巴利语、佛教混合用语）、印度古代文学、印度历史与文化、中印文化交流史研究等方面做出了奠基性的贡献。在季羡林之前，中国出现了陈寅恪、汤用彤等著名的印度研究学者。但是，将印度学作为一门现代学科引进中国，并使之生根开花结果者，非季羡林莫属。季羡林著作等身，他几乎所有的文字，都直接或间接与印度相关。“季羡林是中国当代学术泰斗，在众多研究领域中作出了多方面的杰出贡献。但是，在他的所有学术贡献中，印度学研究最基础、最重要，开展最早，坚持最久。在季羡林众多称号中，印度学家是最基本的。他正是凭着自己丰硕而精湛的印度学研究成果，和其他学者一道，真正建立起了中国的现代印度学。季羡林不仅是当代中国的首席印度学家，也是世界最重要的印度学家之一。”①

① 郁龙余等：《梵典与华章》，第498页；银川：宁夏人民出版社2004年版。

（二）彻悟真谛的佛学家

语言是研究一切人文社会科学的基础。季羡林研究佛教正是从语言起步，将大胆假设与小心求证相结合，取得了独步佛学界的成果。但是，他的研究并不囿于佛教语言，还包括佛教历史、佛教文化等方面。他的佛学研究成果包括《季羡林全集》第15、16卷《佛教与佛教文化》（一）和《佛教与佛教文化》（二），第9卷《印度古代语言》、第10卷《印度历史与文化》、第11卷《吐火罗文〈弥勒会见记〉译释》、第12卷《吐火罗文研究》中大多数文章，也可以归为佛学研究。另外，还有《季羡林佛教学术论文集》《季羡林佛教十五讲》《季羡林谈佛》等书行世。

他遵循“没有创新，不写文章”的原则，在佛教研究中有许多重大发现。《佛教开创时期的一场被歪曲被遗忘了的“路线斗争”——提婆达多问题》一文，振聋发聩，他说：“在印度佛教史方面，我给与释迦牟尼有不共戴天之仇的提婆达多翻了案，平了反。”他还说：“这是佛教史上的一个重要问题。可惜过去还没有人认真探讨过，本文是第一次尝试。以后再写印度佛教史，必不应再忽略这个事实。”[①]

正如季羡林晚年所说：“在长达半个世纪的漫长的年代里，不管我的研究对象‘杂’到什么程度，我对佛教研究始终锲而不舍，我在这方面的兴趣也始终没有降低。”[②]他这种坚持的一个重要成果，是《佛教的倒流》一文。此文不但第一次详尽梳理了中国佛教倒流印度的特异现象，而且深刻分析和回答了三个问题：为什么只有佛教才有“倒流”现象？为什么只有佛教大乘才有“倒

① 季羡林：《季羡林全集》第15卷，第184页；北京：外语教学与研究出版社2010年版。
② 季羡林：《我和佛教研究（代序）》，载《佛教十五题》，第1页；北京：中华书局2007年版。
③ 季羡林：《佛教十五题》，第350页；北京：中华书局2007年版。

2 季羡林手书《北京寄语》

2

流”现象？为什么只有中国人才能把佛教“倒流”回印度？这样，就为中印佛教交流史研究，开启了一个新的重要课题方向。他说：“佛教有宏大的思想宝库，又允许信徒们在这一宝库之内探讨义理。有探讨义理的自由，才能谈到发展。有了发展，才会有‘倒流’现象，这是再明白不过的。同小乘比较起来，大乘的思想宝库更丰富，更复杂，更富于矛盾。唯其更富于矛盾，给信徒们或非信徒们准备的探讨义理的基础，才更雄厚，对义理发展的可能性才更大。”③

1998年6月，季羡林在手书的横幅《北京寄语》中，写下了这段文字：

> 佛学为东方文化重要组成部分，产生于尼泊尔及印度，而大弘扬于吾中华，在今后之新世纪中，吾辈之职责即在发扬而光大之。“吾侪所学关天意”，决不可等闲视之。（《季羡林全集》第13卷彩插）

他总是希望年轻学者加强对佛教的研究。2006年9月21日，他在给“2006中印友好年·深圳大学中印文化节”写的贺词中说：“在过去几千年中，中国翻译了大量的佛教典籍，中华文化之所以能久盛不衰，与吸收佛教文化的精华，是分不开的。但是我个人认为，中国高僧翻译之功勤而研究则没能跟上，现在，虽已时过境迁，但研究仍有其重要性。祝深圳大学佛教学研究不断取得胜利。”[①] 这是季羡林对深圳大学这所年轻大学的年轻学者们，也是对全国年轻的学者们所寄予的殷切希望，体现出一位彻悟佛法真谛的佛学家的高瞻远瞩和深思熟虑。

（三）开宗立派的东方学家

季羡林是中国首席印度学家、彻悟佛法真谛的佛学家，同时也是我国东方学的奠基人。他担任北京大学东方语言文学系主任三十载，始终没有忘记自己肩负的责任。王邦维说：“先生任北京大学东方学系系主任前后逾三十年。始则筹划专业设置，继则倡导学术研究，以身作则，身体力行，著作等身，中国东方学研究开创至今，有今日之规模与水平，先生厥功甚伟，贡献至大。”[②]

季羡林的东方文化观是建立在全面的世界文化定位的基础之上的。他将世界文化划分为四个体系：“中国文化体系，印度文化体系，阿拉伯伊斯兰文化体系，自古希腊、罗马一直到今天欧美的文化体系。再扩而大之，全人类文化又可以分为两大文化体系：前三者共同组成东方文化体系，后一者为西方文化体系。”[③] 对于四大文化体系之间的关系，特别是东西方两大文化的关系，季羡林有着一系列深刻而辩证的阐述。在这众多的阐述中，我们应该重视他于1998年6月手书的横幅《北京寄语》：

> 不佞曾再三论证，二十一世纪将为东方文化重现辉煌之世纪。西方科技文明为全人类创造巨大福利，此为吾人所必不能忘者。但其产生之弊端已开始危及人类生存前途。吾辈对其优秀传统必继承而发扬之；对其弊端必坚决纠正之。此乃人类生存前途使然，不得不尔也。

（《季羡林全集》第13卷彩插）

季羡林除了自己为东方学奋斗之外，还花费大量精力培养人才队伍。中国东方学研究有两支队伍，他在为陶德臻等主编的《东方文学名著鉴赏大辞典》所作序中说："一个'阵营'是以综合大学外语系科和外国语学院的教师为主；一个'阵营'是以师范大学或师范学院教外国文学的中文系的教师为主。前者通外国语言，但文艺理论水平一般较差；后者许多人不懂外国语言（如教东方文学的大都不懂除日语外的有关国家语言），但文艺理论水平较高，汉语水平也较高。两个'阵营'的优缺点，正好能互相补充。虽然是两个'阵营'，但决无互相轻视之意，而是互相尊重，切磋琢磨。……我在上面提到我们已经取得了相当大的成就，我个人认为，这成就来自两大'阵营'共同的努力，不能有别的解释。"[④]除了客观分析中国东方学学术队伍的现状，也是为分类指导、帮助后学做好思想准备。不管对第一支队伍也好，对第二支队伍也好，有没有这种认识和思想准备，效果是很不一样的。可以说，中国东方学队伍是极为团结的，这种团结极大地增强了研究攻关的能力。对两支队伍的态度，季羡林总体上都是爱护的，但在具体做法上有所不同。对外国语院系的老师，主要表现为压担子和严格要求；对中文系从事东方学教学和研究的教师，主要表现为鼓励和引导。同时勉励两支队伍互相学习，取长补短。

（四）不可或缺的翻译家

在中国现代翻译史上，季羡林是一位不可或缺的重要翻译家。季羡林的翻译，具有以下四个特征。

第一，翻译时间前后近七十年。

① 见2006年《深圳大学印度研究中心·各界贺词贺信》，载《季羡林全集》第8卷，第72页；北京：外语教学与研究出版社2009年版。

② 王邦维主编：《季羡林先生与北京大学东方学》，第1－2页；银川：阳光出版社2011年版。

③ 季羡林：《季羡林全集》第6卷，《序跋》第421页；北京：外语教学与研究出版社2009年版。

④ 季羡林：《季羡林全集》第6卷，《序跋》第305页；北京：外语教学与研究出版社2009年版。

早在1930年，19岁的季羡林就翻译屠格涅夫的散文《老妇》《世界的末日》《老人》《玫瑰是多么美丽，多么新鲜啊！》等，先后发表在天津《益世报》、济南《国民新闻》《趵突周刊》。1930年考入清华大学西洋文学系，1934年毕业。四年间翻译史密斯、马奎斯、荷尔德林、杰克逊等外国作家的散文和诗歌多篇。[①]之后，他还翻译了德国安娜·西格斯的短篇小说集、托马斯·曼的《沉重的时刻》。1985年，季羡林翻译了印度梅特丽娜·黛维夫人的《家庭中的泰戈尔》。季羡林最晚的一部翻译作品，是1998年在柏林和纽约出版的《弥勒会见记》剧本，同年在中国出版中英文合璧本的《吐火罗文〈弥勒会见记〉》，时年季羡林87岁。从1930年到1998年，季羡林的翻译生涯前后近七十年，这在中外翻译史上是极为罕见的。

第二，译文数量巨大而译笔精湛。

在近七十年的岁月里，季羡林的译文数量巨大。迄今为止，收在30卷《季羡林全集》中的译作，除了第20卷到第29卷的《梵文及其他语言作品翻译》和《罗摩衍那》之外，还有第11卷《吐火罗文〈弥勒会见记〉译释》，全部译作计11卷，占季羡林全部著作的三分之一强，字数应有四五百万。

季羡林的译笔精湛优美。《沙恭达罗》是迦梨陀娑的代表作，印度的千古名剧。18世纪末被译成欧洲文字之后，引起了无限赞美。印度古谚称："韵文里最优美的就是英雄喜剧，英雄喜剧里《沙恭达罗》总得数第一。"在中国，自20世纪20年代起，出现过多种《沙恭达罗》译本，但都是根据英译本或法译本转译。1956年，中国首次出版依据梵文原著翻译的《沙恭达罗》，正是季羡林所译，文笔朴实无华、优美流畅。

第三，选译印度古典梵文名著。

中国是世界上翻译印度典籍最丰富的国家，但在近代以前，翻译的几乎全都是佛教经典。季羡林开创了中国翻译印度梵文主流文学作品的新时代。

梵文作品数量巨大，浩如烟海。作为开创者，季羡林将印度古代文学中的顶级经典当作自己的翻译对象。我们看一看他的梵文译作目录：《沙恭达罗》《五卷书》《优哩婆湿》《十王子传》（选译）《佛本生故事》（选译）和《罗摩衍那》。了解印度文学史的人都知道，季羡林选译的都是古典文学的代表作。迦梨陀娑和中国屈原一样，是印度历史上第一位大诗人，《沙恭达罗》是他所有作品中最优秀的。《五卷书》号称王子教科书，不但在古代印度有名，而且对世界影响深远。《罗摩衍那》和《摩诃婆罗多》是印度两大史诗，在世界文学史上有崇高地位。季羡林以一己之力，将《罗摩衍那》完整译出，功莫大焉。《十王子传》《佛本生故事》都是传世名著，由于工作繁忙等各种原因，季羡林进行了部分选译，具有引导指路的作用。他的学生黄宝生、郭良鋆后来翻译出版了《佛本生故事选》，正是这种引路的结果。

第四，翻译与研究互相结合、促进。

季羡林的翻译绝大多数和研究相结合。这里有两种情况：一是以翻译为主，研究为副；一是以研究为主，翻译为副。不论何种情况，总是翻译和研究互相促进。这种促进既表现为翻译对研究、研究对翻译的直接支持，也表现为对季羡林翻译理论的形成与深化的不断助推。一位卓越的翻译家，不仅需要有大量高质量的译著，还必须有自己的翻译理论。季羡林正是这样一位卓越的翻译家。

季羡林终其一生，完成的最大的翻译工程是印度大史诗《罗摩衍那》的汉译。全书共有七卷，近三百万字。1979年《〈罗摩衍那〉初探》一书由外国文学出版社出版。此书是研究《罗摩衍那》的专书，作者对“性质和特点”“作者”“内容”“所谓‘原始的’《罗摩衍那》”“与《摩诃婆罗多》的关系”“与佛教的关系”“成书的时代”“语言”“诗律”“传

① 梁志刚、胡光利：《季羡林大传》Ⅲ，第332页；哈尔滨：哈尔滨出版社2013年版。

本”“评价”“与中国的关系”“译文版本的问题”“译音问题和译文文体问题”“结束语”等十五个问题，展开深入讨论。中文读者要走进这部大史诗，最好从阅读《〈罗摩衍那〉初探》开始。正如季羡林所说：“我们把《罗摩衍那》译了过来，这在中印文化交流史上也是一件很有意义的事。”[①]

季羡林的翻译工作以研究为主、翻译为副的例子是《〈弥勒会见记〉译释》，此书用中英文发表。在《季羡林全集》第11卷中，将这两部分合刊。他在“羡林按”中说：“我决定采用一个中间办法：有一半包括‘导言’和‘故事情节’在内，用汉文原文。后一半，包括原卷转写、译文、注释，以及两个索引，采用英文原书。这是一种新式的‘合本’，这样对读者会更有用。”[②]从文学阅读性上讲，《弥勒会见记》残卷翻译的审美价值不是很大，但是它的学术意义很大。所以，季羡林在耄耋之年，克服各种困难翻译《弥勒会见记》，主要是为了它的研究价值。

以上四大特点，让季羡林在中国现代翻译史上拥有了不可替代的地位。没有他，印度文学的翻译就不完整，中国对外国文学的翻译就会出现重大缺口，中国现代翻译理论也会缺少他那精彩的一章。

（五）名副其实的比较文学大家

1985年10月，中国比较文学学会成立大会暨首届学术讨论会在深圳大学召开。季羡林致开幕词，正式提出了建设中国学派的问题。他说：“有的外国朋友，还有不少中国的学者都提出了形成比较文学中国学派的问题。我个人还有许多朋友都认为这个意见是非常正确的。我们中国的比较文学学者一定要努力地工作，努力地学习，向着这个方向发展。”[③]

1986年4月，季羡林在《中国比较文学年鉴》前言中进一步指出：“什

3 季羡林在济南参加比较文学学术讨论会（1982.9.19）

3

么叫中国学派呢？我认为至少有两个特点。第一个特点是，以我为主，以中国为主，决定‘拿来’或‘扬弃’。我们绝不无端地吸收外国东西；我们也决不无端地摒弃外国东西。只要对我们有用，我们就拿来，否则就扬弃。这一点‘功利主义’我看是必须讲的。第二个特点是，把东方文学，特别是中国文学，纳入比较的轨道，以纠正过去欧洲中心论的偏颇。没有东方文学，所谓比较文学就是不完整的比较文学。”④

其实，早在1982年，季羡林就对比较文学中国学派有所考虑。他说，究竟建立起一个什么样的中国学派，现在还无法臆测。他主张“对比较文学有兴趣的同志们同心协力，认真进行一些工作，到了一定阶段，水到渠成，中国学派自然会带着自己的特点，出现于世界比较文学之林，为这门学科增添新的活力。”⑤

季羡林对比较文学的研究，始于对印度《五卷书》等民间文学的研究。《五卷书》的故事，通过佛经汉译等渠道，从魏晋起就来到了中国。但是，真正从梵文原典完整地译成中文问世，是季羡林1959年出版的《五卷书》。而他对《五卷书》用比较文学的视角进行研究，则始于1940年代。1941年，他写出《印度寓言自序》。1946年，写成《一个故事的演变》《梵文五卷书：一部征服了世界的寓言童话集》。1947年，写

① 季羡林：《季羡林全集》第17卷，《学术论著九》第254页；北京：外语教学与研究出版社2010年版。
② 季羡林：《季羡林全集》第11卷，《学术论著三》第146页；北京：外语教学与研究出版社2009年版。
③ 杨周翰、乐黛云主编：《中国比较文学年鉴》1986，第28页；北京：北京大学出版社1987年版。
④ 杨周翰、乐黛云主编：《中国比较文学年鉴》1986，第5页；北京：北京大学出版社1987年版。
⑤ 季羡林：《季羡林全集》第17卷，第284页；北京：外语教学与研究出版社2010年版。

成《一个流行欧亚的笑话》《木师与画师的故事》《柳宗元〈黔之驴〉取材来源考》。1948年，写出《"猫名"寓言的演变》。1949年，写出《〈列子〉与佛典》《三国两晋南北朝正史与印度传说》。1958年，写出《印度文学在中国》。1959年，写成《〈卡里来和笛木乃〉中译本前言》《五卷书译本序》。至此，季羡林对《五卷书》的介绍与研究告一段落，同时对与《五卷书》并称双璧的印度著名故事集《本生经》进行译介。[①]

季羡林对以《五卷书》为代表的印度故事文学的研究，不仅面向中国读者对印度故事作有深度的介绍，而且使他从实践和理论上成为中国比较文学较早的研究者之一。季羡林认为，比较文学作为一门新兴学科出现，与以《五卷书》为代表的印度故事有关。他说："《一千零一夜》《十日谈》《安徒生童话》《拉封丹寓言》和其他许多书籍都有《五卷书》中的故事，有的故事甚至传到了非洲。19世纪以研究这些故事传播演变的过程，形成了一门新的学科，即比较文学史。"[②]

季羡林对比较文学进行研究，不仅很早，而且甚勤。除了上面所举文章之外，他早在1947年写成《从比较文学的观点上看寓言和童话》，以后陆续发表《漫谈比较文学史》《新疆与比较文学研究》《应该看重比较文学研究》《文化交流与文化传播》《当前中国比较文学的七个问题》《比较文学之我见》《对于X与Y这种比较文学模式的几点意见》等文章。

季羡林对比较文学的研究，有以下几个特点：（1）以介绍印度故事为先导，翻译印度故事为后续，两者互为呼应。以中印比较为主，辅以他国故事。（2）中印故事比较以影响研究为主，注重考据，强调与文化交流结合，拒绝简单比附，亦不尚平行研究。（3）以具体的中印故事文学比较为基础，逐渐建立起自己的比较文学理论。这个理论以语言、历史、宗教、文化研究为学术背景，不求完备，但求独具特色。（4）研究由实而虚，从比较文学到比较诗学，是其发展路向。1988年他发表《关于神韵》一文，是其中印比较诗学研究的重要收获。

当然，季羡林的比较文学研究对象除了故事文学之外，还包括神话、史诗，小说、戏剧等等。[③]

除了自己写下大量比较文学的研究文章，季羡林还为中国比较文学的发展呕心沥血。许多有关比较文学的论文集、丛书，他都应邀写了前言或序。如《北京大学比较文学研究丛书》前言、《中国比较文学》发刊词、《比较文学论文集》序、《比较文学与中国现代文学》序、《中国比较文学年鉴》序、《比较文学概论》序、《中国民族文学与外国文学比较》序、《走向世界文学的桥梁》序，等等。

季羡林的比较文学研究和民间文学研究紧紧联系在一起。他认为民间文学与比较文学结下了难解难分的缘分，“甚至可以说，没有民间文学，就不会有比较文学的概念”[④]。

北京大学出版社曾于1991年为他出版《比较文学与民间文学》一书。2010年，外语教学与研究出版社出版《季羡林全集》第17卷《学术论著九》，亦名为《比较文学与民间文学》。

在中国比较文学的发展过程中，一旦出现了倾向性的问题，季羡林就会写文章或者答记者问，发表自己的观点，努力使比较文学的航船行驶在正确的航道上。可以说，季羡林是中国比较文学发展的掌舵人。

在一段时间里，不少学者对于建立中国学派急于求成。季羡林在《展望比较文学的中国学派——答记者问》中，冷静地指出：“我们进行比较文学的研究，并不是为比较而比较，真正的目的是通过这种研

① 郁龙余等：《梵典与华章》，第504页；银川：宁夏人民出版社2004年版。
② 《中国大百科全书》Ⅱ，第1080页；北京：中国大百科全书出版社1982年版。
③ 郁龙余等：《梵典与华章》，第505页；银川：宁夏人民出版社2004年版。
④ 季羡林：《季羡林全集》第17卷，第521页；北京：外语教学与研究出版社2010年版。

究，发展我们自己的文学。”他说：“我们现在迫切需要有一个较完整的文艺理论体系。”这种文艺理论，“不应空对空，也不必照搬西方那一套，而应该建立在对中国、印度、欧洲这三个文学传统的充分研究的基础上。这样的理论，才是比较完整、客观而科学的，才是成体系的”。[①]

1986年9月，季羡林在“全国首届东方文学比较研究”学术研讨会上，作题为《当前中国比较文学的七个问题》的发言，对“关于‘危机’的问题”“比较文学的范围”等问题，谈了自己的看法。在谈到“一国中民族文学的比较问题”时，他认为“在中国和印度，民族文学之间是可以而且应该进行比较研究的”。这一观点，对我国民族文学的比较研究，产生了巨大的促进作用。

1990年前后，中国比较文学界一度出现简单比附的现象。于是，季羡林写了《对于X与Y这种比较文学模式的几点意见》一文，希望“搞比较文学的年轻的同行们，要把比较文学看得难一点，更难一点，越看得难，收获就越大”。“要作这样的比较研究，必须更加刻苦钻研，更加深入到中西文学的深层，分析入微，联类贯通，才能发前人未发之覆，得出令人信服的结论。”[②]

1996年，季羡林在《文学评论》发表《中外文论门外絮语》，将他有关比较诗学的思想作了系统的梳理。他再次指出：想让中国文论在世界上发出声音，在“拿来主义”的同时，还须奉行“送去主义”，但要“送之有术”。“其术在首先认真钻研我们这一套植根于东方综合思维模式的文论话语，自己先要说得清楚，不能以己之昏昏使人昭昭。其次则要彻底铲除‘贾桂思想’，理直气壮地写出好文章，提出新理论，只要我们的声音响亮准确，必能振聋发聩。”[③]

1985年成立中国比较文学学会时，选举出会长杨周翰、副会长叶水夫、贾植芳、乐黛云，聘请巴金、钱钟书等十三人为顾问，季羡林被推举为名誉会长。寿者多劳。学会的会长、副会长和顾问，大多数先季羡林而去。直到2006年，季羡林在《病榻杂记》中写下的《〈罗摩衍那〉的汉译问题》《在"翻译文化终身成就奖"表彰大会上的书面发言》中，闪烁着的依然是他关于中国比较文学的一贯的思想火花。从1940年代算起，他从事比较文学事业长达六七十年，季羡林是中国现代学术史上的一位名副其实的比较文学大家。

（六）独树一帜的学者散文家

季羡林的散文，闻名遐迩。对季羡林而言，写散文是副业；对广大散文爱好者而言，散文是他们认识这位冷僻稀有专业学者的桥梁。2000年，深圳海天出版社邀笔者编选一套"当代散文八大家"丛书，入选者为冰心、季羡林、张中行、金克木、秦牧、汪曾祺、余光中、余秋雨。我请季羡林当主编，他怕人说"王婆卖瓜，自卖自夸"，推了几次不肯当。在笔者和《三真之境》（季羡林卷）主编乐黛云的一再坚持下，他总算答应了，并用他的《漫谈散文》作为《代总序》。出版社总编辑旷昕在《跋》中这样评价季羡林的散文："淳朴恬澹，天然本色中见'繁富绚丽之美'，'展现真情、真思于情景相融之中，创造出令人难忘、发人深思的艺术境界'；还有颇具'音乐性'的特色，一如季先生所言：'我甚至于想用谱乐谱的手法来写散文。'"④

季羡林舞文弄墨一辈子，钟情于"学者散文"。他在《我眼中的张中行》一文中说：传世数百年的《古文观止》，其不少可以归入"学者散文"。"专以唐宋而论，唐代韩愈的《原道》《师说》《进学

① 季羡林：《季羡林全集》第17卷，第406页；北京：外语教学与研究出版社2010年版。

② 季羡林：《季羡林全集》第17卷，第575页；北京：外语教学与研究出版社2010年版。

③ 季羡林：《季羡林全集》第17卷，第596页；北京：外语教学与研究出版社2010年版。

④ 乐黛云主编：《三真之境：季羡林散文精选》，第443页；深圳：海天出版社2000年版。

解》等篇都是‘学者散文’，柳宗元的《桐叶封弟辨》也可以归入此类。宋代苏轼的《范增论》《留侯论》《贾谊论》《晁错论》等等，都是上乘的‘学者散文’。我认为，上面所举的这些篇‘学者散文’有一个共同的特点，就是文采斐然，换句话说，也就是艺术性强。”“拿这个标准来衡量张中行的文章，称之为‘学者散文’，它是绝不含糊的，它是完全够格的。”“在当今‘学者散文’中堪称独树一帜，可为我们的文坛和学坛增光添彩。”①我们用季羡林评价张中行散文的标准来评价他自己的散文，完全可以说：季羡林散文是完全合格的学者散文，在当今学者散文中堪称独树一帜，可以为当今文坛和学界增光添彩。

简要评点季羡林散文，可用“情真、意切、文美”六个字来形容。他的散文深受广大读者喜爱。深圳大学经济学教授刘群，在其近七千字的文章《我所认识的季羡林——读季羡林作品有感》中说：“我了解季羡林既有从媒体上介绍的角度，更有从自己的角度，即自己通过阅读季羡林的散文、回忆录、传记等文学作品来认识他的，而不是从他主修的专业角度来了解他的。”（《深大通讯》2014年第3期）喜欢季羡林的普通读者，大都是从他的散文等作品来认识了解季羡林的。一个一辈子只研究梵文、巴利文、吐火罗文而不写散文的季羡林，必然是另一个为普通读者所陌生的季羡林。季羡林正是通过其散文作品被广大读者所熟知、所喜爱，中国当代散文也不能没有季羡林。当我们评价学者季羡林时，一定不能忘记他的散文家身份。

（七）文化交流的伟大重镇

季羡林六岁进私塾学《百家姓》《千字文》《四书》，九岁入育新小学三年级，课余开始学习英文，十三岁在济南见到第一位外国大文豪泰戈尔。谁也没有想到，这竟是他从事中外文化交流的第一块铺路石。而中外文化交流，他一干就是一辈子。2009年6月10日，他为中央电视台经济频道“开心国学”栏目题词：“为世界和平，为人类幸福，要学习宣传国学。”7月10日，即在他逝世前一天，他为孔子卫视题写“弘扬国学，世界和谐”。季羡林终身孜孜不倦地从事文化交流，为当代中外文化交流做出巨大贡献。

季羡林不但从事文化交流时间久，而且所作贡献亦非常大。他在呼吁、宣传、研究文化交流的同时，以极大的热情和精力投入到文化交流的实践之中。与众不同的是，他在参观、访问、出席会议的同时，还用他那支生花妙笔，将他的所见、所闻、所感记录下来。“欧洲美文游记”“天竺心影”“亚非人文风貌”“日本人之心”“东南亚风情”中有脍炙人口的文章。正是这些文章，极大地延长了他所从事的文化交流活动的时效，同时推动着中外文化交流的新发展。

作为一位学者，文化交流不会止步于具体的交流实践和游记写作。称季羡林为中外文化交流的重镇，更重要的原因是他一系列对文化交流的学术研究成果。其中，《中印文化关系史论文集》《文化交流的轨迹：中华蔗糖史》《大唐西域记校注·前言》等等，都是当代中外文化交流史上的名著。

季羡林在论著中，提出了一系列关于文化交流的重要观点和理念，形成了“季羡林义理”。季羡林义理的内容丰富，但是最重要的内容都和文化交流有着密切关联。季羡林义理在引领中国学者思想前行、催生中华新文化呐喊两大方面，产生了积极作用。

第一，季羡林发表一系列论著，为中国文化在世界文化格局中定位。

中华五千年文明至近代，在西方暴力、暴利政策

① 季羡林：《季羡林全集》第3卷，第35—36页；北京：外语教学与研究出版社2009年版。

面前，不但失去了昔日的辉煌，而且成了落后的象征。时间一久，不少中国人包括知识分子接受了这种观点。对于如何重新评价西方文化和中国文化，正确定位中国文化在上下五千年、纵横十万里的世界文化大格局中的应有位置，季羡林充分运用自己在国际国内文化学术界的身份，发表了众多重要的、有说服力的论著，让无数中国知识分子，特别是年轻一代，从中获得了正确的立场和信心。

第二，阐述人类文化发展规律，让更多人认识东方文化和西方文化交替互进的历史现象。

季羡林作为人类文化交流研究的权威专家，在深入研究人类文化发展史的基础上，对东方文化和西方文化的历史地位、各自特色等，做出了透彻而大胆的评价。他认为，世界上没有万岁的文化，西方文化在为人类做出巨大贡献之后，目前已进入颓势，“只有东方文化能够拯救人类”。这是季羡林得出的看似偏激，实为平常的结论。

第三，展开思维模式特征分析，进一步阐述东西方文化的异同。

季羡林学术的底盘是考证，研究问题讲究“以证为信”。晚年，他从考证迈向义理，迈向宏大叙事，但是没有失去“以证为信”的学术底线。经过认真科学的研究，他对西方思维主分析、东方思维主综合的特征有了深切把握。在此基础上，他对东西文化的异同和互补性，有了更加透彻、明确的表述。同时，也为他的世界和谐理想找到了学理依据。

第四，探讨文化交流对于人类文明进步的意义。

季羡林从文化交流的普遍性、规律性、必然性和文化交流速度与社会前进速度关系等四个方面来探讨文化交流的本质。在此基础上，对如何搞好文化交流提出了自己的五点意见：对外来文化应该取舍有当；文化交流应该“以我为主”；把握好传统性与时代性的关系；奉行送去主义首先抓汉语；

高度重视抓好翻译工作。

第五，大力提倡“和谐文化”观。

经过百年人生的思考和感悟，经过对中外文化和文化交流规律和经验的研究，季羡林晚年几经总结提炼，最终提出“不仅人与人和谐，人与自然和谐，还要人内心和谐”的和谐文化观。和谐文化观的提出，是季羡林晚年思想上的一次飞跃与升华，也是他对中华民族和全世界的一份宝贵思想贡献。

（八）胸怀世界的敦煌吐鲁番学家

季羡林在三个方面对敦煌吐鲁番学做出了划时代的贡献，开创了一个崭新的季羡林时代。首先，他以一系列一流的研究成果，拓展、丰富了学科的研究领域，开阔了学者专家的学术视野。其二，大力培育敦煌吐鲁番学人才。当下的中国敦煌吐鲁番学研究已经今非昔比，一个显著的标志是，我们已经拥有一支数量众多、老中青相结合、知识结构合理、研究手段先进的研究队伍。而这支队伍的成长，离不开季羡林和他的伙伴们的培养提携。其三，努力筹建经营中国敦煌吐鲁番学会。从1983年筹建到2009年季羡林逝世，他一直是这个学会的会长。在众多社会兼职之中，他唯独对敦煌吐鲁番学会情有独钟。可以说到了吐哺握发、呕心沥血的地步。中国敦煌学从令人伤心的“敦煌在中国，敦煌学在国外”，到令人振奋的“敦煌在中国，敦煌学在世界”的变化，是全体中国学者专家在季羡林会长的鼓励带领下实现的。

（九）笃信马克思主义的大学问家

季羡林和马克思主义的关系，有着一个从有所接触和翻译，到自觉运用的过程。这个过程既有它的特殊性，又有它的普遍性。季羡林的可贵之处，是他长期运用马克思主义的基本立场和原理，从事理论研究和文化交流工作，并取得了超乎同侪的业绩。他笃信马克思主义，出于他几十年来对中国文化、世界文化和中外文化交流研究所得出的结论。1980年代以前，季羡林将马克思主义主要用来研究印度文化、西方文化等外国文化；1980年代始，自从国学热在中国兴起，就出现了马克思主义与中国传统文化的关系问题。其实，这是一个马克思主义原理与中国实际相结合的基本问题。可是，有些自称马克思主义的学者，不能正确对待，有的竟荒谬地说“搞国学是为了对抗马克思主义”。而掌握了马克思主义精髓的季羡林则大力提倡国学，发表了一系列自觉运用马克思主义的观点立场看待研究国学的文章、谈话。季羡林在正确处理马克思主义和中国传统文化的关系上，是一位堂堂正正而令人敬佩的学者。

我们要了解季羡林为何几十年如一日，坚持自觉运用马克思主义的观点立场看问题，首先应了解他对中国文化、外国文化的研究，了解他对文化交流的基本态度，以及他对文化交流规律的正确总结。

中华文明为何昌盛几千年，因为我们不断汲取印度佛教等外来文化的养分。为何进入近现代，在西方资本主义面前中国文化显得软弱无力，因为资本主义中有新的病毒——暴利和暴力。我们在和西方搞文化交流时，既要汲取它有益的养分，又要抵抗它的双暴病毒。马克思主义产生于资本主义，是资本主义天然的克星和抗体。中国人民在与殖民主义、资本主义作斗争过程中，选择马克思主义作为自己的指导思想，是自然而然的事情。季羡林在对文化交流的深入研究中，深知马克思主义进入中国的必然与意义。所以，他笃信马克思主义源自自己的学术研究，决非跟风和盲从。

二、一位引领潮流的大思想家

季羡林焚膏继晷几十年，著作等身。但是，在他70岁之前，怎么也不会想到自己这样一个崇尚考证、鄙夷义理的学问家，会在耄耋之年喜欢起义理，大写起研究东西方文化的宏文高论，使自己变成一位在学术文化思想领域引领潮流的思想家。

季羡林这一变化的动力，来自主观和客观两个方面。关于主观方面，季羡林是这样交代的：在义理、辞章、考据三者中，“我最不喜欢义理”，“最喜欢考证，亦称考据”。他还说：“在德国，实证主义的研究方法，其精神和中国考据并无二致，其目的在拿出证据，追求真实。”“在我的学术探讨中，在潜移默化中受到了中、德两方面的影响。”“可是，也真出乎我自己的意料，到了晚年，‘老年忽发少年狂’，我竟对义理产生了兴趣，发表了许多有关义理的怪论。个中缘由，我自己也尚不能解释清楚。”[①] 其实，季羡林这个“不能解释清楚”的缘由，就是让他产生变化的客观因素。中国经过一百多年艰苦卓绝的斗争获得了独立、解放，经过了新中国成立，特别是改革开放三十多年来，在政治、经济、文化各方面有了长足发展，从一个积贫积弱的半殖民地半封建国家，变成了世界发展的重要引擎。存在影响观念。季羡林治学从考证走向义理，是主观思想顺应了客观形势的发展，像水到渠成、春暖花开一样，是十分自然的事情。

从时间节点上说，1992年的《“天人合一”新解》是季羡林从考证走向义理的重要转折。他在《学海泛槎》中说：“我在上面及其他许多地方，都说过我不大喜欢义理。在这一篇论文之前，我忍不住也写过一点谈义理的文章，但篇幅大都不长，内容也不成体系。从这一篇论文起，我谈义理的文章多了起

① 季羡林：《季羡林全集》第5卷，第466页；北京：外语教学与研究出版社2009年版。

来，有的篇幅也比较长。”对于一位重要学者的转型，必然是主观和客观条件相结合的结果。到1992年写《“天人合一”新解》时，季羡林对自己的转型已经很有信心了。他说：“老年忽发义理狂，对我一生的学术研究是重要的。我甚至狂妄地想到，有朝一日，我这些想法的意义和价值甚至会超过我在考证方面所做出的贡献。至于究竟怎样，只有等待未来事态的发展来证实了。”[①]他上述的这段文字，显示了信心满满。考证研究造就了一位学问家季羡林，义理文章将学问家季羡林变成了思想家季羡林。这两者的贡献都是中国学术所需要的，从贡献和影响来说，毫无疑问季羡林晚年的义理文章大大超越了他所有的考证文章。

其实，委羡林早在1986年写的《交光互影的中外文化交流》和《对于文化交流的一点想法》，文章已经有了义理的气象。

（一）在中国学术界独领风骚

在中国和世界文化发展史上，学问家常有，思想家常有，学问家加思想家不常有。季羡林从一位崇尚考证的学问家，发展成一位引领中国乃至世界学术文化发展的思想家，经历了从“深受困扰”到“独领风骚”的发展历程。

季羡林从学问家到思想家的转型，虽然没有主观刻意为之，但在客观上是有发展阶段的。概而言之，季羡林从一位佛教语言学家，发展成为印度学家、东方学家、佛学家、翻译家、敦煌学家、比较文学家，到80岁之后成为一位学问家加思想家的双料大师，经历了漫长的半个多世纪。加上梵文、巴利文、吐火罗文等专业冷僻，对于学问家的季羡林，虽然学术界适应和喜欢，但公众相当陌生。而他的小品散文，又让他在社会上有了众多拥趸。

但是，从学问家到思想家，由于曲高和寡、枪打出头鸟等思想原因，他在学术界遇到了不少阻力和障碍。这在季羡林的预料之中。所以，他采取了一些策略，譬如自称“门外汉”“野狐禅”“半桶水”，常常说自己“卑之无甚高论”，最有免战牌意义的是将自己的义理文章说成“怪论”。这实际上是季羡林在义理文章尚不成气候之时的一种策略。他在《东方文化与东亚民族》序中说：“我讲四大文明体系，又讲东西两大文明体系，还不知天高地厚地讲综合思维模式和分析思维模式，以及‘三十年河东，三十年河西’，又‘预言’21世纪将是东西文化融合而以东方为主的世纪，最后还讲西方文化以‘征服自然’为鹄的，制造了许多弊端，弊端不除，人类生存前途将会异常艰辛，如此等等，不一而足。我名之曰‘怪论’，这是以退为进的手法，我自己实际上并不认为有什么‘怪’，我认为，人类只要还有理性，就必然会得出这样的结论。”[②]

称自己的文章是“怪论”，文章又一篇篇写，一篇篇发表。他在《东西文化议论集》序中说：“细心的读者或许已经注意到，我在上面屡屡使用‘议论’一类的词儿。‘议论’，不是‘讨论’，更不是‘争论’，只是‘议’一议，‘论’一论而已，与人无争，与世无忤，发挥一下自己的想法，至于别人如何看待，‘只等秋风过耳边’了。”[③]虽然季羡林高挂免战牌，实际上表达不同意见的商榷文章并不少。他嘴上满不在乎，心中还是深受困扰。

正是在这不争论中，深受困扰的季羡林不断发表有关东西文化的“怪论”文章。对中国文化问题，季羡林也有诸多“怪论”。他在《学海泛槎》里的《一些具体的想法》中说：

1. 关于汉语语法的研究

① 季羡林：《季羡林全集》第5卷，第449页；北京：外语教学与研究出版社2009年版。
② 季羡林：《季羡林全集》第6卷，第565页；北京：外语教学与研究出版社2009年版。
③ 季羡林：《季羡林全集》第6卷，第433页；北京：外语教学与研究出版社2009年版。

汉语同西方印欧语系的语言是截然不同的两类语言，这是无论谁也无法否认的事实。然而，在我们国内，对汉语的研究，在好多方面，则与对印欧语系的研究无大差异。始作俑者恐怕是马建忠的《马氏文通》。这一部书开创之功不可没，但没能分清汉语和西方语言的根本不同，这也是无法否认的。汉语只有单字，没有字母，没有任何形态变化，词性也难以确定，有时难免显得有点模糊。在五四运动期间和以后一段时间内，有人就想进行改革，不是文字改革，而是语言改革，鲁迅就是其中一个，胡适也可以算一个。到了现在，“语言改革”的口号没有人再提了。但是研究汉语的专家们那一套分析汉语语法的方式，我总认为是受了研究西方有形态变化的语言的方法的影响。我个人认为，这一条路最终是会走不通的。

汉语有时显得有点模糊，但是，妙就妙在模糊上。试问，世界上万事万物百分之百地彻底地绝对地清楚的有没有？自从西方新兴科学“模糊学”出现以后，给世界学人，不管是人文社会科学家，还是自然科学和技术科学家，一个观察世间错综复杂的现象的新的视角。这对世界文化的进步与发展是大有裨益的。

因此，我建议，汉语语法的研究必须另起炉灶，改弦更张。

2. 中国通史必须重写

从历史上一直到现在，在世界民族之林中，最重视历史的民族是中华民族。近代以来，一些学者颇写了一些《中国通史》之类的著作。根据丰富的历史资料，而观点则见仁见智，各不相同。这是很自然的事。这些书不同程度地受到了读者的欢迎。新中国成立后，大力提倡学习马克思主义。这事情本身应该说是一件好事。可惜的是，五六十年代我们所学的相当一些内容是“苏联版”的，带有“斯大林的印记”。在当时极“左”思想的指导下，颇写出了几本当时极为流行的《中国通史》，大中小学生学习的就是这样的历史。不管作者学问多么大，名气多么高，在教条主义流行的年代，写出来的书绝对不可能不受其影响，有时是违反作者本意的产品。因此，我主张，中国通史必须重写。

3. 中国文学史必须重写

新中国成立以后，四五十年来，更出了不少的文学史，直到今日此风未息。应该说对学术界来说，这都是极好的事情，它说明了我国学术界的繁荣昌盛。

但是，正如可以预料的那样，同上面讲到的《中国通史》一样，《中国文学史》的纂写也受到了极“左”思想的影响。中国的极“左”思潮一向是同教条主义、僵化、简单化分不开的。在这种思想左右下，我们中国的文学史和文艺理论研究，无疑也受到前苏联很大影响。近几十年来几乎所有的文学史，都忽视了作品艺术性的分析。连李白杜甫这样伟大的诗人，文学史的作者对他们的艺术风格的差异也只能潦草地说上几句话，很少有言之有物、切中肯綮的分析，遑论其他诗人。

这样的文学史是不行的。因此，我主张，中国文学史必须重写。

4. 美学研究的根本转型

“美学”这门学问，在某种意义上来看，可以说是一个“舶来品”，是受到西方影响之后才成立的。

可是，中国美学家忘记了，中国的“美”同西方不一样。从词源学上来讲，《说文》：“美，羊大也。”羊大了肉好吃，就称之为“美”。这既不属于眼，也不属于耳，而是属于舌头，加上一点鼻子，鼻子能嗅到香味。我们现在口头上时时都在讲“美酒”“美味佳肴”等等，还有“美食城”这样的饭店，这些在西方都不能用“美”字来表述。西方的“美”不包括舌头和鼻子。只要稍稍想一想，就能够明白。中国学者讲美学，而不讲中国的“美”，岂非咄咄怪事！我说，这是让西方学者带进了误区。

我从20世纪30年代起就陆续读过一些美学的书，对美学我不能说是一个完全外行。但是浅尝辄止，也说不上是一个真正的内行，只能说是一个半瓶醋。常识告诉我们，只有半瓶醋才能晃荡出声。我就是以这样的身份提出了一个主张：美学必须彻底转型，决不能小打小闹，修修补补，而必须大破大立，另起炉灶。

5. 文艺理论在国际上“失语”问题

近七八十年来，在世界范围内，文艺理论时有变化，新学说不时兴起。有的延续时间长一点，有的简直是“蟪蛄不知春秋”，就为更新的理论所取代。我常套用赵瓯北的诗句，改为“江山年有才人出，各领风骚数十天”。可是令人奇怪的是，在国际文艺论坛上喧嚣闹嚷声中，独独缺少中国的声音，有人就形象地说，中国患了“失语症”。我们中国文艺理论并不是没有“语”，我们之所以在国际上失语，一部分原因是欧洲中心主义还在作祟，一部分是我们自己的腰板挺不直，被外国那一些五花八门的“理论”弄昏了头脑。我个人觉得，我们有悠久雄厚的基础，只要我们多一点自信，少一点自卑，我们是大有可为的，我们决不会再“失语”下去的。但是兹事体大，决不会是一蹴而就的事，我们必须付出艰苦的劳动，多思考，勤试验，在不薄西方爱东方的思想指导下，才能为世界文艺理论开辟一个新天地。任何掉以轻心的做法都是绝对有害的。①

被季羡林自称为“怪论”的义理文章，主要有

① 季羡林：《季羡林全集》第5卷，第468 － 476页；北京：外语教学与研究出版社2009年版。

哪些呢？让我们按时间顺序来看一看：

交光互影的中外文化交流（1986年）

对于文化交流的一点想法（1986年）

文化交流的必然性和复杂性——在“东方文化系列讲座”上的报告（1989年）

中国文化发展战略问题（1989年）

从宏观上看中国文化（1989年）

东西文化的转折点（1991年）

再谈东方文化（1991年）

东方文化与西方文化相互间的盛衰消长问题（1991年）

“模糊”“分析”与“综合”（1991年）

《神州文化集成》丛书总序（1991年）

21世纪：东方文化的时代（1992年）

作诗与参禅（1992年）

东方文化和西方文化（1992年）

“天人合一”新解（1992年）

关于“天人合一”思想的再思考（1993年）

丝绸之路与中国文化（1994年）

西方不亮，东方亮（1995年）

古代穆斯林论中西文化的差异（1995年）

《东方文化集成》总序（1996年）

《东西文化议论集》序（1996年）

在首届北京大学文科论坛上的讲话（2001年）

学海泛槎（2002年）

季羡林谈义理（2008年）

季羡林一系列大大小小的“怪论”文章陆续发表后，在学术界引起了注意和争论。他本人当然很关心此事，说：“我那些拙文发表以后，颇引起了一些学者们的注意，赞同者有之，反对者有之，不知是赞同还是反对者有之，要同我‘商榷’者有之，要同我‘讨论’者有之，不是针对拙文而是天马行空、独来独往、淋漓酣畅发挥自己的意见者有之。我没能做详细统计，反正过去几年内，议论东西方文化关系，以及在21世纪东方文化所占的地位，还有其他一些内容类似的文章，颇出了不少。”①

季羡林对自己超迈时代的“怪论”文章信心十足。2004年，他在《病榻杂记》中写了一篇名为《一个预言的实现》的文章：

> 我发现，在这个地球村中，每一个时代都有自己的政治经济文化中心，有的在东方，有的在西方，存在的时间长短不一，影响的程度也深浅不一。而这个中心不是一成不变的，而是有规律地变动着。拿最近几百年的世界史来看，就可以看出下面的规律：17、18世纪，它是在欧洲大陆法、德等国，19世纪在英国，20世纪在美国，21世纪按规律应该在中国。所以我说：21世纪将是中国人民的世纪。这决不是无知妄言，也不是出于狭隘的爱国主义，而是规律使然。可是当时，颇有一些什么什么之士嗤之以鼻。我并不在乎，是嗤之以鼻，还是嗤之以屁股，那是他们的事，于我无干。
>
> 值得庆幸的事是，我在十几二十年前提出来的预言完全说对了。中华民族所固有的大气磅礴的创造力，被种种内在的和外在的力量堵塞了几百年；现在，一旦乘机迸发，有如翻江倒海，势不可挡。

这篇文章发表至今已经十多年过去。今天中国和世界发展的情况，进一步证明了季羡林这个预言的准确性。

① 季羡林：《季羡林全集》第6卷，第433页；北京：外语教学与研究出版社2009年版。

4 饶宗颐为季羡林九十华诞所写贺联

5 乐黛云编《季羡林与二十世纪中国学术》

6 季羡林在德国哥廷根大学留学，主修印度学（1935）

5

季羡林晚年自称为“怪论”的义理文章，有以下四个特点：其一，事关中国、世界文化走向和命运，属于宏论高旨，同时又是中国学术界关注的热点、焦点。其二，所发“怪论”都是前人未发、时贤不敢发的前沿话题，大有“语不惊人死不休”的气概。其三，其影响不仅在当时振聋发聩，而且对于引领中国学术界观念转变，产生了持久而正面的作用。其四，气度非凡，文笔老辣，恰似枯笔书画，气势磅礴，不求雕琢，但“以证求信”之风不失。

由于以上四个特征，季羡林晚年的义理文章，虽有争议，但大多数学者尤其是一流大学者，都持支持态度，反对者的声音也淹没在时代前进的脚步声中。2000年，乐黛云发起编写《季羡林与二十世纪中国学术》，祝贺他九十寿诞。中国一流学者钟敬文、启功、张中行、饶宗颐、王元化、周一良、范曾、张岂之、汤一介、庞朴、刘梦溪、王尧、白化文等等，纷纷响应，或题字撰联，或写文章，呈中国学术界的一时之盛。乐黛云在《后记》中说：“文集的编纂出奇地顺利，由于先生的感召力和大家对先生的敬爱，佳稿源源不绝。”“能为季羡林先生编纂九十诞辰纪念文集，是我一生中少有的大欢喜。”[1] 这段文字，足以衬托出季羡林在中国学术界高山景行、独领风骚的景象。

（二）在国际学术界声名卓著

季羡林在国际学术界的声誉开始于德国。1935年，24岁的季羡林官费留学德国哥廷根大学，学习梵文、巴利文、吐火罗文，兼学俄文（斯拉夫

6

文）、阿拉伯文等。1941年获得博士学位。博士论文是《〈大事〉迦陀中限定动词的变化》（Die Konjugation des finiten Verbums in den Gāthās des Mahāvastu）。此后五年，他发表了《吐火罗文本的〈佛说福力太子因缘经〉诸异本》《中世纪印度语言中词尾-aṃ变为-o和-u的现象》《应用不定过去时的使用以断定佛典的产生时间和地区》等，发表于《德国东方学会杂志》和《哥廷根科学院院刊》。哥廷根大学为欧洲名校，季羡林在哥廷根大学浸淫十年，为他的学术研究打下了深厚基础。

1946年，季羡林绕道瑞士、越南回国，由陈寅恪推荐，北京大学胡适校长聘季羡林为教授、东方语文学系主任。1956年，季羡林任中国科学院哲学社会科学部委员。1960年，和金克木合作招收首届梵文巴利文专业本科生，为日后中国印度学的发展培养了第一批人才。

1973年至1978年，在“文革”期间十分困难的条件下，季羡林翻译了《罗摩衍那》。1978年，复职东语系主任，担任北京大学副校长，兼任北京大学与中国社会科学院合办的南亚研究所所长。1985年到1989年，担任北京大学南亚研究所所长。

1979年，中国南亚学会成立，季羡林当选为

① 乐黛云编：《季羡林与二十世纪中国学术》，第359页；北京：北京大学出版社2001年版。

7

会长。

1980年，被推举为中国民族古文字学会名誉会长。应聘为德国哥廷根学院《新疆吐鲁番出土佛典的梵文词典》顾问。被任命为国务院学位委员会委员。

1981年，中国外语教学研究会成立，当选为会长。

1983年，当选为中国语言学会会长。中国敦煌吐鲁番学会成立，当选为会长。

1984年，受聘为《中国百科全书》语言编辑委员会主任、中国教育国际交流协会副会长。

1985年，出席新德里“印度与世界文学国际研讨会暨蚁垤国际诗歌节”，被大会指定为印度和亚洲文学（中国和日本）分会主席。斯图加特“第十六届国际历史科学大会”中国代表团顾问。中国比较文学学会在深圳

7 德国驻华大使馆公使代表哥廷根大学授予季羡林金质证书（2000.4.10）

8 江西教育出版社出版《季羡林文集》（1999）

成立，当选为名誉会长。

1986年，当选为中国亚非学会副会长。受聘为冰岛大学吐火罗与印欧语系研究顾问。

1987年，主持的《大唐西域记校注》和《大唐西域记今译》获陆文星—韩素音中印友谊奖。

1988年，主编《东方文学作品选》（上、下）获中国图书奖。任中国文化书院学术委员会主席。受聘为《东方文化丛书》主编。

1990年，受聘为《神州文化集成》丛书主编。当选第三届中国亚非学会会长。

1991年，担任《东方文化丛书》《东方文化集成》主编。

1992年，被印度瓦拉纳西大学授予最高奖“褒扬奖”。

1993年，受聘为泰国东方文化书院国际学者顾问。

1994年，《大唐西域记校注》获第一届国家图书奖，《罗摩衍那》获第一届国家图书奖。《赋得永久的悔》获茅盾文学奖。担任《传世藏书》《四库全书存目丛书》《百卷本中国历史》主编。

1996年，受聘为香港《今日东方》杂志总顾问。

1997年，《东方文学史》获第三届国家图书奖。《赋得永久的悔》获鲁迅文学奖。

8

1998年，获伊朗德黑兰大学授予的荣誉博士学位。

1999年，《季羡林文集》获第四届国家图书奖。获印度文学院授予名誉院士荣衔。

2000年，《糖史》（国内篇）获长江图书奖。哥廷根大学授予博士学位金质证书（专门颁授给在该校获博士学位50年以上，在学术上做出突出贡献者）。

2001年，主编《东方民间故事精品评注丛书》15卷，获冰心儿童文学奖。担任国家档案局中国档案文献遗产工程全国咨询委员会名誉主任委员。

2004年，来自印度尼西亚、马来西亚、菲律宾、泰国、新加坡的华文作家代表，为季羡林授“亚洲优秀作家奖”。当选中国译协名誉会长。

2005年，中国孔子基金会成立季羡林研究所。

2006年，中国译协授予“翻译文化终身成就奖”。第十九届世界诗人大会授予季羡林“世界桂冠诗人”。北京大学授予“蔡元培奖”。

2007年，被中央电视台评为“感动中国人物”，赞其“心有良知璞玉，笔下道德文章”。

2008年，日本学士院聘季羡林为客座院士。印度外长慕克吉受印度总统普拉蒂巴·帕蒂尔委托授予季羡林印度最高荣誉“莲花奖”。德国哥廷根大学授予季羡林杰出校友荣誉称号。

季羡林一生获奖无数，以上所列为其荦荦要者。除了以上这些奖项之外，季羡林还获得了更多、更宝贵的“口碑奖”。

著名文学评论家严家炎在1996年写的《石破天惊话科学》一文中说：季羡林“总是那么关心国家大事，思想敏锐，敢于直言，时时闪耀着真知灼见”。“他认为，国家对教育的投入所以严重不足，主要不在财政上有困难，而在领导思想上对教育是立国之本这点认识不足。”[①]关于社会科学和自然科学的关系，季羡林与严家炎有过一次谈话，其大意如下："社会科学其实起着帅的作用。它对国家的管理，社会的进步，经济的发展，民族的凝聚力，都有相当直接的关系。科技当然重要，它是强大的活跃的生产力，能够推进社会的变革。但科技不能脱离那个时代的社会科学水平和社会机能的制约而起作用。如果社会的管理水平低，吏治腐败，文盲遍地，那就会大大限制乃至抵消科技所能发挥的作用。二次世界大战的经验更告诉我们，现代武器掌握在法西斯手中，实在非常可怕。要知道，掌握科技的毕竟是人，是一定社会制度下具有一定思想、一定文化素质的人。所以，只重视科技的那种'科学主义'是应该反对的。照我看，社会科学是'帅'，技术科学是'兵'。季羡林这番谈话，在我听来，真是石破天惊、振聋发聩之论。"[②]从我们国家最近十多年的发展看，季羡林的这些观点，切中肯綮，先着一鞭，令人钦佩。

《季羡林大传》说："季羡林从2003年住进解放军总医院之后，温家宝总理先后五次到医院看望。他们的谈话看似闲聊，实际谈的都是关系国家民族前途和命运的大事，是名副其实的高端对话。"[③]一个十三亿人口大国的总理，在百忙中于2003年9月、2005年7月、2006年8月、2007年8月、2008年8月一共五次看望一位耄耋老人，一时传为佳话。

2005年7月温总理看望季先生之后，于8月15日给他写来了亲笔信，说："先生苦学不倦，笔耕不辍，著作丰厚，学问深刻，用力甚勤，掘发甚广，实为人中麟凤。先生待人真诚，行事正直，脚踏实地，实事求是，尤为人之楷模。先生的人品深为我所景仰。"2006年11月29日，《人民日报》发表温家宝总理同文艺工作者的谈话。温家宝说："这两年，季

① 臧克家等：《人格的魅力——名人学者谈季羡林》，第94 – 95页；延吉：延边大学出版社1996年版。

② 臧克家等：《人格的魅力——名人学者谈季羡林》，第96页；延吉：延边大学出版社1996年版。

③ 梁志刚、胡光利：《季羡林大传》Ⅲ，第159页；哈尔滨：哈尔滨出版社2013年版。

羡林先生因病住在301医院，我每年都去看他。他非常博学，每次谈起来，对我都有很大教益。中国像他这样的大师，可谓人中麟凤，所以我非常敬重他。”温家宝对季羡林的评价，是有感而发，表达了绝大多数中国人的心声。

印度著名学者班固志·莫汉将季羡林比作中国的泰戈尔。他说：“尽管他们的出身和经历各不相同，可他们的思想和人格却惊人地相似。季羡林不仅借鉴而且弘扬了泰戈尔的思想和理想，而且赋予了他们新的境界与意义。”“在今天，由于‘911事件’之后的世界存在许多变幻莫测的因素，他们关于‘人类大同’的理想比以往任何时候都更加关系重大。”[①]

2010年5月28日，印度普拉蒂巴·帕蒂尔总统在印度—中国建交60周年招待会上的致辞中，回忆起季羡林教授对增进中印理解所做出的贡献，因其无私奉献而荣获印度国家最高荣誉奖——莲花奖。[②]

2008年9月27日，德国哥廷根大学授予季羡林杰出校友荣誉称号。校长费顾拉在致辞中说：“在哥廷根大学的历史上，曾经产生过45位诺贝尔奖获得者，在我看来，季博士就是我们的第46位。他所做出的成绩，与哥廷根大学历来的许多诺贝尔奖获得者荣誉相当。”

2009年7月11日，季羡林逝世，消息迅速传遍全中国、全世界。当日中午，温家宝总理赶到医院，深情地说：季老，我本打算在8月6日来为您祝寿的，还准备和您讨论几个问题，没想到您竟突然离去了。7月14日，印度驻华大使拉奥琦女士到北京大学吊唁季羡林，称赞“季先生是世界顶级学者，是印中文化的友好使者，是印度人民的好朋友”。7月17日，北京大学在八宝山革命公墓礼堂为季羡林举行遗体告别仪式。从国家领导人到平民百姓，来告别的人络绎不绝。同一天，季羡林的第二故乡德国哥廷根的报纸上，详细报道了季羡林生平和逝世消息。他的母校哥廷根大学第一时间在网站上用

9 季羡林一生获得的部分荣誉

9

德文、英文发布讣告。据新华社报道，至7月17日18时，党和国家领导人胡锦涛、江泽民、吴邦国、温家宝等85人，通过不同方式向北京大学转达对季羡林先生逝世的深切哀悼，并敬献花圈。7月29日新华社消息：印度总理曼莫汉·辛格日前致电温家宝总理，代表印度政府和印度人民对季羡林的逝世表示沉痛哀悼。

作为一名中国学者，季羡林生前在国际国内所获荣誉及身后所获哀荣，是史无前例的。

（三）“季羡林现象”分析

在中国学术文化思想史上，季羡林是一个奇迹。季羡林对于中国社会，特别是学者阶层，其影响之巨大、深刻、持久，形成了一个令人惊异的现象。季羡林逝世一个月后，卞毓方出版《天意从来高难问·晚年季羡林》。其实，不仅是晚年，少年、青年、中年季羡林都有令人惊异之处。然而，这个季羡林现象并不神秘，并非不可解。

① 梁志刚、胡光利：《季羡林大传》Ⅲ，第260页；哈尔滨：哈尔滨出版社2013年版。

② 《深圳大学学报》2010年第6期，第69页。

中国是书香之国。对阅历丰富、学殖深厚之人，常常用一本书来形容他。对于季羡林，说他像一本厚重的书，就显得意犹未尽，甚至单薄。季羡林是一部多卷本的大型丛书。

一个人或一项事业的成功，不外乎天时、地利、人和三者的机缘巧合，缺一不可。季羡林的成功和季羡林现象的出现，也是这样。

先说季羡林的天时。

季羡林生于1911年，第二年成立中华民国，宣告统治中国两千多年的封建制度进入历史博物馆。季羡林以百岁之身谢世，阅尽中国和世界的巨变，包括五四运动、“一战”、“二战”和“冷战”，包括新中国的建立、“文革”和改革开放。他的专业是研究印度学，但本科学的是西洋文学，又在德国留学十年，对西方文化的内囊深有了解。他担任北京大学东方语文学系主任三十多年，不但是中国印度学的创建者，而且是中国东方学的奠基人，对阿拉伯文化和日、韩文化多有了解。作为一名中国学者，掌握语言之多，对世界文化了解之全面和深刻，季羡林首屈一指。再加上他长寿和勤奋，更是无人能望其项背。

在学风和治学之道上，季羡林受中国乾嘉学派和德国梵学派影响最大，而这两个学派的时代烙印十分鲜明。

清朝是中国最后一个封建王朝，属于少数民族政权，少数人统治多数人必然困难重重。于是，满族贵族就想方设法用各种招数来维护、巩固自己的政权。其中之一，就是文字狱。“清风不识字，何必乱翻书”这样的诗句，也会招来横祸。这种高压政策之下，到乾隆、嘉庆年间，以整理国故、强调原典和重视注疏为特征的“乾嘉学派”便应运而生。从中国学术发展史来讲，这个学派虽然诞生于压迫和无奈，但客观上对古代经典的整理研究，做出了巨大贡献。同时，它一扫晚明的狂儒、狂禅之风，将中国学者从虚妄、

10 季羡林著《季羡林学术论著自选集》

10

狂狷拉回到朴学之路。季羡林在许多文章中提到，他受到了乾嘉学派的深刻影响。他青年、中年、老年的大多数著述，都可以看到乾嘉学派的印记。

德国属于寒冷的北欧国家，没有显赫的古代文明史，但有着令人敬佩的善于借鉴、创新的后发优势。从康德、叔本华开始，德国哲学独领风骚，原因就是学习并借鉴了印度哲学。“自康德和叔本华以降，西方思想家满脑子里装的不仅有印度宗教而且有印度哲学。”[①] 叔本华对《奥义书》的喜爱到了痴迷程度，他说：“它一直是我人生的安慰，它还是我死后的安慰。”[②] 但是，世界上一切事物都有生命周期，德国哲学经过一百多年的风光之后，渐渐走向式微，尤其是“一战”“二战”期间，政治黑暗，战乱不已。于是，追求“彻底性”（Gründlichkeit）的考证派壮大了起来。季羡林在德十年，正是德国以考证为主要特征的梵学派兴盛之时。

1946年，季羡林回国之后，考证佛教语言的条件不具备了，他就依据中文资料转而搞佛教史研究，走的依然是考证的路子。

季羡林考证文章一直写到1980年代。1991年出版的《季羡林学术论著自选集》所选论文无一例外，全是考证文章。他在1988年4月写的“自序”中说：“现在归纳起来可以说，我过去五六十年的学术活

① ［澳］A.L.巴沙姆主编、闵光沛等译：《印度文化史》，第712页；北京：商务印书馆1997年版。
② ［澳］A.L.巴沙姆主编、闵光沛等译：《印度文化史》，第698页；北京：商务印书馆1997年版。
③ 季羡林：《季羡林学术论著自选集》，第10页；北京：北京师范学院出版社1991年版。

11　季羡林在印度总统纳拉亚南给北京大学赠送泰戈尔铜像揭幕仪式上致词（2000）

11

动，走的基本上是一条考证的道路。”[③] 按照季羡林自己的说法，1992年的《“天人合一”新解》一文，是其从考证迈向义理的重要节点。其实，在此六年之前1986年发表的《交光互影的中外文化交流》《对文化交流的一点想法》已经满是义理的味道了。这说明，季羡林的义理文章，是从研究中外文化交流开始的。

中国“文革”之后实行改革开放，一方面经济不断发展壮大，一方面各种思想禁锢得到解除。季羡林的义理文章，正是中国经济发展、思想解放的产物，是改革开放的大时代使然。这就是产生季羡林现象的天时条件。

再说季羡林的地利。

中国是世界四大文明古国和中世纪世界三大文化中心之一，当代世界最大的发展中国家和第二大经济体。目前，全国上下正在为实现中华民族伟大复兴的中国梦而奋斗。中国在国际上的政治、经济、文化地位，决定着它的学术文化思想对世界的影响力。季羡林作为中国学术的代表，他的学术文化思想不但影响中国，而且影响世界。这种影响随着时间推移，不但不会减弱，而且会越来越强。如果1946年季羡林没有回国，那么不论他多么勤奋，只能做一位著名的海外华人学者，不会对中国和世界产生如此大的影响。1946年他回到中国，如果不是在北京大学任教，而是在其他大学，那么不论他的业绩有多么卓越，只能做一位杰出的大学问家，不会成为中国学术风向标。

中国北京大学的地望，造就了季羡林“一湖一塔一先生”的“中国最高老师”的形象。这就是产生季羡林现象的地利条件。

三说季羡林的人和。

人的命运和环境、国运相关。季羡林的一百年，是中国否极泰来的一百年。否极泰来，是季羡林所生活的社会的最大特征。一方面社会客观大环境不以我们个人意志为转移，一方面个人主观努力可以营造利国利己的社会小环境。季羡林在顺应社会大环境和营造社会小环境方面，做出了不懈努力。

季羡林人生百年，阅人无数。有清末状元王寿彭，有留洋归来的名教授胡适、陈寅恪、汤用彤、冯友兰、朱光潜等等，更有大量普通同事、学生和老百姓，包括济南卖小吃的油旋张。因为工作需要，他还和许多国家领导人及诸多外国政要有往来，其中温家宝五次到医院看望并和他倾心相谈，成为当今学界的美谈。

在季羡林的同学或熟人中，居高位者不少。季羡林始终保持平常心，绝无攀附之心。但是，当需要他维护正义的时候，他就挺身而出。胡乔木逝世后，一些人对他有误解，说他是“左王”。季羡林写了一篇《怀念乔木》的文章，真实动人，读后就让人觉得季羡林不但有学者风骨，而且有道义担当。

国家领导人江泽民、李岚清、陈至立、刘延东，以及国家汉办主任、孔子学院总干事许琳等等都曾看望过他，但他从不张扬。文艺界的知名人士林青霞等曾经登门拜访，他和颜悦色地接待她们。青年作家郁秀拜望他，他说："你的《花季·雨季》我向许多人推荐过，欢迎你随时来。"他陪学生王邦维到北京图书馆抄录佛经赵城藏。他还在路边，替来校报到的新生看行李。季羡林就是这样，一辈子从点滴做起，营造人和环境。

"文革"是一个特殊年代，师生形成对立的两派。季羡林说，系里和他对立的人比支持他的人多。"文革"后，他又当系主任又当副校长，但是他坚决一碗水端平，决无挟私报复之举。所以，绝大多数的人都支持、拥护他。

季羡林一辈子讲和谐，到晚年更加强调，可见和谐之难、和谐之重要。最难处理关系的，是在身边工作的人和家里的人。因为，最近最亲的人，是对自己支持最大的人，又往往是最容易出状况的人。再加上他们之间因身份不同、目的不同，容易产生误会和矛盾。季羡林始终头脑清醒，以大智慧和大慈悲处之，终于让自己"笑着走"，顺利完成历史使命。这就是产生季羡林现象的人和条件。

天时、地利、人和三者，不是孤立存在的，往往互为发明，互为相长。一旦这三者能形成合力，人就会功德圆满，事就会十全十美。

"季羡林学"的现状与前景。

《季羡林大传》说："季先生生前对'季羡林学'研究的态度是积极支持的，但是坚决反对借此牟利。"①

笔者从2001年写《季羡林与印度文学》开始，萌发了写《季羡林评传》的念头。"随着资料的收集，我的信心也越来越足，胆子也大了起来。我将自己的想法写信告诉了季先生。2007年6月，我去301医院看望季先生，又当面向

① 梁志刚、胡光利：《季羡林大传》Ⅲ，第299页；哈尔滨：哈尔滨出版社2013年版。

12 郁龙余赴301医院探望季羡林（2007.6）

他表达了自己的心志。获得他的肯定与支持。”（《深圳商报》2009年7月22日）

目前，季羡林研究的势头正健，各地建有季羡林研究所、季羡林纪念馆、季羡林国学馆、季羡林国际文化研究院等等机构。印度著名智库“观察家研究基金会”（孟买）主席库尔卡尼携夫人来访，和我们签订了在印度建立“师尊季羡林博物馆”的备忘录。出版的各种关于季羡林的书籍，在大小书店随处可见。国家出版总署于友先署长甚至说，季羡林是出版界的衣食父母。人在做，天在看。有什么样的师傅，就有什么样的学生；有什么样的学生，就有什么样的师傅。师傅心中的每个徒弟是不一样的，每个徒弟心中的师傅也是不一样的。在季羡林研究这件事上，多一点虔诚和用功，少一点功利和浮躁，是最重要的。

一个伟大的时代，必然会出现伟大的学者和学派。季羡林和季学的出现，对中华民族和我们这个时代来讲，是必然的。对季羡林个人来说，是偶然的，是他以百岁之身苦苦修来的，他说自己死过三次，晚年又长年住院，最后能以百岁之身功德圆满寿终正寝，终于将偶然变成必然。这是中国的奇迹，世界的奇迹。

中国南北朝时，出了一批杰出学者，刘勰就是其中之一。他的《文心雕龙》是中印文化交流的产物，但一直没有得到应有的重视。直到鲁迅，才将它和欧洲亚里士多德的《诗学》相提并论。到20世纪80年代，在沉寂了一千五百年之后，以研究刘勰和他的《文心雕龙》为核心内容的“龙学”终于应运而生。在同一时期，兴起的还有以研究钱钟书和《管锥编》为核心内容的“钱学”。据此可知，季学之兴，不足为奇，是正常的学术现象。人们关注的是季学能走多远，出多少真正有价值的成果。

当下，研究季羡林的大都是他的学生。这势属必然，更无可厚非。但从长远计，季学一定要走向全国，走向世界。我们对季学的发展前景，充满期待，充满信心。

人类有两个世界，一是物质世界，一是精神世界。物质世界，最辽阔的是海洋、天空和宇宙；精神世界，比海洋、天空、宇宙更宽广、深邃。了解、把握物质世界是难的，了解、把握精神世界更难。一个学者能熔铸古今，汇通东西，是说他对物质世界和世俗社会有足够和深刻的认识与把握，是世俗世界中的智者。如果他能经过证悟，对精神世界的真谛了然于心，能预流并揭示人类的发展大势，就从世俗社会的智者升华成为圣人。季羡林经过一辈子的努力，在晚年证悟到了精神世界的真谛，从大学问家发展到了大思想家，成了“人中麟凤”。

中国春秋时代，出了一位圣人孔子，他的学说影响了中国几千年。这种影响今天依然存在，而且正在不断扩大到全世界。在当今的地球村时代，中国又出了一位季羡林。他是孔子的老乡，更是孔子事业的继承者和发扬光大者。

学者型画家范曾在《彼美一人》中说：“对我来说，每次会见到季羡林，都宛若一次登临，总觉得云生胸次，有无法言说的高旷而清新的感受。他讲的每一句话，都像来自深山大壑的源头活水。”[①] 这些充满诗性和深度的文字，描摹的正是季羡林的学者气象。2008年10月28日，香港第一学人、国学大师饶宗颐到301医院看望季羡林，对季先生说：“您是全中国最高的老师。”“全中国最高的老师”，这是多么崇高的评价。

季羡林对自己的学生说：“我要写文章，‘辞国宝’‘辞大师’，真正

13 饶宗颐到301医院看望季羡林
（2008.10.28）

13

的大师是王国维、陈寅恪、吴宓，我算什么？一个杂牌军而已，不过生得晚些，活的时间长些罢了。”“我写的那些东西，除了学术上有一些有一定分量，小品、散文不过是小儿科，哪里称得上什么‘家’？”[②] 全国到处都在热销他的书，他却说自己是“杂牌军”“小儿科”。后来，“三顶桂冠一摘，还了我一个自由自在身。身上的泡沫洗掉了，露出了真面目，皆大欢喜”[③]。这潜出的正是一位智者的气象。

荀子说：“圣可积而致，然而皆不可积”；“途之人可以为禹，则然；途之人能为禹，未必然也”；“小人可以为君子，而不肯为君子；君子可以为小人，而不肯为小人”。（《性恶篇》）君子与小人之间的转变，在道理上是可行的。实际上的“能”与“不能”取决于人的“肯”与“不肯”，即主观意愿。评论一个人，既要听其言，更要观其行。行才是意愿（肯与不肯）的真实表达。季羡林晚年说：“我七十岁前不是圣人，今天不是圣人，将来也不会成为圣人。我不想到孔庙里去陪着吃冷猪肉。我把自己活脱脱地暴露于光天化日之下。”[④] 任何圣人不能自封或自我否决。他上述的话，是要将一个活生生的、须尾齐全的季羡林，毫无藏匿地呈现于大家面前，这种坦荡所折射出的不正是一位圣人的气象吗！

① 乐黛云编：《季羡林与二十世纪中国学术》，第191页；北京：北京大学出版社2001年版。

② 梁志刚：《人中麟凤：季羡林》，第6页；北京：东方出版社2009年版。

③ 季羡林：《季羡林全集》第3卷，第363页；北京：外语教学与研究出版社2009年版。

④ 季羡林：《季羡林全集》第4卷，第361页；北京：外语教学与研究出版社2009年版。

有学者认为，季羡林确实圣人气象十足，但不一定称他为圣人。也有学者认为，季羡林的确是旷世大学者，但不一定称他为伟大学者。这种悭奖惜誉心态的形成，颇有历史缘由。中国自古对褒扬奖赏十分慎重，作为旌表，更是朝廷的权力。鸦片战争的炮声，让朝廷君臣相拥而泣，更无可贺之事。“文革”时期，山呼万岁，伟大之声洋洋乎盈耳。改革开放以来，经济上大发展，精神上则进入了“小时代”。伟大、神圣之类词语，一听就不顺耳，甚至产生逆反心理。除此，今不如昔的传统观念也牢牢束缚人们的思想。明人宋濂在《杜环小传》中说：“世俗恒谓今人不逮古人，不亦诬天下士也哉？”厚古薄今，于今为烈。

我们将目光移向邻邦印度。在民族独立运动中，印度出现“现代三圣”，圣雄甘地、圣哲奥罗宾多、圣诗泰戈尔。从甘地、尼赫鲁开始，称泰戈尔为师尊（Gurudev）。这个Gurudev直译就是“师神”，就是中国古代说的圣人。在印度人的心目中，季羡林就是纯金足赤的圣人，所以要在印度建“师尊季羡林博物馆”。

《季羡林评传》要告诉人们一个有血有肉、有七情六欲、有缺点错误的“大学问家”“大思想家”季羡林。

14 库尔卡尼主席访问深圳大学并签订建立“师尊季羡林博物馆”备忘录

14

第一章
当代中国的首席印度学家

第一章

当代中国的首席印度学家

现代中国，历经三千年来未有之大变局，犹如进入了新的春秋战国时代。诸子并起，百家争鸣，中国学术出现了空前繁荣兴旺的新局面。中国现代印度学，在梁启超、章炳麟、苏曼殊、陈垣、梁漱溟、陈寅恪、汤用彤等的渐次开拓下，不断有所推进。到1946年季羡林在北京大学创建东方语文学系，印度学在中国作为一个现代学科，宣告正式诞生。

我们曾经在《梵典与华章》中说："季羡林是中国当代学术泰斗，在众多研究领域中做出了多方面的杰出贡献。但是，在他的所有学术贡献中，印度学研究最基础、最重要，开展最早，坚持最久。在季羡林众多称号中，印度学家是最基本的。他正是凭着自己丰硕而精湛的印度学研究成果，和其他学者一道，真正建立起了中国的现代印度学。季羡林不仅是当代中国的首席印度学家，也是世界最重要的印度学家之一。"①

历史上，通过一千多年的佛教东传，中国成了印度文化最成功的传播者和受益者。在《中外文学交流史·中国—印度卷》中，我们写道：

> 中国历史上有取经、译经的传统。正是这一传统将印度浩如烟海的佛经变成了汗牛充栋的汉译佛典。在中国人的心目中，取经者、译经师，不论其是否中国人，都是令人敬仰的，安世高、支娄迦谶、严佛

调、朱士行、支谦、竺法护、佛图澄、释道安、鸠摩罗什、法显、玄奘、义净、不空、赞宁等等，一长串闪光的名字，永垂中国史册。他们所译之经，经过千百年的消化吸收，已经融于中国文化之中。魏晋以后的中国文学，实际上是中国先秦两汉文学和印度文学交流融汇的产物，流淌着印度血液。[②]

在2014年10月北京召开的“汉学与当代中国”座谈会上，印度中国学家墨普德（Prof. Priyadarsi Mukherji）发表了这样的观点：“我致力于证明汉学不能单独存在，应当把它看成‘汉印学’，是由中华民族与印度民族间的文化交流而产生的一种混合型文化的视角，同时成功地保留本文化典型的特征。”[③] 墨普德极而言之的，无非强调古代中国从印度文化中汲取之多。对于古人在中印文化交流中所取得的种种成就，我们称之为中国古代印度学。

20世纪中叶，由季羡林等开创的中国现代印度学，既是对中国古代印度学的继承与发展，又是对世界印度学的对接与开拓。季羡林学术的广度与深度，极好地实现与印证了这一点。他在《学海泛槎》一书中说：根据我自己还有一些朋友的归纳统计，我的学术研究涉及的范围约有以下几项：1. 印度古代语言，特别是佛教梵文；2. 吐火罗文；3. 印度古代文学；4. 印度佛教史；5. 中国佛教史；6. 中亚佛教史；7. 糖史；8. 中印文化交流史；9. 中外文化交流史；10. 比较文学及民间文学；11. 美学和中国古代文艺理论；12. 德国及西方文学；13. 中西文化之差异和共性；14. 散文及杂文创作。[④] 从数量上看，2009年至2010年由外语教学与研究出版社出版的30卷本《季羡林全集》，总规模达1500万字。近日，山东教育出版社正筹划出版更全的40卷本《季羡林作品全集》，估计总规模在2000万字

① 郁龙余等：《梵典与华章》，第498页；银川：宁夏人民出版社2004年版。

② 郁龙余、刘朝华：《中外文学交流史·中国—印度卷》，第7页；济南：山东教育出版社2015年版。

③ 郁龙余主编：《深圳大学印度研究通讯》2014年第3期（总第14期），第48页。

④ 季羡林：《学海泛槎》，第280—281页；太原：山西人民出版社2000年版。

左右。无论从季羡林著作的数量、质量还是涉及领域的广度与深度，都说明季羡林学识广博深邃，东西兼通，是当今世界难得的真正通人。这样，更加凸显了季羡林作为中国首席印度学家的至尊地位。

一、正面研究印度主流文学

作为一位印度学家，季羡林将极大的精力投放在印度文学特别是古典文学的翻译和研究上。下面是他翻译印度文学的主要情况：

《沙恭达罗》，迦梨陀娑著，1956年人民文学出版社出版，1959年、1980年列入《外国文学名著丛书》；

《五卷书》，1959年人民文学出版社出版，并于1964年、1980年重印；

《优哩婆湿》，迦梨陀娑著，1962年人民文学出版社出版；

《罗摩衍那》（一至七卷），蚁垤著，1980 — 1984年人民文学出版社出版；

《家庭中的泰戈尔》，梅特丽娜·黛维著，1985年漓江出版社出版；

《罗摩衍那选》，1994年人民文学出版社出版；

《中国翻译名家自选集》季羡林卷《沙恭达罗》，1995年中国工人出版社出版。

1996年，他晚年花了许多精力的《吐火罗文〈弥勒会见记〉译释》终于完成，作为《季羡林全集》的第11卷于2009年由外语教学与研究出版社出版。

季羡林还选译《佛本生故事》七则，曾与他人所译合集出版《佛本生故事选》。这七则故事和《十王子传》选译《婆罗摩提的故事》一起收入《季羡林全集》第20卷《梵文与其他语种文学作品翻译》（一）中。

上述情况告诉我们，季羡林几十年来焚膏继晷，孜孜不倦，在进行印度古代语言、中印文化交流、印度文化历史、佛教、比较文学和民间文学、糖史、吐火罗文、东方文化研究和散文创作、大量序跋写作的同时，还翻译了如此多的印度古典名著，实在令人惊叹。这就印证了他说过的一句话："不管我其他工作多么多，我的兴趣多么杂，我决不会离开外国文学这一阵地，永远也不会离开。"[①]显然，季羡林所说的外国文学，最主要的就是印度文学。

季羡林的印度译作除《家庭中的泰戈尔》之外，都是印度文学史上主流的古典名著。他是中国正面直接翻译、研究印度主流古典文学的第一人。

迦梨陀娑的戏剧，是印度古典梵语戏剧创作鼎盛阶段的标志，在世界戏剧史上独领风骚，直到中国元、明戏剧的兴起。《沙恭达罗》和《优哩婆湿》是迦梨陀娑的两部优秀剧作，特别是《沙恭达罗》，在印度人民心中占有崇高的地位。在世界戏剧史上，它也当之无愧地被列为千古名剧之一。18世纪末，被译成欧洲文字后，震惊了整个欧洲。

《五卷书》是印度最著名的故事集，具有广泛的世界影响，它的译本之多，仅次于《圣经》。《佛本生故事》是与《五卷书》齐名的印度故事集，在世界各地有广泛影响。《十王子传》则是印度文学史上最著名的宫廷诗之一。

季羡林对印度文学的贡献，不仅体现在他翻译的450多万字的印度文学作品里，还体现在他对印度文学见解独到的研究中。

以《五卷书》为代表的印度寓言故事，传布世界各地，中国也不例外。最早，它是通过佛经汉译传入的，自魏晋以降，中国书籍中可以找到不少源自《五卷书》的故事。进入近代，通过中介语言出现一些转译故事。1959年，季羡林从梵文直接翻译此书并由人民文学出版社出版，使中国读者见到了此书的真实面貌。

在此前后，季羡林对《五卷书》和印度故事展开深入研究。1941年，他写出《印度寓言自序》。1946年，写成《一个故事的演变》《梵文五卷书：一部征服了世界的寓言童话集》。1947年，写成《一个流行欧亚的笑话》《木

① 季羡林：《季羡林自传》，第277页；南京：江苏文艺出版社1996年版。

15 季羡林译《五卷书》

16 《季羡林文集》第十一卷《吐火罗文〈弥勒会见记〉译释》

师与画师的故事》《柳宗元〈黔之驴〉取材来源考》。1948年，写出《“猫名”寓言的演变》。1949年，写出《〈列子〉与佛典》《三国两晋南北朝正史与印度传说》。1958年，写成《印度文学在中国》。1959年，写成《〈卡里来和笛木乃〉中译本前言》《〈五卷书〉译本序》。

至此，季羡林对《五卷书》的介绍与研究告一段落，并对印度著名故事集、与《五卷书》并称双璧的《本生经》进行译介。1963年，他在《世界文学》5月号上发表《关于巴利文〈佛本生故事〉》和《佛本生故事选译》。

到1979年，季羡林又写出《〈五卷书〉译本重印后记》。1982年，为《中外文学书目问答》一书写《五卷书》简介。1985年，为《简明东方文学史》写《五卷书》一节。1988年，写成《〈五卷书〉在世界的传播》。

对印度文学的翻译和研究并重，是季羡林的一贯作风。1973年他着手开始翻译《罗摩衍那》这部庞大的史诗，1977年译成。他一边翻译，一边进行研究，其成果《〈罗摩衍那〉初探》一书于1979年由外国文学出版社出版。在此之后，季羡林对大史诗的研究并不就此止步，而是进一步向纵深发展，于1984年写出《〈罗摩衍那〉在中国》、1985年写出《罗摩衍那》两篇长文。季

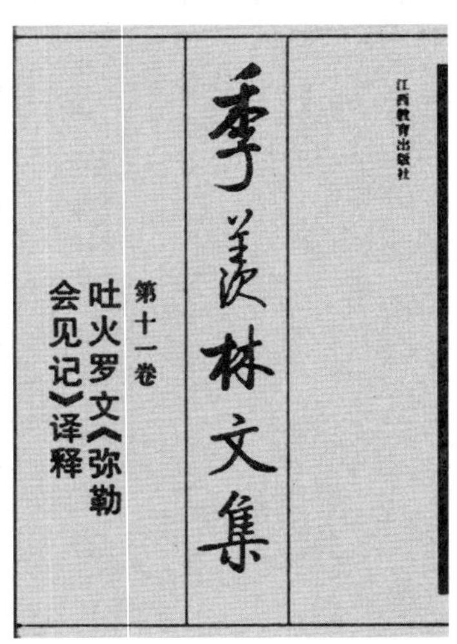

15
16

羡林对《罗摩衍那》的研究，运用的重要方法是比较文学的方法。尤其是《〈罗摩衍那〉在中国》一文，堪称比较文学影响研究的范例。《罗摩衍那》以优良的译文质量荣获国家图书奖，他的研究在学术界也获得了高度评价。季羡林是中国《罗摩衍那》研究的开拓者和集大成者，至今无一人能望其项背，为国际《罗摩衍那》研究注入了新的活力，为中国学术界赢得巨大荣誉。

《〈弥勒会见记〉译释》，是季羡林晚年的一项重大翻译研究工程，历时之久，用力之勤，不亚于翻译大史诗《罗摩衍那》。吐火罗文是在我国新疆境内发现的一种古文字，分A、B两种，出土于焉耆县的，称吐火罗文A，又称焉耆文；出土于龟兹县的，称吐火罗文B，又称龟兹文。世界上通晓吐火罗文者极为稀少，所以吐火罗文可以说几成绝学。季羡林是国内唯一真正掌握这门绝学之人。他自1946年回国之后，由于资料完全缺乏，再也没有机会研究。然而，到了晚年，44张88页吐火罗文残卷突然出现在他面前。他知道翻译研究这些残卷难度巨大，接还是不接，进退两难。最后，季羡林以巨大的学术勇气，“还是硬着头皮接了下来”。于是，当代中国翻译史上，乃至世界翻译史上，最精彩的一幕开始了。1998年在柏林和纽约出版了研究《弥勒会见记》剧本的英文专著，同年在中国作为《季羡林文集》第十一卷出版了中英文合体的《吐火罗文〈弥勒会见记〉译释》。在这个合体本中，收录了季羡林研究吐火罗文A残卷《弥勒会见记》的英文专著Fragments of the Tocharian A Maitreyasamiti−N ā ṭaka of the Xinjiang Museum, China 和中文的长篇《导言》。

季羡林在耄耋之年，胜利完成《弥勒会见记》剧本的译释，可以说是一个奇迹。首先，他捡起丢了四十多年的吐火罗文。他找出从德国带回来的尘封已久的吐火罗文书籍，绞尽脑汁，把当年获得的那一点知识从遗忘中再召唤回来，刮垢磨光，使之重现光彩。[①] 他将婆罗米字母转写成拉丁字母，转写了不到几页，《弥勒会见记》剧本的书名便赫然在目，顿时喜不自胜。其二，得到了回鹘文译本的相辅。吐火罗文残卷是27幕《弥勒会见记》剧本中的一部分，而这个残本由于被火烧过，没有一页甚至没有一行是完整的。然而十分幸运，这个剧本在中国新疆出土了丰富的回鹘文残卷，而中国有回鹘文专家。在中国回鹘文专家耿世民、李经纬等教授的帮助下，季羡林像得到了一根拐棍，逐渐弄清楚了吐火罗文残卷的内容。这是一件十分费时费力的困难之事，他在《自序》中说："我只能靠着西克师有名的《吐火罗文法》一书的索引，辅之以回鹘文的汉译文，艰难困苦地向前爬行。"[②] 有没有回鹘文译本的相辅，是很不一样的。在德国， Sieg和Siegling早已将中国新疆出土的、保存在欧洲的《弥勒会见记》原文及拉丁字母转写本出版，但是还没有译释本出版过，因为欧洲学者缺乏一种必要的辅助。季羡林有了回鹘文的辅助，他说："对照汉文有关资料，其中最为重要者实为回鹘文译本，若无回鹘文译本，则翻译吐火罗文本，几为不可能之事。"[③] 其三，得到了国际友人的帮助。季羡林用十几年的时间，先后译释了若干篇章，用中英文在国内外杂志发表。于是引起国外专家的重视，德国吐火罗文专家W.Winter 教授请他将这个剧本残卷全部译成外文在欧洲发表。于是，季羡林在得到中国回鹘文专家帮助的同时，又得到德国吐火罗文专家W. Winter和法国吐火罗文专家G. Pinault 教授的大力支持。季羡林在案语中说："现在这个英译本，虽为破天荒之作，倘无上举德法两位专家学者之鼓励，之帮助，则必不能达到现在这个水平，此可断言也。"[④]

以上三个条件合在一起，于是就有了我们今天见到的《吐火罗文〈弥勒会见记〉译释》的中英文合本。说其是奇迹，是破天荒之作，是中外翻译史上的幸事，一点也不过分。而这个成果是他在耄耋之年取得的，令人不得不肃然起敬。

那么，《〈弥勒会见记〉译释》到底有何重大意义呢？这部著作的意义有两重，一是其内在的学术意义，二是其外在的影响意义。

季羡林对吐火罗文《弥勒会见记》研究的学术意义到底表现在哪些方面呢？

首先，搞清楚了吐火罗文《弥勒会见记》的性质。此书在典籍中无记载，故在新疆残卷第一次发现之前，谁也不知道有这本书。残卷的出现，学者们大为震惊。但由于残缺难懂，学者们不知道这是一部什么样的书。后来，有学者通过研究，渐渐知道这是一部佛经，是一部文学作品。经过季羡林的译释，则比较彻底地弄清楚了这部书的真面目。

（一）吐火罗文《弥勒会见记》是一个译本，它的原文是印度文，可能是梵文，也可能是印度其他俗语。由于迄今在印度尚未发现原文，这就为不善保存古籍的印度增添了一份文学遗产。回鹘文的《弥勒会见记》是根据吐火罗文译出的。季羡林将这两个本子进行认真核对，发现两者“虽然在不少地方有一定的距离，但是在另外一些地方则几乎是字与字句与句都能对得上的。称之为翻译完全符合实际情况”[⑤]。这样，不但为印度戏剧史和中亚佛教传播史填补了一个空白，而且进一步确定了吐火罗文的历史地位和《弥勒会见记》在中亚的两个译本之间的关系。

① 季羡林：《季羡林全集》第11卷，第2页；北京：外语教学与研究出版社2009年版。

② 季羡林：《季羡林全集》第11卷，第3页；北京：外语教学与研究出版社2009年版。

③ 季羡林：《季羡林全集》第11卷，第146页；北京：外语教学与研究出版社2009年版。

④ 季羡林：《季羡林全集》第11卷，第146页；北京：外语教学与研究出版社2009年版。

⑤ 季羡林：《季羡林全集》第11卷，第10页；北京：外语教学与研究出版社2009年版。

17 季羡林在家中留影
（2002.8.12）

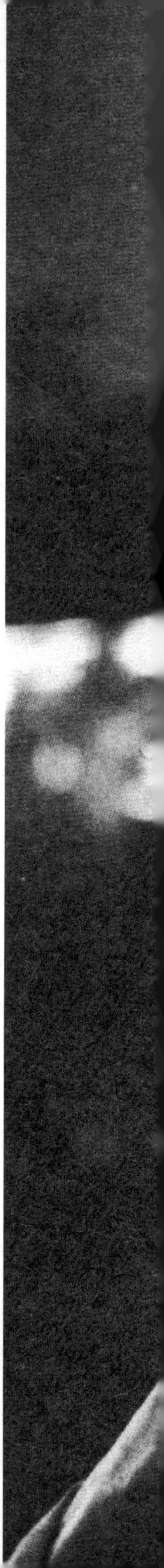

（二）确定《弥勒会见记》是一个剧本。由于这个译本颇为特殊，戏剧的特征十分模糊，使得西方学者包括Sieg和Siegling在内也都否认它是一个剧本。他们说："从内容上来看，这部作品一点也不给人戏剧的印象。它同其他散文夹诗的叙事文章一点也没有区别。"[①] 约三十一年后，Sieg 教授承认《弥勒会见记》是一个剧本。但是怀疑、争议在西方学者中依然存在。季羡林经过译释，特别是将此剧的吐火罗文本和回鹘文本加以对照，确认吐火罗文《弥勒会见记》是一个剧本。季羡林明确指出，吐火罗文剧本无论在形式方面，还是在技巧方面，都与欧洲的剧本不同。带着欧洲的眼光来看吐火罗文剧本必然格格不入。当然，这个吐火罗文剧本严格来说，是一个羽毛还没有完全丰满、不太成熟的剧本。[②] 季羡林的这个结论，不仅廓清了西方学者对此剧本的怀疑，而且为我们指证了一个在文化交流中尚未成熟、定型的戏剧样式。这对研究东西方戏剧差异及戏剧在翻译传布过程中，因接受多种因素的影响而发生变化的历程，十分有意义。

第二，搞清楚了《弥勒会见记》的版本情况。季羡林译释的残卷从新疆焉耆县出土，并由新疆博物馆收藏，所以季羡林名之为"新博本"。新博本内容相对集中，大都在27幕剧的第

① 季羡林:《季羡林全集》第11卷，第11页；北京：外语教学与研究出版社2009年版。
② 季羡林:《季羡林全集》第11卷，第14页；北京：外语教学与研究出版社2009年版。

一、二、三、五四幕。虽然剧本内容不全，但意义重大。早在1983年，有专家在《文物》上刊文指出："这次发现吐火罗文A（焉耆语）本《弥勒会见记剧本》残卷，为研究吐火罗语文提供了极有价值的实物资料；对于我国民族史、戏剧史、宗教史等的研究来说，也是弥足珍贵的。"[①]

这么重要的古籍版本流传状况，季羡林是不会放过的。他对流存在各地的本子进行了介绍，其中对"德国本"作了重点分析，并将新博本与德国本进行了对照，使人们对两者的相互位置一目了然。另外，季羡林对弥勒故事在巴利文、梵文、于阗文、粟特文、回鹘文、汉文中的情况作了介绍。其中对巴利文、梵文和于阗文的材料收集尤详。季羡林是梵文、巴利文专家，治梵文、巴利文资料自然驾轻就熟。在此，需要强调的是于阗文资料。于阗文曾流行我国古代新疆的于阗一带，于今已与吐火罗文、回鹘文等一样，成了一种死文字。关于弥勒的资料，保存在一部长诗中，这部长诗因一位名叫Ysambasta的官员命人撰写，因而被称为《Ysambasta之书》。此书共24章，其中第22章《弥勒授记经》的内容，季羡林根据Emmerick的英译本全文译成汉语，这样我们的汉文佛藏就多了一份文学作品，同时也为弥勒研究提供了新的极有价值的资料。季羡林如此看重《弥勒授记经》，是出于它的研究价值。在《吐火罗文〈弥勒会见记〉译释》的导言中，季羡林对《弥勒授记经》和鸠摩罗什译的《佛说弥勒下生成佛经》进行了比较研究，并且对这个于阗本故事在新疆及中亚弥勒信仰的传播中所起的作用，亦做出精辟的论述。

第三，对弥勒研究有了新的突破。弥勒是佛教中的重要菩萨。他原出身于婆罗门家庭，后来成为佛弟子，从佛授记（预言）将继承释迦牟尼位为未来佛（"当佛"）。弥勒救世思想传入中土，与道家某些教义融合，形成三佛应劫救世观念，在中国民间迅速传播。所谓三佛应劫救世，简言之为燃灯佛、释迦佛、弥勒佛，在不同时期应世救难。而弥勒佛在末劫之世降临人间，行龙华三会，救苦救难，度贫男贫女回归彼岸。本是大乘佛教中一派的弥勒净土信仰，不但得到中土上层社会的诚信，而且得到下层百姓的追捧，一时势力大增，在一段时间里面几乎直追释迦。人们不仅翻译了大量有关弥勒的佛经，而且杜撰了许多拥戴弥勒的伪经。从造像上也可以看出当时弥勒信仰的情况。据统计，北魏时释迦造像103尊，弥勒111尊，阿弥陀15尊，观世音64尊，可见弥勒信仰之盛。从汉末到清代，弥勒救世思想在中国流传不绝，并在相当长的时期里与朝廷对抗，形成了中国宗教史上的一个奇特现象。

然而，以前对弥勒信仰的研究，所据材料基本上以汉译佛经为主，对弥勒信仰在梵文、巴利文典籍中的记载以及在传播途中的有关情况，因资料欠缺而无从展开。

季羡林的《吐火罗文〈弥勒会见记〉译释》，则完全突破了这个局限。印度早期佛教中就有多数佛的概念。在巴利文佛典中，就提到了未来佛。弥勒（Metteya）这个巴利文词汇出现于巴利藏最早的经典之一Suttanipāta中。佛教从小乘发展为大乘，弥勒信仰非但未受影响，而且势力愈来愈大。原因是大乘佛教冲破了小乘佛教的各种束缚，形成了“一神论思想”“救世主思想”“功德转让”“在家修行”“塑造佛像”等等众多特点，而弥勒集这些特点于一身。季羡林深刻指出：“在某种意义上，他是唯一的神；他在无数的菩萨中是一个特殊的菩萨；在小乘中他只是一个未来佛，通过弥勒cult他成为一个救世主；他有像；他通过自己的功德最终普度众生，使众生皆大欢喜，来了一个最大的大团圆；他是他力的典型代表。”[2] 这段论述，不但道出了弥勒的风云际会、扶摇直上，而且

① 季羡林：《季羡林全集》第11卷，第17页；北京：外语教学与研究出版社2009年版。

② 季羡林：《季羡林全集》第11卷，第79页；北京：外语教学与研究出版社2009年版。

道出了佛教从小乘向大乘发展的轨迹。

影响意义是建立在学术意义之上的。

中国进入近代，由于西方列强的入侵和封建制度衰亡，积贫积弱，大量文化古籍被盗往国外，敦煌古卷便是典型的一例。于是，敦煌学研究渐渐兴起。不幸的是，由于种种原因，出现了这样一种说法：敦煌在中国，敦煌学在国外。不管这种说法能否成立，中国学者面临尴尬总是有的。新的吐火罗文残卷出土了，送到了中国唯一懂吐火罗文的学者面前，怎么办？季羡林经犹豫之后最终接受了任务。此事表面上是因新疆博物馆的李遇春突然造访，将新出土的44张88页吐火罗文残卷交给了他。而我认为，这实际是一种民族的重托，尤其是当弄清了这些残卷的内容及其学术意义之后。季羡林在迟暮之年之所以花这么多心血和时间，除了译释工作的学术意义之外，我想不会不考虑其影响意义。现在我们看见的这部《吐火罗文〈弥勒会见记〉译释》中英文合璧本，是当今世界对《弥勒会见记》研究的最新成果，代表这一领域研究的最高水平。我们可以放言：吐火罗文《弥勒会见记》出土在中国，吐火罗文《弥勒会见记》研究也在中国。季羡林又为中国学术争了光。

季羡林是中国迄今唯一的吐火罗文的通人。他的《吐火罗文〈弥勒会见记〉译释》，作为《学术论著》（三），收入《季羡林全集》第11卷。其他吐火罗文研究成果，包括有关讲话1篇《吐火罗话与尼雅俗语》、专著1部《吐火罗语研究导论》、论文2篇《吐火罗文A中的三十二相》和《梅呾利耶与弥勒》（附英文），都收入《季羡林全集》第12卷《学术论著》（四）《吐火罗文研究》之中。周绍良先生的一篇文章亦收录在此卷之中，季羡林在《补记》中说："我商得周绍良先生的同意，将他的论文《隋唐以前之弥勒信仰》附载于此。这是一篇好文章。"①

18

季羡林对印度文学的介绍与研究，不局限于古典文学，还包括近现代文学，其中，推介最力的当数泰戈尔。大概由于文本的原因，季羡林对泰戈尔的推介主要精力不是放在作品翻译上，而是利用各种集会发言和写纪念性文章的机会，全面深入地向中国人民介绍这位近代东方伟大的诗人。泰戈尔在中国有不少好友和崇拜者，不少知名作家受他的影响，如冰心、郭沫若、许地山、徐志摩等等。但对泰戈尔评价最全面、最公正、最有见地的是季羡林。他对泰戈尔及其作品的评价，是中国学者中最具影响的，其中不少已成不刊之论。中国学者研究泰戈尔，必须先研究季羡林对泰戈尔的研究。

1961年，泰戈尔诞辰100周年，中国举行隆重纪念大会。季羡林发表了四篇文章：《泰戈尔与中国》《泰戈尔的生平、思想和创作》《纪念泰戈尔诞生100周年》《泰戈尔短篇小说的艺术风格》。以后又写了《纪念泰戈尔诞生118周年》（1979）、《泰戈尔诗选序》（1984）、《家庭中的泰戈尔》译者序言（1984）、《简明东方文学史》之一节“泰戈尔”（1987）、《泰戈尔散文精选》前言（1990）等等。他受黛维夫人嘱托翻译《家庭中的泰戈尔》，是为了向广大中国读者介绍泰戈尔更真实、更亲切的另一面。季羡林13岁时在济南见过泰戈尔，高中时又读他的作品，并模仿他的作品风

① 季羡林：《季羡林全集》第12卷，第249页；北京：外语教学与研究出版社2009年版。

格写过一些小诗。到了中年，对他进行过一些研究，写过论他的诗歌和短篇小说的文章。季羡林说："我同泰戈尔的关系，可以说是六十年来没有中断。"[①] 2013年，我们在全国范围内进行了一次"泰戈尔在我心中"有奖征文比赛，大获成功，并将优秀获奖作品出版了一本《泰戈尔落在中国的心》。2014年，我们再次进行征文比赛，出现了井喷现象，参赛作品是2013年的近六倍。看到这种喜人景象，我们不由得想起了季羡林"六十年来没有中断"地对泰戈尔的介绍与研究。

季羡林不遗余力地推介泰戈尔，不是为推介而推介，而是为了促进对泰戈尔的研究，从而提高人们对印度现代文学的认识。只要事关印度文学和印度文化，请季羡林作序题字，他无不慨允。他曾先后写了《舞台》中译本序（1980）、《惊梦记》序（1981）、《秘密组织——道路社》序（1983）、《佛经故事选》序（1984）、《薄伽梵歌》序（1984）、《印度印地语文学史》序（1984）、《摩奴法典》汉译本序（1985）、《中国普列姆昌德研究论文集》序（1987）、《中国民族文学与外国文学比较》序（1988）、《印度古代文学史》前言（1990）、《北大亚太研究》序言（1991）、《汤用彤先生诞生100周年纪念论文集》序（1992）、《东方文学名著鉴赏大词典》序（1993）等等。2008年，王树英编成《季羡林序跋集》交由新世界出版社出版，计达60万字。

季羡林耕耘和守望印度文学，达半个多世纪，可谓摩顶放踵，吐哺握发，劳苦而功高。他开创了中国印度文学研究的新时代。

二、 全力建设印度学研究队伍

在人类历史上，伟大时代总是和众多伟大学者结伴而至。伟大时代总是给伟大学者打上深深的时代烙印，而伟大学者也总是给伟大时代打上自己的深深烙印。中国现代印度学，自然有着深深的时代烙印和缔造者季羡林的烙印。

时代春风吹开的鲜花不止一朵而是一片。即使在比较冷僻的印度学研究领域，在季羡林同时代，也有不少人投身其中。他们之中，最出类拔萃的除了季羡林之外，还有徐梵澄和金克木。他们三人在中国印度学界，呈现“品”字型结构。因为有了徐梵澄和金克木，季羡林才不显得孤单。同样，因为有了季羡林，徐梵澄和金克木在中国印度学界乃至整个学术界的地位，才能举足轻重。我们在《中外文学交流史・中国—印度卷》中这样评价徐梵澄：

> 徐梵澄青年学鲁迅、尼采，中年去国，皓首还乡。终其一生，其著作以译著为最多，译著中又以印度文学哲学经典汉译为最重要、最享学术地位。徐梵澄汉译的印度文学经典，主要是《行云使者》（《云使》）和《薄伽梵歌》，汉译的印度哲学经典主要是《五十奥义书》和阿罗频多的系列著作。徐梵澄出色的翻译，在中印文化现代交流史上具有重要意义。[②]

徐梵澄1909年生，长季羡林两岁；而金克木1912年生，小季羡林一岁。金克木1941年赴印度学习，1946年回国任武汉大学教授。1948年调任北京大学，和季羡林成了同事。自此，季羡林、金克木在学术研究和培养学生方面，做出了值得学术史家重视的业绩。

在季羡林和金克木培养的众多弟子中，刘安武和黄宝生是最为卓越的。

刘安武1949年秋考入湖南大学中文系，1951年春调入北京大学东语系印地语专业。1954年毕业，旋即被派往印度贝拿勒斯大学留学，1958年夏回国任北京大学印地语专业教师。他历任讲师、副教授、教授、资深教授，是北大东方文学研究室的首任主任。主要

① [印度]梅特丽娜・黛维：《家庭中的泰戈尔》译者序言，第5—6页；桂林：漓江出版社1958年版。

② 郁龙余、刘朝华：《中外文学交流史・中国—印度卷》，第281页；济南：山东教育出版社2015年版。

社会兼职有中国印度文学研究会秘书长、副会长、会长等，现为该会名誉会长，是我国继季羡林、金克木、徐梵澄之后的又一位功绩卓著的印度学家。

作为共和国培养成长起来的第一代印度文学研究专家的代表，刘安武有着国内学习的完整学历，也有着印度名校留学四年的完整学历，他博闻强记，国学底蕴深厚，为人正气凛然而和蔼可亲。虽然和其他知识分子一样，他也遭遇到“文革”的冲击、考验，但是终究积数十年之功，成为一代印度学大家。2001年，北京大学聘任刘安武为“资深教授”[①]。在印度语言文学专业，成为继季羡林之后得此称谓的第二人。业界一致认为，他得此殊荣，是实至名归，这既是对刘安武所作的学术贡献的肯定，也是对以他为代表的整个学术群体所作贡献的肯定。

作为一名卓越的印度学家，刘安武的贡献是多方面的。首先表现在他对印度印地语文学的翻译与研究。在季羡林的熏陶和带领下，刘安武不仅成为一位卓越的印地语文学翻译家和研究专家，而且为整个印度文学在中国的翻译、研究身先士卒，立下汗马功劳。他像季羡林一样，将自己的研究和服务工作范围从印度文学迈向东方文学。我们曾经说过，学者大抵分三种：第一种，自己独自研究，不善于和别人合作；第二种，自己学问不大，但善于团结、组织别人研究；第三种，不但自己是学问大家，而且善于团结、组织别人研究。其中，第三种人最难得、最可贵，刘安武就是这第三种人。中国印度文学研究会的成立，是中国印度文学研究发展史上的标志性大事。刘安武既是这个研究会的助产士和保育员，又是这个研究会的元老，功勋殊伟。对中国的印度文学研究和教学来说，刘安武永远是催绿学术园地、温暖各方学者之心的东风。

黄宝生是季羡林和金克木的受业弟子。1960年入北京大学东语系梵文、巴利文班，1965年毕业后一直从事印度古代文学的翻译研究工作。其妻子郭良鍪和他是同班同学，毕业后在中国社会科学院南亚研究所（后为亚太所）做研究工作。与老师季羡林、金克木相比，黄宝生人生经历简单而顺利，他有较多时间投入到专业研究之中。他虽担任过中国社会科学院外国文学研究所所长、中国外国文学会会长、中国社会科学院学部委员等职，但也像季羡林做系主任一样，只抓大事，不管小事，始终将主要精力用于研译工作。在季、金所有的学生中，黄宝生认为自己并非最聪明、成绩最优秀，但是，他的业绩最骄人，其主要著作有《印度古典诗学》《印度古代文学》《印度古代文学史》（合著）《〈摩诃婆罗多〉导读》《梵语文学读本》《巴利语读本》《梵语佛经读本》《梵汉对勘：神通游戏》《梵学论集》《实用巴利语语法》《巴汉对勘：法句经》《梵语诗学论著汇编》《摩诃婆罗多》（合译）《摩诃婆罗多——毗湿摩篇》《伊斯拉姆诗选》《印度现代文学》《印度短篇小说选》《惊梦记》《在梵语诗学烛照下——读冯至〈14行集〉》《禅和韵——中印诗学比较》《外国文学研究方法谈》《书写材料和中印文学传统》等，翻译了《奥义书》《梵语诗学论著汇编》（上下册），与人合作翻译了《摩诃婆罗多》（六卷）《印度哲学》《佛本生故事选》《故事海选》等。另外，还发表了《论迦梨陀娑的〈云使〉》《〈本生经〉浅论》《古印度故事的框架结构》《印度古代神话发达的原因》《印度古典诗学和西方现代文论》《〈奥义书〉译本导言》等等一批有影响的论文。

综观黄宝生的学术成就，有两大方面最为重要，一是印度梵语诗学的翻译与研究，二是印度大史诗《摩诃婆罗多》的翻译与研究。最近几年，黄宝生主持中国社会科学院梵文研究中心，在完成多部佛经的梵汉对勘的同时，培养了一批梵文人才。我们在《中外文学交流史·中国—印度卷》中，这样评价他：

① 北京大学所设“资深教授”，民间有“文科院士”之称，在校内享受院士待遇。选聘标准严格，2001年为首届，仅选聘20名。虽然之后尚无再次选聘，但其影响已经彰显。

19

综观黄宝生已经取得的成就，我们完全可以说，他是我国继季羡林、金克木、徐梵澄之后的又一位杰出的梵学家。他的梵学成就，不但获得中国学者的高度评价，而且获得印度学术界的极高肯定。2011年8月15日，在印度第64个独立节之际，黄宝生荣获印度总统奖。2015年1月，黄宝生又荣获印度最高荣誉奖莲花奖。这一莫大的荣誉，对他来说是名归实至。[①]

黄宝生的学术成就，和季羡林教授他治学之道是分不开的。1999年，他在《季羡林先生治学录》中深情地回忆说："1973年，我们研究所已初步开始恢复业务。所长冯至写信给季先生，拜托他指导我的业务。不久，冯先生告诉我季先生已回信表示'愿效绵薄之力'。于是，

① 郁龙余、刘朝华：《中外文学交流史·中国—印度卷》，第338页；济南：山东教育出版社2015年版。

② 黄宝生：《梵学论集》，第191页；北京：中国社会科学出版社2013年版。

19 全国印度文学研究会成立大会合影：季羡林（前排中）、刘安武（前排右二）、黄宝生（二排右九）（1982.9）

20 黄宝生(前排中)、王邦维（后排中）、郁龙余（后排左）等在北京大学静园东方文学研究中心（2001.5.15）

20

我兴冲冲地前往北京大学东语系找季先生，却不是在系主任办公室，而是在学生宿舍的值班室找到先生。原来，他当时还未‘解放’，被安排在学生楼里看门、收发和传呼电话。先生邀我坐在长条板凳上，与我促膝而谈，授我治学之道。这次问学，先生给我留下印象最深的一句话是‘做学问要从Bibliography（目录学）入手’。”②

季羡林作为中国首席印度学家，主要有三大贡献：一是印度学研究，二是中印文化关系建设，三是建设培养印度学研究队伍。在相当长的时间里，中国的印度学研究只有北京大学一家。所以，中国的印度学研究者，基本上都是季羡林的弟子，或是弟子的弟子。在《中外文学交流史·中国—印度卷》中，我们评价季羡林“学泽广被，继志有人”：

一般来说，季羡林有六千学生。这是指北京大学东语系培养的毕业生的总数。季羡林梵文、巴利文专业的受业弟子有黄宝生、王邦维等二十多人。通过媒体、论著接受季羡林熏陶、影响的人，则多得无法计算。在中国当代学者中，像季羡林这样学泽广被、生徒和仰慕者如云如潮者，不说绝无仅有，也是凤毛麟角。

在众多的生徒和仰慕者中，有多少人称得上是季羡林学术精神的继承者？这是值得思考的问题。中国古人讲孝，包括两层意义，一是继志，一是继嗣。孔子强调继志，他说："夫孝者，善继人之志，善述人之事者也。"（《礼记·中庸》）意思是说，所谓孝，就是要继承好先人的志向，继承好先人的事业。孟子强调继嗣，说："不孝有三，无后为大。"（《孟子·离娄上》）时代发展到今天，继志的意义远远大于往昔。旷世大家，他的精神和事业能否行之久远，就要看他的继志者的多寡与品质。如果继志者众多而且品质高尚，则必定能门庭长盛，造福民族。季羡林一生辛勤俭朴，笔耕不辍到最后时刻。他不仅为我们留下了极为丰富的文化著述，而且留下了极为宝贵的学术品格。这二者都是他为中华民族创造的精神财富。对于季羡林的继志者来说，需要认真学习他的著作，更需要学习他的学术品格。季羡林是中国当代学术的骄傲，是中国当代学者的楷模。①

进入21世纪，中国的印度学研究以全新的面貌，在全国多个地方展开。除了北京之外，深圳、成都、上海、昆明、南京、兰州、西安、广州等地，也都搞得如火如荼。可以期望，在不久的将来，中国的印度学研究，将迎来它的春天，可以在世界上扮演真正的主角，像我们在历史上长期所处的地位那样。到了那一天，我们会更加感念和敬重季羡林对中国现代印度学的开创、培育之功。

印度总理曼莫汉·辛格称赞季羡林为“中国伟大的学者，当代最著名的印度学家”，印度政府授予他国家最高荣誉奖“莲花奖”，以及无数印度学者和民众发自内心的尊敬，就是对这位中国首席印度学家的肯定与褒扬。

① 郁龙余、刘朝华：《中外文学交流史·中国—印度卷》，第255页；济南：山东教育出版社2015年版。

第二章
彻悟真谛的佛学家

第二章

彻悟真谛的佛学家

佛教产生于古代印度，而大弘于中国，不但历两千多年而不衰，而且传播到朝鲜、日本及东南亚。在印度本土，自公元13世纪起，佛教就渐渐销声匿迹。至现代，随着中国的复兴崛起，佛教在世界的传播亦呈复兴之势。印度佛教东渐，变成繁荣兴盛的中国佛教，个中原因众多。但是，两次佛教革命的作用，最为巨大和深远。

一般认为，佛教自汉末来到汉地，到魏晋南北朝，儒释道相互激荡，于是产生了玄学，出现了佛教的中国化。到唐代六祖慧能，佛教中国化成功完成，史称“六祖革命”。从此，印度佛教变成了中国佛教。到近代，中国社会产生了三千年来未有之大变局，中国佛教与时俱进，随之产生了第二次革命——“太虚革命”。太虚提出佛教的“三大革命”，即“教理革命”“教制革命”和“教产革命”。经过许多高僧大德和学者的不懈努力，中国佛教在现代逐渐由出世变为入世，隔绝化作参与，神秘走向理性。这样，中国佛教由神的佛教发展为人的佛教——人间佛教。人间佛教强调净化自我，利乐有情，庄严国土。这在一定程度上，回归到了释迦牟尼当年创立佛教时的景况。

中国现代佛教——人间佛教的兴起，得力于两大力量：一是太虚以及杨仁山、敬安、印光、欧阳竟无、苏曼殊、弘一、印顺、赵朴初等诸多僧人、居士的倡导，二是魏源、龚自珍、康有为、梁启超、章炳麟、熊十力、陈寅恪、汤用彤等学界巨子的推动。而季羡林是中国当代学界对人间佛教最重要的推动者之一。

一、享誉中外的佛教语言学家

季羡林的佛学成就肇始于佛教语言研究，他的一系列优秀的佛教语言研究论文，奠定了他在国际和国内学术界的地位。

1935年，季羡林在清华大学西洋文学系毕业，并在济南高中担任一年语文教师之后，考取官费留学德国哥廷根大学，师从瓦尔德施密特（Waldschmidt）、西克（Emilsieg）诸师。1941年毕业，因二战无法回国，他就一边研究一边教书，等待回国的机会。1946年，终于辗转瑞士、越南等地回到祖国。季羡林学术研究的第一阶段是德国十年，研究的主要方向是原始佛教梵语，主要成果是他的博士论文Die Konju-gation des finiten Verbums in den Gāthās des Mahāvastu（《〈大事〉伽陀中限定动词的变化》）。在论文中，论及一个可以说是被他发现的新的语尾，据说在印欧语系比较语言学上颇有重要意义，引起了比较语言学教授的关注。1965年，他还写了一篇On the Ending-matha for the First Person Plural Atm, in the Buddhist Mixed Dialect。这是博士论文的持续发展。季羡林说："当年除了博士论文外，我还写了两篇比较重要的论文，一篇是讲不定过去时的，一篇讲-aṃ〉o,u。都发表在哥廷根科学院院刊上。"[①]"此时还写了一篇关于解读吐火罗文的文章。"季羡林说："这算是我研究佛教梵语的第一次高潮。"[②]

1956年，季羡林写出《原始佛教的语言问题》，

① 季羡林：《病榻杂记》，第212页；北京：新世界出版社2007年版。

② 季羡林：《原始佛教的语言问题》，第1页；北京：中国社会科学出版社1985年版。

Die Konjugation des finiten Verbums in den Gāthās des Mahāvastu.

Inaugural-Dissertation

zur

Erlangung der Doktorwürde

der hohen philosophischen Fakultät

der Georg August-Universität

zu Göttingen

vorgelegt von

Hiän - lin Dschi

aus China.

21

21 季羡林博士论文封面

22 季羡林著《原始佛教的语言问题》

22

1958年，他写出《再论原始佛教的语言问题》，1984年，他写了《中世印度雅利安语二题》和《三论原始佛教的语言问题》。在季羡林心目中，将这4篇文章看得很重，“可以算是第二次高潮吧！”而且说：“我相信，在今后图书资料条件日益改善的情况下，必将有一个第三次高潮出现，而且是一个高于前两次高潮的最高的高潮。”①

季羡林早期用德文、英文撰写的研究佛教语言的论文，全都收录在《季羡林全集》第9卷中，目次如下：

Die Konjugation des finiten Verbums in den Gāthās des Mahāvastu

Parallelversionen zur tocharischen Rezension des Punyavanta-Jātaka

Die Umwandlung der Endung-aṃ in-o und-u im Mittelindischen

Pāli āsīyati

Die Verwendung des Aorists als Kriterium für Alter und Ursprung buddhistischer Texte

On the Ending-matha for the First Person Plural Atm.in the Buddhist Mixed Dialect

在《季羡林全集》第9卷中，除了上面6篇用德文、英文写的论文，还有7篇重要的中文论文。它们是：《记根本说一切有部律梵文原本的发现》《原始佛教的语言问题》（附英文）《再论原始佛教的语言问题——兼评美国梵文学者弗兰克林·爱哲顿的方法论》《〈印度古代语言论集〉前言》《中世印

① 季羡林：《原始佛教的语言问题》，第6页；北京：中国社会科学出版社1985年版。

23　语言界学者聚会，左起：季羡林、吕叔湘、许国璋、周有光、马学良（1986）

23

度雅利安语二题》《三论原始佛教的语言问题》《〈原始佛教的语言问题〉自序》。这13篇论文，奠定了季羡林作为佛教语言学家的基础地位。除此之外，他为《中国百科全书》所撰写的《巴利语》《波你尼》《达罗毗荼语系》《梵语》《婆罗米字母》《佉卢字母》《窣利文》《印度—伊朗语族》等8个条目，是首次以百科全书条目的形式向中文读者介绍古代印度语言。

季羡林有一些重要的研究佛教语言的文字，出现在他的一些著作中，如《西域佛教史》第五节《吐火罗文A、B两方言（焉耆为A，龟兹为B）中的佛教经典》、第八节《龟兹研究三题》等等。重要论文还有《论梵文ṭḍ的音译》《吐火罗语的发现与考释及其在中印文化交流中的作用》《关于〈梦溪笔谈校证〉的一点补正》《梵语佛典及汉译佛典中四流音ṛṝḷḹ问题》等等。

季羡林对佛教语言的研究，开创性地解决了一系列的历史陈案。例如，1984年写的《论梵文ṭḍ的音译》，提出了一个梵文顶音（Mūrdhanya）ṭ和ḍ译音的解决方案。在列举了罗常培、周法高、陆志伟的观点后，他提出了自己的看法：“只从中国音韵学上着眼是不够的，我们应该把眼光放远一点，去追寻这些字母对音的根源。”[①] 经过论证之后，季羡林指出，佛典的中文译者，“用字母来翻译梵文的顶音ṭ同ḍ这件事实同我们上面谈过的印度语言学史上ṭ>ḍ>ḷ>l这现象是分不开的”，“有了这个新观点，我觉得，以前所认为的那些对音方面的例外，还有重新再检讨一下的必要”。[②]

另外，季羡林的许多论文虽然没有标明佛教语言研究，实际上是以佛教语言研究为基础的，如《浮屠与佛》《再谈“浮屠”与“佛”》《佛典中的“黑”与“白”》《所谓中天音旨》《梅呾利耶与弥勒》等等。

《季羡林全集》第11卷《吐火罗文〈弥勒会见记〉译释》、第12卷《吐火罗文研究》，是季羡林晚年的两部重要学术著作。它们不但奠定了季羡林在中国现代翻译史上不可或缺的翻译家的地位，而且奠定了他在中国现代佛教研究史上的佛教语言学家的地位。收入《季羡林全集》第13卷中的《玄奘与〈大唐西域记〉——校注〈大唐西域记〉前言》，是一篇长达十多万字的专文，对蜚声中外的世界名著《大唐西域记》进行深入研究。他自谦地说：“我上面这些不成熟的意见，只能看做是初步尝试。”[③]实际上，季羡林主持的《大唐西域记》注释和这篇前言，将中国佛教研究和中印文化关系史研究，向前推进了一大步。

《弥勒会见记》中英文译释，是一个破天荒的奇迹，在佛教研究史上意义重大。它搞清楚了吐火罗文《弥勒会见记》的性质：（一）吐火罗文《弥勒会见记》是一个译本，它的原文是印度文，可能是梵文，也可能是印度其他俗语。（二）第一，确定《弥勒会见记》是一个剧本，是一个羽毛还没有完全丰满、不成熟的剧本。第二，搞清楚了《弥勒会见记》的版本情况。第三，对弥勒研究有了新的突破，特别是其中《巴利文、梵文、弥勒信仰在印度的萌芽》一节中所论述的七个问题：《巴利文和梵文中〈弥勒会见记〉与〈弥勒授记经〉的各种异本》《Maitreya这个字的含义》

① 季羡林：《季羡林全集》第13卷，第15页；北京：外语教学与研究出版社2010年版。

② 季羡林：《季羡林全集》第13卷，第14页；北京：外语教学与研究出版社2010年版。

③ 季羡林：《季羡林全集》第17卷，第338页；北京：外语教学与研究出版社2010年版。

《Maitreya与Aajita》《Maitreya与伊朗的关系》《Maitreya与Metrak》《弥勒信仰在印度的萌芽和发展》《弥勒与弥陀》，充满了对弥勒研究的新突破，为我们提供了丰富的新材料和新观点。中外学人再研究弥勒，应从研究季羡林的《吐火罗文〈弥勒会见记〉译释》开始。[①]

佛教语言研究是季羡林的看家本领，为他的学术大厦奠定了坚实的基石，他的其他佛学成就都建立在佛教语言研究这一基础之上。明白了这一点，就能理解季羡林为什么对原始佛教语言要一论、再论、三论，甚至与美国梵文学者弗兰克林·爱哲顿展开论辩。同样，也就不难理解他在耄耋之年，还要花费巨大精力来进行《弥勒会见记》的译释。

综上可知，季羡林是当代中国一位享誉中外的佛教语言学家。

24

二、佛学研究史上的伟大里程碑

季羡林佛学研究的道路、思想、观点是非常清晰的。他在1986年写的《我和佛教研究》中说："1935年，我到了德国哥廷根，开始学习梵文、巴利文和吐火罗文，算是我研究佛教的滥觞。从那以后，在长达半个多世纪的漫长年代里，不管我的研究对象'杂'到什么程度，我对佛教研究始终锲而不舍，我在这方面的兴趣也始终没有降低。"[2] 季羡林是一位佛学家，并不是佛教徒。他说："我从来没有信过任何宗教，对佛教也不例外。""如果一个研究者竟然相信一种宗教，这件事情本身就说明，他的研究不实事求是，不够深入，自欺欺人。佛教当然也如此。"[3] 纵观季羡林的一生，他的这一立场是真实而持久的。

1997年，季羡林写有《宗教》一文。一开头，他就亮明了自己的立场："我首先要声明，我不是任何宗教的信徒，可是我对世界上所有的正大光明的宗教都十分尊重。"[4] 他强调不同宗教之间应该互相尊重，互不相妨。对此，他做出了进一步入情入理的分析。他说："任何一个宗教的教义和教规，对本教的信徒来说都是持之有故、言之成理的，都是天经地义，信徒们信从，是他们的权利和义务。但是对其他宗教的信徒来说，则另是一码事。对于这样的分歧，最好不要辩论，也不必争论，这样做，只能伤和气，也无济于事。最好能够认为，自己的教义只是相对真理，绝对真理只有他们崇拜的最高神灵才能掌握。能做到这一步，就能够你好、我好、大家都好了。大家以各自喜爱的方式来满足宗教的需要，岂不猗欤休哉！"[5] 基于这样一种公正的宗教立场，季羡林佛学家的身份主要是一个学术身份，并由此滋生出对佛学、佛教的喜爱，但并不影响他对其他宗教的立场。这就是宗教学者与宗教信徒之间的不同。季羡林这种一视同仁的宗教立场，不但对佛教有

① 郁龙余等：《梵典与华章》，第512页；银川：宁夏人民出版社2004年版。

② 季羡林：《季羡林全集》第15卷，第176页；北京：外语教学与研究出版社2010年版。

③ 季羡林：《季羡林全集》第15卷，第176页；北京：外语教学与研究出版社2010年版。

④ 季羡林：《季羡林全集》第8卷，第99页；北京：外语教学与研究出版2009年版。

⑤ 季羡林：《季羡林全集》第8卷，第99页；北京：外语教学与研究出版2009年版。

益，对道教、基督教、伊斯兰教等其他宗教也是有益的，同时，对国家、对人民（不管信不信教，信什么教）也是有益的。新中国六十多年来的历史证明，季羡林的这种宗教观是正确的。这是我们在研究佛学家季羡林时，需要特别强调的。

梳理季羡林的佛教研究史，可知他从早年的以考证见长的佛教语言研究专家，经过长期的对佛教史、佛教文化交流史、佛教义理的研究，最后成了一位著名的马克思主义佛学家。他说："我们信仰马克思主义，我们是唯物主义者。宣传、坚持唯物主义是我们的天职，这一点决不能动摇。"[①] 1919年前后兴起的"五四"新文化运动，对季羡林的思想成长影响很大。留学德国十年，长期浸淫于"以证取信"的德国梵学派，加上欧洲又是马克思主义的故乡，所以他接受马克思主义是非常自然的。

1951年，季羡林写有《介绍马克思的〈印度大事年表〉》。他说：印度历史头绪很复杂，性质很特殊，无论用新观点或旧观点来写都不容易。"在这样的情况下，马克思和恩格斯说的每句有关印度的话都值得我们重视，都能够提示给我们许多新的看法。"[②] 季羡林知道，马克思不是专门研究印度史的，"但他竟能对印度史下这样大的功夫，做这样彻底的工作，可见他实事求是的好学的精神如何伟大"[③]。季羡林相信马克思主义，是从佩服马克思实事求是的精神开始的。

1953年，季羡林写了《纪念马克思的〈不列颠在印度的统治〉著成一百周年》一文，还和曹葆华一起翻译了马克思的《不列颠在印度的统治》《不列颠在印度的统治的未来结果》两篇英文著作。从此，马克思主义唯物史观一直指导着季羡林的学术研究，包括佛教研究。值得称道的是，季羡林反对打着马克思主义的旗号否定一切的虚无主义做法。他说："一百年以前，恩格斯已经指出来过，佛教有辩证思想。我们过去有一些论者，言必称马恩，其实往往是仅取所需的狭隘的实用主义。”[④] 季羡林精通德文、英文，他学习马克思主义，很重视原典，这也是他更能深入领会其精髓的重要原因。他说：“马克思讲过一句话，大意是：宗教是有宗教需要的人们所创造的。‘宗教需要’有多种含义：真正的需要、虚幻的需要，甚至麻醉的需要，都属于‘需要’的范畴，其性质大相径庭，其为需要则一也。否认这一点，不是一个唯物主义者。”[⑤] 宗教是复杂的，佛教也是复杂的。季羡林有自知之明，他说：“我一开始就是以一个语言研究者的身份研究佛教的。我想通过原始佛典的语言现象来探讨最初佛教的传布与发展，找出其中演变的规律。”“我懂一些佛教历史，也曾考虑过佛教在中国发展的问题。我总的感觉是，我们在这方面的研究还非常落后。”[⑥]

继1986年的《我和佛教研究》之后，季羡林于1987年又写了《研究佛教史的意义与方法》一文。此文提纲挈领，言简意赅、字字珠玑，是学术论文的精品典范。关于佛教的意义，季羡林认为：“它本身产生、发展、传布和衰微的规律，非常有研究的价值。这对于一般宗教学的研究有重要意义，对于印度的历史，甚至对于中国历史和中国思想史的研究也是不可缺少的。不弄清印度佛教思想的发展，中国思想史的研究是无从着手的。”[⑦] 关于研究方法，季羡林说了三点：

在今天的中国，研究佛教首先必须懂得马克思主义。我并不是说，照抄马克思主义的词句，生吞活剥，生搬硬套，断章取义，捕风捉影。那种做法本身就是违反马克思主义的。我只是说，我们必须掌握马克思主义的精神实质，缺少这一点，必将陷

① 季羡林：《季羡林全集》第15卷，第179页；北京：外语教学与研究出版社2010年版。
② 季羡林：《季羡林全集》第10卷，第2页；北京：外语教学与研究出版社2009年版。
③ 季羡林：《季羡林全集》第10卷，第5页；北京：外语教学与研究出版社2009年版。
④ 季羡林：《季羡林全集》第15卷，第178页；北京：外语教学与研究出版社2010年版。
⑤ 季羡林：《季羡林全集》第15卷，第178页；北京：外语教学与研究出版社2010年版。
⑥ 季羡林：《季羡林全集》第15卷，第181页；北京：外语教学与研究出版社2010年版。
⑦ 季羡林：《季羡林全集》第15卷，第182页；北京：外语教学与研究出版社2010年版。

入迷途而不能自拔。

其次，必须掌握多种外国语言。有一点梵文和巴利文的知识也是必要的。千万不要不懂装懂，连梵文字母都不认识而自称是梵文专家。此外，英文、德文、法文、日文、俄文，最好多会几种。“韩信将兵，多多益善”，不懂外文，无法进行佛教史的研究。

另外，对于中国思想史和欧洲思想史必须具备一定的水平。过去唯心主义哲学家那一套思维方式，推理方式，也必须熟悉。能钻得进去，又能摆脱出来。[①]

以上三点，既是季羡林向读者介绍的研究佛教的方法，更是他自己的心得体会和身体力行的。纵观季羡林全部的佛学论著，遵循的统统都是这个路数，无一例外。

在季羡林众多佛学论著中，有几篇论文特别重要，具有开创性的意义。

1965年，基于“古今中外研究佛教的书籍、文章已经是汗牛充栋，真正搔着痒处的却是绝无仅有”的情况，季羡林写了《原始佛教的历史起源问题》一文，对印度当时社会经济和政治情况、思想界的情况、佛教的起源三个问题，做出了自己的分析，并对佛教的产生、发展和内衰外盛情况进行了总结：

佛教扎根在被压迫的原始居民中间，提出了一切皆苦的学说，符合了一部分人的想法（当然也就麻醉了他们）。它相信轮回业报，从而反对了种姓制度。它基本上是无区别地对待一切种姓的，它不像婆罗门那样排斥异己，不把社会分割得七零八碎。它反对婆罗门杀牲祭祀，投合了农民的愿望。佛教徒虽然不从事体力劳动，靠布施为生，但是他们不许占有任何财物，房子、牛羊、土地等都不许占有，不许做生意，不许触摸金银，因此同人民的矛盾不大。佛教主张使用人民大众的语言，这就比婆罗门使用梵文大大地有利于接近人民、宣传教义。它反对苦行，在这一点上，又比其他沙门教派占了上风。由于这一些原因，它在印度由小而大，终于成了大王朝的国教。输出印度以后，由于它无区别地对待一切民族，因而在一些亚洲国家流行起来，一直流行到今天。[②]

季羡林以上对佛教的经典论断，半个世纪以来一直为广大佛教研究者所信服。只要佛教不灭，季羡林的这些经典论断就有生命力。

1981年，季羡林写了两篇重要的研究佛教的文章《关于大乘上座部的问题》和《论释迦牟尼》。玄奘在《大唐西域记》中提出了“大乘上座部”，近现代各国的佛教研究者多有困惑。季羡林认为：“到了近代，许多国家的学者，有的注意到了这个问题，有的没有注意到。有的也提出了一些解决的办法。但是，全面论述这个问题的文章还没有看到。我这篇论文只能算是一个尝试。”[③]《论释迦牟尼》一文，是在给《中国大百科全书》写的一则条目的基础上转成论文的。他在文前的“羡林按”中说：“释迦牟尼确有其人，是一个历史人物。因此我写这篇东西，就把释迦牟尼当成一个人，同世界上其他历史人物一样，他是我研究的对象。我必须把笼罩在他身上的那一团团神话迷雾，尽上我的力量全部廓清，根据历史唯物主义的原则，还他一个本来面目。”[④]季羡林笔下的释迦牟尼，是一个真实的历史人物，有些话语，对某些有信仰的人可能有点刺目，他请求“原谅”。

1987年写的长文《佛教开创时期的一场被歪曲被遗忘了的“路线斗争”——提婆达多问题》，讨论释迦牟尼和堂兄弟提婆达多之间的思想分歧，实际上是从一个侧面来写释迦牟尼。“这是佛教史上的一个重

① 季羡林：《季羡林全集》第15卷，第183页；北京：外语教学与研究出版社2010年版。

② 季羡林：《季羡林全集》第15卷，第53页；北京：外语教学与研究出版社2010年版。

③ 季羡林：《季羡林全集》第15卷，第74页；北京：外语教学与研究出版社2010年版。

④ 季羡林：《季羡林全集》第15卷，第77页；北京：外语教学与研究出版社2010年版。

要问题。可惜过去还没有人认真探讨过，本文是第一次尝试。以后再写印度佛教史，必不应再忽略这个事实。”[①]

《佛教的倒流》是季羡林于1991年写的一篇研究佛教的长文。他认为，“倒流”在印度佛教史上，中印文化交流史上，甚至是世界宗教史上，是一个非常有趣的现象，一个非常值得深思的现象。但是，就他浏览所及，还没有哪一部佛教史或有关的书籍，认真地谈到过这个问题。创新、尝鲜，是季羡林的学术爱好。经他的旁征博引，证得佛教从中国倒流回印度的历史事实。然后，他又给自己提出并回答了三个问题：“第一，为什么只有佛教才有‘倒流’现象？第二，为什么只有佛教大乘才有‘倒流’现象？第三，为什么只有中国人才能把佛教‘倒流’回印度？”[②] 读了季羡林气势磅礴而又淋漓酣畅的自问自答，令人有醍醐灌顶之感。

季羡林是现代中国乃至世界佛学研究界的巨擘，佛学论著数量庞大，但他的佛学成就不以数量取胜，而以质量赢得声誉。季羡林对佛教研究有一个总体评价：

> 纵观全世界佛教研究的形势，我深深地感觉到，不管是印度佛教史，还是中国佛教史，尽管研究者的人数相当可观，出版的专著和论文的数量也能给人以深刻的印象，然而夷考其实，则仍然不会让人感到乐观。有大量的问题研究尚有待于深入；有一些重要的问题还根本没有人涉及。专拿印度佛教史这一个门类来看，尽管许多国家都出版了这方面的书，有一些还是长达百余万言的皇皇巨著，然而拆穿开来，必能发现，所论类多肤浅，极不全面，极不深入。我个人认为，真正的佛教史根本还没有出现，还是一个desideratum。[③]

基于这种评价，季羡林对自己的研究就提出了很高要求。于是季氏佛学就形成了三个显著特点：

第一，在学术思想上高屋建瓴。明确标榜自己是“科学工作者”，不是“宗教徒”，善于运用马克思主义的基本原理来分析阐释佛教问题。但是，他坚决反对将马克思主义标签化，搞庸俗的实用主义。

第二，研究课题必以开拓创新为选择对象。他最感兴趣的是那些从未有人问津而学术意义重大的问题，或者虽有人做过研究，但存在严重不足，必须由他来更正刷新。

第三，研究成果丰硕而基础牢固。季氏佛学以佛教语言为基础，以佛教史、中印佛教文化交流、著名高僧研究为楼台，以学术小品为花鬘，俨然是一座富丽堂皇的佛学宫苑。

季氏佛学自成一派，是中国乃至世界佛学史的一座巍然嵯峨而又光芒四射的新里程碑。然而，谦虚的季羡林辞去了别人送给他的“国学大师”等三项桂冠。他十分推崇马克思主义宗教学家任继愈，说：我不是搞中国文化的，更不是搞哲学的。毛主席最推崇任继愈。说中国文化、中国哲学，你们最好去找任先生。说我是国学大师，是外行话。

三、现代佛教事业的重要推动者

当代中国佛教事业处于两千年来少有的兴旺时期。第一个表现，历史上著名的丛林寺庙，都得以重修，不仅规模扩大，焕然一新，而且香火鼎盛。这是当年敬安、太虚等大师想都不敢想的景象。中国佛教事业兴旺的第二个表现，是各类佛学院相继兴办，高水平的学问僧不断涌现，佛学研究获得了空前的收获，许多佛教典籍获得了整理研究，或者正在进行整理研究。不论是丛林香火还

① 季羡林：《季羡林全集》第15卷，第184页；北京：外语教学与研究出版社2010年版。

② 季羡林：《季羡林全集》第15卷，第348页；北京：外语教学与研究出版社2010年版。

③ 季羡林：《季羡林佛教学术论文集》，第6页；台北：东初出版社1995年版。

是佛学研究，季羡林都是重要推动者，有的是直接的，有的是间接的。

佛教在中国之所以长盛不衰，是因为“存在需要的人们”。需要佛教的人，在中国主要有三部分，一是僧尼和居士，二是佛教信众，三是佛教学者。这三部分人互相之间没有绝对的界限，往往不同身份兼而有之。例如，赵朴初，长期担任中国佛教协会会长，是一位著名居士、学者和诗人，同时又是一位书法名家。季羡林和赵朴初是交往多年的老朋友，是相知相识的同道。但是，季羡林是一位佛学家，不是居士，不是佛教徒。

在宗教生态中，各种不同宗教各有各的位置与状态。在佛教生态中，不同的人也有不同的位置与状态，不同的人有不同的作用。季羡林和赵朴初对中国现代佛教的发展，都起到了巨大的推动作用，只是身份不同，着力点也有所不同。赵朴初的作用不是季羡林所能代替的，同样季羡林的作用也不是赵朴初所能代替的。季羡林和赵朴初，虽然一是佛教学者，一是佛家居士，但两者在佛教事业上志同道合。在《悼念赵朴老》一文中，季羡林写道：“提到赵朴老，我真是早已久仰久仰了。他是著名的身体力行的佛教居士，中国佛协的领导人，造诣高深的佛学理论家。”“赵朴老真正是口碑载道，誉满中外，成为人们景仰的对象。”[①] 季、赵的深厚友谊不仅建立在人格与学养之上，还建立在对佛教基本教义的认同之上。季羡林说：“他那真正体现了佛教基本精神慈悲为怀的人格的魅力却在无形中净化了我的灵魂。我缺少慧根，毕生同佛教研究打交道，却不能成为真正的佛教徒。但是，我对佛教的最基本的教义万有无常（sarvam anityam）却异常信服。我认为，这真正抓住了宇宙万有的根本规律，是谁也否定不掉的。”[②] 季羡林认为，赵朴初参透了人生的奥秘，在遗嘱中用诗歌表达了他的生死观：“生固欣然，死亦无憾。花落花开，水流不断。我

① 季羡林：《季羡林全集》第3卷，第233页；北京：外语教学与研究出版社2009年版。

② 季羡林：《季羡林全集》第3卷，第253页；北京：外语教学与研究出版社2009年版。

25/26 季羡林与赵朴初（1991.2）

25
26

兮何有，谁欤安息。明月清风，不劳寻觅。”其实，季羡林本人和赵朴初一样，也是参透了生死奥秘的。2006年3月，他在《笑着走》一文中写道：“朴老说：别人都是哭着走，独独季羡林是笑着走。这一句话给我留下了很深的印象。我认为，他是十分了解我的。”[①]“他说我笑着走，我是深信不疑的。”[②] 2009年7月11日，季羡林在完成了自己的人生使命之后，独自一人不辞而去，那么安详，那么怡然自在。不是最好的证明吗？

作为一名马克思主义佛学家，季羡林是怎样从承认佛教客观存在，进而发展到喜爱佛教的呢？这里主要有三大原因。

首先，季羡林立足于实事求是。

季羡林认为，作为唯物主义者，“我们必须承认客观实际，一个是历史的客观实际，一个是眼前的客观实际”。[③]他十分同意马克思所讲的宗教是有宗教需要的人们所创造的。他反对用各种手段消灭宗教，因为历史上几次灭佛，都以失败告终。“宗教是在人类社会发展到某一阶段产生出来的，它也会在人类社会发展到某一阶段时消灭。”[④]所以，对包括佛教在内的宗教，一不必去提倡，二不必忧心忡忡，必欲除之而后快。这样，季羡林对佛教所抱的基本态度是承认其客观存在，保持现状不变。这种态度，看似缺乏态度，实际上是唯一正确的态度，对保护佛教起到了极大的作用。

1987年，季羡林在《中国文化与宗教》序言中，再次强调了宗教与文化的关系，主张用科学的态度来研究宗教。他说：“研究中国文化——研究世界文化也一样——应该把宗教考虑进来。一方面不要拜倒在我佛如来莲座之下，口念‘阿弥陀佛’，五体投地，皈依三宝；另一方面也不要横眉竖目，义形于色，三呼打倒，立即动手。前者是蠢材，后者是昏蛋，莲座上的佛像可以砸碎，一些人们心中的佛像通过这种手段是砸不碎的。正确的办法只有一个，那就是，用科学的态度，面对现实，平心静气，对中国文化和宗教的关系，从各方面加以细致的分析，然后从中得出实事求是的结论，用以指导我们的行动。”[5] 季羡林的这一态度，在中国具有学术风向标的意义。自1980年代以来，中国学术界对包括佛学在内的宗教学研究，无论在数量还是质量上，都有很大提升。

1990年12月，季羡林为《陈寅恪先生百年诞辰纪念论文集》写了一篇长序，在《中国文化的内涵》一节里，他先引了陈寅恪的一个观点：“故二千年来华夏民族所受儒家学说之影响，最深最巨者，实在制度法律公私生活之方面，而关于学说思想之方面，或转有不如佛道二教者。”（《金明馆丛书》二编，第250 — 251页）然后，季羡林进一步谈了自己对佛教和中国文化关系的看法。他说：

> 事实正是这个样子。对中国思想史仔细分析，衡之以我上面所说的中国文化二分说，则不难发现，在行的方面产生影响的主要是儒家，而在知的方面起决定作用的则是佛道二家。潜存于这二者背后那一个最具中国特色的深义文化是三纲六纪等伦理道德方面的东西。
>
> 专就佛教而言，它的学说与实践也有知行两个方面。原始佛教最根本的教义，如无常、无我、苦，以及十二因缘等等，都属于知的方面。八正道、四圣谛等，则介于知行之间，其中既有知的因素，也有行的成分。与知密切联系的行，比如修行、膜拜，以及涅槃、跳出轮回，则完全没有伦理的色彩。传到中国以后，它那种无父无君的主张，与中国的三纲六纪等等，完全是对立的东西。在与中国文化的剧

① 季羡林：《季羡林全集》第3卷，第422页；北京：外语教学与研究出版社2009年版。
② 季羡林：《季羡林全集》第3卷，第423页；北京：外语教学与研究出版社2009年版。
③ 季羡林：《季羡林全集》第15卷，第179页；北京：外语教学与研究出版社2010年版。
④ 季羡林：《季羡林全集》第15卷，第180页；北京：外语教学与研究出版社2010年版。。
⑤ 季羡林：《季羡林全集》第14卷，第280页；北京：外语教学与研究出版社2010年版。

烈撞击中，佛教如果不能适应现实情况，必然不能在中国立定脚跟，于是佛教只能做出某一些伪装，以求得生存。早期佛典中有些地方特别强调‘孝’字，就是歪曲原文含义以适应中国具有浓厚纲纪色彩文化的要求。由此也可见中国深义文化力量之大，之不可抗御了。[①]

季羡林的这一段论述，既符合历史事实，又承接了许多老一辈佛学家的观点。对中国学术界的佛学研究向纵深发展，起到了很大的促进作用。

其二，季羡林看重佛教的社会功能。

从承认佛教客观存在的基本态度，发展到喜爱佛教，季羡林有一个发展过程。1986年，季羡林应《文史知识》杂志之邀，写下《我和佛教研究》一文。到1998年，季羡林在手书的条幅《北京寄语》中写道：

佛学为东方文化重要组成部分，产生于尼泊尔及印度而大弘于吾中华，在今后之新世纪中，吾辈之职责即在发扬而光大之。“吾侪所学关天意”，决不可等闲视之。

季羡林对佛教的态度，和十二年前相比，明显升温。因为，经过一系列诸如《再谈“浮屠与佛”》《中国佛教史上的〈六祖坛经〉》《佛教开创时期的一场被歪曲被遗忘了的“路线斗争”——提婆达多问题》《佛教的倒流》等“义理”文章的写作，视野大为开阔和深刻，对佛教的社会功能有了进一步的认识。这种认识又影响到了他的学生和其他学者。佛学家方立天在《佛学智慧是中国文化传统不可分割的部分》中说：“大约20年前，我与季羡林先生一起在人民大会堂参加一次宴会，我问他世界上有这么多不同的宗教，哪种比较好。季先生回答说：‘佛教，因为它讲的道理比较吻合人生与社会的实际。’他的话对我很有启示。”[②] 方立天还说：“关于佛教，我形成了几个观念：缘起、因果、求智、从善、平等、慈悲、中道、圆融。这都是佛教能在当代发挥价值的进步理念。”[③] 显然方立天的这些思想，与季羡林是一脉相承的。

其三，季羡林钟情于佛教的审美功能。

1992年，季羡林完成长文《作诗与参禅》。1995年至2000年，又完成长文《禅趣人生》。自古至今，谈论禅与诗、禅与人生的文章著作，多得难以计数。季羡林说，张中行自称“禅外谈禅”，自己则是“野狐禅”。但是，他相信门外汉、野狐禅有时能看出门道，能一语中的。他的《作诗与参禅》谈审美诗学，《禅趣人生》谈审美人生，和其他许多文章著作比，季羡林的这两篇长文，写得极有见地。

季羡林说：“诗人与禅客，或者作诗与参禅，从表面上来看，是两种性质不同的活动。但是，既然共同点在一个‘悟’字上，则所悟到的东西必有共同之处。作诗的‘悟’，有技巧方面的问题；但是，更重要的是，与参禅一样，悟到的是‘无我’，是‘空’，是内容方面的东西。这些东西都是虚无缥缈的，抓不到看不到的。”[④] 他又用印度“韵论”中的暗示功能来给予说明。他说：“印度古代文艺理论家的这种理论，同我在本文中所讨论的言意关系问题，有相同或者相似之处。中国文艺理论家说，言不尽意；而印度理论家则更进一步说，只有无言，才能尽意。这是两者不同之处。值得注意的是，我在上面引用拉康的理论时说到，能指与所指的关系是暗示。在这里印度理论家所强调的正是这个暗示。”[⑤] 他在《关于神韵》中说：“中国难以理解的神韵就等于印度的韵，中国的神韵论就等于印度的韵论。”“一经采用印度的分析方法，则豁然开朗，真相大白了。”并结合一些有

① 季羡林：《季羡林全集》第14卷，第278页；北京：外语教学与研究出版社2010年版。

②《中国社会科学报》2014年4月21日A05版。

③《中国社会科学报》2014年4月21日A05版。

④ 季羡林：《季羡林谈佛》，第286页；武汉：武汉出版社2014年版。

⑤ 季羡林：《季羡林谈佛》，第288页；武汉：武汉出版社2014年版。

关神韵的典型词句，进行具体分析："不著一字，尽得风流。"字是说出来的东西，不著一字就是没有说出来，因此才尽得风流。"羚羊挂角，无迹可求。"羚羊挂角，地上没有痕迹，意味着什么也没有说出。"空中之音，相中之色，水中之月，镜中之像。"每一句包含着两种东西，前者是具体的，说出来的，后者是抽象的，没有说出来的，捉摸不定的，后者美于前者，后者是神韵之所在。"言有尽而意无穷。"言是说出来的，意是没有说出来的。"得意忘言。"与前句相同。神韵不在言而在意。此外，还有什么"蕴藉""含蓄"等等，无不表示同样的意思。那一些被神韵家推崇的诗句，比如"兴阑啼鸟尽，坐久落花多"等等，这些诗句当然表达一种情景，但妙处不在这情景本身，而在这情景所暗示的东西，比如绝对的幽静、人与花鸟、物与我一体等等。这些都是没有说出来的东西，这就叫神韵。[①] 季羡林对汉语的模糊性，推崇备至。他说："模糊朦胧的语言，也许比明确清晰的的语言，更具有魅力，更具有暗示的能力，更适宜于作诗，更能为作者和读者发挥自己的创造力。"[②] 为什么禅独独在中国发生而又得到比较充分的发展？为什么独独在中国作诗与参禅产生了这样密切的关系？季羡林的回答是："其中之一就是汉字的模糊性。"[③]

《禅趣人生》是季羡林讲自己对人生的体悟。人活九十，说啥都在理。然而季羡林没有倚老卖老，而是实话实说，没有半句假话。他的"养生无术是有术""不完满才是人生""尽人事而听天命""百忍家声"等等，充满应对现实的机趣与智慧。

像季羡林这样，既信马克思主义、又喜欢佛教的知识分子不少。丁宁在《佛面佛心韩美林》一文中说："据我所知，美林亦是马克思主义信仰者，并未信宗教，但他对佛学文化以及佛家艺术颇有研究，一直孜孜不倦地探索。"并说自己："自参加革命以后，便只信仰马克思主义，但认为佛的教旨：普度众生，扬善戒恶，与我们共产党人的理想并不相悖，是真理就当敬之、仰之。”（《中国艺术报》2014年6月9日）从思想上讲，季羡林喜欢佛教，和丁宁、韩美林是一致的。

作为中国现代佛教事业的重要推动者，季羡林从1999年起，和汤一介一道，担任《中华佛教史》总主编，为这套集大成之作付出了毕生的努力。《中华佛教史》汇聚中国现代一大批佛教文化研究精英，历时十五载，全书共11卷，约500万字，上起汉魏，下及近代，是中国佛教研究史上的一部划时代巨著。据汤一介在《〈中华佛教史〉成书纪》中讲：“1999年冬，山西教育出版社约请季羡林先生主编一套多卷本《中华佛教史》。其时，季先生年近九十，因身体的原因，季先生向出版社提出由他和我共同主编。”[④] 到2014年5月，这套巨著终于问世，并于7月21日在北京召开新书发布会暨学术研讨会。此时，季羡林已逝世五年，汤一介也于2014年9月9日谢世。然而，他们为《中华佛教史》所付出的辛劳，具有永恒的价值。

季羡林为《中华佛教史》作总序《为什么起名〈中华佛教史〉》，要求这部巨著具有三个基本特点：“第一，就是我们不止说汉族的事情，也介绍我国其他有关的少数民族的情况；第二，我们对古代西域佛教史的发展有比较详细的论述；第三，现在写这部书不仅有学术意义，而且还有现实意义。”[⑤] 并且指出：“中国人民不管信佛教与不信佛教的，都必须了解佛教的真相，这会大大地促进社会主义和谐社会的发展。”[⑥]

除了总体设计之外，季羡林和汤一介一起组织了一支一流的专家队伍。杨文在《历尽波折，终成巨制》中说：“一时汇聚了如此多的精英翘楚，一者归

① 季羡林：《季羡林全集》第17卷，第544页；北京：外语教学与研究出版社2010年版。

② 季羡林：《季羡林谈佛》，第291页；武汉：武汉出版社2014年版。

③ 季羡林：《季羡林谈佛》，第293页；武汉：武汉出版社2014年版。

④《中国社会科学报》2014年11月14日A08版。

⑤ 季羡林：《季羡林全集》第6卷，第768页；北京：外语教学与研究出版社2009年版。

⑥ 季羡林：《季羡林全集》第6卷，第768页；北京：外语教学与研究出版2009年版。

27 季羡林、汤一介总主编《中华佛教史》丛书

27

因于佛教讲的‘因缘凑合’，二者是大家对学术的虔诚、信心，而更重要的是赖了季先生和汤先生的威望和号召力。之后，编委会多次召开会议，拟定体例，讨论样章。在编委会上，季羡林先生多次强调，《中华佛教史》一定要代表21世纪的水平，一定要体现全国最高的权威。季先生说，研究中国佛教史，中国学者应该当仁不让，但我们在这个方面明显不足，我们的队伍建设还不够。只有扎扎实实把这些年的成果都通通研究过，我们这个书才能站得住脚，才能体现中国学者在佛教史上研究的水平。我们希望通过这套书，提高中国学者在世界上的地位。”①

季羡林不仅宏观上指导《中华佛教史》的推进，而且以具体的行动来支持其早日完成。杨文写道：“在季先生和汤先生的指导下，这样一套体大思精的著作，有条不紊地顺利推进。九十高龄的季先生亲自承担了西域卷北道佛教中焉耆和龟兹部分，到2002年4月，季先生做了白内障手术，在视力只有0.2的情况下，完成了5万多字的书稿。这5万多字的文稿都是手写的，稿纸摞起来足有一尺厚。为了一篇资料，季先生托人在日本、德国、印度寻找，那一章为此推迟了整整三个月。季先生的严谨、勤勉，为参与写作的作者树立了榜样。”② 2009年季羡林逝世时，只有近一半书稿交付出版社，临去世前，他还在惦记《中华佛教史》的出版。“2010年，汤先生对原先的计划做出了调整。原来规划的西域卷、敦煌卷、西夏卷由于写作停滞，只好忍痛放下，以待来日。特别要提到的是，由于年代久远，季先生5万字的手稿最后也不知去向，殊为可惜。后来汤先生将季先生关于西域佛教的文章编成一

册，使读者可以了解季先生关于西域佛教的基本观点，借以弥补手稿失佚的缺憾。”[③]

好事多磨。《中华佛教史》经过15年的打磨，终于问世，而且不同凡响。郭文礼、刘继安在《佛教史研究的里程碑——评晋教版11卷本〈中华佛教史〉》中，对它做出了恰如其分的评价，认为此书有四大优长：一、权威的作者队伍。认为：“季、汤二老不辞辛苦、亲自检点督促，各卷作者殚精竭虑、全力以赴。14位业界顶尖学者，前后耗时15年之久，数易其稿，多次研讨，反复论证，最终形成洋洋五百万字的成果。”二、创新的体例架构。认为：“本书的编写不是人云亦云，简单地重复前人已有的研究成果，而是打破常规思维的定势，提出了全新的见解。见人之所未见，发人之所未发。……这种创新的书写方法，都使得《中华佛教史》的结构更加科学、合理、完善，更能够反映出中华佛教两千多年的全貌及其规律和特点。”三、新颖的观点论述。认为：“与以往以时间为纵线，一以贯之、先后道来的佛教史著作不同，《中华佛教史》将断代史与专题史融为一体，既有从汉魏两晋南北朝至近代的相互连贯的断代史著述，又有佛教文学、佛教美术、南传藏教、中外交流的专题史著述，这就使得佛教史研究具有了更开阔的视野和更深刻的角度。这为以后的佛教史研究，甚至为其他学科的综合性研究开辟了一条新路。”四、宏大的学术视野。认为：“在立意之初，《中华佛教史》就是站在了一个放眼中华各民族、促进全世界相互了解的广阔角度来开始研究的。……作者们在写作文体上打破了原有学科的界限，熔佛学、历史、哲学、美学、民俗、考古和人类学与文学于一炉。书中既有中国佛教与原始佛教的一般性研究，又有50年来学界田野考察研究报告的积累，综合性专著与专门性研究一张一弛，浑然

①《中国社会科学报》2014年11月14日A08版。

②《中国社会科学报》2014年11月14日A08版。

③《中国社会科学报》2014年11月14日A08版。

28 季羡林与汤一介
29 季羡林与荣宏君

28

29

一体。”两位作者认为：“总而言之，作为中国佛教研究的里程碑式著作，《中华佛教史》的成功出版不仅是一个总结，更是一个开端。”[①] 今天，我们在评价季羡林为促进中国佛教事业所作贡献时，对他为《中华佛教史》的付出，应该心怀敬意地书上一笔。

季羡林在晚年，为我们留下了一笔宝贵的文化遗产——《季羡林说佛遗稿汇编》。季羡林2008年与荣宏君约好，挑选出中国佛教史上有重要影响的108位高僧，由季先生以毛笔书法形式将这些高僧大德的偈语或诗句录下来，由荣宏君召集名画家来诠释其内容，最后结集出版。季羡林亲自定书名为《季羡林说佛》。[②] 但是，天有不测风云，写到第35位高僧时，因诡秘的“藏品流失事件”而不得不中断。季羡林逝世后，荣宏君几经努力，将这35幅书法作品，配以高僧简历和适当注释，以《季羡林说佛遗稿汇编》的书名出版。荣宏君说：“我深知自己学识浅陋，对佛学更是一知半解，根本没有资格给大学者季羡林先生的作品作注，所以在写作的过程中一直怀着诚惶诚恐之心，恭恭敬敬地选读相关典籍，每篇小文均几经斟酌方敢下笔。我因喜爱传统文化与季羡林先生结缘，又因为季先生的这批书法作品而使我走进了中国佛学的殿堂。这半年多来，研读高僧传，潜心领悟有关的佛学思想，着实使我受益匪浅，也真正懂得了季羡林先生一直强调的要了解中国传统文化就必须要懂得中国佛学的必要性。”[③] 荣宏君的这段心灵自白式的编后语，道出了一位后学的学习心得。我们完全相信，其他读者读了这本《季羡林说佛遗稿汇编》，一定也会感同身受。此书的一个创举，是将现代高僧李叔同与历代高僧道安、法显等并列，而居于书首。季羡林写道：“高僧文化恐为中国所独有，只要读一读那连篇累牍的高僧传，便可窥见其中原因。谨按时代顺序选出一百零八人，近代出家的名人如弘一法师李叔同，我也想把他归入高僧之列。[④] 这寥寥数语，意义非凡。以后若有人继历代高僧传之后，写清代和民国的《高僧传》，弘一法师不但是当然人选，而且是入选标准。《季羡林说佛遗稿汇编》的书名由中国书法家协会主席张海题写，书画家张风塘作序《老境如蚕已再眠——浅谈季羡林先生书法艺术》。张风塘引启功的话，说：“自古以来，中国两种人的书法写得最好，一是三岁孩童，二是积学大儒。”“当代国学大师季羡林先生，就是启功先生所说的积学大儒，他的书法艺术，犹如他的国学成就，让人产生无限的仰慕。”[⑤]

季羡林年轻时练过书法，后来不再坚持。晚年有人求字，他说，你不嫌丑，我给你写。我们认为，他写的字幅，有好有不好，各人有各人的标准。但是，晚年这35篇书法，用启功的观点一衡量，皆是上品。此时的季羡林已经97岁，视力模糊，四肢无力，而头脑清晰。这些作品，实际上是用心写的，没有刻意布局，只是信手写来，如梦中飘香，眠蚕吐丝，一切是那么纯粹，那么自然。然而，正是这纯粹和自然，记录了这位积学大儒生命的最后时光。张风塘说，这本书的出版，是季先生之幸，是荣先生之幸，是读者之幸，更是学术界之

① 《中国社会科学报》2014年11月14日A08版。
② 季羡林：《季羡林说佛遗稿汇编》，荣宏君编注，第134页；上海：上海三联书店2013年版。
③ 季羡林：《季羡林说佛遗稿汇编》，荣宏君编注，第134页；上海：上海三联书店2013年版。
④ 季羡林：《季羡林说佛遗稿汇编》，荣宏君编注，第5页；上海：上海三联书店2013年版。
⑤ 季羡林：《季羡林说佛遗稿汇编》，荣宏君编注，第1页；上海：上海三联书店2013年版。

30 季羡林书（唐）玄奘三藏诗和（唐）窥基诗

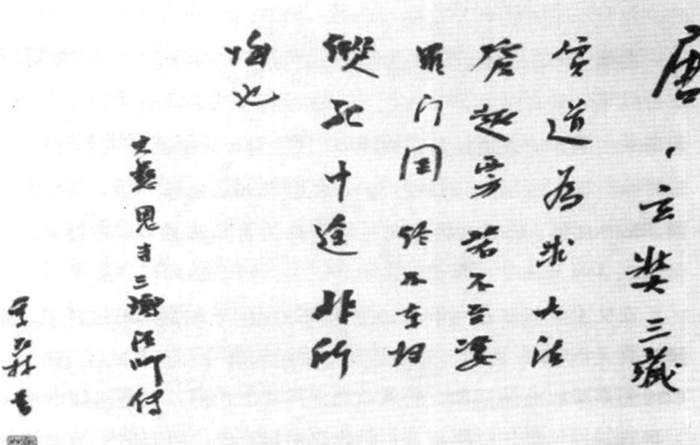

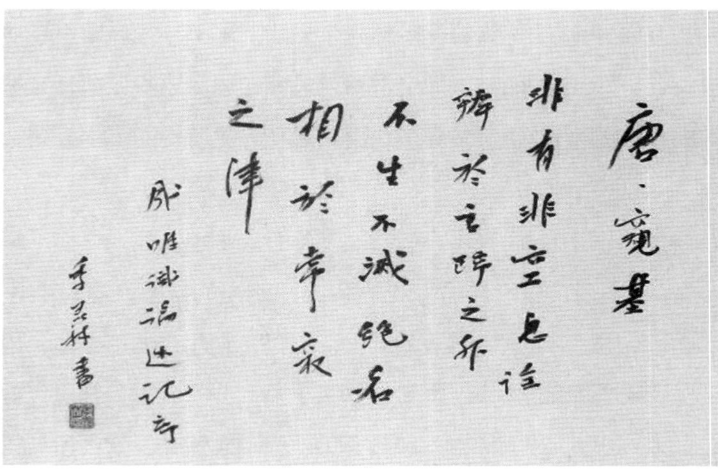

30

大幸。我以为，这应该再加一句，是中国佛门和所有善信百姓之大幸！

由于季羡林以马克思主义为指导，在学术思想上高屋建瓴，又以佛教语言研究为基础，所以他的佛学论著都是发前人之未发，具有极大的开拓性和创新性。他对于佛教的科学定位，反对历史虚无主义，反对否定佛教和一切宗教的极端思潮，在当时起到了定海神针的作用。方立天说："学者与信众的互动对未来有很大影响，学界的客观研究成果有助于提升佛教文化品位，增加其理性成分，减少盲目性、极端性、狂热性，真正把握智慧、道德和利他精神。"[①] 毋庸置疑，季羡林是中国现代成果最博大精深、影响最广阔深远的佛学家。

由于季羡林看重佛教的社会功能，使得他的佛学研究从高深艰涩的梵文、巴利文、吐火罗文研究，走向社会，走向信众，走向平民百姓。对古代佛教语言的创造性研究，奠定了他世界佛教语言学家的地位，同时也为他日后将佛教研究推向中国社会，奠定了信任基础。这是佛学家与高僧的区别。有的高僧，德昭天下，信众如云，但就是有许多人不信；而这些人对季羡林这样的佛学家往往是心悦诚服的。佛学家有佛学家的作用，高僧有高僧的作用。佛教的社会功能，是这位不信佛的佛学家毕生重视佛教研究的重要出发点。2007年7月，他在和梁衡谈话中依然表示自己不信佛，但相信佛教将长期存在下去："恐怕到共产主义也消亡不了，人的心理问题没有那么简单。""因为科学解决不了所有的问题，剩下的只好求助宗教。"[②] 他欣然出任无锡灵山书院名誉院长，书写"灵山书院"院名，并致信书院各位同仁。他在信中说："在两千年的发展过程中，佛教从一个外来的宗教，衍变为像是在中国土生土长的一样。到今天，佛教已经是中国文化不可或缺的组成部分。我们无法想象也不敢想象，如果没有佛教的传

①《中国社会科学报》2014年4月21日A05版。

② 蔡德贵编著：《季羡林年谱长编》，第235页；长春：长春出版社2010年版。

入，今天的中国文化会是什么样子。”“我们今天尝到了和谐社会的好处，而佛教教义本身也是强调和谐的。所以，今天研究佛学不但有学术意义，还有现实意义。”[①] 可以说，晚年季羡林一再强调和推动我国佛学研究，是其落实社会和谐发展观的自觉行为。

季羡林曾为佛教事业写过许多祝词、题词、贺信，如《致敦煌藏经洞发现一百周年庆祝大会的贺信》《致陕西西安凤翔法门寺的贺词》《致第二届房山石经文化研讨会的贺信》《致在新疆召开的龟兹学国际学术研讨会的贺信》《致吐鲁番学国际学术研讨会的贺电》《致“重走唐僧西行路”活动的贺词》《致“转型期的敦煌学——继承与发展”国际学术研讨会的贺词》《致第三届龟兹学学术研讨会的贺信》《致灵山书院的贺信》《为老友圣严法师圆寂亲撰的唁电》《致第二届世界佛教论坛的贺词》等等。于2009年3月28日在江苏无锡开幕、4月10日在台北闭幕的第二届世界佛教论坛，由中国佛教协会、国际佛光会、香港佛教联合会和中华崇圣文化交流协会共同主办，来自50多个国家的高僧、政要、学者专家2000多人出席。季羡林发去贺词：“和谐世界，众缘和合，人间和美，天下大同。祝贺第二届世界佛教论坛隆重开幕，祝大会圆满吉祥。”[②]。这个贺词写于2009年3月22日，是季羡林为佛教事业所写的最后一个贺词。发出贺词后几个月，一生支持、呵护佛教事业的佛学家季羡林，永远地离开了这个世界。

方立天说：“学者与信众互动也有助于整个佛教健康良性地发展，促进宗教学术的研究，增强学界研究的责任感、使命感，丰富宗教学内涵，在相互理解中促进彼此和谐，推动整个国家的文化建设。”[③] 重视佛教的社会功能，佛学家和高僧大德之间的合作空间非常广阔。季羡林是这种合作的榜样。

由于季羡林钟情于佛教的审美功能，并在晚年发表了若干篇讨论禅与诗、模糊美学和中印诗学的文章，无形之中拉近了他与广大美学、文艺学、比较文学研究者的学术距离，也无形之中拉近了禅佛和他们的距离。这批研究美学、文艺学、比较文学的学者，思维活跃，数量不少，而他们的学生数量更是巨大。也就是说，季羡林重视佛教审美功能，与当代热门学科和青年学生的距离大为缩小。

季羡林一向厌恶义理，钟情考证。晚年热衷于美学、文艺学、比较文学这类义理之学，对他来说是一场“毶毵革命”。这在中国和世界学术史上是罕见的。正是由于季羡林的努力，使得中国诗学与印度诗学互相印证，让一些说不清、道不明的命题，有了比较清晰的概念与理解。

季羡林从佛教美学出发，对中国印度诗学

① 蔡德贵编著：《季羡林年谱长编》，第242页；长春：长春出版社2010年版。
② 蔡德贵编著：《季羡林书信集》，第192页；长春：长春出版社2010年版。
③《中国社会科学报》2014年4月21日A05版。

特别是神韵论和韵论做出了自己的阐释。与此同时，季羡林还运用中印美学的模糊性来解决一些在现实社会中难以排解序列的难题。在《漫谈北大派和清华派》中，季羡林讲两校的同一性：力量匹敌，无从轩轾。但是在两校风范方面，“我想说，北大的风范可以用人们对杜诗的评论‘沉郁顿挫’来概括，而对清华则可用杜甫对李白的评价‘清新俊逸’来概括”①。真是信手拈来，妙不可言。

20世纪80年代，中国兴起了持续的国学热，研究中国文化的热潮不断高涨。1987年10月，季羡林在为笔者编选的《中国文化与宗教》一书所写的序言中指出：“研究中国文化——研究世界文化也一样——应该把宗教考虑进来。”② 到2007年3月，他进一步指出：“历史不断发展，不断地融入，这是没有时间界限的。儒家、道家是传统文化，佛教也是啊，把佛家排除在外，是不对的。”③ 季羡林的这些观点，既维护了国学的完整性，又有利于佛学研究的发展。

季羡林晚年，从考证迈向义理，涉足美学、诗学、国学，并非突兀而来，而是以佛学特别是佛教美学和中印文化交流为重要牵引，触类旁通，是一位博大精深、彻悟佛法真谛的伟大佛学家。

① 季羡林：《季羡林全集》第8卷，第184页；北京：外语教学与研究出版社2009年版。

② 季羡林：《季羡林说国学》，第171页；北京：中国书店出版社2007年版。

③ 季羡林：《季羡林说国学》代前言，第2页；北京：中国书店出版社2007年版。

31 季羡林青铜座像（纪峰塑）

第三章
开宗立派的东方学家

第三章

开宗立派的东方学家

在当代中国，季羡林是一位学问大家，中国东方学的奠基者，一位公认的学术领袖，有“学界岱宗”之称。季羡林治学之道是中国乾嘉学派和德国梵学派相结合的产物，构成了中国东方学和东方学方法论的基石。研究季羡林治学之道，不但是学习、继承季羡林学术的重要内容，而且是研究中国东方学和东方学方法论的基础性课题。

一、中国东方学的奠基人

中国东方学是以中国学者为主体创造、营建的研究东方的学问。它显然不同于西方的东方学（Orientalism）[①]。东方学最早出自西方著作，是指西方人研究东方的学问，包括诸多分支，如中国学、伊朗学、印度学、埃及学、亚述学，等等。西方从东方获得的知识、技术和思想，成了社会发展前进的强大动力。后来，随着资本主义的发展，西方的东方学逐渐变味。对于这种变了味的东方主义，提巴威（A.L.Tibawi）、萨义德（Edward Said）、齐亚乌丁·萨达尔（Ziauddin Sarder）等学者给予了批判。萨达尔说：“东方主义学问过去是——现在也是——有关政治欲望的学问：其将西方的欲望

32 季羡林任北大教授，创办东方语文学系并任系主任（1946）

32

融入诸学科中，并且将这种欲望投射到有关东方的研究中。”它“变成了一个使自己永存不废的封闭的传统，它盛气凌人地抵抗所有内部的和外部的批判；其变成了一种专横的制度，今天，它依然如殖民时代一样活跃”。[②] 萨达尔还进一步指出：“权利是东方主义的一个本质因素。”“东方主义正是在于证明其对亚洲人民的剥削以及政治征服是合理正当的。”[③]

中国东方学和西方恰恰相反，以人类全部历史为考量，客观、公允地评价东方文明，对西方文明给予认真分析、理性批判和充分借鉴，旨在为建立以“世界大同”为特征的人类新文明贡献力量。季羡林以其70多年学术生涯，和其他诸多学者共同创建了中国东方学，成为中国东方学最重要的奠基人。

（一）非凡的学术人生和学术领域

1930年，季羡林从山东济南高中毕业，同时考取北京大学和清华大学。因清华出国留洋机会多，他入清华大学读西洋文学系。1935年，考取官费留学德国哥廷根大学，主修印度学。1941年，以全优成绩获哲学博士学位。由于二战，直到1946年才有机会回到祖国。其后，由陈寅恪推荐，他被北京大学校长胡适破格聘为教授，出任新建的东方语文学系主任。大学里谋职，历来不易。季羡林在清华大学曾听过陈寅恪的课，对他一向敬重。1946年1月23日季羡林在瑞士，因为陈寅恪写信告诉他，北大想设东方语言系，让他

① Orientalism，又译“东方主义”。

②［英］齐亚乌丁·萨达尔：《东方主义》，马雪峰、苏敏译，第7页；长春：吉林人民出版社2005年版 。

③［英］齐亚乌丁·萨达尔：《东方主义》，马雪峰、苏敏译，第15页；长春：吉林人民出版社2005年版 。

把学历寄出，于是季羡林给北大文学院院长写了一封信。1946年5月24日，季羡林在上海收到汤用彤的信，说他“已经被任为北京大学教授”。6月19日在南京，他又“接到北大寄来的临时聘书”。1946年9月21日，季羡林从上海经海路，转道秦皇岛回到阔别十一年的北平。第二天，即9月22日，在阴法鲁的带领下去见汤用彤。“他告诉我，北大向例（其实清华也一样）新回国来的都一律是副教授，所以他以前就这样通知我，但现在他们想破一次例，直接请我作正教授，这可以说是喜出望外。”① 到10月7日，季羡林“看到汤先生的条子，就到院长办公室去，他告诉我，他刚同胡适之先生谈过，让我担任新成立的东方语文学系的主任，我谦辞了一阵，只好接受”②。从此，现代学科意义上的中国东方学正式开创，季羡林本人也踏上了漫长的中国东方学的营建之路。

到晚年，季羡林这样总结自己的学术领域：“根据我自己还有些朋友的归纳统计，我的学术研究涉及的范围约有以下几项：1. 印度古代语言，特别是佛教梵文；2. 吐火罗文；3. 印度古代文学；4. 印度佛教史；5. 中国佛教史；6. 中亚佛教史；7. 糖史；8. 中印文化交流史；9. 中外文化交流史；10. 比较文学及民间文学；11. 美学和中国古代文艺理论；12. 德国及西方文学；13. 中西文化之差异和共性；14. 散文及杂文创作。”③

以上14个领域的贡献，我们将它们概括成五大项。

第一项贡献是对佛教语言（包括梵语、巴利语、吐火罗语等）的研究。季羡林在“夫子自道”的“真话”中这样认为，他的学术研究的第一阶段是德国十年，研究的主要方向是原始佛教梵语。主要成果是他的博士论文《〈大事〉伽陀中限定动词的变化》，以及另外两篇发表在哥廷根科学院院刊上的讲不定过去时和讲-aṃ>o,u的比较的重要论文。这算是他研究佛教梵语的第一次高潮。

1956年，季羡林写出《原始佛教的语言问题》，1958年，他写出《再论原始佛教的语言问题》，1984年，他写了《中世印度雅利安语二题》和《三论原始佛教的语言问题》。季羡林心目中将这四篇文章看得很重，“可以算是第二次高潮吧！”[④] 而且说：“我相信，在今后图书资料条件日益改善的情况下，必将有一个第三次高潮出现，而且是一个高于前两次高潮的最高的高潮。”[⑤] 1985年，季羡林将四篇文章结集以《原始佛教的语言问题》的书名出版。

在第一次高潮时，季羡林写了一篇文章，讲《福力太子因缘经》的诸异本，解决了吐火罗文中的一些问题，确定了几个过去无法认识的词的含义。[⑥] 20世纪70年代，中国新疆出土了吐火罗文A（焉耆语）的《弥勒会见记》剧本残卷。“到了20世纪90年代后期，我集中精力，把全部残卷译成英文。……即使我再谦虚，我也只能说，在当前国际吐火罗文研究最前沿上，中国已经有了位置。”[⑦] 季羡林的这些研究成果在西方的刊物上发表，并以《吐火罗文〈弥勒会见记〉译释》的中英文合璧的形式，收在《季羡林全集》第11卷中。

第二项贡献是对中外文化交流的研究。从1940年代开始，季羡林就重视中外文化交流研究。纵观他的全部学术成果，中外文化交流是贯穿始终的一条红线。在晚年的《病榻杂记》中，他说：“我是一个文化多元论者，我认为，文化一元论有点法西斯味道。在历史上，世界民族，无论大小，大多数都对人类文化做出了贡献。文化一产生，就必然会交流，互学，互补，从而推动了人类社会的进步。我们难以想象，

① 季羡林：《此心安处是吾乡：季羡林归国日记1946—1947》，第80页；长春出版社2015年版。
② 季羡林：《此心安处是吾乡：季羡林归国日记1946—1947》，第91页；长春出版社2015年版。
③ 季羡林：《季羡林全集》第5卷，第464 – 465页；北京：外语教学与研究出版社2009年版 。
④ 季羡林：《原始佛教的语言问题》，第4页；北京：中国社会科学出版社1985年版。
⑤ 季羡林：《原始佛教的语言问题》，第6页；北京：中国社会科学出版社1985年版。
⑥ 季羡林：《病榻杂记》，第213页；北京：新世界出版社2007年版。
⑦ 季羡林：《病榻杂记》，第214页；北京：新世界出版社2007年版。

如果没有文化交流，今天的世界会是一个什么样子。在这方面，我不但写过不少文章，而且在我的许多著作中也贯彻了这种精神。长达约八十万字的《糖史》就是一好例子。”[①]

在七十多年的学术人生中，“最让人震惊的是，季羡林在耄耋之年发表了‘三十年河东，三十年河西’论，在学术界引发轩然大波。纵观季羡林的学术人生，‘河东河西论’是其最激烈、最鲜明、最先锋的学术思想。‘河东河西论’既有重大理论价值，也有重大的社会意义”。“‘河东河西论’是季羡林晚年在学术思想上的最大贡献，也是其一生中最重要的理论贡献之一。”[②]而这一理论贡献，也是建立在他长期进行中外文化交流研究所取得成果的基础之上。当时，“它作为中国和平崛起的先兆，昭示着以文化学术复兴为核心内容的中华民族伟大复兴即将到来”[③]。时代发展到现在，中国国际地位的巨大变化，不正印证了“季氏判断”的科学性吗！当然，季羡林是位乐观主义者、和平主义者，他认为：只要我们共同学习，努力互相了解，“不管还需要多么长的时间，人类有朝一日总会共同进入太平盛世，共同进入大同之域”[④]。

第三项贡献是佛教史研究。“1946年回国以后，由于缺少最起码的资料和书刊，原来做的研究工作无法进行，只能改行，我就转向佛教史研究，包括印度、中亚以及中国佛教史在内。”[⑤]季羡林的佛教史研究，以佛教发展传播史为重点，同时，与他的佛教语言研究密切结合，与他的中外文化交流研究相交叉，所以形成了两个显著特点：一是求索历史真相，二是善于解析高端难题。有了这两点，季羡林的佛教史研究，在中国和世界佛教研究史上，独树一帜，令人瞩目。他的研究成果，主要集中在《季羡林佛教学术论文集》（台湾东初出版社）和《佛教十五题》（中华书局）之中。

在佛教史研究中，季羡林看重《佛教开创时期的一场被歪曲被遗忘了的

"路线斗争"——提婆达多问题》一文，他说："在印度佛教史方面，我给与释迦牟尼有不共戴天之仇的提婆达多翻了案，平了反。"撰写此文的动机，出于问题的重要性而长期被忽视。他在文章的开头即说，这是佛教史上的一个重要问题。以后再写印度佛教史，不应再忽略这个事实。[⑥]正如季羡林在晚年所说："在长达半个世纪的漫长的年代里，不管我的研究对象'杂'到什么程度，我对佛教研究始终锲而不舍，我在这方面的兴趣也始终没有降低。"[⑦]这种坚持的一个重要成果，是他的《佛教的倒流》一文。此文不但第一次详尽地梳理了中国佛教倒流印度的特异现象，而且深刻地分析和回答了三个问题：为什么只有佛教才有"倒流"现象？为什么只有佛教大乘才有"倒流"现象？为什么只有中国人才能把佛教"倒流"回印度？这样，就为中印佛教交流史研究，开启了一个新的重要课题。

第四项贡献是对印度文学的翻译与研究。中国印度之间的文学交流，历史悠久，影响深远。东汉以后的中国文学，实际上是中国先秦、秦汉文学和印度古代文学（以佛教传播为主要渠道）相融合的产物。由于宗教的排他性，印度文学的主流（吠陀教、印度教）作品，并没有传播到中国来，即使有，也只是夹杂在汉译佛经中的吉光片羽。这种局面直到近代才被慢慢打破。但是，早期的印度文学的翻译，大多数由英语、法语等译本转译而来，真正从梵文原典将印度文学的主流作品翻译介绍到中国，并进行学术研究的，季羡林是第一大家。

第五项贡献是散文创作。季氏散文中，属于纯粹"学术小品"的几乎没有，倒是他的学术论文

① 季羡林：《病榻杂记》，第212页；北京：新世界出版社2007年版。
② 郁龙余等：《梵典与华章》，第498页；银川：宁夏人民出版社2004年版。
③ 郁龙余等：《梵典与华章》，第498页；银川：宁夏人民出版社2004年版。
④ 季羡林：《季羡林全集》第6卷，第430页；北京：外语教学与研究出版社2009年版。
⑤ 季羡林：《病榻杂记》，第212页；北京：新世界出版社2007年版。
⑥ 季羡林：《季羡林全集》第15卷，第184页；北京：外语教学与研究出版社2010年版。
⑦ 季羡林：《我和佛教研究（代序）》，载《佛教十五题》，第1页；北京：中华书局2007年版。

33 季羡林在“北京大学东语系建系20周年暨季羡林先生执教50周年庆祝会”上发言（1996.5）

33

中，不少具有散文的特色，如《一个流传欧亚的笑话》《说嚏喷》等等。季羡林常说，散文是他的副业。但是，散文对季羡林的一生而言，意义远远超出了散文本身。正是散文这项副业，才使这位梵文、巴利文、吐火罗文的专家为广大国人所熟识。没有散文的季羡林，必将是另外一个季羡林。散文，成了一般读者和这位冷僻专业学者之间的桥梁。季羡林的散文，是当代中国“学者散文”的代表。

（二）从首席印度学家到东方学奠基人

上述季羡林的五大贡献，除了散文创作之外，大都可以归为印度学研究。季羡林用人生中七十多年的时间，以著作等身的学术成就，将自己打造成为中国的首席印度学家。

然而，季羡林长期担任北京大学东方语言文学系主任，始终没有忘记自己肩负的责任。季羡林几十年的老搭档贺剑城说：“如无特殊情况，我们的系主任总是按时来系里办公，他可不是挂名的系主任！”[①] 他的同事尽可能多地分担行政工作，好让他尽可能多地集中时间为中国东方学的发展做工作。正如王邦维所说，季羡林在任北京大学东方学系系主任前后逾三十年里，从筹划专业设置，到倡导学术研究，“以身作则，身体力行，著作等身，中国东方学研究开创至今，有今日之规模与水平，先生厥功甚伟，贡献至大”[②]。我们来简单回顾一下季羡林为中国东方学所付出的劳动：

季羡林对东方学的研究，是从东方语文学开始的。1946年7月，在《大公报》发表《东方语文学的重要性》，12月在《大公报》又发表《关于东方语文学的研究》。1947年5月发表《东方语言学的研究与现代中国》（《文讯月刊》第7卷第4期）。季羡林这里所说的“东方语文学”“东方语言学”，实际上就是以文学、语言学为主的东方学。八年抗战，三年内战，国家衰败到了极点。整个东方语文学系，门庭冷落，凄凄惨惨戚戚。季羡林这个东方语文学系主任，真可谓“筚路蓝缕，以启山林”。这几篇文章，是季羡林为中国东方学发展发出的最早的呼声，呼吁社会重视，招徕学生就读听课。

中国东方学的真正发展，是在新中国成立之后。“本来东语系是北京大学的一个小系，1949年暑假后忽然变成了文科第一大系，语言增加到11种。”[③]季羡林在1958年发表《最近几年来东方语文研究的情况》（《中国语文》1958年6号），1959年又发表《五四运动后四十年来中国关于亚非各国文学的介绍和研究》（《北京大学学报》1959年第2期），记录了东方学在中国的发展路程，也记录了季羡林作为一个东方学家的心路历程。他说：“尽管我们在过去几千年内对东方国家可以说是有过一些研究，我们在这一方面也的确做了不少极其有价值的工作；但是真正从一个新的正确的角度来看东方文化，在一个崭新的基础上建立东方语文的研

① 王邦维主编：《季羡林先生与北京大学东方学》，第58页；银川：阳光出版社2011年版。

② 王邦维主编：《季羡林先生与北京大学东方学》，第2页；银川：阳光出版社2011年版。

③ 王邦维主编：《季羡林先生与北京大学东方学》，第56页；银川：阳光出版社2011年版。

究，现在还是第一次。因此，我们说：解放是东方语文研究的转折点。”[1] 这两篇文章反映出，尽管中国东方学的建立充满着曲折、困难，但事实证明东方学在新中国真正发展起来了。

“文革”之后，中国进入改革开放年代。中国东方学迎来了自己的春天。

1979年，《东方研究》创刊，季羡林担任主编。一方面将眼光落在北京大学三个外语系、两个研究所身上，一方面又寄希望于校外的力量。他在《东方研究》（文学专号）的《前言》中说：“如果加以组织，帮助解决一些具体问题，我相信，他们的积极性是能够调动起来的，他们的潜力是能够发挥出来的。”[2] 这说明，季羡林的眼光是深远而宽广的。

1980年，他在《东方研究》（历史专号）的《前言》中，一方面坦诚地承认，“总起来看，我们国家研究东方各国历史的基础是相当薄弱的”，另一方面他又清楚地看到了自身的优势和责任：“我国几千年来保留下来了大量的史籍，其中有很多有关东方国家的记载，这些记载一般都是翔实可靠的。对许多国家来说，这些记载都是非常宝贵的。世界各国研究东方史的学者都可以利用这些资料。但是，‘近水楼台先得月’，我们国家研究东方史的学者利用起来会更容易，更方便，因而也就更有责任把这些史料整理好、利用好，写出价值比较高的著作。这是全世界东方史学家对我们的希望，也是我们义不容辞的责任。”[3]

1983年，季羡林主编《东方文学简史》，在题为《必须加强对东方文学的研究》的《代序》中强调：“在评价东西方文学时，都要实事求是，既不能说东方什么都是第一，也不能妄自菲薄，更不能容忍欧洲中心主义对东方文学的歪曲。”[4] 季羡林对东西文学的这一看法一以贯之。

1984年，为《东方文学作品选》作《序言》，他说：在读者中，特别是青年中间，对东方文学的爱好日益强烈，“这是一件很值得祝贺的事情”[5]。

1984年，创办《东方世界》，季羡林在《发刊词》中开宗明义地告诉人们，他希望对东方的研究是多方面的：“介绍东方国家的政治、经济、文学、艺术、哲学、宗教、风俗、习惯等等方面情况，给我们的人民提供一些这方面的材料。”在这里，他对东方学下了一个定义。目的是“借此以加强中国同东方国家的互相了解，增进我们彼此的友谊”[6]。

1984年，陶德臻主编《简明东方文学史》，季羡林在《序言》中说：“我们的不足之处，我们是知道的。但是我们在这方面的责任，我们也是清楚的。考虑到我们的责任，我们不敢妄自菲薄，我们不敢藏拙，我们勇敢地献出了我们的成果，海内外的读者是我们最好的评论者，我们热切地等待着他们的评论。”[7]

1987年，季羡林为70多万字的《东方风俗文化词典》写序，认为：“风俗习惯是一个民族文化的组成部分，可能还是重要的组成部分。”“我们身为东方人，更应该了解这些风俗习惯。无论是研究工作者，还是外交官、涉外商人，凡是同东方各国民族接触的人都必须了解这些风俗习惯，否则不但工作做不好，而且还会做不下去。”[8]这说明，季羡林的东方学没有书斋腔，有的是接地气，为各行各业服务。

1990年，季羡林好像意犹未尽，又为《东方趣事佳话集》作序，认为“这部书寓深刻的学术内容于明白晓畅的叙述之中”，他相信并希望，这部书和他本

① 季羡林：《季羡林全集》第14卷，第85页；北京：外语教学与研究出版社2010年版。

② 季羡林：《季羡林全集》第6卷，第9页；北京：外语教学与研究出版社2009年版。

③ 季羡林：《季羡林全集》第6卷，第23页；北京：外语教学与研究出版社2009年版。

④ 季羡林：《季羡林全集》第6卷，第55页；北京：外语教学与研究出版社2009年版。

⑤ 季羡林著、王树英编：《季羡林序跋集》，第86页；北京：新世界出版社2008年版。

⑥ 季羡林：《季羡林全集》第6卷，第65页；北京：外语教学与研究出版社2009年版。

⑦ 季羡林：《季羡林全集》第6卷，第103页；北京：外语教学与研究出版社2009年版。

⑧ 季羡林：《季羡林全集》第6卷，第135页；北京：外语教学与研究出版社2009年版。

人与周一良、庞朴主编的《东方文化丛书》“能互相补充，如人之双臂，鸟之双翼，尽上自己应尽的义务”[①]。

1991年，季羡林为《海外中国学家译文丛书》写了一篇长序，认为这些“外来人”“旁观者”研究中国文化、中国问题，能看到我们习而不察的问题。“回看我们中国学术界，注意到这个现象的人似乎还如凤毛麟角。”希望通过这套丛书的出版，“投石击破水中天”，“能改变一下当前这种闭塞的情况”。[②]现在，海外中国学研究已经如火如荼，我们不得不佩服和感谢当年季羡林的远见卓识。

1991年，季羡林为《北大亚太研究》写《序言》，提出了东西方文化让位的问题。他说：“如果我们的眼光不局限于历史上的一两百年、地理上的几千万平方公里，而是上下数千年、纵横数万里，则可以预言，以近代资本主义文化为主体的西方文化，将在这个地区，甚至在全世界，让位于东方文化。东方文化批判继承了西方文化，取其精华，去其糟粕，把人类文化的发展推进到一个更高的水平。”[③]这个观点，在以后的各种发言和文章中，不断得到强调。如在1996年写的《东方文化集成·总序》中说：“只有东方文化能够拯救人类。”“我上面说的千言万语，其核心就是这句短短的话。”[④]季羡林对东西方文化的评价，不仅在中国文化思想史上，而且在世界文化思想史上，产生了深远的意义。

1993年，季羡林为陶德臻等主编的《东方文学名著鉴赏大辞典》作序，说中国研究外国文学有两个“阵营”，即以综合大学外语系科和外国语学院的教师为主的阵营，和以师范大学或师范学院教外国文学的中文系教师为主的阵营。这两个阵营，各有优缺点，正好能相互补充。季羡林正是看到了两个“阵营”的合作精神，使书的质量有了保证，所以“热烈祝贺这一部辞典的出版”。季羡林是中国东方学“两个阵营”（两支队伍）的发现者、阐述者和爱护者。

1993年，季羡林主编长达120多万字的《东方文学史》。此书的最大进步是“不用或者少用第二手资料，资料基本上都采自原著”[⑤]。他写了一篇长序，重申了在《简明东方文学史》序言中的观点，而说得更加辩证、圆融：“我决不是说，西方文化将要消灭，东方文化将代之而起代之而兴。这样说是绝对错误的。西方几百年来所创造的给人类带来福利的文化决不会消失的，而是在同东方文化的融合中，百尺竿头，更进一步。但这种融合也决不会是对等的，平等的。它必然以东方文化为主，再汲取西方文化中有用的东西，使人类文化再迈上一个崭新的台阶，在人类发展史上开一新纪元。”[⑥]

1994年，曹顺庆主编《东方文论选》，请季羡林写序，还请他担任名誉主编。季羡林“乐而为之序”，因为他认为：“这个西方文艺理论体系，同自产业革命以后发展起来的科技方面进步一样，主宰着当今世界上的文艺理论的走向，大有独领风骚之势。新异理论，日新月异，令人目眩心悸。东方学人，邯郸学步，而又步履维艰。”[⑦]又说：“只要稍稍回顾一下我们东方国家文艺理论发展的历史，想一想我们过去的辉煌，就能知道，当前的情况是十分不正常的，是必须加以改变的。”[⑧]而曹顺庆主编的《东方文论选》，正中季羡林改变这种状况的下怀。因此，这位名誉主编竟亲自上马。曹顺庆在《后记》中说：“季羡林先生建议补充波斯文论，并亲自约请了北京大学东语系张鸿年教授补译了波斯文论部分。”[⑨]

① 季羡林：《季羡林全集》第6卷，第184页；北京：外语教学与研究出版社2009年版。
② 季羡林：《季羡林全集》第6卷，第214页；北京：外语教学与研究出版社2009年版。
③ 季羡林：《季羡林全集》第6卷，第224页；北京：外语教学与研究出版社2009年版。
④ 季羡林：《季羡林全集》第6卷，第428页；北京：外语教学与研究出版社2009年版。
⑤ 季羡林：《季羡林全集》第6卷，第328页；北京：外语教学与研究出版社2009年版。
⑥ 季羡林：《季羡林全集》第6卷，第331—332页；北京：外语教学与研究出版社2009年版。
⑦ 季羡林：《季羡林全集》第6卷，第388页；北京：外语教学与研究出版社2009年版。
⑧ 季羡林：《季羡林全集》第6卷，第389页；北京：外语教学与研究出版社2009年版。
⑨ 曹顺庆主编：《东方文论选》，第944页；成都：四川人民出版社1996年版。

34 季羡林与参与《东方文化集成》丛书编纂的学者，左起程郁缀、季羡林、袁行霈、吴同瑞

1996年，季羡林作为总主编，为《东方文化集成》写了个长长的《总序》，继续批判西方文化中心论，并提出了学习的重要性。他说："我认为，我们最重要的任务就是学习，就是了解。我们责怪西方不了解东方文化，不了解东方，不了解中国，难道我们自己就了解吗？如果是一个诚实的人，他就应该坦率地承认，我们中国人自己也并不全了解中国，并不全了解东方，并不全了解东方文化。实在说，这是一出无声的悲剧。"① 学习东方的重要性，恰恰凸显了编纂出版《东方文化集成》的重要性。季羡林没有言过其实，这套大型丛书至今已出版100多种，还在不断出版，已经成了我国当代有重大品牌效应的超大型学术出版物。

1997年，在《东方文化集成》中出版了由他和张光璘编选的上下两册《东西文化议论集》，收录了季羡林和一些学者的文章，有的是支持他的，有的是反对他的。他的态度是："赞成我意见者选，不赞同者也选。决无偏袒轩轾之意。国外的学者的文章涉及这个问题者也一并选入，借以阔大我们的眼界，庶免坐井观天之弊。"② 这两册《东西文化议论集》，现在成了珍

34

贵的历史记录，真实保留了我们学术思想界在20世纪八九十年代所走过的路程。季羡林的东西文化观，正是在这场“议论”中得到了陶冶和考验。

1998年，季羡林为《东方文学概论》作序，表示：“再过两三年，一个新的世纪和千纪就将降临人间，我们今天再强调研究东方文学，有什么特殊的意义和价值吗？至少有颇大的一部人，包括我自己在内，认为是有的，而且对这个意义和价值的认识，较之几十年前东方文学研究初起步时，明确得多了，也深刻得多了。”[③]他说：“对于我这个看法，赞成者大有人在，反对者的队伍也颇雄威。”[④]不争论，在不同意见中坚持前进，让读者和历史来作评论，这是季羡林的智慧。

1999年，季羡林为赵杰的《东方文化与东亚民族》作序，为自己的“怪论”正名。他说：“我的‘怪论’是不能成龙配套的。我讲四大文明体系，又讲东西两大文明体系，还不知天高地厚地讲综合思维模式和分析思维模式，以及‘三十年河东，三十年河西’，又‘预言’21世纪将是东西文化融合而以东方为主的世纪，最后还讲西方文化以‘征服自然’为鹄的，制造了许多弊端，弊端不除，人类生存前途将会异常艰辛，如此等等，不一而足。我名之曰‘怪论’，这是以退为进的手法，我自己实际上并不认为有什么‘怪’，我认为，人类只要还有理性，就必然会得出这样的结论。”[⑤]语气空前坚定、泼辣，可以看到他的东西文化观沿着一个明确的路向，坚定前行，从不动摇，愈老弥笃。

2000年，季羡林为《东方民间故事精品评注丛书》作序，认为：“世界各国各民族几乎都有自己的民间故事。但是，如果从文化、地理或政治上把世界

① 季羡林：《季羡林全集》第6卷，第429页；北京：外语教学与研究出版社2009年版。

② 季羡林：《季羡林全集》第6卷，第434—435页；北京：外语教学与研究出版社2009年版。

③ 季羡林：《季羡林全集》第30卷，第58页；北京：外语教学与研究出版社2010年版。

④ 季羡林：《季羡林全集》第30卷，第59页；北京：外语教学与研究出版社2010年版。

⑤ 季羡林：《季羡林全集》第6卷，第565页；北京：外语教学与研究出版社2009年版。

分为东西两大部分的话，则东方产生的民间故事其数量远远超过西方。”[①] 并强调了民间故事的教育功能，指出：“利用民间故事，也不失为有效措施之一。这种办法寓伦理道德教育于美感享受之中，有其特殊的作用。”[②] 2002年，季羡林为《畅谈东方智慧》作序。此书是季羡林、蒋忠新和池田大作的对话。蒋忠新是季羡林的学生，池田大作是国际知名的宗教活动家。他们的对话围绕《妙法莲花经》展开，季羡林给予高度评价：“两位专家有关《法华经》的对话，就十分精彩，不同凡响，精言妙语，如万斛泉涌，不择地而出，能开阔人的眼界，启发人的悟性，读这样的对话，简直是一种最高的享受。”[③] 他自己和池田大作的对话，重点在东方文化和西方文化的同和异上。他们的观点显然是一致的，但是，季羡林“主张大家共同唱一出《三岔口》，你打你的，我打我的，最后由观众自己来判断是非”[④]。他强调的是不讨论，不争论，仅仅是议论。季羡林最重要的文化学术思想，包括他的东西方文化观，正是在议论中得到确定和发展的。

从以上并不全面的介绍中，我们已经完全可以看出，季羡林作为中国现代最杰出的印度学家，用几十年的时间不断向东方学家发展，成了我国东方学的奠基人。从印度学家到东方学家，一方面是学术研究的自然发展，一方面也是他受职责驱使，自觉为之。季羡林作为中国东方学的卓越代表，同时对中国和西方的学问也有精深研究。对他最恰当的评价，就是他对自己的评价——杂家。季羡林是我们这个时代既精又博的大学问家，是一位超级多面手，他像一块有着众多剖面的巨型宝石，印度学家、东方学家是我们在这里强调的两个闪闪发光的剖面。

季羡林从印度研究出发，为东方学人才培养和

① 季羡林：《季羡林全集》第6卷，第643页；北京：外语教学与研究出版社2009年版。

② 季羡林：《季羡林全集》第6卷，第644页；北京：外语教学与研究出版社2009年版。

③ 季羡林：《季羡林全集》第6卷，第730页；北京：外语教学与研究出版社2009年版。

④ 季羡林：《季羡林全集》第6卷，第731页；北京：外语教学与研究出版社2009年版。

35 北京大学外国语学院和东方研究院主办“庆祝季先生九十华诞暨从事东方学研究六十六周年研讨会”（2001）

36 季羡林参加“中国北京大学东方学国际研讨会”（2001）

35
36

东方学基础理论的打造，摩顶放踵、夜以继日几十载，终于将中国东方学打造成令国际思想学术界叹服的全新的东方学，他自己从中国首席印度学家变成了中国东方学的主要开创者和领路人。

二、学术格局和学术气象

在中国现代学术界，季羡林的巨大魅力让许多出版社以出版季羡林著作为荣，他的各类著作成了大小书店靓丽的风景线，进而使他具有了难以估量的社会影响。归根结底，季羡林的社会影响来自他的学术影响，来自他的学术格局和学术气象。

（一）洪纤并重、超迈前人的学术格局

中国进入现代，出现了一批大学者，康有为、梁启超、章炳麟、胡适、陈寅恪、辜鸿铭、梁漱溟、王国维等等。他们的贡献各有千秋，互相不能替代。但是，论学术格局，青出于蓝而胜于蓝，季羡林是最具气魄的。

先让我们看一看已经出版的《季羡林全集》的情况：

第1卷：散文一【因梦集、天竺心影、朗润集、燕南集】

第2卷：散文二【万泉集、小山集】

第3卷：散文三

第4卷：日记·回忆录一【清华园日记、留德十年】

第5卷：回忆录二【牛棚杂忆、学海泛槎】

第6卷：序跋

第7卷：杂文及其他一

第8卷：杂文及其他二

第9卷：学术论著一【印度古代语言】

第10卷：学术论著二【印度历史与文化】

第11卷：学术论著三【吐火罗文《弥勒会见记》译释】

第12卷：学术论著四【吐火罗文研究】

第13卷：学术论著五【中国文化与东西方文化（一）】

第14卷：学术论著六【中国文化与东西方文化（二）】

第15卷：学术论著七【佛教与佛教文化（一）】

第16卷：学术论著八【佛教与佛教文化（二）】

第17卷：学术论著九【比较文学与民间文学】

第18卷：学术论著十【糖史（一）】

第19卷：学术论著十一【糖史（二）】

第20卷：译著一【梵文及其他语种作品翻译（一）】

第21卷：译著二【梵文及其他语种作品翻译（二）】

第22卷：译著三【罗摩衍那（一）】

第23卷：译著四【罗摩衍那（二）】

第24卷：译著五【罗摩衍那（三）】

第25卷：译著六【罗摩衍那（四）】

第26卷：译著七【罗摩衍那（五）】

第27卷：译著八【罗摩衍那（六上）】

第28卷：译著九【罗摩衍那（六下）】

第29卷：译著十【罗摩衍那（七）】

第30卷：附编

一看目录就知道，除散文、序跋、杂文之外，他的学术研究极富有挑战性，不少内容（如吐火罗文）是少有人敢问津的世界难题，《季羡林全集》

37 印度ICCR讲席教授夏尔玛（Nirmala Sharma）博士在深圳大学印度研究中心研读季羡林著作（2012.1）

30卷，约1500万字。除了这已出版的《季羡林全集》，还有1995年至2009年尚未结集的新著，以及日记、英文论著、通信、演讲、谈话等等，总计应在2000万字左右。其间，包括大量研究佛教语言的考据文章，分析一字一音之异同，可谓谨小慎微，字字有据，无一虚妄；也包括讨论天下大势的宏文高论，纵横捭阖，海阔天空，有人听了感到犹如石破天惊，有人听了觉得好像痴人说梦。这就是季羡林洪纤并重、超迈前人的学术格局。

（二）脚踏实地、高天流云的学术气象

季羡林到了晚年，各种桂冠纷纷向他飞来。他有自知之明，将最有代表性的“国学大师”“学界（术）泰斗”“国宝”三顶桂冠辞去。我们认为辞得好，这三顶桂冠，太时髦，太通用，也太富丽堂皇，不符合季羡林的实际身份。那么，我们又应该怎样评价季羡林呢？

首先，容我直言，迄今为止中国乃至全世界还没有一个人能够全面、准确、深刻地认识和评价季羡林。张中行是现代中国的一位大学问家，他曾说：“他会的太多，而且既精且深，我等于站在墙外，自然就不能瞥见宗

庙之美，百官之富。”[①] 饶宗颐在《季羡林传》序中说：“他具有褒衣博带从容不迫的齐鲁风格和涵盖气象，从来不矜奇，不炫博，脚踏实地，做起学问来，一定要‘竭泽而渔’。”[②] 张中行、饶宗颐这等大家尚且如此评价，何况他人！2011年春，笔者应印度文化关系委员会（ICCR）高尔（Suresh Goel）主任之邀，访问尼赫鲁大学、德里大学、孟买大学、加尔各答大学等九所著名大学，一提起业师季羡林，印度学者莫不肃然起敬。和洛克希・金德尔（Lokash Chandra）、夏斯特利(Satya Vrat Shastri)等获得莲花奖的名宿交谈，他们都因曾见过季羡林而引以为荣。

任继愈说：“我只说我懂了的话。”这是一位大学者的坦诚。现在，谁敢说懂得季羡林二千万言的全部内容？从这个意义上说，季羡林是无法评价的，现在不能，将来也不能，他是中国学术史上的千古绝唱。

盖棺定论，是中国人的常规做法，总得给人一个评价。让我们学着季羡林的方法，来评价他吧。季羡林曾经说，中国学术史上有许多像章太炎、王国维、陈寅恪、汤用彤这样的“不可逾越”的高峰。现在，我完全可以说，季羡林是继他们之后的又一座“不可逾越”的高峰。由于时代与个人情况的不同，季羡林这座高峰，又具有自身的特点。这些特点，主要表现在他的脚踏实地、高天流云的学术气象之中。

学富五车　著作等身

季羡林毕业于清华大学西洋文学系，德国留学十年，学习梵语、巴利语、吐火罗语，又学了英语、俄语、塞尔维亚克罗地亚语和阿拉伯语，德语是学习用语，自不待说。一种语言代表一种思维和文化。季羡林凭借语言优势，在各种文化中汲取营养。所以，他视野广阔，

① 臧克家等：《人格的魅力——名人学者谈季羡林》，第3页；延吉：延边大学出版社1996年版。

② 蔡德贵：《季羡林传》，第1页；太原：山西古籍出版社1998年版。

学识渊博，古今中外汇通。文章憎命达，诗穷而后工。是贫寒家境、二战、“文革”等历史背景，造就了季羡林特殊的学术结构和学术气象。由于季羡林嗜书如命，不同时期购买了大量图书，还有各国学者和机构的大量赠书，各种文字都有。这么丰富的个人藏书是极少有的。到了晚年，苦于没有足够多的书库，季羡林的书没有开包就在全校到处塞。他到底有多少书，是个说不清楚的谜。季羡林几十年坐拥书林，浸淫其间，一辈子读书，一辈子写书，学贯东西，写下了二千万字。学富五车，著作等身，这两句话用在别人身上，可能是溢美之辞，用在季羡林身上，是名实相符。

老树著花　学界子牙

季羡林历经清朝、民国、共和国三个时代，享年98岁，学术生涯长达70多年，这在中国学术史上极为罕见。更为令人称奇的是，季羡林的学术高峰出现在他70岁之后，尤其是80岁之后。1981年70岁以后，他出版了《罗摩衍那》7卷8册、《朗润集》《印度古代语言论集》《中印文化关系史论文集》《大唐西域记校注》《家庭中的泰戈尔》《大唐西域记今译》等；1991年80岁以后，季羡林任《四库全书存目丛书》主编纂，《东方文化集成》总主编，《传世藏书》《中国当代散文八大家》丛书主编，出版《人生絮语》《怀旧集》《季羡林自传》《我的心是一面镜子》《季羡林学术文化随笔》《文化交流的轨迹——中华蔗糖史》《朗润琐话》《留德十年》《千禧文存》《新纪元文存》《病榻杂记》《季羡林生命深思录》《季羡林序跋集》《真话能走多远》等等。其他各种以季羡林名义出版的书，新作旧文交陈者，还有很多。以上所列，虽然不全是70、80岁之后的新著，但足以说明他晚年老树著花，宝刀不老，正如白化文所说的“耄耋之年，康强犹昔”。倘若没有70岁以后的成果，季羡林就是一位一般的大学者。正因为有了大量

38 季羡林在书房

38

39

1981年以后的宏文高论，才使他成为愈老弥坚、震古铄今的学术界泰斗。

品格高尚 得道多助

季羡林一生勤勉，视时间如生命，浪费了一点时间，就像犯了罪一样。但是，季羡林一生完成了这么巨大的工作量，仅仅靠长寿、惜时是不够的。除了学术之外，季羡林还有大量推不掉的应酬、会议。白化文说："虽力谢纷华，性安恬淡；而中外仰延，后进依为模楷；生徒倚赖，群贤奉为宗师。以是外事纷繁，内务丛脞。夜答电函，日应会议；晨了文债，夕接学人。所至车马群归，在座英杰广聚。"[①] 晚年季羡林住进301医院，竟出现了"医院门外，访客如云"的景象。而在这么多繁杂的事务面前，季羡林能井然有序，而且创造出写作高产奇迹，除了他自身努力外，还得力于众人相助。

众人之中，首先是他在东语系的同事。季羡林担任东语系主任达三十多年，他只管大事，日常具体的系务工作全由贺剑城、张殿英、桂智贞、黄宗鑑等人承担。他们几十年密切合作，同舟共济，给了季羡林这位系主任最大的帮助和支持。老书记贺剑城最知季羡林的甘苦，2009年7月19日，在遗体

39 季羡林画像

告别后他对笔者说："季先生这一生不容易！"这是合作了五六十年的老伙计发出的感佩与赞叹。刘安武这位做过东语系学术委员会主任的北大资深教授，长期默默地支持、协助季羡林，是他的一位有实无名的学术秘书长。另外，给季羡林最大帮助的要数他的三任助理。首任助理李铮，中学毕业后就一直跟着季先生，为他抄稿发信找资料，鞍前马后一直到退休、去世。不是父子，胜似父子。第二任助理，是义工李玉洁，她天天给季羡林读报念信，迎来送往，料理各种杂务，从1995年到2006年，几乎天天如此，从不间断。她感恩季羡林几十年对她和丈夫杨通方教授的关心爱护，在家人支持下，毅然挺身而出，自愿担当季羡林的义务助理。李玉洁在季羡林晚年的生活中，"举足轻重、不可或缺"。[②] 卞毓方的这个断语符合史实。杨锐是第三任助理，她在李玉洁中风病倒后，怀着敬仰之心，前赴后继，义无反顾地接过了照顾季羡林的工作，这需要极大勇气和毅力。我曾代表季羡林的学生向杨锐表示感谢，她说："应该感谢的是季先生，是他给了我这份有意义的工作。"他们的付出，不是局外之人所能理解的。除了他们三人，还有东语系的小萧、小张等等许多人，都长期为季羡林做这做那，从来不图回报。季羡林品格高尚，得道多助，这便是生动体现。

三、治学之道与学术品格

季羡林的学术格局、学术气象，与他的治学之道密切相关。如果他没有熔铸古今、汇通东西的治学之道，就很难成为中国的首席印度学家，很难成为中国东方学的奠基人。治学之道，包括治学理念和治学方

① 乐黛云编：《季羡林与二十一世纪中国学术》，第6页；北京：北京大学出版社2001年版。

② 卞毓方：《天意从来高难问·晚年季羡林》，第16页；北京：中国文联出版社2009年版。

法，往往由学术品格来呈现。所以，从一个人的学术品格即可知晓他的治学之道，知道他的治学理念和治学方法。

季羡林出生于中国的孔孟之乡山东，求学于得西风之先的清华大学，又在德国留学十年，回国后一直在北京大学耕耘，直到终老天年。对季羡林学术影响最大的是两大学派，一是中国乾嘉学派，二是德国梵学派。乾嘉学派本是讲究训诂考据的经学派，形成了所谓的“朴学”。尊重原典，讲究注释，是其特点，对后来的学者影响很大。季羡林到清华就学时，受陈寅恪影响最大。在《季羡林全集》中，据不完全统计，至少有116处提及陈寅恪或引用他的观点。季羡林认为：“先生是考据大师，其造诣之深决不在乾嘉诸朴学大师之下。”并认为：“在清华四大导师中，寅恪先生是最具备一个思想家素质的人。”[①]陈寅恪是季羡林受中国乾嘉学派影响的主要思想源。季羡林受德国梵学派的影响，是在哥廷根大学求学期间潜移默化而成的。留德十年，对季羡林影响最大的是“博士父亲”（Doctor Vater）瓦尔德施密特（Prof.E.Waldschmidt）和西克教授（Prof.Emil Sieg）。德国梵学派的“彻底性”作风给季羡林印象十分深刻。他说：“他们的学风都是异常地认真、细致、谨严。他们写文章，都是再三斟酌，多方讨论，然后才发表。德国学者的‘彻底性’（Grundlichkeit）是名震寰宇的。对此我有深切的感受。”[②]严苛、爱生是德国梵学派的最显著的特点。这两点在季羡林身上都打下了深刻的烙印。乾嘉学派和德国梵学派对季羡林治学之道的影响，必然在他的治学理念、治学方法中有所反映，并充分地呈现在他的学术品格中。

季羡林的学术品格，是在漫长的学术生涯中逐渐形成的。别具特色，催人奋进。概而言之为以下六则：勤勉不怠，惜时如金，为其成功秘诀；预流弄潮，追寻真理，为其不死灵魂；取弘用精，灵构妙筑，为其得心常法；学术道德，以身作则，为其立命之本；真情相待，从善如流，为其交友之道；

40 陈寅恪

41 哥廷根大学的瓦尔德施密特教授

40

41

提携后进，不遗余力，为其终生作风。让我们来具体分析一下季羡林的学术品格。

勤勉不怠　惜时如金

季羡林是个朴拙的老实人，为人做学问都一样。他之所以能成为世界知名的大学者，靠的不是聪明，而是锲而不舍、孜孜不倦的精神。勤勉不怠，惜时如金，为其成功秘诀，故而他又是高明的。同时季羡林看重天才。有人认为："九十九分勤奋，一分神来（属于天才的范畴）。"他认为这个百分比应该纠正一下，"七八十分的勤奋，二三十分的天才（才能）"，更符合实际一点。季羡林从不以为自己有什么天分，所以他非常强调以勤补拙。他说："无论干哪一行，没有勤奋，一事无成。"③

利用一切可以利用的时间，古今中外许多学者都如此，不过季羡林是更为甚者，珍惜时间到了对自己几近苛刻的程度。古人惜时有"三上"之说，他则利用一切时间的"边角废料"，会上、飞机上、火车上、汽车上，甚至自行车上，特别是在步行时，脑海中思考不停。他恨不得每天有48小时，不敢放松一分一秒，不然静夜自思就感到十分痛苦，好像犯了什么罪，好像是在慢性自杀。除了有争分夺秒的惜时之心，还得有巧

① 季羡林：《季羡林全集》第8卷，第389页；北京：外语教育与研究出版社2009年版。

② 季羡林：《季羡林全集》第5卷，第190页；北京：外语教学与研究出版社2009年版。

③ 季羡林：《季羡林全集》第5卷，第491页；北京：外语教学与研究出版社2009年版。

用时间的妙法。季羡林在几十年间养成了一段时间内从事几种研究的习惯，不喜欢单打一。这种歇活儿不歇人的办法，他屡试不爽，《罗摩衍那》的翻译，使他获益良多。他说："除了这件事之外，我还有许多别的工作，特别是后期，更是这样，并且还有许多开不完的会加入进来。这一些繁杂的工作，实际上起了很大的调剂作用。干一件工作疲倦了，就换一件，这就等于休息。打一个比方说，换一件工作，就好像把脑筋这把刀重磨一次，一磨就锋利。再换回来，等于又磨一次，仍然是一磨就锋利。《罗摩衍那》就是我用这种翻来覆去磨过的刀子翻译完毕的。"①

是时代造就了季羡林特殊的勤勉不怠、惜时如金的品格。他说："在人类社会发展的长河中，我们每一代人都有自己的任务，而且是决非可有可无的。如果说人生有意义与价值的话，其意义和价值就在这里。"② 读了这一段发自肺腑的话，我们对季羡林近乎怪僻的治学之道，就不难理解了。勤勉不怠，惜时如金，愈老愈勤，坚持一辈子不动摇。天道酬勤，季羡林的印度学、东方学研究，以及其他学术的研究，获得跨越时代的成就，皆得益于此。

预流弄潮　追寻真理

治学要开创新天地，决不能因循守旧，人云亦云；而必须勇立潮头，不主故常，咸与维新。季羡林对此有深刻体认，而且身体力行。他强调学术要紧跟上时代的新潮流。他说："近百年以来，在中国学术史上，是一个空前的大转变时期，一个空前的大繁荣时期。处在这个伟大历史时期的学者们，并不是每一个人都意识到这种情况，也并不是每一个人都投身于其中。有的学者仍然像过去一样对新时代的特点视而不见，墨守成规，因循守旧，结果是建树甚微。而有的学者则能利用新资料，探讨新问题，

① 季羡林：《季羡林自传》，第255 － 256页；南京：江苏文艺出版社1996年版。
② 季羡林：《人生絮语》，第233页；杭州：浙江人民出版社1996年版。

42 季羡林考入清华大学西洋文学系主修德文（1930）

42

结果是创获甚多。”[①] 他非常赞同陈寅恪关于学术研究的“预流”的精辟之见。他说：不预流，就会落伍，就会僵化，就会停滞，就会倒退。能预流，就能前进，就能生动活泼，就能逸兴遄飞。并认为王国维、陈寅恪等许多中国近代学者都是得了“预流果”的。我认为，季羡林本人也是得了预流果的，是中国当代学术的弄潮人。

季羡林学术研究中的弄潮精神，除了受到他的中国老师陈寅恪等的影响外，还得益于他的德国老师瓦尔德施密特教授。瓦尔德施密特是一位权威学者，当季羡林念完第四学期，就给了他一个博士论文题目《〈大事〉伽陀中限定动词的变化》。为了做好博士论文，季羡林花了大约一年多的时间，写了一篇长长的绪论。送给教授，约一周后退回，整篇文章用一个括号括了起来，被“坚决、彻底、干净、全部”消灭掉了。教授说：“你的文章费劲很大，引书不少。但是都是别人的意见，根本没有你自己的创见。看上去面面俱到，实际上毫无价值。你重复别人的话，又不完整准确。如果有人读你的文章进行挑剔，从任何地方都能对你加以抨击，而且我相信你根本无力还手。因此，我建议，把绪论统统删掉。”[②] 这件事对季羡林的打击很大，但受用终身。“没有创见，不要写文章”，成了他的戒律和衣钵，并传给他的学生。

追求卓越和不同凡响，是季羡林学术研究的风格和坚持不懈的精神。这种风格和精神在他对印度学的研究中，随处可见。例如，他对《梨俱吠陀》中被西方学者称为“东方神秘主义”的若干哲学诗的新解，特别是对《无有歌》的洞见，真有振聋发聩之感。《吐火罗文〈弥勒会见记〉译释》一书，更是他宝刀不老、勇攀学术高峰的见证。

① 季羡林：《季羡林全集》第14卷，第190 - 191页；北京：外语教学与研究出版社2010年版。

② 季羡林：《赋得永久的悔》，第349 - 350页；北京：人民日报出版社1996年版。

③ 季羡林：《季羡林全集》第14卷，第207页；北京：外语教学与研究出版社2010年版。

④ 季羡林：《季羡林全集》第5卷，第496页；北京：外语教学与研究出版社2009年版。

⑤ 季羡林：《季羡林学术论著自选集》，第7页；北京：北京师范学院出版社1991年版。

季羡林对印度学研究如此，对东方学等其他学科的研究也如此。预流创新，追寻真理，是他的不死灵魂、生命和价值所在。他呼吁我们：“放眼世界，胸怀全球，前进，前进，再前进；创新，创新，再创新。”③为此，季羡林提倡了解国外同行的研究动态，阅读中外杂志，反对闭门造车，反对空喊和国际接轨。他说，不读外国同行的新杂志和新著作，你能知道“轨究竟在哪里吗？连‘轨’在哪里都不知道，空喊‘接轨’，不是天大的笑话吗？”④

用弘取精　灵构妙筑

季羡林推崇胡适“大胆的设想，小心的求证”的观点，认为它是不刊之论。为什么要大胆呢？季羡林认为：“不要受旧有的看法或者甚至结论的束缚，敢于突破，敢于标新立异，敢于发挥自己的幻想力或者甚至胡想力，提出以前没有人提过或者敢于提出的假设。”“没有大胆的假设，世界学术史陈陈相因，能有什么进步呢？”⑤在这里，大胆假设和预流是相通的，

43

43 季羡林在德国与瓦尔德施密特在一起(1980.11)

不过大胆假设之后要小心求证。“预流之后，还有一个掌握材料，越多越好。”饶宗颐评价他做起学问来“竭泽而渔”的态度，正是表现他上下求索的精神。这四个字作为度人的金针，亦是再好没有的。但要真正做到这四个字，必须具备以下条件：“第一要有超越的语言条件，第二是多姿多彩的丰富生活经验，第三是能拥有或有机会使用的实物和图籍、各种参考资料。这样不是任何一个人可以随便做到的，而季老皆具备之；故能无一物不知，复一丝不苟，为一般人所望尘莫及。”[①] 考证的基础是材料。对材料的“竭泽而渔”，是季羡林学术研究的首要追求。但是，这仅仅是事情的一半。有了材料，还要在正确的观点和方法的指导下，抽绎出可靠的结论，使结论尽量接近真理，这就是“小心求证”。如果说尽可能多地占有材料，以至于达到“竭泽而渔”的境地是“用弘”的话，那么用正确的观点和方法去指导，抽绎出可靠的接近真理的结论，就是“取精”。季羡林认为，“小心求证”要根据资料提供的情况，根据科学实验提供的情况来加以检验。有的假设要逐步修正，使之更加完善；有的要反复修正十次、百次、几百次，最后把假设变成结论。经不住客观材料考验的假设，就必须扬弃，重新再立假设，重新再受客观材料的考验，这就是小心求证。

综观季羡林的学术成就，无论是印度学、东方学研究，还是其他领域的研究，走的都是用弘取精的路子。首先是大胆假设，收视反听，耽思旁讯，精骛八极，心游万仞，所谓发挥想象力、胡想力；一旦确立假设，就广收博罗，对材料竭泽而渔；接着对材料爬梳剔抉，披沙拣金，去芜存菁，用可靠的材料去修正假设；最后将经过修正的假设和挑选过的材料进行博综精思，灵构妙筑，写出学术论著。以《罗摩衍那》研究为例，他写了一本专著和两篇论文。在《〈罗摩衍那〉在中国》一文中，介绍和研究《罗摩衍那》在中国的传播和影响，搜集了梵文、巴利文、汉文、傣文、藏文、蒙文、古和阗和吐火罗文A（焉耆文）八种语言的材料，给人搜罗备至、叹为观止的感觉。同时，他的抽绎归纳做得很好，许多高妙的绝论令人叹服。用弘取精，灵构妙筑，为其得心常法。

学术道德　以身作则

季羡林治学非常重视学术良心或学术道德。中国学者历来讲道德文章，即强调做人和文风。这个传统直到清代还得到较好传承，梁启超在《清代学术概论》中说："隐匿证据或曲解证据，皆认为不德。""凡采用旧说，必明引之，剿说认为大不德。"[②] 季羡林对此深表赞同，认为梁启超的"德"与他谈的学术道德完全一致。

对学术道德，季羡林不仅以身作则，身体力行，而且大声疾呼。他不相信人性本善，但相信学术的作用。"人类社会不能无学术，无学术，则人类社会就不能前进，人类福利就不能提高；每个人都是想日子越过越好的，学术的作用就在于能帮助人达到这个目的。"他就是在这样一个起点上谈学术道德的，看似调子不高，却十分坚实。他对学术骗子给予严厉鞭挞。什么叫有学术良心或学术道德？季羡林认为：通过个人努力或者集体努力，老老实实地做学问，得出的结果必然是实事求是的。这样做，就算是有学术良心。什么是学术骗子呢？他说：剽窃别人的成果，或者为了沽名钓誉创造新学说或新学派而篡改研究真相，伪造研究数据，这是地地道道的学术骗子。对于学术骗子，季羡林给予了严厉的警告：这样的骗局决不会隐瞒很久的，总有一天真相会大白于天下。许多国家都有这样的先例，真相一旦暴露，不齿于士林，因而自杀者也是有过的。季羡林之所以大声疾呼，是因为这种学术骗子，自古已有，可怕的是于今为烈。

① 蔡德贵：《季羡林传》，第2页；太原：山西古籍出版社1998年版。

② 季羡林：《季羡林全集》第5卷，第490页；北京：外语教学与研究出版社2009年版。

要求别人做到的，首先必须自己做到。季羡林郑重申明：“我可以无愧于心地说，上面这些大骗或者小骗，我都从来没有干过，以后也永远不会干。”[①]季羡林认为，正确对待不同学术意见，尤其要敢于公开承认和改正自己的错误意见，这才是光明磊落的学者态度。他坦诚承认，最初他对不同的学术观点也不够冷静，觉得别人的思考方法有问题，或者认为别人并不真正全面地实事求是地了解自己的观点。后来，他有了进步，认为要求别人的思想方法与自己一样，是一厢情愿，完全不可能的，也是完全不必要的。他还认为，无论怎样离奇的想法，其中也可能有合理之处，采取其合理之处，扬弃其不合理之处，是唯一正确的办法。尤其可贵的是，季羡林认为，个人的意见不管一时多么正确，其实还是一个未知数。他强调了时间的因素，认为“是否真理，要靠实践，兼历史和时间的检验”。[②]季羡林是这么认识的，也是这么做的。唯其如此，在选编《东西文化议论集》时，他才会将搜集到的一些反对意见都编入书中，让读者自己去鉴别分析。

虚心治学和学术勇气相结合，这才是完整的学术道德。坚持自己认为正确的观点，敢于向权威挑战，是季羡林的一贯作风。关于原始佛教语言问题，他曾于1956年、1958年、1984年写过三篇论文，是其在国际学术论坛勇于挑战、敢于胜利的范例。进入耄耋之年，季羡林的学术勇气依然不减当年，他提出中国通史、中国文学史必须重写，美学必须彻底转型，大破大立，另起炉灶。这是何等的见地和勇气！季羡林为何愈老威望愈高，不但得到国内外老一辈同行学者的敬仰，而且深得青年学者的喜爱？是因为他的学术道德和以身作则。学术道德，以身作则，为其立命之本。

真情切磋　从善如流

苏东坡说：文人相轻，自古而然。这句老话到了季羡林这里，似乎就不灵了。读书人互相倾轧，出现在同辈人中居多。可是，在季羡林的同辈学者中，几乎没有不敬重他的。季羡林的为人与为文，突出一个“真”字。乐黛云在给“当代散文八大家”的季羡林卷起名时，就起了个《三真之境》的书名，并以《真情·真思·真美》为题写了一篇充满真挚情感的前言,不但道出了季羡林为文的真谛，也道出了他为人的真谛。张中行说：“季先生就以一身而具有三种难能：一是学问精深，二是为人朴实，三是有深情。三种难能之中，我认为，最难能的还是朴实，因为，在我见过的诸多知名学者（包括已作古的）中，像他这样的就难于找到第二位。”比季羡林年长6岁的著名诗人臧克家作诗赞道：“你的人，朴实非常，你的衣着和你的人一样，天天跑图书馆，习以为常，你珍惜每一寸时光。”袁行霈在《朴实的力量》一文中写道：“和他在一起，矜可平躁可释，一切多余的雕饰的东西都成为不必要的了。”“他的沉着，他的稳重，连同他的朴实，使我们只能脚踏实地埋头苦干。……季先生就是集中了朴实的美德并展现了朴实的力量的典范。”③

另外，像赵朴初、周一良、林庚、侯仁之、启功、王元化、钟敬文、张岱年、何兹全、梁披云、任继愈、周汝昌、饶宗颐，等等，以及属于“后学”的汤一介、乐黛云、严家炎、胡经之、范曾、刘梦溪、庞朴、王尧、白化文等当代学术大家，都十分敬重季羡林。

2001年，季羡林九十华诞，由钟敬文撰文、启功书写的寿联，是对这种敬重的极好表达：

珠玉千篇，学子同沾光泽

泰嵩一老，人寰共仰嵯峨

季羡林逝世后，“红学泰斗”周汝昌作诗哀

①季羡林：《季羡林全集》第5卷，第489页；北京：外语教学与研究出版社2009年版。

②季羡林：《季羡林全集》第5卷，第497页；北京：外语教学与研究出版社2009年版。

③臧克家等：《人格的魅力——名人学者谈季羡林》，第119页；延吉：延边大学出版社1996年版。

悼：古历己丑闰五月十九日惊闻季羡林先生谢世痛悼不已敬赋小诗略展悲怀：

大师霄际顾人寰，五月风悲夏骤寒。

砥柱中华文与道，渠通天竺梵和禅。

淡交我敬先生久，学契谁开译述关。

手泽犹新存尺素，莫教流涕染珍翰。

这就是中国文人推崇的君子之交。季周交谊始于1950年周汝昌翻译季羡林的《列子与佛教之关系》，是典型的以文会友。

中国俗话云：隔行如隔山。又云：同行是冤家。但是，这两句俗语到了季羡林这里，都失效了。季羡林的晚辈同行，全是他学生，如黄宝生、郭良鋆、赵国华、蒋忠新、张保胜、王邦维、葛维钧，段晴、高鸿，等等，自不待言。在晚年的口述中，季羡林说："我这个人是从来不跟人斗，不搞小圈子，在北大，我当了一辈子中层、高层干部，跟同事没有矛盾过。"[①] 为此，还有人说他"好人主义"。他的同辈同行，如徐梵澄、金克木、饶宗颐等，也都对他膺服不已。饶宗颐闻讯季羡林、任继愈同一天逝世，即书"国丧二宝，哀痛曷极"。过了几天，又作《挽季羡林先生》（用杜甫《长沙送李十一》（衔）韵）诗：

遥睇燕云十六州，商量旧学几经秋。

榜加糖法成专史，弥勒奇书释佉楼。

史诗全译骇鲁迅，释老渊源正魏收。

南北齐名真忝窃，乍闻乘化重悲忧。

和季周之交一样，季饶之交也是"君子之交淡如水"。季饶的研究领

44 钟敬文撰词、启功书贺联为季羡林九十华诞祝寿

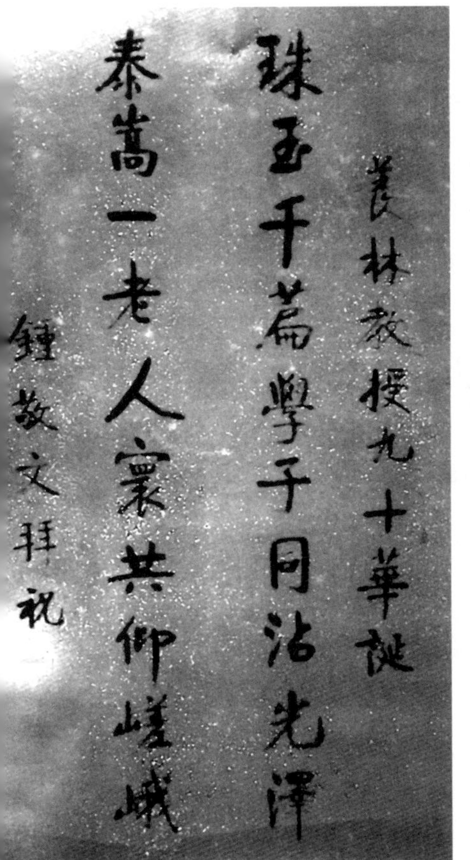

44

域不尽相同，但在国内学术大师中，两者应是最为相近的了。民间有“北季南饶”的并称，将他们视为同辈同行，当无大谬。季羡林与饶宗颐，隔山望海，谋面的机会并不多，主要是文字之交。1984年，《饶宗颐史学论著选》将在上海出版，这是他的学术著作首次登陆大陆，作者请季羡林写序。季羡林“毫不迟疑地答应了下来”，因为“同声相应，同气相求”。这篇序写了一万多字，可谓大气磅礴，酣畅淋漓。他先精要地总结了饶宗颐的治学精神：预流、取弘、创新。最后季羡林写道：“时为旧历中秋，诵东坡‘但愿人长久，千里共婵娟’之句，不禁神驰南天。”[②] 这是何等的情谊与兴致。

请教、切磋、致谢，是季羡林学术生涯的习惯，几十年间没有变化。我们常常在他的著作中看到“附记”“羡林案”的文字。例如，1947年10月9日，他在《浮屠与佛》一文末尾的“附记”中写道：“写此文时，承周燕孙先生帮助我解决了‘佛’字古音的问题。我在这里谨向周先生致谢。”[③] 1949年2月5日改毕《佛教对中国儒道两家的影响》一文，在“附记”中写道：“此文初稿曾送汤用彤先生审阅， 汤先生供给了我很多宝贵意见，同时又因为发现了点新材料，所以就从头改作了一遍。在搜寻参考书方面，有几个地方极

① 季羡林：《大国学：季羡林口述史》，第206页；西安：陕西师范大学出版社2010年版。

② 季羡林：《季羡林全集》第14卷，第207页；北京：外语教学与研究出版社2010年版。

③ 季羡林：《季羡林全集》第15卷，第14页；北京：外语教学与研究出版社2010年版。

45 季羡林与周汝昌

46 季羡林与饶宗颐在北京大学相聚（20世纪90年代）

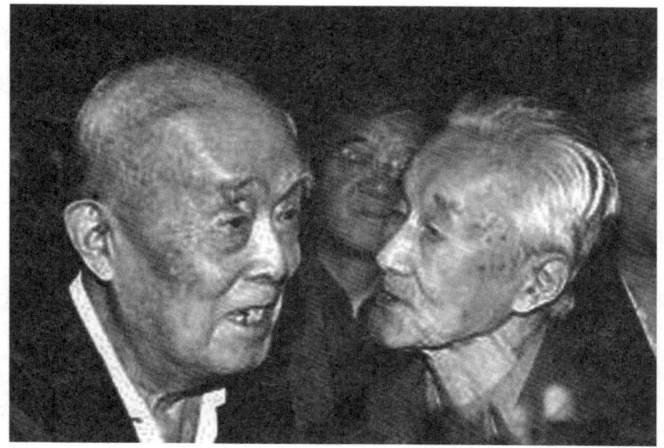

45

46

得王利器先生之助，谨记于此，以志心感。”[①] 1988年9月14日，季羡林写成《关于神韵》一文，1989年3月19日在“羡林案”中写道：“此文付排后，接香港中文大学饶宗颐教授函，他对拙文提了几点意见，我觉得很有启发，现节录原信附在这里。”[②] 此类例子，不胜枚举。真情相待，从善如流，为其交友之道。每得助益，必记文鸣谢，这不仅成了季羡林学术生涯的习惯，而且成了他的学术品格。

提携后进　不遗余力

中国历来有尊师爱生的传统，季羡林德国留学时又受到西克等恩师倾心爱生精神的影响，在七十多年的学术生涯中，他对自己的学生，对所有的好学晚辈，都关爱有加，尽最大努力去帮助他们。提携后进，不遗余力，为其终身作风。

在哥廷根大学就读期间，季羡林的导师瓦尔德施密特应召入伍，由退休的西克教授来代课。“这位老人待人亲切和蔼，对于我这个异域的青年更是寄托着极大的希望。”[③] “按岁数来讲，他等于我的祖父。他对我也完全是一个祖父的感情。”[④] 心中的榜样有着无穷的力量。对待自己的学生，季羡林呵护有加。从黄宝生到王邦维，无不如此。他对自己学生的爱护更多体现在对学业的鼓励和鞭策上。在《〈畅谈东方智慧〉序》中，他是这样介绍池田大作和自己及蒋忠新对话的：“这一次，池田大作先生要同中国学者对话了。我滥竽充数，敬陪末座。他同蒋忠新先生对话的内容，主要是有关《妙法莲华经》的。蒋先生穷几十年之力治梵文原本《妙法莲华经》。对中国旅顺

① 季羡林：《中印文化关系史论文集》，第322页；北京：三联书店1982年版。
② 季羡林：《季羡林全集》第17卷，第548页；北京：外语教学与研究出版社2010年版。
③ 季羡林：《人生絮语》，第507页；杭州：浙江人民出版社1996年版。
④ 季羡林：《人生絮语》，第528页；杭州：浙江人民出版社1996年版。

博物馆所藏来自新疆的《法华经》梵文原本残卷之研究，致力尤勤，创获至多。《法华经》是创价学会的圣经宝典。池田大作先生对此经也有湛深的造诣。因此，两位专家有关《法华经》的对话，就十分精彩，不同凡响，精言妙语，如万斛泉涌，不择地而出，能开阔人的眼界，启发人的悟性。”[①]蒋忠新是季羡林、金克木于1960年开设的梵文、巴利文班的学生，本身确实优秀。但是季羡林在文中如此赞扬他，如此对学生呵护、提携，并不是每一位大家都能做到的。

对晚辈学者压担子，是季羡林关心、培养青年教师的有效方法。20世纪下半叶以来，中国出版了许多版本的《东方文学史》。其中，由季羡林主编、吉林教育出版社于1995年出版的《东方文学史》上下两册，规模最巨大，内容最详实。此书聚集了全国42位学者，除了主编之外，还有第一副主编1人，副主编5人。这是国家社科基金“七五”重点项目，是极其锻炼、培养人的。季羡林在《序言》中说：“在撰写《东方文学史》的过程中，我虽然忝居主编之位，实际上，除了出点主意之外，没有做什么事情，主要工作都压到了刘安武教授和其他一些同志的肩上。如果说这一部书能有什么成就和贡献的话，那就首先应该归功于他们。”[②]十分明显，季羡林表现出的是一贯的自谦。同时也告诉我们，他就是通过这样的一个又一个重要的研究项目，将青年学者推向中国东方学研究的学术前沿。

中国东方学研究有两支队伍，季羡林在文章和讲话中多次提及。除了客观分析中国东方学学术队伍的现状，也是为分类指导、帮助后学作好思想准备。不管对第一支队伍也好，对第二支队伍也好，有没有这种认识和思想准备，效果是很不一样的。可以说，中国东方学队伍是极为团结的。这种团结极大地增强了研究攻关的能力。对两支队伍的态度，季羡林总体上都是爱护的，但在具体做法上有所不同。对外国语院系的老师，主要表现为压担子和

47 季羡林主编《东方文学史》（上下册）

严格要求；对中文系从事东方学教学和研究的教师，主要表现为鼓励和引导。同时要求两支队伍互相学习，取长补短。

中山大学吴文煇教授对东方学研究不但兴趣浓厚，而且成绩斐然。这同季羡林的帮助是分不开的。1997年，在为《东方采菁录》所作《序》中，季羡林说："我同吴文煇教授可以说是老朋友了。对他的为人和为学，我是衷心佩服的。他为人正直淳朴，待人以诚；为学刻苦奋发，锲而不舍。令人吃惊的是，在多年担任中山大学的党政领导工作公务极其繁忙的情况下，他居然能争分夺秒，兀兀穷年，写出了这样多精彩的文章。我对他的佩服，决不是无根无据的。"[③] 吴文煇在《后记》中这样写道："搞文艺理论必须依托对一种文学的深入研究，于是我选定了外国文学，后来更偏重于东方文学。困难的是在中山大学不容易找到这方面的导师，我只好一边自学一边寻找。幸运的是我终于找到德高望重、学术渊深的季羡林教授。虽然我不是他的直系弟子，他却对我厚爱有加。在难得见面的短暂时刻，他总是用他的最新的研究成果来诱导启发我；甚至在我患病的时候也用他对待疾病的经验来劝慰我。""这部论文集，就算是我献给他的一份习作。"[④]

季羡林特别看重卓越奋发的青年学者，一旦做出成绩，就为他们大声喝彩。1994年，曹顺庆主编的《东方文论选》即将付梓，季羡林"乐而为之序"。

① 季羡林：《季羡林全集》第6卷，第730页；北京：外语教学与研究出版社2009年版。
② 季羡林：《季羡林全集》第6卷，第332页；北京：外语教学与研究出版社2009年版。
③ 吴文煇：《东方采菁录》，第1页；广州：中山大学出版社1997年版。
④ 吴文煇：《东方采菁录》，第373页；广州：中山大学出版社1997年版。

他热情称赞道："曹顺庆教授英年岐嶷，独具慧眼。他约请了国内外的一些真正的同行专家，准备群策群力，编一本《东方文论选》，这确实是雪中送炭之举，一定会受到国内外文艺理论工作者的热诚欢迎。"①

季羡林和青年学者王文宏的交情，让人想起了当年哥廷根大学西克教授和青年季羡林的关系。他在《季羡林与东方文化》序中说："我长王文宏四十多岁，是她祖父一辈的人物。""我现在以耄耋之年天天超负荷地工作着，心理上和身体上压力是极重极重的。"当王文宏请他写序时，他还是"愉快地接受了她的要求。"②而此类情况屡见不鲜。当青年学者窦志力冒着寒风从郑州赶到北京，请季羡林为他四十万言的《中国精神》写序时，开始他想婉言谢绝，因为他以"望九之年被文债压得喘不过气来"。但"中国精神"这个书名打动了他，认为这是"当春乃发生"的"及时雨"。他在序中对作者的努力作了充分肯定，"不能不佩服这位青年学者思想之敏锐，对中国精神分析之细

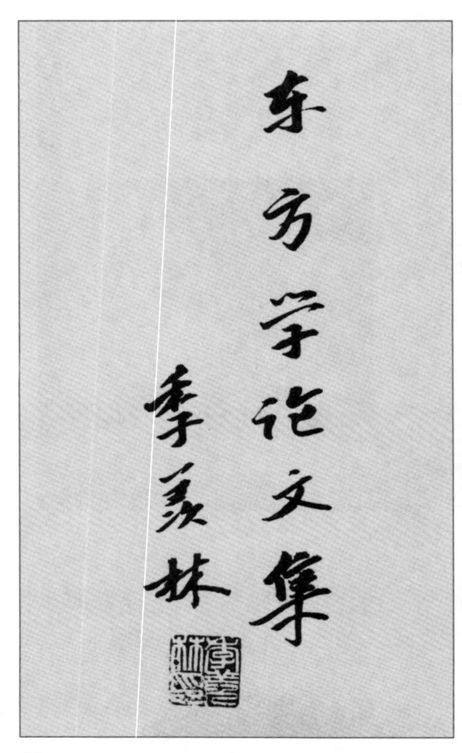

48

48 季羡林题词《东方学论文集》

致。有的话切中时弊，发人深省。这些都是作者近几年来奋发努力，锲而不舍的结果。我应该向他祝贺”[③]。

一个时代有一个时代的文化，一个时代有一个时代的文化大家。春秋战国出了老庄孔孟，清末民初出了康梁，当代出了季羡林。衡量一个学者的历史地位，看他能否熔铸古今、汇通东西。若能，即是时代的大学者。季羡林不仅能熔铸古今、汇通东西，而且能预流并揭示世界大势。这就是他的高人之处。季羡林的出现，对他本人还是中国社会，既是偶然的，又是必然的。一部人类文明发展史，上古涌现出埃及、巴比伦、印度、中国四大文明古国，中世纪出现了中国、印度、阿拉伯三大文化中心，至近代西方列强纷纷崛起，所有文明古国和文化中心先后衰亡，唯独中国虽饱受摧残，但法统、学统始终不灭。20世纪，中国逐步踏上了民族复兴之路。到21世纪，中国的崛起犹如旭日东升，不可阻挡。季羡林的学术之路，早期成果绝大部分以考据为基础，也养成了他谨小慎微的好学风。像乾嘉时代只能出现“朴学”一样，20世纪上半叶季羡林只能写考据文章。但是，到20世纪八九十年代，随着改革开放的不断成功，季羡林自觉不自觉地从考据走向了宏论，写了一系列引领思想潮流的文章，诸如《中国文化发展战略问题》《文化交流的必然性与复杂性》《东方文化和西方文化》《关于“天人合一”思想再考察》《丝绸之路与中国文化》等等。不仅仅是议题发生了转变，治学方法也发生了变化。在很长一段时期内，季羡林偏爱考据，鄙夷义理。到20世纪末，季羡林的宏论文章多了起来，而且一发不可收拾，对义理的态度也改变了。这个变化是自觉的，同时也是形势使然。然而，严谨、言必有据的治学作风没有变。就这样，在新旧世纪之交的中国，需要出现预流和引领学

① 季羡林：《季羡林全集》第6卷，第389 – 390页；北京：外语教学与研究出版社2009年版。

② 季羡林：《季羡林全集》第6卷，第440页；北京：外语教学与研究出版社2009年版。

③ 季羡林：《季羡林全集》第6卷，第446页；北京：外语教学与研究出版社2009年版。

术文化思想的大学者时，季羡林风云际会，躬逢其盛，应运而出。他从考据迈向宏论，形成了洪纤并重、超迈前人的学术大格局，呈现出脚踏实地而高天流云的学术大气象。他从中国的首席印度学家、东方学奠基人，变成了当代中国乃至世界学术文化思想界的坐标人物。

“季羡林一生立德、立功、立言，在他身上体现的正是现代科学精神与中华传统美德的完美结合。”[①] 季羡林是中华民族思想文化史上的一笔宝贵财富，值得我们去学习、研究和继承。现在我们对他的亲近，才刚刚开始。

① 胡光利、梁志刚：《季羡林大传》Ⅱ引言；哈尔滨：哈尔滨出版社2013年版。

49 季羡林先生铜像揭幕仪式在北京大学外国语学院举行（2014.5.18）

49

第四章
不可或缺的翻译家

第四章

不可或缺的翻译家

无论从历史的久远、数量的巨大，还是从影响的广泛来讲，中国都是世界第一翻译大国。一部汉文佛教《大藏经》和藏文《大藏经》，就足以说明一切。如果说佛经翻译奠定了中国第一翻译大国的地位，那么进入近代，至今仍方兴未艾的西籍翻译则巩固了中国第一翻译大国的地位。中国近代的翻译，虽然以译西籍为主，但是东方典籍的翻译，特别是日本、印度典籍的翻译，仍占有相当地位。在印度典籍的翻译中，季羡林的地位不但崇高，而且不可或缺。孟昭毅在《中国东方文学翻译史》中说："季羡林的翻译实践和他的翻译理论足以证明他是中国当代最具有影响力的翻译家之一。他翻译的印度古典梵文史诗《罗摩衍那》可以说是中国翻译史上里程碑式的作品。"[①]

季羡林对中国翻译事业的贡献，除了翻译作品、翻译理论之外，还包括对翻译工作的组织、指导和鼓励。

一、翻译作品的数量与品相

季羡林是中国乃至世界上译龄最长的翻译家之一。从1930年代开始，一直到2009年逝世前，他都在关心着中国的翻译工作和事业。这么漫长的岁月，加上超乎寻常的勤奋努力，所以他的译作数量非常巨大。从已经出版的《季羡林全集》30卷的情况看，第20、21卷为《梵文及其他语种作品翻译》，第22 – 29卷为《罗摩衍那》翻译。其实，季羡林的其他著作，如第9卷《印度古代语言》、第10卷《印度历史与文化》，第11、12卷《吐火罗文〈弥勒会见记〉译释》和《吐火罗文研究》，第13、14卷《中国文化与东西方文化》，第15、16卷《佛教与佛教文化》，第17卷《比较文学与民间文学》，第18、19卷《糖史》，全都和翻译密切相关。可以说，季羡林的学术离不开翻译，没有翻译就没有学者季羡林。

关于季羡林学习和掌握的语言，他自己在《学海泛槎》中有过明确的交代。除了梵文、巴利文、吐火罗文之外，还学习过斯拉夫语（俄语和塞尔维亚—克罗地亚语）、阿拉伯语、希腊语，英语和德语是他的学习和交际用语。从留下来的翻译作品看，他主要使用的是梵文、巴利文、吐火罗文以及英语、俄语和德语。

季羡林最早的译作是1930年翻译的俄罗斯作家屠格涅夫的短篇小说《老妇》《世界的末日》《玫瑰是多么美丽，多么新鲜啊……》《老人》等。1984年9月，他在印度黛维夫人的委托和催促下，译出长篇纪实小说《家庭中的泰戈尔》。《吐火罗文〈弥勒会见记〉译释》是季羡林在1990年代花大量时间完成的翻译工程。1998年2月，他在《季羡林文集》第十一卷自序中说："十几年，我陆续译释了一些篇章，在国内国外发表，在国外用英文，在国内用汉文。"[②] 2009年7月，《季羡林全集》编辑委员会在《季羡林全集》第11卷说明中说："本卷收入作者研究吐火罗文A残卷《弥勒会见记剧本》的英文专著和中文长篇导论。本

① 孟昭毅等：《中国东方文学翻译史》，第612页；北京：昆仑出版社2014年版。

② 季羡林：《季羡林全集》第11卷，第3页；北京：外语教学与研究出版社2009年版。

卷的英文部分在德国出版之前，曾在国内外的学术刊物上零星发表过。”[①] 我们曾称《吐火罗文〈弥勒会见记〉译释》是中国翻译史上的破天荒之作。因为，首先季羡林拾起了丢了四十多年的吐火罗文。其二，得到了回鹘文译本的相辅。其三，得到了国际友人的帮助。“以上三个条件合在一起，于是就有了我们今天见到的《吐火罗文〈弥勒会见记〉译释》的中英文合本。说其是奇迹，是破天荒之作，是中外翻译史上的幸事，一点也不过分。而这个成果是他在耄耋之年取得的，不得不令人肃然起敬。”[②]

《〈弥勒会见记〉译释》具有三个方面的学术意义：一是搞清楚了吐火罗文《弥勒会见记》的性质，二是搞清楚了《弥勒会见记》的版本情况，三是对弥勒研究有了新的突破。由于以上三大学术意义，我们可以考虑它的影响意义：“现在我们看见的这部《吐火罗文〈弥勒会见记〉译释》中英文合体本，是当今世界对《弥勒会见记》研究的最新成果，代表这一领域研究的最高水平。我可以放言：吐火罗文《弥勒会见记》出土在中国，吐火罗文《弥勒会见记》研究也在中国。季羡林又为中国学术争了光。”[③] 在《〈弥勒会见记〉译释》之后，季羡林大部分的翻译工作告一段落，但是少量的翻译依然继续进行。

季羡林的译作，最突出、最具影响的是印度经典梵语文学作品，其中包括印度古代伟大诗人迦梨陀娑的剧本《沙恭达罗》和《优哩婆湿》、印度著名的寓言集《五卷书》和两大史诗之一的《罗摩衍那》。另外，对印度古代著名散文小说《十王子传》和巴利文《佛本生故事》，也进行了选译。毫无疑问，季羡林本来是计划将《十王子传》和《佛本生故事》全部汉译的。无奈他后来事务繁忙，不得不搁笔。不过，这为后人续译开辟了道路，打下了基础。他这样介绍说：“这一部《十王子传》，无论从内容方面来说，还是从词藻方面来说，都有独到之处。这也就是它千百年来为人们所喜爱的原因。在印度，它已经被译为许多印度语言。在国外，也有许多西方语言的译本，如德文、英文等，而且每种语言还不只一个译本。它受到世界上广大人民的欢迎。在中国，我们不但还没有介绍过《十王子传》，就连其他的宫廷诗体长篇小说也还没有介绍过。”④

印度的本生故事，世界流传，影响巨大。原来到底有多少故事，已无人知晓，有人说有五百多个。这些故事内容复杂，情节生动，很有传播性。季羡林在《关于巴利文〈佛本生故事〉》一文中说：“实际上，这些故事绝大部分都是寓言、童话等等的小故事，是古代印度人民创造的，长期流行在民间。这些故事生动活泼，寓意深远，家喻户晓，深入人心。国王们看准了这一点，于是就利用它们，加以改造，来教育自己的子女。各教派也看准了这一点，也都想利用它们来宣传自己的教义。婆罗门教、耆那教都是这样，佛教也不例外。这就是为什么同一个故事在不同教派的经典中，也在许多故事集中，像《五卷书》《故事海》《益世嘉言集》等等里面都可以找到的原因。”⑤洞悉《本生故事》本质的他，是非常希望有一个较完整的汉文《本生故事选》在中国出版。这个任务后来由他的学生黄宝生和郭良鋆来完成，他们选译的《佛本生故事选》中，收录了季羡林翻译的《跳舞本生》《苍鹭本生》《吠陀婆本生》《猴王本生》《鹿本生》《兽皮苦行者本生》《波毗噜本生》等七则故事。

从印度梵语文学史讲，季羡林翻译的“二剧一诗一故事”（即剧本《沙恭达罗》《优哩婆湿》和大史诗《罗摩衍那》、寓言故事集《五卷书》）最为重要。正是这四部作品的汉译，奠定了季羡林中国首席印度学家的地位，同时也奠定了他“中国当代最具影

① 季羡林：《季羡林全集》第11卷，第5页；北京：外语教学与研究出版社2009年版。
② 郁龙余：《梵典与华章》，第508页；银川：宁夏人民出版社2004年版。
③ 郁龙余：《梵典与华章》，第512－513页；银川：宁夏人民出版社2004年版。
④ 季羡林：《季羡林全集》第20卷，第731页；北京：外语教学与研究出版社2010年版。
⑤ 季羡林：《季羡林全集》第20卷，第756页；北京：外语教学与研究出版社2010年版。

50

响力的翻译家之一”的地位。印度梵语文学在世界文学史上具有重要地位，季羡林的译作在很大程度上填补了以往中国翻译史上的不足。倘若没有季羡林的这些译作，中国当代翻译史就会出现不应该出现的缺漏，中国当代翻译史就得改写。所以，我们说季羡林是一位不可或缺的翻译家。

一位翻译家的地位，一看他在翻译史上的位置，二看他译作的数量与品相。古今中外，莫不如此。唐代玄奘，之所以被称为中国第一翻译家，甚至是世界最伟大的翻译家，正是因为他在中国千年佛经翻译史上，处于承前启后而厥功至伟的位置。季羡林在中国印度文学翻译史上的地位，也处于“承前启后、厥功至伟”的位置。季羡林译作数量巨大，前面已有交代，在当代中国翻译家中，能望其项背者不多。现在我们从纵向和横向两个维度，来分析季羡林译作的品相。

《沙恭达罗》是迦梨陀娑的千古名剧。进入近代，西方学者获知此剧，奉为至宝，甚至到了欢呼雀跃的程度。这是两种不同文明碰撞出来的火花。季羡林在《〈沙恭达罗〉译本序》中说：“在国外，人们喜爱这个剧本的程度决不下于印度。英国梵文学者威廉·琼斯（William Jones）于1789年把《沙恭达罗》译成英文。1791年，乔治·弗斯特（Georg Forster）又从英文译成德文。在欧洲文学界，特别是德国，它立刻就获得了我们今天简直难以想象的好评。德国的大诗

① 季羡林：《季羡林全集》第20卷，第25页；北京：外语教学与研究出版社2010年版。

② 查明建、谢天振：《中国20世纪外国文学翻译史》，第719页；武汉：湖北教育出版社2007年版。

人，像赫德（Joh.Gottfriedv.Herder）、歌德和席勒都赞不绝口。”①

既然《沙恭达罗》在印度和欧洲如此脍炙人口，那一定不会等到1950年代由季羡林来翻译。正如《中国20世纪外国文学翻译史》所述：“30年代，王维克曾通过法译本译了他的七幕剧《沙恭达罗》。40年代又出版了卢前的新译本（译名为《孔雀女》）。30年代还翻译出版过《沙恭达罗》的戏剧故事。1954年，人民文学出版社根据英译本修订了王维克30年代的旧译《沙恭达罗》，重新出版。1956年，著名梵文学者季羡林根据德国著名梵文学者皮舍尔校订的1922年版的孟加拉本《沙恭达罗》译出了新译本。季译本是第一个根据梵文原文翻译出的译本。”②《沙恭达罗》在中国也是非常风光，曾于1957年和1982年由中国青年艺术剧院根据季羡林的译本演出。

季羡林翻译的“二剧”中的另一剧《优哩婆湿》，也是迦梨陀娑的名剧。季羡林的《沙恭达罗》于1956年由人民文学出版社出版之后，《优哩婆湿》也于1962年出版。《优哩婆湿》尽管也是迦梨陀娑的名剧，其影响力就远不如《沙恭达罗》了。从中国印度文学翻译史的角度看，《优哩婆湿》的汉译是势在必行，不可或缺。译者季羡林也对这个梵剧十分倾情，说：“在迦梨陀娑心目中，优哩婆湿是正面人物，是他着意描写的人物，是他的理想人物。在他的诗和剧里，女主角有一个共同的特点：自由恋爱，自由结婚。就拿他的三个剧本来说吧。《沙恭达罗》里面的女主角是用乾闼婆方式同国王豆扇陀结婚的。《摩罗毗伽和阿祇儞密多罗》里

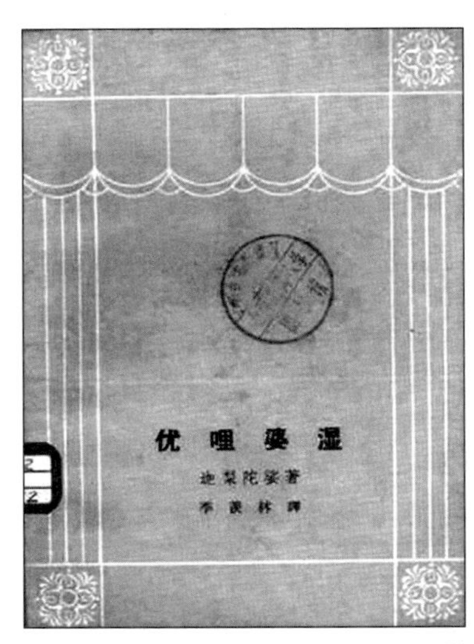

51

面的摩罗毗伽也是自由地同阿祇儞密多罗结婚的。但是，在这方面，最大胆最没有顾忌的应该说是优哩婆湿。因此，我们可以说，在迦梨陀娑所创造的女子形象中，优哩婆湿占有独特的地位。”[①] 在译者季羡林的心中，优哩婆湿也有着独特的地位。

纵观季羡林的翻译事业，最具代表性的是翻译印度大史诗《罗摩衍那》。它和《摩诃婆罗多》号称印度两大史诗，驰名世界。西方学者初入印度，听说印度也有两大史诗，他们很是诧异：只有欧洲才有两大史诗《伊里亚特》和《奥特赛》，印度怎么可以有呢！后来弄明白了，不免自惭形秽。印度的《罗摩衍那》在体量上是欧洲两大史诗的八倍多，而《罗摩衍那》只是《摩诃婆罗多》的四分之一。至于印度史诗神话思维的丰富性、文学性和震撼性，那更是令人叫绝。这些，都是吸引季羡林在困难条件下翻译《罗摩衍那》的动力。唐仁虎称季羡林是“具有远见和不怕吃苦的学者，敢于啃硬骨头的翻译家”，“不愧是经过第二世界大战考验的知识分子，哪怕轰炸机在头上飞，他还是要看书搞研究的。在‘文革’的十年中，在他获得人身自由之后便开始了印度大史诗《罗摩衍那》翻译的伟大工程”[②]。对于翻译《罗摩衍那》的困难，季羡林这样自叹道：“我既然要忠实于原文，便只好硬着头皮，把这一堆古里古怪、诘屈聱牙的名字一个一个地忠实地译成汉文。有时候还要搜索枯肠，想找到一个合适的韵脚。严复说道：‘一名之立，旬月踟蹰。’我是‘一脚（韵脚也）之找，失神落魄’。其痛苦实不足为外人道也。”[③]“总而言之，时间经过了十年，我听过三千多次晨鸡的鸣声，把眼睛熬红过无数次，经过多次心情的波动，终于把这本书译完

① 季羡林：《季羡林全集》第20卷，第710页；北京：外语教学与研究出版社2010年版。

② 王邦维主编：《东方文学学科：建设与发展》，第262页；太原：北岳文艺出版社2007年版。

③ 季羡林：《季羡林全集》第29卷，第631页；北京：外语教学与研究出版社2010年版。

④ 季羡林：《季羡林全集》第29卷，第634页；北京：外语教学与研究出版社2010年版。

⑤ 季羡林：《季羡林全集》第29卷，第626页；北京：外语教学与研究出版社2010年版。

52 季羡林翻译的《罗摩衍那》七卷本在人民文学出版社出版

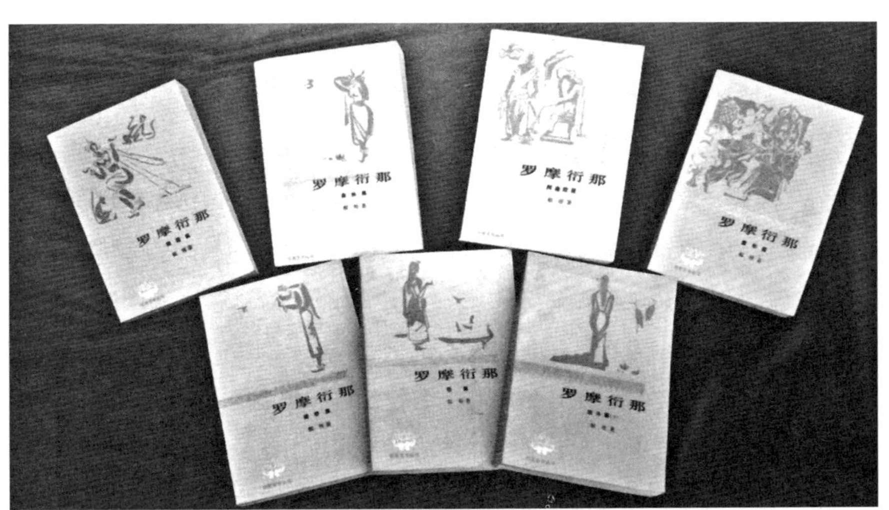

52

了。”④

《罗摩衍那》的翻译是成功的。这种成功，我们在《中外文学交流史·中国—印度卷》中认为：

其一，用诗体译《罗摩衍那》。

《罗摩衍那》在古代印度属于民间口头文学，在寺庙、丛林、村会、街头说唱，所以它总体上说明白如话，除了个别章节之外，并不十分难懂。“可是一着手翻译，立刻就遇到了难题，原文是诗体，我一定要坚持自己早已定下的原则，不能改译为散文。但是要什么样的诗体呢？这里就有了问题。……反复考虑，我决定译成顺口溜似的民歌体。每行字数不要相差太多，押大体上能够上口的韵。”⑤

其二，篇首撰写《本篇故事梗概》。

《罗摩衍那》虽然不像《摩诃婆罗门》那样庞杂斑驳，但对外国读者来说，往往会感到头绪众多，令人眼花缭乱。为了解决这个问题，译者在每篇篇首撰有《本篇故事梗概》。这对读者来说，是十分实用的方便之举，除了省时之外，亦可与诗译互文，加深对史诗的理解。

其三，通俗语言的选择。

季译《罗摩衍那》采用的语言，是通俗的口语。这一选择符合“顺口溜似的民歌体”的要求。从读者角度看，无疑是一种最佳选择。这种情况，和当初佛典汉译的情景完全一致。到底用什么语言来译佛经？摆在译经师面前两条路：一条是先秦诸子式的经典汉语，一条是老百姓的日常口语。译经师们几经斟酌与试验，最终一致决定走老百姓日常口语之路。最初的几部译经，多少还受诸子经典的影响，译文中尚有较多文言词汇。随后，完全摆脱诸子文言的束缚，佛经译文完全以通俗易懂的百姓口语面貌出现。历史证明，佛经汉译的语言选择是对的。一方面有别于诸子百家，有利于自立门户；一方面拉近与老百姓的距离，有利于佛教的传播。季羡林精通古文，年轻也做过诗人梦，翻译《罗摩衍那》不用旧诗体，也不用白话新诗，而用“顺口溜似的民歌体”，是一位中印文化交流研究专家和语言学家的深思熟虑。从接受者的语言审美的立场看，季译《罗摩衍那》是非常成功的。[①]

印度文学对中国文学曾产生过诸多影响，例如“连串插入式”和散文与诗歌相间。季羡林认为：

表现在《五卷书》里面的在结构上的两个特点都对中国文学产生了影响。这并不是说一定是《五卷书》起了影响，而是这种形式起了影响。先谈第一个特点。在这里只举一个例子。隋唐之间的王度写的《古镜记》（《太平广记》230，题目《王度》）是一篇颇为著名的小说。这篇小说以一面古镜为骨干，中间插入了许多小故事。这种结构在中国小说中不算太多，但是这一篇《古镜记》却是很典型的。根据这篇故事

> 写成的年代和环境，受印度影响的可能是非常大的。
>
> 诗歌和散文相结合的结构也对中国小说产生了影响，比如许多中国长篇小说，常常在散文叙述中间，写上一句“有诗为证”，然后就加入一些或长或短的诗。特别在描写山景或其他景致的时候，描写人物形象的时候，更容易出现诗歌。我们拿《西游记》第一回来作例子分析一下。同《五卷书》一样，第一回开头就出现了一首诗。[②]

只有对《五卷书》和中国古典小说都熟悉的人，才能这样像话说家常一样信口道来。而这类例子，在季羡林的著作中经常能见到。季羡林的比较文学研究，是从比较故事学起步的，而《五卷书》的翻译与研究，让他在比较文学之路上步步生莲。

季译《罗摩衍那》的成功，获得了一致褒扬。有学者认为：“季羡林对《罗摩衍那》的研究，运用的重要方法是比较文学的方法。尤其是《〈罗摩衍那〉在中国》一文，堪称比较文学影响研究的范例。《罗摩衍那》以优良的译文质量荣获国家图书奖，他的研究在学术界也获得了高度评价。季羡林是中国《罗摩衍那》研究的开拓者和集大成者，至今无人能望其项背，为国际《罗摩衍那》研究注入了新的活力，为中国学术界赢得巨大荣誉。”[③]1994年，季译《罗摩衍那》和由他主持注释的《大唐西域记校注》，双双获得中国第一届国家图书奖。季羡林翻译《罗摩衍那》的故事，以及高质量的译文，不但在国内大获点赞，在国际上也深得好评。孟昭毅在《中国东方文学翻译史》中专设一节《季羡林与〈罗摩衍那〉的翻译》，指出：“蔚为大观的《罗摩衍那》在翻译出版以后，不仅仅受到中国文化界的高度重视，而且在世界文化界也受到很高评价，并产生了深远的影响。1986年5月，季羡林应东京大

① 郁龙余、刘朝华：《中外文学交流史·中国—印度卷》，第136页；济南：山东教育出版社2015年版。

② 季羡林：《季羡林全集》第17卷，第489页；北京：外语教学与研究出版社2010年版。

③ 孟昭毅等：《中国东方文学翻译史》，第681页；北京：昆仑出版社2014年版。

53 季羡林与东京大学名誉教授中村元博士（1986.6）

53

学名誉教授中村元博士的邀请，到日本访问讲学。在一次演讲会致开幕词时，中村元博士为了更全面地将季羡林先生推荐给日本学界，就将他所译的八大本《罗摩衍那》带到会上，向大家做了展示，并热情赞扬说，在世界名著《罗摩衍那》的外文译本中，过去100多年的时间里只有英文译本是完整的，现在季羡林的汉文译本是世界上最全的，应该是第二个全译本，它会对日本翻译《罗摩衍那》有相当的参考价值。”①

《五卷书》的汉译，对季羡林来说起步很早。早在1941年，在他留学德国期间就开始编译《印度寓言》，写有《印度寓言自序》：“决意在巴利文的《本生经》里和梵文的《五卷书》里选择最有趣的故事，再加上一点自己的幻想，用中文写出来，给中国的孩子们看。”②

《一个故事的演变》写于1941年12月25日，比《印度寓言自序》晚十天。这是一篇以小见大的文章，讲在中国颇为流行、有着多个版本的“鸡生蛋、蛋孵鸡、几年后成富翁”的故事。它的老家在印度。为了用证据说话，季羡林从《嘉言集》和《五卷书》中译出两个内容大体相同的故事。这个故事从印度出发，几乎走遍世界。“到了中国，它变成我们民间传说的一部分，文人学士也有记叙，上面从《梅磵诗话》和《雪涛小说》里抄出来的两段就是好例子。倘若不知道底蕴，有谁会怀疑它的来源呢？”③

《梵文〈五卷书〉：一部征服了世界的寓言童话集》，写于1946年12月27日。这是一篇长文，详写《五卷书》在印度国内外的流传情况。他认为：“《新约》《旧约》译成的外国文字最多，但论到真正对民众的影响，恐怕《新约》《旧约》还要屈居第二位。世界上的民族，不管皮肤是什么颜色，不管

① 孟昭毅等：《中国东方文学翻译史》，第608页；北京：昆仑出版社2014年版。

② 季羡林：《季羡林全集》第17卷，第5页；北京：外语教学与研究出版社2010年版。

③ 季羡林：《季羡林全集》第17卷，第21页；北京：外语教学与研究出版社2010年版。所译故事为《五卷书》第五卷第七个故事，译文与人民文学出版社2001年版稍异。

天南地北，从一千多年以来，不知道有多少千万人听过《五卷书》里的故事了。从这里他们得到了他们所需要的快乐。它把人们从现实的纷扰里带到一个童话的国土里去。”①“季羡林对《五卷书》译介、研究的高潮，是他对这部世界文学名著的汉译，以及为此撰写的几篇相关文章。季译《五卷书》首版于1959年，1963年7月13日写有《译本序》。1964年出版第二版。1981年出版第三版时，又写了《再版后记》。2001年第四版时，又写了《再版新序》。”②

显然，对《五卷书》的翻译和研究，对季羡林来说还有更重要的意义。因为，从1980年代起，比较文学研究在中国像狂飙一样兴起，而季羡林本人不管他自己愿意不愿意，被历史地推上了引路人的位置。《五卷书》的翻译与研究，自然成了他手上的如意神器。

作为文学翻译家，季译“二剧一诗一故事”，足已显现他译作的数量之巨和品相之美。作为学者翻译家，他翻译的全部作品，其范围之广泛，学识之渊博，令人叹为观止。

二、出自翻译实践的季氏译论

世界上有两大译学理论，欧洲译学理论和中国译学理论。这二者虽然有着相同的生成条件——旷日持久、声势浩大的翻译活动，但在表现形态上有着明显差异。强调个人奋斗的欧洲，多翻译学的专论、专著；重视集体合作的中国，则几乎无翻译学的专论、专著。但这不等于说，只有欧洲有翻译学，中国没有翻译学，只是说明两者的存在形式大为不同。对于现代中国学者来说，一个重要的学术任务，就是要将散存于各种历史文献中的中国古代译学理论，进行挖掘、整理研究。当代翻译家季羡林承前启后，既是识别中国古代译学的解码器，又是开启中国现代译学之门的钥匙。

中华民族是一个脚踏实地的民族，不尚夸夸其谈。中国翻译家也是如此。自汉末开始，中国翻译家翻译了世界上最为宏富的佛教经典和其他外国经典，积累了大量的翻译经验与翻译理论。但是，中国的翻译家们，其中包括世界一流的翻译家玄奘在内，在讲述他们的经验和理论时，似乎总是那么吝啬，留下的文字少之又少。我们曾经说：伟大的佛经汉译实践孕育着丰富的翻译理论宝库。粗线条地看，历代译经高僧给我们留下的最重要的翻译理论遗产是以下各条：

"五失本""三不易"（道安）

"十条""八备"（彦琮）

"五不翻"（玄奘）

"六例"（赞宁）③

中国古代译学具有四大特征：主体语言稳定强大，重视并彰显实用性，追求文学修辞之美，意义重大影响深远。季羡林继承了历代翻译家的遗风，尽管有着数百万字的译作，但是没有出版翻译学专著。他在1946年写有一篇《谈翻译》，一开头就说："题目虽然是'谈翻译'，但并不想在这里谈翻译原理。"④ 此文实际上谈的是重译与译风问题。尽管如此，季羡林在《从斯大林论语言学，都谈到"直译"和"意译"》、《对于编修中国翻译史的一点意见》、《翻译》（与许国璋合著）、《翻译的危机》等专文，以及各种译后记、序跋和讲稿中都谈到了翻译的问题。

在季羡林漫长的翻译人生中，以翻译为主、研究为副的情况是大多数。1956年，季羡林将迦梨陀婆的

① 季羡林：《季羡林全集》第17卷，第30页；北京：外语教学与研究出版社2010年版。

② 郁龙余、刘朝华：《中外文学交流史·中国——印度卷》，第110页；济南：山东教育出版社2015年版。

③ 孟昭毅等：《中国东方文学翻译史》，第679页；北京：昆仑出版社2014年版。

④ 季羡林：《季羡林全集》第17卷，第11页；北京：外语教学与研究出版社2010年版。

《沙恭达罗》译成汉语，并写了一篇译本序。1978年，他对剧本进行了一些修改，并重新写了译本序。从译本序里，我们可以看出翻译与研究相辅相成的完美结合。他说："时隔二十年，现在我又把全书译文校阅了一遍，改正了一些错误和不足之处。又把一些译名同我翻译的《罗摩衍那》统一起来。把原有的译本序重新写了一遍，把我最近的对《沙恭达罗》的一些看法写了出来。翻译这样一部经历了一千多年传遍全世界的印度古典名剧，是并不容易的；对它作一个恰如其分的评价就更困难 。"[①] 这个新写的一万多字的《沙恭达罗》译本序，是中文读者了解这部世界名剧的可靠文字。

《五卷书》初版于1959年，1964年再版时译者改写了译本序，1980年第三次出版时，译者于1979年写了一篇长达一万多字的《再版后记》。他对《五卷书》的"时代背景""印度古代文艺发展的道路""语言""思想内容""结构的特色"等内容，作了深入的介绍，成了中文读者了解《五卷书》的可靠的知识来源。季羡林这种不断更新译本序的做法，给读者及时带来了新的知识，这是一位卓越翻译家的负责的态度，也是翻译和研究互相促进的结果。

对季羡林的翻译理念，或者叫季氏译论，学者们经过研究总结，认为主要有三条：反对重译，主张直译，提倡以诗译诗。

孟昭毅在《中国东方文学翻译史》中说：

> 首先，季羡林反对重译。重译也称转译，既不是通过原文，而是通过译文进行第二次重复翻译。这种"二重翻译"的方法在20世纪初的中国译坛，乃至20世纪三四十年代的中国译坛都曾风行过。不少重译作品的译者或许不懂原创本的文字，或许找不到原创译本，都间接通过日语或英语转译过俄文或其他语种的文学作品。因为世界上的语言非常多，谁也不可能全部精通，所以要欣赏外国的作品必须通过翻译才能做到。

可见，“翻译只是无可奈何中的一个补救办法”。早在20世纪40年代的《谈翻译》一文中，季羡林就举例《晏子春秋·内篇》说：“桔生淮南皆为桔，生于淮北皆为枳，叶徒相似，其实味不同。所以然者何？水土异也。”虽然“桔移淮北，叶还能相似。一篇文章，尤其是文学作品，倘若译成另外一种文字，连叶也不能相似，当然更读不到味了”（《比较文学与民间文学》北京大学出版社1991年版，第13页）。他深知“水土异”是使文学作品变味的原因。原本一种文字与另一种文字之间就无等值的关系，如果再有异域的水土过滤，那文学作品的原汁原味就很难保存下来了。季羡林坚决认为：“我们只是反对一切的重译本，无论写明的也好，不写明的也好。……科学和哲学的著作不得已时当然可以重译，但文艺作品则万万不能。”[②]

在季羡林之前，印度的一些名著如《沙恭达罗》已有汉译，但都是从其他文字转译（重译）而来的。《五卷书》的情况更复杂，我们在《梵典与华章》及《中外文学交流史·中国—印度卷》中，都作了详细梳理。总的情况是，在20世纪50年代前，《五卷书》的各种故事在中国的传播情况复杂，都是重译又重译的产物。只有到了1959年，反对重译的季羡林直接从梵文译成《五卷书》并由人民文学出版社出版，中国读者才欣赏到了原汁原味的《五卷书》的译文。

孟昭毅在《中国东方文学翻译史》中说：

> 其次，季羡林主张直译。众所周知，在中国早期的翻译史上，就存在着“直译”和“意译”两种翻译方法。季羡林深通佛典的翻译史，又有半个多世纪的翻译经验，他当然知道，翻译既要对原文负责，要尽可能地忠实原文，同时又要对译文负责，使译

① 季羡林：《季羡林全集》第20卷，第28页；北京：外语教学与研究出版社2010年版。

② 孟昭毅等：《中国东方文学翻译史》，第610页；北京：昆仑出版社2014年版。

文明白流畅。因为，他所论及的“直译”，不只是涉及译文要尽可能贴近原文，尽可能忠实传达原文的问题，而是千余年前佛经的翻译，近百年来西方典籍和文学作品的翻译，都使得外来语对中国汉语母语产生了深刻的影响。他认为的“直译”是在汉语习惯允许范围以内，逐渐引进一些外国语法比较周密的表达方式，使我们祖国已经有了几千年历史、表达方式已经很丰富的语言，更加丰富、更加有生命、更能适应我们的需要（季羡林《从斯大林论语言学谈到“直译”和“意译”》，《当代文学翻译百家谈》，北京大学出版社1989年版）。他在给《中国大百科全书·语言文学卷》所写的词条中仍然坚持了直译的主张。他承认自己“对翻译的理解是倾向于保守的。中国有世界上最大最长的翻译的历史，理论方面也有不少建树。但是，我觉得，严又陵的‘信、达、雅’仍然是平正公允的理论。现在内外都有不少翻译理论，其中故意标新立异而实则缺乏真货色者也不在少数，这同文艺理论和语言理论等等，颇有类似之处”（《学海泛槎——季羡林自述》，山西人民出版社2000年版，第175～176页）。季羡林其实认为：“‘信、达、雅’三个字是精练之至的总结，完全可以用来总结中国千年的翻译经验，而其中，‘信’字当先，其实就是说，翻译首先要忠于原文，在此基础上才能提及‘达’即通顺，‘雅’即译文要典雅。”①

季羡林译论第三条，提倡以诗译诗。反对用散文译诗的态度，季羡林是十分坚定的。1988年3月，他在《喜读〈罗摩功行之湖〉》一文中盛赞译者金鼎汉：“他在翻译本书时，殚精竭思，推敲译文。对把原诗译为汉文诗体，他也煞费苦心，考虑原诗的格律与汉诗的格律。结果决定将原诗每首二行也译为汉诗每首二行，押尾韵。我个人认为这是一件很有意义的事。有人把原作的诗译为散文，我最不敢同意这种做法，我认为这对不起原作者。

不管你有什么理由，忠诚于原作者，包括文体在内，是一个翻译者的义务。在这一方面，金鼎汉同志努力做到，实获我心。”[2]我们在《中外文学交流史·中国—印度卷》中，以《罗摩衍那》翻译为例说，对于《罗摩衍那》的诗艺，季羡林有深刻的体认。他在《印度史诗〈罗摩衍那〉》一文中写道：“史诗属于伶工文学一类，在印度家喻户晓、老幼皆知。”“一直到今天，在一些地区的盛大的节日集会上，还有人用最现代化的设备广播梵文或地方语言译本的《罗摩衍那》。”[3]对于《罗摩衍那》的内容与形式的结合，季羡林给予极高评价。他说：“在《罗摩衍那》里面，我们不时遇到一些雕琢彩绘、风格华丽的语言，甚至使用同一个辅音，只把元音加以变换，企图利用辅音重复，达到某种艺术效果。”“这种形式主义的倾向（我甚至想说它是唯美主义的倾向），在《罗摩衍那》里还没有发展到极端，甚至可以说是恰到好处。在这方面，它为以后的文学发展开辟了一条新路，因而一直成为古典诗人创作的光辉典范，亘千年而长新。”[4]对于这样一部典范之作，以诗译诗，是自然而然、名正言顺之事。季羡林将此作为翻译《罗摩衍那》的原则，并坚持到底，显然是正确的。

经过反复思考试验之后，又进一步确定用“顺口溜似的民歌体”来译《罗摩衍那》，则在正确道路上又迈出了决定性的一步。上面说过，《罗摩衍那》在印度是说唱文学，面对的是广大城乡民众，具有浓郁的民间文学的气息和风格。季译采用每行字数相差不多，押大体能上口的韵的“顺口溜似的民歌体”，是非常切实与得体的。如果用旧体诗来翻译，一是“信”难以做到，二是翻译的难度大大增加，翻译的速度会变得非常缓慢，三是读者接受

① 孟昭毅等：《中国东方文学翻译史》，第611页；北京：昆仑出版社2014年版。

② 季羡林：《季羡林全集》第10卷，第351页；北京：外语教学与研究出版社2009年版。

③ 钱文忠选编：《倾听恒河天籁——印度书话》，第69页，南昌：江西教育出版社1999年版。

④ 钱文忠选编：《倾听恒河天籁——印度书话》，第77页，南昌：江西教育出版社1999年版。

⑤ 郁龙余、刘朝华：《中外文学交流史·中国—印度卷》，第135页；济南：山东教育出版社2015年版。

也增大了难度。通俗对通俗，民间对民间，用“顺口溜似的民歌体”译《罗摩衍那》，在诗体选择上是最好的做法。[⑤]

反对重译，主张直译，提倡以诗译诗，是季羡林译论的主要内容。这三条像古代的道安“五失本”“三不易”，彦琮“十条”“八备”，玄奘“五不翻”，赞宁“六例”一样，都是从自己的翻译实践中总结出来并恪守不渝的自我守则。在主观上，季羡林并不要求别人来遵循。但在客观上，不少从事翻译工作的人通过阅读季羡林的译作，体味到了译文之美，所谈翻译经验之实在，都会争相参考仿效。这样，中国翻译理论在道安、彦琮、玄奘、赞宁、严复之后，又有了季羡林，有了“季三条”。“季三条”为代表的季羡林译学理论，和中国传统译学理论的四大特征相一致。中国古代译事，为巩固、稳定古代汉语起到了重要作用；季羡林及其同辈的译事活动，为巩固、稳定现代汉语起到了重要作用。季羡林译论和传统译论一样，都“重视并彰显实用性”，“追求文学修辞之美”。季羡林的译学思想和中国古代传统译学一样，意义重大，影响深远。

三、对翻译工作的组织与支持

季羡林是一位传统与现代完美结合的学者。在翻译事业中，他一方面继承中国古代优良译论，一方面借鉴西方现代译学。除了大量译作和以“季三条”为代表的译论贡献之外，季羡林的第三大贡献是对我国现代翻译工作的鼓励、支持和组织。

从性格上讲，季羡林内敛、含蓄，甚至有些羞涩，反对张扬、显摆。所以，他对翻译工作的鼓励、支持和组织，大多是悄然无声的。由于他的学术声望和社会地位，他的这种“悄然”反而增大了影响力。

（一）组织学者从事文学和学术翻译

季羡林动员、组织学者从事文学作品翻译，最早是从身边开始的。其中，以他组织刘安武、刘国楠等翻译出版印度著名作家萨拉特·钱德拉·查得吉《秘密组织——道路社》一事最为典型。1978年，季羡林访问印度，受到隆重热烈的欢迎。在西孟加拉邦，负责接待的玛尼克·慕克吉先生跑前跑后忙个不停，他是“一位多才多艺的孟加拉文学研究专家”。通过这次访问，季羡林和玛尼克成了好朋友。玛尼克多次对季羡林说，要同他认真长谈一次，但当时实在太忙，一直到离开印度，也没有找到时间谈。临别时，他只能对季羡林“凄然一笑”。回国后，他们就不断通信。玛尼克希望中国多多介绍萨拉特的作品，季羡林请他推荐，他就给季羡林寄来了《秘密组织——道路社》。于是，季羡林组织刘安武等进行翻译。1983年，季羡林在《秘密组织——道路社》中译本序中说：“在翻译这一部书中，我起到了一个‘牵线人’的作用。但我牵的不是个人的线，而是中印友好的线。”他还说：“如果把这友谊比作一朵绚丽的鲜花的话，这朵鲜花也需要有人灌溉，这灌溉的任务中印两方面都要承担，这就需要我们大家共同努力。”[①] 这是一部长达几百页的长篇小说，当年季羡林是如何“牵线”的，刘安武、刘国楠两位是如何忙里偷闲进行翻译的情景，至今我还历历在目。

在季羡林的一生中，曾经做过许许多多次的“牵线人”，很多作品正是在他的鼓励、支持下翻译出版的。季羡林自称“牵线人”，实际上就是翻译工作的组织者。

除了牵线搭桥，季羡林还常常“怂恿”人搞学术翻译。

美国滨州大学梅维恒（Victor H.Mair），是研究

① 季羡林：《季羡林全集》第10卷，第300页；北京：外语教学与研究出版社2009年版。

中国民俗学、敦煌学、中印文化交流史的著名教授。他送给季羡林一本《绘画与表演》（Painting and Performance）。初看之下，季羡林“并没有觉得有什么特异之处，然而越读越觉得有味，越读越觉得新鲜，越读越觉得不同凡响，到了后来，大有不想释手之意了”。“我于是就怂恿我身边的三位年轻的小学友王邦维、荣新江、钱文忠，把它从英文译为汉文，他们听从了我的话，分工分头翻译起来。译完的时间参差不齐，因此我只能把大部分译文拿来同原文核对了一遍，核对得还相当仔细。我本来把此书纳入我主编的在江西出版的一套丛书中，但是，阴差阳错，情况多变，如今已有数年之久，此书还未能面世。这件事在我心中始终是一个疙瘩。盼星星，盼月亮，盼到今天，此书终于有了出头之日。”季羡林对梅维恒很佩服，用“四个极”来表达：“梅维恒教授知识面极广，理解力极强，幻想极丰富，综合能力极超妙。”他竭力怂恿学生翻译此书，一为让中国读者耳目一新。他相信，“此书一出，一定会给我们学术

54

54 季羡林为《绘画与表演》题写书名

①［美］梅维恒：《绘画与表演》，第2页；北京：北京燕山出版社2000年版。
②［美］梅维恒：《绘画与表演》，第296页；北京：北京燕山出版社2000年版。

界一定的启发力和推动力的。谓予不信，请拭目以待。”二为他的学生好好向梅维恒学习，学习他做学问的胆识与方法。他在此书序中说：“我认为，做学问就应当这样，如果人人都谨小慎微，没有胆量，固步自封，裹足不前，那样学问就很难进步，至少进步会非常缓慢。我劝我们的青年学者们力戒此病，要敢大胆地假设，胆越大越好。但跟着来的必须是‘小心的求证’也是越小心越好，缺少这一步，会出大漏子，闹大笑话的。”[①]

当年“三位年轻的小学友”王邦维、荣新江、钱文忠如今都成了学术大家，诚如他们在《译后记》中所说：“没有季先生的建议与支持，这本书的翻译实际上是不可能完成。”此书的翻译从1989年开始，大约在1990年完成了初稿。“初稿完成后，北京大学的季羡林先生花了极大的力气，读过，并提出了很多重要的修改意见。”[②]但是，此后因各种原因，《绘画与表演》译本一书直到2000年才得以出版。对翻译、出版《绘画与表演》，季羡林可谓不遗余力，他除了“怂恿”学生翻译之外，还担任译稿审定，为封面题写书名、写序等等。如今，此书在中国已成了名著，业内学者受其启发或直接引用者不在少数。当代的中国敦煌学、绘画史、雕塑史、佛教艺术史及中国艺术史学者，对绘画和表演所蕴含的丰富、深刻的意义，有了比以前更深、更全面的认识。这不能说和季羡林大力推荐翻译、出版梅维恒的《绘画与表演》没有关系。

（二）为译著热情作序

季羡林还有一种支持形式——替译著写序，这种形式他用得更加频繁，更加得心应手。据统计，他一共替人写过四百多篇序跋，其中不少是为译著写的。请季先生作序，成了那个时代广大译者的追求和幸运。不论译者是谁，不管事先是否给季羡林打过招呼，只要成功译出书稿，请他写序几乎没有不成功的。

1980年代，中国出现了一个翻译的高峰。从此开始，季羡林为许多学者写了译作序。有的是以翻译为基础的研究著作，并非纯粹译作，季羡林也乐于作序，如为石真、冰心译的《泰戈尔诗选》序（1979.1），《舞台》序（1980.4），《印度各邦历史文化》序（1981.2），《惊梦记》序（1981.11），《还有一个没有回来》序（1982.2），《印度文学研究集刊》序（1983.5），《秘密组织——道路社》序（1983.10），《印度古代史》中译本序言（1983.11），《薄伽梵歌》序（1984.2），《摩奴法论》序（1985.1）等。

1988年写的《喜读〈罗摩功行之湖〉》虽然不是一篇序言，而是一篇读后感，但是表达了他的许多翻译理念。季羡林所作的此类序，还包括《敦煌吐鲁番学研究译丛》序（1984.8）、《人贩子》中译本序（1984.11）、《中国纪行》中译本序（1985.6）、《谢氏南征记校注》序（1986.2）、《东南亚历史词典》序（1987.2）、《东方风俗文化词典》序（1987.12）、《日译〈季羡林散文集〉前言》（1989.2）、《达伽马以前中亚和东亚的基督教》汉译本序言（1990.1）、《抗倭演义（壬辰录）及其研究》序（1990.1）、《世界名诗鉴赏词典》序（1990.1）、《东方趣事佳话集》序（1990.4）、《海外中国学家译文丛书》序（1991.1）、《一七八三年孟加拉的农民起义》序（1991.7）、《犹太百科全书》序（1992.6）、《伊朗学在中国学术讨论会论文集》序（1992.12）、《韩国学论文集》新序（1992.12）、《世界散文精华》序（1993.5）、《东方文学名著鉴赏大辞典》序（1993.5）、《中国翻译词典》序（1993.10）、《中德关系辞典》序（1994.1）、《中国翻译名家自选集》小引（1994.1）、《海外博士文丛》序（1994.1）、《世界十大史诗画库》中译本序（1994.2）、《白凡逸志》汉译本序（1994.4）、《汉译法国人文·社会科学著作目录汇编》序（1994.7）、《西文中国学研究图书目录》序（1994.7）、《东方文论选》序（1994.11）、《世界列国国情风俗丛书》序（1996.9）、《20世纪外国文化名人书库》序（1997.8）、《蒙田随笔全集》序（1997.9）、《中国国外获奖作家作品集》序（1999.7）、《南亚丛书》序（1997.7）、《汉学研究》序（1999.9）、《世界遗产大典》序（1999、12）、《世界文化史故事大系》序（2000.1）、《西学东传人物丛书》序（2000.1）、《德国动词、名词、形容词与介词固定搭配用法词典》序（2000.1）、《千禧韩中词典》序（2000.2）、《东亚与印度：亚洲两种现代化模式》序（2000.3）、《五卷书》再版新序（2000.8）、《跨文化丛书·外国作家与中国文化》序（2001.2）、《清华英语》序（2002.3）等等，不胜枚举。

季羡林写序，往往能起到画龙点睛的作用。令恪译的《还有一个没有回来》是印度著名作家克·阿·阿巴斯描写柯棣华的作品。柯棣华和白求恩一样，为了中国的抗战胜利，牺牲在中国的大地上，是中国人民的伟大朋友。季羡林在中译本序言中这样歌颂柯棣华："他在新的时代，以新的方式，增强了中印两国的友谊，为共产主义伟大事业，为无产阶级国际主义做出了空前的贡献，可以与泰山、喜马拉雅山同在，可以与黄河、恒河共寿。"[1]

季羡林为译作或以翻译为基础的专著、辞书作序，花去了他大量的时间与精力。正是他的这些序文，对我国的翻译事业给予了极大的支持与鼓励。在我们的翻译进程中，有时也会产生一些争议。如卡赞扎基斯的《基督的最后诱惑》的翻译，在国外引起了争议，在国内也产生一些不同意见。季羡林为此写了《关于〈基督的最后诱惑〉的意见》。他说："我个人认为，这是一个学术问题，一个文学创作的问题；而不是一个政治问题，一个宗教问题。处理这个问题的方针应该是'双百方针'，而不能是别的什么。"[2] 在中国翻译领域，季羡林总是利用自己

① 季羡林：《季羡林全集》第10卷，第292页；北京：外语教学与研究出版社2009年版。

② 季羡林：《季羡林全集》第7卷，第546页；北京：外语教学与研究出版社2009年版。

的地位与身份，经常做加油鼓劲的工作，有时也担当陀螺仪的稳定功能。上述关于《基督的最后诱惑》的处理，便是成功的一例。

（三）对翻译事业的大力倡导

除了动员、组织学者从事翻译工作和为译著写序之外，季羡林的另一大贡献就是对翻译事业的大力倡导。季羡林在我国学术界具有崇高声望，这种声望来自三个方面：几十年孜孜不倦地勤勉研究，取得了震古烁今的学术成果；几十年诲人不倦，培养了大批学生，帮助了无数人，成就了无数人；国内外给了他崇高的荣誉，而他以更加努力的工作来回报社会，赢得了更大的荣誉。

季羡林对中国翻译事业的倡导是多方面的，但在以下两个方面的提倡力度最大：一是对翻译机构工作的帮助；二是大力倡导行业优良作风，反对和纠正不正之风。

季羡林担任过许多学术机构的职务，如担任过中国外语教学研究会会长（1981）、中国语言学会会长（1983）、中国教育国际交流学会会长（1984）等。他长期担任中国翻译工作者协会理事、名誉理事，2004年被推选为名誉会长。2006年，季羡林被中国译协授予“翻译文化终身成就奖”。

季羡林对中国译协的工作，从不干预内部的管理事务，好像他自始至终担任的都是名誉的职位。但是，需要他发挥作用时，他又不辞辛劳，义无反顾。对一些“小语种”的教学与翻译工作的支持，他更是觉得义不容辞。早在1954年写的《东方语文范围内的科学研究问题》一文中，季羡林从五个方面就如何搞好东方各语种的教学与科研工作，进行了认真的思考，提出了自己的意见。

1984年3月，中国国际广播电台国际台印地语节目开播35周年，季羡林

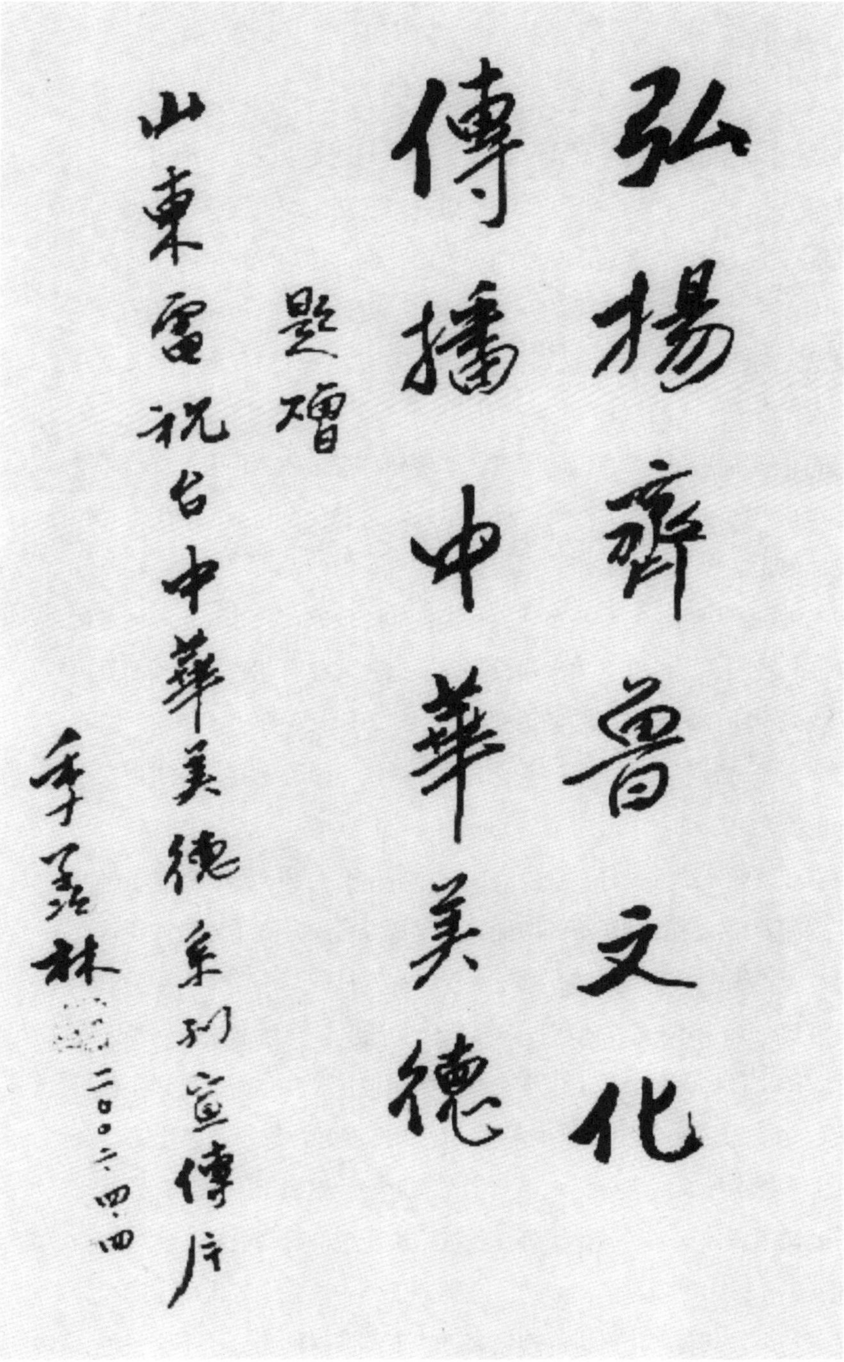

55 季羡林题赠山东电视台中华美德系列宣传片（2002.4.4）

弘揚齊魯文化
傳播中華美德

題贈

山東電視台中華美德系列宣傳片

季羡林 二〇〇二、四、四

55

写了一篇热情洋溢的祝词。一开头，他说："今天是北京电台印地语节目开播35周年纪念日，我，作为一个毕生从事研究印度文化的人，感到特别地高兴，特别地兴奋。我首先要表示热烈的祝贺。"祝词是这样结束的："作为一个中国人，我心中对印度人民的友情，我自己更是知道的。我们两国人民真可以说是人同此心，心同此理，心心相印。瞻望未来，对我们古老又新鲜的友谊，我充满了无比的信心与激情。"①

我国的非通用语教学一直遇到困难，季羡林总是采取各种方法，给予支持鼓励。1988年10月，全国非通用语种外语教学研究会召开第二次学术讨论会。季羡林因无法分身，发去了一个祝词。在祝词中他说："目前存在于我国教育中的种种不正常，有时甚至让人啼笑皆非的现象，我认为也只能是暂时的现象。从我国长远的社会主义建设来看，这种现象有朝一日必须而且可能扭转。我只希望我们全体同志们正视这种现象，而又不要失掉信心，总有一天会否极泰来，苦尽甘来的。"②他的这番话，不回避现实，尊重现实，语重心长地给大家鼓劲。

一项事业就像一个人一样，在发展成长过程中会生病、出现各种各样的问题，这就需要自我保护和防卫的机能。在学风浮夸、爱吹不爱批的年代，许多人对行业不正之风熟视无睹，事不关己，高高挂起。季羡林有犟脾气，敢摸老虎屁股。1994年1月，他写一篇《翻译的危机》，可谓振聋发聩，让人拍手称快。文章将译作分成上中下三个等次，说："我觉得，翻译工作可以分为上、中、下三个等次。外语水平高工作态度好，这当然是上等。外语水平高工作态度差，或者外语水平差工作态度好，这属于中等。外语水平差工作态度又不好，这当然就是下等。我在这里所说的翻译危机，主要来自下等的翻译工作，中等也可能沾点边。在翻译工作中这三个等次所占的百分比，我说不上来。从我所接触过的现象来看，下等所占的百分比不会很低，这一点可以不必怀疑。”[3] 在文章中，季羡林明说的“翻译危机”，主要是来自“下等的翻译工作”。实际上，有一个暗的更大的危机——翻译失去了监督。他接着写道：“克服这个危机的出路何在呢？我原来想的非常单纯，非常天真：不过是加强监督而已。我曾同《中国翻译》杂志的一位负责人谈到这个问题，我劝他多刊登一些评论翻译的文章。我原以为，他会立即接受我的建议，并付诸实施。对他来说，这并不困难。然而，真是大出我意料，他竟似乎有难言之隐，对我诉了许多苦，其中最主要的是，许多被批评的译者喜欢纠缠。一旦受到批评，决不反躬自省，而是胡搅蛮缠，颠倒黑白；明明是自己译错了，却楞不承认。写信，打电话，写文章，闹得乌烟瘴气。一旦碰到这样的主儿，编辑部就苦不堪言。”[4] 季羡林好像没办法了，说：“我原认为克服翻译危机并不困难。现在看来，并非如此。我现在是正如俗话所说的：变戏法的跪下，没辙了。”“可是，我并不气馁，我呼吁翻译界的同行们和广大读者，大家起来，群策群力，共同想出克服翻译危机的办法。我相信，办法总会想出来的，正如路是人走出来的那样。”[5] 其实，季羡林在文章中已经指出了出路，就是加强质量监督。

读了《翻译的危机》，我们看到了一位老翻译的忧心与良知。以后凡搞翻译培训，或在大学外语专业开设翻译课程，应以季羡林的《翻译的危机》为必读文章。

1986年9月，季羡林写了一篇长文《我和外国语言》。大概是为年轻学生写的，所以都是经验之谈。他说：“学习外语，在漫长的学习过程中，到了一定的时期，一定的程度，眼前就有一条界线，一个关口，一条鸿沟，一个龙门。”能否跳过这个龙门，差

① 季羡林：《季羡林全集》第7卷，第343页；北京：外语教学与研究出版社2009年版。

② 季羡林：《季羡林全集》第7卷，第491页；北京：外语教学与研究出版社2009年版。

③ 季羡林：《季羡林全集》第7卷，第606页；北京：外语教学与研究出版社2009年版。

④ 季羡林：《季羡林全集》第7卷，第607页；北京：外语教学与研究出版社2009年版。

⑤ 季羡林：《季羡林全集》第7卷，第608页；北京：外语教学与研究出版社2009年版。

别有如天渊。跳不过的，鲤鱼总归还是一条鲤鱼，决不会变成龙。“跳过了龙门呢？则你已经不再是一条鲤鱼，而是一条龙。”[①] 而要鲤鱼变成龙，只有一个平凡的真理——勤学苦练。

主张直译、反对重译，提倡以诗译诗，季羡林本人是认真执行的，其他人不一定要照着办。而他在《翻译的危机》中提出的“加强质量监督”和在《我和外国语言》中提出的“勤学苦练”，他自己是模范执行者，对其他人也提出了希望和要求。

2005年2月6日，中国译协第一常务副会长赵常谦到301医院看望季羡林。季羡林对他说：“翻译工作作为沟通交流的桥梁和纽带，需要有严肃认真的译德译风，差之毫厘都可能造成难以弥补的损失。”[②]《中国翻译》2005年第1期发表季羡林《致中国译协第五届全国理事会会议的贺词》，文中说：“在人类历史发展的长河中，在世界多元化的交流、融会与碰撞中，在中华民族伟大复兴的进程中，翻译始终都起着不可或缺的先导作用。”“衷心希望大家能够继往开来，与时俱进，为促进中外交流，为中国的兴旺，为人类的发展多做贡献。”[③]

2006年9月21日，季羡林给深圳大学印度节发来祝词，说：“在过去几千年中，中国翻译了大量的佛教典籍，中华文化之所以能长盛不衰，与吸收佛教文化的精华，是分不开的。但是我个人认为，中国高僧

① 季羡林：《季羡林全集》第7卷，第432页；北京：外语教学与研究出版社2009年版。

② 蔡德贵编著：《季羡林年谱长编》，第205 — 206页；长春：长春出版社2010年版。

③ 蔡德贵编著：《季羡林年谱长编》，第206页；长春：长春出版社2010年版。

④ 季羡林：《季羡林全集》第8卷，第588页；北京：外语教学与研究出版社2009年版。

翻译之功勤，而研究没能跟上。现在，虽然已时过境迁，但研究仍有其重要性。祝深圳大学佛教学研究不断取得胜利。”[④] 这个祝词，富于深刻内涵，不是应景之作。季羡林将佛教学研究的重任，托付给年轻一代。他的佛教学含义宽广，其中，佛教翻译学研究当然是重要内容之一。

我们回顾季羡林的一生，在中国当代翻译史上，如果没有他，那么文学翻译地图就会出现缺口。所以，我们说他是一位不可或缺的翻译家。同样，在中国当代翻译批评史上，如果没有他，那么就不会出现《翻译的危机》那样忠肝义胆的批评和加强佛教学研究的深邃意见。所以，我们说，他又是一位不可或缺的翻译批评理论家。

第五章
名副其实的比较文学大家

第五章

名副其实的比较文学大家

20世纪七八十年代，比较文学在中国大地蓬勃发展，大有不可阻挡之势。除了中国比较文学学会和各专业委员会之外，全国各地还纷纷成立了分会，各高校相继设立比较文学专业或比较文学系，出版书籍，召开研讨会，为中国人文学科的发展和中外文学交流开出了一片前所未有的新天地。其中，1985年10月29日至11月2日，在深圳大学举行中国比较文学学会成立大会暨首届学术研讨会，是一个标志性事件。会议产生了第一届理事会，杨周翰任会长，叶水夫、贾植芳、乐黛云任副会长，推举季羡林为名誉会长，聘请巴金、钱钟书等13人为顾问。1985年，是中国比较文学全面发展元年，不但成立了中国比较文学学会，而且发表的论文、出版的著作超过了以往任何一年。

中国比较文学学会成立大会暨首届学术研讨会，为何在当时校龄只有两年的深圳大学召开？一是它得改革开放风气之先，二是乐黛云时任深圳大学中文系主任兼比较文学研究所所长，三是得到了季羡林的全力支持。他在会上所作的《开幕词》，已经成了中国比较文学学科发展史上的重要文献。闻笛在《空前盛会，广阔前景》中说："参加深圳大学的代表圆满完成了会议

① 杨周翰、乐黛云主编：《中国比较文学年鉴》(1986)，第34页；北京：北京大学出版社1987年版。

56 中国比较文学学会成立大会暨首届学术研讨会在深圳大学召开（1985.10）

56

的议程，以此为新的起点，中国比较文学由复兴开始步入全面发展，向人们展现了广阔的前景。”①

中国比较文学学会成立之后，中国比较文的学发展进入了一个全新的时代。乐黛云从1985年担任学会副会长兼秘书长，1990年开始长期担任会长，直到2014年9月中国比较文学学会第11届年会卸任，荣任永久名誉会长。近三十年间，乐黛云对中国比较文学学科发展所作的贡献，既轰轰烈烈，又扎扎实实；所取得的成就，不但在国内有目共睹，而且获得一致的国际赞誉。1985年到2014年，我们可以称之为中国比较文学的乐黛云时代。正如人所共知的，乐黛云主持中国比较文学学会工作，自始至终得到了季羡林的全力支持。

一、中国比较文学学科的掌舵人

在比较文学领域，乐黛云和季羡林的关系，好比周文王和姜太公，是主帅和军师的关系。季羡林是中国比较文学学科建设的掌舵人。他们的这种关系，乐黛云在《季羡林与二十世纪中国学术》的《后记》中说得很透彻："我虽无缘身立门墙，成为季先生的及门弟子，但先生的沛然正气，仁慈胸怀，学而不厌、诲人不倦的精神，正如孟子所说：'仁义礼智根于心，其生色也，睟然见于面，盎于背，施于四体，四体不言而喻。'我就是在这'不言而喻'中，沐浴春风，始终以先生为自己人生的楷模。"[①] 季羡林作为掌舵人，对中国比较文学学科的影响，主要体现在学会工作和学术引导两大方面。

季羡林非常明白学术与学术机构关系的重要性。就像他于1946年在北京大学成立东方语文学系，标志着中国东方学、中国印度学的正式诞生一样，中国比较文学学会的成立，标志着比较文学学科在中国的正式诞生。所以，季羡林对这个学会的筹建非常重视，和乐黛云等反复商议酝酿理事会的候选名单。不但考虑国别文学、学者年龄和地域，更要考虑学术水平、学术品德。从筹备学会之初，季羡林就告诫所有人员，要尊重一切学者，发挥他们的学术积极性。所以，中国比较文学学会从一开始，就得到巴金、伍蠡甫、朱光潜、宗白华、冯至、王元化、钱钟书、贾植芳、方重、戈宝权、杨益宪、李赋宁、范存忠、王佐良、许国璋、杨周翰、朱维之、戴镏龄、叶水夫等一大批学者的鼎力支持。

中国比较文学学会选出了一个31人的理事会。这个理事会老中青结合、坚强有力。同时，设立了学术委员会、出版委员会和学会秘书处，并决定出版会刊《中国比较文学》。这一切都为今后比较文学在中国几十年的繁荣发展打下了基础。中国比较文学学会理事会的选举产生，是民主协商的结果。季羡林利用他的人脉与学识，为这个经得住历史考验的理事会的产生，发挥了他应有的作用。乐黛云出任首届学会副会长兼秘书长，是首届理事会选举重要的成功之处。由她出任此职，一方面是众望所归，一方面也是季羡林大力推荐、支持的结果。

季羡林大力推荐、支持乐黛云的原因很多，比如她是一代通儒汤用彤的儿媳，而汤用彤对季羡林有知遇之恩；她也和季羡林一样人生充满坎坷。但最根本的原因是中国比较文学学科需要乐黛云，中国比较文学学会需要乐黛云。季羡林曾在应《中外文化与交流》编辑部之邀所写的一篇评论文章中，这样评价她："黛云的前半生，走的道路并不平坦，坎坎坷坷，磕磕碰碰，一直走过了中年。然而，根据我个人的观察，她依然是坦诚率真，近乎天真，做事仍然是大刀阔斧，决不扭扭怩怩，决不搞小动作，锐气有盛于当年。就凭着这一股劲，她在研究中国现代文学的基础上拓宽了自己的研究范围，开阔了自己的眼光，为中国比较文学这一门既旧又新的学科的重建或者新建贡献了自己的力量。比较文学原来在中国是一门比较陌生的学问。最近几年来，由于许多学者的共同努力，它已经逐渐步入显学的领域。在这里，黛云实在是功不可泯。佛经常说：'功不唐捐。'黛云之功也不会'唐捐'。"季羡林还说："请允许我在这里说几句只有书呆子才能说出的话：为中国增添一位女比较文学家，比增添一位女外交家意义更大，即使是从外交这个角度上来看，也是如此，然而她却偏偏又选择了北大，一领青衿，十年冷板凳，一呆就是一生。我觉得，在当前的中国，我们中华民族所赖以屹立于世界民族之林的也正是这一点精神，这一点骨气。"[②]检视季羡林所有写人的文字，像上述写乐黛云这样的语气和情感，是独一份的。

当然，季羡林对乐黛云器重的重要基础，是她的学识才华。1986年2月，他在《比较文学与中国现代文学》的《序》中这样称赞乐黛云："作者以开

① 乐黛云编：《季羡林与二十世纪中国学术》，第359页；北京：北京大学出版社2001年版。

② 刘献彪主编：《中学比较文学活页文选》，《新世纪全国中学比较文学普及学术研究会特刊》第4页，2002年11月出版。

57 季羡林与老友林庚（前排左一）、乐黛云（后排左一）、李玉洁（后排中）、汤一介（后排右一）（1999.12.9）

57

辟者的姿态，筚路蓝缕，谈到了许多问题，发表了很多精辟的见解，给人以很多的启发，让人如行在山阴道上，应接不暇，如入宝山，不知道拾哪一块宝石为好。”[①] 并称乐黛云此书像“知时节”的“好雨”，祝愿它“遍洒神州”。

季羡林对比较文学研究者的支持，不分亲疏长幼，凡是需要他支持鼓励的，无一例外。

1981年9月，季羡林为年轻学者张隆溪选编的《比较文学译文集》作序。在序中，季羡林强调比较文学的重要性，同时指出应加强东方文学研究。他说：“以我们东方文学基础之雄厚，历史之悠久，我们中国文学在其中更占有独特的地位，只要我们肯努力学习，认真钻研，比较文学中国学派必然能建立起来，而且日益发扬光大。比较文学中国学派的建立，不但能促进我们的研究工作，而且能大大丰富世界比较文学的研究内容，加强世界各族人民之间的了解与友谊。”②这里，季羡林和盘托出的，是自己倡导、支持比较文学的目的与用心。为此，他“愿与全国和全世界志同道合者共勉之”。

季羡林非常重视中国比较文学学会的会刊《中国比较文学》的创刊与运作。在学术界的殷切期盼中，季羡林不负众望，毅然担起主编的重任。他在《发刊词》中，把《中国比较文学》的出版，看成是“一件十分值得庆祝的大事”。他说：“对我们来说，比较不是目的，而是手段。我们是想通过各国文学之间，特别是中国文学同其他国家文学之间的比较，东方文学与西方文学之间的比较，探讨出规律性的东西，以利于我们的借鉴，更好地继承和发扬我们民族传统中的精华，更好地创造我们社会主义新文艺，同时也有利于加强我们人民同其他国家人民的了解与友谊。”这段话，实际上是《中国比较文学》杂志的办刊宗旨。肩负这一宗旨的会刊的问世，当然是一件可喜可贺的大事。他在《发刊词》的结尾，充满豪情地写道：“‘大海从鱼跃，长空任鸟飞’，我们的活动范围是宽广的，我们的前景

① 乐黛云：《比较文学与中国现代文学》，第2页；北京：北京大学出版社1987年版。

② 张隆溪选编：《比较文学译文集》，第3页；北京：北京大学出版社1982年版。

是美好的。让《中国比较文学》这一只报春的燕子展翅飞翔吧！”①

通过报告、讲座、写序和接受采访等来阐述自己对比较文学的看法，是季羡林乐于接受的方式。其中，对作序最为乐此不疲。像季羡林这样的大家、名家，时间总是不够用的，但是，他在为《比较文学》作序时说：“我乐于接受这个任务。”在为其他比较文学著作写序时，也是类似的表述。他在《比较文学原理新编》序中，不无幽默地说：“我想作一个‘始作编者’，向吉尼斯申请专利。”他要申请的是作序的专利。一个人只有作序作到了极高境界，才会有这样快乐、幽默的表达。萧淑芬曾写有《从八篇序言说季羡林先生与比较文学》一文，她说：“季先生所作的这诸多序言是我国比较文学文库中的一笔宝贵财富，对学科建设与发展始终有着重要的意义。”她认为，季羡林的序确如其所言——反对某一些只有空话的序，所以都是言之有物的。季羡林所言之“物”，至少涉及两个方面的内容。一是“对学科发展形势的分析与指导”。萧文指出：“从80年代初中国比较文学的复兴开始，季先生在所作的诸多序言中紧紧地按着比较文学发展的脉搏，适时地发表具有指导性的意见。这些本来独立的序，串读起来，简直就是中国比较文学发展历史的真实记录。”二是“对焦点问题的关注与思考”。萧文对季序中的焦点问题，作了四个方面的概括：一是破除西方中心论，二是关于“中国学派”，三是比较文学的研究目的，四是少数民族文学与比较文学的关系。“这诸多问题，都与比较文学的学科建设和发展息息相关，可见，季先生的序言篇篇敲到实处，潜移默化地影响着我国比较文学研究的健康发展。”②“比较文学在中学语文教学中的普及与应用研究”是山东省教育科学十五规划重点课题。它的成功实施，对于迎接网络化时代的到来，具有实际的意义。由于电子技术的发展，我们的孩子很早就从影视、网络、书籍等媒体接触到外国文艺作品，如果没有一点中外比较的基本知识，其结果是不难想象的。山东省先行先试，在中国比较文学学会及其教学研究会的支持下，于2002年11月22—24日召开“首届全国中学比较文学普及及学术研讨会”。会后反响巨大，收到了极好的实际社会效益。比较文学走向中学，是理论从书斋走向实际的生动体现，是中国比较文学发展史上值得大书一笔的精彩一页。它的动力源于社会的真实需要，同时，它也获得了季羡林的巨大支持。他应刘献彪之请，为《中国比较文学教学与研究》题写刊名。2001年5月8日，他还给刘献彪写信，预祝“21世纪比较文学学科建设学术研讨会暨《比较文学教程》首发式大会”圆满成功。季羡林不仅重视比较文学学科的提高，同时也重视比较文学学科的普及。

季羡林的知识背景与学术结构，对于中国比较文学的复兴与发展具有重要意义。叶舒宪于2009年8月25日在《光明日报》发表《如何理解季羡林的比较文学研究》一文，指出：“一旦比较文学视野从一般意义上的非西方大国（印度、中国、阿拉伯和日本等）拓展开来，真正具有厚重学术积累意义的研究，就有待于非西方的比较文学家之贡献。季羡林先生以中国学者的身份研究印度梵语文学，他在中国学界所倡导的东方文学研究，不仅在现代学术史上先于后殖民思潮而出现，因而具有在国内接引西方后殖民主义批判之意义，而且在国际比较文学界，也是率先打通世界屋脊的阻隔，将印度与中国两个文学大国联系起来进行审视和研究。”毋庸置疑，现代比较文学在中国的蓬勃发展，和季羡林等老一辈学者的掌舵、把关是分不开的。这批老学者知识结构和学术背景各异，有的是季羡林的同辈，甚至是他的师辈，他们担任中国比较文学学会理事会的顾问、理事，或者《中国比较文学》杂志编委会的顾问、编委，都能为比较文

① 季羡林：《季羡林全集》第17卷，第301页；北京：外语教学与研究出版社2010年版。

② 乐黛云编：《季羡林与二十世纪中国学术》，第187页；北京：北京大学出版社2001年版。

学学科在中国的发展尽心尽力，他们和季羡林保持着良好的学术关系。他们之中，有的人对季羡林并不熟悉，但对季羡林的学术思想十分钦佩；有的则是“心有灵犀”，对季羡林的学术观点领会神速。我们可以设想，如果不是季羡林等时时对比较文学学科发展形势进行介绍、分析与指导，不破除西方中心论，不努力建设中国学派，不搞清比较文学研究的目的，不解决中国少数民族文学与比较文学的关系，不做比较文学理论的普及工作，那么可以肯定，中国比较文学不会取得今天这样的惊人成就。

季羡林等老一辈学者更大的功劳是精心培养了一大批年轻的学术队伍。2015年是中国比较文学学会成立三十周年，活跃在比较文学学科前沿的人马，比以前更众多、更专业、更有活力，内部、外部环境更好。其领军人物如杨慧林、曹顺庆、陈跃红、王宁、叶舒宪、刘小枫、高旭东、谢天振、孟昭毅等等，都是在季羡林、乐黛云等老一辈学者带领下成长起来的。正如萧淑芬所说：“我国比较文学界幸亏有了这样一位‘啦啦队长’，于是，才成长起了一大批成就卓越的比较文学学者，他们正在或者已经让世界听到中国的声音。”[①] 总之，中国比较文学前三十年，乐黛云高挂帅旗，季羡林稳掌舵盘。

二、比较文学研究的学术成就

不是诗人，想要评论诗歌，当文坛领袖，古今中外都有人非议。学界也一样。季羡林能被饶宗颐称为中国“最高老师”，国家总理六年五顾，成为中国当代显学比较文学的掌舵人，自然是因为他的德高望重使大家心悦诚服。这德高望重与心悦诚服，则是以他的学术成就为坚实基础。这里，在季羡林的众多学术成就中，我们就他的比较文学研究的成就作一简单的分析介绍。

季羡林研究比较文学不但很早，而且勤奋努力，成果丰硕。其作品多为论文、序言之类，几乎没有大部头的专著。《〈罗摩衍那〉初探》一书1979年曾由外国文学出版社出版单行本，只有十几万字。另外，《中印文化交流史》1991年由新华出版社出版单行本，也只有十几万字。他曾不断积累材料，发愿写一本厚实的、自己满意的《中国印度文化交流史》，但一直没有如愿。这种情况的出现，与季羡林对专著和论文的分工定位有关。他认为："专著诚然很好，但也有它的局限。一写专著，必求全面，结构框架，一一推敲。为了装点门面，中间必然掺上一些搔不着痒处的东西。论文则不然。可以就一个小问题阐述自己的看法，直抒胸臆，不用掺水。从世界学术史上和中国学术史上来看，论文的作用都不能低估。"[②] 这样，不愿意说废话、套话、多余话的他，认为自己写直接解决问题的短文为好。就是《〈罗摩衍那〉初探》《中印文化交流史》，写得也十分精简，让人有开门见山、美不胜收、意犹未尽之感。

如何理解作为一位名副其实的比较文学大家的季羡林，从而继承他的学术遗产，是摆在我们面前的一个任务。叶舒宪在《光明日报》撰文指出："理解季羡林先生的比较文学成就，不宜满足于做流水账式的著述陈列，需要有19至20世纪以来的这门学科知识谱系作参照。比较文学作为一个新兴学科，其在欧洲的孕育与诞生，和德国的东方研究有着密切关联，尤其是德国的比较语言学和比较神话学，堪称比较文学之母胎。"（《光明日报》2009年8月25日）季羡林在德国留学十年，他的比较文学研究，接受的是德国学派的观点，借重的是东方印度和中国的语言、神话的比较研究。所以，可谓路向正确，底气十足。

1991年，北京大学出版社为季羡林出版《比

① 乐黛云编：《季羡林与二十世纪中国学术》，第188页；北京：北京大学出版社2001年版。

② 季羡林：《季羡林全集》第6卷，第156页；北京：外语教学与研究出版社2009年版。

较文学与民间文学》一书，编者张文定建议将解放前的几篇旧作《老子在欧洲》《谈翻译》《东方语言学的研究与现代中国》《谈梵文纯文学的翻译》《从中印文化关系谈到中国梵文的研究》等收入该书。季羡林在《羡林按》中说："当时的水平就不高，过了四十多年，现在几乎只配去盖酱坛子了。"[①]其实，这五篇文章以及《〈印度寓言〉自序》（1941）、《一个故事的演变》（1946）、《梵文〈五卷书〉：一部征服世界的寓言童话集》（1946）、《一个流传欧亚的笑话》（1947）、《从比较文学的观点看寓言与童话》（1947）、《柳宗元〈黔之驴〉取材来源考》、《中国文学在德国》（1947）、《"猫名"寓言的演变》（1948）、《三国两晋南北朝正史与印度传说》（附英文）（1949）等文章，一点也没有过时，其重要原因在于季羡林研究的路向、方法和对象选择是正确的。

季羡林对比较文学研究的路向、方法、对象的正确选择，一方面得益于德国十年留学经历，一方面又得益于中国陈寅恪、吴宓、朱光潜、郑振铎等名家的帮助与指导。1946年6月，暂寓上海的季羡林虽然在何处谋生尚未确定，但却和郑振铎大谈比较文学的问题。他在6月2日的日记中写道："到他书房里谈了许多创作出版和比较文学史上的问题，他劝我翻译gātaka和pañcatantra谈的真是痛快淋漓，他非留我吃午饭不行。"[②]这次谈话内容，与季羡林在1940年代及之后的研究与翻译的情况，是完全吻合的。

路向、方法、对象选择正确，是季羡林比较文学研究的总特点。在此总特点之下，还呈现出五个具体特点。

第一，以介绍印度故事为先导，翻译印度故事为后继，两者互为呼应。以中印比较为主，辅以他国故事。

《〈印度寓言〉自序》写于1941年12月，是目前能找到的季羡林关于比较文学的最早的文章。它是为中国孩子编译的印度寓言故事集的序言。他说："自己主要研究对象是印度，是世界上无与伦比的寓言和童话王国。有一些学者简直认为印度是世界上一切寓言和童话的来源。所以想来想去，决意在巴利文的《本生经》（Jātaka）里和梵文的《五卷书》里选择最有趣的故事，再加上一点自己的幻想，用中文写出来，给中国的小孩子们看。"季羡林的苦涩童年，此时也成了他编译这本寓言集的动力。他在《〈印度寓言〉自序》中这样写道："倘若有同我一样只有并不绚烂的童年的孩子们读了，因而在童年的生活上竟能抹上一道哪怕是极小的彩虹，我也算对得起孩子们，也就对得起自己了。"[③] 季羡林的这本《印度寓言》已无从寻找，但是他为郭良鋆、黄宝生译的《佛本生故事选》（人民文学出版社1985年版）提供了《跳舞本生》等七则寓言，并写有《关于巴利文〈佛本生故事〉》一文，作为《佛本生故事选》一书的代序。

《五卷书》的翻译和研究，仿佛成了季羡林的专利。我们在《中外文学交流史·中国—印度卷》中说："自季译《五卷书》问世之后，介绍它的各种印度文学史、东方文学史多了起来，和《本生经》一起走进了中国大学课堂。"[④]"1959年，季羡林为《卡里来和笛木乃》中译本作序，序文名为《印度寓言和童话的世界"旅行"》。以后季羡林写出一系列比较文学的著名文章，其基础都是建立在对《五卷书》《本生经》等印度故事文学的翻译与研究之上的。"[⑤]

因所学专业的缘故，季羡林的比较文学研究从印度故事起步。但是，他没有局限于印度故事，而是不断开阔自己的眼界和学术格局。这里有一个极好的客观条件，即印度故事的开放性，再加上季羡林所受教育的多元性，使得他自然而然地从印度故

① 季羡林：《季羡林全集》第17卷，第6页；北京：外语教学与研究出版社2010年版。

② 季羡林：《此心安处是吾乡：季羡林归国日记1946—1947》，第18页；重庆：重庆出版社2015年版。

③ 季羡林：《季羡林全集》第17卷，第5页；北京：外语教学与研究出版社2010年版。

④ 郁龙余、刘朝华：《中外文学交流史·中国—印度卷》，第110页；济南：山东教育出版社2015年版。

⑤ 郁龙余、刘朝华：《中外文学交流史·中国—印度卷》，第109页；济南：山东教育出版社2015年版。

事研究，迈向世界故事研究。所以，季羡林的比较文学研究不是中国印度之间的国别文学的比较研究，而是古今中外全方位的比较文学研究。由于时代的发展进步，他研究的广度与深度，超过了他中国和德国的师辈。

《一个流传欧亚的笑话》称，这个笑话的产生地有四种可能：不约而同地产生在中国和欧洲，产生于中国而流传到欧洲，产生于欧洲而由中国借来，产生于第三地。这个第三地可能是印度。在这篇短文中，季羡林提出了两个在比较文学学术史有意义的观念："创造一个笑话同在自然科学或精神科学上发现一个定律同样地难"和"比较笑话学"。

《〈卡里来和笛木乃〉中译本前言》（即《印度寓言和童话的世界"旅行"》）讲述的，是一个世界文学交流史上的典型案例——印度的《五卷书》变成阿拉伯的《卡里来和笛木乃》。于是，"通过它，这一部古代印度名著几乎走遍了全世界，把印度古代人民大众创造的这一些既有栩栩如生的幻想又有周密深刻的教育意义的寓言和童话带到世界各个角落去。从亚洲到欧洲，又从欧洲到非洲，不管是热带寒带，不管当地是什么种族，说的是什么语言，它到处都留下痕迹。这些寓言和童话，一方面在民间流行，另一方面，又进入欧洲的许多杰作里去，像意大利薄伽丘的《十日谈》、法国拉封丹的《寓言》、德国格林的《童话》、英国乔叟的《坎特伯雷故事》等等里面都可以找到印度《五卷书》里的故事"①。而古希腊的《伊索寓言》中也有和《五卷书》相似的故事。这样，季羡林的这篇文章，不仅告诉人们丰富的知识，而且向人们提出了许多值得思索和研究的比较故事学课题。

在《漫谈比较文学史》中，季羡林进一步明确提出："我觉得我们的中国研究文学或民间文学的学者们有责任来进行这方面的研究工作。我们中国同印度有着极为悠久的文化交流的历史。在其他方面，我们两国的学者都已经做了一些工作。独独在比较文学史方面，要做的工作还很多，这几乎是一个空白点，让我们来共同努力把这个空白点填补起来吧！”[②]季羡林的这个希望，获得了刘守华的响应。他在《比较故事学》中引述了季羡林的希望之后说：“本文拟在这方面提出一些线索，作初步探讨。”[③]作为著名故事学家的刘守华，像中国其他著名学者一样，学术态度极为谦虚。检阅《比较故事学》中两万多字的《中国与印度民间故事比较》，不得不得出这样的评价：研究深入，表述到位，是研究中印故事文学比较的力作。刘守华在文末说：“中印民间故事的比较研究有着广阔的天地。本文只不过是举其一隅，依据很不充分的材料作了一次粗浅的尝试罢了。”[④]刘守华充满自谦的话语，为今后的学者撰写一本《中国印度比较故事学》，留出了空间，提出了希望。

第二，中印故事研究，以影响研究为主。注重考证，强调与文化交流结合，拒绝简单比附，不尚亦不反对平行研究。

从学术根基讲，季羡林是考证出身。在清华诸师中，对其影响最大的陈寅恪，是乾嘉考据派的学脉。他在德国哥廷根大学留学十年，所学各种古代语言梵语、巴利语、吐火罗语等，也只能作考证研究用。他的博士论文《〈大事〉迦陀中限定动词的变化》是典型的考证文章。本来，他是想沿着博士论文的考证道路走下去的。然而，回国之后相关的材料相当缺乏，不得已而从语言研究转向佛教研究，但也没有走出考证。从此，季羡林养成了自己的学术品格，钟情考证而不喜欢义理，直到晚年才逐步有所转变。而季羡林从事中印故事比较研究之时，正是他钟情考证、鄙夷义理之日。强调影响以及产生影响的条件——文化交流，自然是他比较文学研究的主旋律。而文化交流，无论理论研究还是实际工作，季羡林都是当代中国的一大

① 季羡林：《季羡林全集》第17卷，第87 — 88页；北京：外语教学与研究出版社2010年版。

② 季羡林：《季羡林全集》第17卷，第261页；北京：外语教学与研究出版社2010年版。

③ 刘守华：《比较故事学》，第170页；上海：上海文艺出版社1995年版。

④ 刘守华：《比较故事学》，第196页；上海：上海文艺出版社1995年版。

重镇，他在研究比较文学之时，岂有不倚重之理。而实际上，比较文学和文化交流有着极亲的亲缘关系，谁也离不开谁。

在一段时间里，一部分中国学者将“比较”理解为“任意比较”，这样就产生了“无限可比性”，出现了不少简单的X与Y这种模式的文章。于是，有人认为中国比较文学出现了危机。1986年9月，北京大学东语系和比较文学研究所举办“全国首届东方文学比较研究”学术讨论会，季羡林作题为《当前中国比较文学的七个问题》的报告，认为：“我们目前只有不足之处，有有待于进一步明确之处，而没有危机。我说的有有待于进一步明确之处指的是比较文学范围。”[①] 1990年10月，季羡林写了《对于X与Y这种比较文学模式的几点意见》一文，并没有全面否定这种“比较文学模式”，他说：“我并不是要说，缺乏共同基础的中西文学就根本不能比。”“我只是强调，要作这样的比较研究，必须更加刻苦钻研，更加深入到中西文学的深层，分析入微，联类贯通，才能发前人之未发之覆，得出令人信服的结论。”[②] 他的这篇文章，对于克服“无限可比性”和“比较简单化”的倾向，是有正面作用的。“无限可比性”和“比较简单化”，实际是比较文学发展初级阶段的产物，原因就是季羡林在文章开头指出的“这种模式非常容易下手”。在文章结尾时，他又说：“我曾多次劝说搞比较文学的年轻的同行们，要把比较文学看得难一点，更难一点，越看得难，收获就越大。”[③] 真是谆谆教导，语重心长。

比较文学首先兴起的是影响研究，然后渐渐向平行研究发展。然而，平行研究是难的。因为，它强调的“文学性”“审美性”，总是让人众说纷纭。作为世界民俗重要事象的世界民间故事具有类同性，各国学者都想揭开类同性的奥秘。人同此心，情同此理，是世界各地民间故事具有类同性的心理前提。但是，数千年来世界各民族生活在不同的地理环境和历史文化之中，造成思维方式和心理情感的千差万别。所以，不管哪个学派都不能独立解释世界民间故事的类同性问题，包括红极一时的心理分析学派。所以，季羡林重视影响研究，拒绝比较简单化，不提倡平行研究，是对中国比较文学发展的一种负责的态度。同时，我们又必须认识到，季羡林没有给比较文学研究设立任何禁区。他自己的研究，虽有重点和偏爱，但同时又是全方位的。这一点，今天我们在怀念、继承季羡林学术遗产时，需要特别重视。

第三，以具体的中印故事文学比较为基础，逐渐建立起自己的比较文学理论。这个理论以语言、历史、宗教、文化研究为背景，不求完备，但求独具特色。

季羡林终其一生，没有《中国比较文学研究》或《比较文学学》之类的专著问世。据我们所知，他也没有这方面的写作计划和念想。他留给我们的是收入《季羡林全集》第17卷的《比较文学与民间文学》，计40多万字。在其他各卷中，也包括有比较文学的内容。根据这些著作，我们可以坚定地说，季羡林是有比较文学理论的，季羡林的比较文学理论，是他留给我们的一笔宝贵精神财富，是比较文学中国学派的重要奠基石。在中国比较文学学会成立三十周年之际，整理、研究、学习季羡林的比较文学理论，是纪念先辈、继往开来的最好形式。

季羡林比较文学理论的重要内容有哪些呢？这是一个极为重要的课题，后面我们将以《季羡林比较文学论纲》为题，给予专门论述。

第四，研究由实而虚，从比较文学到比较诗学，再到比较思维模式，是其发展路向。

季羡林的比较文学研究，绝大多数都集中在世界故事文学的比较研究上，到晚年转向比较诗学、比较

① 季羡林：《季羡林全集》第17卷，第525页；北京：外语教学与研究出版社2010年版。
② 季羡林：《季羡林全集》第17卷，第575页；北京：外语教学与研究出版社2010年版。
③ 季羡林：《季羡林全集》第17卷，第575页；北京：外语教学与研究出版社2010年版。

思维模式研究。翻开他的学术著作目录，其研究路径便一目了然。这种情况的出现，基于两大原因：一是比较文学发展的阶段性，1980年代比较文学在中国的复兴，处在补课阶段，必须从基础做起。二是季羡林的学术背景，接着1940年代他的比较故事文学做起，是最现实的和有效的做法。

似乎天有巧合。印度不但是故事文学的宝库，给季羡林从事比较故事文学研究提供了方便，而且还是世界上拥有独立诗学体系的三大民族之一。丰富的诗学资源，为季羡林从比较故事文学研究转向比较诗学研究，提供了天然的航道。

印度诗学在古代对中国就有传播与影响，由于年代久远，今人多不知其详。不过，“我们应该强调两点。第一，佛教传入中国，是中国僧人‘取经’的成果，但同时也是众多印度僧人包括一部分中亚僧人‘送宝’的成果。第二，传入中国的佛教内涵极为丰富，除了佛教的教义之外，还有印度文化的方方面面，其中包括诗学思想、审美观念及哲学理论。所以，到了魏晋南北朝（220—581）时期，许多中国诗人笔下，不仅流淌着佛家的宗教思想，而且充满着印度的诗学思想和审美观念。‘魏晋有佛情小说，六朝则有佛理诗。这一演进历程，昭示着佛教向文学深度渗透的趋势。’所说的正是这一情形”[①]。

① 郁龙余、刘朝华：《中外文学交流史·中国—印度卷》，第323页；济南：山东教育出版社2015年版。

现代中国对印度诗学的接受，始于金克木和他的学生黄宝生，之后便出现了一股小小的印度诗学研究热。季羡林研究印度诗学，既是他印度故事文学研究的发展，又是他翻译研究印度古典名作的自然产物。从1970年代起季羡林开始翻译印度两大史诗之一《罗摩衍那》。之后，写成《〈罗摩衍那〉初探》一书和长文《〈罗摩衍那〉在中国》。在《〈罗摩衍那〉初探》中，即对诗律有所研究。到1985年，季羡林意犹未尽，又写有《印度史诗〈罗摩衍那〉的诗律》一文，对《罗摩衍那》中的诗律进行较为详细的介绍。

1988年9月写的《关于神韵》是季羡林的一篇重要的比较诗学的文章，文末附有饶宗颐来函的节录。1989年3月，他又写了《〈关于神韵〉一文的补遗》，足见他对神韵问题的重视。他说："我现在想尝试着走一条过去从没有人走过的路，我想利用印度的古典文艺理论来解释一下神韵的含义。"创新、突破是季羡林的性格，他说："知我罪我，自有解人；始作俑者，所不敢辞。"[①] 显然，季羡林是成功的。他首先用印度韵论诗学来解释中国的"神韵"。但是，季羡林没有停留在就事论事的层面上，而是从东西方诗学的比较研究，推进到东西方思维模式的比较研究上。他说："东西文艺理论之差异，其原因不仅由于语言文字的不同，而根本是由于基本思维方式之不同。只有在这个最根本的基础上来探讨东西文论之差异，才真正能搔着痒处，不至只作皮相之论。”[②]

季羡林一生在学术上充满创新进取精神。比较文学在中国的复兴，为他提供了叱咤风云的舞台。

第五，态度谦逊低调，语言风趣幽默，令人心悦诚服。

在性格上，季羡林属于争强好胜一类。这在学术上也有充分显示。正是这种争强好胜的性格，成就了他一生的学术抱负。其实，这只是问题的一面，季羡林学术人生成功另外还有一个原因，那就是态度谦逊低调，语言幽默风趣，令人心悦诚服。季羡林谦逊低调的态度和他争强好胜的性格一样，都是他生命的一部分。这给中国学术界留下了深刻印象，萧淑芳的下列文字，很具代表性：

> 季羡林对我国学术的贡献是有口皆碑的。人们每每请他作序，自然是尊重他的学品，而读完序言，不禁都要发出一种感叹：先生的学品、人品皆为上品。
>
> 毫无疑问，季先生是比较文学界的权威人物。他总是站在时代的高度，置身于历史的长河中，看待自己所做的工作。他将自己定位于比较文学界的“啦啦队长”：“十几年前成立了北京大学比较文学研究会，由我和李赋宁教授分别任正副会长，在中国，这个组织恐怕

① 季羡林：《季羡林全集》第17卷，第541页；北京：外语教学与研究出版社2010年版。

② 季羡林：《季羡林全集》第17卷，第583 － 584页；北京：外语教学与研究出版社2010年版。

是着先鞭的。我的地位不过是一位啦啦队长的角色。到了今天，如果想追问有了什么改变，改变是有的：我不过由一个老年啦啦队长变成现在的望九之年的啦啦队长而已。”（《比较文学》序）如果我们暂且接受这一说法，特别想说的是，我国比较文学界幸亏有了这样一位“啦啦队长”，于是，才成长起一大批成就卓越的比较文学学者，他们正在或者已经让世界听到了中国的声音。

作为中国比较文学的创始人之一的季先生，对比较文学这一新兴学科有着深深的情感，而这情感渗透了序言的字里行间。无须多举，请看下段文字：

“至于我自己，当年也可能算是中国比较文学队伍中的一个马前卒，立过一点微不足道的汗马功劳。但是，到了今天，老朽昏庸，不但不能成为比较文学队伍中的马前卒，连马后卒也不够资格，我早已被队伍远远地抛在后面，遥望前方，只能隐约看到队伍前进的身影，听到前方胜利的声音。可是我一不悲伤，二不落寞，我的落后标志着我国比较文学队伍的前进，标志着这支队伍的胜利，我也为之雀跃欢呼，手舞足蹈。”（《比较文学原理新编序》）

> 字，并不多，但却深切地表达了一位高龄的长者对比较文学事业的眷恋和厚爱。世界上有几多这样深情的序言？而又有几多读者不为这充满浓浓深情的序言所感动并为之奋进呢？[①]

上述文字录自萧淑芳为祝贺季羡林九十寿辰所作《从八篇序言说季羡林先生与比较文学》一文。大家读后，季羡林的学术形象跃然纸上。因为他谦逊，所以永不自满，不断进取；因为他低调，所以待人以诚，深得人心；因为他风趣，所以生动活泼，引人入胜；因为他幽默，所以大智若愚，笑和天下。

三、季羡林比较文学论纲

人类学术史告诉我们：任何一门学科的诞生，都有一个从萌芽到参天大树的发展成长过程。当某一学科的研究对象和目标不断明确，研究方法和基本理论不断成熟，就宣告这门学科真正诞生，并步入发展的快车道。中国比较文学，或者说比较文学中国学派，在老一辈学者的努力下，经过几十年的发展，终于渐渐走向成熟。在诸多老一辈学者中，季羡林具有特殊地位，其对中国比较文学的贡献，为世人所公认。他作为比较文学中国学派主要倡导者和缔造者，在理论创建上做出了巨大贡献。季羡林比较文学理论由总纲和八大观点组成。简述如下：

（一）总纲：建立比较文学中国学派

关于谁最早提出比较文学中国学派，学界多有争议。曹顺庆在《比较文学学科理论研究》一书中专设一章，进行了详细论述。无可争议的是，比较

① 乐黛云编：《季羡林与二十世纪中国学术》，第188－189页；北京：北京大学出版社2001年版。

文学中国学派的概念，首先由港台学者提出，但在中国大陆真正起步，并迅速获得发展，是1980年代的事。其中，季羡林登高一呼，起到了巨大作用。曹顺庆认为："季羡林、严绍璗等人积极回应了台港学者提出的比较文学中国学派的构想，并发表了自己对如何创建中国学派的意见。"[①]除了发表意见，还在组织架构上积极行动起来。乐黛云说："我们一起于1981年1月成立了中国第一个比较文学学会——北京大学比较文学研究会，由季羡林教授任会长，钱钟书先生任顾问。"[②]自此，季羡林以创建比较文学中国学派为己任，或写文章，或出席会议，或参加各种相关的活动，乐此不疲，几十年如一日。

1981年2月，季羡林在《新疆与比较文学的研究》中指出："我们有条件建立一个比较文学的中国学派。但是可惜得很，这一点我们不但没有做到，而且远远地落后于其他国家，这一点和我们的国家地位是很不相称的。我们当前首先要做的工作就是急起直追，把我们过去忽略的东西弥补起来，逐步达到创立一个比较文学中国学派的水平。"[③]

到1981年9月，在《北京大学比较文学研究丛书》前言中，他进一步提出："以我们东方文学基础之雄厚，历史之悠久，我们中国文学在其中更占有独特的地位，只要我们肯努力学习，认真钻研，比较文学中国学派必定能建立起来，而且日益发扬光大。"[④]这两篇文章写作时间相距七个月，从中可以看出，季羡林对创建比较文学中国学派的态度，有了明显的积极变化，立场更加坚定了。同时，他对比较文学中国学派的建立开始了实质性探讨。1982年5月，他在答记者问时表示，建立一个怎么样的中国学派，还无法臆测。希望有兴趣的人，同心协力，认真进行一些工作，到了一定阶段，水到渠成，中国学派自然会带着自己的特点。[⑤]至于有些什么特点，季羡林尚未具体说明。

1983年7月，季羡林作为《中国比较文学》杂志主编发表《发刊词》，他写道："同志们不是常讲我们要建立比较文学研究的中国学派吗？对这样一件工作，我们一则感到要当仁不让；二则我们也会感觉到，我们心中的底并不是太具体的。然而我们充满了信心。"[⑥]这篇《发刊词》意在为中国学者树立信心。作者进一步指出："如果把东方文学，其中包括中国、印度、阿拉伯、伊朗等国的文学也纳入比较的轨道，眼界必然会宽阔，必然能达到空前的深度和广度，这一点恐怕是没有人能够否认的。我们想建立的中国学派，正是想纠正过去的偏颇，把比较文学的研究从狭隘的西方中心的小圈子里解放出来，把中国广大的比较文学爱好者的力量汇入全世界比较文学研究的洪流之中。我说，我们是有信心的，难道这信心没有事实根据吗？"[⑦]在比较文学中国学派的建设史上，这篇《发刊词》具有冲锋号角的意义。

无论国内还是国外，对建立比较文学中国学派是有争议的。为此，季羡林在1984年12月答《北京晚报》记者问时说："我们建立比较文学的中国学派，并不是为中国文学夺'冠军'，不是意气之争，只是想能够较客观地认识中国文学及东方文学的价值和地位，吸收各学派的长处，建立一个科学的、有特点的比较文学体系，促进我们文学的发展。"[⑧]研究比较文学，建立中国学派，目的是为了"促进我们文学的发展"。其实，季羡林倡导并亲力亲为创建中国学派，同时还具有世界的抱负。他说："我感到，文艺理论，不应空对空，也不必照搬西方那一套，而应该建立在对中国、印度、欧洲这三个文学传统的充分研

① 曹顺庆：《比较文学学科理论研究》，第273页；成都：巴蜀书社2001年版。
② 乐黛云：《比较文学与比较文化十讲》，第175页；北京：北京大学出版社2004年版。
③ 季羡林：《季羡林全集》第17卷，第263页；北京：外语教学与研究出版社2010年版。
④ 季羡林：《季羡林全集》第17卷，第274页；北京：外语教学与研究出版社2010年版。
⑤ 季羡林：《季羡林全集》第17卷，第284页；北京：外语教学与研究出版社2010年版。
⑥ 季羡林：《季羡林全集》第17卷，第300页；北京：外语教学与研究出版社2010年版。
⑦ 季羡林：《季羡林全集》第17卷，第301页；北京：外语教学与研究出版社2010年版。
⑧ 季羡林：《季羡林全集》第17卷，第406页；北京：外语教学与研究出版社2010年版。

究的基础上。这样的理论，才是比较完整、客观和科学的，才是成体系的。比较文学将会为这种理论体系的建立做出贡献。”[①]这样的文艺理论体系，难道不具国际性，不能为世界各民族共享吗?

季羡林在完成了《〈罗摩衍那〉在中国》（附英文）、《外国文学研究应当有中国特色》、《中印文学关系源流》序，以及《罗摩衍那》、《五卷书》（季羡林主编《简明东方文学史》之两节）之后，又为中国比较文学学会成立大会的召开进行筹划磋商。1985年10月29日，季羡林在深圳大学召开的中国比较文学学会成立大会暨首届学术研讨会上致开幕词。对比较文学中国学派的问题，他表示：“我们中国的比较文学学者一定要努力地工作，努力地学习，向着这个方向发展。”[②]

季羡林深知，一个学派的建立，不是靠少数几个学术大腕的张罗就能成功的，而必须依靠一大批志同道合的学者，尤其是年轻学者。所以他在给乐黛云的《比较文学与中国现代文学》作序时指出：“我们中国比较文学学者的脚下，也没有现成的道路，只要我们走上去，锲而不舍，勇往直前，在个别时候，个别的人，也可能走上独木小桥，但是最终会出现康庄大道。”[③]这是一位识途老马的教诲。几十年后的今天，他的声音依然让人备感亲切。

1986年4月，在为《中国比较文学年鉴》所写前言中，季羡林首次提出比较文学中国学派“至少有两个特点”：“第一个特点是，以我为主，以中国为主，决定‘拿来’或者扬弃。”“第二个特点是，把东方文学，特别是中国文学，纳入比较的轨道，以纠正过去欧洲中心论的偏颇。”[④]季羡林高瞻远瞩，经过几年深思熟虑之后，对比较文学中国学派提出的这两个特点，看似并无高深之处，却赢得广泛认同。他说：“除了这两个特点以外，还可以举出一些特点。我看这两个已经够了，用不着再举了。”这就是季羡林的高明之处，大道至简，要言不繁。此时，他对中国学派心中有了底，说：

“张文定同志编纂的这一部《年鉴》既总结了过去的经验，又讲述了今天的情况，同时还预示将来的道路。这可以说是空前的壮举，值得我们祝贺。中国学派的轮廓已经影影绰绰地表现在这一部《年鉴》中。”[⑤]从上可知，比较文学中国学派于1970年代在大陆引起共鸣，并扛起了创建大旗，到1986年用了大约十年的时间，中国学派的轮廓已隐约可见。

然而，世界上的事物充满复杂性。正当比较文学在中国大陆蓬勃发展之际，浮躁风、冒进风不断兴起，许多人把比较文学看得过于简单，写了一篇篇X与Y式的简单比附的文章。季羡林看到这种状况，于1990年1月指出：“中国的比较文学，在表面繁荣的掩盖下，正处在一个十字路口。”[⑥]同年7月在《比较文学之我见》中，他进一步说：“可比性而到了无限的程度，这就等于不比。这样一来，比较文学的论文一篇篇地出，而比较文学亡。”[⑦]作为比较文学中国学派的积极倡导者与建设者，季羡林看到大批肤浅的比附文章，在1990年10月，又撰文指出：“要把比较文学看得难一点，更难一点，越看得难，收获就越大。”[⑧]

1990年代起，季羡林基本上不写专门论述比较文学的论文了。但是，依然用访谈、题签等形式，支持比较文学研究。2004年，他在和郁龙余的关于印度作家与中国文化关系的对话《华夏天竺，兼爱尚同》中说：“如果说，‘世界文学’‘比较文学’这两个概念都由德国人提出来，有点儿偶然性的话，那么它们的产生与中国、印度作品相关，应该说有其必然性。离开了中国文学和印度文学，谈不好世界文学和比较

① 季羡林：《季羡林全集》第17卷，第406页；北京：外语教学与研究出版社2010年版。
② 杨周翰、乐黛云主编：《中国比较文学年鉴》（1986），第29页；北京：北京大学出版社1987年版。
③ 季羡林：《季羡林全集》第17卷，第493页；北京：外语教学与研究出版社2010年版。
④ 季羡林：《季羡林全集》第17卷，第519页；北京：外语教学与研究出版社2010年版。
⑤ 季羡林：《季羡林全集》第17卷，第520页；北京：外语教学与研究出版社2010年版。
⑥ 季羡林：《季羡林全集》第17卷，第569页；北京：外语教学与研究出版社2010年版。
⑦ 季羡林：《季羡林全集》第17卷，第572页；北京：外语教学与研究出版社2010年版。
⑧ 季羡林：《季羡林全集》第17卷，第575页；北京：外语教学与研究出版社2010年版。

文学。这说明歌德和本发伊确实是有眼光的。”（《深圳大学学报》人文社科版，2004年第4期）

2005年，在深圳大学召开中国比较文学学会第八届年会暨国际学术研讨会，庆祝学会成立20周年。季羡林欣然为大会题词：“承接古今，汇通中外。”这八个字的题词，给了年轻学者许多启发。

季羡林自称是比较文学的“没有成就的老兵”“忠诚的老拉拉队员”“拉拉队长”，对比较文学“兴趣大”“本领小”。其实，从1940年代起，季羡林就着手进行比较文学研究，取得了一系列国际公认的成果。1980年代起，他更是对比较文学研究倾注了极大精力。在季羡林发表的一系列论著中，在他参与的各种各样的关于比较文学的活动中，有着一个不可动摇的总目标和总纲领——创建比较文学中国学派。

2015年11月7日在纪念中国当代比较文学奠基人杨周翰诞辰100周年的“杨周翰与比较文学的未来学术研讨会”上，清华大学教授王宁指出，中国学者通过用英语著述、外译向西方交流学术刊物开辟专题讨论中国问题等方式向西方学术界直接发出“中国声音”，正是建构“中国学派”的实践方式。因此他进一步认为：“在经济全球化时代，中国经济的飞速发展带动中国文化和文学走向世界。现在让西方学者占主导地位的国际比较文学界倾听中国学者的声音，进而承认‘中国学派’的形成已经确实‘水到渠成’了。”（《中国社会科学报》2015年11月11日第1版）这正是对“中国学派”所作贡献的切实回应。

（二）比较文学的八大观点

在创建比较文学中国学派这个总纲之下，季羡林比较文学理论有着自己一系列著名的学术观点。其中，最重要的是以下八条：

1. 批判西方中心论

如何才能创建比较文学中国学派？跟着西方的路子，亦步亦趋不行，只有批判西方中心论，另辟新途。这在中国是最困难的。自从1840年鸦片战争之后，中国不少人的思想从“中体西用”“西体中用”一直滑到“西体西用”，结果出现“尊西人若帝天，视西籍若神圣”（邓实语）的局面。革命胜利，建立新中国，虽历经学习与运动，许多知识分子的思想深处，依然睡着一个西方中心论的灵魂。季羡林与众不同，是当时中国知识精英中少有的西方中心论的批评者。在比较文学中国学派的建设中，季羡林批判西方中心论的思想，得到了系统、充分的表达，成了他比较文学理论的重要组成部分。

1981年，季羡林在《北京大学比较文学研究丛书》前言中说：“在世界文学史上，东方文学一向占据着很重要的地位，中国、印度、伊朗、阿拉伯、日本以及其他许多东方国家的文学对世界文学产生过巨大的影响，促进了世界文学的发展。但是到了今天，仅仅在比较文学这个小范围内，东方文学却远远没有得到应有的重视。极少数人出于偏见；绝大多数人则囿于旧习，习惯于欧洲中心那一套做法，或多或少，有意无意，抹煞东方文学在世界文学中的作用。我们认为这不是科学的态度，这不利于世界各国人民之间的互相学习与互相了解。”[①] 在《中国比较文学》杂志发刊词中，他在肯定西方国家进行比较文学研究所取得的成绩和贡献的同时，指出了他们的局限性：“在同一个‘文化圈’内进行比较，眼界决不会开阔，广度和深度都会受到影响。”然后，季羡林话锋一转，指出：“我们想建立的中国学派，正是想纠正过去的偏颇，把比较文学的研究从狭隘的西方中心的小圈子里解放出

① 季羡林：《季羡林全集》第17卷，第273页；北京：外语教学与研究出版社2010年版。

59

来，把中国广大的比较文学爱好者的力量汇入全世界比较文学研究的洪流之中。”[①]

深厚的东方学基础和对中国文化、西方文化的深切把握，给了季羡林批判西方中心论极大的知识和理论的力量。他将人类文化分为四大体系：中国文化体系，印度文化体系，波斯、阿拉伯、伊斯兰文化体系，欧洲文化体系。他强调：“这样形成的文化体系是一个客观存在，不是哪一个人凭主观想象捏造出来的。我们也并不是说，哪一个体系比哪一个优越、高明。我们反对那种民族自大狂，认为唯独自己是文化的创造者，是‘天之骄子’，其他民族都是受惠者。因为这不符合实际情况。”[②]显然，季羡林批判的是西方中心主义、民族自大狂，而决不是笼统地批判西方文化、西方民族。辨明这一点，对当代的中国知识精英来讲，是极其重要的。

季羡林的批判是深刻的，而不是肤浅的；是真切的，而不是情绪化的。对中西文论的话语问题，许多人认为西方用语清晰、准确、有逻辑性，中国的“羚羊挂角，无迹可求”“镜中花”“水中月”一类，模糊、笼统、不科学。对此，季羡林有过这样的反省：“我坦白承认，我以前就属于这类人——很模糊。我现在却认为，妙就妙在模糊上。模糊能给人以整体概念和整体印象。这样一来，每个读者都有发挥自己想象力和审美能力的完全的自由，海阔天空，因人而异，每个人都能够得到自己那一份美感享受，不像西方文论家那样，对文学作品硬作机械的分析，然后用貌似谨严、‘科学’的话语，把自己的意见表达出来，牵着读者的鼻子走，不给读者以发挥自己想象力的自由。”[③]季羡林坚定认为：“想使中国文论在世界上发出声音，要在世界文论之林中占一个席位，其关键不在西人手中，而全在我们手中。”这个关键一共是两条：“首先认真钻研我们这一套植根于东方综合思想模式的文论话语，自己先要说得清楚，不能以己之昏昏使人昭昭。其次则要彻底铲除‘贾桂思想’，理直气壮地写出好文章，提出新理论，只要我们的声音响亮准确，必能振聋发聩。这样一来，我们必能把世界文论水平大大地向前推进一步。只有这样，我们才对得起中国几千年的优秀的文论传统，对得起我们的先人，对得起我们的后世子孙，对得起全世界的人民。”[④] 季羡林的上述观点，既是中国的，也是世界的。它们发表在中国的权威学术期刊《文学评论》（1996年第6期）上，影响广泛深远。

2. 赞同印度故事中心说

季羡林批判西方中心论，建立在研究、分析的基础上，而决非盲目的全盘否定。凡是正确的、合理的，他必定采取消化吸收、为我所用的态度。印度故事中心说，也称雅利安故事中心说，是西方学者在研究比较文学中提出的一个很流行的观点。季羡林在自己的学术实践中认为，这个观点虽然有一点绝对，但在总体上是正确的。所以，在自己的许多文章中，他积极介绍并赞同印度故事中心说。

早在1940年代，季羡林在研究中发现：“无论怎样，我们总可以看出来，印度就是这个故事的老家，正像别的类似的故事的老家也多半在印度一样。”[⑤] 季羡林认为：“我们不能确定说，哪一个民族是世界上一切寓言和童话的来源。”“不过，我仍然可以说，哪一个民族的天才和环境最适宜产生故事。说到这里，我们就想到印度。印度可以说是有产生故事的最好条件。他们信仰灵魂轮回，今生是人，下一生说不定就成了畜类。他们创造寓言和童话，一点也不必费力，人与兽没有多大区别，兽一样可以说人话，

① 季羡林：《季羡林全集》第17卷，第301页；北京：外语教学与研究出版社2010年版。
② 季羡林：《季羡林全集》第17卷，第499页；北京：外语教学与研究出版社2010年版。
③ 季羡林：《季羡林全集》第17卷，第594页；北京：外语教学与研究出版社2010年版。
④ 季羡林：《季羡林全集》第17卷，第596页；北京：外语教学与研究出版社2010年版。
⑤ 季羡林：《季羡林全集》第17卷，第21页；北京：外语教学与研究出版社2010年版。

做人的事情。”印度人丰富的幻想，上天入地，无可阻挡，创造了无数美丽动人的寓言和童话。“我们虽然不能说世界上所有的寓言和童话都产生在印度，倘若说它们大部分的老家是在印度，这一点也不勉强的。”[①]

季羡林研究故事源头，抓住了民族性这一要害。所以，他的判断是正确的。在故事源头希腊印度之争上，他基于印度民族富于幻想力的特点，果断做出自己的判断。在《十日谈》《拉方丹寓言》《格林童话》等故事来源问题上，“欧洲学者们是有争论的。一派主张原产于希腊，另一派主张原产于印度”[②]。作为著名印度学家，对《本生经》《五卷书》等印度故事集有着深切研究的季羡林，说话掷地有声。他认为：“在所有民间文学中，无论是从内容上来看，还是从数量上来看，无论是从影响来看，还是从历史来看，印度民间文学可以说是遥遥领先的。鲁迅先生说：‘尝闻天竺寓言之富，如大林深泉，他国艺文，往往蒙其影响。即翻为华言之佛经中，亦随在可见。’这话实在说得很好。”[③]印度故事中心说，最早由欧洲学者提出，经季羡林的修正和重申，在世界比较文学界获得了公认。这是因为，季羡林赞同的是相对的印度故事中心说，是有说服力的。同时，他是一位中国学者，在德国留学十年，专业又是研究印度学，他对印度故事、中国故事和欧洲故事的掌握，要大大优于许多欧洲学者。所以可以说，印度故事中心说在欧洲学者那里，只是一种假设性的观点，并没有得到普遍认可。只有到了季羡林时代，在比较文学中国学派中，经过了充分研究和论证的印度故事中心说，才得到了普遍的确认。

3. 百姓是故事文学的创造者

故事文学和民族性密切相关，而最能体现民族性的是普通百姓。是普通百姓创造了故事文学，故事文学中充满着普通百姓的喜怒哀乐，充满着他们的期盼与禁忌。季羡林在这方面的论述，对印度文学来讲，有着特殊的意义。他说："读这些寓言和童话，给人最深的一个印象就是，创造这些故事的人民，对待人生的态度是肯定的、积极的，对待生活中可能遭遇到的一些喜怒哀乐的态度是实事求是的。他们的思想里面有不少的素朴的唯物论和素朴的辩证法。这同印度正统哲学所代表的倾向，是完全不同的。印度正统的宗教哲学把人生几乎全部否定掉；它把人生看做幻象，像水泡，像影子，像电光火花一样的虚幻，因而消极退缩，远离实际。"④ 以上论述，在中国可能只道是平常，在印度则有惊醒梦中人之效。

在《印度民间故事集》序中，季羡林就文学作品产生发展的规律，说出了一番铮铮作响的话语："研究文学史的学者们大概都承认一个基本事实：在文学史上，一种新文学的产生，不管是在内容上，还是在形式上，往往来自民间文学。文人学士采用了它，加以发展，加以改进，使它在内容和形式两个方面都日益精致，日益典雅，达到很高的水平。但在这时候，往往也就潜伏下衰亡的危机。过不了多久，文人学士手中的文学创作，往往失去活力，渐趋衰颓。另一些新兴的文人学士又要到民间文学中去汲取力量了。"⑤ 上述道理并不深奥，它出于季羡林的笔下，是比较文学中国学派的重要观点，不是仅仅通过对某一国文学作品研究之后得出的观点，而是通过对印度、欧洲、中国的文学作品研究之后产生的结论，是对文学创作规律的总结。这既是比较文学的优胜之处，也是要把比较文学"看得难一点"的原因。

因为故事的创造者是百姓，又常常经过文人的加工，所以故事中精华与糟粕互现，是极为正常的

① 季羡林：《季羡林全集》第17卷，第38－39页；北京：外语教学与研究出版社2010年版。
② 季羡林：《季羡林全集》第17卷，第259页；北京：外语教学与研究出版社2010年版。
③ 季羡林：《季羡林全集》第17卷，第292页；北京：外语教学与研究出版社2010年版。
④ 季羡林：《季羡林全集》第17卷，第89页；北京：外语教学与研究出版社2010年版。
⑤ 季羡林：《季羡林全集》第17卷，第297页；北京：外语教学与研究出版社2010年版。

60

事。季羡林曾对由印度《五卷书》改编发展而成的《卡里来和笛木乃》这样评价道："这一部书是不是只有精华而没有糟粕呢？也不是的。它既然产生在那样的社会里，而且又经过文人学士的整理和补充，其中有一些消极的成分和不健康的东西，这是完全不可避免的。其中比较突出的是宿命论、对金钱的崇拜赞扬和对劳动的轻视。"①

对"佛经故事"，季羡林所抱的是同样的态度。他在《佛经故事选》序中说："同所有古代比较优秀的文学作品一样，书中选的故事有精华，是为主，也有糟粕，是为辅。从思想性来说，更要一分为二。其中有进步的东西，也有一些落后的成分，这是难以避免的。我们只能本着外为中用、古为今用的精神，取其积极的一面，而扬弃其消极的一面。如果着眼于艺术性的话，其中可以借鉴的东西会更多一些，对丰富我们的想象力，提高我们的表现能力，会有裨益。"② 季羡林鼓励对比较文学有兴趣者，看一看这本书。

4. 本土化和民族化是故事流传的必然

故事在世界的流传，需要审美的、政治的、道德的、宗教的力量推动。由于四者在各民族是不同的，所以故事在世界的流传出现变异是必然的。这种变异，一般被称作本土化、民族化。其中，既体现普通百姓的意志，也体现统治者的意志。季羡林在《〈罗摩衍那〉在中国》中说：罗摩故事传入中国以后，傣族利用它来美化封建领主制，美化佛教。藏族通过对罗摩盛世的宣传，美化当地的统治者。汉族特别强调伦理道德的一面。这样，《罗摩衍那》在印度完全是印度教的故事，在印度的影响也完全是在印度教方面。“然而罗摩故事传到国外以后，大概是由于都是通过佛教传出来的，所以国外的那许多本子毫无例外地宣传的都是佛教思想。”[③]

每一个民族的文化都不可能在绝对封闭的条件下发生和成长，都有着大致一样的发展规律。季羡林认为：“一个民族的文化发展约略可以分为三个步骤：第一，以本民族的共同的心理素质为基础，根据逐渐形成的文化特点，独立发展。第二，接受外来的影响，在一个大的文化体系进行文化交流；大的文化体系以外的影响有时也会渗入。第三，形成一个以本民族的文化为基础、外来文化为补充的文化混合体或者汇合体。这三个步骤只是大体上如此，也决不是毕其功于一役。这种发展是错综复杂的、犬牙交错的，而且发展也决不会永远停止在某一个阶段，而是继续向前进行的，永远如此。”[④]这就说明，即使是同源的文化，如果时间久了，就会发生变异。季羡林举了两个例子。在《“猫名”寓言的演变》中，季羡林说：“我们研究比较文学，往往可以看出一个现象：故事

① 季羡林：《季羡林全集》第17卷，第92页；北京：外语教学与研究出版社2010年版。
② 季羡林：《季羡林全集》第17卷，第303页；北京：外语教学与研究出版社2010年版。
③ 季羡林：《季羡林全集》第17卷，第335页；北京：外语教学与研究出版社2010年版。
④ 季羡林：《季羡林全集》第17卷，第501页；北京：外语教学与研究出版社2010年版。

传布愈广，时间愈长，演变也就愈大；但无论演变到什么程度，里面总留下点痕迹，让人们可以追踪出它们的来源来。正像孙悟空把尾巴变成旗杆放在庙后面一样，杨二郎一眼就可以看出来，这座庙是猴儿变的。”[①] 季羡林在《关于神韵》中，又举一个例子。他说：“从文化源流来看，印度文化至少有一部分应该与欧洲雅利安文化相同或者相似。可是，我在上面讲到，印度的文艺理论韵论同中国的神韵如出一辙，而在欧美则颇难找到主张只有没有说出来的东西，只有暗示才是诗的灵魂的说法。现在，我讲到书名，印度的命名原则又与中国有惊人的相似之处，真不能不发人深思了。”[②] 至于为什么中印两国在这些方面完全相同，而与欧洲迥异，季羡林说，我目前还无法解释。实际上，其中的道理就在他说的“时间愈长，演变也就愈大”之中。时间是改变一切的力量。印度和欧洲，虽然同属印欧语系，但自公元前1750年左右起，印度民族从伏尔加河流域、里海附近向东南迁徙，三四千年过去了，在审美表达上产生一些变化，是在情理之中的。

故事文学的传布是必然的。只要有传布，就有变异。这种变异的方向，就是本土化、民族化。

5. 文化交流是源，比较文学是流

季羡林无论在理论研究还是实际操作上，都是当代中外文化交流的伟大重镇。文化交流的动力，主要来自人类远方崇拜的天性，以及天灾人祸等外部因素。在季羡林的论著中，多次提到“人同此心，心同此理”的道理。在《东南亚民间故事选》序中，他说：“世界各国人民，不同的民族，不管地理距离多么远，文化背景多么不同，在民间故事方面却总是互相学习的。这些故事可能有一些是各自互不相谋，独立创造的。但这种情况不会太多，绝大部分是互相学习的。中国古代有两句话：‘人同此心，心同此理。’用到

这里来，也是恰当的。”[3]对于比较文学的影响研究和平行研究这两种重要方式，季羡林用“人同此心，心同此理”来解释平行研究。他在《我和比较文学——答记者问》中说：“仅拿一国文学同另一个或许多国文学的比较研究来说，也存在着重点不同的争论。有的学者着重于直接影响的探索。他们认为这样比较切实可靠。有的学者又侧重于平行发展的研究，不是直接影响，而是‘人同此心，心同此理’，在文艺创作和文艺理论方面不谋而合。”[4]

在季羡林的观念里，比较文学是流，而文化交流才是源。1988年11月，季羡林撰文说：“研究《弥勒会见记》属于文化交流范畴，意义很大。”人类文化一萌芽，就有了互相学习，也就是交流的活动。到了后来，一部人类文化史证明了一件事实：“没有文化交流，就没有人类文化史。文化交流是人类文化发展的动力。”[5]2002年2月，季羡林为钱林森主编的《外国作家与中国文化》跨文化丛书题词：“我一向有一个看法：文化交流是推动人类社会前进的重要动力之一。如果没有文化交流，我们简直无法想像，人类今天的社会会是一个什么样子。在精神方面的交流中，文化的交流实占有重要地位。跨文化丛书致力于这方面的研究，可谓有真知灼见。”（见该丛书各书扉页）

孟华曾写有《比较文学是一门研究文化交流的学问》一文，专门论述季羡林在这方面的理论贡献。她说：“显而易见，文化、文学交流便是比较文学赖以生存、赖以发展的基础。正因为如此，世界上没有一本比较文学教材可以忽略本学科与文化、文学交流的关系。而‘国际文学关系’也就随之成了比较文学最基本、最核心的研究内容。然而，先生论比

① 季羡林：《季羡林全集》第17卷，第66页；北京：外语教学与研究出版社2010年版。

② 季羡林：《季羡林全集》第17卷，第546－547页；北京：外语教学与研究出版社2010年版。

③ 季羡林：《季羡林全集》第17卷，第397页；北京：外语教学与研究出版社2010年版。

④ 季羡林：《季羡林全集》第17卷，第283页；北京：外语教学与研究出版社2010年版。

⑤ 季羡林：《季羡林全集》第17卷，第565页；北京：外语教学与研究出版社2010年版。

较文学与文化交流的关系却有其独到之处。他不仅在广度和力度上远远超越了前人，超越了本学科一切中外权威，而且还创立了新说。在《比较文学与文化交流》一文中，先生直截了当地提出了一个命题：‘比较文学的研究属于文化交流的范畴。……自从有了人类社会以来，世界上各民族、各地区就在不断地进行着文化交流。……比较文学所要探索的正是文学方面的文化交流。’在我看来，先生此说振聋发聩，触及到了比较文学最核心的问题。倘若说从文化交流的角度论述比较文学不自先生始，那么，如此明确地提出比较文学归属于文化交流，却不能不说是先生的首创。按照先生的理论，比较文学只是流，文化交流方为源。这个看似不起眼的源流之辩，实在是关系到本学科性命攸关的大问题。”①

季羡林将比较文学置于文化交流之中，既符合客观的、历史的事实，又给比较文学研究拓宽了视野。这是季羡林为比较文学中国学派所做出的又一大贡献。

6. 文学交流促进世界各民族友谊

既然比较文学属于文化交流范畴，那么比较文学促进世界各民族友谊，就是非常自然之事。这也是季羡林为创建比较文学中国学派不遗余力的原因之一。季羡林在《北京大学比较文学研究丛书》前言中指出：“比较文学中国学派的建立，不但能促进我们的研究工作，而且能大大丰富世界比较文学的研究内容，加强世界各国人民之间的了解与友谊。愿与全国和全世界志同道合者共勉之。”②在《〈罗摩衍那〉初探》中他写道：“我们相信，通过这一些工作，中印两国人民互相学习、互相了解的传统必将增强，我们的关系必将更加密切，在已经经历了两千多年漫长岁月的古老的中印友谊之树上必将开出前所未有的新鲜的花朵。”③

61 季羡林题写“我一向认为，没有文化交流，人类文化就无从提高”（2008.2.25）

我一向认为，没有文化交流，人类文化就无从提高。

羡林

08 2 25

61

1983年5月，在《印度民间故事》序中，季羡林说：“如果从中印文化交流史的角度来看，那意义就更为明显。中国人民读了这些印度民间故事，会更了解印度人民的思想感情，从而更增加我们两个伟大民族心灵的交通，增进我们传统的友谊，而这一点正是我们共同的愿望。”④

1985年5月，季羡林为法国汉学家苏尔梦的《中国传统小说在亚洲》作序。此书为苏尔梦所编，收录中、法、苏、德、日、朝、柬、印尼、泰、美、澳等国家学者的研究文章17篇，她为此书写了引论。季羡林在序中说：“这部书的出版，我认为是非常有意义的。中国人民读了，能够了解我们所熟悉的许多文学作品在亚洲各国传布的情况，一定会感到异常地亲切。亚洲各国人民读了，能够了解到他们从中国文学中接受了一些什么东西，从而增强对中国的了解，巩固早已存在于他们和中国人民之间的传统友谊。”⑤

在季羡林的论著中，洋溢着文化交流、比较文学促进中外人民友谊的精

① 乐黛云编：《季羡林与二十世纪中国学术》，第111页；北京：北京大学出版社2001年版。

② 季羡林：《季羡林全集》第17卷，第274页；北京：外语教学与研究出版社2010年版。

③ 季羡林：《季羡林全集》第17卷，第254页；北京：外语教学与研究出版社2010年版。

④ 季羡林：《季羡林全集》第17卷，第299页；北京：外语教学与研究出版社2010年版。

⑤ 季羡林：《季羡林全集》第17卷，第412-413页；北京：外语教学与研究出版社2010年版。

神。这是季羡林研究比较文学的一个特色，值得我们认真学习和继承。

7. 一国之内也可以有比较文学

1980年代，比较文学研究在中国大地蓬勃开展起来。很快，一部分学者产生了疑惑，中国少数民族文学和汉族文学之间能否进行比较研究，各少数民族文学之间，可否进行比较研究。一段时间内产生了争议。原因是比较文学研究在欧洲只在国与国之间进行，在中国一国之内怎么能搞比较文学研究呢？这是比较文学发展史上遇到的一个新的重大理论问题，也是一个重大现实问题。怎么办？作为中国比较文学总舵手的季羡林遇事不避难，经过认真考查、研究，他在一系列文章中表述了自己对这个问题的观点。1986年9月，季羡林在《当前中国比较文学的七个问题》中专门论述“一国中民族文学的比较问题”，言简意赅，是比较文学中国学派的经典文字。原文如下：

> 西方一些比较文学的学者，提出了一个说法：在一个国家中，不能进行比较文学的研究。我认为这是一种洋“塔布”（taboo）。这洋塔布厉害得很，它禁锢了我们同志们的心灵，不敢越雷池一步。去年在深圳会议上就有人向我提出了这个问题，我明确答复说：这是一种洋塔布，必须推翻。
>
> 有这种主张的是欧美人。他们知道的“世界”只有欧美。在那里很少有多民族的国家，往往一国之中只有一种主要语言，因此，要进行比较文学研究必须跨越国家。但是像中国，还有印度这样的国家，国内民族林立。在历史上本来也有可能像欧洲那样分裂成众多的民族国家，可是由于某一些机缘，没有分裂，而是形成了一个统一的大国。在这样的国家中，民族文学之间的差别不下于欧洲国与国之间的文学。因此，在中国和印度，民族文学之间是可以而且应该进行比较研究的。①

到1988年3月，季羡林为《中国民族文学与外国文学比较》作序言，他进一步指出："西方一些比较文学家说什么比较文学只能在国与国之间才能进行，这种说法对欧洲也许不无意义。但是对于我们这样一个多民族的大国来说，它无疑只是一种教条，我们绝对不能使用。"[2]他说："在中国少数民族文学中既可以进行影响的研究，也可以进行平行的研究，两者对我们新时代的文学研究工作都是大有裨益的。"[3]

季羡林不但提倡中国少数民族文学同外国文学进行比较研究，也提倡国内各少数民族文学之间进行比较研究。他说："这样的研究好处很多，它能够丰富中国文学史的内容——过去所谓中国文学史实际上只是汉族文学史，加强国内各民族之间的理解，提高对中华民族文学发展规律的认识，大大有助于全民族的团结，可以说是有百利而无一弊。"[4]

季羡林一言九鼎，一锤定音。提倡一国之内各民族文学之间进行比较文学研究，是对西方传统比较文学理论的突破，是批判西方中心论的重要体现，是季羡林为比较文学中国学派作出的又一重要理论贡献。

8. 东方综合，而西方分析

中国是出《易经》的国度，创造"时中""时宜"等观念的地域；中华民族是驾驭变化的高手，与时俱进的模范。自1980年代起，比较文学在中国大地风起云涌，各大学相继成立比较文学研究所、研究中心。至1990年代，大多数的研究所、研究中心纷纷改名为"比较文学与比较文化研究所"或研究中心。机构名称的变化是研究内容发展变化的结果。从比较文学的影响研究、平行研究，再到跨文化研究，季羡林

① 季羡林：《季羡林全集》第17卷，第532-533页；北京：外语教学与研究出版社2010年版。

② 季羡林：《季羡林全集》第17卷，第536页；北京：外语教学与研究出版社2010年版。

③ 季羡林：《季羡林全集》第17卷，第537页；北京：外语教学与研究出版社2010年版。

④ 季羡林：《季羡林全集》第17卷，第538页；北京：外语教学与研究出版社2010年版。

是带头人，而且取得了令人瞩目的成就，他的许多思想和论断，如“三十年河东，三十年河西”“21世纪将是中国人的世纪”“西方不亮，东方亮”等等，不但影响中国，而且语惊世界。

1940年代，季羡林的比较文学研究，主要集中在故事文学范围。1980年代，比较文学在中国复兴。季羡林利用自己的学术地位，除了做引领、组织工作之外，继续在学术研究上发力。他说：“比较当然不限于文学，其他学科也同样可以比较；比如历史、文化、政治、经济、哲学、宗教、雕塑、绘画等等，无一不可以比较，无一不应该比较，而一经比较，必然会产生有益的效果。”[①] 季羡林是这么说的，也是这么做的。他的研究重点，很快从比较故事文学转向比较诗学。

学术课题来自学术现实。季羡林发现，中国古代诗学话语，无法用“现代的、科学的、明白的、确切的语言”进行解释。说清楚这种情况产生的原因，是解决问题的首要。1982年6月，季羡林在《比较文学随谈》中说：“从全世界文学艺术的历史来看，文艺理论真能持之有故言之成理，确有创见而又能自成体系的，只有三个地方：一个是中国，一个是印度，一个是从古代希腊、罗马一直到今天欧洲国家的所在广大地区。就其思想方法和表达形式来看，中国好像是偏于综合，西方好像偏于分析。印度从表

① 季羡林：《季羡林全集》第17卷，第283页；北京：外语教学与研究出版社2010年版。

62 季羡林在中国人民解放军总医院（2004.3.11）

62

面上来看，好像也偏重分析，比如大乘佛教不厌其详不厌其繁地去分析所谓名相；但是，据我看，这种分析，深度是有的，却缺少逻辑又凌乱重复，头绪不清，与西方搞的分析截然不同。”[①] 发现了问题及其实质，就不难找到解决的办法。他在这篇文章中接着说：解决的办法只有一个，加强文艺理论的比较研究。“这里面包含着至少四个方面的学习：首先是学习马克思主义的文艺理论，普列汉诺夫论文艺的文章应该归这一类。其次是学习中国古代的文论，《文心雕龙》《诗品》等等一直到《随园诗话》和《人间词话》等等都归这一类，特别要注意那些卷帙浩繁的诗话和文集中的一些文章。再次是欧洲自古代希腊、罗马以来的各种文艺理论，从柏拉图和亚里士多德起，经过罗马的贺拉斯，德国的黑格尔、歌德、席勒、莱辛、海涅等等，英国和法国的文艺理论家，一直到近代的李普斯、克鲁契、卢卡其等等，都要读上一点。最后是你研究的那个国家的文艺理论。除了这四项以外，还要学一点心理学，特别是文艺心理学，学一点艺术史，学一点有关的自然科学。知识面越广越好。”[②]

对印度诗学，季羡林后来又有了进一步阐述。他说：印度诗学中的“韵”，“这种暗示功能、暗示义（领会义）有赖于读者的理解力和想象力，可能因人而异，甚至因时因地而异，读者的理解力和想象力在这里有极大的能动性，海阔凭鱼跃，天空任鸟飞，这也许就是产生美感的原因。这种暗示就是这一批文艺理论家的所谓韵（dhvani）。在审美活动过程中，审美主体的主观能动性发挥得越大，他就越容易感到审美客体美。这就是‘韵’的奇妙作用。韵是诗的灵魂”[③]。中国之韵和印度之韵，除了相同之处外，也有不同之处。季羡林做出了这样的分析：“中印两国同样都用‘韵’字来表示没有说出的东西、无法说出的东西、暗示的东西。这是相同的一面。但是，在印度，dhvani这个字的含义，从‘韵’发展到了‘暗示’。而在中国，‘韵’这个字，虽然也能表示无法说出的东西，同‘神’字联在一起能表示‘暗示’的含义，却从来没有发展到直截了当地表示‘暗示’的程度。这是不同的一面，我们必须细心注意。”[④]

在诗学类论著的书名上，中印两国又极为相似：“我讲到书名，印度的命名原则又与中国有惊人的相似之处，真不能不发人深思了。”接着他举了印度的《诗镜》《舞镜》《文镜》和中国的《杜诗镜铨》《格致镜原》等例子。这样，一个重大问题摆在了我们的面前，中国和印度的韵论在诗学表述上有同有异。相同之处是：均从声音层发展到诗义层，均强调“言外之意”，均注

① 季羡林：《季羡林全集》第17卷，第286页；北京：外语教学与研究出版社2010年版。

② 季羡林：《季羡林全集》第17卷，第286-287页；北京：外语教学与研究出版社2010年版。

③ 季羡林：《季羡林全集》第17卷，第543页；北京：外语教学与研究出版社2010年版。

④ 季羡林：《季羡林全集》第17卷，第546页；北京：外语教学与研究出版社2010年版。

重作者、读者的想象力，均以韵为品评作品的标准。相异之处是：创作观念不同，表述方法不同，审美倾向不同，所指范围不同。[①] 正是中国、印度和欧洲在诗学问题上的相异、相同和同中有异的情状，促使季羡林在思维模式方面进行思考。于是，引出了著名的东西方不同思维模式论。

季羡林认为：中西文论最重要的差异不在形式上，而在根本的思维方式上。"东方综合，而西方分析。西方文论学家企图把一篇文学作品加以分析、解剖，给每一个被分析的部门一个专门名词，支离繁琐。而东方的以中国文论家为代表的文论家则从整体出发，把他们从一篇文学作品中悟出来的道理或者印象，用形象化的语言，来给它一个评价。"对二者季羡林不抱偏见，他说："我是不薄西方爱东方。就让这两种话语并驾齐驱，共同发展下去吧。二者共存，可以互补互利，使对方时时有所借鉴，当然也并不能排除在某些方面能互相学习。所有这一切，都只能说是好事情。抑一个，扬一个，甚至想消灭一个，都是不妥当的。"[②]

由比较故事学到比较诗学，再到比较思维模式的跨文化研究，季羡林在耄耋之年，对比较文学在空前的广度与深度上进行开凿，为比较文学中国学派即中国比较文学开出了一片新天地，为世界比较文学指明了全新的发展方向。萧淑芳曾这样评价季羡林："毫无疑问，季先生是比较文学界的权威人物。他总是站在时代的高度，置身于历史的长河中，看待自己所做的工作。"[③] 萧淑芳的评价是中肯的，到位的。季羡林是中国当代比较文学的开拓者和掌舵人，在世界比较文学史上是一位名副其实的东方大家。他的"一个总纲八大观点"（一花八叶），承接古今，汇通东西，是对比较文学理论的重大创新和卓越贡献。季羡林比较文学理论对包括笔者在内的中国学者的影响是巨大而深刻的。我们的《中国印度诗学比较》是这样结尾的：

比较文学和比较诗学关系难分难解，它们都是作为人类进步动力的文化交流的重要组成部分和高级形态。

“影响研究”“平行研究”是西方学者对比较文学、比较诗学研究方法的表达，并未涉及二者本质意义。比较文学和比较诗学的本质意义，是其作为文化交流重要环节和必需程序，催生和发展新文学、新诗学。

比较文学和比较诗学属于文化交流的范畴的立场，应该是比较文学、比较诗学中国学派的根本立场。只有这样，才能追根溯源，尊重历史，把握根本；才能高屋建瓴，克服西方中心主义和中华本位观念；才能建立起既属于中国又属于世界的、真正意义上的比较文学和比较诗学。④

尝一脔而知全鼎。从这个结语可知全书深受季羡林比较文学理论的影响。季羡林作为中国当代最卓越的学者之一，有着诸多学术贡献。而以“一花八叶”为主要内容的季羡林比较文学理论的出现，标志着比较文学的中国时代来到了。至于比较文学的法国学派、美国学派、中国学派，以及比较文学的第一阶段、第二阶段、第三阶段等等概念，季羡林从不拘泥，而是因势利导，借西洋之景，造中华自家花园。今天，确如有学者所言：“如果说我们已经走在了国际比较文学界的前列，恐怕并不为过。”⑤

季羡林比较文学理论，是中国当代学术的一份重要收获，也是中国送给国际学术界的一份有意义的礼物。

① 郁龙余等：《中国印度诗学比较》，第289－307页；北京：昆仑出版社2006年版。

② 季羡林：《季羡林全集》第17卷，第590页；北京：外语教学与研究出版社2010年版。

③ 乐黛云编：《季羡林与二十世纪中国学术》，第188页；北京：北京大学出版社2001年版。

④ 郁龙余等：《中国印度诗学比较》，第581页；北京：昆仑出版社2006年版。

⑤ 陈惇：《季羡林：中国比较文学的引路人》，载《南京师范大学文学院学报》2010年3月第1期。

第六章
独树一帜的学者散文家

第六章

独树一帜的学者散文家

季羡林，以百岁之身谢世。身前，他头顶众多桂冠；身后，各种荣誉仍不断涌来。这种现象决非偶然。国内外学者和普通读者，之所以如此爱戴和喜欢季羡林，是因为他为人民、为时代做出了众多贡献。我们形容季羡林像一颗巨大的宝石，有着多个剖面，每个剖面都折射出不同的精彩。或者说，季羡林像一座巨大的仙家宫苑，有着众多庭院，每打开一扇门，呈现在我们面前的都是目不暇接的美景。季羡林在庭院里，或端坐厅堂，或伏案疾书，或接客访谈，或莳花弄草，或低头沉吟，或含饴弄猫。在季羡林众多的形象中，最重要的是：中国首席印度学家、彻悟真谛的佛学家、开宗立派的东方学家、不可或缺

63

的翻译家、名副其实的比较文学大家、文化交流的伟大重镇、胸怀世界的敦煌吐鲁番学家和独树一帜的学者散文家。

季羡林一直说，散文是他的副业，他的正业，即专业是印度学、佛学。其实，副业对一个人来说很重要，有时会超过正业、专业。李白、杜甫的诗歌，也只是副业而已；倘若没有了诗歌，李白、杜甫也就不是诗仙、诗圣了。季羡林最早学习的是梵文、巴利文、吐火罗文，进而研究原始佛教和印度学，在当时都是极冷僻的专业。如果他不写散文，不研究其他学问，那么季羡林的名字就和梵文、巴利文、吐火罗文一样，只有极少数人知晓。正是散文拉近了他和广大读者的距离，也拉近了梵文、巴利文、吐火罗文和广大读者的距离。季羡林不能没有散文，中国现代散文也不能没有季羡林。在“季羡林学”研究史上，在中国当代散文史上，季羡林散文都是重要的研究课题。

一、季羡林散文的创作历程

一位作家的创作历程，和他的创作成果及影响紧密相关。印度诗圣泰戈尔用70年的时间，为印度现代文学宝库增添大量的瑰宝。而季羡林用80年的时间，来从事学术研究和散文创作。仅就散文创作而言，数量也是巨大的。在30卷《季羡林全集》中，第1卷至第3卷都是散文，占了总数的十分之一。其实，他的一些回忆录和杂文、小品、随想、谈话、笔谈也都在大散文之列。从20世纪80年代起，一直到现在，各种版本的季羡林著作，争先恐后、层出不穷地面世，堪称出版界的一大奇观。在这些出版物中，最主要的是散文，以“谈人生”“谈哲学”“随想录”“人生智慧”“学人箴言”“沉思录”“问学论道”“修身养性”“书信集”“生活禅”“我的路”“记往述怀”“妙语录”“谈养生”“谈翻译”“谈佛”“学术精粹”“谈国学”“谈写作”“谈读书”“读史”“感悟人生”等等书名问世。几十年来，出版界的“季羡林热”，一路攀升，方兴未艾。国家出版总署于友先署长曾幽默地说：季羡林先生是我们出版社的衣食父母。其中，有社会的原因，更有季羡林本人和他的作品的原因。

（一）不肯轻言封笔的写家

季羡林自幼喜爱写作。1928年，17岁的季羡林目睹了日军制造的济南“五三惨案”，写下小说《文明人的公理》，发表于1929年2月天津《益世报》上。这是迄今能查到的季羡林发表最早的作品。之后，他又在《益世报》上发表《医学士》《观剧》两篇文章。与此同时，年轻的季羡林又开始了外国文学的翻译，在山东《国民新闻》、天津《益世报》副刊上，发表了泰戈尔的《小诗》、屠格涅夫的《老妇》《世界的末日》《玫瑰是多么美丽，多么新鲜啊！》《老人》等。从此，季羡林踏上了舞文弄墨的人生路，一发不可收拾，直到年近期颐，仍不肯封笔。

2006年，季羡林在《病榻杂记》一书的《封笔问题》一文中说：“我舞笔弄墨已有七十来年的历史了，虽然不能说一点东西也没有舞弄出来，但毕竟不能算多。我现在自认还有力量舞弄下去。我怎能放弃这个机会呢？我不能封笔。这就是我的结论。”[①] 他很欣赏顾炎武的两句诗：苍龙日暮还行雨，老树春深更著花。正是在这种愈老弥坚、壮心不已的意志和作风下，季羡林的写作坚持到了生命的最后一刻。从1929年到2009年，他不知疲倦地坚持写作80年，这在中国乃至全世界，都是罕见的。

曾经有人将季羡林的散文创作及特色，分成三个阶段：前期（20世纪三四十年代）的作品，抑郁隐晦；中期（20世纪五六十年代）明快昂扬；后期（70年代后期以后）朴实无华。我们认为，季羡林的散文创作，和他的整个学术研究的状况相一致，与环境及他的心境有着密切关系。由此，可以将季羡林的散文创作分为四个阶段：1929—1950年，为蓄势待发期；1951—1965年，为小高潮期；1966—1977年，为创作空白期；1978之后，为大高潮期。

在蓄势待发期，季羡林一共写了三十来篇散文。其中有不少名篇，受到读者欢迎。于是，在年轻的季羡林的心中，燃起了作家梦。在1933年11月25日的日记中，他这样写道："我最近很想成为一个作家，而且自信也能办得到。说起来原因很多，一方面我受长之的刺激，一方面我也想先在国内培植起个人的名誉，在文坛上有点地位，然后再利用这地位到外国去，以翻译或者创造，作经济上的来源。以前，我自己不相信，自己会写出好文章来，最近我却相信起来，尤其是在小品文方面。"[②]《季羡林大传》对当时的情况是这样描述的："季羡林当时创作欲望和状态都不错，差不多每周都有一两篇文章问世。《文学季刊》《文艺月刊》《现代》《学文》《文学》《寰中》等杂志接连发表他的作品，有些文章还得到沈从文、叶公超等前辈师友的鼓励和好评。前几年，钟敬文先生评论道：'季先生的散文创作开始于20年代，那时他20多岁，就已经初有文名了。'""季羡林在清华的开山之作、第一篇散文《枸杞树》，1933年12月27、30日在沈从文、杨振声、吴宓主编的天津《大公报》文艺副刊上发表，同年萧乾在该刊上发表了第一篇小说《蚕》；季羡林创作的散文《母与子》发表在上海著名文学杂志《现代》1934年第6卷第1期上，而茅盾1932年创作的著名短篇小说《春蚕》也发表在该刊第2卷第1期上；季羡林创作的散文《红》发表在当时很有影响的上海《文学》月刊1934年第3卷第1期上，

① 季羡林：《病榻杂记》，第263-264页；北京：新世界出版社2007年版。

② 季羡林：《季羡林全集》第4卷，第270页；北京：外语教学与研究出版社2009年版。

而巴金的《一个女人》是在1933年发表在该刊上的，在此前后，鲁迅、郭沫若、茅盾、闻一多、臧克家、何其芳等人也都在该刊发表过作品；季羡林创作的散文《年》发表在闻一多、叶公超主编的《学文》杂志1934年5月2日创刊号上，而钱钟书、李广田、何其芳、卞之琳、陈梦家、李健吾、曹葆华等人也经闻一多、叶公超之手，借《学文》《新月》扬名文坛。”[①]收在《因梦集》中的19篇散文，都有“梦”的色彩。1985年11月，他在《因梦集·自序》中说：1935年在我出国之前，郑振铎先生写信给我，要我把已经写成的散文集成一个集子，编入他主编的一个什么丛书中。当时因为忙于办理出国手续，没有来得及编，出国之后，时事多变，因循未果，集子终于也没有能编成，只留下一个当时想好的名字：《因梦集》。他说，“因梦”这两个字，当时必有所本，可惜今天已忘得一干二净。虽然不确切了解这两个字什么意想，但我却喜欢这两个字，“索性就把现在编在一起的解放前写的散文名为《因梦集》。让我五十年前的旧梦，现在再继续下去吧”[②]。

这个《自序》告诉我们几点：首先，到1935年前后，季羡林的散文创作已小有名气，不然郑振铎不会邀他出集子。其次，不管季羡林当时对“因梦”两字的含义作何解，我们读了这些散文，确实感到它们与梦有不解之缘。其三，季羡林在《自序》中说，对当时的想法“已忘得一干二净”，从阅读效果上说，这种“留白”式交代最为上乘。其四，季羡林写散文的风格和动机是一贯的，所以说“让我五十年前的旧梦，现在再继续下去吧”。

综上可知，季羡林在蓄势待发期的散文创作，已经不是牛刀初试。倘若没有出国留学这件事，季羡林可能会走上卖文为生的文学道路。在德国留学期间，依然余绪不绝，写了《去故国》《寻梦》等多篇散文。1946年归国后，所写《忆章用》等文章，数量不多，仍然是怀旧一类。

1950—1965年，季羡林散文有三个主题：怀友、游记、抒情。其中，

64 季羡林中学时代在济南、北平、天津等报刊发表的译作

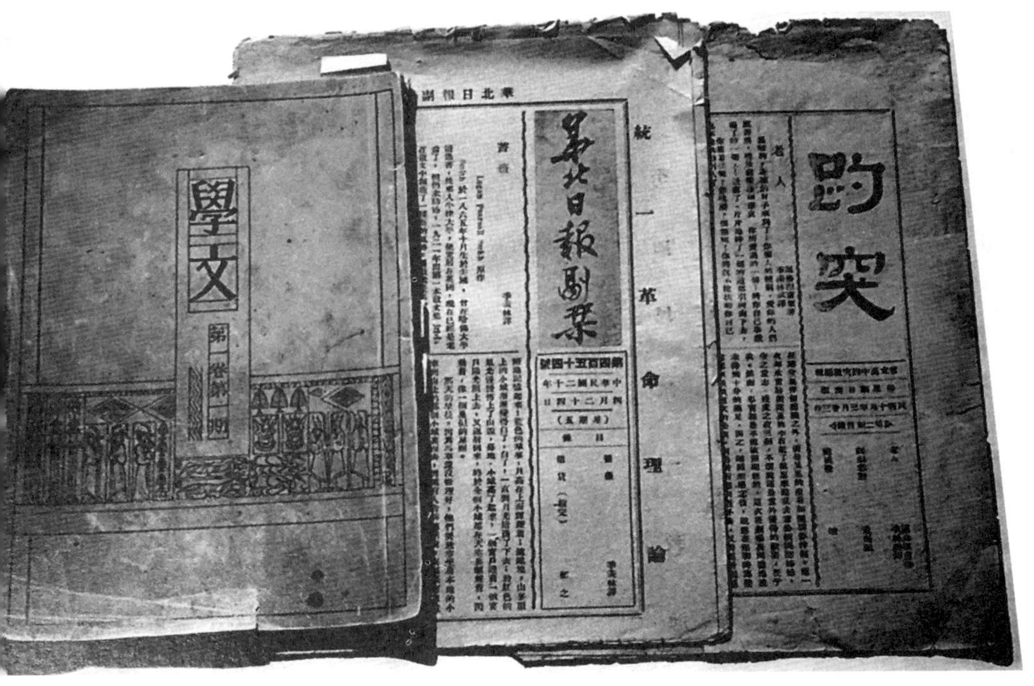

64

1962、1963年，对中国来说是走出三年困难时期后的经济恢复期。季羡林作为散文家，比一般人嗅到了更多的春天的气息，他写下了《春满燕园》《燕园盛夏》等著名的抒情散文。

1966—1977年，中国进入十年“文革”，环境和心境都不允许季羡林进行散文创作。季羡林散文创作进入蛰伏空白期。1965年1月，季羡林写了《战斗吧，非洲！》之后，又于7月写出《巴马科之夜》的游记。1966年2月，“文革”的脚步声越来越近，季羡林写成歌颂农民舍身灭火的《野火》。之后，直到1978年，未见他有散文发表。

1978年以后，季羡林散文创作进入大高潮期。

《琼楼玉宇，高处不胜寒》是季羡林游览印度泰姬陵的一篇游记，写于1978年。1979年1月1日和31日，发表《春归燕园》和《爽朗的笑声》，标志着季羡林从“高处不胜寒”中，自我解放出来，有了春归

① 胡光利、梁志刚：《季羡林大传》I，第124—125页；哈尔滨：哈尔滨出版社2013年版。

② 季羡林：《季羡林全集》第1卷，第3页；北京：外语教学与研究出版社2009年版。

65

65 胡光利、梁志刚著《季羡林大传》三卷

的喜悦，有了爽朗的笑声。1986年7月，季羡林在《写作〈春归燕园〉的前前后后》一文中说：此文写于1978年深秋，“凭我的直觉，我感到春天真正来临了”。还说：“写《春满燕园》时，虽然已经尝了一点点苦头，但是总起来说，是微不足道的，快乐大大超过苦恼。到了写《春归燕园》时，我可以说是已经饱经忧患，九死余生，突然又看到光明，看到阳关大道，其激情之昂扬，不是很自然的吗？”[①] 这是季羡林当时心境的真实写照。在春意中，在笑声里，季羡林的散文创作一发不可收，终于把自己写成了独树一帜的散文家，人见人爱，百读不厌。他成了出版家的衣食父母，成了亿万读者的精神导师。

（二）富不可言的散文宝库

一件作品的生命力，取决于它的内在品质。季羡林散文受到国人追捧，如果有十年二十年，已属罕见，如今已有四十多年，成为“季羡林现象”的重要组成部分，应该引起学者的重视。除了文学理论家，社会学家、思想家、教育家、出版家，我们的智库和舆情研究专家，也都应给予足够关注。

季羡林散文宝库到底有多少库藏，至今无人能说清楚。在郝平、柴剑虹、于春迟等人的努力下，30卷的《季羡林全集》于2009—2010年出版。这是一件功德无量的事。但是，季羡林仍有不少文字没有发表，已发表的尚待收集。而且，季羡林散文的实际概念，在广大读者的阅读中被不断延伸。他的一些学术论文的片断，也被作为“人生智慧”“哲学感悟”在读者中广为流传。

当然，季羡林散文的品质，是其受欢迎的决定性的依据。一般的作家，其读者群是有方向性的，有一定“圈子”。但是，季羡林受到老中青读者的普遍喜爱。一次我去深圳中心书城，听到一位女子在念：“季羡林第一次访问印度的时候，曾经在孟买……”[②]我回头一看，一对母子坐在地上，手里捧着一本大书。我上去一问，母亲笑着将书的封面亮给我看。原来是《季羡林大传》出版了，作者是我的同门师兄胡光利和梁志刚。我兴冲冲地问：在哪个书架上拿的？母亲用手一指说，就在附近。我在周围书架上搜寻了几圈，没有发现。于是，请书店服务员帮忙。他在电脑上一查，告诉我在哪个书架。我去一找，固然找到，如获至宝，可惜全书共三卷，缺第二卷。我又找服务员，请他查查书店一共有几套书。他一查，说只剩一套了，要我等等那对母子。我在书城里逛了几圈，该买的书都装上了推车，回到原处发现两个小时过去了，母子俩仍在读那本书。我上前说，这套书共三本，书城只剩下了一套。你们买不买？如果不买，我想买。母亲看我这么想买，就把书给了我。我说了声谢谢，就去书架边凑齐了一套。推着车直奔收银台去。这是我在买书经历中一段有趣的插曲，也从一个侧面看出，季羡林在民间有多热。其中的原因，除了季羡林的人格魅力之外，还与作品的艺术魅力，包括它的丰富性和深刻性有关。季羡林散文作品在数量和种类上，层次和品位上，能够全方位地满足各类读者的阅读需求。

从数量上看，季羡林散文虽然至今尚无人统计出确切篇数和字数，但从已知的情况看已经足够丰富。《季羡林全集》第1卷至第3卷标明是散文，第4卷《日记·回忆录（清华园日记·留德十年）》，第5卷《回忆录二（牛棚杂忆·学海泛槎）》，第6

① 季羡林：《季羡林全集》第2卷，第47页；北京：外语教学与研究出版社2009年版。

② 胡光利、梁志刚：《季羡林大传》Ⅱ，第244页；哈尔滨：哈尔滨出版社2013年版。

卷《序跋》，第7卷《杂文及其他》一，第8卷《杂文及其他》二，均在大散文的范围之中。第30卷《附编》中，大部分也都是散文。另外，由季羡林口述、蔡德贵整理的《大国学：季羡林口述史》，洋洋洒洒四十余万字，也属于散文一类。2014年出版的六卷《季羡林日记·留德岁月》有近150万字。《此心安处是吾乡：季羡林归国日记1946—1947》，有15万字，亦于2015年由重庆出版社出版。1947年之后的日记，还有待整理出版。这样，从字数上估计，季羡林散文应在500万字左右。这个数字，超过了中国所有的散文大家，也超过了世界上包括泰戈尔在内的所有散文大家。

从种类上看，季羡林散文除了大家津津乐道的美文之外，还包括了杂文、随笔、序跋、回忆录、游记、随想、日记、访谈、口述史等等。几乎应有尽有，无所不包。只要他肯写肯说、能说能写，总有记者和媒体等着采访和发表。有的题目，显然是主编或编辑们出的主意，如1994年3月写的《赋得永久的悔》，一开头就说："题目是韩小蕙女士出的，所以名之曰'赋得'。但文章是我心甘情愿做的，所以不是八股。"[①] 1996年，季羡林的一本散文集，即以《赋得永久的悔》为书名。总之，季羡林散文是一个种类繁多的大散文格局。这个格局，与其说是季羡林个人创造的，还不如说是季羡林和读者包括记者、编辑、出版家们共同创造的。

从层次上看，季羡林散文属于学者散文。由于作者身份不同，历代文学作品都是分层次的。有乡间的，有市井的，有寺庙宫观的，有皇家贵胄的。不同层次的作品，各有各的位置与价值，不好抑此扬彼。一部《诗经》，既有民歌，又有雅乐，只有傻瓜才会厚此薄彼。小学时，季羡林和班上几个同学一起，想造珠算老师的反，将他的讲课桌掀了个底朝天。结果他的右手被"啪啪"打了十下戒尺，"造反"以失败告终。1931

① 季羡林：《季羡林全集》第2卷，第349页；北京：外语教学与研究出版社2009年版。

② 季羡林：《病榻杂记》，第130页；北京：新世界出版社2007年版。

年9月18日，日军发动“九一八”事变，季羡林痛恨自己不能上战场杀敌报国。早年内心苦闷的季羡林当过几年“愤青”，那时的作品有一些散发着“愤懑”情绪。留德十年后学成归来，成了北京大学教授。1946年到2009年逝世，季羡林生活跌宕起伏，几经变化，但是从他笔端流淌出的文字，都属于学者散文，作品中时时散发着学者的气息。

从品位上看，季羡林散文属于高雅上品。散文的层次与品位有关联，但不是正相关，而是呈现出较复杂的情况。学者散文中也有低俗之作，市井散文中也有高雅之作。季羡林早期的散文，虽有一些愤懑之气，但情调总体向上，合乎求进步、求变革的时代潮流。中年之后，季羡林眼界开阔，题材广泛，但他的散文依然格调高雅，追求文辞美与意境美的统一。进入老年，季羡林散文在平实朴拙的同时，变得老辣幽默起来。例如，在《一个预言的实现》中，季羡林写道：“大约在十几二十年前，我曾讲过一个预言：21世纪将是中国的世纪。”“这决不是无知妄言，也不出于狭隘的爱国主义，而是规律使然。可在当时，颇有一些什么什么之士嗤之以鼻。我并不在乎，是嗤之以鼻，还是嗤之以屁股，那是他们的事，与我无干。”[②] 季羡林在这篇文章中的用词，令人喷饭，但属于修辞需要，文章品位仍属高雅之列。

数量大、品种全、层次高、品位雅是季羡林散文受欢迎的内因。外因是我们国家经过三十多年改革开放，在物质生活极大丰富之后，对精神生活的需求呈井喷式增长。正是季羡林散文的内在品质，和中国社会高涨的精神需求相结合，季羡林成了广大读者的精神导师，季羡林散文成了富不可言的宝库。

二、季羡林散文资源优势分析

尽管季羡林曾在1930年代的中国文坛初试锋芒，与鲁迅、郭沫若、茅盾等名家一起发表作品，尽管他出国期间创作之心不泯，也发表了一些作品，但毕竟关山阻隔，在那烽火连天的年代一呆就是十年。回到祖国他已成了梵文博士，在北京大学谋得教授一职，并任新建的东方语文学系主任。这一方面超出了季羡林留学的预期，心中不免洋洋自得；另一方面他的作家梦也只得搁浅，散文创作成了他业余副产品。令人惊异的是，季羡林经过80年坚持不懈的努力，业余创作的散文的影响力，远远超出了他的正业。梵文、巴利文、吐火罗文研究使他成为知名学者，散文创作使他誉满天下。

季羡林散文到底有哪些具体的品质，能如此风光无限？要搞清楚这个问题，应从分析季羡林散文资源优势开始。

（一）经典实用的散文观念

一个人要办成一件事情，没有方法不成。一个人想成就一项事业，没有观念不行。季羡林散文事业的辉煌成功，首先得力于他的经典而实用的散文观念。

季羡林从小就喜欢写文章，以后舞文弄墨成了他一生的习惯。他的散文观念从无到有，在他的写作生涯中逐步成熟。季羡林散文观念主要有三个来源：首先，中国古代文论；其次，印欧诗学；其三，自己的创作实践。

中国自古以诗文兴邦，不但是诗文大国，而且是文论诗学大国。季羡林受中国古代文论影响，不在于对《文赋》《文心雕龙》《诗式》等古代文论名著的死记硬背，而在于将中国古代文论精华与阅读古代经典名作相结合，并将心得体会融汇于心，形诸笔端。《季羡林大传》说："季羡林从中学开始对古代的一些散文名篇，例如司马迁的《报任安书》、陶渊明的《桃花源记》、李密的《陈情表》、韩愈的《祭十二郎文》、欧阳修的《泷冈阡表》、苏轼的《前赤壁赋》和《后赤壁赋》、归有光的《项脊轩记》等，都百读不厌，经常背诵。他的散文创作也自然而然受到这些优秀作品潜移默化的影响。”[①] 青年季羡林和大多数中国学生一样，通过范文来学习、掌握文论要义。1986年，季羡林说：“在中国，我喜欢的是六朝骈文，唐代的李义山、李贺，宋代的姜白石、吴文英，都是唯美的，讲求词藻华丽的。这个嗜好至今仍在。”[②]

从文章气象看，季羡林对文章之道的把握与领会，走过的路径和陆游对“诗家三昧”的领悟几乎一模一样。陆游曾作诗《示子遹》云：“我初学诗日，但欲工藻绘。中年始少悟，渐若窥宏大。怪奇亦间出，如石漱湍濑。数仞李杜墙，常恨欠领会。元白才倚门，温李真自郐。正令笔扛鼎，亦未造三昧。诗为六艺一，岂用资狡狯。汝果欲学诗，工夫在诗外。”后来，陆游入川，面对雄奇河山和乱世危象，尤其是亲临抗敌前线，让他对“诗家三昧”和“工夫在诗外”有更进一步的体会。《九月一日夜读诗稿有感走笔作歌》：“我昔学诗未有得，残馀未免从人乞。力孱气馁心自知，妄取虚名有惭色。四十从军驻南郑，酣宴军中夜连日。打球筑场一千步，阅马列厩三万匹。华灯纵博声满楼，宝钗艳舞光照席。琵琶弦急冰雹乱，羯鼓手匀风雨疾。诗家三昧忽见前，屈贾在眼元历历。天机云锦用在我，剪裁妙处非刀尺。”回想早年季羡林作文追求清词丽句，尚巧贵妍，不是和陆游“欲工藻绘”如出一辙吗！后来经历“文革”的大风大浪，捡回了一条命，追求词藻、沉湎考证、不愿做义理文章的季羡林，老夫突发义理狂，写文章愈加老辣率性，从心所欲而不逾矩。这不是陆游的“天机云锦用在我，剪裁妙处非刀尺”吗！

季羡林散文观念的第二大来源是印欧诗学，这

① 胡光利、梁志刚：《季羡林大传》I，第125页；哈尔滨：哈尔滨出版社2013年版。

② 季羡林：《季羡林全集》第2卷，第17页；北京：外语教学与研究出版社2009年版。

66 季羡林在清华大学毕业前与同学合影（1934.5）

和他的经历和专业有关。季羡林在读大学本科时，听过朱光潜开设的文艺心理学这门课。他在《悼念朱光潜先生》中说：五十多年前，我在清华大学西洋文学系念书。孟实先生是北京大学教授，在清华大学兼课。“他只教一门文艺心理学，实际上就是美学，这是一门选修课。我选了这一门课，认真地听了一年。当时我就感觉到，这一门课非同凡响，是我最满意的一门课，比那些英、美、法、德等国来的外籍教授所开的课好到不能比的程度。”① 在清华大学四年，季羡林兴趣广泛。但对西方文艺作品，季羡林有自己的爱好。他说：“我最喜欢的诗人是法国的魏尔兰、马拉梅和比利时的维尔哈伦等。魏尔兰主张：首先是音乐，其次是明朗与朦胧相结合。这符合我的口味。但是我反对现在的所谓‘朦胧诗’。我总怀疑这是‘英雄欺人’，以艰深文浅陋。文学艺术都必须要人了解，如果只有作者一个人了解（其实他自己也不见得就了解），那何必要文学艺术呢？此外，我还喜欢英国的所谓‘形而上学诗’。”②

66

通过印度文学名著翻译和诗学研究，季羡林对印度文艺理论的理解和把握，不但是专业的、深刻的，而且积极进行中印文艺理论的比较，写下了《关于神韵》等多篇文章，成为中国当代比较文学研究中的生动范例。季羡林写道：“10世纪出了一位新护（Abhinavagupta）。他的名著《韵光注》和《舞论注》，继承和发展了欢增的理论。他们的理论以韵论和味论为核心，展开了一系列的独辟蹊径的探讨，从注重词转而为注重义，打破了以前注重修辞手段的理论传统，创立了新的‘诗的灵魂’的理论，也就是暗示的韵的理论。”③ 他山之石，可以攻玉。季羡林以印度韵论为钥匙，轻松愉快地打开了中国神韵之锁。他说：“中国难以理解的神韵就等于印度的韵。中国的神韵论就等于印度的韵论。只因中国的文艺理论家不大擅长分析，说不出个明确的道理，只能反反复复地用一些形象的说法来勉强表达自己的看法，结果就成了迷离模糊的一团。一经采用印度的分析方法，则豁然开朗，真相大白了。”④

由于中印诗学之间存在“作诗与参禅”等传统命题，季羡林对笔者的研究课题一直特别关心。2004年在《中国印度诗学比较》书稿即将完成之际，他题写了书名。2006年，为庆祝季羡林九五华诞，《东方文化集成》编委会决定当年出满100种，并将《中国印度诗学比较》纳入其中。

季羡林散文观念的活水源头，是他的不间断的创作实践。正因为如此，他的散文观念并非一成不变。《季羡林大传》对他的早期创作这样写道：“季羡林这个时期的散文作品，是他的真实思想的自然流露，创作出一些批判现实主义的作品，如《红》《王妈》《父与子》等，但由于看不到祖国和人民的前

① 季羡林：《季羡林全集》第2卷，第9页；北京：外语教学与研究出版社2009年版。

② 季羡林：《季羡林全集》第2卷，第17页；北京：外语教学与研究出版社2009年版。

③ 季羡林：《季羡林全集》第17卷，第542页；北京：外语教学与研究出版社2010年版。

④ 季羡林：《季羡林全集》第17卷，第543页；北京：外语教学与研究出版社2010年版。

途，看不到个人的前途，作品调子低沉，情绪幽凄。他虽然注重文学创作的艺术性，强调文学功利观与审美追求的统一，但在遣词造句方面，时而可见一些不规范的、自造的词语，透着一种初生牛犊不怕虎的气概。他的不少作品表现抽象的观念，一些难以表达、难以捉摸的东西，在他笔下颇有几分意识流的味道，这也是他早期散文创作的一个显著特点。”[①] 后来季羡林多次表明自己追求唯美，讲求词藻华丽。在1986年时，还申明“这个嗜好至今仍在”。但实际上，就在这个申明的前后，他开始从考证转向义理，大发一系列“三十年河东，三十年河西”“西方不亮东方亮”等等“怪论”。此时，他追求的是笔走龙蛇，恣肆汪洋，对词藻华丽的追求已大为下降。当然，季羡林晚年的狂放，是相对于他的考证文章说的。即使如此，他依然不失“以证取信”的做人和作文的底线。

季羡林说自已没有读过《文学概论》之类的专著，也没有写过《散文写作要旨》《散文写作通论》之类的专书。他的散文观念主要见于《漫谈散文》及一些序跋和文章中。季羡林研究所将这类文章收集在一起，以《季羡林说写作》的书名出版。其实，说的主要是散文写作。

季羡林散文写得这么多，这么好，成为中国当代散文的一大家，他的散文观念到底有些什么精妙之处？这是备受大家关注的。季羡林散文像山，季羡林散文观念像玉。就我们的发掘和认知，季羡林散文观念最精妙的主要有以下五点：

第一，散文最能得心应手。

一个人想要干好的一件事，特别是一辈子都想干好的一件事，必须是在心目中最美好的那件事。季羡林说：“我觉得在各种文学体裁中，散文最能得心应手，灵活圆通。”正因为如此，他在《漫谈散文》

① 胡光利、梁志刚：《季羡林大传》I，第125页；哈尔滨：哈尔滨出版社2013年版。

67 季羡林在书房（1998）

67

一开头就说："对于散文，我有偏爱。"偏爱散文，才能写好散文。这是季羡林用语言和行动告诉我们的"散文观念精妙"。有了这一点，就足够了。对于散文定义的争论，对于五四以来散文评价的众说纷纭，哪怕让他堕入了五里雾中，也可以且不去管它。但是他坚定认为："中国是世界第一散文大国"，"五四运动以来中国文坛上最成功的是白话散文"。

第二，散文的精髓在于"真情"。

季羡林不但授人以鱼，而且授人以渔。他将写好散文的秘要——真情，向读者和盘托出。说："散文的精髓在于'真情'二字，这二字也可以分开来讲：真，就是真实，不能像小说那样生编乱造；情，就是要有抒情的成分。即使是叙事文，也必有点抒情的意味，平铺直叙者为我所不取。"在《中国历代名家散文大系·序》中，季羡林对真情进一步解析说："我觉得，一个作者，情与境遇，真情发乎内心，汹涌回荡。必抒之以文字而后已。这样写出来的散文，能提高读者的精神境界，陶冶读者的性灵，使读者能得到美感享受，用现在的话来说，就是能提高读者的人文素质。其作用与诗歌正等。"①

第三，散文必须苦心经营结构。

季羡林认为，古今中外的散文名篇，"多半是结构严谨之作，决不是愿意怎样写就怎样写的轻率产品"。"中国古代优秀的散文家，没有哪一个是'散'的，是'随'的。正相反，他们大都是在'意匠惨淡经营中'，简练揣摩，煞费苦心，在文章的结构和语言的选用上，狠下工夫。文章写成后，读起来虽然如行云流水，自然天成，实际上其背后蕴藏着作者的一片匠心。"②强调散文结构，季羡林真正抓住了要害。建筑、绘画、乃至人体及世界上一切事物，决定其品质的是结构，散文自然不例外。

第四，最重要的是开头和结尾。

这实际上是对结构问题的再强调。季羡林说：在文章的结构方面，最重要的是开头和结尾，诗文皆然。综观古人文章开头，有的提纲挈领，如韩愈《原道》；有的平缓，如柳宗元《小石城山记》；有的陡峭，如杜牧《阿房宫赋》。他最欣赏的是欧阳修《相州昼锦堂记》的开头："仕宦而致将相，富贵而归故乡，此人情之所荣，而今昔之所同也。"而这句话，是欧阳修派人骑马追回原稿后加上去的。季羡林觉得："这样的开头有雷霆万钧的势头，有笼罩全篇的力量，读者一开始读就感受到它的威力，有如高屋建瓴，再读下去，就一泻千里了。文章开头之重要，焉能小视哉！"[③]

关于文章的结尾，季羡林以诗为例来分析。因为诗文相通，在诗歌中，结尾的重要性更明晰可辨。他举了几个例子，然后指出："在中国古代，抒情的文或诗，都贵在含蓄，贵在言有尽而意无穷，如食橄榄，贵在留有余味，在文章结尾处，把读者的心带向悠远，带向缥缈，带向一个无法言传的意境。"追求"言有尽而意无穷"，是季羡林终身为之努力的。但是，他又尊重文章的多样性，说："文章之作，其道多端；运用之妙，存乎一心。我上面讲的情况，是广大作者所刻意追求的，我对这一点是深信不疑的。"[④]

第五，追求理想散文标准。

在谈了散文的地位、精髓、结构、头尾之后，季羡林又讲述了自己对理想散文的五项标准。他说："综观中国古代和现代的优秀散文，以及外国的优秀散文，篇篇风格不同。散文读者的爱好也会人人不同，我决不敢要求人人都一样，都是根本不可能的。"接着，季羡林将自己对理想散文的五项标准一一道来："仅就我个人而论，我理想的散文是淳朴而不乏味，流利而不油滑，庄重而不板滞，典雅而不

① 季羡林：《季羡林全集》第6卷，第584页；北京：外语教学与研究出版社2009年版。
② 季羡林：《季羡林全集》第8卷，第195-196页；北京：外语教学与研究出版社2009年版。
③ 季羡林：《季羡林全集》第8卷，第196页；北京：外语教学与研究出版社2009年版。
④ 季羡林：《季羡林全集》第8卷，第197页；北京：外语教学与研究出版社2009年版。

雕琢。我还认为，散文最忌平板。”这第五个标准，季羡林是用否定法表示的。他说：“文学最忌单调平板，必须有波涛起伏，曲折幽隐，才能有味。有时可以采用点文言辞藻，外国句法；也可以适当地加入一些俚语俗话，增添那么一点苦涩之味，以避免平淡无味。我甚至于想用谱乐谱的手法来写散文，围绕着一个主旋律，添上一些次要的旋律；主旋律可以多次出现，形式稍加改变，目的只想在复杂中见统一，在跌宕中见均衡，从而调动起读者的趣味，得到更深更高的美感享受。有这样有节奏有韵律的文字，再充之以真情实感，必能感人至深，这是我坚定的信念。”① 也就是说，季羡林理想散文五个标准是：淳朴而不乏味；流利而不油滑；庄重而不板滞；典雅而不雕琢；波涛起伏，曲折幽隐。低吟这几条标准，不觉想起孔子对诗经《关雎》的评价：“乐而不淫，哀而不伤。”可以说季羡林的理想散文，实际上是以《诗经·关雎》为范本的，他的理想散文的五项标准，可以说是孔子“乐而不淫，哀而不伤”思想的现代版。这说明，季羡林散文观念，既是传统的，又是现代的；既是经典的，又是实用的。

季羡林在《漫谈散文》中讲的是他的散文观念，也体现出他一贯的金针度人的奉献精神。

（二）学者散文的强大魅力

季羡林一开始写散文，是自由自在的。但是，写着写着，随着自己阅历丰富，学识增广，对中国散文有了深切了解，他再写散文就变成自觉自为的了。他既是自由自在地书写，又是有着自我要求和自我目标。

中国散文以《尚书》为源头，逐渐发展为侧重于记叙的历史散文和侧重于议论的诸子散文。中国历史经过“五四”新文化运动的洗礼，散文进入了一个新时代。有人认为：“白话文的兴起，标志着语、文分离的传统古文对文坛长期统治的结束。”（《中华传统文化大观》）其实，这种观点并不全面。中国历史上语与文从来没有绝对分开过，“五四”后的白话散文也没有与古文彻底划清界限。鲁迅认为：“散文小品的成功，几乎在小说、戏曲和诗歌之上。”（《中国文化百科》）季羡林的观点更进一步，他认为：“‘五四’运动以来中国文坛上最成功的是白话散文，个中原因并不难揣摩。中国有悠久雄厚的散文写作传统，所谓经、史、子、集四库中都有极为优秀的散文，为世界上任何国家所无法攀比。”[②] 季羡林散文的成功，是因为他从传统古文中汲取了丰富营养，甚至主张适当借鉴八股文。

关于散文的类别，中国很早就有专门的划分与研究，无须我们在此重复。但是，以作者身份来区分散文门类，古代极为简单，分为史家和诸子两大类。《尚书》之后的散文分类即由此而形成。到了现代，文化大解放，能写散文的人呈爆炸式增长，所写散文数量的增长也呈排山倒海之势。于是，依据作者地位、身份、职业来分类散文，也自然而然地出现了。例如，市井散文，乡村散文，行囊散文，校园散文，书斋散文，掌故散文，学者散文，等等。显然，这些分类并不严谨，并没有形成非常成熟和一致的共识。但是，对“学者散文”的理解，应该说意见是比较统一的。季羡林在《我眼中的张中行先生》中说：“中行先生是高人、逸人、至人、超人。淡泊宁静，不慕荣利，淳朴无华，待人以诚。”这个评价，不是人人都能担得起的，但对于张中行先生来讲，是实至名归。关于他的散文，季羡林认为属于学者散文。他认为：“‘学者散文’这一类的文章。最古的不必说了，专以唐宋而论，唐代韩愈的《原道》《师说》《进学解》等篇都是‘学者散文’，柳宗元的《桐叶封弟辨》也可以归入此类。宋代苏轼的《范增论》《留侯论》《贾谊论》《晁错论》等等，都

① 季羡林：《季羡林全集》第8卷，第198页；北京：外语教学与研究出版社2009年版。

② 季羡林：《季羡林全集》第8卷，第193页；北京：外语教学与研究出版社2009年版。

是上乘的‘学者散文’。我认为，上面所举的这些篇‘学者散文’，有一个共同的特点，就是文采斐然，换句话说，也就是艺术性强。”① “拿这个标准来衡量中行先生的文章，称之为‘学者散文’，它是决不含糊的，它是完全够格的。它融会思想性与艺术性，融会到天衣无缝的水平。在当今‘学者散文’中堪称独树一帜，可为我们的文坛和学坛增光添彩。”② 对张中行先生的评价，季羡林是有感而发。他说：“中行先生的文章不敢说全部读过，但是读的确也不少。给我的真切感受是：中行先生的文章是极富有特色的。他行文节奏短促，思想跳跃迅速；气韵生动，天趣盎然；文从字顺，但决不板滞，有时宛如大珠小珠落玉盘，仿佛能听到节奏的声音。中行先生学富五车，腹笥丰盈。他负暄闲坐，冷眼静观大千世界的众生相，谈禅论佛，评儒论道，信手拈来，皆成文章。这个境界对别人来说是颇难达到的。我常常想，在现代作家中，人们读他们的文章，只须读上几段而能认出作者是谁的人，极为稀见。在我眼中，也不过几个人。鲁迅是一个，沈从文是一个，中行先生也是其中之一。”③

从对张中行散文的评价可知，季羡林心中的“学者散文”的标准是非常高的。现在，我们拿季羡林的学者散文标准，来衡量季羡林的散文，则完全可以说：“它是决不含糊的，它是完全够格的，它融合思想性与艺术性，融会到天衣无缝的水平。在当今‘学者散文’中堪称独树一帜，可为我们的文坛和学坛增光添彩。”

为什么学者散文有那么大魅力，有那么高的地位呢？季羡林说，学者分真伪两种。伪学者“会抢镜头，爱讲排场，不管耕耘，专事张扬”。也会写文章，只是令人不知所云。实际上是“以艰深文浅陋，以‘摩登’文浅陋”。与之相对的是真学者，“这种人往往是默默耕耘，晦迹韬光，与世无忤，不事张扬”④。文品即人品。这种真正的学者散文，都是厚积薄发，有

68 张中行为季羡林九十华诞所写贺联

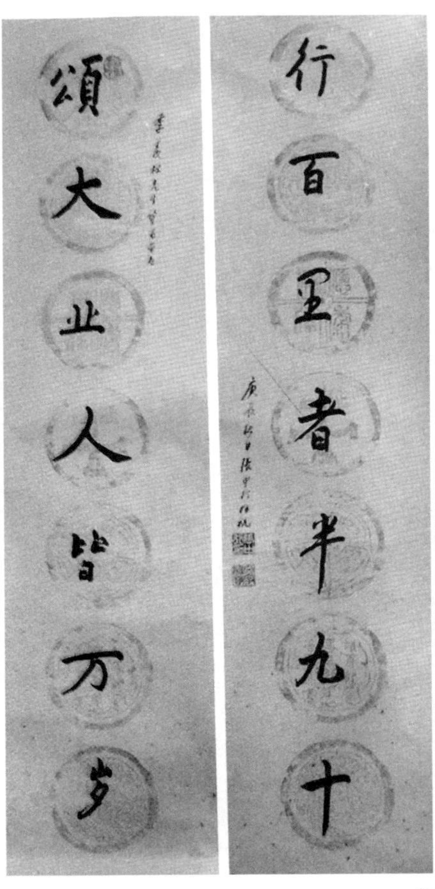

68

感而发，决不是无病呻吟。所以，学者散文内容的丰富性、深刻性要大大胜于其他散文，在艺术的典雅与时尚、高贵与通俗的结合上，处理得恰到好处。季羡林散文特别是那些精品之作，具有强大的无可阻挡的魅力，恰恰是因为内容和艺术的结合上达到了高度统一的完美之境。

（三）出类拔萃的修辞能力

季羡林出类拔萃的修辞能力，不是仅仅表现在用词巧妙、风趣幽默上，而是更多地表现在修辞功能的综合调动与配合上。他的这种总体的修辞能力，在同侪中高人一筹。这是我们在将季羡林和他的同辈们比较之后得出的结论。季羡林卓越的修辞能力，主要表现为以下四个方面：

其一，文体运用自如。

季羡林早期创作，处于白话文写作的巩固和发展期。季羡林说："我从小学起作文都用文言，到了高中仍然未变。"[5]那个年代，许多作家在文言

① 季羡林：《季羡林全集》第3卷，第35页；北京：外语教学与研究出版社2009年版。
② 季羡林：《季羡林全集》第3卷，第36页；北京：外语教学与研究出版社2009年版。
③ 季羡林：《季羡林全集》第3卷，第35页；北京：外语教学与研究出版社2009年版。
④ 季羡林：《季羡林全集》第3卷，第35页；北京：外语教学与研究出版社2009年版。
⑤ 季羡林：《季羡林全集》第4卷，第40页；北京：外语教学与研究出版社2009年版。

文、白话文文体的选择上很是纠结。有的坚持用文言文写作、翻译；有的完全抛弃文言文，使用流行的白话文；有的走第三道路，既用白话文，也用文言文。在一般人的印象中，季羡林是用白话文写作的。实际上，他走的是第三条道路，该用白话文就用白话文，这是他写作使用的最主要的文体。但是，在该用文言文写作时，他也自然而然地使用文言文。这一特点为何不为一般读者发现？第一个原因，是他的文言文作品数量很少。第二个原因，是在白话文作品中，常有文白相间的情况，而且表现得十分自然。1992年写的《挑灯集——郑子瑜散文选》序是一篇白话散文，中间有文言句式，结尾则为文言文："先生虽已年逾古稀，然较之不佞，仍少五岁。以吾视之，先生正当年富力强之时，来日方长，伟业可期。谨预为之祝。是为序。"[①] 第三个原因，是他常常在文章中引用古代文献，为他的文言文创作起到了"掩护"作用。

在韵文创作中，2006年写的《泰山颂》名盛一时。大家一看就明白，这是用文言文写的。在用文言文创作的散文中，2001年写的《华林拾珍》序和《敦煌佛画》序言，是不可多得的精品之作。《华林拾珍》序所写上海龙华古刹，为沪上名胜，笔者少年时时常隔江眺望。序文不长，我也学季师当一回"文抄公"，全文抄录如下：

> 湛如持上海龙华古刹之公函来舍下，为《华林拾珍》索序。过蒙垂青，感愧有加。羡林治佛教史有年矣。但自谓缺少慧根，对佛教真谛所悟极寡。而于喧腾众口之佛教俗谛所谓慈悲为怀者，则于我心有戚戚焉。窃以为，居今之世，科技虽极度发达，而综观全球，实有令人不寒而栗者。战火频仍，世局板荡，人心浇漓，道德日下。此皆无法掩盖之事实。加之，人类对大自然诛求无餍，征服不已。天虽无言，而能报复惩罚，众多自然灾害，随之而生，凡此皆彰彰在人耳目。人类实已面

临险境，近数年来，全球各国政府憬然醒悟，环保之声洋洋乎盈耳矣。美林向不信西方基督教徒末日裁判之说。然而，根据上陈诸端，所谓人类末日岂全为耸人听闻之说乎？济之之方，其道多端，而对广大群众而言，则佛家慈悲为怀之俗谛，以及中国传统思想之精髓所谓天人合一之说，倘设法加以发扬，必能事半功倍。宋代大儒张载所谓“民吾同胞，物吾与也”，实有与佛家慈悲为怀之说相通之处，羡林尝谓此乃东方文化之精华，允宜大力提倡者也。抑犹有进者，遥想1758年前龙华古刹初建时之所以取名龙华者，盖与弥勒世尊有关。弥勒，巴利文为Metteya，梵文为Maitreya，吐火罗文为Metnaka。“弥勒”一词，显系后者之译音。三字词源皆与梵文Maitri有关，义云“慈悲”，以故法显，玄奘诸大师，皆意译为“慈氏”。在佛教教义中，弥勒世尊为未来佛，其菩提树为龙华(Nagarera)。由此可见，龙华为弥勒世尊之象征，而弥勒之基本涵义为大慈大悲，表面上为佛家之俗谛，而实为其根本谛也。一千七百余年以来，沧海桑田，朝代屡变，而龙华古刹谨守此根本谛，忠贞不贰。际兹新千年伊始之机缘，龙华寺又谋求“上求佛道，下化众生”，羡林不敏，以为此乃应时之良药，知时之好雨，《华林拾珍》之出版，实为滥觞之举，吾意其必能祛时弊，正人心也。故乐而为之序。[②]

显然，季羡林这种该白即白、当文则文和自然文白相间创作方法，极大地提升了他散文的表达能力。

其二，借力古文诗词。

季羡林散文创作走过最早的蓄势待发期之后，逐渐摆脱追西风、跟新潮的风格，向中国传统文学靠拢，从古代散文诗词中汲取营养，获得了生生不息的

① 季羡林：《季羡林全集》第6卷，第264页；北京：外语教学与研究出版社2009年版。

② 季羡林：《季羡林全集》第6卷，第702-703页；北京：外语教学与研究出版社2009年版。

创作生命力。与许多同辈散文家相比，季羡林借力古文诗词做得极其自然，效果也非常好。对当代有些写家不注重修辞，季羡林看在眼里，痛在心中。1993年，他在九债（文债、信债、会债、咨询债、顾问债、座谈会债、招待会债、送往迎来债、采访债）压身、喘不过气来的情况下，为《文学语言学概论》写序。他说："今天的散文大体上可以分为两大流派。一派我称之为'搔头弄姿派'，另一大流派我称之为'松松散散派'。"[①] "到了今天，学科门类愈益繁多，新知识濒于爆炸，文人学士不像从前的人那样有余裕来钻研中国古代典籍。"所以，写文章"往往不注意修辞，没有多少文采。有个别自命为作家的人，不甚读书，又偏爱在辞藻上下'苦'功夫，结果是，写出来的文章流光溢彩，但不知所云，如八宝楼台，拆散开来，不成片段。有的词句，由于生制硬造，佶屈聱牙，介于通与不通之间"。[②]

对于修辞问题，尤其是自造新词问题，季羡林还进行现身说法。在《季羡林散文集》自序中，他说："细心的读者大概还可以从书中看到一种情况：解放前写的文章中很有一些不习见的词儿，这是我自己创造出来的。在这一方面，我那时颇有一点初生犊子不怕虎的气概。"[③] 他不敢赞成现在一些人生造新词的办法，这些词看上去非常别扭。他说："如果每一个人都任意生造，语言岂不成了无政府主义的东西？语言岂不要大混乱吗？"[④] 现在是网络时代，网上的新词、锐词层出不穷，比季羡林所说的情况严重百倍。这说明，季羡林当年的担忧应引起我们注意。

季羡林认为中国散文有两个流派，一个是"松散派"，主张散文妙就妙在一个"散"字上，信笔写来，松松散散，随随便便，用不着讲什么结构，什么布局。另一派是"经营派"，他们的写作讲究谋篇布局，炼字炼句。他还指出，在中国文学史上，散文大家的传世名篇无一不是惨淡经营的结果。他认为自己"窃附于'经营派'"[⑤]。季羡林一面批评有些作家不重视修

69

辞，一面经营自己的散文创作，他借力中国古代文学的丰富资源，将自己病中的生活写得趣味横生。《病榻杂记·小引》从2001年12月到2003年2月，他改了四次，到2003年6月终于在301医院经营成功。小引一开头这样写道：

> 半年以前，我已经运交华盖。一进羊年，对别人是三羊开泰，对我则是三羊开灾，三羊开病。没有能够看到池塘生春草。没有能看到楼旁小土山上露出一丝绿意。更谈不到什么“沾衣欲湿杏花雨，吹面不寒杨柳风”了。

接着，他说了自己的想法，“想参与春天的到来，春来春去，天地规律，人怎么能参与呢？”古人诗：

> 镇日寻春不见春，芒鞋踏破垅头云，
> 归来笑拈梅花嗅，春到枝头已十分。

于是，他在病房中写文章，编成《病榻杂记》一

① 季羡林：《季羡林全集》第6卷，第326页；北京：外语教学与研究出版社2009年版。
② 季羡林：《季羡林全集》第6卷，第528页；北京：外语教学与研究出版社2009年版。
③ 季羡林：《季羡林全集》第6卷，第83页；北京：外语教学与研究出版社2009年版。
④ 季羡林：《季羡林全集》第6卷，第83页；北京：外语教学与研究出版社2009年版。
⑤ 季羡林：《季羡林全集》第6卷，第740页；北京：外语教学与研究出版社2009年版。

书用以告诉广大读者："季羡林还活着，不过是经过了一段颇长的疾病的炼狱。现在正从炼狱里走出来，想重振雄风了。"[①]

一位九十多岁的老者，在与病魔抗争中，九死一生，命悬一线，表现得如此顽强，甚至潇洒，还想重振雄风。这篇《小引》如果不是这种写法，不用这些古语、古诗，是很难将他真实的心情表达好的。

在《我爸我妈》序中，季羡林这个早年失恃而终身怀有风木之悲的人，本想洋洋洒洒，写上一大篇。在苦思不得之际，"忽然顿悟：最有效、最简短、最有感染力、最能动人心魄的办法还是：抄唐代诗人孟郊的，去年曾在香港当选为历代最佳诗篇的《游子吟》：

慈母手中线，游子身上衣。

临行密密缝，意恐迟迟归。

谁言寸草心，报得三春晖。

简单明了，明白如话。倘若加以解释，反属多余。为子女者应当认真体会其中的感情和含义。"在对父母说话时，他先引了韩愈《师说》中的几句，并将其改造成："子女不必不如父母，父母不必贤于子女，时代有先后，术业有专攻，如是而已。""我修改韩愈的那几句话，无非是希望当父母的能够正确处理同子女的关系，在亲情方面能做到'父慈子孝'。"[②]这篇脍炙人口的序，倘若抽去孟郊的诗和韩愈的名句，不知又该怎么写。

其三，用词精准巧妙。

我的两位业师季羡林和金克木，都是散文大家。一般认为，金师巧于季师。我认同这种观点，但还要进一步说，季羡林用词精准巧妙，亦在同侪之中独步一时。

1993年，江苏文艺出版社出版《世界散文精华》丛书，请冯至先生写序。可是冯至序未写完就去世了，于是转请季羡林来写。冯至和季羡林在北大，虽然一为西语系主任，一为东语系主任，但冯至年长季羡林六岁，季羡林一直将他视作老师，引为不多的知己之一。季羡林八十寿诞，八十六岁的冯至从东城赶到北大为他祝寿。季羡林见状，赶忙从主席台上跳下来，双手扶着他上台。冯至讲了许多鼓励的话，优美得像一首抒情诗。全场四五百人掌声雷动。“此情此景，我终身难忘”（《哭冯至先生》）。写序并不难，难在如何交代接手一事。季羡林不愧胸怀才情，腹有锦绣。他先是高天流云般地将序文一气呵成，然后在结尾时写道：“这篇序文本来是请冯至先生写的。他是写这篇序文的最适宜的人选。可惜天不假年，序写未半，遽归道山。蒙编选同志和姚平垂青，让我来承担这个任务，完成君培先生未竟之业，自愧庸陋，既感光荣与惶恐；哲人其萎，又觉凄凉与寂寞。掷笔长叹，不禁悲从中来。”[③]这个结尾，看似多余，其实不可无。其中“天不假年”“遽归道山”“自愧庸陋”“哲人其萎”“悲从中来”等词语，准确而真实地表达了季羡林当时的心情。

1989年出版刘洁修的《汉语成语考释词典》，由吕叔湘作序。到2003年将其扩大为六百万字的《成语源流大辞典》，通过黄宝生、郭良鋆请季羡林作序。他在开头这么写道：“原书有吕叔湘先生序。我何人哉！焉敢与叔湘先生并列！所以十分惶恐觳觫。李白的诗‘眼前有景道不得，崔颢题诗在上头’，正说明了我的心情。但是，最后我还是答应了，原因是，我似乎有一些话要说。想借题发挥一下。”结果，原先只准备写上几百字，然而下笔不能自休，竟写成了一篇四五千字的序言。[④]

① 季羡林：《季羡林全集》第6卷，第762页；北京：外语教学与研究出版社2009年版。

② 季羡林：《季羡林全集》第6卷，第541页；北京：外语教学与研究出版社2009年版。

③ 季羡林：《季羡林全集》第6卷，第302页；北京：外语教学与研究出版社2009年版。

④ 季羡林：《季羡林全集》第6卷，第749、755页；北京：外语教学与研究出版社2009年版。

70 季羡林和中国社科院外国文学研究所所长冯至、印度驻华大使馆一等秘书拉斯出席纪念泰戈尔逝世40周年“泰戈尔学术讨论会”（1981.8.7）

70

此序开头，引用李白诗句，恰到好处地解决了吕序与季序的关系，催生了一篇著名的《成语源流大辞典·序》。

进入21世纪之际，季羡林读到好几篇文章，鞭挞请人作序之事，心里实在不是滋味。但是，人家的话又不无道理。思忖之余，下定决心，改邪归正，回头是岸，从此不再写序。就在这个关键时刻，叶渭渠索序的信来了。怎么办？"臣之进退，实为狼狈。"经过仔细的推敲考虑，于是立即毁掉刚刚立下的回头是岸的誓言，写了这篇序言。[①] 整篇序，"臣之进退，实为狼狈"两句，是季羡林由下决心"改邪归正"，到不得不毁掉刚刚立下的这个誓言的点睛之笔。舍此，再也找不到比它更哀婉、更恳切、更有力量的词句了。

2000年8月30日，季羡林在雷雨大风声中写完《赵元任全集》序。这篇序文，体大思精，大气磅礴。赵元任是清华四大导师之一，是大名鼎鼎的语言学家，虽然和季羡林缘悭一面，但"留下了高山仰止之情，至老未泯"[②]。大凡写序，写评论，两种情况最好写，志同道合或志不同道不合，一种情况最难写，即志同而道不合。而季羡林和赵元任的关系，就属于这最难写的一种。既然人家盛情相邀，却之不恭；违背自己学术观点，附和点赞，不是季羡林的性格。他首先客观肯定赵元任的历史功绩："讲理论，他有极高深坚实的理论，讲普及，他对国内，对世界都做出了卓有成效的贡献。""元任先生留给我们的关于学习汉语的著作，以及他的教学方法，将会重放光芒。"[③] 然后，季羡林在序中说："赵先生用的是微观分析的方法。""再用这种方法已经过时了，必须另辟蹊径，把微观与宏观结合起来。"[④] 为了有说服力，他

① 季羡林：《季羡林全集》第6卷，第615页；北京：外语教学与研究出版社2009年版。
② 季羡林：《季羡林全集》第6卷，第652页；北京：外语教学与研究出版社2009年版。
③ 季羡林：《季羡林全集》第6卷，第653页；北京：外语教学与研究出版社2009年版。
④ 季羡林：《季羡林全集》第6卷，第660页；北京：外语教学与研究出版社2009年版。

引了一大段陈寅恪《与刘叔雅论国文试题书》中的话。最后，季羡林说："整个20世纪，在分析的微观的科学方法垄断世界学坛的情况下，你纵有孙悟空的神通，也难以跳出如来佛的手心。中外研究汉语语法的学者又焉能例外！""更可怕的是，他们面对的研究对象是与以分析的思维模式为基础的印欧语系的语言迥异其趣的以综合的思维模式为源头的汉语，其结果必然是用寅恪先生的话来说'非驴非马'、'认贼作父'。陈先生的言语重了一点，但却是说到了点子上。"[①]这篇序文，不仅告诉我们季羡林用词精准巧妙，而且告诉我们他是中国当代的序跋圣手。《赵元任全集》序写于2000年8月，离写《王力先生纪念论文集》序已过去十三年。此时，他已发表了《交光互影的中外文化交流》《中国文化发展战略问题》《东方文化与西方文化相互之间的盛衰消长问题》《关于"天人合一"思想的再思考》等等一系列义理文章，对东西方文化的关系，有了自己新的认识。所以，在《赵元任全集》序中，季羡林比较充分地阐述了自己对中国语法研究的看法。在快结尾时，季羡林写道："到了21世纪，我们必须改弦更张，把微观与宏观结合起来。"[②]应该说，这是一篇有见识、有棱角的序，但又绝不失对前辈学者的尊崇。这是一篇极难写而又写得极好的序。值得大家一读，尤其值得有类似境况的学者一读。

其四，注重细节和心理描写。

细节，决定一切。写散文尤其如此。而细节描写往往与心理刻画紧紧联系在一起。或者说，没有无缘无故的细节描写，它大都是为心理刻画服务的。季羡林在散文创作之初，就深谙此道。1933年写的《枸杞树》，就有极经典的细节描写："就这样，我每

① 季羡林：《季羡林全集》第6卷，第662页；北京：外语教学与研究出版社2009年版。

② 季羡林：《季羡林全集》第6卷，第662页；北京：外语教学与研究出版社2009年版。

③ 季羡林：《季羡林全集》第1卷，第5页；北京：外语教学与研究出版社2009年版。

④ 季羡林：《季羡林全集》第2卷，第269页；北京：外语教学与研究出版社2009年版。

天看书乏了，就总到这棵树底下徘徊。在细弱的枝条上，蜘蛛结了网，间或有一片树叶儿或苍蝇蚊子之流的尸体粘在上面。在有太阳和灯火照上去的时候，这小小的网也会反射出细弱的清光来。倘若再走近一点，你又可以看到有许多叶子上爬着长长的绿色的虫子，在爬过的叶上留了半圆缺口。就在这有着缺口的叶片上，你可以看到各样的斑驳陆离的彩痕，对了这彩痕，你可以随便想到什么东西，想到地图，想到水彩画，想到被雨水冲过的墙上的残痕，再玄妙一点，想到宇宙，想到有着各种彩色的迷离的梦影。”“这苍老的枸杞树就是我的宇宙。不，这叶片就是我的全宇宙。”③

在81岁那年，季羡林写了一篇《人间自有真情在》。在此前不久，他已写过一篇《园花寂寞红》，写的都是他邻居赵家的事。赵家住在季羡林住所朗润园13公寓楼下西南角，在一片小小的竹林里。赵教授和季羡林一样，是留德海归，妻子是德国人。赵教授去世后，小花园就荒芜了。然而，惊奇的一幕在季羡林的眼前出现了：

> 昨天中午，我又走过这个小花园，看到那位接近米寿的德国老太太在篱笆旁忙活着。我走近一看，她正在采集大牵牛花的种子。这可真是件新鲜事儿。我在这里住了三十年，从来没有见到过她侍弄过花。我曾满腹疑团：德国人一般都是爱花的，这老太太真有点个别。可今天她为什么也忙着采集牵牛花的种子呢？她老态龙钟，罗锅着腰，穿一身黑衣裳，瘦得像一只螳螂。虽然采集花种不是累活，她干起来也是够呛的。我问她，采集这个干什么？她的回答极简单：“我的丈夫死了，但是他爱的牵牛花不能死！”④

季羡林和她的这段对话，肯定是用德语来完成的。这段不多的文字，将德国老太太的神态与内心世界，刻画得惟妙惟肖。那么，通过这位德国老太太，又能折射出作者的什么内心世界呢？季羡林在德国留学时曾有一位可爱

71

的姑娘伊姆加德，为他终身未嫁。她给季羡林打印博士论文用的打字机，一直默默地放在桌子上。在季羡林九十华诞时，她给他寄来了一张贺卡和八十岁时的照片。那么联想到她，季羡林在写《人间自有真情在》时的内心世界，是不难想象的。

进入21世纪之前的几年，季羡林迎来自己的一个学术高峰期。不料，一过九十寿诞，他接连生病住院，心里盼望的是早日出院。在《新纪元文存·自序》中他这样写道："现在，我终于在2001年的最后一天，又回到我在燕园的老房子里来了。只睡了一夜，就换了一个年头，现在已经是2002年了。'天增岁月人增寿，春满乾坤福满门'。天确实增了一岁，我也当然增了一岁。春满乾坤，自然规律。福满门，相信也会实现的。至少我的小猫依然顽皮，对我依然亲昵，我一坐下，立即跳入我的怀中，一蓝一黄两只大眼睛仿佛在问：'老朋友，你这一阵子到哪儿去了？'门外的玉兰花树上结了不少骨朵儿，今春会开出洁白的花朵。"这篇自序，有好几千字长，因为中间插入了住院这一段经历，每个环节都写得很细。而且是非写不行的。"如果没有这一段过程，说不定我还会受旧习惯势力逼促写一篇《九十一岁述怀》之类的文章。人一病，'怀'都仓皇逃遁，想'述'也没有了。只剩下了病房里的感受，我都写在《自序》中了。"[①] 季羡林正是在对医院的事无巨细的细节描写中，刻画出自己期盼从医院回家的急迫心情。

（四）常写常新的序跋前言

中国是文章大国，序、跋是文章中的重要类别，相当于后来的前言与后记。一般来说，序跋是叙述著作、文章的主旨、体例和成因，也可对作者进行介绍，对作品展开评论。

季羡林一过八十大寿，在中国学术界和全社会声誉日隆，一是因为他日夜勤奋，学术研究与散文创作成就越来越大；二是他的师辈、同辈学者纷纷先他而去，他成了寿而康、愈老弥坚的学界代表。按照常情，请人写序跋都要请德高望重者，而且名望越高越好。于是，各种各样著作的作者都找上门来，要求季羡林作序写跋。其中，包括一些极其重要的全集、丛书，主事者纷纷请他写序作跋，如《敦煌学大辞典》序、《东方文论选》序、《东方文化集成》总序、《胡适全集》序、《北京大学创办史实考源》序言、《汤用彤全集》序、《中国历代名家散文大系》序、《澳门史》序、《世界遗产大典》序、《赵元任全集》序、《跨文化丛书·外国作家与中国文化》序、《敦煌学研究丛书》序、《校注〈大唐西域记〉前言》、《饶宗颐史学论著选》序、《中国载籍中南亚史料汇编》序、《东方文化丛书》总序、《神州文化集成丛书》总序，等等。季羡林一共写了多少序跋前言，至今尚无精确统计。现在已经知道的，总数应在四百篇上下。

任何事情的成功，不外内因与外因。社会上许多人通过各种办法向季羡林索序，这是外因；内因是季羡林喜欢序跋。他在《我为什么喜欢读序跋》中说："我不但喜欢读序跋一类的文字，而且也喜欢写。其原因同喜欢写作几乎完全一样。"[②] 季羡林的序"值钱而不收钱"，这就更使得索序者心怀敬慕纷至沓来。季羡林虽然从青年

① 季羡林：《季羡林全集》第6卷，第722页；北京：外语教学与研究出版社2009年版。

② 季羡林：《季羡林读书与做人》，第147页；北京：国际文化出版公司2009年版。

时代起，就有舞文弄墨的习惯，但是对于写序并不是有求必应，而是要看请他写什么序。凡是充满正气或趣味的，他在“九债重压”之下，还是会满足要求的，而且常常让人喜出望外。求序者原本只希望写一篇几百字的短序，结果到手的却是几千字的长序。凡是品位低俗、宣扬封建迷信和西方糜烂思想的，他统统拒之门外。当然，想请季羡林写序的，绝大多数都是充满正气和趣味的。不知深浅，怀揣低劣作品来登门求序者不是没有，而是极少。

在季羡林生前，学者王树英作为他的学生，就曾编辑出版了《季羡林序跋集》，在《编者的话》中王树英说：“他写出的序言，内容广泛，涉及面广，对不同年龄段和不同职业的人们，如对小学生、青年人、中年人、老年人的学习、谋事或为人等方面都有用处，人们读后，开阔眼界，增长知识，获益匪浅。也不只限于中国人，据我所知，不少外国学者读了他的序言，都深受启发。”[①] 季羡林为此书写了一篇序。在《序》的一开头，他说：“听说有人要出我的序跋集，在欢喜之余，赶快抢先写一篇序。我为什么对于序这样喜欢呢？不，‘喜欢’二字是不够的，应该说，为什么这样热爱呢？”他自己的答案，是写序跋时的自由。他说：“在这里，装模作样，峨冠博带派不上用场。代之而来的是直抒胸臆，山巾野服。”季羡林还告诉人们，他写的序分两种，一种是比较短小的序，一种是比较长的序。这比较长的序，“与平常的短序不一样，实际上都是学术论文”[②]。

在季羡林所写的长序中，最优秀的要数《玄奘与〈大唐西域记〉——校注〈大唐西域记〉前言》、《王力先生纪念论文集》序、《东方文化集成》总序、《胡适全集》序、《汤用彤全集》序、《赵元任全集》序、《饶宗颐史学论著选》序、《神州文化集成》总序，等等。

1977年到1983年，季羡林组织张广达等十位专家对玄奘《大唐西域记》进行校注，之后又组织人将《大唐西域记》译成现代汉语。在此同时，季羡林撰成《校注〈大唐西域记〉前言》，发表于1981年第5期《中国社会科学》。这篇前言长达十万字，实际上是一部研究《大唐西域记》的专著。季羡林的长序和《大唐西域记》校注、《大唐西域记》今译，是《大唐西域记》自唐代问世以来最重要的研究成果，对中外关系史、特别是中印关系史和印度中古史的重建，是不可缺少与不可替代的珍贵材料。在此基础上，中国翻译家陈宗荣、陈力行、孙宝刚和印度专家塔古尔，在陈士樾的组织下，将《大唐西域记》译成印地语。这样，《大唐西域记》中梵文的人名、神名、地名、术语都恢复了原貌，很大地提高了《大唐西域记》的学术性和实际意义。这个印地语译本1991年由外文出版社出版，2015年在深圳大学印度研究中心及杭州佛学院的支持下，又出了新版。2015年5月14日，国家主席习近平在西安大慈恩寺，将新版《大唐西域记》印地语译本，和中文版《大唐西域记》、铜车马模型一道，作为国礼赠送给到访的印度总理莫迪。这一切，都是以季羡林主持完成的《大唐西域记》校注项目和《校注〈大唐西域记〉前言》为基础的。季羡林的《前言》的文字大大超过了《大唐西域记》原文，是笔者见到的第一长序。这篇前言以其重要的学术性，已经和《大唐西域记》原文深深地融为一体。没有季羡林的长篇前言，就不能真正读懂玄奘的《大唐西域记》。季羡林有一个笔名——齐奘，在此应该理解为向玄奘看齐，与玄奘齐名。

《王力先生纪念论文集》序写于1987年11月。此前，季羡林作序大都是自序或为自己专长领域内的著作作序，《王力先生论文集》序是季羡林跨学科所作的第一篇重要的序。我们阅读全文，觉得章法严明，转承自然，用词稳妥，声情并茂，是一篇精心构造的佳作。一开头，季羡林交待了自己和王力（了一）的关系和交往，进而对他作出“禀性中正平和，

① 王树英编：《季羡林序跋集》，第6页；北京：新世界出版社2008年版。

② 季羡林：《季羡林全集》第6卷，第758-759页；北京：外语教学与研究出版社2009年版。

1930年，季羡林考取清华大学西洋文学系，“课本都是英文的，有‘欧洲文学史’‘欧洲古典文学’‘中世纪文学’‘文艺复兴文学’‘文艺批评’‘莎士比亚’‘英国浪漫诗人’‘近代长篇小说’‘文学概论’‘文艺心理学（美学）’‘西洋通史’‘大一国文’‘一二年级英语’等等”[2]。

1935年，他到德国哥廷根大学留学，主修印度学。在《我的一本“学习簿”》中，季羡林将1935年至1940年共11个学期所修课程抄录下来。内容相当丰富，有关印度学的课程主要有《初级梵文语法》、《梵文简单课本》、《译德为梵的翻译练习》、《印度艺术和考古工作》（早期）、《马鸣菩萨的佛所行赞》、《巴利文》、《印度学讨论班：梨俱吠陀》、《南印度的土地和民族的基本特征》、《艺术诗》（kunstgedicht）、《迦梨陀娑》、《印度学讨论班：（Brhadaranyaka-Upanisad）》、《巴利文：长阿含经》、《印度学讨论班：东土耳其斯坦的梵文佛典》、《印度风俗与宗教》、《梵文 Chāndogyopanisat》、《印度学讨论班：Lalitavistara（普耀经）》、《印度学讨论班：Dandin的十王子传》、《梨俱吠陀选读》、《讨论班：Kāssikā 讲读》、《梨俱吠陀选读》、《吠陀散文》、《讨论班：Bhāravi的kirātārjuniy讲读》。[3] 季羡林还向西克教授学习了吐火罗文。作为副系，他还学习了俄语、阿拉伯语和塞尔维亚·克罗地亚语。季羡林晚年回忆说：“这两种语言对我的研究工作一点用处都没有，早已几乎全部交还给了老师，除了长了点知识以外，简直等于‘竹篮子打水一场空’”[4]。

从私塾到博士，季羡林有着极为完整的学历，所学课程从中国古文、五四新文学、西洋文学到印度学，横跨中国、欧洲、印度三大文化。季羡林多次强调，德国哥廷根大学是他学术发轫的地方。在德十

① 季羡林：《季羡林读书与做人》，第7页；北京：国际文化出版公司2009年版。

② 季羡林：《季羡林读书与做人》，第7页；北京：国际文化出版公司2009年版。

③ 季羡林：《季羡林读书与做人》，第25-28页；北京：国际文化出版公司2009年版。

④ 季羡林：《季羡林读书与做人》，第58页；北京：国际文化出版公司2009年版。

年，他读了许多其他地方读不到的书籍和论文。

季羡林的《因梦集》《天竺心影》《朗润集》《燕南集》《万泉集》《小山集》《怀旧集》《赋得永久的悔》等散文集，以及《清华园日记》《留德日记》（《季羡林日记·留德岁月》）《留德十年》《此心安处是吾乡：季羡林归国日记1946—1947》《牛棚杂忆》《学海泛槎》《病榻杂记》《我这一生》《季羡林口述史》等，记录了他充满曲折而又漫长的人生及其所见所闻所感。

季羡林的人生是奇特的，无法复制的。他用自己勤奋的笔记录了自己的经历和感受，这份经历和感受也是别人无法复制的。无与伦比的人生经历使他的散文表现出强烈的个性。只要听上一段或看上一段，立即就知道这是季羡林的文字。

（六）独一无二的自家家底

季羡林散文资源中，有一部分是先天的和独家的。这让其他人可望不可即。

季羡林是季文子的后裔。中国季氏名家辈出，其来源有诸说，如颛顼帝之孙陆终氏之子季连，春秋鲁桓公之子季子友，周八士之一季隋，等等。在春秋战国时代，季氏事迹载于《论语》《左传》等典籍的不在少数。如："季子，守节者也。虽有国，不立。"（《左传·襄公三十一年》）"季氏亡，则鲁不昌。"（《左传·鲁闵公二年》）"季文子三思而后行。"（《论语·公冶长》）。季羡林认为，他是季文子的后代。季文子（？—前568）鲁国大夫，姓季孙，名行父。鲁桓公小子季友之孙，"文"是他的谥号。历仕鲁文公、宣公、成公、襄公，宣公时曾为执政之卿。他前后在职33年，一生忠职清廉。季文子死于鲁襄公5年，生于鲁襄公

22年的孔子，在《论语》中对季文子的“三思而后行”作出了自己的评论。季羡林于1997年作《三思而行》一文，对自家祖上的这个典故，进行分析，发表自己的看法。文章短小精悍，全文抄录如下：

“三思而行”，是我们现在常说的一句话。主要劝人做事不要鲁莽，要仔细考虑，然后行动，则成功的可能性会大一些，碰壁的可能性会小一些。

要数典而不忘祖，也并不难。这个典故就出在《论语·公冶长第五》：“季文子三思而后行。子闻之曰：‘再，斯可矣。’”这说明，孔老夫子是持反对意见的。吾家老祖宗文子（季孙行父）的三思而后行的举动，二千六七百年以来，历代都得到了几乎全天下人的赞扬，包括许多大学者在内。查一查《十三经注疏》，就能一目了然。《论语正义》说：“三思者，言思之多，能审慎也。”许多书上还表扬了季文子，说他是“忠而有贤行者”。甚至有人认为三思还不够。《三国志·吴志·诸葛恪传注》中说：有人劝恪“每事必十思”。可是我们的孔圣人却冒天下之大不韪，批评了季文子三思过多，只思二次（再）就够了。

这怎么解释呢？究竟谁是谁非呢？

我们必须先弄明白，什么叫“三思”。总起来说，对此有两个解释，一个是“言思之多”，这在上面已经引过。一个是“君子之谋也，始衷（中）终皆举之而后入焉”。这话虽为文子自己说，然而孔子以及上万上亿的众人却不这样理解。他们理解，一直到今天，仍然是“多思”。

多思有什么坏处呢？又有什么好处呢？根据我个人几十年来的体会，除了下围棋、象棋等等之外，多思有时候能使人昏昏，容易误事。平常骂人说是“不肖子孙”，意思是与先人的行动不一样的人。我是季文子的最“肖”子孙。我平常做事不但三思，而且超过三思，是否达到了人们要求诸葛恪做的“十思”，没作统计，不敢乱说。反正是思过来，思过去，越思越糊涂，终而至头昏昏然，而仍不见行动，不敢行动。我这样一个过于细心的人，有时会误大事的。我觉得，碰到一件事，决不能不思而行，鲁莽行动。记得当年在德国时，法西斯统治正如火如荼，一些盲目崇拜希特勒的人，常常使用一个词儿Darufgalngertum，意思是“说干就干，不必思考。”这是法西斯的做法，我们必须坚决扬弃。遇事必须深思熟虑，先考虑可行性，考虑的方面越广越好。然后再考虑不可行性，也是考虑的方面越广越好。正反两面仔细考虑完以后，就必须加以比较，作出决定，立即行动。如果你考虑正面，又考虑反面之后，再回头来考虑正面，又再考虑反面，那么，如此循环往复，终无宁日，最终成为考虑的巨人，行动的侏儒。

所以，我赞成孔子的“再，斯可矣”。[①]

季羡林原来是祖宗季文子的“最肖子孙”，主张三思而行，后来总结自己的人生教训，最终赞成孔子的“再，斯可矣”。孔子的观点，历代有不少学者赞成。清代宦懋庸《论语稽》：“（季文子）生平盖祸福利害之计太明，故其美恶两不相掩，皆三思之病。其思至三者，特以世故太深，过为谨慎。”当代由高工转身为国学研究者的蒋沛昌认为：“孔子认为瞻前顾后过于周详，影响行动的及时性和果敢性。”[②]其实，这个观点和季羡林是一致的。

三思而行，几乎成了中国人的口头禅。它出自季羡林的祖上季文子，又遭到孔子的纠偏。季羡林从赞成季文子到赞成孔子，完全是人生经历的感悟。这篇《三思而行》运用的，是季羡林先天就有的散文资源。这个题材其他人也完全可以写，但由季羡林来写，是易于取胜的。这不仅

① 季羡林：《季羡林全集》第8卷，第104页；北京：外语教学与研究出版社2009年版。

② 蒋沛昌：《论语今释》，第21页；长沙：岳麓书社1999年版。

是他的文笔好，而是像孔子一样，用自身的经历感受，写出真实的体悟。除了对“三思而行”有不同见解之外，季羡林对季文子这位老祖宗尊敬有加。在历史上，季文子实在非常可爱。《国语》中关于季文子贵德荣的记载，至今仍让人津津乐道：“季文子相宣成，无衣帛之妾，无食粟之马。仲孙它谏曰：‘子为鲁上卿，相二君矣，妾不衣帛，马不食粟，人其以子为爱，且不华国乎？’文子曰：‘吾亦愿之。然吾观国人，其父兄之食粗而衣恶者犹多矣，吾是以不敢。人之父兄食粗衣恶，而我美妾与马，无乃非相人者乎？且吾闻以德荣为国华，不闻以妾与马。’文子以告孟献子，献子囚之七日。自是子服之妾，衣不过七升之布，马饩不过稂莠。文子闻之，曰：‘过而能改者，民之上也。’使为上大夫。”季羡林一生俭朴，臧克家在《贺羡林老友八五华诞》中说：“你的人，朴素非常，你的衣着和你的人一样。”这真可谓是季家祖上遗风。当苍山县（现为兰陵县）找到季文子墓，县政府请季羡林题写墓碑时，他的心情肯定是独一无二的。可以说，季羡林是当代的季文子，又在利害得失权衡上胜过季文子。

季羡林有一些独一无二的人生际遇，对他的写作人生产生过巨大作用。如山东大学校长、清末状元王寿彭，在季羡林15岁时，因甲等第一名平均分为97分，而题赠扇面和对联。王状元抄录的是清代著名文学家厉鹗（号樊榭）的一首七言诗：

净几单床月上初，主人对客似僧庐。

春来预作看花约，贫去宜求种树书。

隔巷旧游成结托，十年豪气早销除。

依然不坠风流处，五亩园开手剪蔬。

录《樊榭山房诗》丁卯夏五

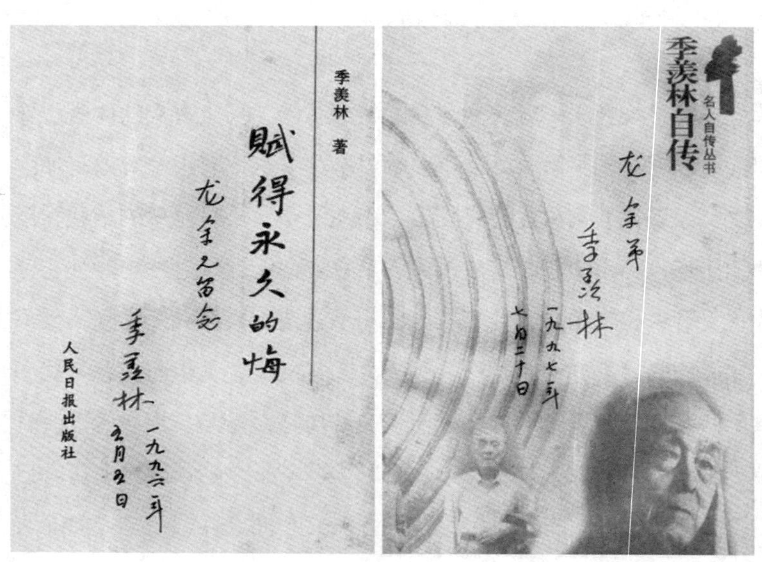

74

落款是：羡林老弟正，王寿彭

王状元手书的对联是：

才华舒展临风锦

意气昂藏出岫云

题头是“羡林老弟雅詧”，落款是王寿彭署名。这份难得的荣誉，大大激发了“一向胸无大志”的季羡林的学习积极性和自尊心。同时，王状元对晚辈的谦逊、奖掖之心，也在他年轻的心上打下了烙印。他以后凡是赠书给我，都在扉页上写上“龙余弟指正”一类题签。开始，我只觉得季先生平易近人，每次都如此题签赠书，渐渐觉得习惯和平常了。后来读到他写的关于王状元的文字，才知道这乃是状元遗风。当下我焚膏继晷撰写《季羡林评传》，打开他送给我的书籍，看到扉页上他用心写的娟丽而老熟的题签，不觉一股暖流涌上心头。有我这种感受的人应该遍布神州大地。

除了王寿彭状元之外，还有陈寅恪、朱光潜、胡适、汤用彤、郑振铎以

74 季羡林题签赠郁龙余书

75 季羡林与老友林庚

75

及瓦尔德施密特、西克、哈隆等德国教授对他的知遇之恩，他和林庚、吴组缃、李长之“清华四剑客”的同学之谊等等，都是可遇而不可求的。这些人和季羡林的关系，每个人都可以写一本书。他们对季羡林的人生产生过极大影响，同时又都成了他独特的散文资源。

综上可知，季羡林的六大散文资源——古典实用的散文观念、学者散文的强大魅力、出类拔萃的修辞能力、常写常新的序跋前言，无与伦比的人生经历和独一无二的自家家底，每一样都功力强大，何况他集六功于一身。季羡林散文是大散文，内容广泛，种类多样，思想深刻，文句优美，同时不失调皮与幽默，为广大不同读者群所喜爱。读者渴望知识，出版家捕捉商机，知识和商机互相不断滚动，于是季羡林散文著作常销不衰，他成了读者的精神导师，成了出版家的衣食父母。

三、季羡林散文审美赏析

季羡林散文越写越多，越写越大，成了大散文。我们在这里，想重点对他的纯散文也就是美文，进行赏读和分析。同时，对他的怀人作品进行研读。

学者胡光利是一位著名的印度学专家。他四进北大，研究道路一波三折，几经努力，最终才可以“正正当当上讲台，本本分分搞科研”，修成正果。在《美文的魅力》一文中他写道：“每当打开记忆的天窗，这些林林总总、琐琐碎碎的往事就扑面而来，足以唤醒心灵几多苦涩，几多欣慰。总之，当我在困难中每前进一步，季老的美文和燕园的春光便给了我一分温馨和柔情，信心和勇气……”[①]

胡光利的表述真实动人，他确实是因为读了《春满燕园》《春归燕园》之后，才投到季羡林门下，和印度学研究结下不解之缘。在研究道路上，他遇到了巨大的曲折与困难，克服的勇气来自老师季羡林的散文和人格魅力。

《美文的力量》反映的是学生阅读业师散文的心情。更多的读者从季羡林散文中享受美感，主要来自形象、景观和意境三个方面。

（一）季羡林散文形象分析

季羡林曾经写过诗歌、小说[②]，但以散文闻名于世。著名学者刘健在《郁郁诗人意，悠悠赤子情——谈季羡林先生的散文创作》一文中，对季羡林散文中的情感世界进行了见地深刻的分析。他认为，季羡林散文主要表现了七种情感：“风木之悲”“师生之情”“同学之谊”“平民情结”“国际友谊”“乐山乐水”“闲情偶寄”。除了后两种“乐山乐水”“闲情偶寄”重点不在写人之外，前五种主要是写人的。于是，就自然而然地出现了人物形象。在众多形象中，主要可分为两大类：一类是寻常百姓，一类是学术大家。在“风木之悲”“平民情结”的描写中多寻常百姓，在“师生之情”“同学之谊”“国际友谊”的描写中多学术大家。

季羡林出生在鲁西北农村，到清华大学上学之前，他所接触到的几乎全是寻常百姓。到清华之后，特别是留德十年，回国后任北京大学教授兼东方语文学系主任，田舍郎一下子登上了天子堂，接触的很多人不是学术大家，就是达官贵人。但是，季羡林终其一生，一直没有割断他和平民百姓的联系。所以，他的散文中有不少是描写寻常百姓的。其中有《母与子》《寻梦》《红》《老人》《夜来香花开的时候》《一双长满老茧的手》《两个乞丐》，等等。这些寻常百姓，平淡无奇，但在季羡林笔下，一个个鲜活了起来，成了永远的令人难忘的文学形象。为平民立像，是季羡林散文的一大功德。

在学术大家和达官贵人中，季羡林钟情于写学术大家。著名学者张岂之在《〈季羡林文集〉与人文启示》中说：“《季羡林文集》中所写关于曹靖华、老舍、姜椿芳、沈从文、吴宓、董秋芳、冯至先生等的追忆和悼念文字，虽然各篇的侧重点有所不同，但其中有一条主线：这些先生们在其一生的追求和贡献中从不同的方面实现了生命的价值，为人文学术留下了宝贵的精神遗产。”[③] 学术大家一般都有名望，为学术大家立传造像有何意义？这种认识是有误区的。学术大家一般只在专业圈子里有名望，在普通百姓那里并不闻达。例如，季羡林本人，如果他仅仅研究梵文、巴利文、吐火罗文，而不写散文，不做其他事情，那么他的知名度就会大打折扣，中国知道季羡林的人大概不会超过二位数。这像璞玉浑金一样，藏在深山大川，无人能识其宝。季羡林的散文把一位又一位高耸云端的学坛神像，请到普通百姓的

① 卞毓方主编：《华梵共尊》，第255页；广州：广东教育出版社2010年版。

② 季羡林在《1993年5月31日目送德国友人赵林克悌乘救护车赴医院》后有《附记》：“顿有所感，诗兴大作，十分钟内写成此诗。这大概是我一生第二次写诗。工拙非所计也。”（载《季羡林全集》第2卷，第407页）另有短篇小说三篇《文明人的公理》（1929年1月）、《医学士》（1929年4月5日）、《观剧》（1929年9月16日）。请见《季羡林全集》第8卷《附录》。

③ 乐黛云编：《季羡林与二十世纪中国学术》，第196页；北京：北京大学出版社2001年版。

现实社会，不但让亿万读者认识了这些学术大家，丰富了他们的头脑，而且让这些学术大家显露出真面貌，卓荦不凡，容光焕发，诚如张岂之所说“为人文学术留下了宝贵的精神遗产”。事实上，季羡林的这些文章，已经成为研究评价这些学术大家的重要依据。今后，有人撰写中国现代学术史，是无论如何也不能不读季羡林的这些文章的。从本质上讲，季羡林这类散文对提升民族的学术意识和学术品位，起到了很大的促进作用。

现在，让我们结合具体的文章内容，来看一看季羡林是如何为寻常百姓立传造像的。

季羡林六岁时，因贫困离开父母，到济南投奔叔父。1925年，季羡林14岁时丧父。1933年，季羡林22岁时母亲去世。失怙失恃之痛伴随他一生。尤其是母亲的逝世，带给他的痛苦刻骨铭心，几次想死。1934年4月，在母亲逝世的第二年，季羡林写了《母与子》一文。一开头这样写道：“一想到故乡，就想到一个老妇人。我自己也觉得奇怪：干皱的面纹，霜白的乱发，眼睛因为流泪多了镶着红肿的边，嘴瘪了进去。这样一张面孔，看了不该是很令人不适意的吗？为什么它总霸占住我的心呢？”这个老妇人，实际上就是季羡林给自己母亲的画像。所以，“她不但现在霸占住我的心，而且要永远地霸占住了。”[①] 在整篇文章里，这位老妇人的形象反复出现，体现母亲在儿子心中的位置。其中，一段睹物思母的描写，令所有读者潸然泪下：

> 在给烟熏黑了的小厨房里，还有母亲没死前吃剩的半个茄子，半棵葱。吃饭用的碗筷，随时用的手巾，都印有母亲的手泽和口泽。在地上的每一块砖上，每一块土上，母亲在活着的时候每天不知道要踏过多少次。这活着，并不渺远，一点都不；只不过是十天前。十天算是怎样短的一个时间呢？然而不管怎样短，就在十天后的现在，我却只看到母亲躺在这黑匣子里。看不到，永远也看不到，母亲的身影再在榆树和桃树

中间，在这砖上，在黄的墙，黄的枣林，黄的长天下游动了。[②]

在季羡林的一生中，无论在故乡，在他乡；无论在穷困时，在腾达时，他无数次思念母亲。2006年，他在《元旦思母》中说："思亲首先就是思母亲。母亲逝世已经超过半个多世纪了。我怀念她的次数却越来越多，灵魂的震荡却越来越厉害。我实在忍受不了，真想追母亲于地下了。"在季羡林心目中，母亲是伟大的，是足以与祖国相并论的。他在《两个母亲》和《试拟小学教科书一篇课文》中写道：每个人有两个母亲，第一个是生身之母，第二个是养身之母——祖国。他之所以在95岁高龄，还自告奋勇为小学教材拟一篇课文，是想将生身之母、养身之母的观念传给我们的后代，让爱母亲、爱祖国的思想发扬起来。他在《元旦思母》中这样结尾：

我每次一想母亲，这幅画便飘然出现，到现在已经出现过许多许多次，从来没有一点改变。胡为而来哉！恐怕永远也不会找到答案的。也或许是说，在这一幅小画上的我的母亲，在这一元复始，万象更新之际，让这一幅小画告诫我，永远不要停顿，要永远向前，千万不能满足于当前自己已经获得的这一点小小的成就。要前进，再前进，永不停息。[③]

"永远不要停顿，要永远向前，千万不要满足于当前自己已经获得的这一点小小的成就。要前进，再前进，永不停息。"季羡林是这么说的，也是这么做的。所以，我们说，季羡林的爱母之心是发自内心的，纯洁的，高尚的，值得我们效仿的。每一个人，都是父母的碑，活着的时候，是父母移动的口碑；死了之后，就成了人们心中父母的墓碑。1996年，季羡林曾在家乡立了两块碑"祖父祖母之墓"和"父亲母亲之墓"。在他逝世后，后人在他祖父母、父母的碑旁修了个"季羡林

① 季羡林：《季羡林全集》第1卷，第33页；北京：外语教学与研究出版社2009年版。
② 季羡林：《季羡林全集》第1卷，第35页；北京：外语教学与研究出版社2009年版。
③ 季羡林：《病榻杂记》，第105页；北京：新世界出版社2007年版。

先生憩园”，将季羡林和妻子彭德华合葬于此。我想，季羡林以一生勤奋和不朽的学术成就，为我们的时代立了一块爱母亲、爱祖国的丰碑。

1992年底，81岁的季羡林写了一篇《两个乞丐》，通篇是对儿时所见所闻的回忆。此时的季羡林，已经名满天下，他却为两个乞丐立传。一个乞丐是老头，“他双目失明，右手拿一根长竹竿，用来探路；左手拿一只破碗，当然是准备接受施舍的。他好像是无法找到施主的大门，没有法子，只有亮开嗓子，在长街上哀号。他那种动人心魄的哀号声，同嘈杂的市声搅混在一起，在车水马龙中，嘹亮清澈，好像上面的天空，下面的大地都在颤动。”[①] 没过几年，听不到他的哀号声了，“从此这个老乞丐就从我眼里消逝，永远永远地消逝了。”[②] 差不多在同时，季羡林又遇到一个老乞丐：这是一个老太婆。她的头发还没有全白，但蓬乱如秋后的杂草，面色黧黑，满是皱纹，一点也没有老头那样的红润。她右手持一根短棍。因为她也是双眼失明，棍子是用来探路的。不知为什么，她能找到施主家的门。我第一次见到她，就在我家的二门外面。她从来不在大街上叫喊，而是在门口高喊：“爷爷！奶奶！可怜可怜我吧！”[③] 可是，没过几年，这个老太婆也不见了。“到了今天，时间已经过去了七十多年，我的年龄恐怕早就超过了当年这两个乞丐的年龄。不知道是为什么我又突然想起了他俩。我说不出理由。”[④] 其实，理由是有的，就是作者骨子里的草根心肠、平民情结。这两个山东老乞丐，一男一女，无名无姓，在这世界上早已消失得无影无踪，却永远留在季羡林的回忆里。他在文章最后说：“我心甘情愿地成为有这样回忆的最后一个人。”但是，这两个乞丐的形象却永远留在他的文章里，留在每一个读者的感慨唏嘘中。

① 季羡林：《季羡林全集》第2卷，第286页；北京：外语教学与研究出版社2009年版。

② 季羡林：《季羡林全集》第2卷，第287页；北京：外语教学与研究出版社2009年版。

③ 季羡林：《季羡林全集》第2卷，第287页；北京：外语教学与研究出版社2009年版。

④ 季羡林：《季羡林全集》第2卷，第288 ~ 289页；北京：外语教学与研究出版社2009年版。

季羡林其他写寻常百姓的散文，也都留下了一个个令人难忘的形象。

季羡林写散文有一个定律，只写自己熟悉的人与事。他写了许多寻常百姓，即出于此。进入清华之后，他对学术大家越来越熟悉。最终，写学术大家的文章，成了他散文的核心内容。这一类文章，一般都是怀人忆念之作。其中，有的学术大家的研究领域，季羡林并不很熟悉。他们的门生和后人找上门来，请求为这些学术大家的全集或者选集写序，他在盛情难却之下不得不答应下来。动笔前，他必定做足功课，认真研读相关材料，反复酝酿，一再推敲。凡是比他年长的，一律执师长礼。比他年幼的，常以师友之礼待之。行文间，时时表示出发自内心的谦恭。对于学理，季羡林坚持讲真话的禀性，即使在怀人忆念的文章中，他也不肯有廉价的溢美之词，更不会文过饰非。这是季羡林怀人忆念文章的可贵之处。

季羡林所写的学术大家的文章数量不在少数，有的是重复的，往往是后者补充前者，这是一种必要的重复。现在，我按发表时间前后为序，抄录如下：

《现代才发现了的天才——德意志诗人薛德林》（1934年）

《忆章用》（1946年7月）

《纪念一位德国学者西克灵教授》（1947年1月）

《泰戈尔与中国》（1961年2月）

《难忘的一家人》（1979年10月）

《我看西谛先生读书》（1981年2月）

《西谛先生》（1981年2月）

《饶宗颐史学论著选·序》（1984年9月）

《泰戈尔》（1985年4月）

《他实现了生命的价值——悼念朱光潜先生》（1986年3月）

《悼念曹老》(1987年9月)

《我记忆中的老舍先生》(1987年10月)

《为胡适说几句话》(1987年11月)

《王力先生纪念论文集·序》(1987年11月)

《悼念姜椿芳同志》(1988年1月)

《回忆梁实秋先生》(1988年3月)

《从学习笔记本看陈寅恪的自学范围和途径》(1988年4月)

《纪念陈寅恪教授国际学术讨论会闭幕词》(1988年5月)

《悼念沈从文先生》(1988年11月)

《室伏佑厚先生一家》(1988年11月)

《寿寿彝》(1988年12月)

《回忆雨僧先生》(1989年3月)

《怀念丁树声同志》(1989年4月)

《纪念胡也频先生》(1990年2月)

《我的老师董秋芳先生》(1990年3月)

《读日本弘法大师〈文镜秘府论〉有感》(1990年6月)

《第一届吴宓学术讨论会论文选集·序》(1990年9月)

《从中国文化谈王国维之死》(1990年10月)

《诗人兼学者的冯至(君培)先生》(1990年10月)

《晚节善终　大节不亏——悼念冯芝生(友兰)先生》(1990年12月)

《泰戈尔散文精选·序》(1991年8月)

《记周培源先生》(1991年10月)

《寿作人》(1992年6月)

《挑灯集——郑子瑜散文选·序》(1992年6月)

《李森学术论文集·序》(1992年7月)

《对余太山中亚研究的看法》(1992年7月)

《陈瑞献选集·序》(1992年11月)

《汤用彤先生诞辰一百周年纪念论文集·序》(1992年11月)

《哭冯至先生》(1993年2月)

《忆叶公超先生二三事》(1993年10月)

《何仙槎(思源)先生与山东教育》(1993年11月)

《怀念乔木》(1993年11月)

《悼组缃》(1994年2月)

《白凡逸志汉译本·序》(1994年4月)

《郑午楼博士》(1994年5月)

《郎静山先生》(1994年5月)

《悼念许国璋先生》(1994年9月)

《我的朋友臧克家》(1994年10月)

《陈寅恪先生的爱国主义》(1994年10月)

《我眼中的张中行》(1995年8月)

《回忆陈寅恪老师》(1995年12月)

《胡适全集·序》(1997年4月)

《回忆汤用彤先生》(1997年5月)

《蒙田随笔全集·序》(1997年9月)

《悼念邓广铭先生》(1998年2月)

《记张岱年先生》(1999年1月)

《站在胡适之先生墓前》(1999年5月)

《扫傅斯年先生墓》(1999年5月)

《汤用彤全集·序》(1999年7月)

《怀念郑毅先生》(1999年10月)

《一个真正的中国人，一个真正的中国知识分子》(1999年11月)

《石景宜博士》(2000年1月)

《赵元任全集·序》(2000年8月)

《对陈寅恪先生的一点新认识》(2000年10月)

《悼念赵朴初》(2000年11月)

《平凡而伟大的学者——于道泉·序》(2000年12月)

《董秋芳译文选·序》(2000年12月)

《悼念马石江同志》(2001年2月)

《追忆李长之》(2001年8月)

《忆念周一良》(2001年10月)

《忆念张天麟》(2002年1月)

《痛悼钟敬文先生》(2002年2月)

《寅恪先生二三事》(2002年7月)

《追忆哈隆教授》(2003年6月)

《痛悼克家》(2004年10月)

《悼巴老》(2005年10月)

季羡林所写学术大家，有中国的，有外国的；有如雷贯耳的，也有稀为人知的。不论中外，稀有人知的，经季羡林一写，也变得有名了。因为，他们本人都是有真才实学的。那些本来就名闻遐迩的，经过季羡林一写，甚至一写再写，就更加深入人心了。其中，有一些既不是寻常百姓，又不是学术大家，不妨称为“中间人物”，但是也写得非常成功，读后令人难以忘怀。

在外国大家中，季羡林用力最勤、写文章最多的是印度诗圣泰戈尔。他早年译过泰戈尔一首诗，到北京大学后他兴趣加任务写了许多推介泰戈尔的文章。例如《泰戈尔与中国》，《纪念泰戈尔诞生一百周年》、《泰戈尔短篇小说的艺术风格》、《泰戈尔诗选》序、《纪念泰戈尔诞辰118周年》、《泰戈尔》、《泰戈尔散文精选》序、《纪念泰戈尔诞生130周年逝世50周年大会上的发言》等等。晚年，他还译了一本介绍泰戈尔的书《家庭里的泰戈尔》。中国推介泰戈尔最早者是陈独秀，推介最力者则为季羡林。现在，泰戈尔在世界上人气最旺的地方就是中国，旺到让印度人大为吃惊。无论如何，这里有季羡林的一份功劳。

在中国学术大家中，季羡林推介最力的是陈寅恪。陈寅恪家学渊源，为人正气，晚年患眼疾，但在很长一段时间不为人理解，甚至有些飞短流长。看到自己老师的遭遇，季羡林先后写了十来篇文章，来介绍陈寅恪的学术和为人。他先从小处着手，在1988年4月，写成《从学习笔记本看陈寅恪先生的自学范围和途径》一文。2002年7月，又写出《寅恪先生二三事》。此文是这样开篇的："陈寅恪先生是中国20世纪最伟大的学者之一。"[①]结尾这样写道："寅恪先生在伟大处是伟大的，在细微末节方面也是伟大的。在这两个方面，他都是我们的楷模。"[②]可以说，陈寅恪从20世纪80年代开始，在中国学术界不断获得声誉，最终定位在"20世纪中国最伟大的学者之一"，这固然是以陈寅恪学术和人格为基础，也是与季羡林以及胡守为等一批陈门弟子的努力推介分不开的。在陈寅恪学术史研究中，离不开季羡林的这一系列文章。同样，在胡适、汤用彤、王力、冯至、郑振铎、吴宓、赵元任、梁实秋、沈从文、白寿彝、吴作人、吴组缃、臧克家、邓广铭、张岱年、傅斯年、张中行、许国璋、郑午楼、赵朴初、周一良、钟敬文、巴金、林庚、王国维、冯友兰、郑子瑜等等

① 季羡林：《季羡林全集》第8卷，第503页；北京：外语教学与研究出版社2009年版。

② 季羡林：《季羡林全集》第8卷，第509页；北京：外语教学与研究出版社2009年版。

76 季羡林与邓广铭等在中山大学参加纪念陈寅恪教授国际学术讨论会（1989）

76

的研究中，也离不开季羡林的文章。这些具有着鲜活灵魂和独特性格的学术形象，将和季羡林的怀人忆念文章一起传之永久。

在既非寻常百姓又非学术大家的“中间人物”中，章用是作者用情最深、写得最好的。

在北洋政府时，有一位大名鼎鼎的司法总长兼教育总长章士钊，因其镇压学生运动而被鲁迅骂为“老虎总长”。章用是他的二儿子，性格与其父迥异，内向，沉默寡言。他在德国和季羡林短短一年多的交往中，将季羡林看作唯一的知己，将自己的诗稿抄好寄给季羡林保存。而季羡林也将章用当作引路人。他说：对我这样一个异域来的青年来说在像迷宫一样的大学城里，如果没有人协助引路，那就会迷失方向。“我三生有幸，找到了这样一个引路人，这就是章用。”① 和季羡林交往，章用心情开朗起来，话也多了。做过孙中山英文秘书的章母吴弱男，尽管一口一声自称“官家”，但对“民家”季羡林十分有好感。一次，她对季羡林说：“你来了以后，章用简直像变了一个人。”② 然而，章用命运多蹇，在哥廷根读了五六年数学，没有拿到博士学位。家中经济发生困难，又不肯接受别人接济，只得匆忙回国。先后在山东大学、浙江大学教书。抗战后，便随校辗转内迁。最终病倒，到香港治病竟病死在那里。

章用的死，对“身在异乡为孤客”的季羡林打击很大。他在1946年写成《忆章用》一文，他说：“我只能把他比作一颗夏夜的流星，在我生命的天空中，蓦地拖了一条火线出现了，蓦地又消逝到暗冥里去。”[③]在文章结尾处，他哀叹道：“在我的饱经忧患的生命里再加上了这幕悲剧，难道命运觉得对我还不够残酷吗？但我并不悲观，我还要活下去。”[④]

国家的命运和个人的命运紧紧相连。读了季羡林《忆章用》《道路终于找到了》《章用一家》等文章，就知道季羡林日后为何一再强调爱国，一直不肯封笔的原因。

季羡林散文为读者塑造了众多形象，无论寻常百姓、学术大家，还是所谓“中间人物”，都让人难以忘怀。这些形象，无一虚构，每一个都是真实生活中真实人物。从这个意义上说，季羡林笔下的众多人物，是中国现代平民史、留学史、学术史的珍贵缩影和史料。

（二）季羡林散文景观欣赏

散文创作，无非写人、写事、写情、写景。季羡林散文写得好，因素多种多样，写景写得好，是很关键的一着。所以，说到季羡林散文，不得不说写景。纵观季羡林散文，有大写景、中写景和微写景。大写景，所写之景，蔚为壮观，在中国、在世界，具有不容混淆的地域特征，称为地标景观。中写景、微写景，一般都是随着写人、写事、写情的需要，进行

① 季羡林：《季羡林全集》第4卷，第442页；北京：外语教学与研究出版社2009年版。

② 季羡林：《季羡林全集》第4卷，第443页；北京：外语教学与研究出版社2009年版。

③ 季羡林：《季羡林全集》第1卷，第98页；北京：外语教学与研究出版社2009年版。

④ 季羡林：《季羡林全集》第1卷，第107页；北京：外语教学与研究出版社2009年版。

适当的场景描写，起到烘托、突出的效果。这三者，季羡林都极擅长。

我们先看看季羡林的中写景。1934年，清华的四年学业完成，面临就业难题。尽管他在1933年12月27日和30日《文艺副刊》上发表了第一篇抒情散文《枸杞树》引起好评。1934年1月6日，又在文学季刊社见到了巴金、沈从文、郑振铎、朱自清、俞平伯、靳以、台静农等人，一片喧腾的谈笑声，但谋职无着落，他心中一片空虚，于1月22日写成《寂寞》一文：

> 笑声虽然萦绕在耳际，早已恍如梦中的追忆了。我只有一颗心，空虚寂寞的心被安放在一个长方形的小屋里。我看四壁，四壁冰冷像石板，书架上一行行排列着的的书，都像一行行的石块，床上的棉被和大衣的折纹也都变成雕刻家手下的作品了，死寂，一切死寂，更死寂的却是我的心——我到了庞培（Pompaii）了么？[①]

毋庸多置一词，季羡林对冰冷小屋的描写，对衬托他死寂的心，起到了有力而又恰到好处的衬托作用。而这样的中写景，在季羡林散文中常常能见

77

到。至于微写景，在季羡林散文中更加常见，让人读后久久难忘。1961年9月，季羡林在《一双长满老茧的手》中，从一双长满老茧的手开始，用许多中写景和微写景，来描写一位老妇人从乡下来看她在北京读书的儿子。“听着她的话，我不由深深地陷入回忆中，几十年的往事蓦地涌上心头。在故乡的初秋，秋庄稼早已熟透了，一望无际的大平原上长满了谷子、高粱、老玉米、黄豆、绿豆等等，郁郁苍苍，一片绿色，里面点缀着一片片的金黄和星星点点的浅红和深红。”[②]了了数笔，呈现给读者的却是鲁西北平原的绚丽而宏大的秋景图。

季羡林爱动物，尤其爱猫，不少摄影家为他照了许多与猫一起逗乐的相片，他还写过几篇关于猫的散文。其中，《老猫》一文特别传神，将老猫“虎子”写活了。虎子是一只普通的中国狸猫，有暴烈“虎气”的一面，又有“温柔敦厚”的一面。虎子来到季家第三年，又有人送来一只波斯洋猫——咪咪。一进门，虎子就把咪咪看作是自己的亲生女儿。它自己本来没有什么奶，却坚决要给咪咪喂奶，把咪咪搂在怀里，让它咂自己的干奶头，它眯着眼睛，仿佛在享着天福。我在吃饭的时候，有时会丢点鸡骨头、鱼刺，虎子却只蹲在旁边，瞅着咪咪一只猫吃，从来不同它争食。有时还“咪噢”上两声，好像是在说：“吃吧，孩子！安安静静地吃吧！”[③]季羡林对猫的这些中写景、微写景，来自他多年用心观察猫世界，懂得了猫的语言和心理，他把猫写得活灵活现又充满深情。

季羡林不但善于中写景、微写景，而且善于大写景。季羡林一生游历三十多个国家，写下了《留德十年》《天竺心影》两本游记，《游欧散记》《忆日内瓦》《歌唱塔什干》《重过仰光》以及《尼泊尔随

① 季羡林：《季羡林全集》第1卷，第17页；北京：外语教学与研究出版社2009年版。
② 季羡林：《季羡林全集》第1卷，第208页；北京：外语教学与研究出版社2009年版。
③ 季羡林：《季羡林全集》第2卷，第222页；北京：外语教学与研究出版社2009年版。

笔》《曼谷行》等大大小小几十篇游记散文。这些游记开辟了季羡林散文的另一个天地。在这个天地里，我们可以欣赏到风情各异的全景式的大写景，看到了季羡林笔下的世界著名景观。作为印度学家，季羡林访问印度六次，每次都格外上心，所写游记也特别用心。印度的大好风光，印度人民的真心热情，让季羡林从印度回到中国，在罗湖桥头竟然踟蹰犹豫。他这样写道："中国古诗上说：'马后桃花马前雪，教我哪得不回头？'我想改一下：'桥前祖国桥后印，教我前后两为难。'"他抱着这样的大义和宗旨，写下了《天竺心影》一书。他说："我的大义就是中印两国人民的传统的、既古老又崭新的友谊。"[①]《天竺心影》中，《孟买，历史的见证》一文，值得读者垂青。他在文章中写了印度门、爱里梵陀石窟、点灯节、柯棣华，并且两次写到孟买奇景"公主项链"。文章写道：在一个中学的操场上，举行了一万多人的欢迎会。"鞭炮齐鸣，红旗高悬。每一个发言者都热情歌颂中印友谊，会场上洋溢着热情友好的气氛。散会后，印度青年工人臂挽臂形成两道人墙，让我们从中间走出去。那出色的组织能力和纪律性给我们留下了深刻的印象。当我们乘汽车回到旅馆的时候，天已经完全黑了下来。我们就从'公主项链'下面驶过。那两排电灯，每一盏都像是一颗光辉灿烂的夜明珠，绕着弧形的湾岸，亮上去，亮上去，一直亮到遥远的天际。这又让我立刻回想到二十七年前在孟买同印度文学艺术界的朋友共同欢度点灯节时的情景。"[②]二十七年前的情景，是怎样的呢？季羡林在文章中写道：

我们到孟买的时候正逢上印度最大的节日点灯节。记得有一天晚上，孟买的许多文学家、艺术家、音乐家、舞蹈家，邀请我们共同欢度节日。我们走进了一座大院子，曲径两旁，草地边上都点满了灯烛，弯弯曲曲的两排，让我立刻想到沿着孟买弧形海岸的那两排电灯，那叫做"公主项链"的著名的奇景。

78 季羡林参加印度召开的“印度与世界文学国际研讨会”与印度副总统合影（1985.3）

78

公主项链，曾一度被英国人称作“女王项链”。实际上，应该叫做“孟买女神项链”，因为孟买之名来自当地的女神之名。无论如何，这弧形海岸边的两排路灯，在夜晚无比迷人，是孟买诸景中的一奇。季羡林将这一奇景和印度最富盛名的音乐、舞蹈融汇一体，为我们描绘出一幅有声有色的中印友好的全景图。季羡林的访印，以及他的访印游记，已经像柯棣华和印度援华医疗队一样，成了中印友谊的一笔宝贵的财富。

季羡林散文中的大写景很多，其中《美人松》与众不同，让人难以忘怀。文章一开头写道：“我看过黄山松，我看过泰山松，我也看过华山松。自以为天下之松尽收眼中矣。现在到了延边，却忽然从地里冒出来了一个美人松。”他驱车170公里，从延吉来到二道白河，想到镇上餐馆用餐，就在门对面，只隔着一条马路，用铁栏杆围着一片松林，就是世界上独一无二的美人松林，全国的重点保护区。疲劳、饿意顿时一扫而空，季羡林走近铁栏杆，原来已经昏花的老眼蓦地明亮起

① 季羡林：《季羡林全集》第1卷，第117页；北京：外语教学与研究出版社2009年版。

② 季羡林：《季羡林全集》第1卷，第145页；北京：外语教学与研究出版社2009年版。

来，真仿佛能洞察秋毫。“我看到眼前一片不大的美人松林。棵棵树的树干都是又细又长，一点也没有平常松树树干上那种鳞甲般的粗皮，有的只是柔腻细嫩的没有一点疙瘩的皮，而且颜色还是粉红色的，真有点像二八妙龄女郎的腰肢，纤细苗条，婀娜多姿。每一棵树的树干都很高，仿佛都拼着命往上猛长，直刺白云青天。可是高高耸立在半空里的树顶，叶子都是不折不扣的松树的针叶，也都像钢丝一般，坚硬挺拔。这样一来，树干与树顶的对比显然极不协调。棵棵都仿佛成了戴着钢盔，手执长矛，亭亭玉立的美女：既刚劲，又柔弱；既挺拔，又婀娜。简直是个人间奇迹，是个天上神话，是童话中的侠女，是净土乐园中的将军……”①

一切写景，无论微写景、中写景还是大写景，都是为写人、写事、写情作背景烘托的，概而言之——以景写情。就大写景而言，印度的“点灯节”也好，“公主项链”也好，都是为歌颂中印友谊之情作衬托的；“美人松”则是为讴歌汉族和朝鲜族的同胞之情作铺垫的。

2014年9月，我赴延边大学参加中国比较文学第11届年会暨国际学术研讨会，对季羡林的《美人松》及《延边行》中另外三篇散文，有了真正的深切情味。在季羡林81岁时，应延边大学副校长郑判龙教授之邀，“冒酷暑，不远数千里，飞赴延吉，参观访问”。他写道：“天好、地好、人好、一切都好。”“我们时时刻刻沉浸在友谊的海洋之中，友谊之浪，情好之波，铺天盖地，弥漫一切。”这些词句，初读之时，多少有些夸张的感觉。直到我参加了9月的这次会议，方觉季羡林先生一点也没夸张。我因印度ICCR讲席教授回访深大，要提前半天离会，请高旭东教授在闭幕式上替我念一封短信，大意是：我这次发言《季羡林的圣人气象》，是《季羡林评传》绪论的初稿。衷心欢迎各位向我提供写作建议，包括各种评论、图片、资料等等。我回到深大之后，金柄珉校长寄来特快专递，所寄的是郑判龙教授的文章

《季先生和他的朝鲜族朋友》。金校长来信说，郑教授和季先生友谊深厚。他曾拖着病体到北京看望季先生，季先生在送行时哽噎得话都说不出来。这一次告别之后，半年多一点郑教授就辞世了。郑教授称自己是“一名季先生的朝鲜族弟子”，而金柄珉教授是郑判龙教授的博士。他给我寄文章、写信，表达的都是对季先生的深情厚义。1992年夏，在即将离开延边时，季先生对郑判龙说：“你们朝鲜民族是一个勤劳善良、热情好客，具有相当高的文化水平的民族。我为今生能结交这么多的朝鲜族朋友而感到由衷的欣慰。”[②]这段发自肺腑的话，和《美人松》一起来读，文章中“戴着钢盔，手执长矛，亭亭玉立的美女：既刚劲，又柔弱，既挺拔，又婀娜。”“是童话中的侠女，是净土乐园中的将军。”这一字字，一句句不是借景抒情，赞美他的朝鲜族朋友吗！

（三）季羡林散文意境心悟

中国诗文讲究意境。意境与意象、境界，意义相似相近，而各家各有侧重。林纾认为：“意境者，文之母也。一切奇正之路，皆出其间。不讲意境，便是自塞其途，终无进道之日矣。”（《应知八则、意境》）“意境深厚”“意境高远”是历代文章大家追逐的目标，也是互见高下的准绳。意境的含量与质量是文章能否传之久远的关键因素。季羡林的散文，之所以能广为流传，经久不息，是因为有意境。或者说，凡是被各种散文集屡选屡中的名篇，往往是有意境者。

季羡林不仅是散文大家，而且对写作深有研究和心得。季羡林研究所将他的相关文章收集起来，出版了一本《季羡林谈写作》，大受读者欢迎。季羡林对中国古代文章作法及欧洲特别是英国的散文写作，

① 季羡林：《季羡林全集》第2卷，第254页；北京：外语教学与研究出版社2009年版。

② 臧克家等：《人格魅力——名人学者谈季羡林》，第159页；延吉：延边大学出版社1996年版。

给予过特别留意。1995年11月，季羡林在《赋得永久的悔》自序中说到自己对文章风格的追求。他说："我追求的风格是：淳朴恬澹，本色天然，外表平易，秀色内涵，形式似散，经营惨淡，有节奏感，有韵律感，似谱乐曲，往复回还，万勿率意，切忌颟顸。我认为，这是很高的标准，也是我自己的标准。"[①]在《人世文丛》序中，他又讲到文章风格。他说："我所欣赏的文章风格是：淳朴恬澹，本色天然，外表平易，秀色内涵，有节奏性，有韵律感的文章。"[②]

上述季羡林提出的文章标准和欣赏的文章风格，和青年时期相比，有承接，也有变化。追求文章的节奏感、音乐性，季羡林不改初衷，是一贯的。"淳朴恬澹，本色天然"，则是老年季羡林的追求。他曾经自称"经营派"。1934年初，23岁的季羡林在《黄昏》中有这样的句子："一群群暮鸦驮着日色飞回来的时候，仿佛有什么东西轻轻地压在他的心头。""随了弥漫在远处的白茫茫的烟，随了树梢上的淡淡的金黄色，也随了暮鸦背上的日色，轻轻地落在了人们的心头，又被人们关在门外了。"[③]显然，此时的季羡林追求和欣赏的，是辞句华丽与新奇，与"淳朴恬澹，本色天然"相去甚远。这种追求的变化，与季羡林的年龄有关系，和"五四"后的文风发展更有关系。

老年季羡林不再追求辞句的华丽与新奇，并不意味他对文章要求的降低，不再是"经营派"，而是恰恰相反，由追求外表辞句之美，走向追求内涵的意境美。82岁的季羡林在《写文章》中说："王安石的'春风又绿江南岸'中的'绿'字，是诗人经过几度考虑才选出来的。王国维把这种炼字的工作同他的文艺理想'境界'挂上了钩。他说：'词以境界为最上。'同炼字有关是可以肯定的。他说：'红杏枝头春意闹'，著一'闹'字而境界全出。'闹'字难道不是炼出来的吗？"[④]

他在86岁写的《作文》中，再次强调了文章的境界，他说："王勃《滕王阁序》中有两句：'落霞与孤鹜齐飞，秋水共长天一色。'也使主人大为激赏，这就好像是诗词中的炼字炼句。王国维说：有此一字而境界全出。我现在把王国维关于词的'境界说'移用到散文上来，想大家不会认为唐突吧。"[⑤]在他88岁时，说："情与境遇，真情发乎内心，汹涌回荡，必抒之以文字而后已。这样写出来的散文，能提高读者的精神境界，陶冶读者的性灵，使读者能得到美感享受，用现在的话来说，就是能提高读者的人文素质。"[⑥]

对季羡林晚年的创作要求，我可以作这样的概括：淳朴恬澹，发乎内心，真情回荡，有韵律感。按照这四条标准，他1993年写的《小山赋》是完全符合的。在《小山集·序》中季羡林说："我自认对这一座小山最了解。在我的生活中，它占有重要的地位；在我的思想感情中，它占的地位更重要。在我的眼中和心中，它是活的，它能同我说话，对我它能表达感情。它的一草一木，一土一石，都是有灵魂的。我们俩是最知己的朋友。现在出集子，想起一个名字，远在天边，近在眼前，非小山莫属了。"[⑦]对这座小山，我也无数次地盘桓和经过，读了季羡林的《小山集·序》和《小山赋》，深感这些文字确实发乎他内心，且在心中回荡许久，风格淳朴恬澹，是他晚年创作中的重要收获。要想了解季羡林晚年的生活和心境，不能不读这篇序和赋。

1998年，季羡林在为《我爸我妈》作序时说："苦思之余，忽然顿悟：最有效，最简短、最有感染

① 季羡林：《季羡林全集》第6卷，第410页；北京：外语教学与研究出版社2009年版。
② 季羡林：《季羡林全集》第6卷，第502页；北京：外语教学与研究出版社2009年版。
③ 季羡林：《季羡林全集》第1卷，第9页；北京：外语教学与研究出版社2009年版。
④ 季羡林：《季羡林全集》第7卷，第600页；北京：外语教学与研究出版社2009年版。
⑤ 季羡林：《季羡林全集》第8卷，第155页；北京：外语教学与研究出版社2009年版。
⑥ 季羡林：《季羡林全集》第6卷，第584页；北京：外语教学与研究出版社2009年版。
⑦ 季羡林：《季羡林全集》第2卷，第207页；北京：外语教学与研究出版社2009年版。

力、最能动人心魄的办法还是：抄唐代诗人孟郊的，去年曾在香港当选为历代最佳诗篇的《游子吟》。”[①] 现在，我如法炮制，把季羡林的《小山赋》抄在这里：

说它是山，

它不是山，

说它非山，

它又是山。

四五米高，

六七米宽，

东西长约三十米，

看上去并不太短。

既不蜿蜒，

也不巉岩，

又似蜿蜒，

又似巉岩，

俨然矗立在两楼间。

东头一棵苍松，

西头一棵翠柏，

树龄都在三四百年。

中间一棵榆树，

枝柯刺青天。

冬雪皑皑，

夏日炎炎，

秋天黄栌被霜染。

只有初春，

景有独艳。

繁花遍地。

碧草芊芊。

一夜东风送春暖，

遍山开满了二月兰。

四时风光不同，

我则故我依然。

看书眼酸，

写作神倦；

小山能解我乏，

每常一日五盘桓。

它伴我痛苦，

它陪我狂欢，

看我送走了几个亲眷，

伴我多少个长夜无眠。

我眼中的小山是朋友，

我心中的小山是伙伴。

说它是山，

它不是山，

① 季羡林：《季羡林全集》第6卷，第540页；北京：外语教学与研究出版社2009年版。

说它非山，
它又是山。
山不在高，
有仙则显。
这里只有渺予一人，
哪里来的神？
哪里来的仙？
它只是平凡又平凡，
它平凡到超过蓬莱，
它平凡到超过三山，
它平凡到超过大千世界三千。
只有我一个人了解其中意蕴，
我的小山，
我的小山。[①]

读罢《小山赋》，谁能说不淳朴恬澹，不发乎内心，不真情回荡，没有韵律感？可谓意境深远，让人回味无穷。一座平常得不能再平常的小土山，在季羡林笔下，赋予了生命与诗性。这座小山，是季羡林眼中的朋友，心中的伙伴，实际上是他的化身，就是季羡林他自己。《小山赋》是季羡林晚年的力作，应该为其勒石造碑，立于小山之侧，成为燕园新的一景。

四、季羡林散文创作守则

从坊间连续不断地热销季羡林作品的情况看，说他是中国当代最火的散文家，是站得住脚的。2007年1月他写成《病榻杂记》，当时有近50家出版社争着出版。出版总署署长于友先说他是中国出版界的衣食父母，不全然是一句戏言。到底销售了多少季羡林的散文作品，至今没有准确统计，恐怕是很难能准确地统计出来的。

（一）季羡林散文自我评价

季羡林对自己的作品，在不同时期有不同的评价。在山东济南读中小学时，有一段时间季羡林的作文在班上总是数一数二，常常得到老师的表扬。少年季羡林对自己的作文可谓洋洋自得，有时还会狂喜。2002年他在《我的小学和中学》中记叙了这个过程：开始，他的作文虽然也是榜上有名，但却在八九名之后了。1926年，他15岁时写了一篇“骈体味道的作文”。发作文簿的时候，看到老师在上面写了密密麻麻的字，等于重新写一篇文章。老师的批语是：“要作花样文章，非多记古典不可。”少年季羡林被击中要害之后，文章不断进步。读高中时，“记得第一篇作文题目是《读〈徐文长传〉书后》。完全出我意料，这篇作文受到他的高度赞扬，批语是‘亦简劲，亦畅达’。我在吃惊之余，对古文产生了浓厚的兴趣，弄到了《韩昌黎集》《柳宗元集》，以及欧阳修、三苏等的文集，想认真钻研一番。”从此，季羡林的成绩不断上升。他说：“我在第一学期考了一个甲等第一名，而且平均分数超过九十五分，因此受到了王状元的嘉奖。他亲笔写了一副对联和一个扇面奖给我，这当然更出我意料。我从此才有意识地努力学习。要追究动机，那

① 季羡林：《季羡林全集》第2卷，第210页；北京：外语教学与研究出版社2009年版。

并不堂皇，无非是想保持自己的面子，决不能从甲等第一名落到第二名，如此而已。反正我在高中学习三年中，六次考试，考了六个甲等第一名，成了‘六连贯’，自己的虚荣心得到了充分的满足。”[①]

显然，季羡林的自得与狂喜，与老师的鼓励是分不开的。然而，从济南到清华大学后，情况发生了变化。他的第一篇处女作《枸杞树》发表在《大公报》文艺副刊上。刊出之前，他不太有信心，后来听到同学李长之的好评，他对自己的写作能力才有了底气。季羡林、林庚、吴组缃、李长之组成“清华四剑客”。“由于趣味相投，经常聚在一起，谈天说地，‘粪土当年万户侯’，而且是‘语不惊人死不休’，信口雌黄，说话偏激。”[②]在清华期间，为了荣誉，为了稿费，季羡林写了不少散文，创作才华不断提升，文章越来越成熟了，可以说已初有文名，逐步在中国文坛树立起青年才俊的形象。季羡林之后几十年的散文创作，中国独树一帜的散文家地位的确立，是从清华四年起步的。

到了晚年，季羡林散文红遍全国，各出版社变着法地出版他的作品。但是，季羡林对自己作品的评价，反而很平淡。2000年10月，他在《我和人民文学出版社》一文中说：“我从来不敢承认自己是什么作家。这样崇高的名称，我担当不起。”[③]季羡林晚年并不这么认为自己的文章有别人说得那般好。他说：“大概估算起来，我喜欢的只不过有十分之一左右而已。”为什么会这样呢？他心中有自己的追求。他说：“我心里有一个文章的标准。我追求了一辈子这个标准，到现在还是没有达到。比如山色，远处看着很美妙，到了跟前，却仍然是平淡无奇。我虽已年过古稀，但追求的心不敢或弛。我希望我将来有朝一日能写出自己比较满意的文章。”[④]

季羡林年轻时，有过做诗人的梦，也写过诗歌。但很快就放弃了。所以，1992年他在《我写我》中说：“在中学时候，虽然小伙伴们曾赠我一个

‘诗人’的绰号，实际上我没有认真写过诗。”[5]他在写《1993年5月31日目送德国友人赵林克悌乘救护车赴医院》时，在附记中说：“这大概是我一生第二次写诗。”2006年，他又写了一首《泰山颂》，因此而获“桂冠诗人”称号，他对此也以平常心待之。

简而言之，季羡林对自己散文创作的评价：少年时洋洋自得；青年时做作家梦，有勇气在文坛争一席之地；到老年成了著名散文家却不敢承认是作家，身为中国作家协会理事、顾问，从来不去开会，怕滥竽充数。

沿着季羡林散文创作自我评价的轨迹，我们看到了一位散文大家成长、发展的道路。这是一条自然而然的道路，又是一条不断成功的道路。

诚如前述，季羡林散文受到读者喜爱，因为他有经典而实用的五大散文观念。观念属于精神层面，落实于实践必有行为守则。作为一个成功的散文家，在创作过程中，必有所求，必有所弃；必有所守，必有所拒。季羡林的所求所守和所弃所拒是什么呢？回望季羡林的散文创作之路，发现有八条守则。

（二）季羡林散文创作八守则

第一，平常之人，写平常事。

季羡林起于民间，祖上世代务农，是一个平常之人。他的散文创作，自然以平常人的平常之心，写平常的身边琐事。

他留德十年归来，1946年被北京大学聘为教授和新成立的东方语文学系主任。1950年代，他还当选为中国科学院哲学社会科学部委员、全国政协委员。用他自己的话来说，做一个知识分子做到顶了。而这时，他才四十多岁。后来，他做了北京大学副校长、

① 季羡林：《季羡林全集》第5卷，第187页；北京：外语教学与研究出版社2009年版。

② 季羡林：《季羡林全集》第3卷，第225页；北京：外语教学与研究出版社2009年版。

③ 季羡林：《季羡林全集》第3卷，第224页；北京：外语教学与研究出版社2009年版。

④ 季羡林：《季羡林全集》第2卷，第48页；北京：外语教学与研究出版社2009年版。

⑤ 季羡林：《季羡林全集》第2卷，第278页；北京：外语教学与研究出版社2009年版。

全国人大常委，各种学术兼职多得难以计数，民间称他为“国宝”“学术大师”“国学大师”。温家宝总理写信，称他为“人中麟凤”。德国、印度、日本等等的外国桂冠，也不断向他飞来，可谓高门容驷，风光无限。但是，季羡林做人依然是平常人平常心，写文章依然写平常的身边琐事。他在《世界散文精华》序中说：“我必须谈一谈一个对散文来说是非常重要的问题：身边琐事问题。在中国文学史上，一直到近现代，最能感动人的散文往往写的都是身边琐事。即以本书而论，入选的中国散文中有《陈情表》《兰亭集序》《桃花源记》《别赋》《三峡》《春夜宴诸从弟桃李园序》《祭十二郎文》《陋室铭》《钴鉧潭西小丘记》《醉翁亭记》《秋声赋》《前赤壁赋》《黄州快哉亭记》等等宋以前的散文名篇，哪一篇不真挚动人，感人肺腑？又哪一篇写的不是身边琐事或个人的一点即兴的感触？我们只能得到这样一个结论：只有真实地写真实的身边琐事，才能真正拨动千千万万平常人的心弦，才能净化他们的灵魂。”①

季羡林写了大量关于平常人身边的琐事的文章，其中《说“嚏喷”》和《再说“嚏喷”》，是这类文章中的神品。《说“嚏喷”》写于1989年9月，一开头说：“在中国民间，小孩子一打嚏喷，有点古风的大人往往说：‘长命百岁！’我原以为，这不过是中国一个地方，甚至只是中国北方的风俗。后来到了德国，在那里，大人或者小孩一打嚏喷，旁边的人就连忙说‘Gesundheit（健康）！’我才知道，这种风俗不限于中国。但是也没有想得更远。”经过一番论述，得出结论是“这一定是一种流行于全世界的风俗”②。到1994年7月，他又写了一篇《再说“嚏喷”》，讲《说嚏喷》颇引起了一些学人的注意。他写《糖史》，查典籍时又查到一些关于嚏喷的资料。“看来我那一篇短文确有加以补充的可能与必要。饶宗颐先生说：‘参互推证，论其崖略，戋戋所得，于研究古代遗俗，谅不无涓埃之助。’这话说得好。我就本着这种精神，写下这一篇短文。”[③] 文章结尾时说：“事属猥琐，文非宏文，聊助谈资而已。然而，对研究古代民俗学的专家来说，未必没有参考价值。”[④]

嚏喷，或说“喷嚏”，对普通人来说，是平常得不能再平常的事情。对季羡林来说，则平常得非常不平常。他从青年开始就体质过敏，打嚏喷，流清涕，一直到老，陪伴终身。他写这两篇文章的9月、7月，正是他犯“枯草热”病打嚏喷、流清涕的季节。正所谓：平常人说平常话，嚏喷人写嚏喷事，北季南饶俩国老，为说嚏喷有商议。

第二，事不避难，义不逃责。

当今世界处于转型时期，从西方文化主导逐渐转向西方、东方文化共同主导，再到东方文化为主、东西方文化共同主导的世界文化新格局。在文化转型期，中国作为一个文明大国和发展中大国，无论在国内还是国际，都会面临许多大事、难事。中国知识分子一向有家国情怀，“士不可以不弘毅，任重而道远。”“路漫漫其修远兮，吾将上下而求索。”这里，需要一种“事不避难，义不逃责”的精神。季羡林作为当代中国知识分子的一员，做人做事都充分体现了这种担当精神。在他创作的散文中，体现“事不避难，义不逃责”精神的，比比皆是。

随着中国革命和建设的不断推进，中国人民的民族意识空前觉醒。自1980年代开始，以学习传统文化为目的的国学热，持续高涨，而且一浪高过一浪。然而，社会上也有不少杂音。杂音之一，是认为搞国学就是对抗马克思主义，帽子很大，颇为吓人。

① 季羡林：《季羡林全集》第6卷，第299页；北京：外语教学与研究出版社2009年版。

② 季羡林：《季羡林全集》第7卷，第503、507页；北京：外语教学与研究出版社2009年版。

③ 季羡林：《季羡林全集》第7卷，第619页；北京：外语教学与研究出版社2009年版。

④ 季羡林：《季羡林全集》第7卷，第622页；北京：外语教学与研究出版社2009年版。

季羡林为此写了一篇《搞传统文化，正是为了现代化》的文章，严正指出："有观点认为，搞国学就是对抗马克思主义。这真是匪夷所思，实在让我大吃一惊。搞国学，搞传统文化，正是为了中国的现代化。现代化而没有传统文化，是无根之'化'，是'全盘西化'，在有数千年文化史的中国，是绝对行不通的。"[①] 并且，他进一步严肃地指出："在中国要想发展马克思主义，必不能离开中国的实际，这个实际中就包含着中国传统文化。真正的马克思主义者从来就主张：不能割断历史。这个道理也并不是难明白的。"[②] 在1993年12月，季羡林在《漫谈国学》中说："提倡国学要有点勇气。"[③] 现在，国学在全国搞得如火如荼，全然体会不到当初受打击的压力。季羡林不避难、不逃责的精神，不是逞匹夫之勇，而是看清了历史潮流和民心所向，担当起的是民族大义。

盛世修史，盛世修典，这是中国的传统。到20世纪90年代，《四库全书存目丛书》、续修《四库全书》等重大文化工程提上了日程。有誉之者，必有毁之者。一项重大的文化工程要上马，有人提不同意见，是非常正常的。但是，这种不同意见只能促进、改善文化工程，而不能打击、取消文化工程。为此，季羡林给《读书》杂志写了两封信。在第二封信中，季羡林说："总而言之，续修《四库全书》是万分应该做的工作，但必须十分慎重考虑，决不能不管是出于什么动机，就仓猝登台。登台唱了好戏是'了不得'，戏唱砸了就'不得了'。"[④] 接着又说："我只是感觉到文化学术界这样的一件大事，事关我们全体的名声，我不能不说几句话，私心不能没有一点，但是主要出之公心。"[⑤] 事关重大，季羡林不得不说。事实证明，季羡林的意见是正确的。《读书》杂志将这两封信，刊登在1995年的第5期上，受到了广大读者和专家的欢迎。

有一段时间，扭曲的狭隘民族主义高涨，说苏武、岳飞、文天祥、史可法等都不能讲了，认为季羡林讲的当时的敌人现在就是我们56个民族之一。给他写信反映这些观点的，其有一位是大学校长。季羡林说："我一想，这事儿麻烦了，那个大学校长亲自给我写信！我就回了一封信，我说贵校一部分教授对我的看法有意见，我非常欢迎，但我得解释我的看法，一是不能把古代史现代化，二是你们那里的教授认为，过去的民族战争，如与匈奴打仗是内战，岳飞与金打仗是内战，都是内战，不能说是爱国。我说，按照这种讲法，中国历史上没有一个爱国者，都是内战牺牲者。若这样，首先应该把西湖的岳庙拆掉，把文天祥的祠堂拆掉，这才属于符合'民族政策'，这里需加上引号。"⑥时代是发展的，人们的思想跟上时代的步伐，需要先进的、正确的理论引导。而这种引导，需要依靠季羡林这样的"教授的教授"（饶宗颐称"中国最高老师"）来完成。完成这种引导，需要"事不避难，义不逃责"的堂堂正气和弘毅精神。

第三，不袭故常，实话实说。

季羡林散文中有许多闪光的语句，它们常常逆前人之意，逆常人之意，但仔细一想，觉得有道理。这就是季羡林不袭故常，实话实说写文章的收获。

在一段时间里，社会上有不少人，学术界也有人附和，认为中国当代出不来大师，出大师的时代过去了。对这种似是而非的说法，季羡林反其道而行之。他在《汤用彤全集》序中说："学术发展的道路不是平坦的，不是永远一样的，不是均衡的。在这一条大路上，不时会有崇山峻岭出现，这种情况往往出现在有新材料被发现，有新观点出现，于

① 季羡林：《季羡林全集》第8卷，第33页；北京：外语教学与研究出版社2009年版。

② 季羡林：《季羡林全集》第8卷，第34页；北京：外语教学与研究出版社2009年版。

③ 季羡林：《季羡林全集》第7卷，第597页；北京：外语教学与研究出版社2009年版。

④ 季羡林：《季羡林全集》第8卷，第5页；北京：外语教学与研究出版社2009年版。

⑤ 季羡林：《季羡林全集》第8卷，第5页；北京：外语教学与研究出版社2009年版。

⑥ 季羡林：《季羡林全集》第8卷，第338页；北京：外语教学与研究出版社2009年版。

是夤缘时会，少数奇才异能之士就会脱颖而出，这就是大师。大师也并不能一下子把所有的问题都能看到，又都能解决。大师解决的问题也不见得都能彻底，这就给后人留下了进一步探讨的余地。就这样，大师一代接一代地传下去。旧问题解决了，新问题又出现，永远有问题，永远有大师。每一个大师都是不可超越的，每一个大师都是一座丰碑。这一些丰碑就代表着学术的进步，是学术发展的道路上的一座座里程碑。”①

人们总是追求完满，追求白璧无瑕。但实际上，人无完人，金无足赤。在《家居北京五十年》序中，季羡林实话实说：“任何人，任何组织都不能不犯错误。明张岱说：‘人无疵者不可与交，以其无真气也。’初读似颇荒唐，细味极有道理。即使北京有遗憾，我们还是要爱北京的，我们还是要爱祖国的。”②

季羡林有一篇有名的文章，题目叫《不完满才是人生》。一开头说：“每个人都争取一个完满的人生。然而，自古至今，海内海外，一个百分之百完满的人生是没有的。所以我说，不完满才是人生。”③“这是一个‘平凡的真理’；但是真能了解其中的意义，对已对人都有好处。对已，可以不烦不躁；对人，可以互相谅解。”④

1840年鸦片战争之后，中国沦为半殖民地。许多人“尊西人若帝天，视西籍若神圣”（邓实语）。季羡林不信邪，在《外国汉学家与古代汉语——他们的汉语水平》一文中，他实话实说：“读者或要问：外国汉学家的古代汉语水平究竟怎么样？我把答案提到前面来：不怎么样，有的甚至很不怎么样。”但是，不可一概而论。“日本，由于历史文化渊源的缘故，汉文水平是相当高的。”这是总体情况，但也有日本汉学家把《大唐西域记》中的“诚如来旨”译为“诚然是如来佛的旨意”⑤。季羡林从清华读书开始，接触到大量外国汉学家，还和德国的哈隆教授有过长期的交往和合作，担任北京大学教职后，接待过许多来访的汉学家。所以，他的这个看法是客观的。这无损于外国汉学家的形象，但对校正某些中国人盲目崇洋的心理则有助益。

在如何看待东方文化和西方文化的问题上，季羡林是不袭故常、实话实说的典范。就此，他写过许多文章，只要一讲话，一动笔，他总是自觉地批评西方中心主义。他说："世人昏昏，我必昭昭。我们必须力矫西方'征服自然'之弊，大力宣扬东方'天人合一'的思想，年轻人更应该如此。"⑥

季羡林清醒地认识到：世人昏昏，我必昭昭。这不是季羡林自我标举，而是刻刻警示自己，以"使人昭昭"为己任。所以，在季羡林的文章中，这种使人昭昭的醒世名言，不胜枚举。如《老年十忌》中的"说话太多""倚老卖老""思想僵化""不服老""无所事事""提当年勇""自我封闭""叹老嗟贫""老想到死""愤世嫉俗"。

如《谈礼貌》中的"我想当一个文抄公，抄一段香港《大公报》上的话：'富者有礼高贵，贫者有礼免辱，父子有礼慈孝，兄弟有礼和睦，夫妻有礼情长，朋友有礼义笃，社会有礼祥和。'"⑦

如2001年8月，在《祝贺母校山东大学百岁华诞》中说："眼下，教师的重要性已为全国各大学以及其他高等学校所普遍认可。重金征聘教师的广告在各大报纸上随时可见。有的待遇高得惊人。但是，我认为，这种办法实际上是互相挖墙脚，我不敢苟同。我不希望山东大学也这样做。"⑧作为教育家的季羡林，对高等教育了然于心。关于人才流动和人才培

① 季羡林：《季羡林全集》第6卷，第577－578页；北京：外语教学与研究出版社2009年版

② 季羡林：《季羡林全集》第6卷，第570－571页；北京：外语教学与研究出版社2009年版。

③ 季羡林：《季羡林全集》第8卷，第237页；北京：外语教学与研究出版社2009年版。

④ 季羡林：《季羡林全集》第8卷，第239页；北京：外语教学与研究出版社2009年版。

⑤ 季羡林：《季羡林全集》第8卷，第226页；北京：外语教学与研究出版社2009年版。

⑥ 季羡林：《季羡林全集》第8卷，第295页；北京：外语教学与研究出版社2009年版。

⑦ 季羡林：《季羡林全集》第8卷，第401页；北京：外语教学与研究出版社2009年版。

⑧ 季羡林：《季羡林全集》第8卷，第443页；北京：外语教学与研究出版社2009年版。

养，他有自己的见地："不这样做又当怎样呢？我个人觉得，大学有时候从外校进几位老师是必要的，这有利于人才的交流。但是，想真正获得名师，甚至大师，最根本的办法还是自己培养。"① 高校高薪挖名师，犹如梨园戏班高薪挖名角，利小弊大。可是世人昏昏，不少人还在乐此不疲。

79

季羡林的一些"实话实说"，属于不肯向丑恶低头，具有预警性质。在1999年11月写的《希望21世纪家庭更美好》中，他说："我不希望看到目前间或有的不办结婚登记手续而任意同居的家庭，这样的家庭是由'露水夫妻'组合成的，说聚就聚，说散就散，这不利于社会的安定团结。像美国那样的同性恋的'家庭'，中国目前似乎还没有，我在将来也不希望看到。这样的超时髦的玩意儿，还是没有的好。"② 同性恋和异性恋一样古老，本无所谓好与坏。可是，西方有些国家和媒体，为了票选和收视率的需要，将同性恋和政治、商业利益结合起来，使得古已有之的、客观存在的同性恋变得张狂起来，变得丑恶起来。其实，不是同性恋张狂、丑恶，是穷途末路的西方政治变得张狂和丑恶。受到伤害的，不仅仅是同性恋者，而是整个社会。季羡林对"这超时髦玩意儿"的轻轻一笔，对中国人来讲，具有预警作用。

第四，爱母爱国，常谈常新。

爱母亲，爱祖国，是人之常情。在季羡林散文中，以母亲和祖国为主题的不少，其中有的是读者熟悉的名篇，如《沧桑阅尽话爱国》《两个母亲》

《爱国与奉献》《再谈爱国主义》等。

季羡林爱母亲、爱祖国，除了人之常情之外，还有他特殊的原因。他6岁离开母亲，寄养在叔叔家，到他22岁母亲去世见最后一面。从此，阴阳永隔，只有在梦里与母亲相见。思母之情与日俱增，2006年，95岁的季羡林写了一篇《元旦思母》，说："思亲首先就是思母亲。母亲逝世已经超过半个世纪了。我怀念她的次数却是越来越多，灵魂的震荡越来越厉害。我实在忍受不了，真想追母亲于地下了。"③

季羡林爱国也有其特殊原因。他于内忧外患的1935年考取官费留学德国，二战爆发后，他在饥饿、轰炸中度日。汪伪政权攫取驻德使馆后，他和张维等不肯附逆，成了无任何保护的无国籍者。他暗中不知流了多少泪，几次想自杀。季羡林在长文《我的心是一面镜子》中写道："惊心动魄的世界大战，持续了六年，现在终于闭幕了。我在惊魂甫定之余，顿时想到了祖国，想到了家庭，我离开祖国已经十年了，我在内心深处感到了祖国对我这个海外游子的召唤。"④ 1946年，季羡林终于辗转瑞士、越南之后回到祖国。当时他面临的，是百业凋敝、满目疮痍的祖国；自叔父失业之后，家庭经济早已破产，一家妻儿老少，嗷嗷待哺。他多么盼望有一个强盛的国家，百姓能安居乐业。所以，当新中国一建立，经过不长时间的适应，季羡林就自然而然地热爱上了。他说："对我来说，这个适应过程并不长，也没有感到什么特殊的困难，我一下子像是变了一个人。觉得一切的一切都是美好的，都是善良的。我觉得天特别蓝，草特别绿，花特别红，山特别青。全中国仿佛开遍了美丽的玫瑰花，中华民族前途光芒万丈，我自己仿佛又年轻了十岁，简直变成了一个大孩子。开会时，

① 季羡林：《季羡林全集》第8卷，第444页；北京：外语教学与研究出版社2009年版。

② 季羡林：《季羡林全集》第8卷，第333页；北京：外语教学与研究出版社2009年版。

③ 季羡林：《季羡林全集》第3卷，第418页；北京：外语教学与研究出版社2009年版。

④ 季羡林：《季羡林全集》第5卷，第530页；北京：外语教学与研究出版社2009年版。

游行时，喊口号，呼‘万岁’，我的声音不低于任何人，我的激情不下于任何人。现在回想起来，那是我一生最愉快的时期。”① 因为真心热爱，他还像悔恨没给家庭做过什么贡献那样，自责对新中国的诞生没有任何贡献，做了“摘桃派”。他说：“反观自己，觉得百无是处。我从内心深处认为自己是一个地地道道的‘摘桃派’。中国人民站起来了，自己也跟着挺直了腰板。任何类似贾桂的思想，都一扫而空。我享受着‘解放’的幸福，然而我干了什么事呢？我做出了什么贡献呢？我确实没有当汉奸，也没有加入国民党，没有屈服于德国法西斯。但是，当中华民族的优秀儿女把脑袋挂在裤腰带上，浴血奋战，壮烈牺牲的时候，我却躲在万里之外的异邦，在追求自己的名山事业。天下可耻事宁有过于此者乎？我觉得无比地羞耻。”② 他的自责，语言上有些过头，但情感是真实的。

到了晚年，季羡林作为一位世纪老人，对爱国主义有了更深切体认。他在2002年91岁时写下著名的《爱国与奉献》和《再谈爱国主义》。他说：“我们眼前发扬爱国主义精神，不但不能削弱，而且更应加强。我们还要把爱国与奉献紧密结合起来。”③ 富家出败子，安国养浪人。这也是“富不过三代”“君子之泽，五世而斩”的道理。唯一的解法，就是通过一切有效的形式和方法，宣传、培养爱国意识。1999年5月，季羡林写了一篇名为《无敌国外患者国恒亡》的警世文章。这里的“有”与“无”，除了客观世界之外，还包括内心世界。如果客观上有，而我们内心无，这是最危险的。它提醒生活在和平环境中的中国人，一定要有忧患意识。他在文章中写道：“我们真不得不从内心深处感激我们的古人。他们充满了辩证思维，显示了无比的智慧。”④ 季羡林在早年，倘若确如他自己所说，对国家没有做出什么贡献，但是回国后他为了中国的学术和荣誉、为祖国前途命运竭尽心力所做的一切，世人有目共睹，是永远值得人们敬仰的。

第五，炼字炼句，惨淡经营。

季羡林知晓西方散文的历史与现状，对法国、英国散文还多有提及。但是，从骨子里他赞赏的是中国的散文传统。在自己的散文创作中，讲究的也是中国历代大家的做法。1997年10月，86岁的季羡林在《作文》中说："古代大家写文章，都不掉以轻心，而是简练揣摩，惨淡经营，句斟字酌，瞻前顾后，然后成篇，成为一件完美的艺术品。"又说："元刘壎的《隐居通议》卷十八讲道：古人作文，俱有间架，有枢纽，有脉络，有眼目。这实在是见道之言。这些间架、枢纽、脉络、眼目是从哪里来的呢？回答只有一个，从惨淡经营中来。"[⑤]

从一开始舞文弄墨，季羡林就踏上了惨淡经营之路。1985年7月，他在《我的处女作》中说："这一篇短文的起头与结尾都有明显的惨淡经营的痕迹，现在回忆起来，只是那个开头，就费了不少功夫，结果似乎还算满意，因为我一个同班同学看了说：'你那个起头很有意思。'什么叫'很有意思'呢？我不完全理解，起码他是表示同意吧。"[⑥]

这种经营作风，季羡林终生未变。只是有的作品体现突出，有的作品不那么明显。季羡林说："我曾在许多篇文章中主张惨淡经营，反对松松垮垮，反对生造词句。我力劝青年学生，特别是青年作家多读些中国古文和中国过去的小说；如有可能，多读些外国作品，以提高自己的文化修养和审美情趣。"[⑦]在季羡林的经营中，是很讲节奏的。这一点，在1999年7月写的《两个小孩子》中，表现得很明显。文章写六岁的秋菊和两岁半的秋红，是堂

① 季羡林：《季羡林全集》第5卷，第533页；北京：外语教学与研究出版社2009年版。

② 季羡林：《季羡林全集》第5卷，第533页；北京：外语教学与研究出版社2009年版。

③ 季羡林：《季羡林全集》第8卷，第484页；北京：外语教学与研究出版社2009年版。

④ 季羡林：《季羡林全集》第8卷，第297页；北京：外语教学与研究出版社2009年版。

⑤ 季羡林：《季羡林全集》第8卷，第154页；北京：外语教学与研究出版社2009年版。

⑥ 季羡林：《季羡林全集》第7卷，第388页；北京：外语教学与研究出版社2009年版。

⑦ 季羡林：《季羡林全集》第4卷，第62页；北京：外语教学与研究出版社2009年版。

姐弟。因为堂姐秋菊回河北老家上小学后，打工的祖母才把秋红接来北京。这样，文章自然分成秋菊、秋红上下两部分。秋菊长着一双黑亮的吊角眼，文章上半部分三次写到她的眼睛。第一、二次文字一样，都是“两只吊角眼明亮闪光，满脸顽皮的神气”。第三次作了一点加强，“两只吊角大眼更明亮闪光，满脸顽皮的神气”。下半部分写秋红，分成两节。第一节写秋红背诗“床前明月光”，第二节写秋红“过耳成诵”背“锄禾日当午”。文章充满童趣，读后令人难忘。节奏的巧妙处理，无疑增强了文章的魅力。

2002年4月，91岁的季羡林在《读〈敬宜笔记〉有感》中，重申自己属于惨淡经营派。他认为范敬宜的文章，“真实、真切、真诚、真挚。可以称之为四真之境。”“每一篇都如行云流水，舒卷自如，不加雕饰，秀色天成。”讲了读后感之后，季羡林笔锋一转，写道：“我仿佛听到有人责问我：你不是主张写散文必须惨淡经营吗？你现在是不是改变了主意？答曰：我并没有改变主意。我仍然主张惨淡经营。”[①]不过他承认，古代的散文大家们还有另外一种情况：即景生情，信笔挥洒，仿佛是信手拈来，自成妙文。但是，他认为：二者之间是有关系的，“信手拈来的妙文是在长期惨淡经营的基础上的神来之笔”[②]。这篇文章在收入《季羡林谈写作》一书时，题目改为《惨淡经营与信手拈来》。毫无疑问，季羡林一辈子舞文弄墨，看似潇洒随意，实际上都是经过炼字、炼句、炼篇，是惨淡经营的结果。有的文章，篇幅并不长，但他要写几个月。中间也许有别的事耽搁了时间，但更多的是在惨淡经营，是在炼字、炼句、炼篇。到了晚年，他稿约不断，文债高企。即使在这种情况下，他写文章依然是一副惨淡经营的作派，不肯有半点马虎随意。所以，惨淡经营作为季羡林散文创作的一大守则，无论从言说还是实践，都是确凿的。

作为当代“惨淡经营派”的季羡林，难道就没有即景生情、信手拈来的神来之笔吗？当然是有的。他82岁时，写成《1993年5月31日目送德国友人赵林克悌乘救护车赴医院》一诗。这大概是他“一生第二次写诗”，因为他触景生情，“诗兴大作，在十分钟之内写此诗”[③]。可谓欣然命笔，即兴而作。写一位德国女子跟中国丈夫来到北京，丈夫先她而去，儿女都在万里之外，她留在中国独自照看丈夫种下的月季。如今她去了医院，月季和屋后的青松也失去了主人。这是一首怀人的白话诗，读后让人回味绵长。

第六，不悔少作，一仍其旧。

季羡林散文创作的一个重要守则，是不悔少作，一仍其旧。这不但使其作品增一特色，而且对其人格也增一亮点。

将近一个世纪的人生历程，阅人无数，历事无数。在他的作品、谈话、日记中有大量记述。出生于清朝，成长于民国、成功于共和国的季羡林，一生充满艰难曲折。用他的话来说，既走过羊肠小道，也走过阳关大道，他的文字不可能一贯正确。对过去的文字持何态度，是隐匿，是修改？这是一件很考验人的事情。季羡林的态度是不悔少作，一仍其旧。这是对己对人、对国家对历史最负责任的态度。

表明这一态度的文字很多，如他在《关于〈两个小孩〉的一点纠正》中写道：“古人说：‘君子之过也，如日月之蚀，人皆见之。’我不想偷偷摸摸地改得毫无错误的痕迹。我一向不悔少作，也不改我的文章。”[④]在《清华园日记》的引言、后记中这种思想体现得更集中、突出。他在《引言》中说：“我写日记，有感即发，文不加点，速度极快，从文字上来看，有时难免有披头散发之感，却有一种真情流贯其中，与那种峨冠博带式的文章迥异其趣。”[⑤]在《后

① 季羡林：《季羡林全集》第8卷，第478页；北京：外语教学与研究出版社2009年版。

② 季羡林：《季羡林全集》第8卷，第479页；北京：外语教学与研究出版社2009年版。

③ 季羡林：《季羡林全集》第2卷，第407页；北京：外语教学与研究出版社2009年版。

④ 季羡林：《季羡林全集》第3卷，第168页；北京：外语教学与研究出版社2009年版。

⑤ 季羡林：《季羡林全集》第4卷，第84页；北京：外语教学与研究出版社2009年版。

80《清华园日记》手稿与封面

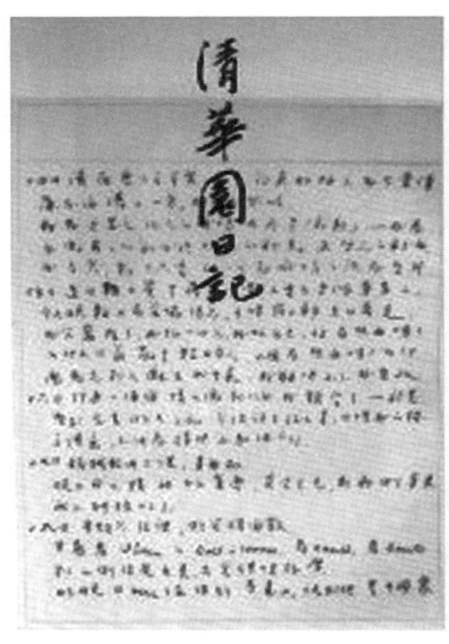

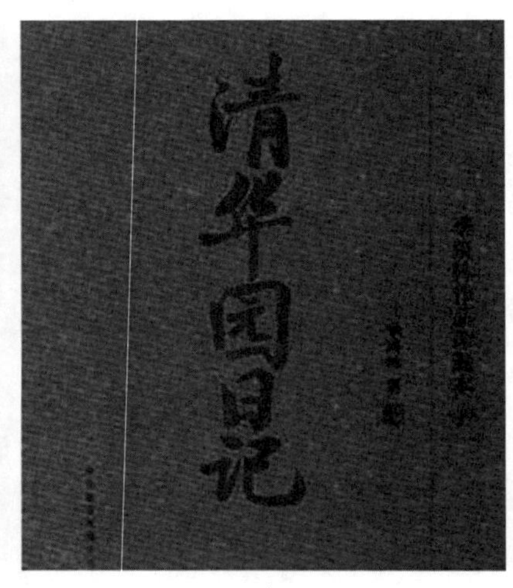

80

记》中，季羡林说得更彻底。他说：“日记是写给自己看的，什么样的思想，什么样在人前难以说出口的话，都写了进去。万没想到今天会把日记公开。这些话是不是要删掉呢？我考虑了一下，决定不删，一仍其旧，一句话也没有删。”[①]季羡林是这么说的，也是这么做的，《清华园日记》不但出了排印版，而且出了影印版。其中，许多文字令人忍俊不禁，许多文字令人咋舌惊异，许多文字令人茅塞顿开，也有一些文字，令人难以认同。总之，季羡林“不悔少作、一仍其旧”的文字，为我们撰写当代中国知识分子心灵史、思想史，提供了难得的可靠史料。其真实性远超许多人为了发表而撰写的论著，也超过季羡林其他的为了发表而撰写的文字，尽管他是讲真话的学者。

1987年，季羡林准备出散文集《万泉集》，并写了一篇自序。由于众所周知的原因，这本散文集等了三年多，也没有出版。到1991年，中国文联出版公司表示愿意出版，他又写《自序续》。他说：“为保存历史原貌，原来的《自序》，一字不改，仍然让它作为扩大了的《万泉集》的序，印在这里。但是，情况毕竟变了，应该有一点说明之类的东西，所以写了这一篇

《自序续》。”②

这篇“自序续”告诉读者：季羡林作品为什么时不时会出现“续写”“再写”“补写”之类的篇什。

人非圣贤，孰能无过？在激情年代，人和组织更容易犯这样那样的错误。1958年大跃进，季羡林和钱学森等众多知识分子一样，都真诚地认为粮食亩产可达几万斤、十几万斤，认为报纸上放的卫星都是真的，也跟着呐喊、写文章。事后冷静下来，知道那些所谓亩产都是虚狂，卫星都成泡沫。怎么办呢？实事求是，将当时的文章一字不改地收录在《季羡林全集》里。他说：“到了1958年大跃进，说一亩地产十万斤，当时苏联报纸就讲一亩地产十万斤的话，粮食要堆一米厚，加起麦秆来更高，于理不通的。‘人有多大胆，地有多大产’，完全是荒谬的，当时我却非常真诚，像我这样的人当时被哄了一大批。我非常真诚，我并不后悔，因为一个人认识自己非常困难，认识社会也不容易。”③“实事”就是尊重客观事实，“求是”就是找出原因，汲取教训。季羡林在《学海泛槎·回到祖国》中写道：“我当时已经不是小孩子，已经四十多岁了，我却也深信不疑。我屡次说我在政治上十分幼稚，这又是一个好例子。听到‘上面’说：‘全国人民应当考虑，将来粮食多得吃不了啦，怎么办？’我认为，这真是伟大的预见，是一种了不起的预见。我佩服得五体投地。”④

这一类的文章，许多都收在《季羡林全集》第7卷。在《大跃进声中庆祝国庆节》中，他说：“我以前常用‘祖国的建设简直是日新月异’这一句话；但是在今年，这一句话无论如何也不够了。如

① 季羡林：《季羡林全集》第4卷，第360页；北京：外语教学与研究出版社2009年版。
② 季羡林：《季羡林全集》第2卷，第8页；北京：外语教学与研究出版社2009年版。
③ 季羡林：《季羡林全集》第8卷，第342页；北京：外语教学与研究出版社2009年版。
④ 季羡林：《季羡林全集》第5卷，第293页；北京：外语教学与研究出版社2009年版。
⑤ 季羡林：《季羡林全集》第7卷，第207页；北京：外语教学与研究出版社2009年版。

果允许我杜撰的话，我想改为‘祖国的建设简直是秒新分异’。”[5]此文写于1958年9月，是季羡林给侨胞们讲国内大好形势的，夸大其词是此类文章的总基调，季羡林对此已有深刻反省。不过对这类文章也应采取实事求是的分析态度。对亿万人民参加的“大跃进”搞一刀切，全盘否定是不科学的。季羡林在这篇文章中说的词典编写，在不长的时间里取得了极大的成绩，也基本上是对的。中国的大多数外语汉语词典，特别是小语种汉语词典的基础，就是那个时候打下的，其中包括《印地语——汉语词典》。季羡林的“不悔少作，一仍其旧”的立场，无论从哪个方面讲，都是一种负责的态度。

第七，痛改前非，从善如流。

季羡林晚年的《老年十忌》脍炙人口，尤其受到老年朋友的喜爱。因为，除了思想深刻到位之外，季羡林还把自己摆进去，做自我批判。这样，使得文章有了亲切感。有亲切感的文章，自然受人喜欢。大家知道，季羡林晚年自称“顽健”，但是自从跳窗腿受了伤，使他长期处于病痛之中。他痛定思痛，在文章中有一段痛改前非的表述：

> 至于我自己，我先讲一段经历。是在1995年，当时我已经达到了84岁高龄。然而我却丝毫没有感觉到，不知老之已至，正处在平生写作的第二个高峰中。每天跑一趟北大图书馆，几达两年之久，风雪无阻。我已经有点忘乎所以了。一天早晨，我照例四点半起床，到东边那一单元书房中去写作。一转瞬间，肚子里向我发出信号：该填一填它了。一看表，已经六点多了。于是我放下笔，准备回西房吃早点。可是不知是谁把门从外面锁上了，里面开不开。我大为吃惊，回头看到封了顶的阳台上有一扇玻璃窗可以打开。我于是不加思索，立即开窗跳出，从窗口到地面约有一米八高。我一堕地就跌了一个大马趴，脚后跟有点痛。旁边

81 季羡林参加北大校内劳动（1958）

82 季羡林与张德福谈新版《印地语汉语大词典》（2001.5.18）

81
82

就是洋灰台阶的角，如果脑袋碰上，后果真不堪设想，我后怕起来了。我当天上下午都开了会，第二天又长驱数百里到天津南开大学去作报告。脚已经肿了起来。第三天，到校医院去检查，左脚跟有点破裂。

我这样的不服老，是昏聩糊涂的不服老，是绝对要不得的。[①]

以上文字记述的，是季羡林不服老，属于生活上的错误。对待自己思想和政治上的错误，季羡林也不留情面，进行公开的自我批评。

1990年9月，季羡林应邀为《第一届吴宓学术讨论会论文选集》作序。吴宓是季羡林在清华时的老师，他的“中西诗之比较”“英国浪漫诗人”等课程，对季羡林影响很大，作为《大公报·文学副刊》主编，对季羡林多有提携。但是，季羡林的思想偏向于胡适、鲁迅、陈独秀等新派，认为吴宓为首的学衡派保守复古，开历史倒车。在这篇序中，季羡林诚恳、痛心地说：“他热爱祖国，热爱祖国文化，但并不拒绝吸收外国文化的精华。只因他从来不会见风使舵，因而被不明真相者或所见不广者视为顽固，视为逆历史潮流而动。这真是天大的冤枉。而我作为雨僧先生的学生又景仰先生为人者，竟也参加到这个行列里来，说来实在惭愧。如果只有我一个人这样一时糊涂，倒也罢了。据我所知，当时几乎所有的年轻人都同我一样，这就非同小可了。如果没有这一次纪念会，我这愚蠢的想法必然还会继续下去。现在，我一方面感谢这一次纪念会给了我当头一棒，另一方面又痛感对不起我的老师。我们都应该对雨僧先生重新认识，肃清愚蠢，张皇智慧，这就是我的愿望。”[②] 在序的结尾，季羡林写道：“我感谢李赋宁教授和蔡恒教授要我写这一篇序，我因而得到机会，彻底纠正我对雨僧先生的一些不正确的看法。”[③]

其实，早在1989年3月，季羡林在为《回忆吴宓先生》一书所写的序言中，对吴宓进行了高度评价。这篇序后来以《回忆雨僧先生》为篇名，收在

《万泉集》中。他说吴宓（雨僧）“在旧社会是一个不同流合污、特立独行的畸人，是一个真正的人。”“他实际上是中国比较文学的奠基人之一，值得我们永远怀念的。”[④] 但是，他仍然觉得意犹未尽。所以，借为《第一届吴宓学术讨论会论文选集》作序的机会，一吐对吴宓的愧疚之意，对自己是那么不留情面，那么痛快淋漓！

正因为季羡林对自己的错误采取客观的态度，实事求是，作深刻的自我剖析和批判，不但没有损害他的形象，反而增添了他敢于说真话、对自己动真格的人格魅力，而且能帮助读者正确认识历史，认识人的正确思想产生的不易。

第八，没有创见，不写文章。

季羡林在许多地方，都强调创新，强调唯新是图。他在《假若我再上一次大学》中说：“写论文，他们强调一个‘新’字，没有新见解，就不必写文章。见解不论大小，唯新是图。”[⑤] 季羡林赞赏唯新是图，是汲取他写博士论文的教训得来的。他在德国苦读数年，写成博士论文，为了显示才华，花了一年多时间写了一篇长长的绪论。结果被瓦尔德施密特教授用一个括弧，坚决、彻底、干净、全部消灭掉了，建议统统删去。因为教授认为“根本没有你自己的创见”。此事对季羡林教训深刻，“没有创见，不写文章”，成了他的守则，并作为衣钵传给他自己的学生。

在瓦尔德施密特之前，季羡林曾在清华大学受到陈寅恪的亲身教诲。陈寅恪是一位充满预流、创新精神的国学大师，一位获得“预流果”的当代大学问家。季羡林在《饶宗颐史学论著选》序中说：

① 季羡林：《季羡林全集》第8卷，第364页；北京：外语教学与研究出版社2009年版。
② 季羡林：《季羡林全集》第6卷，第203 － 204页；北京：外语教学与研究出版社2009年版。
③ 季羡林：《季羡林全集》第6卷，第204页；北京：外语教学与研究出版社2009年版。
④ 季羡林：《季羡林全集》第2卷；第169页；北京：外语教学与研究出版社2009年版。
⑤ 季羡林：《季羡林全集》第3卷，第7页；北京：外语教学与研究出版社2009年版。

83

“能预流，就能前进，就能创新，就能生动活泼，就能逸兴遄飞。”在文末号召说：“我们从事社会科学研究工作的人，再也不能因循守旧，只抓住典籍、旧材料不放。我们必须扫除积习，开阔视野，随时掌握新材料，随时吸收新观点，放眼世界，胸怀全球；前进，前进，再前进；创新，创新，再创新。”[①]“季羡林对印度学研究如此，对其他学科的研究也如此。预流创新，是他学术研究的灵魂、生命和价值所在。”[②]现在，我们要说：预流创新，不仅是季羡林学术研究的信条，也是他散文创作的守则。

季羡林的许多文章，是应请之作，应命之作，也就是他说的“被动写的文章”。他又强调，凡是没有真正使他感动的事物，他绝不下笔去写。这两者如何统一呢？

首先，季羡林选择“应请”和“有感”相契合者。1994年，《光明日报》记者韩小蕙想出一个题目《赋得永久的悔》，向季羡林约稿，出现了一拍即合的情形。他在文章开头说：“题目是韩小蕙女士出的，所以名之曰‘赋得’。但文章是我心甘情愿做的。所以不是八股。我为什么心甘情愿作这样一篇文章呢？一言以蔽之，题目出得好，不但实获我心，而且先获我心；我早就想写这样一篇东西了。”[③]《赋得永久的悔》因为是“有感”和“应请”的结合，写得动人心弦，获得了中国最高的鲁迅文学奖的荣誉奖，还被一些中学选为教材。

其二，季羡林尽心写好师辈未竟之作。1993年5月，季羡林为《世界散文精华》作序。对世界散文，他是“有感”的。但是，应请却不是首请，而是二请。出版者首先请的是季羡林的师辈冯至先生。冯先生未写完序就去世了，于是转而请季羡林来写。他对冯至先生也是“有感”的。他引冯至为知音。1990年10月，他写了一篇痛断肝肠的《哭冯至先生》。所以，《世界散文精华》序，虽然也是应请之作，但是他将对世界散文精华和冯至先生的两个有感，揉合在一起，使得这篇序愈显见地，愈见真情。在序的结尾，季羡林写道：“掷笔长叹，不禁悲从中来。”[④]读罢此文，让人感到这是一篇有感而发的真情之作，看不出一点应请、应命的痕迹。

其三，用“直抒已见”来写好应请之作。有的应请之作，让季羡林颇为为难。自己的学术观点，与所写之人并不投缘，但是，邀请人隆情高义，不好推却。怎么办？季羡林选择了直抒已见，同时又努力写好应请之作的态度。其中，《赵元任全集》序，是典型一例。赵元任，中国现代语言学的开创者之一，当年与梁启超、陈寅恪、王国维一起，并称清华国学院四大导师。知道赵元任和季羡林学术思想的人都知道，二者的学术思路并不完全一致，要写好这篇序，极不容易。但是，季羡林起笔就不凡。序的第一句就是“赵元任先生是国际上公认的语言学大师”。然后说自己和赵元任的关系：“我虽然也出身清华，但是，予生也晚，没能赶得上国学研究院时期；又因为行当不同，终于缘悭一面，毕生没能见到过元任先生，没有受过他的教诲，只留下了高山仰止之情，至老未泯。”[⑤]给前贤著作写序，意在继承和发扬其治学传统。季羡林直抒胸臆，说：继承和发扬不出两途：“一是忠实地、完整地、亦步亦趋地跟着先生的足迹

①季羡林：《季羡林全集》第14卷，第207页；北京：外语教学与研究出版社2010年版。

②郁龙余等：《梵典与华章》，第519页；银川：宁夏人民出版社2004版。

③季羡林：《季羡林全集》第2卷，第349页；北京：外语教学与研究出版社2009年版

④季羡林：《季羡林全集》第6卷，第302页；北京：外语教学与研究出版社2009年版。

⑤季羡林：《季羡林全集》第6卷，第652页；北京：外语教学与研究出版社2009年版。

⑥季羡林：《季羡林全集》第6卷，第659页；北京：外语教学与研究出版社2009年版。

走，不敢越雷池一步。”季羡林不主张走这条路，这样就会“死”。“第二条道路就是根据元任先生的基本精神，另辟蹊径，这样才能‘活’。”⑥

这本是一篇难写的应请之作，但是季羡林真情相待，捧出自己的学术良心，将这篇序写成了一篇有感而发的经典之作。此文“写毕于雷雨大风声中”，表达的是对前贤的敬仰之情，对晚学的谆谆教诲之意。《赵元任全集》序，是季羡林诸多序跋中的上品之作。究其原因，是因为他对包括语言学在内的中国学术，有着一系列的洞察与创见。

上述八条，“平常之人，写平常事；事不避难，义不逃责；不袭故常，实话实说；爱母爱国，常谈常新；炼字炼句，惨淡经营；不悔少作，一仍其旧；痛改前非，从善如流；没有创见，不写文章”是季羡林散文创作的守则，简称“季羡林八则”。显然，季羡林的创作守则和为人守则，是高度一致的。有了这八则，加上他勤奋、长寿，季羡林散文宏富、自然、典雅、清丽：如朗月，启人心智；如春风，暖人胸怀；如胜景，令人流连忘返；如宝库，让人目不暇接，美不胜收。

五、名家眼中的季羡林散文

季羡林散文在中国文坛从20世纪后半叶至21世纪初持续走红，成了季羡林现象中的重要景观。促成季羡林散文持续走红，主要有两大推力。一是社会读者的阅读需求，即市场因素；二是一批国内外名人的推崇、敬仰，名人推崇敬仰名人，形成名人叠加效应。崇敬季羡林的名人中，有张中行、钟敬文、饶宗颐等大学问家，有郑午楼等著名侨领，有林青霞等著名艺人，还包括许多国内外政要。所有敬崇季羡林的人，几乎都是从阅读他的各类散文来认识他的。在他们心目中，季羡林的为人和为文，是一而二、二而一的关

84

系。作为文章大国、学术大国的中国，在各类敬崇季羡林的名人中，以著名学者的观点最为重要。我们一起来看一看，国内外的大学者是怎样看待季羡林和他的散文的。

中国现代著名诗人、作家臧克家，长期担任《诗刊》主编，长季羡林六岁。尽管季羡林一再要求，不要给他搞祝寿活动。自80岁以后，每隔五年门人弟子都举办祝寿暨学术研讨会。情不得已，季羡林嘱咐，一定不要打扰比自己年长的人。可是，不管如何保密，臧克家每次必到，搞得季羡林措手不及，惶恐不安。因为他知道，臧克家身体不好，家住城东，赶到城西北的燕园，等于穿过了整个北京城。在交通拥挤的现代，这并不是一件易事。臧克家不顾任何劝阻，执意要给季羡林祝寿，因为内心有两个结：一是老友见一面少一面，二是对季羡林的敬仰。这种敬仰，在1996年4月他写的《长年贡献多——贺季羡林老友八五华诞》一诗中，表现得淋漓尽致。诗的后半部分这样写道：

你的人，朴素非常，

85

你的衣着和你的人一样。

天天跑图书馆，习以为常，

你珍惜每一寸时光。

你学识渊博，对中西文化，

最有资格比较衡量。

你潜心学海，成绩辉煌，

探及骊珠，千秋万岁放光芒！[①]

1994年10月，季羡林在《我的朋友臧克家》中说："我们的友谊已经六十多年了。""他给我的印象是一个像火一样热情的诗人，对朋友忠诚可靠，终生不渝。"[②]季羡林和臧克家的友谊，在季羡林的日记和他们的通信中也多有真实体现，被传为文坛佳话。1946年7月10日，季羡林在南京，去向未定，心情苦闷。他在日记中写道："今天感触万端，思绪坏极，对生命也没有什么留恋了。……等到六点半，臧克家去，大家一同吃晚饭，吃完了又闲谈，谈得极投机痛快，心情为之稍畅。"[③]1946年9月10日上海，季羡林在日记中说："今天是旧历中秋，我同克家出门买了瓶酒和菜，向晚的时间，大家在流沙屋里坐下，大吃大喝，我从来还没有喝过这样许多酒，吃完头晕得睁不开眼，躺在那里，神志极清明，只是睡不着。"[④]读了这些日记，对季羡林和臧克家的交情，可知一二了。

张中行1935年毕业于北京大学中文系，长季羡林两岁。他是《青年之歌》中余永泽的原型，"文革"之后陆续出版了《门外谈禅》《曝暄野语》《野叟献曝》等16部著作，成为名噪华夏的学者型作家。他对季羡林的敬仰，平静而深切，在《季羡林先生》一文中，他将季羡林的贡献归纳为三个方面：语言研究，经典翻译，散文写作。认为季羡林有三种难能可贵的品德："一是学问精深，二是为人朴厚，三是有深情。三种难能之中，我认为，最难能的还是朴厚，因为，在我见过的诸多知名学者（包括已作古的）中，像他这样的就难于找到第二位。"[⑤]这个评价出自一位识多见广的望九老者之口，可谓极高而难得。

作为写作大家，张中行当然注意季羡林的散文写作，而且对《园花寂寞红》《人间自有真情在》特别在意。他说："题目以及刊于何处都记不清了。但内容还记得，是写住在他楼西一个平房小院的一对老夫妇。男的姓赵，女的德国人，长身驼背，前些年常出来，路上遇见谁必说一声'你好'。夫妇都爱花木，窗前有茂密的竹林，竹林外的湖滨和东墙外都辟成小园，种各种花草，大约是一年以前，男的得病先走了。女的身体也不好，很少出来，总是晚秋吧，季先生看见她采花子，问她，知道是不愿意挫伤死去的老伴的心愿，仍想维持小园的繁茂。这种心情引起季

① 臧克家等：《人格的魅力——名人学者谈季羡林》，第1页；延吉：延边大学出版社1996年版。

② 季羡林：《季羡林全集》第2卷，第404页；北京：外语教学与研究出版社2009年版。

③ 季羡林：《此心安处是吾乡：季羡林归国日记1946—1947》，第42页；重庆：重庆出版社2015年版。

④ 季羡林：《此心安处是吾乡：季羡林归国日记1946—1947》，第73页；重庆：重庆出版社2015年版。

⑤ 臧克家等：《人格的魅力——名人学者谈季羡林》，第8页；延吉：延边大学出版社1996年版。

⑥ 臧克家等：《人格的魅力——名人学者谈季羡林》，第8页；延吉：延边大学出版社1996年版。

先生的深情，所以写这篇文章，表示赞叹。”[⑥]张中行之所以看重这篇充满深情的文章，“因为，就是治学的冷静，其大力也要由情热来。”[①]

张中行先生慧眼识宝。他在写《季羡林先生》时，读到的到底是《园花寂寞红》还是《人间自有真情在》，我无法考辨。但是，这两篇佳作写作时间前后相连，主题也浑然一体，而且都为广大读者喜爱，许多季羡林散本读本都收入了这两篇散文。2014年夏，我将这两篇文章复印后送给回深大养老的赵侠。他读后唏嘘不已，说当年父母的身影又浮现在眼前。

86

86 周一良、季羡林、饶宗颐、任继愈在一起

一代史学大家周一良，是季羡林敬佩的学者。2001年，乐黛云编《季羡林与二十世纪中国学术》一书，丈夫汤一介出面请周一良写序。周一良在《序》中说：“并世学人当中，学识广博精深（非一般浮泛）而兼通中外（包括东方、西方）者，我最佩服三位：就是季羡林、饶宗颐、王元化三位先生。”周一良认为，包括“感情丰富、婀娜多姿的散文”在内的“十多个

文化学术领域或层面的成就”，和号称“十全武功”的乾隆皇帝相比较，“不是光怪陆离、丰富多彩得多么？”[②] 这个“也许不恰当”的比喻，表达了和张中行同样的意思，钦佩季羡林学识广博，文章真挚感人。

王元化、刘梦溪、白化文三人，对季羡林的道德文章的评价，属于同一风格，深邃而简约。王元化说季羡林“述作等身，河润千里，传音振响，布教八方，自王、陈以还，于东方学用意之专，愿力之大，成就之卓绝，未有如先生者。”（《季羡林教授九十寿序》）

刘梦溪在《季羡林先生九十寿序》中高文深义，在全面评价他的学术成就之后，对其文笔着力称赞：“先生性平易，望之温，即之也温，晚生后学，可以相亲。深情积郁，则笔之于文，或文化批评，或散文随笔杂记，七十年如一日，未尝稍辍。文如其人，一本自然。久已卓立于艺苑文坛，浑然而不自知。散文之于先生，乃学之别体，则非学之余事。”[③] 称季羡林“执教京师太学已逾半个世纪，弘宣我华夏民族之文化不遗毫发之余力，立足东方，笑对当世，头白年高，青山无梦，不待尊礼，已国老儒宗矣。”[④] 对于季羡林散文，刘梦溪有一个总体评价：“季先生的散文，一如他的为人他的讲课，朴实无华，隽永平易。如略加分别，早期的风格显得低郁惆怅，更接近于诗，50年代之后，调子渐趋明朗。总的看他写的是复调的散文，有时甚至有繁丽的特点。只有诗情浓郁的作家才写得出这样的作品。尤令我诧异的是他的体物之细和对生活的特殊敏感。往昔的回忆、异城的风景、人情的翻复、节候的变换，都可以漫不经意地在笔下化作优美的文学意象。写于三四十年代的《因梦集》，写在印度见闻的《天竺心影》，作者的角色不期而然地发生了转换，已由超离的

① 臧克家等：《人格的魅力——名人学者谈季羡林》，第8页；延吉：延边大学出版社1996年版。

② 乐黛云编：《季羡林与二十世纪中国学术》，第1页；北京：北京大学出版社2001年版。

③ 乐黛云编：《季羡林与二十世纪中国学术》，第5页；北京：北京大学出版社2001年版。

④ 乐黛云编：《季羡林与二十世纪中国学术》，第5页；北京：北京大学出版社2001年版。

⑤ 臧克家等：《人格的魅力——名人学者谈季羡林》，第128页；延吉：延边大学出版社1996年版。

87

学者一变而成为极富人生关切的抒情诗人。”[⑤]

白化文撰《临清季希逋先生九十寿序》称：“学津布护，教泽周流。林宗名盛，遂为多士之归；荀卿道高，克符祭酒之望。操翰成章，发言为论。”[①]又说：“中外仰延，后进依为楷模；生徒倚赖，群贤奉为宗师。”[②]

张岂之是当代大学者、教育家，对季羡林的学术和文章十分推崇，写有《〈季羡林文集〉与人文启示》和《关于中华文化的走向的思考——敬贺季羡林先生九十华诞》等文章。他说：“《季羡林文集》以精深的人文学术研究成果昭示人们：人文科学有自身的规范性，它对人类的贡献不在科学技术和社会科学的成就之下。”并认为，要发挥好人文科学的功能，“要有像季先生等老一辈学术大家那样扎实宽厚的基础和一丝不苟的严谨学风，以及数十年如一日的执著精神。”他这样设问：“日益发展的科学技术和生动复杂的经济生活及其学科，它们的‘本’是什么？答案可能是这样：人文科学。道理很简单，所有科学技术，以及由此推动的经济生活，无一不是‘人’所创造，而最后应当为‘人’服务。”[③]张岂之的这个论点，对当今中国来讲有着振聋发聩的重要意义。我们科技先进了，经济发展了，为何社会矛盾层出不穷，大多数人没有幸福感？重要的一个原因，是人文科学没有放在应有的重要位置，

① 乐黛云编：《季羡林与二十世纪中国学术》，第6页；北京：北京大学出版社2001年版。

② 乐黛云编：《季羡林与二十世纪中国学术》，第6页；北京：北京大学出版社2001年版。

③ 乐黛云编：《季羡林与二十世纪中国学术》，第197页；北京：北京大学出版社2001年版。

87 季羡林在九十华诞晚宴上（2001.5.17）

88 王元化作《季羡林教授九十寿序》

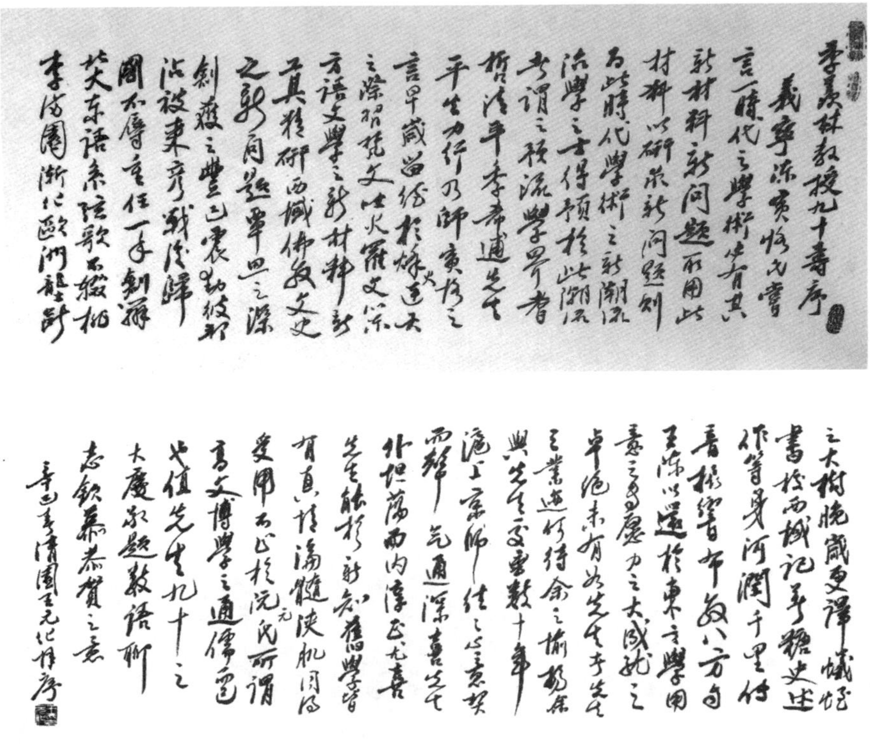

88

没有真正搞好并发挥其应有的作用。

韩素音是知名的英籍女作家，她对季羡林佩服至极，在《谈季羡林教授》中，认为："他是世界上最著名的梵文学者之一"，"在他身上发现的不只是博学，而且是睿智。不仅是睿智，而且还有非常的谦恭有礼和幽默。""对我来说，他永远是气节的象征。"[①] 在中国，道德和文章是连在一起的。同样是女作家，韩素音专写季羡林的道德，而宗璞在《夹竹桃知己》中专写季羡林的文章。她这样评价季羡林的一类描写大自然的散文："明朝人张潮在《幽梦影》中说：'菊以渊明为知己，梅以和靖为知己。'我发挥了两句，说'夜莺以济慈为知己，二月蓝以燕园众人为知己。'现在我还要接着说一句，夹竹桃以季羡林为知己。"[②] "作为夹竹桃知己的季羡林先生，实际上不止写活了夹竹桃，对海棠的怀念，对牡丹的赞叹，写马缨花令婴宁笑，写紫藤萝使徐渭泣，他对于整个大自然都是心有灵犀，相知相通的。这些对自然的领悟，形成季先生散文的一种特色。"[③] 除了花草藤树，季羡林也是写猫、写狗的圣手。在他笔下的猫、狗，全都令人掩卷不

89

忘。无论写植物还是动物，季羡林都赋于了感情，赋于了生命，这是他写活花、草、猫、狗的诀窍。

韩素音和宗璞对季羡林都有着自己的期盼。韩素音深有感触地说：中国和印度“这两个伟大的国家，尽管是邻居，但是，对互相文化的缺乏了解，还有在文化和经济上也缺少往来，却使她们分了开来。印度的知识分子在英国殖民主义者的影响下，不是注意他们自己的文化或者其他亚洲国家的文化，而是倾向于‘向西看’。在中国，情形也一样，19世纪西方的优势使得知识分子们转向西方的价值观念和文化。这一切不能说完全不好，因为西方文化确实给这两个国家带来了科学和技术。但是一个鸿沟出现了，由此好些年来两个国家之间实际上没有了互相了解的要求。”[4] 随着时代的发展，中印两国的关联度越来越大，加强互相了解的要求由无到有，由弱到强。韩素音和她的印度籍丈夫陆文星“计划为中国更好地了解印度文化作些贡献”。所以，她和季羡林相遇相识，自然成了“一件意义重大、值得纪念的事”。1987年，季羡林因《大唐西域记校注》《大唐西域记今译》获“陆文星—韩素音中印友谊奖”是情理之中的事。韩素音说：“我希望他长寿，而我们所有的人都可以继续从他的睿智和博学中得到益处。”[5]也是情理之中的事。

宗璞是冯友兰的女儿，又长期在《世界文学》杂志社工作，所以对季羡林大力倡导东方文化、倡导国学，有自己的看法。她说：“近年来，他还写了多篇关于国学研究的文章，其中观点我不尽同意，有时在家里笑说，‘找季先生抬杠去！’但意见尽管不同，我完全能感到并理解他对中国文化的

① 臧克家等：《人格的魅力——名人学者谈季羡林》，第13页；延吉：延边大学出版社1996年版。
② 臧克家等：《人格的魅力——名人学者谈季羡林》，第59页；延吉：延边大学出版社1996年版。
③ 臧克家等：《人格的魅力——名人学者谈季羡林》，第59页；延吉：延边大学出版社1996年版。
④ 臧克家等：《人格的魅力——名人学者谈季羡林》，第12页；延吉：延边大学出版社1996年版。
⑤ 臧克家等：《人格的魅力——名人学者谈季羡林》，第13页；延吉：延边大学出版社1996年版。
⑥ 臧克家等：《人格的魅力——名人学者谈季羡林》，第60页；延吉：延边大学出版社1996年版。

热爱。这份热爱，有几分古拙。”[⑥] 宗璞对季羡林的期盼也是长寿。她在文末写道：“我常问在清晨摸黑绕燕园散步的外子，‘季先生的灯亮着吗？’答话总是‘亮着’。希望这盏破晓时分的灯天天亮着。”[①]

在品评季羡林道德文章的学者中，应该特别注重乐黛云和范曾。

乐黛云，中国当代最有成就的女学者之一。她有火一样热烈的性格，水一样清纯的心地。她出身于书香之家，公爹汤用彤、丈夫汤一介，更是一代通儒。一辈子深受书香熏沐的乐黛云，心胸眼界自然高远。然而，她被季羡林深深折服，有着一份由衷的钦佩。1996年，她在为祝贺季羡林八十五岁华诞而写的《大江阔千里》中，这样深情地写道：“先生风范为我毕生仰慕，而要企及先生的境界，却实非我力所能及，然而，虽不能至而心向往之，我愿沿着先生的足迹前行，无怨无悔，直到永远。”[②] 她于1999年为“当代中国散文八大家”丛书编选季羡林卷《三真之境》，所写前言以“真情、真思、真美”为题。2001年乐黛云主持编辑纪念季羡林教授九十寿辰文集《季羡林与二十世纪中国学术》。在《后记》中她说：“先生的沛然正气，仁慈胸怀，学而不厌、诲人不倦的精神，正如孟子所说：‘仁义礼智根于心，其生色也，睟然见于面，盎于背，施于四体，四体不言而喻。’我就是在这‘不言而喻’中沐浴春风，始终以先生为自己人生的楷模。”[③] 在这本纪念文集中，乐黛云将《三真之境》的前言加了一个副标题变成《真情·真思·真美——我爱读季先生的散文》，全文收入。她认为：“先生写散文，苦心经营的，还有另一个方面，那就是文章的音乐性。先生遣词造句，十分注重节奏和韵律，句式参差错落，纷繁中有统一，总是波涛起伏，曲折幽隐。在《八十述

① 臧克家等：《人格的魅力——名人学者谈季羡林》，第60页；延吉：延边大学出版社1996年版。

② 臧克家等：《人格的魅力——名人学者谈季羡林》，第73页；延吉：延边大学出版社1996年版。

③ 乐黛云编：《季羡林与二十世纪中国学术》，第359页；北京：北京大学出版社2001年版。

90 季羡林和他的猫在燕园

90

怀》中，先生回顾了自己的一生：‘我走过阳关大道，也走过独木小桥。路旁有深山大泽，也有平坡宜人；有杏花春雨，也有塞北秋风；有山重水复，也有柳暗花明；有迷途知返，也有绝处逢生。路太长了，时间太长了，影子太多了，回忆太重了。’这些十分流畅、一气呵成的四字句非常讲究对仗的工整和音调的平仄合辙，因此读起来铿锵有力，既顺口又悦耳，使人不能不想起那些从小背诵的古代散文名篇；紧接着先生又用了最后四句非常‘现代白话’的句式，四句排比并列，强调了节奏和复沓，与前面的典雅整齐恰好构成鲜明的对比。这些都是作者惨淡经营的苦心，不仔细阅读是不易体会到的。”[①]

读了上述文字，我们可以说：乐黛云真正读懂了季羡林这个人，也真正读懂了他的散文。

范曾，中国当代国画大家。称之为国画大家，因其不仅艺精，而且德佳，是真正的德艺双馨。古人说：“德盛于才，是为君子；才盛于德，是为小人；德才皆盛，是为贤者。”范曾以德艺双馨，被称为文化艺术界的贤者。这位贤者曾写过一篇《彼美一人》的美文，歌颂的正是他心中的“美人”季羡林。这篇文章的副标题是“祝季羡林先生九十寿诞”，但后又赋以“读季羡林先生散文”的副标题，被收入多种文集。他说：“在中国古代，君子和美人是同义词。我们深深祝福季羡林先生天假永年，使我们可常享春华的芳香，秋实的甘美，谨深祷。”[②]

这篇祝寿文章，不是应景之作，是出于范曾对季羡林为人和为文的深刻体认。他说：“季羡林先生的生活和他的散文同步，几十年躬耕不辍，散文成了

① 乐黛云编：《季羡林与二十世纪中国学术》，第264页；北京：北京大学出版社2001年版。

② 乐黛云编：《季羡林与二十世纪中国学术》，第195页；北京：北京大学出版社2001年版。

③ 乐黛云编：《季羡林与二十世纪中国学术》，第190页；北京：北京大学出版社2001年版。

④ 乐黛云编：《季羡林与二十世纪中国学术》，第191页；北京：北京大学出版社2001年版。

⑤ 乐黛云编：《季羡林与二十世纪中国学术》，第191页；北京：北京大学出版社2001年版。

他心灵的纪年，也是季羡林先生道德的系谱。季羡林的生命化为了散文，他同时生活在散文中。”[③] 没有对季羡林散文意义的深刻认识，是说不出这段话的。

范曾将季羡林置于国际视野之中，并认为季羡林所抱定的“是柏拉图永恒理念的立场”。“柏拉图说，万有是永恒理念的临摹品，而艺术是临摹品的临摹品。我相信这古典的美学原则，季羡林先生只会在荷花上使用一次。”[④] 对于季羡林的“至真至实”，他“深感一个伟大的历史学者、一个

91

哲人对往昔的一切都何等负责。季羡林先生不会像弗朗西斯、培根或者卢梭，在坦呈自己的时候却包含着伪诈。他有些像尼采一样天真，不过尼采是一位疯狂的天才，而季羡林则是谦逊的贤哲，但在‘真’这一点上却殊途同归。”[⑤] 范曾这段别见洞天的评价，在同侪中是罕见的。

对季羡林的散文，范曾有一段精到的评价：“季羡林先生的散文最令

人叹服的首先无纵横之气。纵横气在先秦散文策论中常见，骎骎乎入于说术。其次无市井气，但凡佻巧以媚俗、尖酸以肆虐、张狂以诟骂、形人之短，炫己之长等等，此皆市井气之大焉者。再其次无腐儒气，文人学者之散文，抛书袋，发玄谈，好为感激怨怼奇怪之辞，貌矜奇而实平庸，恃深奥而实浅陋，此亦季先生所深恶者。无纵横气、无市井气、无腐儒气，此季羡林先生之文无论寓理、寓情、寓气、寓识，都天然去雕饰的根本，于是在季羡林先生的散文中，我们是时时感到那'言在耳目之内，情寄八荒之表'的魅力的。"[①]范曾用的是"以无写有"的手法，犹如国画的烘云托月，三无（无纵横气、无市井气、无腐儒气）为云，烘托出如君子、如美人一般的季羡林这轮心中之月。

张颐武，在季羡林看来，少年英特，是一位才华横溢的年轻学人。在张颐武眼中，季羡林是一位具有强大魅力的长辈学人。在《诗与思的融汇》一文中，张颐武说："季羡林先生的语调悠缓，声音不高，但在这位老人的谈吐中却有一股发自生命深处的力量，使那些看似随意讲出的话语有一种强大的魅力。"[②]他对季羡林的评价，抓住了"二西"之学（"耶稣之西"与"释迦之西"）的话题，所以很具张力与深度。他对《留德十年》评价的视角与众不同，他说："季先生有《留德十年》一书，记述他在德国的生活。这本书是一个来自于中国文明的知识分子与'二西'文明间的沟通、融汇、选择与困惑的最好记录。它既是一本文笔优美的散文作品，又是进行文化比较的最好的例证。"[③]张颐武进一步认为："作为一个置身当代中国文化之中，又深入'二西'文化的核心的老人，他在世纪之末所发出的独特的声音确是我们必须思考的，而他对现代西方文化的反思，正是对20世纪以来'现代性'在中国的命运的反思。它也显示着中国的人文知识分子从对西方的'赶超'与模仿，转向新的思路和新的空间的走向。"张颐武的深刻在于，认识到出于八十多岁老人之口的"90年代的新声"，对于"我们这些年轻的人文科学工作者来说，是重要的启示。我们正可以把季先生的见解作为走向未来创造的一个'生长点'。"[4]

对季羡林的散文家地位，张颐武和范曾一样将之置于国际视野之中，给出了独特而到位的评价。他说："他的文笔优美自然，清清爽爽，好像真正的青花瓷器，令人爱不释手。他的散文的中心是沧桑之感，这里有对岁月的感悟，有对故人的怀念。他最近写的怀念吴组缃、胡乔木的文章都是极好的作品。既是汉语的潜能的发挥，又是先生个人的经验与智慧的表征。让我们在'后现代'文化消费的轰鸣与喧哗中体验和品味一种绵延的情感和诗意，让我们静下心来，寻找一些不被人注意的事物。但季先生的怀念和感慨却总有一种明澈的乐观在。在伤悼和怀念故友的文章中，虽有伤感，却总是以参透生死的彻悟和对未来的信心灌注了一股'气'，一股发自灵魂的生之'气'。散文与季先生的文化思考一样都有来自诗意与哲思的明澈与乐观。这种乐观不是盲目和单纯的结果，而是接近贝多芬、歌德老年时的一种超越的境界。"[5]熟悉、了解贝多芬、歌德的人都知道，张颐武的这段文字贴切而深刻。

晚年季羡林的随笔、杂文、小品一类的散文创作，和他早年的纯美文创造，成互抱之势。张颐武作为一位思想深刻的学者，似乎更喜爱季羡林晚年的作品。他说："季先生最近的文化思考可以说是诗与思的结晶的成果。这里有诗一样的激情，又有哲思的智慧，它饱满地溢出了精神的光芒。"[6]

北京大学中文系有两位才华横溢、誉满学界的

① 乐黛云编：《季羡林与二十世纪中国学术》，第192页；北京：北京大学出版社2001年版。
② 臧克家等：《人格的魅力——名人学者谈季羡林》，第259页；延吉：延边大学出版社1996年版。
③ 臧克家等：《人格的魅力——名人学者谈季羡林》，第260页；延吉：延边大学出版社1996年版。
④ 臧克家等：《人格的魅力——名人学者谈季羡林》，第263页；延吉：延边大学出版社1996年版。
⑤ 臧克家等：《人格的魅力——名人学者谈季羡林》，第263-264页；延吉：延边大学出版社1996年版。
⑥ 臧克家等：《人格的魅力——名人学者谈季羡林》，第262页；延吉：延边大学出版社1996年版。

92 季羡林在家中

92

大学者，一位是袁行霈，一位是谢冕。他们都对季羡林佩服得五体投地，佩服的理由完全相同，都是因为季羡林的朴实。

袁行霈在《朴实的力量》一文中，说："朴实，虽不如雄奇、飞动之夺目，但它那种深邃充实的力，那种历久弥新的美，有时比雄奇和飞动更能吸引我。季羡林先生就是一位朴实的人。"[①] 他认为，季羡林朴实得像陶渊明的诗："季先生就是集中了朴实的美德并展现了朴实的力量的典范。而且，季先生的朴实带有豪华落尽的真淳，好像元好问所称颂的陶诗，这就更加令人尊敬。"[②] 这种评价，来自他切身的感受。他说：

"1992年以来，为了北大中国传统文化研究中心的工作，我常常麻烦季先生，或向他请教，或向他约稿，在一起开会的次数也多起来了，这才越发感到他的朴实的力量。和他在一起，矜可平躁可释，一切多余的雕饰的东西都成为不必要的了。当工作有了一点成绩想向他表白一下时，到了他那里忽然就觉得不必诉说了。他的沉着，他的稳重，连同他的朴实，使我们只能脚踏实地埋头苦干。"[③]

季羡林是朴实的，袁行霈和他的这篇《朴实的力量》也是朴实的。因为朴实，所以有力量，读了无不受到感染与触动。

谢冕写的《那朴素和平易让人敬畏》，用自己的切身经历，将他"心目中的季羡林先生"和盘托出。他这样写道：

在北大校园里我可以比较放松地与之晤谈的长辈，只有少数的几位，首先便是季羡林先生。

在中文系，直接为我授课的教授很多，包括我非常熟悉，也非常敬重的一些老师，我和他们的接触，大体还是相当拘束的——至少是和季羡林先生的接触有些不同。季先生的魅力来自他拒绝一切装饰的平易和素朴。

这是一位非常本色的人，一切的虚华对他来说都是多余。尽管他博古通今、学富五车，

① 臧克家等：《人格的魅力——名人学者谈季羡林》，第118页；北京：北京大学出版社2001年版。

② 臧克家等：《人格的魅力——名人学者谈季羡林》，第119页；北京：北京大学出版社2001年版。

③ 臧克家等：《人格的魅力——名人学者谈季羡林》，第119页；北京：北京大学出版社2001年版。

> 是当代文学界享有盛誉、受到普遍景仰的大学者，却始终保持了北方原野那份质朴和单纯。
>
> 我心目中的季先生，只是一位极普通的长者，在极普通的状态下说话、做事、写文章。
>
> 我和季先生的交往，也如同这校园中所有的人那样，平时无事不相往来，路上偶遇，颔首致意而已。但即使如此，我还是不断地从他那朴素、平淡和普通中感受到那种崇高人格的震撼力。
>
> 更让人惊叹的是，在极度繁忙中他近年的散文创作也创造了一个巅峰状态。被诗人牛汉谑称为“老生代”的最具代表性的作家是季羡林。我们在不断获知季先生学术上获得巨大成就的同时（例如第一届国家图书奖，他首创一人获得两项巨奖的例外便是），还不断读到他的随笔和艺术散文的华章丽句。在当前散文界，季先生的创造力完全不低于比他年轻的几位作家。[①]

阅读以上摘录，仿佛看到一位衣着朴素的忠厚长者慢慢向我们走来，这就是真实的季羡林。就是这样一位朴实的老者，对谢冕和众多像谢冕一样的学者，有着无限的魅力。谢冕说：“季先生在我的心目中，是最慈祥、最宽厚、最和蔼的师长，同时也是最严格、最让人敬畏的师长。不是由于他的严辞厉色的鞭策（他从来没有！），而是由于他的这种无言的垂范！”[②]这是一代诗评大家发出的最真挚的心声。

在季羡林的学生辈中，以文章著名于世的，有两位值得读者重视，一位是中文系的龙协涛，一位是东语系的卞毓方。

龙协涛曾多年任《北京大学学报》主编，阅文无数。他自己写文章，属于经营派，甚至是苦吟派。全国许多名楼、名胜的管理部门，纷纷请他作新序、撰新联，可见其文采之华美。他为季羡林八十五华诞所写《小草的感铭》，自然是一篇经营之作，但是没有金镂错彩，只见清水芙蓉。因为，季羡林是自然无私的春风，龙协涛有的是小草般的虔诚。他这样写道："在中国，形容德者、贤者、师者的学识和人格的感召力，常谓'春风风人''如坐春风'，这是非常恰切的。春风带着春雨，使大地滋润，使万物生长，这是多么广大无垠的恩惠啊！而泽被、沾溉最多的莫过于那些最普遍、最平凡的无名小草，似乎唯有小草，最能感受春风的博大无私，对春风、春晖的感铭最深沉、最纯情。"③ 作为学报主编，因约稿、审稿的原因，龙协涛和季羡林接触的机会自然较多。接触愈多，感受愈深。他在文章中这样写道："季羡林大师融古通今，学贯中西，治学有'上下数千年，纵横几万里'的气派，虽届望九的耄耋之年，却宝刀不老，光灿晚晴，芸窗常绿，杏坛常青，继续为北大的发展和建设发光发热，起着任何人难以替代的作用，不能不说是所有北大人的福气和骄傲。"④

卞毓方，1964年入东语系日语专业，毕业后一直做文字宣传工作，长期担任《人民日报》高级记者。他是一位学者型作家，出版有《岁月游虹》《长歌当啸》等十多部作品集。关于季羡林，他写了《季羡林：清华其神，北大其魂》《天意从来高难问·晚年季羡林》《季羡林图传》等三本书，主编《华梵共尊：季羡林和他的家人弟子》。他还撰有《季羡林的免战牌》《音乐的活化石》《季羡林和他同时代的大师们》等多篇文章。

多年的记者生涯，养成了卞毓方注重视角、穷搜材料的职业禀赋，与众不同的是他的文字有深度。季羡林著作等身，阅历丰富，一生大起大落，如何解读、评价他，是摆在卞毓方面前的大课题。如何

① 臧克家等：《人格的魅力——名人学者谈季羡林》，第79-81页；北京：北京大学出版社2001年版。

② 臧克家等：《人格的魅力——名人学者谈季羡林》，第82页；北京：北京大学出版社2001年版。

③ 臧克家等：《人格的魅力——名人学者谈季羡林》，第174页；延吉：延边大学出版社1996年版。

④ 臧克家等：《人格的魅力——名人学者谈季羡林》，第170页；延吉：延边大学出版社1996年版。

破解，他苦思而不得。季羡林写过一篇《漫谈北大派和清华派》，讲清华“清新俊逸”，北大则“沉郁顿挫”。这启发了卞毓方，他说：“我心头一亮，突然悟到，季羡林清华毕业，北大执教，在他身上，这两种风范是水乳交融、恰到好处地掺合在一起的。当初读大学，他只能选定一家，一脚不能踩清华、北大两条船；如今论风格，则可兼容并包，涵融荟萃。简而言之，他的清新俊逸似李白，他的沉郁顿挫似杜甫，正所谓‘清华其神，北大其魂’。此念一出，原有的难题即迎刃而解。我于是拿这八个字，作为解读季羡林的钥匙。”①

有了这把钥匙，卞毓方在得意之余，还是有些吃不准，发出“是耶，非耶”的疑惑。事实证明，他运用这把钥匙解读季羡林是一种大智慧。卞毓方还有一种大智慧，给自己的写作留有持续发展的空间。在《季羡林：清华其神，北大其魂》的卷首献语《一把解读季羡林的钥匙》的篇末，他用“此中有真意，欲辨已忘言”来收尾。此书的“篇末说禅”《期望和读者共同演奏》的最后一句又是：“读者中自有高人、妙人、雅人，我仅在心之一隅备下静室，期望和读者您共同演奏。”②

事隔两年，在季羡林逝世后一个月，卞毓方出版《天意从来高难问·晚年季羡林》。此书和《季羡林：清华其神，北大其魂》一样，既有大量第一次面世的新材料，又有许多劲爆的锐利观点。然而，隐藏在这些材料和观点背后的，是作者的天意观。季羡林不信鬼神，但是信缘分。卞毓方信天意。在《天意从来高难问·晚年季羡林》的《尾声：季羡林笑着走了》中，他写道：“霹雳一声，季先生的生命戛然而止。我这本书，也不由自主地划上了句号。我本来还有很多话要说，此时此刻，我不想再说，不仅不想再说，连已经写好的章节也要删去。为什么？因为那些章节是属于未来的，现在抛出，为时过早；都说人有命运，文章其实也有命运。姑且遵从天意，当机立断，就此结尾。”[3]其实，我相信卞毓方对季羡林的研究与写作，并没有结束。因为，他认为：“历史选择季羡林作为二十世纪、二十一世纪交替之际文化领域的一座丰碑，自有它深邃的背景。”“季羡林最后的生命是光芒万丈的，经一波三折而终于达至和谐，这是天理，是公道，是百折不挠的生命的奇迹。”[4]

研究季羡林这座文化丰碑和生命奇迹，是卞毓方的未竟事业，也是他和他的同好们的共同事业。

季羡林散文在东南亚、韩国、日本、印度等地颇有影响，汉学家圈子里评价十分到位。日本著名汉学家、《季羡林散文文集》译者依田熹家在译后记中这样评价他的散文：“读了这一系列文章以后，笔者感到它恰好传达了从五四运动直到现代，在动荡时代里中国知识分子的心理变迁。尤其是季羡林先生这样将中国自古而来的读书人的传统和西欧最高学术水平集于一身的大学问家，是代表了这一方面的典型。日本关于这一方面的介绍虽不能说没有，但绝对不多，而且像这样几乎跨越了那整个时代的例子本身就是极为珍贵的。”[5]依田熹家以自己的视角，将季羡林散文置于中国、欧洲、日本比较中来审视，得出的看法深刻而中肯。

以上名家，大都与季羡林有着长期的交往，有的是季氏门生故旧，也有一些名家与季羡林的拥趸，和季羡林素昧平生，有的因偶然机会接触到了季羡林，或者因为读了他的文章著作，了解到他的生平为人，而对他产生敬意。这些名家，具有更为广阔的社会代表性。

刘群，是深圳大学的一位有见地的金融学教

① 卞毓方：《季羡林：清华其神，北大其魂》，第5页；南昌：江西教育出版社2007年版。

② 卞毓方：《季羡林：清华其神，北大其魂》，第264页；南昌：江西教育出版社2007年版。

③ 卞毓方：《天意从来高难问·晚年季羡林》，第304页；北京：中国文联出版社2009年版。

④ 卞毓方：《天意从来高难问·晚年季羡林》，第307页；北京：中国文联出版社2009年版。

⑤《季羡林散文选集》马相武《前言》，第16页；天津：百花文艺出版社1995年版。

授。在专业以外，喜好读些杂书，其中包括季羡林的论著，渐渐成了季羡林的“粉丝”。他写了一篇《我们认识的季羡林——读季羡林作品有感》，说：“在我的印象中，大众了解学术泰斗，都是从他主攻的专业角度开始。”“但是，我了解季羡林，既有从媒体介绍的角度，更有从自己的角度，即自己通过阅读季羡林的散文、回忆录、传记等文学作品来认识他的。”对季羡林的散文，刘群特别钟情，说：“季老的散文、回忆录、传记等文学作品涉及到他生命的方方面面，内容博大精深，其知识的丰富性和个人体验的深切性在其作品中都有体现。”“季老的生命化作散文，他同时又生活在散文中。散文是季老心灵的一面镜子，真实地映照出他人生各个阶段的坎坷、曲折、追求、奋斗的生命历程。季老的散文有着浓厚的底蕴。‘纯真朴实’是季老散文的灵魂。”从传播受众的视角讲，像刘群这样的读者，更具社会广泛性。他只是千千万万读者中的一个，不同的是他“因受季老作品营养恩泽，不动笔写点什么，不足以了感恩心愿”（《深大通讯》2014年第2期）。

工科出身，当过集团公司总经理的施汉云，是季羡林“粉丝”中的另一种典型。1998年8月，她随着香港汉荣书局董事长石景宜先生到北大，请季羡林鉴定贝叶经。从此，她和季先生有了联系，并写了《我眼中的季羡林》一书。正如王树英教授在《序言》中所说：“施汉云女士，工作敬业，态度认真，由于工作关系，同季先生取得联系后，不仅交往时间长，而且思想交流多，季先生的思想与为人，使她深受教育。多年来，她对季先生也敬如亲人，观察细致，体贴入微。今天，她根据自己的亲身经历和实际观察对季先生晚年的一些情况做了细腻的描述，为我们真实地了解季先生提供了另一个侧面，实属难得，读后深受启发和教育。”①

季羡林的散文，给了这位总经理极为深刻的影响。在《我眼中的季羡

93

林》一书中，施汉云说："季羡林在诸多学术领域里，独有创建，硕果累累。在科研和教学之余，他还撰写了大量散文。他的散文，别具一格，自成一家，享有盛名，在中国20世纪的文坛上独树一帜，已为世界所公认。"[2]除了宏观上认识季羡林散文之外，她还注意别的名家的评价："他的散文，就像他的为人一样，淳朴、亲切、幽默和睿智，有丰富的内涵和动人的情感。钟敬文先生认为：'文学的最高境界是朴素，季先生的作品就达到了这个境界'。'我爱先生文品好，如同野老话家常。'季先生的散文风格可以说是质朴而不失雅典，率真而不乏睿智。"[3]

① 施汉云：《我眼中的季羡林》，第16页；北京：新世界出版社2011年版。
② 施汉云：《我眼中的季羡林》，第203页；北京：新世界出版社2011年版。
③ 施汉云：《我眼中的季羡林》，第204－205页；北京：新世界出版社2011年版。

施汉云是一位高级工程师，和季羡林搞的行当隔着十万八千里，为什么要不辞辛劳，撰写这本《我眼中的季羡林》呢？答案在此书的《前言》中，她说："季羡林先生赢得人们对他的无限敬仰与怀念，除了他的丰功业绩外，还与他的高尚道德和伟大人格，以及俭朴的生活与平民化作风有关。他一生勋业与日月同辉，品德与山河共存。""书中谈及的每一个生动细节和感人的故事，完全是真实写照，人们可以在这真实中分享感受到一代学术大师那高尚的情怀和品德，从而激励我们永远以他为楷模，向他学习，做一个有益于社会的人。"①

上述经济学教授刘群和工科高级工程师施汉云总经理的故事，具有很大的社会代表性。他们告诉我们：季羡林通过自己的为人和文章，感染、激励着一代又一代的人。

季羡林，作为独树一帜的散文家，他的作品到底有哪些与众不同的特点呢？综上可知，季羡林散文的特点主要有以下七条：

（一）数量巨大，题材广泛，内涵丰富，古今中外，几乎无所不有。

（二）类别众多，美文、小品、随笔、游记、杂文、笔谈、杂记，样样齐全。

（三）强调经营，追求平淡朴实之美、真实自然之趣。

（四）身体力行，写身边小事，微小中见宏大，凡俗中见典雅。

（五）新意迭出，真情如山泉流淌，既动人心弦，又如话家常。

（六）吐真言，讲实话，不唯上，不媚俗，不怕得罪人。

（七）影响广泛，精英名宿喜欢，青年学生、市民百姓皆爱读。

以上七条，任何一个作家能拥有二三条，即能享誉文坛。季羡林一人对这七条兼而有之，他的作品想不火也不可能了。

①施汉云:《我眼中的季羡林》，第17－18页；北京：新世界出版社2011年版。

所以，说季羡林是中国当代独树一帜的散文家，实在是实至名归，众望所归。

第七章
文化交流的伟大重镇

第七章

文化交流的伟大重镇

季羡林，出生于举世闻名的大运河之滨。他字希逋，又字齐奘，意为向中外文化交流的伟大使者唐僧玄奘学习看齐。他的第一部学术著作《中印文化关系史论丛》，于1957年由人民出版社出版。三件看似不相干的事似预示着文化交流将伴随他一生，成为他一生事业中的主要内容，甚至成为他生命的组成部分。综观季羡林漫长的一生，在文化交流的实践与研究两个方面，他做出了卓越的贡献，从而奠定了他在当代中外文化交流史上伟大重镇的地位。

一、丰富多彩的文化交流实践

我们的一切文化成就，都不是天上掉下来的。每一项事业的成功，离不开基础和机遇。基础条件不具备，则如朽木不可雕；不遇良匠，则如良材朽于山谷。季羡林是学外语的材料，也是搞文化交流的材料，又幸运地遇上展现才华的机会。于是，风云际会，季羡林在中外文化交流中大显身手，大有作为，成为三千年中外文化交流史上的又一座里程碑。

（一）从事文化交流终身不倦

1911年，季羡林生于鲁西北临清县大官庄。由于家境贫寒，1917年六岁时，被父亲骑着毛驴送往在济南谋生的叔父季嗣诚处抚养。从此，改变了季羡林的命运。

1920年，季羡林9岁时转学到济南新育小学（今山东省实验小学）。就在这里，他开始学习英语。季羡林说："当时对我来说，外语是一种非常神奇的东西。我认为，方块字是天经地义，不用方块字，只弯弯曲曲像蚯蚓爬过的痕迹一样，居然能发出声音来，还能有意思，简直是不可思议。越是神秘的东西，便越有吸引力。英文对于我就有极大的吸引力。"① 12岁的季羡林考取正谊中学，继续接受英语教育。白天，上郑又桥老师的英语课，晚上在尚实英文学社学习英语。正是这份对英语的好奇与喜爱，无意中为季羡林日后的文化交流事业，打下了第一块基石。

1924年，13岁的季羡林在济南见到了印度诗圣泰戈尔。这是他见到的第一位外国文豪，似乎喻示着他将和印度文化结下不解之缘。

1930年，19岁的季羡林同时考取北京大学和清华大学。考虑到清华大学出国机会多，他决定入清华西洋文学系，主修德语。在清华期间，季羡林除了学习专业之外，还听陈寅恪的《佛经翻译文学》、朱光潜的《文艺心理学》和本系吴宓的《中西诗之比较》等课程，这些课程对他影响很大。另外，他还听过朱自清、郑振铎、冰心（谢婉莹）、俞平伯等人的课。当时名师稀缺，北大、清华的教授互相兼课。其中，朱光潜本是北大教授，在清华是兼课。季羡林又认识了一批北大的名教授。在同学中，他和林庚、吴组缃、李长之最要好，人称清华"四剑客"。

① 蔡德贵编著：《季羡林年谱长编》，第9页；长春：长春出版社2010年版。

94 季羡林清华大学毕业后返回母校济南高级中学任教（1934）

在清华学习期间，季羡林就认识了一批当时中国的一流学者和青年才俊。1932年10月13日，他听胡适演讲《文化冲突的问题》，觉得内容太浅，同时又觉得胡适眼光远大。对他在《新月》上发表的《四十自述：我怎样到外国去》，感触颇深，知道胡适做学生时也是家境窘迫。这对季羡林日后出国留学，有着正面的启发意义。

在吴宓的帮助下，季羡林在清华读书时，就开始做翻译，从事文化交流的工作。他为《大公报·文学副刊》提供“外国文坛消息”，阅读、摘译《伦敦泰晤士报·文学副刊》《美国信使》文学月刊和《新共和》评论周刊等。季羡林摘编的文坛消息不断刊出，但均有稿费而无署名。1932年11月28日《大公报·文学副刊》发表署名“羡”的摘译文章，简介美国作家辛克莱回忆录《美国前哨兵》。

94

1933年4月，季羡林在22岁时发表《现代才被发现了的天才——德意志诗人薛德林》（《清华周刊》第39卷第5~6期）。5月27日，季羡林受吴宓之命，写成纪念美国女诗人萨拉·蒂丝代尔（缇丝德尔）的文章。第一篇抒情散文《枸杞树》在12月27日、30日《文艺副刊》发表，使他备受鼓舞。从此，他翻译、写作两条腿走路，并行不悖。

1934年，季羡林清华毕业。毕业论文由德国老师艾克指导，论文题目为The Early Poems of Hoelderlin（《论荷尔德林早期的诗》）。他自己认为这是东拼西凑，七抄八抄完成的。但实际上，是青年季羡林迈向学术的重要一步。

四年大学，除了英语、德语，他还学了俄语、法语。甚至决心学希腊文。发表了十余篇散文和多篇译文。其中，《中西诗中表现之自然》，颇有文学比较的味道，当为季羡林比较文学研究的发轫之作。季羡林还将同学林庚（四剑客之一）的诗《大橡》《命运》译作英文发表。在文学评论方面，季羡林也初有斩获。其中，《巴金的〈家〉》奠定了他“巴金《家》的第一位评论者”的地位（《文汇读书周报》2007年8月27日）。

综观季羡林在清华的四年学生生涯，尽管毕业于西洋文学系，但实际上在中文和外文两个方面，都打下了扎实基础。凭他的本领，既可以靠中文吃饭，也可以靠外文吃饭。他在学业上的不偏废，既是兴趣使然，也是当时谋生的实际需要。这种中文、外文兼备的知识结构，让季羡林终身受益，是他日后成为大学者的基础条件。

这种知识结构，让山东省立济南高中校长宋还吾看上了季羡林，聘请他出任母校国文教员。济南高中是当时山东唯一的高中，请一位大学西洋文学系刚刚毕业的学生出任国文教员，在当时是一件需要勇气的有识之举。做高中教员，待遇优渥，月薪160大洋，每月可有70元存储。但季羡林的授课任务颇重，三个年级各一个班，即三门不同的课。学生中年龄、修习程度参差不齐，有的已经结婚有儿有女，四书五经背得滚瓜烂熟。而且，这个学校有“架”老师即学生赶老师的“习惯”。面对这些学生，季羡林一方面用心备课，一方面发挥自己西洋知识优势，所以深得学生之心。受山东《国民日报》主编之请，季羡林编辑文学副刊《留夷》。所刊文章多为他的学生所写，他自己也发表了《游灵岩》等文章。面对薪俸丰赡的高中教职，竞争激烈。季羡林虽然面上的工作可圈可点，但因过于“安静”而没有给学校乃至校长起到潜在的造势作用，而渐受冷落。最重要的标志，是新的聘书久等不来。

当时，季羡林已经有女儿、儿子，作为家庭主要经济支柱的叔父失业，家庭经济实际上已经破产。他非常需要高中教员这个职位。如果他能继续任教，是无论如何不会离开的。可是，他在济南高中过了“如履薄冰”“提心吊胆”的一年，不得不因为太“安静”而离开。此时，传来了一个意外的好消息，清华大学与德国学术交换处（DAAD）签订了一份合同：双方交换研究生，路费、置装费本人负担，食宿费相互由对方负责。德国留学生在中国每月30块大洋，中国留学生在德国每月120马克。这个并不理想的条件，对于不得不离开济南高中的季羡林来说，就如同一根救命稻草。他在《留德十年·天赐良机》中说：“我走到了一个歧路口上：一条路是桃花，一条路是雪。开满了桃花的路上，云蒸霞蔚，前程似锦，不由得你不想往前走。堆满了雪的路上，则是暗淡无光，摆在我眼前是终生青衾，老死学宫，天天为饭碗而搏斗，时时引‘安静’为鉴戒。究竟何去何从？我逢到了生平第一次重大抉择。”①

季羡林踏上留学德国之路，看似偶然，实际上也有必然因素。那就是他在清华四年所修的德语专业。德国留学十年，决定了季羡林一生的学术之路。从这一点讲，季羡林1934年所做的“生平第一次重大抉择”是非常正确的。没有这个抉择，没有留德十年，那么就肯定不会有作为“人中麟凤”的学者季羡林。

在德国十年，季羡林掌握或具备了哪些本事，促使他一步步迈向人生高峰，成为文化交流的伟大重镇？

其一，他选择主修印度学专业。他学习梵文、巴利文和吐火罗文，又选修了阿拉伯语、斯拉夫语。中国有着一份深厚的文化积淀——佛教文化。所以，梵文、巴利文和吐火罗文在中国有着特殊的文化意义。近代以来，德国是梵文学习、研究的中心，在德国学习梵文是明智的选择。在学习梵文的过程中，作为工具的德语、英语也得到了巩固提高。由于梵语人才稀少，必然奇货可居。吐火罗文本是中国新疆地区的古代语言，早已湮灭无闻，因与佛经有关的古代吐火罗文抄本残卷的发现而轰动一时。世界上只有极少数人掌握这门语言，季羡林是中国唯一掌握吐火罗文并获世界公认的学者。这样，他就和其他学者拉开了距离。

其二，选择名校名师，与一批有识之士结交。季羡林到柏林后，德国学术交换处的魏娜，最初打算派他到康德曾教过书的哥尼斯堡大学去。因路远偏僻，季羡林不愿去。“最后，几经磋商，改派我到哥廷根（Göttingen）大学去，我同意了。我因此就想到，人的一生实在非常复杂，因果交互影响。我的老师吴宓有两句诗：‘世事纷纭果造因，错疑微似便成真。’这的确是很有见地的话，是参透了人生真谛才能道出的。如果我当年到了哥尼斯堡，那么我的人生道路就会同今天的截然不同。我不但认识不了西克（Sieg）教授和瓦尔德施密特（Waldschmidt）教授，就连梵文和巴利文也不会去学。这样一个季羡林今天会是什么样子呢？那只有天晓得了。”[②] 哥廷根是座大学城，十万人口中有二三万是大学生。季羡林称之为“学术乐园、文化净土”。他一住就是十年，时间之长，在他一生中仅次于济南、北京，成了他第二故乡。哥廷根赋予了季羡林学术、文化，让他结识了乔冠华、张维、田德望、章用等一批中国留学生。同样，哥廷根因为季羡林而在中国声名大震，凡是读

① 季羡林：《季羡林全集》第4卷，第405页；北京：外语教学与研究出版社2009年版。

② 季羡林：《季羡林全集》第4卷，第437页；北京：外语教学与研究出版社2009年版。

过他作品的，几乎没有人不知道他和哥廷根的关系。哥廷根大学不无自豪地向人介绍：我校出过两个中国名人，一个是中国军队总司令朱德元帅，一个是东方学权威季羡林教授。

其三，克服困难，毅然回到祖国。季羡林的留学合同只有两年。两年之后，必须改变身份。汪伪政权攫取驻德使馆之后，他和张维等人不肯附逆，就自我宣布为无国籍者。哈隆教授到英国剑桥大学之后，写信约季羡林赴英任教，他也回信应允。因为打印博士论文，季羡林结识了单纯质朴的德国女孩伊姆加德。这位女孩对季羡林一片痴心，使得有妻儿家室的季羡林好生为难。1945年9月24日，季羡林在日记中这样写道："她劝我不要离开德国。她今天晚上特别活泼可爱。我真有点儿舍不得离开她。但又有什么办法？"10月2日的日记中，季羡林写道："三点到Meyer家，把稿子打完。Irmgard只是依依不舍，令我不知怎样好。"[①] 季羡林怀着这样的感情离开迈耶一家，离开伊姆加德。但是，伊姆加德对季羡林的影响是终身的。

季羡林如果去了剑桥大学，英国可能多了一位优秀的汉学家；如果留在德国，德国可能多了一对神仙眷侣。但是可以肯定，如果留在德国，中国就一定没有了季羡林这位首席印度学家，没有了中外文化交流的伟大重镇。

季羡林在德国苦读十年，辗转瑞士、越南回到祖国，是什么样的命运等待着他呢？1946年9月22日，北京大学文学院长汤用彤告诉他："北大向例（其实清华也一样）新回国来的都一律是副教授，所以他以前就这么通知我，但他们现在想破一次例，直接请我作正教授，这可以说是喜出望外。"[②] 到了10月7日他在《日记》中说："十一点回来，看到汤先生的条子，我就到院长办公室去，他告诉我，他刚同胡适之先生谈过，让我担承新成立的东方语文学系的主任，我谦辞了

① 季羡林：《季羡林全集》第4卷，第518页；北京：外语教学与研究出版社2009年版。

② 季羡林：《此心安处是吾乡：季羡林归国日记1946—1947》，第80页；重庆：重庆出版社2015年版。

95 季羡林与乔冠华在德国

96 季羡林在台湾祭拜胡适墓（1999）

95
96

一阵，只好接受。”“吃完回来躺下想休息一会，但神经很兴奋，只是睡不着。”[①] 士为知己者死。对于一路苦打苦拼出来的寒门子弟季羡林来说，胡适、汤用彤的知遇之恩，除了刻苦研究、努力工作之外，真是无以为报。季羡林回到中国，胡适校长聘其为北京大学教授和东方语文学系主任。可谓筚路蓝缕，以启山林。季羡林满腔热情，大有一展宏图之志。但是，政局急变。国民党败于三年内战，退守台湾。胡适一生激进，热心西化，却也去了台湾。季羡林留在北大，继续经营东语系，研究印度学。

中华人民共和国成立，五千年古国面貌焕然一新，国际交往迅速增多。38岁的季羡林终于迎来了大展宏图的大好时光。

1949年春夏之交，季羡林收到清华老同学胡乔木（胡鼎新）从中南海寄来的信，说：“现在形势顿变，国家需要大量的研究东方问题、通东方语文的人才。他问我是否同意把南京东方语专、中央大学边政系一部分和边疆学院合并到北大来。我同意了。于是有一段时间，东语系是全北大最大的系。”[②]

10月1日，季羡林出席开国大典。10月4日，他和25位教员联名向毛泽东主席、朱德总司令暨人民政协全体代表写信祝贺，庆祝中华人民共和国的成立。信的全文如下：

毛主席、朱总司令暨人民政协全体代表先生：

人民政协开幕了，中华人民共和国成立了，这表示中国人民将永远成为自己的主人，中国历史将走向一个同以前绝对不同的新的方向，我们现在用无比的热诚来庆祝。

参加政协的六百多位代表，代表不同的职业，不同的社会阶层，还代表不同的宗教信仰，不同的民族，他们对人民政协组织法，中央人民政府组织法和人民政协共同纲领，当然也从不同的立场和观点上来看；但他们对这三大文件一致地表示热烈的拥护，这证明这三大文件真正可以代表全国广大人民的要求，我们决心用行动来拥护这三大文件！

我们都是研究东方语文的，我们系里的教员和同学，有的民族不同，有的信仰不同，我们最关切的当然是民族问题，共同纲领里明确地规定了民族政策，规定了：中华人民共和国境内各民族一律平等，实行互相团结，反对以前的大民族主义和狭隘的民族主义，禁止民族间的歧视，各少数民族都有发展其语言、文字，保持或改革其风俗习惯及宗教信仰的自由。我们一致认为这规定完全正确，完全合理，我们更要特别地用行动来维护这正确政策！

对伟大的人民领袖毛主席我们致无上的敬意，我们永远在他的旗帜下前进！

北京大学东方语文学系教员季羡林、金鹏、张礼平、傅佑弼、马学良、杨荣柱、李启烈、黄敏中、王世清、昌瑞颐、郭应德、李森、秦森杰、凌瑞拱、陈炎、刘麟瑞、彭正笃、陈玉龙、陈乾祥、袁有礼、殷洪元、赵琪竹、马超群、刘德裕、金克木。[③]

“1951年，我国政府派出了建国后第一个大型的出国代表团：赴印缅文化代表团。乔木问我愿不愿意参加，我当然非常愿意。我研究印度古代文化，却没有到过印度，这无疑是一件憾事。现在天上掉下来一个良机，可以弥补这个缺憾了。于是我畅游了印度和缅甸，留下了毕生难忘的印象。”[④]这个代表团人数多，规格高。9月20日，新华社公布赴印度和缅甸访

① 季羡林：《此心安处是吾乡：季羡林归国日记1946—1947》，第91页；重庆：重庆出版社2015年版。

② 季羡林：《季羡林全集》第2卷，第322页；北京：外语教学与研究出版社2009年版。

③ 蔡德贵编著：《季羡林年谱长编》，第58页；长春：长春出版社2010年版。

④ 季羡林：《季羡林全集》第2卷，第322页；北京：外语教学与研究出版社2009年版。

问的中华人民共和国文化代表团名单如下：

团长：中央人民政府政务院文化部副部长、物理学家丁西林

副团长：经济学家李一氓

团员：前北京大学历史学教授陈翰笙，文物局局长、文学批评家、小说家郑振铎，小说家刘白羽（兼代表团秘书长），清华大学中国哲学史教授冯友兰，清华大学物理学及应用数学教授钱伟长，中央美术学院教授、画家吴作人，北京大学经济学教授狄超白（兼代表团副秘书长），北京大学东方语文学系教授季羡林，戏剧家、电影导演张骏祥，北京师范大学中国文学系教授叶丁易，中国红十字会总会副秘书长倪斐君（兼代表团副秘书长），画家、敦煌文物研究所所长常书鸿，中央音乐学院上海分院教授周小燕。

代表团除上述15人外，尚有工作人员6人随行。

9月20日下午6时40分，代表团乘车离京，前往印度和缅甸两国进行友好访问。到车站欢送的有政务院文化教育委员会副主任兼文化部部长沈雁冰，文化教育委员会秘书长兼新闻总署署长胡乔木，出版总署署长胡愈之，外交部副部长章汉夫，文化部副部长周扬，教育部副部长韦悫，新闻总署副署长萨空了，政务院文化教育委员会对外文化联络事务局局长洪深，人民革命军事委员会总政治部文化部部长陈沂，中国人民保卫世界和平反对美国侵略委员会副秘书长吴茂荪，中国人民外交学会副会长周鲠生，中国人民救济总会秘书长伍云甫，中华全国文学艺术界联合会全国委员会秘书长沙可夫等政府首长和人民团体的代表共一百余人。

印度大使潘尼迦、缅甸大使吴拉茂与夫人以及印度、缅甸两国大使馆人员均到车站欢送。

为促进中印与中缅人民的友谊和文化交流，代表团带去介绍新中国的各种图片、中国古代艺术敦煌壁画的摹本、中国的美术工艺品及新中国电影片7部。

在此以前，印度大使潘尼迦曾于9月13日设宴欢送代表团。缅甸大使馆代办吴辟也在9月9日设宴欢送代表团，缅甸新任大使吴拉茂亦出席了这次宴会。[①]

这次代表团出访，还有一个特点，就是时间长。1951年9月20日离京，经广州到香港，乘船经过新加坡到达缅甸仰光参观大金塔、缅甸艺术家画廊，访问仰光大学，在缅甸驻留5天后，于10月28日乘飞机从仰光到达印度加尔各答，在印度一直到12月9日，约6周，行迹所至包括位于印度半岛的西南角的科钦，甚至到过科摩林海角。

在印度先在加尔各答，后以先遣队的身份到首都新德里，住进中国驻印度使馆。由于在国内外的学术影响，冯友兰和丁西林、李一氓、季羡林等人专门被安排到总统府下榻。应印度方面的邀请，代表团先后访问德里大学、回教大学、阿里加大学，参观印度古代宫殿建筑、圣雄甘地墓，在圣地尼克坦国际大学住两天，访问泰戈尔故居，住在泰戈尔生前住过的北楼，出席分别由印度总统普拉萨德、总理尼赫鲁、教育部长阿萨德、外交秘书梅农及印中友协举办的宴会、招待会和欢迎会。

年底回到缅甸，在东枝等地参观访问。1952年1月10日，乘客货轮到香港。1月24日从香港经广州回到北京。[②]

这是新中国第一次派出的高级别大型文化代表团，也是季羡林第一次出访。自此，他就频繁参加我国的重大文化交流活动，发挥越来越重要的作用。

1953年10月2日，季羡林以中印友好协会理事

① 蔡德贵编著：《季羡林年谱长编》，第61页；长春：长春出版社2010年版。
② 蔡德贵编著：《季羡林年谱长编》，第62页；长春：长春出版社2010年版。

97 印度诗人哈·查托巴迪亚在中印友好协会会长丁西林举行的酒会上演唱中印友好歌（1953.10）

98 中印友协会长丁西林率团访印，并在新德里召开的中印友协第一次全国会议暨印度印中友协成立大会开幕式上讲话

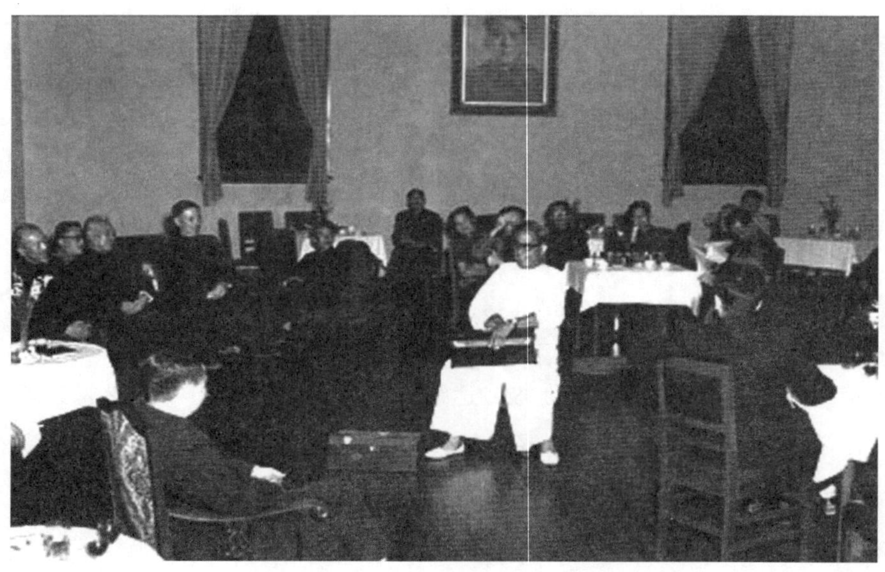

97
98

身份，出席由会长丁西林、副会长陈翰笙举行的欢迎印度诗人哈林德拉纳特·查托巴迪雅亚的酒会。酒会在友好的气氛中进行。参加酒会作陪的还有：中印友好协会理事会老舍、吴作人、吴茂荪、张明养、刘白羽、邓拓；文学艺术界梅兰芳、夏衍、柯仲平、郑振铎、田汉、艾青、袁水拍、田间、谢冰心、贺绿汀、丁善德、周小燕、马少波、张俊祥、孙慎、朱明、邹荻帆、华君武等。

1954年2月10日晚，到车站欢迎前来印度参加中印友协第一次全国会议的以丁西林为团长的中印友好协会代表团。在车站欢迎的还有陈翰笙、胡愈之、范长江、龚普生、张明养、洪深、陈忠经、吴作人、陈家康、董越千、戴爱莲，以及先行回到北京的中印友协代表团团员袁水拍等。[①]

1955年10月，季羡林和刘大年、吕振羽参加中国史学家代表团赴德意志民主共和国，参加“国际东亚学术讨论会”、德国汉学家会议，访问民主德国。回国后，学校为季羡林和早先访问东欧归来的冯至先生在大饭厅举行报告会。“那天下午，去听讲的人很多，大餐厅里坐满了人，大家都想一睹冯至先生和季先生的丰采，听听他们在东欧的见闻。报告会是由冯至先生先讲，季羡林先生坐在台上等候。”[②]冯至讲得妙趣横生，学生听得兴趣盎然。在季先生一再“讲吧，讲吧”的鼓励下，冯先生一直讲到开饭时间。季先生虽没有时间讲了，但赢得了大家的掌声。

1956年2月，季羡林当选为“中国亚洲团结委员会”委员。

1957年5月5日，在临湖轩参加接待由邓小平副总理、彭真副委员长、杨秀峰教育部长陪同的苏联最高苏维埃主席伏罗希洛夫。9月，季羡林从梵语翻译的印度古代名剧《沙恭达罗》，由中国青年艺术剧院搬上舞台，吴雪执导，梅熹、白珊主演。周恩来陪同印度副总统拉达克里希

① 蔡德贵编著：《季羡林年谱长编》，第66页；长春：长春出版社2010年版。
② 蔡德贵编著：《季羡林年谱长编》，第67页；长春：长春出版社2010年版。

南观看演出，季羡林介绍故事情节。

1958年10月4日，作为中国作家代表成员，与冰心、巴金、茅盾、周扬等一起赴苏联塔什干参加亚非作家会议。10月下旬回国。

1959年，应邀赴缅甸参加“缅甸研究会五十周年纪念大会”，作题为《原始佛教的语言问题》的发言，英译文发表在会刊上。

1960年，季羡林和金克木合作招收17名梵文、巴利文专业学生。

1961年，应向达先生邀请，给历史系学生讲吐火罗语文法。

1962年11月25日，赴缅甸仰光访问，参观华侨中学。11月底，与吴晗、尹达、白寿彝、马坚等赴伊拉克参加“巴格达建城1800周年纪念大会”。然后到埃及开罗。12月20日从莫斯科乘火车回京。

1963年6月30日，东语系师生集会，纪念朝鲜人民祖国解放战争13周年，坚决反对美国继续占领南朝鲜。系主任季羡林指出，没有任何力量能够阻挡朝鲜人民实现和平统一祖国的正义事业。

1964年4月1日—5月14日，随中国教育代表团，访问埃及、阿尔及利亚、马里、几内亚等国。途径仰光、达卡、卡拉奇等地。

1965年，梵文巴利文班学生毕业。

1970年，东语系通过国际书店向印度订购梵文精校本《罗摩衍那》，不到两个月，八大本精装原著寄到。于是季羡林开始作翻译这部大史诗的准备工作。

1972年10月30日，致信耿引曾，解答中外文化交流的若干问题：中国文学家问题、中印关系、中欧关系、茶、中国的文学作品。

1973年5月，开始收集《印度佛教史》资料。着手翻译《罗摩衍那》。

1974年4月22日，以北京大学副校长的身份出席日本创价学会会长池田大作在北京大学的演讲。

1975年5月，新疆博物馆副馆长李遇春，携带残卷到北大找季羡林，请他解读。季羡林确定是吐火罗文《弥勒会见记剧本》。

1976年，开始译吐火罗文残卷，为《印度佛教史》写作《读〈大藏经〉》。

1977年，完成《罗摩衍那》汉译，主持《大唐西域记》注释。

1978年3月7—23日，应印度柯棣华大夫纪念委员会邀请，参加以王炳南为团长的对外友协代表团，经巴基斯坦前往印度访问，先后在德里、阿格拉、孟买、科钦、班加罗尔、海德拉巴、加尔各答等地参观。在德里大学和老朋友著名经济学家吉安·冒德会面，在尼赫鲁大学和老朋友中印协会主席森德拉尔会面。奈都夫人陪同全程访问。收获良多，印象深刻。

10月，出任北京大学副校长，出任由北京大学和中国社会科学院合办的南亚研究所所长。

11月25日—12月5日，出席广州“全国第一届外国文学规划工作会议”，出任全国外国文学学会副会长（冯至任会长）。12月，作为中国人民对外友好协会代表团成员访问印度。

1979年，中国南亚学会成立，当选为会长。受聘为《中国大百科全书外国文学卷》编委会副主任兼南亚编写组主编。《〈罗摩衍那〉初探》出版。

3月，访问印度。德里大学文学院为他举行盛大隆重的欢迎会。会上德里大学文学院院长致词说：“在中华人民共和国建立前的两千年中，印度是中国的老师；中华人民共和国建立后，中国是印度的老师。”这番话引起满堂掌声。季羡林在致答谢词时说：“中印两国有长期的文化交流，不过，既然是‘交流’，就绝对不会‘一边倒’。”在德里，季羡林和曾在北京大学任教的普拉萨德一家聚会。

1980年，出版散文集《天竺心影》。

99

7月15—26日，应室伏佑厚邀请，赴日本出席“印度学佛学会议”，结识梵文和佛学著名学者中村元教授。

7月29日，在中国人民对外友好协会举办的“普列姆昌德诞生100周年纪念会”上，季羡林作报告指出：普列姆昌德是印度印地语文学的奠基人和反帝、反封建的伟大文化先驱。

10月，由季羡林、翁独健、孙毓棠等十几位专家学者联名发起成立中外关系史学会，同时组成筹备小组。

11月4—15日，率中国社会科学代表团赴联邦德国访问，在哥廷根拜会恩师瓦尔德施密特，应聘为哥廷根科学院《新疆吐鲁番出土佛典的梵文词典》顾问。

1981年，中国外语教学研究会成立，当选为会长。任中国民族古文字研究会名誉会长。

11月27日，北京大学隆重集会，纪念美洲导师、委内瑞拉伟大学者安德

99 应柯棣华大夫纪念委员会的邀请，中国人民对外友协代表团访问印度（1978.3）

100 朱光潜（前排左四）和季羡林（前排右一）在莫干山参加《中国大百科全书外国文学卷》审稿会

烈斯·贝约诞辰200周年。北大校长张龙翔、副校长季羡林、委内瑞拉驻华大使布雷利及夫人、中国驻委大使卫永清等出席。

周培源、季羡林等提出倡议，成立中国教育国际交流协会。由教育部、外交部联合报告国务院。1981年7月，由国务院正式批准成立。1994年，该协会在联合国注册为国际性非政府组织。季羡林为协会顾问。

1982年6月23日，当选中国翻译工作者协会副会长。

7—8月，高教部在承德举办“东方文学教师讲习班”，季羡林讲课的内容为《必须加强对东方文学的研究》。

12月在西安出席中国外国文学第三届理事会期间，由季羡林主持召开专题座谈会，作出创办《中国比较文学》期刊的决定。随后成立季羡林（主编），方重、施存蛰（副主编）等21位学者组成的编委会。

1983年8月15—22日，出席在兰州、敦煌召开的“中国敦煌吐鲁番学会

100

成立暨1983年全国敦煌学术讨论会”，当选为会长。

《印度两大史诗评论汇编》（季羡林、刘安武编）由中国社会科学出版社出版。

中国语言学会第二届年会，当选为会长。

中国国际教育交流学会成立，当选为会长。

中国高等教育学会成立，当选为副会长。

9月15日，中国人民对外友好协会举行盛大庆祝会，庆祝季羡林翻译的《罗摩衍那》中文全译本出版。友协副会长楚图南出席、印度驻华大使文卡特斯瓦兰出席。人民文学出版社社长韦君宜向印度大使赠书。

9月27日，出席由中国人民对外友好协会和中国社会科学院、北京大学南亚研究所召开的纪念印度民族独立领袖甘地诞辰115周年大会。

1985年2月24日，出席印度新德里召开的“印度与世界文学国际研讨会”和“蚁垤国际诗歌节”，被大会指定为印度和亚洲文学（中国和日本）分会主席。

7月担任中国社会科学院举办的“联合国科教文组织佛教艺术巡回展专家咨询会议”顾问，提出“中印对等”的重要意见。

8月25日，作为中国代表团顾问，出席在德意志联邦召开的第十六届世界史学家大会。英文发言论文为《商人与佛教》。参加德国总统魏茨泽克的招待酒会，并和刘大年团长一起受到总统接见。

10月，出席在深圳大学召开的“中国比较文学学会成立大会暨学术讨论会”，被推选为名誉会长。

11月，再次访问印度。

1986年3月，当选中国亚非学会副会长。

5月3日向印度留学生墨普德赠送《罗摩衍那》中译本及《中印文化关系

101 人民文学出版社社长韦君宜向印度驻华大使文卡特斯瓦兰赠送《罗摩衍那》中文全译本

102 季羡林、赵朴初、对外友协会长王炳南、印度驻华大使文卡特斯瓦兰等出席纪念印度民族独立运动领袖甘地诞辰115周年大会（1984）

史论文集》。

6月10日，出席北师大召开的东西方文化交流研讨会。

6月，应室伏佑厚、中村元之邀，率中国教育国际交流协会访日赠书代表团回访日本。23日在早稻田大学发表演讲《东洋之心》。在其他地方作《和平与文化》《经济与文化》的演讲。在京都西本愿寺拜见一百零八岁高僧。

11月24—30日，参加全国人大代表团，和赵朴初一起陪班禅大师乘空军专机到尼泊尔公干，出席“世界佛教联谊会第十五届大会”。应邀到有6万大学生的特里布文大学演讲《中国的南亚研究——中国史籍中的尼泊尔史料》。

1987年5月，出席香港中文大学“国际敦煌吐鲁番学国际讨论会”，发表有关吐火罗语研究的论文。

8月10—25日，北京大学举办“东方文化系列讲座”，作《文化交流的必然性和复杂性》报告。受聘为冰岛大学“吐火罗文与印欧语系”研究顾问。

103

9月15日，出席北京大学召开的“海涅国际学术研讨会”。

接待日本著名学者中村元，并在未名湖留影。

1988年4月，为北京大学建校九十周年纪念文集《精神的魅力》作序《梦绕未名湖》，引用印度名剧《沙恭达罗》诗句：“你无论走得多远也不会走出我的心，黄昏时刻的树影拖得再长也离不开树根。”随着此书的热销，这两句印度古代名句在中国流行开来。毕业时，学生往往在留言簿上写这两句话送给最要好的人。

8月15—21日，出席在北京召开的1988年敦煌吐鲁番学术讨论会，致开幕词和闭幕词。提出“敦煌吐鲁番在中国，敦煌吐鲁番学在世界”的口号。在闭幕式上季羡林说：“世界上任何一门科学都不能独立的，关起门来是搞不好研究的，敦煌、吐鲁番学也不例外。”

1989年3月28日，出席中国佛教协会赵朴初会长在人民大会堂为星云大

103 季羡林与日本梵文学者中村元在未名湖边留影（1987.11）

104 季羡林为北京外国语大学海外汉学研究中心题词

师所率国际佛教促进会所设素斋招待会。

秋，开始指导日本博士生辛岛静志。

1990年10月24—27日，中国亚非学会举行第三次代表大会暨学术研讨会。大会由季羡林以副会长身份主持，会上当选为中国亚非学会第三届会长。

1991年6月，应韩国社会科学院金俊烨理事长邀请，与韩国学研究中心主任杨通方、中国教育国际交流协会副会长李滔等一行访问韩国，访问高丽大学，会见学术界、文化界的老朋友。赠送著名书法家启功先生的墨宝给金俊烨教授。

1992年初，经赵朴初介绍，和斯里兰卡克拉尼亚大学联合培养净因法师和圆慈法师攻读硕士学位。

9月29日至10月上旬，应人民日报和日本朝日新闻社邀请，参加在武汉、荆州、宜昌举办的“展望21世纪的亚洲国际研讨会”。10月上旬，从重庆飞回北京。这次出访，震动很大，认为长江文化至少可以和黄河文化并驾齐驱。

11月3—4日，出席北京大学东方学系和伊朗文化研究中心举办的“伊朗学在中国学术讨论会”。

11月，被印度瓦拉纳西梵文大学授予最高荣誉奖“褒扬奖”。

1993年3月3—5日，赴澳门参加“东西方文化交流——历史与展望

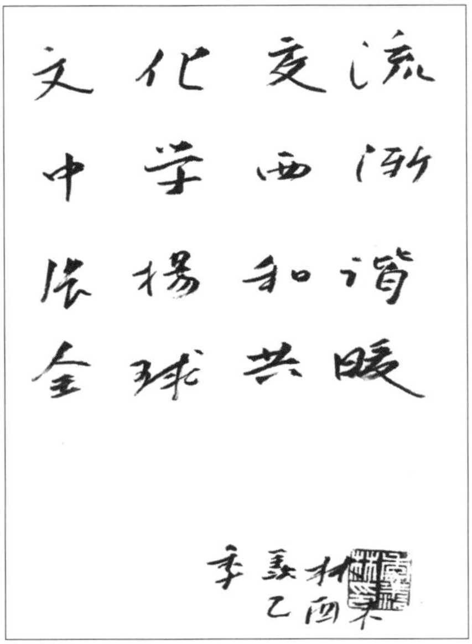

104

国际学术研讨会”，发表演讲《东方文化和西方文化》。与任继愈一起出任澳门文化研究会名誉会长。

出任泰国东方文化书院国际学者顾问。

任《中外文化交流史丛书》总主编。

1994年3月20—31日，应郑午楼博士邀请，赴曼谷参加泰国华侨崇圣大学揭幕典礼，与泰国王交谈，被聘为该校顾问。应邀在东方文化书院讲学，谈天人合一，获与会学者支持。

9月23日，出席北京长城国际学术研讨会，11个国家与地区的专家50余人出席。季羡林发言题目是《长城与中华民族的民族性》。

主编《东方文化集成》丛书，担任北京圆明园学院名誉院长。

印度尼赫鲁大学中国研究中心主任谭中主编《印度视野》，邀请中印两国著名学者撰稿，刊登泰戈尔、尼赫鲁、季羡林等人的文章。

任《四库全书存目丛书》总编撰，任《传世藏书》《百卷本中国历史》主编。

1995年，清华大学中文系、外文系合办“中外文化综合班”，邀请季羡林、李赋宁、张岱年、乐黛云、陈平原等定宗旨、定计划。季羡林讲第一课，学生听后十分兴奋。后来，他两次与这个班师生座谈，多次主动关心他们成长。同学们深受感动，尊季羡林为“精神上的父亲”。

1996年6月5—23日，由中国东方文化研究会主办的“96民俗文化国际研讨会”在北京和山东两地举行，来自全国及韩、美、德、俄等国的学者近60人与会。季羡林和钟敬文等专家学者出席。

出任《今日东方》杂志名誉主编。

9月12日，北京外国语大学海外汉学研究中心成立，季羡林出任名誉主任，并题词：“文化交流，中学西传，张扬和谐，全球共暖。”

105 季羡林被山东大学聘为学术委员会名誉主任（1997）

106 德黑兰大学授予季羡林名誉博士学位

107 印度文学院授予季羡林名誉院士（1999.7.5）

105
106
107

1997年3月，《文化交流的轨迹：中华蔗糖史》由经济日报出版社出版。

山东大学聘季羡林为名誉学术委员会主任。

聘为深圳大学文学院院长顾问。

11月13日，和北京大学党委书记任彦申一起会见美国驻华大使馆公使麦克海和政治处一秘杰瑞特，就梵语研究及北大对外交流与合作进行热烈讨论。1998年，季羡林《弥勒会见记剧本》英文版在德国出版。

10月27日，中国人民对外友好协会和中国南亚学会在北京联合召开纪念谭云山诞辰100周年大会。季羡林和印度驻华大使南威哲热情致词，高度赞扬谭云山为中印友谊所作贡献。季羡林说谭云山的特殊性在于：他和中印两国领袖都有深厚友谊，是沟通两国的“金桥”。

11月30日，在深圳观澜酒店接受《深圳商报》的《深圳周末》主编胡洪侠采访，谈东西方文化。

伊朗德黑兰大学授予季羡林名誉博士学位。

1999年3月15日，教育部长陈至立签署中华人民共和国教育部令第2号《中华人民共和国教育部“中国语言文化友谊奖”设置规定》，季羡林为七名评委之一。

3月26日，应圣严法师之邀由郝斌陪同到台北，出席台湾法教人文社会学院召开的“人文关怀与社会实践系列——人的素质学术研讨会”。

4月20—24日，全国60余所高校150余名学者，在中国人民大学举行纪念歌德、巴尔扎克、普希金和海明威学术研讨会。全国高校外国文学教学研究会会长季羡林为大会题词：“纪念伟大作家，沟通中外文化。”在书面发言中说：纪念国外伟大作家，“这对于加强人民间的团结具有很大的作用。而全世界人民的团结，在今天的世界形势下，更是极端重要的。”[①]

7月5日，印度文学院授予季羡林名誉院士学衔仪式在北京大学临湖轩

108 印度总统纳拉亚南和北大校长许智宏为印度诗人泰戈尔铜像揭幕（2000.5.30）

108

举行，印度文学院院长罗摩坎达·罗特、印度驻华大使南威哲、北大副校长何芳川到场，北京大学和中国社会科学院数十名专家参加仪式；南威哲说："季羡林教授对印度的研究，倾注了毕生的精力，真可谓是一个传奇式人物。季羡林教授也是世界上公认的梵文研究的带头人。他对中印两国历史长期互相交流的研究所作的贡献，时至今日仍然起着先锋作用。"印度文学院长罗摩坎达·罗特代表印度文学院致词，认为季羡林教授是一位世界知名的杰出东方学者，也是当今世界公认的最为著名的梵文学者之一，在开创中国对印度古典文学的研究方面的贡献，是无与伦比的，理应获得名誉院士学衔。他指出："采取这一史无前例的创举，把名誉院士授予季羡林教授，在中国、东方文化学术界的带头人，我对此倍感欣慰。"季羡林致答词，说：世界知名的文学机构印度文学院，授予我名誉院士学衔，在我的确是一大喜事，也是一大荣誉。这是印度人民对中国人民的友谊的标志或象征。我认为，这一崇高荣誉不能仅仅属于我一个人，而应当属于所有从事印度研究的中国学者。其中有些人现在就在座。他们应当与我分享。然后用中英两种语言吟诵"老骥伏枥，志在千里。烈士暮年，壮心不已"的诗句，表示自己虽非烈士，但仍要为中印两国文化交流多做贡献。[②]

8月21日，在季羡林和韩国国会议员金弘一的倡议下而建立的"韩中交流中心"及"韩中历史文化交流资料室"在韩国驻华大使馆举行挂牌、开馆仪式。

2000年5月30日，印度总统纳拉亚南到北京大

① 蔡德贵编著：《季羡林年谱长编》，第163页；长春：长春出版社2010年版。

② 蔡德贵编著：《季羡林年谱长编》，第156 － 157页；长春：长春出版社2010年版。

109 季羡林与印度总统纳拉亚南亲切握手（2000.5.30）

109

学，和许智宏校长共同为泰戈尔铜像揭幕。纳拉亚南总统在仪式上表示，希望通过对泰戈尔及其作品的追忆能激励两国人民，特别是两国青年投身到印中友好事业，实现诗人所梦想的两个伟大民族“心灵的沟通”。深谙印度文学的季羡林在仪式上说，泰戈尔是印度伟大的诗人、伟大的爱国者和伟大的贤哲，也是中国伟大的朋友。中国印度是邻国，至少在两千余年来一直是好邻居。我们在包括哲学、宗教、艺术乃至自然科学和技术在内的不同领域里不断进行交流，从而使我们两国的文化丰富起来。我认为，这是中印传统友谊的基础，中印两国的友好传统应该得到继承和发扬。[①]

9月，刘梦溪写《季羡林先生九十寿序》，为现代祝寿篇什之美者。其中佳句：“以《浮屠与佛》名篇鸣世，惟印度学一科，先生独辟而自立之，故存‘前不见古人，后不见来者’之叹。”“睹西方势强，国性不立，反对文化霸权，遂倡河东河西之说。”彰显季羡林为文化交流所作贡献，精练而切中肯綮。

11月2日，“2000北京金庸小说国际研讨会”在北京大学开幕。中国内地、香港、台湾及美、英、澳、以、日、韩诸国60多位学者与会。季羡林出席开幕式并任会议荣誉顾问，并与金庸交谈。

获德国哥廷根大学博士学位金质证书。

2001年1月20日，首都科技界、新闻界知名人士近300人聚集一堂，迎春联谊会暨中华世纪坛·世纪论坛聘请学术顾问、委员仪式在中华世纪坛世纪大厅隆重举行。费孝通、季羡林担任世纪论坛学术委员会主任。

2002年2月3日，季羡林为钱林森主编的《外国作家与中国文化》丛书题词："我一向有一个看法：文化交流是推动人类社会前进的重要动力之一。如果没有文化交流，我们将无法想象，人类今天的社会会是一个什么样子。在精神方面的交流中，文学的交流实占有重要地位。跨文化丛书致力于这方向的研究，可谓有真知灼见。"

4月7—10日，"多元之美"比较文学国际研讨会在北大隆重召开。来自中国、法国、日本、韩国、新加坡、德国、美国、印度、瑞典、新西兰的二百余名嘉宾出席开幕式，季羡林和教育部领导章新胜、北大副校长韩启德、何芳川及法国驻华大使毛磊等，发表了热情洋溢的讲话。

4月28日，为北大国际关系学院院友会《院友纪念册》题词："要爱人类，必先爱国；要爱国，必先爱校；要爱校，必先爱院。现在我们国际关系学院的校友遍布全球的五湖四海，他们与母校心心相通，这正如印度古典名剧《沙恭达罗》中的一首诗所说的那样：你们无论走多远也不会走出我的心，黄昏时刻的树影拖得再长也离不开树根。"

春天，泰国诗琳通公主到朗润园寓所拜访，与公主在楼前合影，公主便装简服，季羡林对襟中装，两人衣袋中各挂一支笔，神态亲切感人，吸引无数读者眼球。

6月5日，出席北京大学"唐宋妇女史研究与历史

① 蔡德贵编著：《季羡林年谱长编》，第163页；长春：长春出版社2010年版。

110

学”国际学术研讨会，与周一良教授在开幕式上发表讲话，强调妇女研究的意义和北大中古史中心的学术地位。

8月15日，季羡林为《名家心语丛书》作序，认为：“所谓‘老龄化’已在眼前，对‘老龄化社会’这一个词儿，我不知道别人的感觉怎么样，我个人是反感的。这是一个舶来品，是洋玩意儿。它硬是以六十岁为界把人类切成两半，六十岁以上的所谓‘老龄’，实际上是被打入另册的。不管话说得多么好听，这种做法不利于调动老年人的积极性，不利于安定团结，这是西方功利主义社会的产物，有悖于中国文化的德治。《孟子·梁惠王上》说：‘鸡豚狗彘之畜，无失其时，七十者可以食肉矣。’我认为，这是中国的优良传统，尊老是中国历代所重视的。”

5月22日，季羡林出席《唐吉诃德》中文艺术珍藏本出版发行仪式。西班牙驻华大使欧亨尼奥·布雷戈拉、中国人民对外友好协会陈昊苏会长、文化部陈昌本副部长、新闻出版总署柳斌杰副署长，以及王蒙、张洁、译者孙家孟等人出席。季羡林在发言中认为：“新译《唐吉诃德》，我看至少可以说有二绝二美：西班牙世界大文豪塞万提斯之杰作，此一绝也；20世纪世界画坛巨匠达利精美插图，此二绝也。孙家孟教授之译文，此一美也；美妙装帧和印刷，此二美也。二绝二美并，本书出。”

9月5日，北京大学亚太研究院成立，季羡林任名誉院长。

10月18日，致信山东大学创办历史语言研究所，重申：“文化交流是推动人类前进的重要动力之一。”希望研究所在新时代、新背景、新条件下，既有“沿”，更有“革”，更决非上个世纪三四十年代中研院的史语所的

110 季羡林与在北大学习的泰国公主诗琳通合影（2001）

111 第十届全国印度文学会年会暨学术研讨会在天津师范大学召开（2004.4）

111

“克隆”。

12月5日，香港中文大学授予季羡林荣誉文学博士学位。

12月7日，澳门理工大学授予季羡林最高名誉教授。

12月10日，香港浸会大学授予季羡林荣誉文学博士学位。

2003年，北京大学成立《儒藏》编纂与研究指导委员会，季羡林为名誉主任，校长许智宏为主任。

出任《中国古籍海外珍本丛刊》总主编，杜维明、严绍璗、文超世，季塔连科、杨德炎、萧启明等任副总编辑。

2004年4月26—28日，中国印度文学研究会第十届年会暨印度文学研讨会在天津师范大学召开，季羡林、刘安武选为名誉会长，黄宝生为会长。

5月，受聘为上海市政府和上海社会科学院举办的第一届“世界中国学论坛”顾问。

6月22日，中国西藏文化保护与发展协会成立，阿沛·阿旺晋美为会长，热地、刘延东、费孝通、季羡林被聘为协会名誉会长。

6月26日，向乾隆版《大藏经》新闻发布会表示祝贺。

8月6日，致电国际比较文学学会会长川本皓嗣教授，祝贺8日至15日在香港举办的国际比较文学学会第17届年会圆满成功。

9月3—5日，在由许嘉璐、季羡林、任继愈、杨振宁、王蒙作为发起人，以“全球化与中华文化”为主题的“2004文化高峰论坛”上发言。9月5日，70位专家发表《甲申文化宣言》，主张：“每个国家和民族都有权利和义务保存和发展自己的文化传统，有权选择接受、不完全接受或在某些领域完全不接受外来的文化因素。”

9月26日，季羡林在301医院小会议室，欢迎亚洲华文作家文艺基金会董事敬老团一行18人，董事长林忠民授予他“终生成就奖”纪念牌和2000美元敬慰金。纪念牌上写道："季羡林大师，著作等身，文通中外，丰富了中华文学的内涵，拓展了白话文的境界，诚为文化瑰宝，本会为表崇高敬意，谨赠纪念牌一座。"中国已获此殊荣的有巴金、冰心、臧克家、曹禺、苏雪林。

11月4—7日，中国翻译工作者协会第五届理事会在北京隆重举行，名誉会长季羡林在医院发来贺词，向大会表示热烈祝贺。

11月26—28日，"梁实秋与中西文化"学术研讨会在北京语言大学召开，季羡林发去贺信祝贺海峡两岸梁实秋研究学会成立。

2005年《南亚研究》第1期，发表印度哈拉普拉萨德·雷易的文章《中国的马克斯·穆勒——记季羡林先生》。

《中国翻译》2005年第1期发表季羡林《致中国译协第五届全国理事会会议的贺词》："翻译使中国融入世界，也使世界走进中国，学翻译、教翻译、研究翻译、评论翻译、从事翻译职业工作已经成为对外开放同步前行的社会文化热点之一。"

7月20日，深圳大学印度研究中心成立，聘任季羡林为顾问，郁龙余为主任，刘安武、孙培钧、黄宝生为名誉主任。

8月6日，在北京中苑宾馆举行中国孔子基金会季羡林研究所成立大会暨揭牌仪式。王元化题写"季羡林研究所"匾额。

8月13日，为在深圳大学召开的第八届中国比较文学学会年会题词：承接古今，汇通中外。

11月1日，在第19届世界诗人大会上，因诗作《泰山颂》当选为世界"桂冠诗人"。

11月15日，致信北京论坛："我历来主张，以分析为基础的西方文明和以综合为基础的东方文明之间，应该取长补短、互相融合、共同繁荣。今天

112 由中国孔子基金会成立的季羡林研究所

人类社会遇到了很多难题，就必须东西方文明互相学习，互相借鉴经济发展模式和思维方式，把人类文明的发展推上一个更高的阶段。”

11月，在广州召开中国高等教育学会外国文学专业委员会2005年会，季羡林被选为会长。

为深圳大学前校长蔡德麟《东方智慧之光：池田大作研究论纲》题词：弘扬东方文化，促进中日友好。

2006年1月，中国孔子基金会季羡林研究所主编《季羡林学刊》第一辑出版。

4月23日，联合国科教文组织第11个“世界读书日”来临之际，中国人民大学出版社举办以“知识改变命运，读书改变生活”“让阅读成为习惯”“享受阅读乐趣”为主题的征文活动，季羡林、任继愈出任此次活动的名誉顾问。

5月14日，北京大学东方学科建立60周年、季羡林教授执教60周年暨95华诞庆祝大会在北京大学召开，罗豪才、袁行霈、北大校长许智宏等400余人出席。北京大学东方研究院设立“季羡林东方学奖”。

6月4日，被宁夏伊斯兰国际文化促进会聘为“阿拉伯国际文化城”首席顾问。

中外名人纷纷为季羡林庆祝95岁寿诞。王元化题词认为："述作等身，河润千里；传音振响，布教八方，自王（国维）陈（寅恪）以还，于东方学用意之专，愿力之大，成就之卓绝，未有如先生者。""高雅博学之通儒。"

10月3—7日，由中、日、韩三国美术界创立的"东方美学国际学术会议"在天津召开，季羡林在95岁诞辰之际为会议题签。

10月20日，北大党委书记闵维方对学生记者说："北大最受尊重的是季羡林、王选、厉以宁这些学者，而不是我们这些管理干部。"他在另外场合还说："季老心中装载的不仅仅是中国，而是整个东方，乃至整个世界。他是为传播整个人类的文化和精神毕生耕耘、无私奉献、闪闪发光。季老的人生原本就是一部书，一部启迪人智慧的书，一部净化人心灵的书，一部永远激励人奋进的书，一部令人回味无穷的书。"

12月9日，欧美同学会德奥分会在北大百年纪念讲堂隆重举行"留学报国——纪念中国派遣留学生赴德130周年"大会，沙碧红朗诵季羡林的《是我该回家的时候了》。

本年，出任中央电视台等单位举办的"中印友好年"核心活动"重走唐僧西行路"大型国际文化交流活动首席顾问。

为谭中、耿引曾《印度与中国——两大文明的交往与激荡》作序。

被聘为中华炎黄文化研究会名誉会长。

被中国翻译协会授予"翻译文化终身成就奖"。

被北京大学授予首届"蔡元培奖"。

2007年1月1日，季羡林收到钧瓷艺术品"鸿福聚宝"，并得知河南有意申请将钧瓷作为第29届奥运会的礼品。他说："要通过奥运会让全世界都看到，钧瓷不仅是中国的，也是世界的。”

1月8日，为“国际道德经论坛”题写“弘扬中华道德，缔造国际和谐”。

4月，上海古籍出版社出版柴剑虹《敦煌学与敦煌文化》，载有《高举“敦煌学在世界的旗帜”——记敦煌学研究跨世纪的领头人季羡林教授》一文。

被评为“2006年感动中国十大人物”之一。

10月23日，季羡林在《致灵山书院的贺信》中强调：“在世界文化交流的历史上，佛教传入中国是一件了不起的大事。”

11月，《山东社会科学》发表蔡德贵《季羡林构筑中外交流的学术桥梁》。

12月30日，《人民日报》文化版推出年终报道《2007抹不去的记忆》，季羡林位列首位。

2008年，为《世界文明大系》再版题词：“我一向认为文化交流能够促进人类发展，促进世界各国人与人之间的理解与交流。没有文化交流，人类文化就得不到像今天这样的发展。《世界文明大系》为我们展示了丰富多彩的世界文明，使我们对于不同地域的文化有了更深刻的了解和认识，知道了如何借鉴和学习。”

1月15日，印度总理曼莫汉·辛格在中国社会科学院发表演讲《21世纪的印度与中国》，指出：“中国伟大的学者，当代最著名的印度学家季羡林教授曾经精辟指出，中国和印度两大文化圈，彼此互相学习、互相影响，极大地加速了中印两大文明的发展进程。这既是历史，也是现实。”（《深圳大学学报》2008年第2期）

1月27日，据《印度时报》网站报道，印度总统帕蒂尔批准了2008年度印度国家最高荣誉奖“莲花奖”（Padma Award）授奖名单，包括印度本国在内的全世界共有135人获得这一大奖。在这135人中最引人注目的当属97岁的中国学者季羡林。这也是中国人首次获得这一荣誉。印度媒体用“‘莲花奖’首次跨越喜马拉雅山”来形容这次特殊又迟到的授奖。

《江边对话——一位无神论者和一位基督徒的友好交流》一书在美国出版发行，作者是中国赵启正，曾任国务院新闻办公室主任，另一位是路易·帕罗，美国基督教福音派领袖。此书内容广泛而深入。季羡林认为：“这是东西方文化之间、宗教徒和非宗教徒之间的一次真诚的对话，可谓开创之举。对中美两国人民更好地理解对方及本国文化，都具有重要意义。”

4月18日，北京大学艺术学院叶朗等到访，季羡林说《中国文化读本》一书（中外文本）出版，“这是一件值得赞扬的好事。刘淇问我：‘什么是人文奥运？’我回答说：‘两句话，一句是宣传中国优秀文化，一句是吸收外国优秀文化。’人才培养各国不一样，但是有共同点，都是要让青年人既了解本国文化，又了解外国文化。”

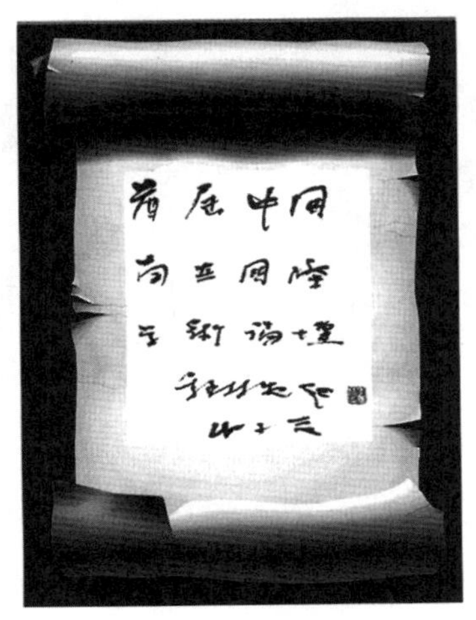

113

5月7日，北大校友、印度资深外交家、梵文学者白春辉参加北大110周年校庆，并到301医院看望季羡林。季羡林赠《季羡林自传》《季羡林说自己》，并在扉页上写“春辉教授指正 季羡林”。

5月，季羡林为已故教授何芳川主编的《中外文化交流史》题

114 印度时任外交部长慕克吉代表印度总统将“莲花奖”奖章颁给季羡林（2008.6.6）

词：“在中西文化交流史上，要研究西学东渐，更不可忽视东学西渐，因为中西文化是在东化和西化的双向互动中发扬光大的。”

5月“首届中国南亚国际学术论坛·谭云山师觉月诞辰110周年国际学术研讨会”在北京外国语大学和北京大学召开。季羡林应郁龙余（深圳大学印度研究中心主任、北京外国语大学南亚研究中心主任）之请，题写“首届中国南亚国际学术论坛”。

6月6日，印度外长慕克吉在印度驻华大使拉奥琦和中国前外长李肇星的陪同下，专程来到301医院看望季羡林。送来了印度人民给予这位毕生致

114

力于推进中印两个伟大民族相互理解的世纪老人一项崇高荣誉——“莲花奖”。慕克吉说：“我是代表印度总统普拉蒂巴·帕蒂尔正式向您授予这个奖章，感谢您多年来在印度学方面做出的成就。”说着他把“莲花奖”章

别在了季羡林胸前，并送上获奖证书。

9月27日，德国哥廷根大学颁发证书，授予季羡林杰出校友证书。证书全文如下：

值此2008年第一届国际校友返校之际，哥廷根大学授予季羡林教授、博士2008年哥廷根校友荣誉称号。

季羡林生于中国，1935—1945年间在哥廷根大学学习和研究，1941年获梵文博士学衔，上世纪80年代，他撰写了《留德十年》，为哥廷根大学在中国塑造了形象，由他描述的德国学术生活对中国的影响更是一直延续至今。

哥廷根大学校长库尔特·冯·费古拉教授、博士

于哥廷根 2008年9月27日

10月28日，香港名宿饶宗颐到301医院看望季羡林，中国学界向有"北季南饶"之并称，二人相见，分外高兴。饶宗颐说："您是全中国最高的老师。"

11月28日，蔡德贵陪香港孔教会汤恩佳夫妇拜访。季羡林说："我们中华民族的最大特点就是和，'礼之用，和为贵，先王之道斯为美。'和，孔子就是讲和的。所以有世界意义，不限于中国。""现在世界越来越小，问题越来越多，怎么能够让世界和平共处，只有中国文化能够救世界。利用和为贵，利用和，孔子就代表了和。所以，我们弘扬中国文化，不仅为我们中国人，而且为世界人。只有中国文化能够救中国，能够救世界。"

12月9日，中国人民大学孔子研究院院长张立文教授拜访，谈《儒藏》的编辑和出版问题。

2009年1月17日，为山东举办"盛世花开丝绸路"全国行活动题词。

115 中央电视台王小丫拜访季羡林
（2009.6）

115

1月25日除夕夜，301医院护士长和警卫战士，在季羡林病房挂“福”字。海司招待所大厨张春生，来做山东风味年夜饭。季羡林说：“从历史看，三十年河东，三十年河西。世界的中心依次是在欧洲大陆、英国、美国，现在已转向中国。”

6月10日，中央电视台王小丫来访，季羡林受聘为央视经济频道“开心国学”学术顾问，现场提笔题词：“为世界和平，为人类幸福，要学习宣传国学”“祝国学节目成功”，赠予“开心学国学”节目组。

7月10日，季羡林为孔子卫视题写“弘扬国学，世界和谐”。为已故老友题写“臧克家故居”。为汶川震区某学校题写“抗震救灾，发扬中国优秀传统”。为山东大厦题写“孔孟之乡，礼仪之邦——山东大厦存，季羡林时年百岁”。

7月11日8点50分左右，在301医院因心脏病突发去世，享年98岁。

红学家周汝昌作诗怀念：

大师霄际顾人寰，五月风悲夏骤寒。

砥柱中华文与道，渠通天竺梵与禅。

淡交我敬先生久，学契谁开译述关。

手泽犹新存尺素，莫教流涕染珍翰。

7月19日，中央电视台报道称季羡林为“国际著名东方学家、印度学家、梵语语言学家、文学翻译家、教育家”。香港凤凰卫视报道称季羡林国学大师，横幅为“沉痛悼念季羡林先生”，两侧挽联为：“文望起齐鲁通华梵通中西通古今至道有道心育英才光北大，德誉贻天地辞大师辞泰斗辞国宝大名无名性存淡泊归未名。”

德国哥廷根大学，印度总理曼莫汉·辛格、前外长贾斯万特·辛格，以及世界上众多媒体，纷纷报道和悼念季羡林逝世。

以上，是从季羡林一生的历史中摘出的有关文化交流的事项，虽然不免挂一漏万，但已然可知，文化交流是他一生孜孜不倦的追求，他的学术、荣誉、成就都与此有关。

（二）散文中的中外文化交流

季羡林是一位独树一帜的散文家。他的生花妙笔将他在德国留学和多次出访期间的所见所闻，记录在他的散文中。这些散文，不同于一般的游记，也不同于出使实录。由于季羡林是一位考据学功底深厚的学者，又是一位非常讲究文采的写家，所以他笔下的散文作品，不同于法显的《佛国记》、玄奘的《大唐西域记》、义净的《南海寄归内法传》和李志常的《长春真人丘处机西游记》。以上作品多史料价值而少美学价值，季羡林的这类散文二者兼具，可称为“美文游记”。

季羡林美文游记，是中国现代散文创作的重要收获，也是中国现代中外文化交流史上宝贵的可信记录。研究中国现代散文中的美文游记，研究季羡林和现代中外文化交流史，不能不研究他的美文游记。季羡林的美文游记，按照地域可分成五部分：欧洲美文游记，印度美文游记，日韩美文游记，东南亚美文游记和非洲美文游记。我们从审美和文化交流史两个视角出发，对季羡林的美文游记进行简要介绍和分析。

1. 欧洲美文游记

季羡林1935年始留德，1946年从德国绕道瑞士等地回国，欧洲美文游记在季羡林的美文游记中，写作时间最早，数量也最大。它们除了可供审美欣赏之外，还保留了大量的珍贵史料，值得史学研究者关注。季羡林的欧洲美文游记大体包括两部分内容，一是从1935年开始写的游记，一是1992年出版的《留德十年》、1961年原作1992年重抄的《忆日内瓦》、1995年3月写的《二战心影》和2002年出版的《学海泛槎》中的《负笈德意志》等等。

虽然，《留德十年》《二战心影》和《负笈德意志》，以及于2003年在301医院中完成的《追忆哈隆教授》《当时只道是寻常》是季羡林晚年所作，当属回忆录一类，但是这些作品的写作却都是以他的《留德日记》为依据的，有的作品还直接引用了日记的内容。所以，这几部作品仍具有相当多游记的性质。遍观中外，无论是《大唐西域记》《白图泰游记》《马可·波罗游记》，还是《徐霞客游记》，无一不是根据当时的记录和记忆在日后写成的。

1935年季羡林出国留学之前，其散文已经小有名气。从审美视角看，《枸杞树》《红》《夜来香花开的时候》等不失为中国1930年代散文的名篇。但是，从1935年8月写的《去故国》开始，季羡林的散文开始了一个新时代，他的散文中有了异国的视角和风情，同时也开始在异国视角和风情下观照中国。

116

季羡林一生中，最心疼、最亏欠的是他的母亲。在《去故国》中，异国思母是最重要的内容。晚年季羡林说过，每个人有两个母亲，一个是生身母亲，一个是养生母亲——祖国。其实“两个母亲”的思想，在这篇《去故国》中，已经有了充分的表露。他说：“正如当一个人走路走到一个阶级的时候往往回头看一样。于是我想到几个月来不曾想到的几个人。我先想到母亲。母亲死去到现在整二年了。前年这时候，我回故乡去埋葬母亲。现在恐怕坟头秋草已萋萋了。我本来预备每年秋天，当树丛乍显出点微黄的时候，回到故乡母亲的坟上去看看。无论是在白雾笼罩墓头的清晨，归鸦驮了暮色进入簌簌响着的白杨树林的黄昏，我都到母亲墓绕两周，低低地唤一声：‘母亲！’来补偿生前八年的长时间没见面的遗恨。然而去年的秋天，我刚从大学走入了社会，心情方面感到很大的压迫；更没有余闲回到故乡去。今年的秋天，又有这样一个机会落到我的头上。我不但不能回到故乡去，而且带了一颗饱受压迫的心，不能得到家庭的谅解，跑到几万里外的异邦去漂泊，一年，二年，谁又知道几年才能再回到这故国来呢？让母亲一个人凄清地躺在故乡的地下，忍受着寂寞的袭击，上面是萋萋的秋草。在白杨簌簌中，淡月朦胧里，我知道母亲会藉了星星的微光到各处去找她的儿子；藉了西风听取她儿子的消息。然而所找到只是更深的凄清与寂寞，西风也只带给她迷离的梦。”[①]文章中，他向自己发问道“谁又知几年才能再回到这故国来呢？”实际上，他用了十年时间。读了这篇《去故国》，才会明白，为什么

① 季羡林：《季羡林全集》第1卷，第72页；北京：外语教学与研究出版社2009年版。

季羡林最终没有跟随哈隆去剑桥当汉语教授，没有留在德国和一心爱他的纯情少女伊姆加德做神仙眷侣，就会明白他晚年“两个母亲”的说法，不是应景之词。

真实记述淳朴民风

季羡林欧洲美文游记中，有许多描写淳朴民风的篇章。《表的喜剧》《我的女房东》《迈耶（Meyer）一家》等等都是。《表的喜剧》写于1935年底，是一篇令人忍俊不禁的好作品。作品写自己刚到柏林，保留着一部分乡下人的固执与畏怯。手表坏了就由一位在柏林住过两年的朋友陪着去修。表匠给了他一张纸条，答应第二天下午可以来取。可是第二天他迷路了，纸条上只写收到了一只修理的表，没有地址，没有店名。于是，他在偌大的柏林乱找起来，让一家修表店的老头老太忙了两天，硬是没找着。后来，在这位老头的指点下，“按着号数找到了，我才知道，就是我昨天去过的主人有点驼背的那个铺子。除了感激老头的热诚以外，我还能说什么呢？”[①]季羡林1936年2月写的《听诗》，记录了德国人别具一格的民风。买票听老诗人念诗，念小说，而且那么火爆。他这样写道：“在昏暗的灯光中，我们摸进女子中学的大礼堂。里面已经挤了上千的人，电灯照得明耀如白昼。这使我多少有点惊奇，又有点失望。我总以为念诗应该在一间小屋中，暗黄的灯影里，只有几个素心人散落地围坐着，应该是梦似的情景。然而眼前的情景，却竟是这样子。”念完诗、念完小说之后是签名，诗人刚签好名，嘴里喃喃地说了一句什么，还没等季羡林说什么，排队的人就把他挤出了屋，挤出了大门。作者一共听了两次诗人念诗，第一次是宾丁，第二次是卜龙克。两人的情形不完全一样，但效果却都一样。季羡林说：“当他（卜龙克）念完了诗再念小说的时候，他似乎异常地高兴，微笑从不曾离开过他的脸。听众不时发出哄堂的笑声，表示他们也都很兴奋。”[②]季羡林对这两次听诗的印象

117 季羡林（左一）留学德国时与友人合影

117

美好而深刻，认为是一个“充满神奇的梦”。季羡林对德国民众的好感，在许多作品中都有描述，可以说不胜枚举。

德意志民族心灵写照

季羡林在德留学十年，目睹希特勒政府由极盛而败亡。如何评价德意志民族，这是一个严肃而重大的课题。季羡林在散文中，给出了自己简明而恰当的描述。他说：

德国民族是异常勤奋智慧的民族，办事治学一丝不苟的彻底性，名扬世界。他们在短短的一两百年内所创造的文化业绩，彪炳寰中。但是，在政治上，他们的水平却不高。我初到德国的时候，他们受法西斯头子的蛊惑，有点忘乎所以的样子，把自己的前途看成是一条阳关大道，只有玫瑰，没有荆棘。后来来了战争，对他们的想法，似乎没有任何影响。在长期的战争中，他们情绪有时候昂扬奋发，有时候又低沉抑郁。到了英美和苏联的大军从东西两方面压境的时

① 季羡林：《季羡林全集》第1卷，第78页；北京：外语教学与研究出版社2009年版。

② 季羡林：《季羡林全集》第1卷，第83页；北京：外语教学与研究出版社2009年版。

候，他们似乎感觉到，情况有点不妙了。但是，总起来看，他们的情绪还是平静的。前几年听了所谓“特别报道”而手舞足蹈的情景，现在完完全全看不到了。

在无言中，他们似乎在等待着什么。

他们等待的事情果然到了。这是一个天翻地覆的改变。

季羡林接着抄了自己1945年4月6日、7日、8日的日记，来说明当时的真实情形。季羡林对德国人民是有感情的，对纳粹的垮台，德国的战败，“德国普通老百姓对此反应不像我想得那样剧烈。他们很少谈论这个问题。他们好像是当头挨了一棒，似乎清楚，又似乎糊涂；似乎有所反思，又似乎没有；似乎有点在乎，又似乎根本不在乎。给我的总印象是茫然，木然，懵然，默然。一个极端有天才的民族，就这样在一夜之间糊里糊涂地，莫名其妙地沦为战败国，成了任人宰割的民族。不管德国人自己怎样想，我作为一个在德国住了十年对德国人民怀有深厚感情的外国人，真有点欲哭无泪

118 季羡林重返哥廷根大学与瓦尔德施密特教授等合影（1980）

了。”[①]从德国在战前战后的表现看，这是个能痛改前非的民族，是有希望和可信的民族。季羡林对德国民族的感情，是有坚实基础的。

让人肃然起敬的严谨学风

德国人以严谨著称，在学风上表现得尤为突出，这一点给季羡林留下刻骨铭心的印象。博士论文的写作，就让季羡林遇到了当头棒喝。他这样回忆道：“论文主体完成以后，我想利用导论来向教授显示一下自己的才华。我穷数月之力，翻阅了大量的专著和杂志，搜集有关混合梵文的资料以及佛典由俗语逐渐梵文化的各种不同的说法。”[②]季羡林志得意满地将论文交给了导师瓦尔德施密特教授。“过了几天，他把我叫了去，并没有生气，只是面带笑容地把论文稿子交给了我。对其余部分他大概还是非常满意的，只是我的心肝宝贝，那一篇‘导论’却一字未动，只在文前画了一个前括号，在最后划了一个后括号，意思很明显，就是统统删掉。这完全出我期望，几乎一棍子把我打晕。他慢慢地对我解释说：‘你讨论这个问题，面面俱到。其实哪一面也不够充实、坚牢。人家如果想攻击你，从什么地方都能下手。你是防不胜防！’他用了‘攻击’这个字眼儿，我至今忆念不忘。我猛然省悟，心悦诚服地接受了他这一‘棒喝’，把‘导论’一概不要，又重新写了一篇相当短而扎实得多的‘导论’，就是现在出版的这一篇。在留德十年中，我当然从这位大师那里学习了不少的本领、不少的招数。但是，给我留下印象最深的还是这一篇‘导论’，我终生难忘。以后我教我的学生时也经常向他们讲这个故事。”[③]

在《留德十年》中有《大轰炸》一文，季羡林写道：

第二天早起进城，听到大街小巷都是清扫碎玻

① 季羡林：《季羡林全集》第4卷，第523页；北京：外语教学与研究出版社2009年版。
② 季羡林：《季羡林全集》第5卷，第244页；北京：外语教学与研究出版社2009年版。
③ 季羡林：《季羡林全集》第5卷，第245页；北京：外语教学与研究出版社2009年版。

璃的哗啦哗啦声。原来是英国飞机开了一个不大不小的玩笑：他们投下的是气爆弹，目的不在伤人，而是震碎全城的玻璃。他们只在东西城门处各投一颗这样的炸弹，全城的玻璃大部分都被气流摧毁了。

万没有想到，我在此时竟碰到一件怪事。我正在哗啦声中，沿街前进，走到兵营操场附近，从远处看到一个老头，弯腰屈背，仔细看什么。他手里没有拿着笤帚之类的东西，不像是扫玻璃的。走到跟前，我才认清，原来是德国飞机之父、蜚声世界的流体力学权威普兰特尔（Prandtl）教授。我赶忙喊一声："早安，教授先生！"他抬头看到我，也说了声："早安！"他告诉我，他正在看操场周围的一段短墙，看炸弹爆炸引起的气流是怎样摧毁这一段短墙的。他嘴里自言自语："这真是难得的机会！我的流体力学试验室里是无论如何也装配不起来的。"我陡然一惊，立刻又肃然起敬。面对这样一位抵死忠于科学研究的老教授，我还能说些什么呢？[①]

季羡林为何肃然起敬，不需要我们再多说一个字。

中国留学生的群像图

留学生对一个民族和国家来说，是一个特殊的群体，他们往往是一个民族和国家的希望。隋唐时的遣隋使、遣唐使，将中国文化引进日本，进而让日本摆脱蒙昧而进入东亚强国之列。孙中山、蔡元培、詹天佑、鲁迅、胡适、冯友兰等等一大批留学生，改写了中国现代史。同时留学又是出人头地的捷径，无数大大小小鲤鱼的龙门。于是，留学成了一道景观。季羡林的欧洲美文游记，忠实地记录了这道景观。其中，有乔冠华、张维、田德望这样的成功者，也有章用那样英年早逝的令人扼腕者，更有一大群官宦人家的镀金者。可以说，季羡林美文游记中，为我们提供了一幅难得一见的留学生群像全景图。在这幅全景图的一角，季羡林是这样描绘的："当时在柏林的中

119 季羡林（右一）与德国的中国留学生合影（1936）

国留学生，人数是相当多的。原因并不复杂。我前面谈到‘镀金’问题，到德国来镀的金是24K金，在中国社会上声誉卓著，是抢手货。所以有条件的中国青年趋之若鹜。这样的机会，大官儿们和大财主们，是决不会放过的，他们纷纷把子女派来，反正老子有的是民脂民膏，不愁供不起纨绔子弟们挥霍浪费。蒋介石、宋子文、孔祥熙、冯玉祥、戴传贤、居正，以及许许多多

119

的国民党的大官，无不有子女或亲属在德国，而且几乎都聚集在柏林。因为这里有吃，有喝，有玩，有乐，既不用上学听课，也用不着说德国话。有一部分留德学生，只需要四句简单的德语，就能够供几年之用。早晨起来，见到房东，说一声‘早安！’就甩手离家，到一个中国饭馆里，洗脸，吃早点，

① 季羡林：《季羡林全集》第4卷，第475页；北京：外语教学与研究出版社2009年版。

然后打上几圈麻将，就到了吃午饭的时候。午饭后，相约出游。晚饭时回到饭馆。深夜回家，见到房东，说一声‘晚安’，一天就过去了。再学上一句‘谢谢’，加上一句‘再见’，语言之功毕矣。我不能说这种人很多，但确实是有，这是事实，无法否认。”“再看一看一些国民党的‘衙内’们那种狂傲自大，唯我独尊的神态。听一听他们谈话的内容：吃、喝、玩、乐，甚至玩女人、嫖娼妓等等。像我这样的乡下人实在有点受不了。他们眼眶里根本没有像我同乔冠华这样的穷学生。然而我们眼眶里又何尝有这一批卑鄙龌龊的纨绔子弟呢？”①

留学生是一个民族国家的镜子。季羡林描绘的这幅留学生全景图，像一面镜子一样，照出了那个时代我们民族国家的政治、文化、经济的方方面面。

真实真挚总关情

《留德十年》等文字为季羡林晚年所写，它们以早年的《留德日记》为依据，有的还直接引用了日记的内容。但是，对照新出版的《季羡林日记·留德岁月》，我发现，《留德十年》等文字，带有综合性与选择性，表达的是他晚年的思想感情。这种思想感情，是季羡林真实的思想感情，但是与《日记》中所记录的内容还是有所变化。例如，在《我的女房东》一文中，季羡林对欧朴尔太太这位“平平常常的德国妇女”充满尊敬和感激。他写道：“同她相处的时间越久，便越觉得她在平常中有不平常的地方；她老实，她诚恳，她善良，她和蔼，她不会吹嘘，她不会撒谎。她也有一些小小的偏见与固执，但这些也都是平平常常的，没有什么越轨的地方；这只能增加她的人情味，而决不能相反。同她相处，不必费心机，设提防，一切都自自然然，使人如处和暖的春风中。”②而在《日记》中，季羡林和女房东有过几次厉害的争吵，主要是季羡林反对女房东的“拥希”（拥护希特勒）观点，也为一些琐事而争吵。在1943年12月30日的日记中，季羡林写道：“他走后，我又校对稿子，四点回家来。神经跳动得很厉害，七点吃过晚饭，又听房东骂人，所有的人没有一个不被骂的，女人，尤其是老女人本来就是没有理性的动物，她尤其加倍昏聩。”③在季羡林八十岁（1991年5月11日）写毕的《留德十年》中，女房东完全变了模样。他说：“一想到我的母亲般的女房东，我就回忆联翩。在漫长的十年中，我们晨夕相处，从来没有任何矛盾。值得回忆的事实在太多太多了；即使回忆困难时期的情景，这回忆也仍然是甜蜜的。”④房东的形象，前后是有变化的。我应该如何来看待这一变化呢？首先必须承认，《留德十年》和《留德日记》中表达的情感都是真实的，但是，情感是可以随着时光和环境而产生变化的。季羡林晚年笔下的女房东的形象，是他晚年情感的一种真实投射，它比《日记》中的形象更全面、更客观、更包容，也更真挚。其二，真实与真挚既相关又不同。真挚比真实更富善与美的成分，是一种升华了的真实，是一种纯粹的真实。比较文学，研究不同民族、不同国家文学之间的关系、影响和异同，重视的主要是空间因素，实际上是“空间比较文学”。同一个人、同一个地方流派，在不同时间和环境的影响下，其作品前后会产生变化，甚至出现巨大差异。研究这种变化和差异，其实也可归入比较文学。所不同的，它重视的主要是时间因素，所以可以叫“时间比较文学”或“历时比较文学”。这种说法如能成立，那么季羡林的这类作品可以作为研究的生动案例。

① 季羡林：《季羡林全集》第4卷，第435-436页；北京：外语教学与研究出版社2009年版。

② 季羡林：《季羡林全集》第4卷，第503页；北京：外语教学与研究出版社2009年版。

③ 季羡林：《季羡林日记：留德岁月》，第1592页；南昌：江西人民出版社2014年版。

④ 季羡林：《季羡林全集》第4卷，第508页；北京：外语教学与研究出版社2009年版。

⑤ 季羡林：《季羡林全集》第5卷，第476页；北京：外语教学与研究出版社2009年版。

120 季羡林访问印度时受到热烈欢迎（1979.3）

120

2.《天竺心影》陈大义

季羡林美文游记中，《天竺心影》有着特殊的位置。他说："我对中外交流的研究，其范围是相当广的，其时间是相当长的。我的重点当然是中印文化交流史，这与我的主要研究课题——印度古代的佛教梵语——有关。"[5]散文写作与研究课题并没有同步性，但也有相当的关联性。由于公务和会议，季羡林六次访问印度，梵天佛地给他留下了深刻而鲜明的印象。

除了自己的祖国，对季羡林一生影响最大、最重要的有两个国家——德国和印度。德国是他求学获博士学位的国家，印度是他研究的对象国家。作为现代中国的印度学家，季羡林继承了玄奘、义净的传统，对印度这个佛教的诞生地，充满真诚。这种真诚遇上了印度人民的热情，便产生了无法形容的深情，这种深情便催生出季羡林第一部散文集《天竺心影》，于1980年9月由天津百花文艺出版社出版，集中收录了作者1978年第三次访印和1979年第四次访印后的散文作品。他在《楔子》中说：写《天竺心影》要陈的大义是“中印两国人民的传统的、既古老又崭新的友谊”。“这个‘大义’不但在眼前起作用，在将来也还要起作用，要永远地起作用。”[①]

罗湖桥，是一座神圣的桥。桥的那头是英国治下的香港，桥的这头是中国深圳。以往，季羡林每次踏上罗湖桥，很想俯下身去，吻一吻祖国的土地。但是1978年访印归来，却出现了这样的情景：“桥前祖国桥后印，教我前后两为难。”“这是什么原因呢？刚刚分手的印度人民、印度朋友的声容笑貌又突然出现在我的眼前，回荡在我的耳边。其中有老人，也有青年；有工人，也有农民；有大学生，也有大学教授；有政府官员，也有全印柯棣华大夫纪念委员会和印中友好协会的领导人。‘印中友好万岁’，‘印地秦尼巴依巴依’（‘印中人民是兄弟’）的喊声我又仿佛能够听到；那种充满了热情的眼神，我又仿佛能够感到；那一双双热乎乎的手，我又仿佛能够握到；老教授朗诵自己作的欢迎诗的声音，年轻的男女大学生致欢迎词的清脆的声音，我又仿佛能够听到，万人大会上人群像汹涌的大海的情景，我又仿佛能够看到。我的脖子上又仿佛感到沉重起来，成串的红色的、黄色的、蓝色的、棕色的花环仿佛又套上我的脖子，花香直刺我的嗅官。”[②]他要把这种友谊写下来，让广大的中国人民都能读到，分享我们的快乐，分享印度人民对中国人民的友谊。于是，就有了这部《天竺心影》。

季羡林对印度人民的真情，让他在罗湖桥上前后为难。印度人民的热情到底如何？他在《初抵德里》中这样写道：“一下飞机，我就吃了一惊。机场上人山人海，红旗如林。我们伸出去的手握的是一双双温暖的手。我们伸长的脖子戴的是一串串红色、黄色、紫色、绿色的鲜艳的花环。我这一生还是第一次戴上这样多的花环。花环一直戴到遮住我

① 季羡林：《季羡林全集》第1卷，第118页；北京：外语教学与研究出版社2009年版。

② 季羡林：《季羡林全集》第1卷，第116页；北京：外语教学与研究出版社2009年版。

③ 季羡林：《季羡林全集》第1卷，第120页；北京：外语教学与研究出版社2009年版。

的鼻子和眼睛。各色的花瓣把我的衣服也染成各种颜色。有人又向我的双眉之间、双肩之上，涂上、洒上香油，芬芳扑鼻的香气长时间地在我周围飘拂。花香和油香汇成了一个终生难忘的印象。”[③]

《天竺心影》除了《楔子》《初抵印度》之外，还有《在德里大学和尼赫鲁大学》《琼楼玉宇，高处不胜寒》《难忘的一家人》《孟买，历史的见证》《一个抱小孩子的印度人》《佛教圣迹巡礼》《回到历史中去》《深夜来访的客人》《海德拉巴》《天雨曼陀罗——记加尔各答》《国际大学》《别印度》等，共计14篇。除了《天竺心影》之外，描写印度的美文游记还有《德里风光》《到达印度》《同声相求——参加印度蚁垤国际诗歌节有感》等。

上述作品中，《难忘的一家人》是最让人难忘的。作品写的是1950年代北京大学东语系的一位印度外教普拉萨德，他是由印中友好协会主席森德拉尔先生介绍到中国任教的。作为系主任，季羡林给了他一些情理之中的关心与帮助，如他得了肺结核，季羡林关心安慰他。普拉萨德想去莫斯科参加青年联欢节，季羡林也帮他实现了愿望。就是这些不足挂齿的小事，却让这位友人一直记在心里。1979年3月，当普拉萨德在德里再次见到季羡林时，一下子扑了上去，紧紧搂住季羡林的脖子。季羡林这样写道：“当时，我刚从巴基斯坦来到德里。午饭后，我站在我们的大使馆楼前的草地上，欣赏那一朵朵肥大的月季花，正在出神，冷不防从对面草地上树荫下飞也似的跳出来了一个人，一下子扑了过来，用力搂住我的脖子，拼命吻我的面颊。他眼里泪水潸潸，眉头痛苦地或者是愉快地皱成了一个疙瘩。他就是普拉萨德。他这出乎意料的举动，使得我惊愕，快乐。但是，我的眼里却没有泪水流出，好像是我还没有来得及把泪水酿

① 季羡林：《季羡林全集》第1卷，第136页；北京：外语教学与研究出版社2009年版。

② 季羡林：《季羡林全集》第1卷，第140页；北京：外语教学与研究出版社2009年版。

121 《难忘的一家人》（印地语）发表在中国国际广播电台《印度桥》杂志上

5 Hindi Service,CRI-7 P.O.Box 4216 #16A Shijingshan Rd.Beijing 10040 China E-mail :hindi@cri. com.cn

महान विद्वान ची श्येन लीन

अविस्मरणीय परिवार

मार्च माह के शुरू में दिल्ली का मौसम वसंतकाल की समाप्ति और ग्रीष्मकाल के आरंभ की संधिवेला में था। उधर पेइचिंग में इस वक्त हिमपात हो रहा होगा। किन्तु यहां वृक्षों के झुरमुट में फूलों की बहार झांक रही है और पक्षियों की चहचहाहट गूंज रही है। गुलाब, चमेली, चन्द्रपुष्प और अन्य बहुत से अनाम फूल चटक रंगों में खिल रहे हैं। सेमल वृक्ष की ऊंची-ऊंची शाखाओं पर कटोरे के मुंह जितने बड़े बड़े फूलों से जो भव्य प्रभा छिटक रही है, उसे देखकर परदेश से आये मेरे जैसे शख्स का मन एकदम गदगद हो उठा।

फूलों पर बहार आने के वक्त ही मेरी अपने एक पुराने भारतीय मित्र श्री प्रसाद ,जिन से पिछले बीस वर्ष से कोई मुलाकात नहीं हुई थी, अचानक मुलाकात हो गई।

उस दिन, मैं अभी-अभी पाकिस्तान से दिल्ली आया था। लंच के बाद मैं नई दिल्ली स्थित चीनी दूतावास के भवन के सामने लॉन पर टहल रहा था, और मन गुलाब के बड़े-बड़े पुष्प निहारने में मग्न था, अनायास सामने वाले लॉन पर खड़े एक विशाल पेड़ की छांह में से एक व्यक्ति तेज़ी से दौड़ कर आ धमका, और झपट कर मेरा आलिंगन कर जोर से मेरे गाल पर एक चुंबन कस दिया। उस की आंखों से आंसू बह रहे थे, न जाने किस तड़प से या खुशी से उन की भौंहें सिकुड़ी हुई थीं। वह थे श्री पुरुषोतम प्रसाद जी। उन की इस प्रकार की अप्रत्याशित हरकत से मैं हैरान भी हुआ, आनंदित भी। लेकिन मेरी आंखों से आंसू नहीं निकले, शायद तत्काल मेरी आंखों से आंसू बहने की तैयारी भी नहीं हो पायी थी।

उस वक्त मेरे दिलोदिमाग में पेइचिंग विश्वविद्यालय में श्री प्रसाद के साथ रहने की याद स्वाभाविक रूप से आ उभरी।

श्री प्रसाद चीन की मुक्ति के बाद आरंभिक काल में भारत चीन मित्रता संघ के अध्यक्ष, चीनी जनता के घनिष्ठ व विश्वसनीय मित्र श्री सुन्दरलाल की सिफारिश पर पेइचिंग विश्वविद्यालय में पढ़ाने आए थे। वे स्वभाव में सीधे सादे और उदार, ईमानदार और निष्ठावान एवं कर्तव्यपरायण और कार्यकुशल थे, वे चालबाजी से अछूते पारदर्शी व्यक्ति थे। जर्मन लोगों की एक कहावत उन पर शतप्रतिशत माफिक बैठती है: "वे ईमानदारी में कुंदन सरीखे चमकदार हैं।"कामकाज में वे हमेशा मेहनत और

युवा ची श्येन लीन

出。”[①] “我们在德里的最后一个节目是印中友协的欢迎会。散会后，也就是我同普拉萨德全家告别的时候。我自然而然地紧紧地搂住了他的脖子，吻他的面颊。好像也用不着去酿出，我的眼里充满了泪水。同这样一位忠诚淳朴，对中国人民始终如一的印度朋友告别，我难道还能无动于衷吗？”[②] 在作品末尾，季羡林说，普拉萨德决不是一个个人，他是千千万万善良的印度人的典型。季羡林认为，普拉萨德也没有把他看作一个个人，而是整个中国人民的代表。我完全同意季羡林先生的这种看法。2011年2月，我应印度文化关系委员会（ICCR）之邀，访问了印度尼赫鲁大学、德里大学、孟买大学和加尔各答大学等九所著名大学，会见了金德尔、夏斯特里、阿啸客、普拉萨德（德里大学文学院长、哲学系主任）、莫汉迪等著名学者、作家，他们表现出来的对中国的感情，和季羡林笔下的普拉萨德是一样的。

季羡林笔下的美文游记，描写南亚的除了《天竺心影》之外，还有描写尼泊尔的《尼泊尔随笔》。这部随笔中一共有11篇文章，其中《在特里普文大学》一文是直接写文化交流的。尼泊尔属于印度文化圈，季羡林在特里普文大学所作学术报告题为《中国的南亚研究——中国史籍中的尼泊尔史料》。这所大学是尼泊尔唯一的一所大学，报告引起学者们的极大兴趣，“他们几乎都强调，没有中国的史籍，研究尼泊尔史会感有很多困难。”“讨论进行得认真而又活泼。我们互相承诺，以后要加强联系。两国大学之间交往算是开始了。我们应当交换学者，交换图书资料。我看到，尼泊尔朋友脸上个个都有笑容。”[①] 季羡林的这次访问，是中国尼泊尔现代文化交流史上的一件大事，增进了中尼人民的友谊。

将来，如果有机会编《季羡林散文·南亚编》的话，应该将《尼泊尔随笔》11篇文章和《天竺心影》14篇文章，以及其他几篇当时未收入的文章，一起收入南亚编。

3. 真情实录的亚非人文风貌

在季羡林笔下，有一组不可或缺的重要的美文游记，真情实录亚非人文风貌。它们是《歌唱塔什干》《塔什干的一个男孩子》《在兄弟们中间》《科纳克里的红豆》《马里的芒果城》《巴马科之夜》《五色梅》《战斗吧，非洲》。这一组散文，除了《歌唱塔什干》写于1959年3月，其余都写于1960年代。那是一个激情燃烧的年代，从季羡林的这组散文中可见一斑。

这一组美文游记，大都收在他的《朗润集》中，季羡林为这个散文集写了一篇不短的《自序》。其中，他这样写道："有的同志曾经对我说过，我解放前写的东西，调子低沉，情绪幽凄，解放后的东西则充满了乐观精神，调子也比较响。我听了觉得很新鲜，也觉得颇有道理。原因也很简单。像我这样的知识分子，解放前在旧社会呆了十几年，在国外又呆了十几年，虽然也有一些爱国的思想，但陷于个人打算中，不能自拔，认为一切政治都是龌龊的，不想介入，又对当时的情况不满，只觉得前途暗淡，生趣索然。这样，调子又怎能不低沉，情绪又怎能不幽凄呢！解放后，受到党的教育，尽管一直到今天觉悟也不高，改造的任务还很重，但是毕竟也有了一些进步。反映到文章上面就产生了那种我自己从未意识到的情况。"② 在这组美文游记中，有不少令人喜爱的名篇，值得我们当代的读者咀嚼回味。

收在《燕南集》中的《歌唱塔什干》内容丰富，热情奔放，是纪录亚非作家会议的重要文章。1958年10月4日，季羡林作为成员随团赴塔什干出席会议。中国代表团阵容强大，团长茅盾，副团长周扬、巴金，团员中有许广平、冰心、肖三等众多名人。出发前一天，副总理陈毅在中南海接见全体代表团成员，说："我们要派

① 季羡林：《季羡林全集》第2卷，第85页；北京：外语教学与研究出版社2009年版。

② 季羡林：《季羡林全集》第1卷，第204页；北京：外语教学与研究出版社2009年版。

122

122 季羡林参加塔什干亚非作家会议（1958.10）

出一个阵容强大的代表团出席塔什干会议，表明中国人民对亚非人民正义事业的支持和对亚非两大洲作家之间的友谊与交流的重视。”会议开得声势浩大，取得了很大成功。这与热情、直爽、坦白、好客的塔什干人民的大力支持是分不开的。季羡林写道：“他们把亚非作家会议的召开看成是自己的节日，把从亚非各国来的代表看成是自己最尊贵的客人和兄弟姐妹。在这一段时间内，他们每天都穿上美丽多彩的民族服装，兴高采烈，喜气洋洋。我虽然跟他们交谈得不多，但是看来他们每天想到的是亚非作家会议，谈到的也是亚非作家会议。他们是在过他们一生中最好的一个节日，全城大街小巷到处都弥漫着节日的气氛。”① 接着季羡林对塔什干市的中心广场进行实景式的描写：“在这个全城的节日里，这一个广场也穿上了节日的盛装。那许多临时售卖书报的小亭，都油饰一新。红色的电灯挂满了全场。两头两个大建筑物上的五彩缤纷的标语交相辉映。两面的大街上，横悬着两幅极其巨大的红色布标。一幅上面用汉文写着：‘向亚非作家会议参加者致热烈的敬意。’一幅写着：‘所有国家的文学都应该为人民，为和平，为先进事业，为各民族之间的友谊而服务。’布标的红色仿佛把广场都映红了。”② 这次轰动一时的亚非作家会议，如今已经过去半个多世纪。但是，季羡林的散文，还给人们忠实地保存着这份珍贵的纪录。今天，我们阅读季羡林的《歌唱塔什干》，除了对历史的回望之外，更多的是对我们的启迪。

《科纳克里的红豆》一开篇，就写这座城市的风光之美。“我一来到科纳克里，立刻就爱上了这个风景如画的城市。谁又能不爱这样一个城市呢？它简直就是大西洋岸边的明珠，黑非洲土地上的花园。烟波浩淼的大洋从三面把它环抱起来。白天，潋滟的波光引人遐想；夜里，涛声震撼着全城的每一个角落，如万壑松声，如万马奔腾。”[③]中间用一段街景特写，来描述中国和几内亚的友谊：“我们走在街上，小孩子用中国话高喊‘你好！’卖报的小贩伸出大拇指，大声说：‘北京，毛泽东！’‘北京，周恩来！’连马路上值班的交通警见到汽车里坐的是中国人，也连忙举手致敬。有的女孩子见了我们，有点腼腆，低头一笑，赶快转过身去，嘴里低声说着：‘中国人。’我们走到什么地方，什么地方就有和蔼的微笑，温暖的双手。深情厚谊就像环抱科纳克里的大西洋一样包围着我们，使我们感动。”[④]

这篇散文的一个妙处，是将中国诗文中的“红豆情结”和科纳克里的特产红豆，巧妙地结合了起来。同时，还自然地把几内亚总统写进了文章。“正当我们全神贯注地捡红豆的时候，蓦地听到有人搓着拇指和中指在我们耳旁发出了清脆的响声。我们抬头一看，一位穿着黑色西服、身体魁梧的几内亚朋友微笑着站在我们眼前。这个人好面熟，好像在哪里见过。我们脑海里像打了一个闪似的，立刻恍然大悟；他就是塞古·杜尔总统。原来他一个人开着一部车子出来闲逛。来到植物园，看到有中国朋友在这里，立刻走下车来，同我们每个人握手问好。他说了几句简单的话，就又开着车走了。”[⑤]这场奇遇，那么自然，那么惬意，又是那么令人难忘。中国写相思子红豆的诗文不少，王维的“愿君多采撷，此物最相思”

① 季羡林：《季羡林全集》第1卷，第312页；北京：外语教学与研究出版社2009年版。

② 季羡林：《季羡林全集》第1卷，第313页；北京：外语教学与研究出版社2009年版。

③ 季羡林：《季羡林全集》第1卷，第283页；北京：外语教学与研究出版社2009年版。

④ 季羡林：《季羡林全集》第1卷，第285页；北京：外语教学与研究出版社2009年版。

⑤ 季羡林：《季羡林全集》第1卷，第286页；北京：外语教学与研究出版社2009年版。

最为有名。读了季羡林的这篇散文，不得不感叹，它是写外国红豆、写国际友情的第一佳作。

另外几篇写亚非人文风貌的散文，也都引人入胜。在此，无须我一一介绍。我想说的是，这些写于半个多世纪以前的散文，对于我们中国读者尤其是年轻一代，依然有着阅读的价值。半个多世纪以来，中国和亚非国家，特别是非洲各国，一直是声气相通，心心相印。今天，中国比以前强大了，对非洲的援助也大大加强。许许多多援非人员，在那块黑土地上打井、造楼、建铁路、防疫，帮助非洲的兄弟姐妹发展农业，发展医疗民生事业。我总觉得，季羡林用真情书写的这些散文佳作，值得我们的援非人员阅读。无论在厂房中，还是工地上，休息的时候，读上一篇季羡林的散文，肯定会神清气爽，感慨不已。

4. 季羡林笔下的"日本人之心"

在季羡林的散文中，有几篇是写东瀛日本的。1986年5月，季羡林应邀访问日本，在早稻田大学做了一次演讲，讲题为"东洋之心"，即"日本人之心"。所以，他这组散文即名为《日本人之心》，共两篇，《诗仙堂》《箱根》。其实，1988年11月他在香港中文大学写成的《室伏佑厚先生一家》，也可归入这一组散文之中。

《箱根》一文写于1986年7月12日，7月28日早晨，季羡林于庐山又续了一段文字。其中，有几句话对我们读懂这一组散文，是有帮助的。他这样写道："在过去半个多世纪中，我对日本没有什么研究，又由于过去的个人经历，对日本决没有什么好感。经过最近几年同日本朋友的来往，又两度访问日本，我彻底改变了看法，而且也逐渐改变了感情。""我现在真仿佛看到了日本人之心。我希望，而且相信，中日两国人民都能够互相看到对方的

123 季羡林在日本早稻田大学做题为“东洋之心”的演讲（1986.6.23）

123

心，世世代代永远友好下去这一句大家熟悉的话不仅仅是一句口号了。我馨香祝之。”①季羡林的这一段文字，记录的是他对日认知上的一个心灵拐点。这个拐点的出现，和室伏佑厚一家关系紧密。这位室伏佑厚先生，是中日友谊的功臣，和季羡林成为朋友，和他女婿所学的梵文有关系。季羡林这样写道：“1959年，日本前首相石桥湛山先生来中国同周恩来总理会面，商谈中日建交的问题。室伏佑厚先生是石桥的私人秘书。他可以说是中日友谊的见证人。也许是在这之前他已经对中国人民就怀有好感，也许是在这之后，我无法也无须去探讨。总之，室伏先生从此就成了中国人民的好朋友。在过去的三十年内，他来中国已经一百多次了。他大概是把我当成中国人民某一方面的一个代表者。他的女婿三友量顺先生是研究梵文的，研究佛典的。这也许是原因之一吧。”②

《室伏佑厚一家》一文，几年前，季羡林就动笔写了，因为忙，只起个头，再也没有写下去，宛如一只断了尾巴的蜻蜓。1988年12月，他来到香港，住在山顶的一幢高楼上，开窗见海，渺无际涯。于

① 季羡林：《季羡林全集》第2卷，第40页；北京：外语教学与研究出版社2009年版。

② 季羡林：《季羡林全集》第2卷，第157页；北京：外语教学与研究出版社2009年版。

是“我天天早晨起来，总要站在窗前看海。我凝眸远眺，心飞得很远很远，多次飞越大海，飞到东瀛，飞到室伏佑厚一家那里，我再也无法遏止我这写作的欲望了”[①]。这篇散文内容丰富，除了写室伏先生之外，还写到他的二女儿和大女婿，写了日本梵文大家中村元教授。“我在这里第一次会见了日本梵文和佛学权威、蜚声世界学林的东京大学教授中村元博士。他著作等身，光是选集已经出版了二十多巨册。他虽然已是皤然一翁，但实际上还小我一岁。有一次，在箱根，我们笔谈时，他在纸上写了四个字‘以兄事之’，指的就是我。我们也成了朋友。”[②] 以文会友，是中国文人的习性。由于室伏先生的原因，季羡林和中村元这两位东方梵文大家惺惺相惜，成了好友，实为中日文化交流史上的一段佳话。

今天，我们阅读季羡林的这几篇散文，除了欣赏文辞之美，还有一份特别的告诫：日本人民和中国人民一样，是爱好和平的。历史上，由于一伙右翼政客的罪恶邪念，发动了侵华战争和太平洋战争，害得中国、朝鲜和东南亚人民生灵涂炭，害得日本人民不但付出了生命和财产的巨大牺牲，而且让他们背负精神上的耻辱。历史的每一次灾难，都是以历史的进步为补偿的。季羡林的散文，见证了这种灾难和进步。今天，日本少数右翼政客为了一己之私，绞尽脑汁，妄想让历史的悲剧重演，开历史的倒车。这是需要中日两国人民和世界上一切爱好和平的人民，千万要警惕的。

5. 难忘的东南亚风情

在季羡林的美文游记里，有一处瑰丽的园地，那就是东南亚的游记。主要记述的是缅甸和泰国的风情。

季羡林一生中至少访问过缅甸六次。第一次，是坐船到缅甸的，住的时间将近有三个星期，几乎走遍了仰光的主要街道。在《重过仰光》这篇散文里，季羡林写的是他第六次到仰光的事情。但是，他用很大的篇幅来回忆第一次到仰光的情景。他说："从此，这一座仿佛只能在神话里才能看到的大金塔和这一个可爱的城市就在我的心里生了根。"[③]在访缅期间，给他留下最深印象的是在这里住了几代的华侨，还有一个使他永远不能忘怀的人，就是旅馆的服务员。"他是一个十几岁的缅甸孩子。他在一所豪华的旅馆里当服务员。我曾在这里住过一些时候，出出进进，总看到这个男孩子站在大门内服务台旁边，瞪着一双又大又圆的眼睛，露出一嘴白牙，脸上满是笑容。我很喜欢他，他似乎对我也有一些好感，不久我们就成了朋友。每次我从外面回来，总是跑着迎上去，抢走我手里拿着的东西，飞跑上楼，送到我的房间里。我每次出门，他总跑出去，招呼车辆。我离开这个旅馆的时候，他流露出强烈惜别的情绪，握住我的手，再三说要到北京看我。""这一切都是过去的事情了。但是，它却并没有因为过去而被遗忘，而是正相反：我每次走过仰光，总不由自主地要温习一遍，时间越久，印象越深刻，历历如绘，栩栩如生，仿佛是昨天才发生的事情。"[④]作者说的不错，我们读了这篇《重过仰光》，也有"历历如绘，栩栩如生"的感觉，好像是昨天自己亲历过的事情。

《曼谷行》共有《初抵曼谷》《报德堂与大峰祖师》《郑午楼博士》《郎静山先生》《华侨崇圣大学开学典礼》《鳄鱼湖》《帕塔亚》《一只小猴》《东方文化书院和陈贞煜博士》《奇石馆》等十篇美文游记，都收在散文集《小山集》中。

1994年3月22日至31日，季羡林在李铮、荣新江陪伴下访问泰国。在《曼谷行》篇首的无题序中，季羡林说："时间虽短，所见极多，谓之闻所未闻，见

① 季羡林：《季羡林全集》第2卷，第156页；北京：外语教学与研究出版社2009年版。

② 季羡林：《季羡林全集》第2卷，第157页；北京：外语教学与研究出版社2009年版。

③ 季羡林：《季羡林全集》第1卷，第275页；北京：外语教学与研究出版社2009年版。

④ 季羡林：《季羡林全集》第1卷，第277页；北京：外语教学与研究出版社2009年版。

所未见，亦决非夸张。回国之后，在众多会议夹缝中，草成短文十篇。”[①]这次出访，因是侨领郑午楼所邀，不是公务，不是会议，所以全程自由自在，可谓收获良多。十篇美文游记又在二十几天时间里一气呵成，给人鲜活灵动的感觉。

泰国华侨是这组美文游记中的重心所在。华侨所以在海外能发展，一靠吃苦耐劳，二靠积德行善。一旦有所成就，就想着在所在国捐赠和回报祖国乡亲。郑午楼博士这次招待季羡林一行，我认为即属于回报祖国乡亲。所以，安排特别周到妥帖，到了无微不至的程度。

关于积德行善，在泰国华侨中传统深厚。《报德堂与大峰祖师》一文对此有深入描写："大峰祖师诞生于宋吴越国温州，俗姓林，名灵噩，字通叟。生于北宋宝元二年（1039年，一说生于1093年），卒年南宋建炎丁未（1127年）。中过进士，做过县令。年届花甲，才辞官出家。后来云游到广东潮阳。他信仰的大概是当时颇为流行的禅宗。他行了不少善事，为乡民祈福禳灾，施医赠药，给灾民治病，同时收验路尸，施棺赠葬，这当然会受到当地贫困老百姓的敬仰。”[②]“一个名不见《高僧传》的和尚在当地却声誉极隆。祖师圆寂后，到了南宋绍兴年间，邑人建堂崇祀，名曰‘报德堂’，八百余年来，香火历久不辍，这在中国佛教史上也是少见的。这个堂广行善事，诸如施茶、验尸、修桥、造路、赈灾、赠药等等，受到老百姓的赞誉，群众起而效之。”[③]

大峰祖师崇拜，是一种带有一定宗教色彩的民间信仰，在一定的族群中流传，与人们日常的生活密切相关，成了他们文化习俗中的一部分。人到哪里，民间信仰就到哪里。季羡林对此作了简明的追溯："旅泰华侨中潮汕人占绝大多数。因此，报德善堂传往泰国，应该说是很自然的事。泰国报德善堂继承大峰祖师的衣钵，仍然是广行善事，其中包括收验无主尸骸。后来又有人回到家乡中国潮阳和平乡，把那里供奉的大峰祖师的金身迎至泰国，几经转移，最后修建了大峰祖师庙，颜其额曰报德堂。”[④]一个不为国人熟知的“报德堂”和不见经传的大峰法师，就这样，因季羡林的这篇美文游记而为广大读者所了解。

郑午楼在泰国名闻遐迩，可是在中国不一定有多少人知道。季羡林《郑午楼博士》一文，改变了这种局面。文章一开头，季羡林就以高屋建瓴之势，用浓墨重彩给郑午楼画了一幅正面肖像：“一个人出身商业世家，自强不息终于成大功的人；一个既有经济头脑，又有文化意识的人；一个自学成家，博闻强记的人；一个既通东方语言，又通西方语言的人；一个既工汉字书法，又能鉴赏中国古代绘画的人；一个既能弘扬泰华文化，又能弘扬炎黄文化的人；一个架设了中泰人民友谊金桥的人；一个把爱国主义与国际主义紧密结合起来的人；一个悲天悯人，广行善事，广结善缘的人；一个待人接物处处有古风的人；一个年届耄耋而又精力充沛超过年轻人的人。总之，一个看似平凡实则不平凡的人。”[⑤]

郑午楼在季羡林心中留下了深刻印象，在他的心目中，郑博士是一位成功的典范。他由衷地写道：“我深深地感觉到，他的成功，正如别人的成功那样，决不是偶然的。现在人们常常讲，一个人的成功取决于三个条件；禀赋或天资、努力和机遇。三者缺一不可。很多人认为，我也同样认为，三者中最重要的是努力。只有勤奋努力，锲而不舍，则一方面能弥补禀赋之不足，另一面又能招来机遇。午楼先生就是一个具体的例子。”[⑥]尽管郑午楼博士获得过无数荣

①季羡林：《季羡林全集》第2卷，第355页；北京：外语教学与研究出版社2009年版。

② 季羡林：《季羡林全集》第2卷，第360页；北京：外语教学与研究出版社2009年版。

③ 季羡林：《季羡林全集》第2卷，第360页；北京：外语教学与研究出版社2009年版。

④ 季羡林：《季羡林全集》第2卷，第361页；北京：外语教学与研究出版社2009年版。

⑤ 季羡林：《季羡林全集》第2卷，第363页；北京：外语教学与研究出版社2009年版。

⑥ 季羡林：《季羡林全集》第2卷，第366页；北京：外语教学与研究出版社2009年版。

耀，但是在我眼里，季羡林文中对他的这个评价，应该是最崇高、最中肯的评价。凡是读到这篇文章的人，无不对郑午楼博士肃然起敬。这是一位伟大学者对一位伟大侨领的评价。这一评价，将流芳千古。

这篇散文还介绍了一位著名学者陈贞煜博士。他是东方文化书院院长，邀季羡林做一个讲演。人数不多，但侨界精英如郑彝元等悉数出席。“然而更使我喜悦的是陈贞煜博士作为主席介绍我时那种溢于言表的情谊。陈先生同我一样是德国留学生。我们初见面时，无意之中彼此讲了几句德国话。这样一来，记忆的丝缕把现在同过去的比较天真无邪的青春时期牵在一起了，不由自主地油然而生了一点似浓似淡的甜蜜感。难道这就是我们一见如故‘心有灵犀一点通’的原因吗？不管怎样，我们俩在中国只见过一面，我来到泰国再见面就仿佛已是老友了。陈先生是学法律的，做过二十年法官，当选过国会议员，担任过泰国最高学府之一的法政大学校长，现在仍然是那里的教授。但是，他为人淳朴，一无官气，二无‘法’气。在当今不算太清明的世界上是一个难得的好人。”①

这次泰国之旅，季羡林一行还参观了赫赫有名的大皇宫。他说，到过三十多个国家，见过不少王宫。所以，他一踏进泰国的大皇宫，“第一个印象就带给我了一点淡淡的失望；宫门一不巍峨，二不精致，只是比普通邸宅的大门大了一些。不能给人留下深刻的印象。走了进去，庭院也并不宽敞。这同我的期望，即使是朦朦的期望吧，是有极大的距离的。我真感到失望，感到落寞。然而，当我走近一些宫殿时，我看到一些柱子上镶嵌着宝石之类的东西，闪出了炫目的光辉。墙壁上则彩绘着壁画，烟云缭绕，宫阙巍峨，内容多半是《罗摩衍那》中的故事。原来泰国王室与罗摩有什么渊源，所以印度古代英雄罗摩十分受到崇敬。皇宫里壁画上画着罗摩的故事，也就丝毫不足怪了。我的眼前豁然开朗，目为之明，耳为之聪，深悔刚才的失望与落寞了。但这还不是参观的高潮，高潮还在后面。陈博士带我们走进了崇高宏伟的玉佛宫，金碧辉煌，香烟缭绕。殿非常高，仰头一望，宛如走进了欧洲哥特式的大教堂，藻井高悬在云端。一尊庞大的玉佛，高踞在神龛里，慈眉善目，溢满慈悲。”[②] 大皇宫，世界性的旅游胜地。“我们离开了玉佛殿，在黑头发、白头发、黄头发、灰头发，黑眼睛、蓝眼睛，高鼻梁、低鼻梁，形形色色的人流中，挤出了大皇宫，走到了大马路上，上了等在那里的汽车。在我的心中，我默默地说了声：‘再见，大皇宫！我有朝一日，还会回来的’。”[③] 就这样，一座别具东方韵味的泰国大皇宫，随着季羡林心情的起伏变化，经由起伏跌宕的文字布局，呈现在无数中国读者面前。

美文具有穿透力，能穿越时空，穿越不同民族和不同文化。季羡林用自己的笔，在美文游记中记录了自己的所见所闻和所感，记录了中国和这些国家的文化交流。这些美文游记将传之千古，中国人民和外国人民之间的友谊，将传之千古。

二、文化交流研究学术成果丰硕

季羡林作为当代中国中外文化交流的伟大重镇，除了漫长、丰富的文化交流的实践，以及大量优秀的美文游记之外，还出现了大批高水平的学术研究成果。研究季羡林文化交流的学术成果，是研究季羡林人生和学术的重要组成部分。

（一）《中印文化关系史论文集》评价

季羡林研究中外文化交流的学术成果，大体可

① 季羡林：《季羡林全集》第2卷，第388–389页；北京：外语教学与研究出版社2009年版。
② 季羡林：《季羡林全集》第2卷，第390页；北京：外语教学与研究出版社2009年版。
③ 季羡林：《季羡林全集》第2卷，第391页；北京：外语教学与研究出版社2009年版。

124 季羡林著《中印文化关系史论文集》

125 季羡林著《中印文化关系史论丛》

124

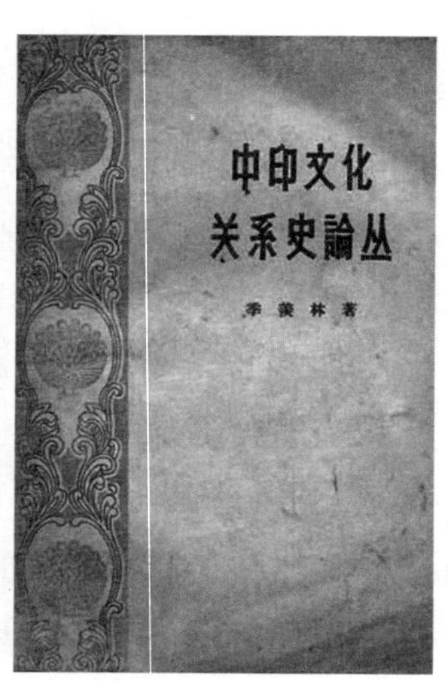

125

分为两大部分：一部分是微观的、具体的；一部分是宏观的、抽象的。在微观、具体的学术成果中，《中印文化关系史论文集》具有很大的代表性。

大家知道，季羡林于1957年出版了《中印文化关系史论丛》。这是他的第一本学术专著。到1980年代，有人提议再版此书，季羡林表示同意。“但是，时间究竟已经过了二十多年。在这期间，我又在广义的中印文化关系史的范围内，写了一些文章。同时，还有几篇在《中印文化关系史论丛》出版前写成的、本来应该编入而疏忽未编入的文章。这二者加起来，从量上来讲已经超过了原书。又因为在编定这些文章的时候，我把有关古代印度语言的几篇论文抽了出来，编入另一个专论古代印度语言的集子中。结果现在编成的这个集子从原来十篇扩大成现在的21篇；从原来的十几万字扩大到现在三十多万字。如果仍然沿用《中印文化关系史论丛》这个书名，就似乎不甚妥当了。于是我另外用了一个新名，名之为《中印文化关系史论文集》，送到读者面前。”①

① 季羡林：《中印文化关系史论文集》，第1页；北京：三联书店1982年版。

② 季羡林：《中印文化关系史论文集》，第17页；北京：三联书店1982年版。

③ 季羡林：《中印文化关系史论文集》，第38页；北京：三联书店1982年版。

④ 季羡林：《中印文化关系史论文集》，第38页；北京：三联书店1982年版。

⑤ 季羡林：《中印文化关系史论文集》，第42页；北京：三联书店1982年版。

⑥ 季羡林：《中印文化关系史论文集》，第50页；北京：三联书店1982年版。

全书所收21篇文章中，5篇是考证中国纸及造纸法、中国蚕丝是什么时间、什么渠道传到印度去的。它们是《中国纸和造纸法输入印度的时间和地点问题》《关于中国纸和造纸法输入印度问题的补充》《中国纸和造纸法最初是否由海路传到印度去的？》《中国蚕丝输入印度问题的初步研究》《对〈丝〉〈纸〉两篇文章的补充》。在中外文化关系史上，纸和丝是极其重要的研究课题，而中印之间有关纸和丝的问题，又是中外文化关系史上引人关注的研究课题。自近代以来，西方学者和日本学者，花费大量精力不断进行研究，也取得了不俗的成绩。但是，纸和丝对人类文明的影响太巨大了，中国的纸和丝是如何传到印度去的，是一个极为庞大、复杂的课题。西方学者、日本学者，虽然花了大量时间来研究，但依然存在重大的疑而未决的问题。这个时候，需要通晓多国语言、受过考证学严格训练的学者来完成这些任务。

季羡林自1946年从德国留学归来，就自觉地挑起了这副担子。从1954年在《历史研究》上发表《中国纸和造纸法输入印度的时间和地点问题》，一直到1981年4月写成《对〈丝〉〈纸〉两篇文章的补充》前后用了二十多年时间。这后者，是对丝和丝织物、纸和造纸法的产生年代，根据新的研究成果，作了一些补充与更新。但是，对中国纸、中国丝是何时、以何种方式传到印度去的，季羡林的结论没有动摇。这些结论是：

1. 印度第11世纪以后，才有纸写的典籍。在这以前，即使有，也是非常少。[②]

2. 但自11世纪末叶起，印度纸写本的数目就逐渐多了起来。[③]

3. 至迟在15世纪初年印度已经建立起自己的造纸工业。[④]

4. 印度学者师觉月（P.C.Bagchi）认为，梵文中的Śaya就是中国的“纸”。我仍然表示有点怀疑，但认为可能性是存在的。[⑤]

5. 我的结论是：中国造纸法最初是由陆路传到印度去的。[⑥]

6. 当慧超在印度的时候(他是开元十五年，公元725年回国的)，印度人民还不能纺织这些东西(丝织物)。[①]

7. 到了宋代，印度人民，至少靠近和中国通商的港口一带的人民，已经可以穿丝衣服。[②]

以上这些结论，尽管建立在非常严密的考据基础之上，但是只对时间的下限负责，而不能对时间的上限负责。所以，季羡林几乎在每篇章中都说，这是初步结论，待新的材料出土之后，需要不断修正自己的结论。如中国丝织物出现的上限时间，季羡林在《中国蚕丝输入印度问题的初步研究》中认为："假设立刻就断言，中国新石器时代已经有了养蚕业，似乎证据薄弱了一点。"1960年第二期《考古学报》刊文认为，在新石器时代，浙江吴兴钱山漾遗址中发现了蚕丝织物。1982年，季羡林在《对〈丝〉〈纸〉两篇文章的补充》中说："这段话已经过了时，我们应该说：'中国新石器时代已经有了养蚕业'。"[③]

上述五篇文章，研究的是历代学者的热门话题。如今，随着建设"一带一路"宏伟构想的提出，这个历史的热门话题也变得时尚起来。笔者认为，随着陆上丝路经济带和海上丝绸之路的不断开拓建设，季羡林和其他许多前辈学者从事的中国丝、纸传播史的研究，也必将获得新的发展。

《中印文化关系史论文集》中《吐火罗语的发展与考释及其在中印文化交流中的作用》一文，写于1955年7月，是一篇意义重大的文章。它涉及到了季羡林的独门绝技，并为其晚年在吐火罗语研究方面大放异彩，埋下了长长的伏笔。在30卷《季羡林全集》中，第11卷《吐火罗文〈弥勒会见记〉译释》、第12卷《吐火罗文研究》，成为季羡林学术的又一个光明金顶。

《玄奘与大唐西域记——校注〈大唐西域记〉前言》是一篇10万余言的长文，在中印、中外文化交流研究史上意义重大。这篇《前言》以及由他主

126 郁龙余将印地文版《大唐西域记》赠送给印度世界事务委员会主席拉吉夫·巴提亚（Amb. Rajiv Bhatia）

126

持完成的《大唐西域记》校注和《大唐西域记》今译，是中国当代的一项青史留名的文化工程，也是季羡林学术的又一个光辉顶点。根据季羡林等人的研究成果，外文出版社于1991年组织中外专家翻译出版了《大唐西域记》印地文版。2015年，深圳大学印度研究中心联合杭州佛学院支持外文出版社又重印了此书。在出版后记中，我们说："原著中的大量梵语的人名、神名、地名、术语，在印地文版中都恢复了原貌，所以该译本是外文版中的上乘之作。我们相信，在2015中印友好交流年再版重印《大唐西域记》（印地文版），不但具有重要的学术意义，而且具有重要的现实意义。玄奘和《大唐西域记》所体现的'取经精神'，将激励中印两国学者和人民进一步发展中印关系，将我们两个伟大的国家建设成为友好合作、共同繁荣的典范。"④ 2015年5月14日，国家主席习近平在西安大慈恩寺将新版的《大唐西域记》印地文版，作为国礼赠送给到访的印度总理莫迪。深受媒体关注，印度客人认为这是一种特殊的礼遇。显而易见，季羡林等学者的辛劳成果，依然活在我们的现实生活中，伴随着中印友好事业的脚步不断发挥作用。

《论梵文ṭḍ的音译》是季羡林在1948年7月写的一篇关于印度梵文顶音的长文。大概由于篇幅长的原因，在1957年出版的《中印文化关系史论丛》中没有收录。出版《季羡林全集》时，此文收入第13卷《中国文化与东西方文化》之中，而未收入第9卷《印度古代语言》之中。季羡林学术研究有一个优点，不是

① 季羡林：《中印文化关系史论文集》，第96页；北京：三联书店1982年版。
② 季羡林：《中印文化关系史论文集》，第94页；北京：三联书店1982年版。
③ 季羡林：《中印文化关系史论文集》，第484页；北京：三联书店1982年版。
④ 郁龙余：《〈大唐西域记〉（印地文版）新版后记》，第363页；北京：外文出版社2015年版。

钻进故纸堆一切都不顾。他总是自觉地考虑，自己的研究对中国、对世界有什么作用。写《论梵文ṭḍ的音译》一文，他就希望能对中国的音韵学研究有所帮助。自古至今，“华梵对勘”，为许多人津津乐道。其实，这里存在一个很大的风险。季羡林指出：“我们既然要‘华梵对勘’，当然就承认一个大前提，就是这些音译的字都是直接从梵文译过来的，否则无从‘勘’起。这样一个大前提从来没有人提出来过，无论是赞成或否认。大概学者都默认这是事实，没有再提出来的必要了。不但现在这样，以前的学者也犯过同样的错误。在玄应《音义》、慧琳《音义》和玄奘《大唐西域记》里，我们常看到‘旧言某某，讹也（或讹略也）’这一类的句子。其实这些旧日的音译也不‘讹’也不‘略’，因为据我们现在的研究，有很多中译佛典的原文不是梵文，而是俗语，或中亚古代语言。”“我们利用音译梵字的时候要特别小心。我们一定先要研究清楚，这些音译的来源是不是梵文或是俗语和中亚古代语言。这一点我认为非常重要，我也就把我关于这一点的意见贡献给研究中国音韵的学者。”[1] 纵观季羡林学术研究史，《论梵文ṭḍ的音译》及《季羡林全集》第9卷《印度古代语言》中的23篇论文，共同构成了季羡林学术的第一个光明金顶。

在《中印文化关系史论文集》中，数量最多的是有关中印文学关系的论文，有《印度文学在中国》《泰戈尔在中国》《泰戈尔诗选》序、《〈西游记〉里面的印度成分》《关于〈优哩婆湿〉》《〈五卷书〉译本序》《〈五卷书〉译本再版后记》《〈罗摩衍那〉浅论》《〈沙恭达罗〉译本新序》等。以上9篇文章，在中印文学关系研究史上，具有重要地位。泰戈尔研究，在中国开始很早，但真正具有持续性的学术研究，是从季羡林开始的。《泰戈尔在中国》《泰戈尔诗选》序，以及季羡林其他文章如《泰戈尔散文精选》序、《〈家庭中的泰戈尔〉中译本译者序言》《纪念泰戈尔诞生100周年》《泰戈尔短篇小说艺术风格》《泰戈尔与中国》《泰戈尔的生平、思想和创作》等等，是中国读者认知泰戈尔及其作品的基本视角。

《〈西游记〉里面的印度成分》及《〈列子〉与佛典》，代表着季羡林在中印文学比较、中印文化比较研究领域中的开拓方向。到20世纪末叶，季羡林固然在这一领域成果丰硕，成为中国比较文学一大家。他先后写成了《印度文学在中国》《〈罗摩衍那〉在中国》《〈五卷书〉在世界的传播》等等大小几十篇文章。这些成果，收录在《季羡林全集》第17卷《比较文学与民间文学》之中。

综上可知，《中印文化关系史论文集》，好比是季羡林学术微缩景区，让我们清晰可辨地看到了他的学术发展前景。季羡林一生的全部学术成果，几乎都可以在这《中印文化关系史论文集》中找到缩影。

（二）析《文化交流的轨迹：中华蔗糖史》

在季羡林微观、具体研究文化交流的学术成果中，《文化交流的轨迹：中华蔗糖史》（以下简称《中华蔗糖史》）是规模最大的专著。在对《中印文化关系史论文集》作出初步研究和评价之后，对《中华蔗糖史》进行的分析研究，对于了解认识季羡林的这一重要的学术成果乃至了解认识晚年季羡林，有着十分重要的意义。

1. 写《中华蔗糖史》是季羡林的夙愿

在《中华蔗糖史》的引言中，季羡林首先提了几个问题：“我不是自然科学家。数学、物理、化学、生物等重要的自然科学分支，我最多也不过是中

① 季羡林：《中印文化关系史论文集》，第377页；北京：三联书店1982年版。

学水平。为什么竟忽发奇想写起什么《糖史》来了？”“我是什么地方，从什么时候起，注意到‘糖’这种东西背后隐藏着一段不寻常的历史呢？”[①]季羡林从英文、法文、德文、俄文、意大利文、西班牙文对“糖”和“冰糖”的单词中知道，它们都是外来词，来自古代印度的吠陀语和古典梵文。中国的情况则不同，中国古代就知道甘蔗并用甘蔗炼糖，但中国在制糖的过程中，也向印度及阿拉伯国家和波斯学习，最后高超的中国制糖工艺又传到了印度。自何时开始注意以“糖”“冰糖”在各国的称谓，发现糖的传播历史，季羡林没有具体表述。但是，在成文于1978年的《中印文化关系史论文集》前言中，对制糖术的传播已有了简明扼要的表述。季羡林说：

> 中国古代就知道有甘蔗这种东西。比如《楚辞·招魂》中说“胹鳖炮羔，有柘浆些。”“柘浆”就是后来的“蔗浆”。可见楚国已经知道甘蔗，而且能把甘蔗压成浆，用以祀神。但是再进一步把蔗浆制造成糖却似乎还不知道。在另一方面，中国古代史籍、游记和其他著作中常常提到一种叫“石蜜”的东西。顾名思义，可能就是一种坚硬如石头的糖块，类似现在的冰糖，但不是白色。有这种“石蜜”的国家都在当时的所谓西域，比如波斯、康国、天竺等等。汉代张衡《七辨》说：“沙饴石蜜，远国贡储。”晋代傅巽《七诲》也说：“西极石蜜。”可见中国本土还没有这种东西。其后的一些书籍中又提到一种叫“沙糖”的东西。顾名思义，可能就是我们现在的“红糖”。张衡的“沙饴”也可能就是这东西。唐菩提流志译《不空羂索神变真言经》卷十二有“沙糖”“石蜜”“白蜜”这些词儿，把两者并提。李时珍《本草纲目》卷三三说：“此紫沙糖也。法出西域。唐太宗始遣人传其法入中国。以蔗汁过樟木槽，取而煎成。清者为蔗糖。凝结有沙者为沙糖。漆瓮造成如石如霜如冰者，为石蜜，为糖霜，为冰

糖也。紫糖亦可煎化，印成鸟兽果物之状，以充席献。今之货者，又多杂以米饧诸物，不可不知。”李时珍对石蜜、沙糖、冰糖的特点和制造过程已经说得非常具体、非常明确，用不着再多加解释。关于唐太宗遣人赴印度学习制糖术的事情，中国史书上有一些记载。《新唐书》卷二二一上《西域列传》摩揭陀国条载：“太宗遣使取熬糖法，即诏扬州上诸蔗，拃瀋如其剂，色味愈西域远甚。”这一段记载还见于许多笔记中。这可能就是李时珍之所本。唐代一些高僧的传记或著作里也提到石蜜，比如玄奘《大唐西域记》卷二健驮罗国条载：“多甘蔗，出石蜜。”有的也提到沙糖，比如义净《南海寄归内法传》说：“方行饼果，后行乳酪，及以沙糖。”《续高僧传》卷四《玄奘传》说：“并就菩提寺僧召石蜜匠。乃遣匠二人僧八人，俱到东夏，寻敕往越州，就甘蔗造之皆得成就。”这里讲的是不是同《新唐书》讲的是一回事？我不敢确说。从以上种种记载中，可以看出，在传到中国以前的“石蜜”和“沙糖”都是紫色的。把紫色的糖变成白色的，要进一步加工。这个加工过程可能是中国完成的。《新唐书》上所说的“色味愈西域远甚”。“色”指的是什么呢？难道不就是从紫红色变成白色吗？这里还要插叙一下埃及在这方面起的作用。根据《马可波罗游记》，元世祖时有埃及国开罗人到了中国福建，教授净糖术。这里指的可能也是把红糖净化为白糖。14世纪的伊本·白图泰的《游记》里说：“你在中国找到很多的糖，同埃及的一样好，实际上是更好一些。”根据这些记载，我们是不是可以做如下的推测：中国唐代从印度学习了制糖术以后，加以提高，制成了白糖。同时埃及也在这一方面有所创新，有所前进，并且在元朝时派人到中国来教授净糖的方法。

① 季羡林：《季羡林全集》第18卷，第13页；北京：外语教学与研究出版社2010年版。

实际上中国此时早已熟悉了这种方法，熬出的白糖，按照白图泰的说法，甚至比埃及还要好。这件事从语言方面也可以得到证明。现代印地语中，白糖，白砂糖叫做cīnī，cīnī的基本含义是“中国的”。可见印度认为白糖是中国来的。《印地语辞海》说cīnī现在在印度已经普遍流行了。但在开始时，人们称之为洋货，因为cīnī原来是从外国输入的。当时人们食用这种东西，认为不合教规的。但是现在人们却毫不犹豫地食用这种糖了。印地语中还有一个字misarī，指冰糖（sugarcandy）。misarī的基本含义是“埃及的”。可见印度人心目中埃及来的糖是冰糖。但是阿拉伯语却叫做sukr，显然是从英文sugar或法文sucre转借来的，而英文sugar，法文sucre，或德文Zucker，俄文caxap，又都是从梵文śarkarā转借来的。

这里还牵扯上了波斯（现在的伊朗）。有的中国古书上说石蜜是从波斯传来的。有的书上说由波斯运到四川的糖极好。[①] 这些情况，我们也必须加以注意。

我们现在继续从语言方面来探索一下这个问题，梵藏汉和四译对校的《翻译名义大集》关于蔗糖和糖有下列几个字：

5695 ikṣnḥ 苣菜，甘蔗

5696 guḍaḥ 黑糖［和］糖块

5721 śīdhuḥ 甘蔗酒

5788 śarkarā 糖

5837 phaṇitam 糖霜［和］粗糖

《梵语千字文》[②] 糖叫做guḍa《梵语杂名》[③] 标明：“沙糖遇怒”，“遇怒”就是guda的音译。《枳橘易士集》引用了《梵语杂名》，但有错字。《唐梵两语双对集》[4]“石蜜舍嘌迦罗śarkara”，“沙糖遇怒guda”。《翻梵语》卷第十[5]提到《善见律毗婆沙》卷第一七中的“乌婆陀颇尼”，注明：“律曰：薄甘蔗糖。”《善见律毗婆沙》[6]原文是：“广州土境有黑石蜜者，是甘蔗糖，坚强如石，是名石蜜。伽尼者，此是蜜（madhu）也。乌婆陀颇尼，颇尼者，薄甘蔗糖。”这里的“颇尼”就是《翻译名义大集》中的phaṇitam。《翻译名义大集》中的śarkar ā这个字从印度传出去，几乎传遍了世界。guḍa这个字，是一个古字，大史诗《摩诃婆罗多》和《罗摩衍那》中已有。从以后的许多词典中，比如Bhāvaprakāśa 、Amarakośa等等中都有这个字。《五卷书》中也有。但是含义并不一致。有的说它是干的圆球状的糖，有的说它是煮熟了的甘蔗汁，有的又说它就是蜜。总之大概是一种还没有净化的粗糖。

把以上这些情况归纳起来，就约略可以想象出一条红糖、白糖和冰糖传布的道路。中国古代有甘蔗，也有蔗浆，把蔗浆熬成糖的方法是从印度传入的，时间在唐太宗时代。中国接过了这熬糖方法又加以提高，熬成白糖，又传回到印度去。至于埃及什么时候开始熬糖，详细情况，我没有研究。反正埃及熬的糖也颇有点名声，也传到了印度和中国。你看，我们天天吃的糖是一件非常平常的东西，但其中竟有这样许多文章，它牵扯到中国、印度、埃及和伊朗四个国家的文化交流。这确实可以称为一个佳话。这充分说明，我们四个国家在过去文化交流之密切；也可以说明，中印文化交流的特点，确实是互相学习，各有创新，交光互影，互相渗透，而且到了难解难分的程度。明白了这些情况，还能说两国关系是一边倒的买卖吗？难

① 见B.Laufer,sino-Iranica,中译本《中国伊朗篇》，第201-202页；北京：商务印书馆1964年版。
② 《大正大藏经》卷五四，1192页上。
③ 《大正大藏经》卷五四，1238页中。
④ 《大正大藏经》卷五四，1243页中。
⑤ 《大正大藏经》卷五四，1053页中。
⑥ 《大正大藏经》卷二四，795页中。

127 季羡林题《蔗糖史》书名

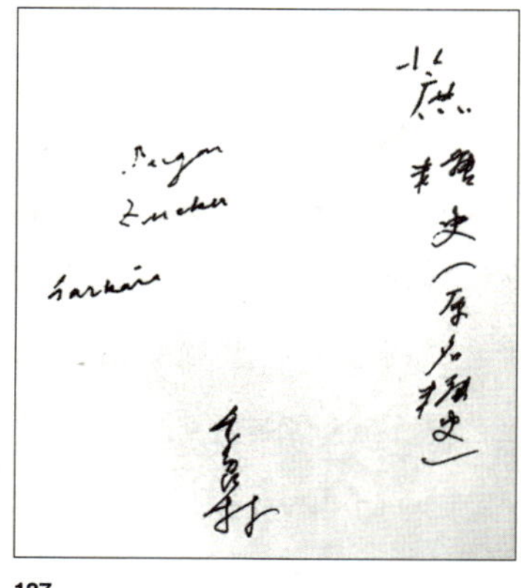
127

道这不是不符合实际情况吗？[1]

以上文字虽然是《中印文化关系史论文集》前言中的一部分内容，但实际是一篇研究古代制糖术传播的短文。我们认为，这段文字表达的是季羡林糖史研究的夙愿，是季羡林日后大规模深入研究糖史的序曲。从这时开始，季羡林跑了几年图书馆，利用一切可以利用的时间，骑自行车去图书馆的路上，也在思考糖的问题。皇天不负苦心人，到了1996年终于写成了一部长达七八十万字的巨著，分为国内、国外两编。此书先由经济日报出版社，作为“东方文化集成”从书中的一种于1997年出版，后又收入《季羡林文集》和《季羡林全集》，先后由江西教育出版社和外语教学与研究出版社出版。

2.《中华蔗糖史》是一部考据学杰作

《中华蔗糖史》上下两编，甫一问世，就令中外学术界大吃一惊。如此煌煌巨著，竟出自耄耋老者之手。季羡林在此书的《引言》中说：“我希望，我这一本书能成为一本在最严格意义上讲的科学著作。删除废话，少说空话，不说谎话。言必有据，无征不信。因此，在很多地方，都必须使用严格的考据方法。为了求真，流于烦琐，在所难免。即使受到某一些反考据斗士的讥诮，也在所不辞。”[2]

季羡林用18年（1978—1996）时间，孜孜不倦写作《糖史》，共计73万字。在世界上，有两部举世公认的《糖史》：一部是德文《糖史》，作者是Von Lippmann；一部是英文《糖史》，作者是Deerr。从文化交流视角写成《糖史》，季羡林是前无古人的第一家。

《中华蔗糖史》的成功，得益于季羡林的得天独厚的诸多条件。

第一，季羡林是当代的考据大师。

他在清华大学读书时，就受到考据大师陈寅恪的亲身教诲。到哥廷根大学学习梵文，受到西克、瓦尔德施密特等梵文大师教导，所写博士论文《〈大事〉中伽陀部分限定动词的变化》，更是属于考据一类。1946年回国之后，虽然研究方向有所变化，但一直到晚年他的学术研究依然以考据为主。季羡林撰写《中华蔗糖史》，心中是装着陈寅恪的，他在《引言》中说："先师陈寅恪先生可谓国内外公认的国学大师。他于考据最擅胜场，因此颇招来一些非议。但是，我窃以为寅恪先生实在不同于清代许多考据大师。在极其严格的甚至貌似流于烦琐的考据的后面，实在隐藏着他所追求的一种理想，一种义理，一种'道'。"③ 在这里，季羡林一方面为陈寅恪鸣不平，一方面为自己鼓劲。他说："以予驽钝，焉敢望先师项背！"④ 综观季羡林一生在考证方面所取得的学术成就，我们可以说，季羡林是中国现代继陈寅恪之后的又一位考据大师。

第二，季羡林是一位语言奇才。

季羡林读小学时就对英语感到好奇，这种好奇化为了学习外语的巨大动力。在清华大学和哥廷根大学期间，他学习了希腊文、拉丁文、梵文、南斯拉夫文（塞尔维亚、克罗地亚文）俄文、吐火罗文、德文、英文、法文、阿拉伯文、印度古代语言（包括阿育王碑铭的语言、巴利文、古典戏曲中的语言、佛教混合梵语等等）。掌握语言有"用进废退"的规律，季羡林所学的众多语言，长期处于废用休眠状态，但是，一旦需要就能重新启动使用。"文革"后期开始，他

① 季羡林：《中印文化关系史论文集》，第4－7页；北京：三联书店1982年版。

② 季羡林：《季羡林全集》第18卷，第24页；北京：外语教学与研究出版社2010年版。

③ 季羡林：《季羡林全集》第18卷，第25页；北京：外语教学与研究出版社2010年版。

④《季羡林：《季羡林全集》第18卷，第25页；北京：外语教学与研究出版社2010年版。

研究吐火罗文残卷，取得骄人成果，出了《吐火罗文〈弥勒会见记〉译释》《吐火罗文研究》（《季羡林全集》第11、12卷）两本专著，引得学术界称羡不已。在《中华蔗糖史》研究中，季羡林的语言天赋再次得到了用武之地，如果不掌握这么多种语言，要写好此书是很难想象的。即使如此，季羡林不肯囿于所学，还经常进行“田野作业”，不耻下问，向东方语言文学系的十几个教研室的不同语种的老师请教。他曾问过印地语教研室的多位老师：糖、红糖、白糖、冰糖在印地语中怎么说？也问过本人同样的问题。我想，这就是严格的“言必有据，无征不信”吧。

第三，从考据走向义理的转折点。

《中华蔗糖史》是季羡林规模最大的一部以考据为主要特征的专著。同时，它又是季羡林学术史上的一个转折点。自此，他从“钟情考据”逐渐迈向“考据义理兼顾”，最后走向“老来忽发义理狂”。这个转折，出自季羡林的自觉与自愿。当然，也是社会客观需要使然。所以，研究季羡林学术发展史，应该重视《中华蔗糖史》，重视此书在季羡林学术史上的标志性意义。

季羡林说：“在过去颇长的时间以内，我通过对中外文化交流史的研究，逐渐形成了一些想法。这些想法，由支离到完整，由模糊到清晰，由抽象到具体，终于颇有了一点体系。我想通过现在这一本书，把这些想法表达出来。我的想法是什么呢？简短点说，就是文化交流是促进人类社会前进的主要动力之一。人类必须互相学习，取长补短，才能不断进步，而人类进步的最终目标必然是某一种形式的大同之域。”①

在这里，表达的是季羡林的自觉与自愿。那么，为什么又说季羡林由考据转向义理，是“社会客观需要使然”呢？季羡林认为：从糖史中，“让人们感觉到实在应该有更多的同呼吸共命运的意识，有更多的互相帮助互相

128 季羡林著《蔗糖史》封面

129 季羡林著《季羡林谈义理》

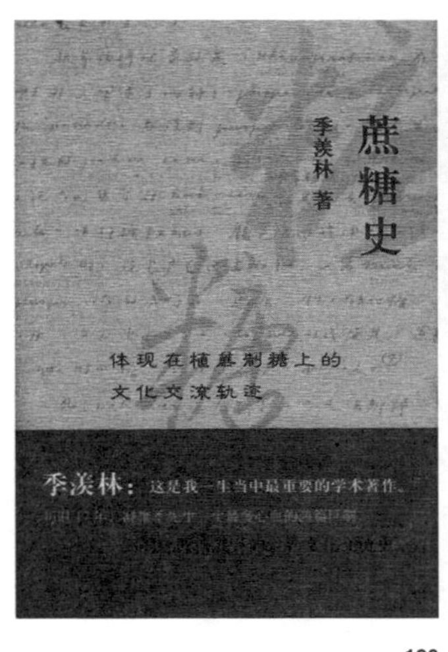

128

129

依存的意识，从而能够联合起来共同解决一些威胁着人类全体的问题，比如人口问题、环保问题、资源问题、粮食问题、自然界生态平衡的问题，甚至还有淡水问题、空气问题，等等，等等。”[②] 他甚至训诫说：“如果人类还想顺利地在这地球上共同生活下去的话，人类应该彻底改弦更张，丢掉一直到现在的想法和做法，化干戈为玉帛，化仇恨为友爱，共同纠正人类过去所犯下的错误，同类戮力，同自然博斗。”“人类再也不应当鼠目寸光，只看到鼻子底下那一点小小的利益了。这样下去，有朝一日，整个人类会面临着威胁自身生存的困难。”[③] 这就是季羡林从考据转向义理的“社会客观需要”。客观需要与学者良知的结合，便形成了坚不可摧的学术自觉和学术毅力。季羡林说：“如果我这样一个素来不重视义理，不重视道的人，今天也想宣传一点义理，宣传一点道的话，就让这一点想法成为我的义理，成为我的道吧。”[④] 季羡林是这样说的，也是这样做的，到了晚年，他真的成了一名“义理狂”。他为人类正义、

① 季羡林：《季羡林全集》第18卷，第25页；北京：外语教学与研究出版社2010年版。

② 季羡林：《季羡林全集》第18卷，第26页；北京：外语教学与研究出版社2010年版。

③ 季羡林：《季羡林全集》第18卷，第26页；北京：外语教学与研究出版社2010年版。

④ 季羡林：《季羡林全集》第18卷，第26页；北京：外语教学与研究出版社2010年版。

进步和生存环境的保护与改善，而“疯狂”呼喊，“疯狂”写作。

（三）《季羡林谈义理》初读心得

为了便于读者理解季羡林的义理文章，出版社责任编辑王裕江建议梁志刚写一篇导读。梁志刚认为：“季羡林先生的学问博大精深，写导读为我力所不逮，不过作为本书编者和季羡林教授的弟子，我有责任把自己的学习体会，作为引玉之砖、奉献给广大读者。”[①] 他以《编者的话》和读者交流学习体会。尽管没有标以“导读”字样，但在一定意义上，这篇《编者的话》具有导读的功能。

《季羡林谈义理》全书内容包括：“什么是文化，什么是中国文化，人类四大文化体系和东方文化与西方文化，东西方思维方式的不同特点，东方特有的“天人合一”思想的新解，处理好三个关系以实现和谐，文化交流促进人类社会进步，中国优秀传统文化，佛教的中国化，中国知识分子的爱国传统，读书治学的方法和态度，获得成功的三个要素，对于人生的感悟以及关于老年的见解等，共13个单元。”季羡林曾说：“我在这里使用‘义理’二字，不是清人所谓‘义理’，而是通过考证得出规律性的东西，得出在考证之外的某一种结论。”“义理”换一句现代的话说，就是“探索规律”。[②]

梁志刚按照自己的学习体会，将季羡林的义理分成13个单元，并进行了归纳和重点介绍：

文化交流，推动人类社会前进。

人类文化来源是多元的，不是一元的。文化有个特点，它是天下为公的，它一旦被创造出来，就会向外流传，它既可以为这一个地区、民族的人们服务，也可以为那一个地区、民族的人们造福。不同地区不同民族的文化通过交流，互通有无，互相吸收，相互学习和融合，自己原来没有的东西有了，原来不会的学会了，他们的本领越来越大，创造的物质和精神财富越来越多。文化的交流，促进生产力发展，推动人类社会前进。从这个意义上说，一部人类历史，就是一部文化交流史。民族的就是世界的，每个民族的固有文化，构成了它的民族传统，而吸收、借鉴和融合外来文化，就形成了它的时代特征，各民族的文化都是以民族为经线，以时代特点为纬线织成的锦缎。[③]

21世纪，中国文化将重现辉煌。

人类自从有历史以来，总共形成了四个大文化圈；古希腊、古罗马一直到近代欧美的文化圈、从古希伯来起一直到伊斯兰国家的闪族文化圈、印度文化圈和中国文化圈。在这四个文化圈内有一个主导的影响大的文化，同时各个民族或国家又是互相学习的。在各个文化圈之间也是互相学习的，这种相互学习就是文化交流。倘若从更大的宏观上来探讨，这四个文化圈又可以分成两大文化体系：第一个文化圈构成了西方大文化体系；第二、第三、第四个文化圈构成了东方大文化体系。“东方”在这里既是地理概念，又是政治概念，即所谓第三世界。这两大文化体系之间的关系也是互相学习的。仅就目前来看，统治世界的是西方文化，但是从历史上来看，二者的关系是“三十年河东，三十年河西”，从发展趋势上看，21世纪，东方文化，特别是中国文化将重现辉煌。[④]

东西方文化互补互齐，以东方文化为主。

不同民族操不同的语言，人们的思维方式是千差万别的。季羡林发现，人类的思维模式尽管千差万别，但不出分析和综合两种。东方文化和西方文化的根本的差别在于思维模式的不同，西方主分析，东方主综合。近代以来，主分析的西方思维方

① 季羡林著，梁志刚选编：《季羡林谈义理》，第1页；北京：人民出版社2010年版。

② 季羡林著，梁志刚选编：《季羡林谈义理》，第1页；北京：人民出版社2010年版。

③ 季羡林著，梁志刚选编：《季羡林谈义理》，第2页；北京：人民出版社2010年版。

④ 季羡林著，梁志刚选编：《季羡林谈义理》，第2-3页；北京：人民出版社2010年版。

式风靡世界。给人类带来了巨大的福利，但也为人类的生存与发展埋伏了巨大的危机。人类面临诸多巨大的难题：能源匮乏，淡水不足，人口爆炸，环境污染，气候变暖，臭氧层破坏，生态失衡，物种灭绝，新疾病蔓延，自然灾害频发等等。这些问题，靠西方那种分析思维，一味强调发展，诛求无厌，不计后果，是不可能解决的。出路何在呢？季羡林的研究结果是，唯有以东方的综合思维济西方的分析思维之穷，以东方文化济西方文化之穷。[①]

在处理人与自然的关系上，主分析的西方提出的典型口号是“征服自然”，而主综合的东方则主张“天人合一”，季羡林对这个古老命题的新解是“人与自然和谐相处”，在中国，更有张载提出的“民胞物与”的思想。很明显，这不是方式方法之争，而是根本立场之争。[②]

文化发展进步的两个途径。

一种文化要发展进步不外乎两种途径；一是发扬光大自己的传统文化之精华；二是积极学习和吸收外来文化的营养，与时俱进。二者缺一不可。中华文化是中华各民族共同创造的，它历来就是开放的体系，历史上有过三次大规模的“输液”，一次是汉唐佛教的输入，一次是明清之际的西学东渐，一次是五四以来马克思列宁主义的输入。这些外来的文化已经中国化，成为中国文化的有机组成部分。所以中华文化不断发展，历久弥新。[③]

不但要实行“拿来主义”，还要实行“送去主义”。

对于西方文化，鲁迅先生主张“拿来主义”。季羡林认为这个主义至今也没有过时。同时他主张，在拿来的同时，应该提倡“送去主义”，而且应该定为重点。为了全体人类的福利，为了全体人类的未来，我们有义务把自己文化的精华送出去的。他认为，我们的好的东西很多，最重要的如汉语，“民胞物与”的思想，还有和谐观。他说，“自古以来，中国就主张‘和谐’，‘礼之用，和为贵，先王之道，斯为美’。时至今天，我们又提出‘和谐’这一概念，这是我们中华民族送给世界的一个伟大礼物，希望全世界能够接受我们这个‘和谐’的概念，那么，我们这个地球就可以安静许多。”④

梁志刚对季羡林的义理，着重介绍了以上五个方面。重点突出，概括精到，深得要领，值得治季学者重视。在《人中麟凤：季羡林》的《跋》中，梁志刚说：书稿就要结束了，“可是，我觉得好像千言万语才开了一个头，想说的话还有许多许多。”⑤读了梁志刚《编者的话》，给读者的感觉是，他才开了一个头，还有千言万语要讲。面对高山大海一般的季羡林，要用一篇《导读》或《编者的话》将他的义理，进行全面、深刻、系统的评价，谈何容易！读者只能“以所见占来发”，并等待梁志刚或其他学者有研究季羡林义理的新著问世。

综观季羡林的义理文章，我们发现一个鲜明的特征：文化交流是其核心观念。倘若没有文化交流这个核心观念，那么，21世纪中国文化将重现辉煌、东西方文化互补、文化发展进步的两个途径、拿来主义和送去主义等等，都会失去逻辑和历史的依据。季羡林一生学术的最高的光明金顶，是总结人类文化发展、文化交流规律的一系列义理文章，我们可以称之谓“季羡林义理”。季羡林义理，在所有季羡林学术著作中的地位，就像珠穆朗玛峰和喜马拉雅山一样：没有喜马拉雅山，就没有珠穆朗玛峰；没有珠穆朗玛峰，就没有喜马拉雅山万山之王的王冠。

三、树立文化交流观念的现实意义

季羡林一生研究、写作，已出版的《季羡林全

① 季羡林著，梁志刚选编：《季羡林谈义理》，第4页；北京：人民出版社2010年版。

② 季羡林著，梁志刚选编：《季羡林谈义理》，第4页；北京：人民出版社2010年版。

③ 季羡林著，梁志刚选编：《季羡林谈义理》，第4页；北京：人民出版社2010年版。

④ 季羡林著，梁志刚选编：《季羡林谈义理》，第5页；北京：人民出版社2010年版。

⑤ 梁志刚：《人中麟凤：季羡林》，第409页；北京：东方出版社2009年版。

集》30卷，计约1500万字。我们曾经估计，季羡林的全部著作约在2000万字左右。根据近年有关著作陆续出版的情况，我们的这个估计基本上是准确的。纵览季羡林著作，绝大部分都与文化交流有关。季羡林晚年的学术研究，最重要的成果是"季羡林义理"。一辈子写考据文章的季羡林，到晚年"老来突发义理狂"，大写义理文章，到处演讲，津津乐道，乐此不疲。季羡林从考据到义理，是一种跳跃，也可理解为嬗变或升华。因为，从考据到义理，季羡林有着不变的共同研究客体——文化和文化交流。季羡林的绝大部分考据文章，是从微观上研究一个个具体的对象。而他晚年的义理文章，则是将一个个具体研究得出的结论，综合、抽绎上升为文化和文化交流的规律。所以，对季羡林本人来说，不存在"老年变法"的问题，所谓"老来突发义理狂"，是季羡林对外界的一种解释和交待，而内的变化是自然的，合乎逻辑的。尽管，这种从考据到义理的变化，需要付出极大的勇气和毅力。

那么，季羡林义理对我们的社会发展有什么现实意义呢？

（一）引领中国学者思想前行

学者是民族的栋梁，社会的良知，国家发展的引领者，这是古今中外的通义。但是，自1840年鸦片战争之后，随着中国国势巨变，世界形势大变，中国多数学者，像许多候鸟突然遭遇磁场变化，失去了前进的方向。1861年，冯桂芳写文章提出"中体西用"。1898年，张之洞进一步提出"中学为体，西学为用"，他不但提出了这个主张，而且身体力行。于是，中国从"师夷之长技以制夷"开始，在西化的道路上飞速滑行，到现代则出现了"尊西人若帝天，视西籍若神圣"（邓实语）的景况。陈寅恪向往的"一方面吸收输入外来之学说，一方面不忘本来民族之地位"的文化局面，只是镜花水月。1949年，建立中华人民共和国，中华民族在政治上站起来了。改革开放以来，中华民族在经济上强起来了，但是，中国学者中相当多数人，在精神上并没有站起来，在思想上并没有强起来。各种各样的西方中心论，比比皆是，层出不穷。

这种局面，对于实现中华民族的复兴极为不利，极为不协调。时势造英雄，英雄造时势。在政治上，五百年必有王者兴。在文化学术上，江山代有人才出。在中华民族伟大复兴的大时代，需要自己的学术领袖，需要引领文化发展的思想观念。于是，季羡林和季羡林义理，就应运而生。季羡林义理的出现，对季羡林本人具有偶然性，如果他不在北京大学任教，他没有那么长寿等等，都会影响季羡林义理的诞生。但是，对中华民族来讲，对中国社会来讲，季羡林义理的诞生具有必然性，不出季羡林义理，就会出张羡林义理、李羡林义理。

以“西方文化中心论”为核心内容、“尊西人若帝天，视西籍若神圣”为极端表现的中国知识分子的崇西非华心态，是近一二百年来在半殖民地、半封建社会中，在帝国主义、封建主义、官僚资本主义三座大山压迫下，在无奈和痛苦中逐步形成的。像清初剃发梳辫子一样，广大男子在无奈和痛苦中接受，几代过去便成习惯，便成传统；到清末民初，在剪辫子运动中，许多人呼天抢地，悲痛欲绝。

中国知识分子的崇西心态，不是靠政治革命、政治运动所能解决的。中华民国、中华人民共和国的建立，辛亥革命、五四运动爆发，在一定时间内对一部分知识分子产生一定程度的作用。但是，没有从根本上解决中国知识分子的崇西心态。所以，由此可以得出结论：中国知识分子的崇西心态，是在历史过程中逐步形成的，它只能在历史的发展中逐步解决，仅靠革命和政治运动是不够的。

崇西心态是中国知识分子的普遍精神状态，它需要由知识分子自己来解决，需要知识分子中的领袖人物用先进的文化思想理念，来引领他们走出崇西心态的泥淖。这种引领，是循序渐进的，切磋商议式的，自我解剖式的，以身说法式的，求同存异式的。总之，是春风化雨、润物细无声的。

季羡林在清华大学读西洋文学系，又留学德国十年，先后周游世界三十余国，做的学问又大多与外国有关。这样的阅历与学业，在许多人眼中，他一定对西方崇拜得五体投地，山呼万岁。可是，情况恰恰相反，正是有着如此阅历和学业的季羡林，不但不是西方的盲目崇拜者，而是成了中国带领知识分子走出崇西心态泥淖的领头人。同时，他又是一位以身说法者和自我解剖者。季羡林经常讲，我的心是一面镜子。广大知识分子就是通过季羡林这面“心镜”，经过他的现身说法和自我解剖，逐渐融释被崇西思想固化了的心。

季羡林关于文化发展、文化交流的思想，在他留德期间就已经萌生。回国后，随着对佛教以及丝绸、纸、瓷器、糖的传播的研究，使他的观念越来坚定、系统。从时间上说，从他1946年发表《老子在欧洲》，到1989年发表《从宏观上看中国文化》，提出“三十年河东，三十年河西”论，中间相隔四五十年，给循序渐进留出了足够的时间。即便如此，当季羡林在20世纪八九十年代发表他关于中国文化、东西方文化、文化交流的义理文章时，依然让人吃惊，遭到了不少人的非议与反对。这些非议和反对者中，确有想通过和名人“切磋”来自我炒作的人，但也有真正的持不同意见者，有的是有相当知名度的学者。面对这些非议和反对者，季羡林的做法是求同存异，不作具体的一一回应。季羡林说：“我在《东西文化议论集》中先把自己的看法鲜明地摆出来，然后收入赞成我的看法的文章，反对我的看法的文章，只要能搜罗到，我都照收不误。我的意思是让读者自己去辨曲直，明是非。读者是有这个能力的。”他不相信真理越辩越明，常见辩论者双方，辩到了最后，“人身攻击者有之，强词夺理者有之，互相谩骂者有之，辩论至此，真理宁论！哪里还谈到越辩越明呢？”[1] 让读者去判断是非曲直，这是明智的选择。对于一位德高望重的耄耋老人来说，这种办法是继续保持切磋商议的态度，不强加于人的正确的选择。

近三十多年以来，中国知识分子的崇西心态是有所改善的。这种改善，主要得益于中国改革开放所取得的成就，得益于中国国际地位的大跨度提升。毋庸置疑，这里也有季羡林和他的志同道合者们的一份功劳。中国知识分子，对学术泰斗，对人瑞长者，有一种由衷的尊崇。这份尊崇让许多不同意见者不溢于言表，让溢于言表者在措辞上有所缓和，更是避免了攻讦、激辩场面的出现。可以说，改革开放以来中国知识分子崇西心态的改善，基本上是在润物细无声中进行的，从而是最有效的。王元化为季羡林题写的九十寿序中说：“河润千里，传音振响，布教八方”，讲的正是这种情况。

寿者多喜。季羡林是一位“为而弗恃，功成而不居”的人。但是，他于2004年写了一篇文章《一个预言的实现》，说：“大约在十几二十年前，我曾讲过一个预言：21世纪将是中国的世纪。”“这决不是无知妄言，也不出于狭隘的爱国主义，而是规律使然。可在当时，颇有一些什么什么之士嗤之以鼻。我并不在乎，是嗤之以鼻，还是嗤之以屁股，那是他们的事，与我无干。”[2] 为了证明自己的预言确实实现了，他还拉英国前外交大臣杰弗里·豪来见证，因为杰弗里·豪说过：“过去25年，中国发生了巨大变化，它不仅确立了自己是国际社会一个稳定且负责任的成员的地位，它的政治制度及人民的聪明才智和能量已经产生了举世瞩目的经济成就，绝大多数人的生存条件和日常生活大大改善。”季羡林认为：“这一位英国绅士肯说几句真话，值得我们钦佩。”[3]

① 季羡林：《季羡林全集》第8卷，第175页；北京：外语教学与研究出版社2009年版。
② 季羡林：《季羡林全集》第8卷，第561页；北京：外语教学与研究出版社2009年版。
③ 季羡林：《季羡林全集》第8卷，第562页；北京：外语教学与研究出版社2009年版。

130 季羡林留影（2007）

季羡林对嗤之以鼻者表示“于我无干”，对英国绅士杰弗里·豪表示“钦佩”，都说明季羡林是一位幸运者。古今中外，但凡欲成大事业者，不是“出师未捷身先死”，就是“功成名就身后事”，或者说“成事不必在我”。季羡林的预言不诬，不但在他身前实现了，而且在他身后，随着中国现代化建设的不断推进，他的预言实现得越来越圆满。这些都告诉人们：季羡林身前功成名就，身后功德圆满。而且，他的功成名就与功德圆满，是和中国地位提升、绝大多数人民生活大大改善联系在一起的。所以，从事业上讲，季羡林是世界上最幸运的人。

（二）为催生中华新文化呐喊

世界各国之间的关系，决定于政治、经济、军事、文化之间的竞争与平衡，其中，文化的作用最深入人心，最久远。如果一个国家的文化、包括它的传统价值观、宗教信仰、民风民俗，是稳定的、健康的，具有再生能力的，那么这个国家就有凝聚力，就能长治久安。外族入侵，欲灭其国，必先灭其史。灭其史，就是灭其传统文化。

然而，世界上的一切文化都是发展变化的，改革开放更是将中国引上了现代化的快车道。这是中国历史上思想最活跃、最多元、最莫衷一是的一个时代。如何处理传统文化与现代化的关系，处理中国文化和外国文化的关系，进而逐步形成适应新时期发展需要的中华新文化，这是摆在全体中国人特别是知识分子面前的任务。这种21世纪版的中华新文化，科学分析中国传统文化和人类一切文化，取其精华、去其糟粕，因而更具中国特色和世界意义，必将鼓舞、激励中国人民创造一个又一个奇迹，为自己、为人类谋求更多和平、健康、祥瑞和幸福。季羡林作为中国知识分子中的一员，为谋划和营建中华新文化，自觉地担当起了一份自己应该担当的义务。

季羡林自觉地利用自己的知识结构、阅历和胆识、天时地利与人望，为催生中华新文化进行思考与呐喊。综观季羡林一生的学术成就，特别是晚年的季羡林义理，我们发现，他在下列理论问题上所作贡献尤为突出。

1. 中国文化在世界格局中的定位

自近代以来，在中西文化交流激荡中，由于清政府颟顸腐败、北洋军阀争权夺利，中国文化随着国运衰落，而失去了昔日的辉煌。渐渐地，在一部分西方人眼里，中国文化成了落后的、需要淘汰的文化，是落后的中国文化阻碍了中国的发展。许多具有崇西心态的中国人，心悦诚服地接受了这种中国文化落后论，甚至有人必欲将其彻底铲除而后快。他们要废除汉字，用拉丁字母来代替；要废除汉语，要用世界语来代替；要废除中医，中国的哲学、史学，在他们眼中也失去了存在的合法性。总而言之，中国文化要推翻重来，另起炉灶。一时间，这种打倒中国文化的声浪，内外呼应，甚嚣尘上。毛泽东提出的从孔夫子到孙中山要进行认真总结，在“文革”中，变成了从孔夫子到孙中山统统打倒。改革开放，面临的不仅仅是重振中国经济，而且还要重振中国文化。

伟大的事业是千千万万人的事业。千千万万人需要引领他们干伟大事业的关键之人。季羡林躬逢其盛，应运而生。1987年，季羡林发表《中国文化发展战略问题》一文，对中国文化在世界文化体系中的地位，进行了掷地有声的阐述。他说：“人类绝对不是起源于一个地方，不是元谋，也不是非洲。文化也是这样。一个部族、部落的创造、发明，比如火的发现，工具的使用，再晚一些，比如农耕、建筑等，都是人类文化的创造。但不一定在一个地方。文化的产生不是一元的，不能说一个地方产生文化。这样说也许有人会问，是否否认我们常讲的文化体系？不，我认为世界文化是有体系的。

我的看法是有四大体系，即中国文化、印度文化、希腊文化、伊斯兰阿拉伯文化。有人说还有希伯来文化，我看难成体系。它不是属于伊斯兰文化的先驱归入伊斯兰文化，就是和希腊文化合在一起。世界文化是有体系的，我们不能否认。世界四大文化体系有三个文化体系是在东方。中国、印度、伊斯兰阿拉伯，它们的文化各有特点，有它的独立性，对其他国家有影响。专就文学而论，日本、朝鲜、越南的文学，很受中国文学的影响。中世纪的印尼、柬埔寨、老挝、泰国、缅甸的文学受印度文学的影响。”①

季羡林对中国文化的特性，有着精辟见解。他说：“中国文化同世界其他国家的文化，既然同为文化，必然有其共性。我在这里想强调的却是它的特性。我认为，中国文化的特性最明显地表现在或者可以称为深义的文化上，这就是它的伦理色彩，它所张扬的‘三纲六纪’，以及解决人与人之间的关系的精神。”②

在中国文化的中心和组成问题上，季羡林慧眼独具。他认为“中国文化”和“国学”这两个概念是相通的。他不同意光讲黄河流域是中国文化的中心，认为“长江文化、其他地域文化其实都应该包括在国学里边”。季羡林还登高望远，提出了“大国学”的概念。他说：“我说中国文化、中国所有的民族都有一份。中国文化是中国五十六个民族共同创造的，这五十六个民族创造的文化都属于国学的范围。而且后来融入中国文化的外来文化，也都属于国学的范围。”③ 他还指出：“历史不断发展，不断地融入，这是没有时间界限的。儒家、道家是传统文化，佛教也是啊，把佛家排除在外，是不对的。”④ 这样，季羡林不但给中国文化在世界文化格局中定了位，而且通过对中国文化的特性和组成的阐述，加强了这种定位。中国文化非但不是落后的、要被淘汰的文化，而且是一种在世界文化格局中地位重要、影响巨大，有着旺盛生命力的文化。无数中国知识分子，特别是年轻知识分子，从季羡林的论述中获得了知识和信心。

2. 东方文化和西方文化交替互进

季羡林将世界文化分成四大文化圈：中国文化圈、印度文化圈、阿拉伯伊斯兰文化圈和西方文化圈。而从文化特质上分，这四大文化圈又可分成东方文化和西方文化两大体系。在历史上，东西方两大文化体系是如何交替互进的呢，在人类文明进程中，它们各自又作出了什么贡献呢？季羡林对这些重大问题，一一做出了回答。

对东西方文化交流，季羡林完全抱开放的态度。对近几百年来，西方文化对人类的贡献及产生的弊病，都给予透彻的论述。他说："近几百年以来，西方文化，也就是资本主义文化，垄断了世界。资本主义统一世界市场的形成，把世界上一切国家都或先或后地吸收过去。这影响表现在各个方面，不但在政治、经济方面到处都打上了西方的印记，在文学方面也形成了'世界文学'，从文学创作的形式上统一了全世界。在科学、技术、哲学、艺术等等方面，莫不皆然。中国从清末叶到现在，中间经历了许多惊涛骇浪，帝国统治、辛亥革命、洪宪窃国、军阀混战、国民党统治、抗日战争、解放战争，一直到中华人民共和国建立后的社会主义初级阶段，我们西化的程度日趋深入。到了今天，我们的衣、食、住、行从头到脚，从里到外，试问哪一件没有西化？我们中国固有的东西究竟还留下了多少？我看，除了我们的一部分思想感情以外，我们真可以说是'全盘西化'了。我并不认为这是一件坏事，我认为，这是一件天大的好事。"[①]

季羡林对西方文化的评价，是公正而彻底的。

① 季羡林著，梁志刚选编：《季羡林谈义理》，第2—3页；北京：人民出版社2010年版。

② 季羡林著，梁志刚选编：《季羡林谈义理》，第6—7页；北京：人民出版社2010年版。

③ 季羡林著，梁志刚选编：《季羡林谈义理》，第9页；北京：人民出版社2010年版。

④ 季羡林著，梁志刚选编：《季羡林谈义理》，第9页；北京：人民出版社2010年版。

这种评价，不仅来自文献阅读，同时来自他十年留德和出访三十余国的亲身经历。出于同样的原因，季羡林对西方文化的评价是公正而全面的，不仅看到了它的正面，而且看到了它的负面。他说，西方文化除了给我们带来物质福利之外，“还有它的另一面，它也带来了不良后果，这最突出地表现在有些人的心理上”。这里季羡林说的是崇洋媚外心态，就是邓实说的“尊西人若帝天，视西籍若神圣”。不过，邓实说的主要是知识分子，季羡林说的范围更宽。他说：“凡是外国的东西都好，凡是外国人都值得尊敬，是一种反常的心理状态。”②

西方文化带来的负面影响，除了心理方面的，还有破坏环境等等弊端。“近几百年以来，西方文化产生的弊端颇多，举其大者，如环境污染、大气污染、臭氧层破坏、生态平衡破坏、物种灭绝、人口爆炸、新疾病丛生、淡水资源匮乏，等等。此等弊端，如不纠正，则人类前途岌岌可危。”③

季羡林将西方文化的正面和负面，都讲得深刻到位。所以，他对西方文化的评价，不但透彻，而且全面。

既然，西方文化主导世界几百年，现在百病丛生，积重难返。怎么办呢？按照文化交流规律，东西文化进行角色互换，变“西化”为“东化”成了无可更替的唯一选择。季羡林说：“‘东化’，报纸上没有这个词儿，是我发明的。我们知道，汉唐的时候，是‘东化’的。因为世界的经济中心、文化中心当时在中国。在明末清初以前确实有过东学西渐。不能只重视‘西学东渐’而忽视‘东学西渐’。根据历史事实，在中西文化交流史上，‘东学西渐’从来就没有中断过。中华文化的博大精深吸引了西方传教士、外籍华人、留学生、商人等的注意，并通过他们广泛传播到世界各地。”④他还进一步说：“我们中国不但能够拿来，也能够送去。历史上，我们不知道有多少伟大的发明创造送到外国去，送给世界人民。从全世界的历史和现状来看，人类文明之所以能发展到今天这个样子，中国人与有力焉。可惜的是，在一片西化之声洋洋乎盈耳之时，西方人大都自我感觉极为良好，他们以'天之骄子'自居，在下意识中，认为自古以来就是这样，今后也将永远是这个样子。"⑤

季羡林为何能与众不同，发此高论？重要的原因，他观照的不仅是近一二百年，也不仅是中国，而是以整个人类历史和世界作为研究的出发点，所谓"上下五千年，纵横十万里"。这就是一位文化交流史研究专家的优胜之处。他认为："一部人类文化史告诉我们，几千年来人类发展的文化不外两大文化体系，一个是东方文化，一个是西方文化。东西方文化的关系是'三十年河东，三十年河西'。以中国文化为基础的东方文化。曾在世界上占主导地位。资本主义兴起之后，西方文化逐渐取代了东方文化，垄断世界达数百之久。现在似乎是渐渐成了强弩之末。济其穷者必然是而且也只有东方文化。"⑥

对人类文明发展史研究愈透彻，东西方文化交替互进的规律就愈清晰，季羡林的胆识就更加不是一般人可比。他一辈子低调做人，写了很多微观的考据文章。到晚年大发义理宏论，对东西方文化的发展前景，更是狠下断言："我曾在一次国际学术讨论会上说过一篇短话，题目叫做'只有东方文化能够拯救人类'。我在上面说的千言万语，其核心就是这一句短短的话。"⑦这段话出自1996年3月他为《东方文化集成》丛书写的《总序》中，是他经过深思熟虑之后的一个重要结论。

① 季羡林著，梁志刚选编：《季羡林谈义理》，第17页；北京：人民出版社2010年版。
② 季羡林著，梁志刚选编：《季羡林谈义理》，第18页；北京：人民出版社2010年版。
③ 季羡林著，梁志刚选编：《季羡林谈义理》，第30页；北京：人民出版社2010年版。
④ 季羡林著，梁志刚选编：《季羡林谈义理》，第38-39页；北京：人民出版社2010年版。
⑤ 季羡林著，梁志刚选编：《季羡林谈义理》，第39页；北京：人民出版社2010年版。
⑥ 季羡林著，梁志刚选编：《季羡林谈义理》，第34页；北京：人民出版社2010年版。
⑦ 季羡林著，梁志刚选编：《季羡林谈义理》，第31页；北京：人民出版社2010年版。

3. 两种思维模式：分析与综合

“只有东方文化能够拯救人类”，是季羡林义理中的重要内容。为什么这么一位一辈子搞考据、搞“小心求证”的学者，在耄耋之年，会发出如此决绝的断语呢？重要的原因，是他发现了东西方文化在思维模式上的一个巨大差异。

1991年5月，季羡林发表《“模糊”“分析”与“综合”》一文，此文不长，论证严密。为增强说服力，引征了解兴武《艺术的模糊思维》、王明居《审美中的模糊思维》两篇文章。先谈“模糊”，再谈“分析”，最后谈“综合”。文章最后是这样结尾的：“从最大的宏观上来看，人类文化无非是东方文化与西方文化两大体系。其思维基础一是综合，一是分析。综合者从整体着眼，着重事物间的普遍联系，既见树木，又见森林。分析者注重局部，少见联系。只见树木，不见森林。这就是我对东西文化及综合与分析的理解。”①

在1999年12月的《豪情满怀迎新纪》中，季羡林引用物理学家李政道《书与人》中的观点：“一个个地认识了基因，并不意味着解开了生命之谜。生命是宏观的。20世纪的文明是微观的。我认为，到了21世纪，微观和宏观结合成一体。”（《书与人》第5期，第89页）然后，季羡林说：“李政道在几个地方都提到微观与宏观相结合。我认为，他的‘微观’和我说分析的思维模式相当，至少相似。他的‘宏观’与我说的综合的思维模式相当。”②

在论证分析思维模式和综合思维模式之后，季羡林就直奔主题，说：“我认为，东西文化的不同扎根于东西思维模式的不同。西方的思维模式的主要特点是分析，而东方则是综合。我并不是说，西方一点综合也没有，东方一点分析也没有，都是有的，天底下绝没有泾渭绝对分明的事物，起码是常识这样告诉我们的。我只是就其主体而言，西方分析而东方综合而已。”[③] 对东西方的分析模式，他又进行了进一步阐述：“西方自古希腊起走的就是一条分析的道路，可以三段论法为代表，其结果是，只见树木，不见森林；头痛医头脚痛医脚。东方的结合，我概括为八个字：整体概念，普遍联系。有点模糊，而我认为，妙就妙在模糊。上个世纪末，西方兴起的模糊学，极能发人深思。”[④]

季羡林晚年撰写义理文章，并非搜肠刮肚为写文章而写文章。他非常注重新人新著，包括外国人的论著。一旦找到知音，便喜不自胜。在《赵元任全集·序》中，他引用了美国《先驱论坛报》记者埃丽卡古德对心理学家理查德·尼斯比特的有关精神的所持观点的归纳：“东方人似乎更‘全面’地思考问题，更关注背景和关系，更多借助经验，而不是抽象的逻辑，更能容忍反驳意见。西方人更具‘分析性’，倾向于使事物本身脱离背景，避开矛盾，更多地依赖逻辑。两种思想习惯各有利弊。”[⑤] 引了这段话，季羡林说：“这些话简直好像是从我嘴里说出来似的。这里决不会有什么抄袭的嫌疑，我的意见好多年前就发表了，美国学者也决不会读到我的文章，而且结论虽同，得到的方法却大异其趣，我是凭观察，凭思考，凭直观，而美国学者则是凭‘分析’，再加上美国式的社会调查方法。”[⑥]

季羡林从思维模式出发，对东西方文化作出分析。其目的，不是评判孰高孰低，而是为人类文明发展寻求光明前景。这是大大不同于那些西方中心主

① 季羡林著，梁志刚选编：《季羡林谈义理》，第49页；北京：人民出版社2010年版。
② 季羡林著，梁志刚选编：《季羡林谈义理》，第52页；北京：人民出版社2010年版。
③ 季羡林著，梁志刚选编：《季羡林谈义理》，第55页；北京：人民出版社2010年版。
④ 季羡林著，梁志刚选编：《季羡林谈义理》，第55页；北京：人民出版社2010年版。
⑤ 季羡林著，梁志刚选编：《季羡林谈义理》，第56页；北京：人民出版社2010年版。
⑥ 季羡林著，梁志刚选编：《季羡林谈义理》，第56页；北京：人民出版社2010年版。

义者和所谓的东方主义者的。统观季羡林的全部义理，我们可以得出一个结论：他是一位天下大同主义者，世界和谐主义者，世界共同繁荣主义者。他说："我的想法是，西方的分析手段在科技方面以及其他方面创造出辉煌的成绩，推动了人类社会的前进但同时也产生了许多问题和弊端，能给人类前途带来灾害。东方（中国）的综合手段也给人类创造了许多福利；但也有它的偏颇之处。今后的动向应该是把二者结合起来，互济互补；这样一来，人类发展的前途，人类文明的走向，就能够出现许多灿烂的光点，人类就能够大踏步地向前迈进。这就是我的信念。"①

季羡林这种东西方文化互补的思想，不是"老来忽发义理狂"的"飞来峰"，而是有着几十年的思想积淀。1942年7月4日，他在日记中这样写道："他（Prof.Heyse，海泽教授）以（为）西洋哲学源自希腊，至康德大成，主要特点是一种论理宇宙秩序。中国哲学则是对宇宙的一种（Gefü h）（感觉）或者Rythmus（节奏）。这两种哲学应该相辅相成，他也慨叹机械文明只能带给人痛苦与战争。一直谈到十二点才回家。对他的印象以前并不好。但现在完全改变了，是不可多得的学者与有头脑的人。"②由此可见，起码早在上个世纪四十年代初，德国著名哲学家海泽和中国青年学者季羡林，在东西方文化互补的问题上，已经有了共识。

4. 文化交流推动人类文明进步

人类文明如何才能不断向前发展？我们认为，主要靠两大推动："一靠自身的创生更新能力，靠自己由少到多、由浅入深、由低级到高级的不断积累与进步；二靠外来文化的不断补充、丰富、启发、刺激，在与外来文化的摩擦、搏击、竞争、交流、融合中发展壮大自己。这二者有着内在的有机联系，相辅相成，缺一不可。"③推动人类文明发展，有诸多因素，上述两大因素显然是最主要的。季羡林强调的是文化交流，并且有着敏锐的发明权意识。这也是他孜孜不倦从事考证研究的原因之一。

中国是发明大国。在古代，亲仁善邻，怀柔万邦，加之当时没有知识产权观念，所以许多中国的发明权，为外国所觊觎。在《中国纸和造纸法输入印度的时间和地点问题》一文中，认为纸是中国最伟大的发明之一，对人类文化的推动的发展产生了不可估量的作用。“传到欧洲，就助成了世界历史上有名的文艺复兴和宗教改革，促进了社会的进化。这一点连欧美资产阶级的抱着根深蒂固的成见的学者也不能不承认。这些学者一向努力抹杀中国古代伟大的发明的，抹杀中国人对世界文化的伟大的贡献的，譬如对罗盘针、火药和印刷术的发明，他们都竭力加以曲解，不惜歪曲历史事实，把发明的光荣从中国人手中夺走硬扣到自己头上。独独对于纸的发明，即使他再不甘心，却也不能不在事实面前低头。”④

厘清这些发明权的归属，不是为了争夺什么，而是为了名正言顺地讨论文化交流和文化交流的意义。除了将这些发明权通过严密论证，还以历史本来面目之外，季羡林总是毫不留情地批判西方中心论。他像鲁迅一样，没有在半殖民地、半封建社会中生活或走过来的许多人那样的奴性与媚骨。季羡林对东方文学、东方文化的钟爱，除了东方文学、东方文化自身的魅力之外，还有他维护人类文化多样性生态正义的强大责任心。他说：“在评价东方文学时，我们坚决反对欧洲中心主义以及受其影响的资产阶级学者的错误观点，但是也不能说东方什么事都是世界第一，这也是不符合实际的。国家不论大小，都有自己的优点和缺点，都有自己的创造和不足，都会对人类做出或大或小的贡献，也都要向别的国家和民

① 季羡林著，梁志刚选编：《季羡林谈义理》，第58页；北京：人民出版社2010年版。

② 季羡林：《季羡林日记：留德岁月》第1368页；南昌：江西人民出版社2014年版。

③ 郁龙余编：《中西文化异同论》，第7页；北京：三联书店1989年版。

④ 季羡林著，梁志刚选编：《季羡林谈义理》，第82–83页；北京：人民出版社2010年版。

族学习。这就是历史唯物主义的观点，实事求是的观点。”①

在微观上解决了诸多具体的发明权问题，在宏观上将东西方文明的地位摆正之后，就可以心气顺当地谈论、研究文化交流推动人类文明进步的主题。

季羡林义理以文化交流为立论基础，形成于他的晚年。所以，他一直想写但是没有写成、出版以“文化交流研究”为书名的专著。但是，关于文化和文化交流的一系列重要论点和论证，季羡林不断通过论文、演讲、序跋等形式，进行了充分的阐述。季羡林关于文化交流推动人类进步的主要论点有哪些呢?

文化交流具有普遍性

在许多人心目中，文化交流有点高深莫测。其实，文化交流是古今中外普遍存在的一种现象，是我们生活的重要组成部分。季羡林认为：“文化交流，换一句话说，人民之间，国家和民族之间的互相学习，是推动人类文化发展的重要因素。”②在给了文化交流一个通俗的定位之后，他又从时间和空间交错的视角，强调了文化交流的普遍性。他说：“从历史上看，自从人类开始学习使用工具，甚至在这之前就已经有了交流，人与人之间的交流。家庭与家庭之间的交流，氏族、民族，国家之间的交流，无时不在，无地不在。这种交流是多层次、多角度的交流。今天我们习惯于把文化交流限定于国与国之间，民族与民族之间。其实不必这样拘泥。交流活动是不受国界、地域和时间限制的，我现在又可以加上一句：文化交流无时不在。”③

文化交流具有规律性

既然文化交流如此普遍，无时不在，无处不在，是否就像满地丛生的杂草，毫无章法、毫无头绪了呢？完全不是。季羡林说：“文化交流是有其自身的规律的。两种文化或多种文化互相交流时，产生的现象异常复杂，有交流，有汇流，有融合，有分解，有斗争，有抗拒，有接受，有拒绝。千变万化，很难用一两句话来表达。世界民族，无论大小，无论新旧，都会有自己的文化创造，总会对人类文化的总体有所贡献。哪一个民族，除了法西斯和帝国主义分子之外，都必须承认，哪一个民族也不是，而且也不可能是人类文化的唯一的创造者、施予者，而不是接受者。当然，我们也必须承认，各民族对世界文化的贡献，在质和量方面也不可能完全是相同的。”④

文化交流产生变异具有必然性

一种文化传播到一个新的环境，能否落地生根，开花结果，就要看它的适应能力。为了适应，必须作出一定的“改变”。这种改变，就是在外部条件的作用下，作出的自我变异。变者生，不变者死。文化交流的必然性与文化交流产生变异的必然性是相一致的。季羡林说：“一个文化传入另一国以后，往往有一个适应的过程。有的外国文化不会一下子就被另一国接受。适应往往就意味着改变，它必须根据新的环境改变自己一些特点以适应当地的需要。举一个最显著的例子，印度佛教传到中国之后，首先要适应汉代的思想情况，好像它也是当时流行于中国的道术之一。甚至在翻译名词方面，也努力采用一些中国老百姓喜闻乐见的词儿，比如早期佛教译文中的‘孝’字就是显著的例子。”⑤任何一种外来的文化，不论它多么锐利、强势，想在本地生存、发展，作出一定变异，适应本地水土，是唯一的选择。在全部的季羡林义理文章中，对这一论点进行阐述和论证的文字，经常可见。

文化交流速度和社会前进速度成正相关

季羡林从考据到义理，是严肃的学术工作，同

① 季羡林著，梁志刚选编：《季羡林谈义理》，第83页；北京：人民出版社2010年版。

② 季羡林著，梁志刚选编：《季羡林谈义理》，第88页；北京：人民出版社2010年版。

③ 季羡林著，梁志刚选编：《季羡林谈义理》，第88页；北京：人民出版社2010年版。

④ 季羡林著，梁志刚选编：《季羡林谈义理》，第88页；北京：人民出版社2010年版。

⑤ 季羡林著，梁志刚选编：《季羡林谈义理》，第88-89页，北京：人民出版社2010年版。

时也是为国家文化建设服务的。他发现了文化交流的加速现象，提出要在经济建设的同时，努力进行文化建设。他说："文化交流的速度还会随着人类社会的前进而加速。我们可以说，文化交流的速度与社会前进的速度成正比。到了今天，社会发展已经到了很高的水平，信息爆炸，空间上相距千里万里，而鸡犬之声可以相闻。一个新的发明创造——这些都属于文化范畴——一出现，立刻就能传遍世界。"[①] 季羡林不但提出了问题，还给出了解决问题的良方。他说："在这样的情况下，任何国家都必须关心世界文化的走向，关心本国文化的发展与走向。在经济建设的同时，努力进行文化建设，二者是密切相关的。进行文化建设，无非是做两个方面的工作：一个是弘扬本国民族的优良部分，一个是'拿来'外国文化中的优良的东西。不要认为，一提到文化，里面都是好东西。对外来的文化要批判吸收，对本国文化也要批判继承，也就是要去粗取精，去伪存真。这是十分必要的，千万不能等闲视之。"[②]

对外来文化应该取舍得当

在文化交流中，外来文化必须作出自我变异，以适应本地的需要。那么，对本地文化而言，对外来文化必须做出选择。选择的途径和态度有多种多样，季羡林认为"取其精华，去其糟粕"最好。他说："在文化交流中，还必须处理好外国文化和本国文化的关系。大概这里只能用一分为二的理论来处理。每个文化都有精华与糟粕。取其精华去其糟粕，是最自然、最行得通的办法。"[③] 人类历史上许多次文化交流，就是因为对外来文化的取舍把握不好，不是错失良机，就是消化不良，贻患无穷。

对于精华和糟粕，季羡林不持僵硬的一成不变的观点。他认为："'精华和糟粕'二者的标准不固定，有时候甚至互相转换。这完全取决于时代的需要。需要就是精华，不需要就是糟粕。"[④]

文化交流应该“以我为主”

在确定了“取其精华，去其糟粕”的立场之后，如何能保证文化交流的健康发展呢？这对任何一个外来文化接受国来讲，是一个严肃的性命攸关的问题。季羡林提出了文化交流应该以我为主的主张。他说：“还有一个以哪个文化为主的问题。我认为，当然以本国文化为主，绝不能反客为主或喧宾夺主。以中国为例，我们首先要继承中国传统文化的精华部分，与此同时，分析、接受外来文化的适合于中国国情的精华部分。我们现在不是常提要建设有中国特色的社会主义新文化吗？所谓中国特色，我认为，就表现在把中国传统文化的精华保留下来。就算是精华吧，也不能原封不动地保留，也必须加以分析、研究。所谓社会主义新文化，就是要根据马克思主义的基本原理（绝不是过去我们搞的那一套僵化的教条），吸收世界各国的先进文化，包括文学、艺术、教育、哲学和科技都在内，使之为我所用。这样做，不可避免地要带进一些消极的东西。这用不着害怕，我们人民是有鉴别能力的，即使流行一时，也绝不会‘万岁’的，将来终必被扬弃。”⑤

把握好传统性与时代性的关系

一个民族文化的发展，一定要把握好传统性和现代性的关系。季羡林非常欣赏闻一多的一句话：“一切的艺术应该是时代的经线和地方的纬线编织的一匹锦。”在这里，时代性是经线，传统性是纬线。对文化交流中时代性和传统性的关系，季羡林作出了清晰的阐述：“文化可分为两部分。第一部分是一个民族自己创造文化，并不断发展，成为传统文化。这是文化的民族性。另一部分是一个民族创造了文化，同时在发展过程中它又必然接受别的民族的文化。这便是文

① 季羡林著，梁志刚选编：《季羡林谈义理》，第117页；北京：人民出版社2010年版。
② 季羡林著，梁志刚选编：《季羡林谈义理》，第117页；北京：人民出版社2010年版。
③ 季羡林著，梁志刚选编：《季羡林谈义理》，第89页；北京：人民出版社2010年版。
④ 季羡林著，梁志刚选编：《季羡林谈义理》，第118页；北京：人民出版社2010年版。
⑤ 季羡林著，梁志刚选编：《季羡林谈义理》，第89页；北京：人民出版社2010年版。

131 国家汉办主任许琳到解放军总医院看望季羡林（2008.9.29）

化交流。这也是文化的时代性。文化的民族性和文化的时代性，这两个‘性’有矛盾但又统一。”[①] 他认为，“西方影响”即“时代性”，“民族风格”即“传统文化”。这些现代性和传统性的争论，和1840年后的“体用之争”“本末之争”“夷夏之争”，都还是那个老问题。文化就是在争论，讨论中发展，我们应该关心这一讨论。他说：“文化的民族性和时代性这问题没解决。我们今天研究文化交流，讨论文化问题必然有这种需要，没有需要大家不会研究。它同我们的生活联系密切，不关心不行。我们应该把眼光放大一点、远一点，它的意义绝不限于文化。”[②]

奉行送去主义首先抓汉语

在季羡林文化交流的账本上，西方在历史上从中国文化中拿走了不少精华，它们学习了，应用了，收到了效果，获得了利益。但是，仍然有许多精华，它们没有拿走，比如中国传统的伦理道德。“这些东西如珠子在前，可人家，特别是西方人，却偏不来拿。怎么办呢？你不来拿，我们就送去。我们首先要送去的就是汉语。‘射人先射马，擒贼先擒王。’汉语是‘王’。

131

中华民族的优秀文化大部分保留在汉语文字中，中华民族古代和现代的智慧也大部分保留在汉语言文字中。中国人要想弘扬中华民族的优秀文化，外国人要想学习中华民族的优秀文化，都必须首先抓汉语。为了增强中外文化交流，为了加强中外人民的理解和友谊，我们首先抓汉语。”[③]基于这一理念，季羡林对国家汉办和孔子学院的工作格外关心。2008年9月29日，他对前来拜访的许琳主任说：“国家汉办开办孔子学院，教外国人学汉语，对弘扬中国文化发挥了重要作用。”他又说：“汉语的语言只是表面，内涵是中国文化，要把国学和汉学紧密结合起来，调动海内外汉学家的积极性，共同弘扬中华文化，使中国文化在世界上发挥更大作用。”（国家汉办新闻中心《许琳主任看望国学大师季羡林》2008年10月6日）

要高度重视并抓好翻译工作

翻译在文化交流中地位至关重要。翻译是文化交流最基础、最重要的工作，没有翻译，文化交流无从谈起。作为中国当代最重要的翻译家之一，季羡林对翻译工作在文化交流中的意义的认识，非常到位和深刻。2006年9月26日，他在“翻译文化终身成就奖”表彰大会上的书面发言中，说：“我一生都在从事与促进中外文化交流相关的工作，我深刻体会到翻译在促进不同民族、语言和文化交流中的重要作用。自从人类有了语言，翻译便应运而生。在世界文明发展的历史长河中，在中华民族伟大复兴的过程中，翻译，始终都是不可或缺的先导力量。中华几千年的文化所以能永盛不衰，就是因为，通过翻译外来典籍使原有文化随时注入新鲜血液。可以说，没有翻译，就没有社会的进步；没有翻译，世界一天也不能生存。”[④]季羡林的这个观点，应该受到翻译工作者和全社会的深刻领会和高度重视。这里的翻

① 季羡林著，梁志刚选编：《季羡林谈义理》，第94页；北京：人民出版社2010年版。
② 季羡林著，梁志刚选编：《季羡林谈义理》，第95页；北京：人民出版社2010年版。
③ 季羡林著，梁志刚选编：《季羡林谈义理》，第116页；北京：人民出版社2010年版。
④ 季羡林著，梁志刚选编：《季羡林谈义理》，第118-119页；北京：人民出版社2010年版。

132 季羡林在医院即兴书写“和谐”二字（2009.1）

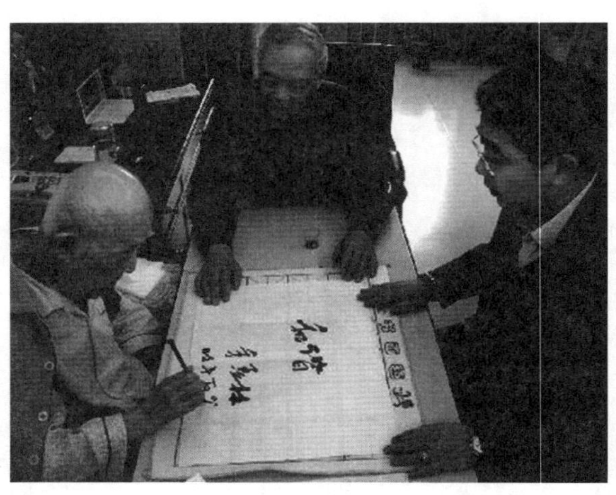
132

译，既包括外译中，又包括中译外。

5. 晚年大力提倡“和谐文化”观

进入21世纪，季羡林多次谈到“和谐文化”观。“和谐文化”观，是季羡林义理的重要内容。研究季羡林义理，“和谐文化”观是不可或缺的。2001年5月，他在《漫谈伦理道德》中认为：“近若干年以来，我一直在考虑一个问题。人生一世，必须处理好三个关系：第一，人和大自然的关系，也就是天人关系；第二，人与人的关系，也就是社会关系；第三，个人身、口、意中正确与错误的关系，也就是修身问题。这三个关系紧密联系，互为因果，缺一不可。”[①]那么，季羡林是从什么时候开始考虑“三个和谐”的呢？我们认为，至少从1998年开始，他就思考这一问题。在《做人与处事》这篇短文中，季羡林写道：“一个人活在世界上，必须处理好三个关系：第一，人与大自然的关系；第二，人与人的关系，包括家庭关系在内；第三，个人心中思想与感情矛盾与平衡的关系。这三个关系，如果能处理得好，生活就能愉快；否则，生活就有苦恼。”[②]此时，三个和谐的观念在季羡林思想中，已经基本成熟。但是，他还在思考，如何用更加简炼的语言来表达这一观念。从语境上看，他完全可以将1998年《做人与处事》中的观点和盘托出，但是他没有，也许他还在作进一步的思考。直到2000年写《〈五卷书〉再版新序》时，只谈人与自然、人与人的和谐，没有谈到人内心和谐。2006年8月6日温家宝总理到301医院看望季羡林，“谈及和谐话题，强调不仅人与人和谐，人与自然和谐，还要人内心和谐。”[3] 2009年7月10日，在他逝世的前一天，留给我们的最后一款题词，是为孔子卫视题写的“弘扬国学，世界和谐”。

“和谐文化”观是季羡林晚年思想上的一次飞跃与升华。纵览他的一生，青年、中年、老年，他一直在思考，在实践。掌握了季羡林的这个思想观念上的飞跃与升华的时间节点，再来看他的著作和思想在新世纪前后的变化，就有茅塞顿开之感和顺理成章了。同时，也可以看到一位学者的严谨与慎重。

季羡林的和谐文化观，既是他对自己百年人生的感悟与总结，更是他研究中国文化和世界文化，分析人类文化交流的经验与规律之后得出的结论。这是季羡林对我们中华民族和整个世界的一份宝贵的贡献，值得永远珍视。

研究中国历史，不难发现一个规律，每一种外来文化，欲在中国推广传播，生根开花结果，必须满足三大条件：首先，它必须对中国人民有用，不但对普通老百姓有用，对精英阶层也有用；其次，它必须中国化，接受中国文化的改造，最终将自己变成中国文化的一部分；其三，赢得统治阶层的认可与支持，是外来文化在中国发展壮大的关键。

佛教从汉末传入中国，充满曲折艰难，但最终成为世界文化交流史上的典范。究其原因，无外乎满足了上述三大条件。中国固有文化，儒表道里，在精

① 季羡林著，梁志刚选编：《季羡林谈义理》，第125页；北京：人民出版社2010年版。

② 季羡林：《季羡林读书与做人》，第251页；北京：国际文化出版公司2009年版。

③ 蔡德贵编著：《季羡林年谱长编》，第218页，长春：长春出版社2010年版。

神信仰层面，有所缺失。于是，佛教东来，弥补了这个缺失，形成了“儒家修身治国，道家养性怡情，佛家治心觉人”的三足鼎立格局。但是，佛教作为一个外来文化，充满异国情趣，许多内容和中国传统文化相悖。如何办？在交流、激荡、斗争中，佛教选择了自我改造的道路，如印度佛教并不讲孝道，但中国讲“百善孝为先”。于是，出现了许多讲孝道的佛经，现代高僧常明作诗道：“天下弟子孝为先，一个孝子全家安；孝顺家生孝顺子，孝顺弟子必明贤。”（《常明老和上墨宝选集》）这样，中国化的佛教，完全满足了中国人的精神需要。佛教有一个传统，每到一个国家和地区，首先着力和皇家打交道。只有这样，才能自上而下，上下结合，才能做到佛光普照。中国正史中正式记载的佛教，是从汉明帝梦见金人开始的，这恰好证明了佛教传播走上层路线的特征。由于佛教完全满足了上述三大条件，就从印度佛教变成中国佛教，两千年而不衰，成为人类文化传播史上独一无二的经典范例，至今仍为世人津津乐道。

在中国历史上，还有一些因不能完全满足上述三大条件而传教失败的事例。如祆教、摩尼教、犹太教等等，都在中国有所传播，并造成过一定的影响。但是，终因不能完全满足三大条件，而退出了历史舞台。最接近成功而最后还是失败的例子，是太平天国的拜上帝会，“拜上帝会”由“上帝教”发展而来。太平天国运动，是清末阶级矛盾、民族矛盾激化的产物，是基督教、农民起义、皇帝梦的混合物。最后，还是因为不能满足三大条件，随着太平天国运动的失败而灰飞烟灭。

当然，太平天国的失败还有一个更重要的原因，就是世界的形势已经大变。到太平天国年代，随着科学的发展，宗教已失去昔日的魅力，安抚、团结广大受苦人的力量，已经不再在宗教一边。此时，代表广大无产者、穷苦人利益的马克思主义已经诞生。中国的五四运动，确立了马克思主义在中国的思想领导地位。五千年的中国文化，必须接受时代的洗礼，接受时代的考验。而马克思主义是新时代的代表。长期的艰苦奋斗而屡遭失败的教训，告诉中国人民只有马克思主义，才能引领、帮助他们推翻封建主义、帝国主义、官僚资本主义三座大山。季羡林不是一位政治家，更不是一位革命家，而是一位以梵语、印度学、佛教史和文化交流为主要研究领域的学者。然而，他正是凭着自己一份学者的良知，在漫长的学术生涯中，秉持马克思主义的基本立场，站在传统文化和时代性的结合点上，以文化交流为己任，从实践和义理研究两个方面，做出了非同寻常的贡献。因为非同寻常，用“文化交流的重镇”不足以评价他的丰功伟绩，而必须加上“伟大”二字，称之谓“文化交流的伟大重镇”。斯人已逝。一处名人故居，一个名人物件，都堪称文化，何况文化交流的伟大重镇呢！研究季羡林对文化交流的实践以及由此产生的季羡林义理，是今后季学研究的核心内容。

第八章
胸怀世界的敦煌吐鲁番学家

第八章

胸怀世界的敦煌吐鲁番学家

在当代敦煌吐鲁番学史上，季羡林无论是对敦煌吐鲁番学研究，还是对敦煌吐鲁番学研究的倡导、组织与人才培养， 都是决定方向的人物。他的由一张敦煌残卷引出的煌煌巨著《糖史》、被誉为“敦煌吐鲁番研究典范”的《吐火罗文〈弥勒会见记〉译释》，以及《敦煌吐鲁番吐火罗语研究导论》，都是敦煌吐鲁番学研究的新进展。

1983年中国敦煌吐鲁番学会成立，季羡林当选为会长。他写的《关于开展敦煌吐鲁番学研究及人才培养的初步意见》，旨在激励国人“发愤图强，急起直追”，对我国敦煌吐鲁番学研究产生了积极影响。他主持近十年的“西域研究读书班”，培养了许多敦煌吐鲁番学研究的著名专家。

1985年在敦煌吐鲁番学学术研讨会上，季羡林发表讲话，维护和发展敦煌学来之不易的大好局面。1988年在敦煌吐鲁番学会年会上，季羡林提出“敦煌在中国，敦煌学在世界”的口号，获得了中外学者的普遍认同与赞赏。1979年他曾深情地说：现在就让我“把心留在敦煌吧”。他是这么说的，也是这么做的。一直到晚年，季羡林始终关心敦煌学的发展。2002年他在《敦煌学研究丛书》序中说：“我已年过九旬，仍愿意为敦煌学研究奉献绵薄之力。”2009年他以百岁之身留下了“盛世花开丝绸路”的题词。

133 中国敦煌吐鲁番学会成立大会在兰州召开，大会推举季羡林任会长（1983.8）

134 季羡林恩师艾密尔·西克教授

133

134

季羡林和敦煌吐鲁番学紧紧地联系在一起。研究中国当代敦煌吐鲁番学不能不研究季羡林；研究季羡林，不能不研究他的敦煌吐鲁番学成果以及他为敦煌吐鲁番学发展所做的贡献。没有季羡林就没有今日敦煌吐鲁番学的成就，当代敦煌吐鲁番学史就要改写。检视一百多年的敦煌吐鲁番学史，在诸多大师中没有一个人像季羡林那样，对这门学科产生了这么巨大的影响。

学术界公认，敦煌学一词由陈寅恪首创。吐鲁番学由季羡林首先提出，敦煌吐鲁番学也是季羡林的创意。吐鲁番学是新疆石窟佛教文化的总称，包括龟兹学、和田学、库车学等等。包括笔者在内，学者们在行文中有时会用敦煌学指称敦煌吐鲁番学。此时的敦煌学，为“大敦煌学”。

一、敦煌吐鲁番学研究的主要成果

季羡林涉足敦煌吐鲁番学研究的历史很早。从现有的文献资料看，1955

年7月写的《吐火罗语的发现与考释及其在中印文化交流中的作用》，是他较早的一篇关于敦煌吐鲁番学研究的文章，这是一篇长文，格局很大，讲吐火罗文对研究中印文化交流的意义，为此后他花大力气研究吐火罗文埋下了伏笔。其实，早在1930—1940年代，季羡林在德国哥廷根大学留学和研究期间，为日后的敦煌吐火罗文研究已经打下了基础。这在他的《留德日记》及1991年5月写毕的《留德十年》和2002年出版的《学海泛槎·负笈德意志》中，都有明确记载。在1943年9月1日的日记中，他写道："吃过早点，到梵文研究所去，念吐火罗文，看Mahāvastu（《大事》）。十一点Liesel（莉泽尔）去，稍坐就走。Prof.Sieg（西克教授）去上吐火罗文，十二点多下课，同他一同出来，分手到Junkernschänke（容克饭店）去吃饭，吃完回到研究所，休息了会，念Aśoka-lnschriften（《阿育王铭文》）。三点上中文，四点下课回家来，看Die Seidenstrasse（《丝绸之路》），念《吐火罗文法》。六点半多吃过晚饭，看了会报，念《吐火罗文法》。想把吐火罗文A-Dialekt（A-方言）里面的梵文字同别的方言比较一下。"[①] 对这一段学习、研究的经历，季羡林在晚年多次动情地提到。在《留德十年》一书中，专门写了《学习吐火罗文》一章。他这样写道："吐火罗文残卷只有中国新疆才有。原来世界上没有人懂这种语言，是西克和西克灵在比较语言学家W·舒尔策（W.Schulze）帮助下，读通了的。他们三人合著的吐火罗语语法，蜚声全球士林，是这门新学问的经典著作。但是，这一部长达五百一十八页的煌煌巨著，却决非一般的入门之书，而是异常难读的。它就像是一片原始森林，艰险复杂，歧路极多，没有人引导，自己想钻进去，是极为困难的。读通这一种语言的大师，当然就是最理想的引路人。"对引路人西克教授，季羡林感恩不尽。他

① 季羡林：《季羡林日记·留德岁月》第5卷，第1546页；南昌：江西人民出版社2014年版。

② 季羡林：《季羡林全集》第4卷，499页；北京：外语教学与研究出版社2009年版。

深情地说："不知道为什么原因，我回忆当时的情景，总是同积雪载途的漫长的冬天联系起来。有一天，下课以后，黄昏已经提前降临到人间，因为天阴，又由于灯火管制，大街上已经完全陷入一团黑暗中。我扶着老人走下楼梯，走出大门。十里长街积雪已深，阒无一人。周围静得令人发怵，脚下响起了我们踏雪的声音，眼中闪耀着积雪的银光。好像宇宙间就只剩下我们师徒二人。"[②]季羡林怕西克教授摔倒，紧紧地扶住他，一直把他送到家。就这样，吐火罗文的火种由季羡林引回了中国。

在几十年的学术生涯中，季羡林有关敦煌吐鲁番学的研究主要有以下成果：

《吐火罗语的发现与考释及其在中印文化交流中的作用》（1955年7月）

《吐火罗语与尼维俗语》（1979年8月）

《玄奘与〈大唐西域记〉》（1980年4月）

《喜看新疆石窟壁画展》（1980年4月）

《中日友谊万古长青——〈中国石窟·敦煌莫高窟〉序》（1980年4月）

《谈新疆博物馆藏吐火罗文A〈弥勒会见记·剧本〉》（1982年6月）

《龟兹壁画展前言》（1982年7月）

《〈大唐西域记〉今译前言》（1982年9月）

《〈大唐西域记〉校注说明》（1983年6月）

《关于开展敦煌吐鲁番学研究及人才培养的初步意见》（1983年6月）

《敦煌舞发展前途无量》（1983年8月）

《〈敦煌吐鲁番学会研究通讯〉小引》（1984年3月）

《〈敦煌吐鲁番唐代法制文献考释〉序》（1984年8月）

《〈敦煌吐鲁番学研究译丛〉序》（1984年8月）

《敦煌学、吐鲁番学在中国文化史上的地位和作用》（1985年10月）

《回顾与瞻望——1985年敦煌吐鲁番学术讨论会论文专辑序》(1985年11月)

《要尊重敦煌卷子,但且莫迷信》(1987年7月)

《对当前敦煌吐鲁番学研究的一点想法》(1988年4月)

《西藏在文化交流中的地位》(1988年7月)

《1988年敦煌吐鲁番学术研讨会开幕词》(1988年8月)

《1988年敦煌吐鲁番学术研讨会闭幕词》(1988年8月)

《吐火罗文A(焉支文)〈弥勒会见记〉与中国戏剧发展之关系》(1988年11月)

《〈敦煌吐鲁番学研究论文集〉序言》(1989年2月)

《梅呾利耶与弥勒》(1989年9月)

《〈敦煌文书学〉序》(1989年10月)

《敦煌吐鲁番文书研究笔谈》(1989年12月)

《吐火罗语和回鹘文本〈弥勒会见记〉性质浅议》(1989年12月)

《新疆古代语言气中的语尾——-am >u的现象》(1990年1月)

《吐火罗语研究导论》(1990年2月)

《吐火罗文A中的三十二相》(1990年3月)

《〈吐鲁番学研究专辑〉序》(1990年8月)

《一九九〇年敦煌文学讨论会贺信》(1990年8月)

《中印文化交流史》(1991年11月)

《〈唐·吐蕃·大食政治关系史〉序》(1992年3月)

《〈玉华宫〉序》(1993年7月)

《中外文化交流漫谈——从西域文化的传入谈起》(1994年1月)

《丝绸之路与中国文化》(1994年4月)

《〈敦煌吐鲁番论集〉序》(1994年4月)

《〈敦煌学佛教学论丛〉序》(1994年4月)

《〈敦煌学大辞典〉序》(1994年10月)

《〈敦博本禅籍校录〉序》(1994年12月)

《糖史》第一、二、三编(1997年5月)

《吐火罗文〈弥勒会见记〉译释》(1998年2月)

《〈敦煌吐鲁番学论稿〉序》(1999年12月)

《致敦煌藏经洞发现一百周年庆祝大会的贺信》(2000年6月26日)

《〈敦煌佛画〉序言》(2001年9月)

《〈敦煌学研究丛书〉序》(2002年5月)

《"敦煌写本研究、遗书修复及数字化国际研讨会"贺词》(2003年9月)

《敦煌文物研究所创办60周年题词》(2004年4月)

《致在新疆库车召开的龟兹学国际学术研讨会的贺信》(2005年8月15日)

《致吐鲁番学国际学术研讨会的贺电》(2005年8月)

《致"重走唐僧西行路"活动的贺词》(2006年7月)

《致"转型期的敦煌学——继承与发展"国际学术研讨会贺词》(2006年8月)

《致"丝绸之路——艺术与生活"论坛贺词》(2007年3月)

《致第三届龟兹学学术研讨会的贺信》(2007年7月)

《〈走近敦煌丛书〉序》(2007年11月)

《盛世花开丝绸路》(2009年1月)

《致第二届世界佛教论坛的贺词》(2009年3月22日)

另外,季羡林还有不少关于敦煌吐鲁番学的重要文字,收录在他的其他著作中,如《学海泛槎》中的《吐火罗文的学习》《吐火罗文》等等。对季羡林的敦煌吐鲁番学研究成果,宇文卒编有《季羡林先生敦煌吐鲁番学及东方学论著编年目录》,共计251篇。[①] 由于各种原因,这个目录尚待加工补充。根据现有材料《季羡林先生敦煌吐

① 中国敦煌吐鲁番学会等编:《敦煌吐鲁番研究》第12卷,第51-67页;上海:上海古籍出版社2011年版。

鲁番学及东方学论著编年目录》总数应在300篇（册）左右。

由上可知，季羡林对敦煌吐鲁番学的主要研究成果可分为三个组成部分：一是单篇论文，二是相关的序跋贺词，三是学术专著。

（一）关于敦煌吐鲁番学的单篇论文

在论文和专著之间，季羡林更倾情于论文。他认为论文可以单刀直入，直接解决问题。所以，在所有关于敦煌吐鲁番学的研究成果中，单篇论文占有重要地位。其中，有不少论文在中国当代敦煌吐鲁番学史上具有划时代的标志性意义。

“文化大革命”结束后，中国各行各业都期待着新的发展，敦煌吐鲁番学研究也不例外。但是，当时面临诸多困难。如人才少，思想乱，经费缺乏等等，需要有人登高一呼，将大家团结起来，创造条件，克服困难，引领全国的敦煌吐鲁番学研究者健步向前。此时，季羡林发表《关于开展敦煌吐鲁番学研究及人才培养的初步意见》，从“编目”“网罗失散”“科研”“人才培养”“人才交流”“出版工作”“机构设置，经费补助”“指导思想”等八个方面，对敦煌吐鲁番学发展提出了自己的意见，可谓高屋建瓴，纲举目张。

此文一开始讲形势，讲决心：“我们敦煌、吐鲁番学的研究又进入一个新的阶段，取得了显著的成绩。但是，我们也必须看到，我们在某一些方面，同其他一些国家比较起来，还有相当大的差距。现在全国有关学者都有决心改变这个局面，大家都同意团结协作、振兴中华这个精神。因此，我们都有信心，发愤图强，急起直追，一定能够改变这种局面。”[①]接着从七个方面讲任务。最后，讲指导思想。季羡林指出：“为了把以上七项工作做好，还有一个最重要的条件，就是必须以马列主义为指导思想。我们是社会主义国家，做什么事都应以马列主义为指导，这本是天经地义的事。但是由于种种原因，目前社会科学界出现了一种轻视马列主义理论的倾向，好像马列主义理论现在不那么行时了。这是不利于科学研究工作的。同时，还有另一种倾向，就是抹煞考证在研究、整理古代典籍中的作用。个别学者粗枝大叶，引用资料不加考证，真伪不辨，来源不明。这样得出来的结论，不管用什么理论的花环来装饰，也是靠不住的，经不起推敲的。我们一定要认真细致地甄别资料。清代汉学家所使用的方法，外国学者所使用的某些方法，只要有用，我们都可以使用。在这样的基础上，再运用马列主义的立场、观点、方法来驾驭资料，这样得出的结论就比较可靠。只有这样，才能开创出具有中国特色的敦煌、吐鲁番学，为振兴中华贡献我们能贡献的力量。”②

季羡林的《关于开展敦煌吐鲁番学研究及人才培养的初步意见》首发于《高教战线》1983年第10期，在学术界产生了广泛影响，为1983年8月在兰州成立召开“中国敦煌吐鲁番学会成立大会”以及“1983年全国敦煌学术讨论会”奠定了思想基础。有学者指出：“在中国敦煌学的复兴之初，季羡林先生出面组织和申请，创建了中国敦煌吐鲁番学会，并报告中央，经邓小平等中央领导批复，拨出专款进行敦煌学研究，这具有划时代的重大意义。”③而中国敦煌吐鲁番学会的成立，在我国乃至世界敦煌吐鲁番学研究史上，具有里程碑的意义。如果说1983年是中国敦煌吐鲁番学发展元年，那么季羡林的《关于开展敦煌吐鲁番学研究及人才培养的初步意见》就是开元之作。

《敦煌学、吐鲁番学在中国文化史上的地位与作用》是季羡林的又一篇影响深远的论文，它为敦煌吐鲁番文化作出了科学的历史定位。季羡林说：

① 季羡林：《季羡林全集》第14卷，164页；北京：外语教学与研究出版社2010年版。

② 季羡林：《季羡林全集》第14卷，173—174页；北京：外语教学与研究出版社2010年版。

③ 黄征：《敦煌学翻天覆地三十年》，载《艺术百家》2009年第3期（总108期）。

敦煌吐鲁番学在中国文化史上有六大地位与作用：第一，对研究中国历史和地理的价值。第二，对研究中国文学艺术的价值。第三，对研究语言、音韵学的价值。第四，对研究宗教问题的价值。第五，对研究古代科技及其他方面的价值。第六，对研究中外文化交流史的价值。为什么敦煌吐鲁番学会具有这么多重要的地位和影响呢？季羡林接着写了一段既大气磅礴又令人心服口服的话："我们知道，世界上历史悠久、地域广阔、自成体系，影响深远的文化体系只有四个：中国、印度、希腊、伊斯兰，再没有第五个；而这四个文化体系汇流的地方只有一个，就是中国的敦煌和新疆地区，再没有第二个。"①

季羡林的这个论断，引起了学术界的高度关注。有学者认为："季羡林先生（关于世界文化四大体系及其汇流地区所在）的这种看法，真是高屋建瓴、俯察全局之论，简明扼要地讲清了古代世界主要文化体系及其交汇地区之所在，对于认识敦煌文化在古代世界文化格局中的特殊地位来说，无疑是具有指导性意义的。其实，季老的这种论断，我想绝对不只是对我自己认识敦煌文化在古代世界文化格局中的地位具有重要的指导意义，对所有敦煌文化研究者来说也是具有同样的意义的。"②

季羡林此文发表于《红旗》杂志1986年第3期，无论对专业读者还是普通读者，都有眼前一亮的感觉。黄征说："这对敦煌吐鲁番学研究者来说，确实是再重要不过了，因为它不仅揭示了敦煌吐鲁番学的真谛，鼓舞了研究者的信心，指引了研究方向，而且在政治上、思想上有着重大而深刻的影响，引起了国家领导人和各级地方组织的重视并给予积极支持。"③

有学者认为，中国敦煌吐鲁番学会成立之后，在会长季羡林大智慧的引领下，一直走在正确的道路上。对这条正确道路的引领，季羡林从不掉以轻心。只要发现不良倾向，他就会站出来指引。1987年7月写的《要尊重敦煌卷子，但且莫迷信》一文，以小喻大，意味深长。

1988年4月写的《对当前敦煌吐鲁番学研究的一点想法》一文，更见季羡林的胸怀与睿智。他在似有若无的中西文化互动态势中，抓住了一些学者反思西方文明的事象。他说："现在西方有一些国家正在同中国的有关方面洽谈共同研究丝绸之路、共同拍摄电影的问题。这在表面上看起来似乎是一般的协作。但是，深入一层来看，是西方反思的结果，想在反思中给西方文明寻求一条出路，寻求一副灵丹妙药，以济西方文明之穷。"同时，他对中国学者提出了"四个必须"："我们必须加强同世界各国的同行们已经取得的联系。我们必须进一步调查国内和国外的资料，这种调查我们过去做过一些，但是远远不够。我们必须提高认识水平和研究水平，放眼全球，从东西方文化互相帮助、互相补充的角度上来从事工作。我们必须跟得上当前这个伟大时代前进的步伐，更加兢兢业业地工作，写文章、出书要更加细致，更加严格。"然后，季羡林胸有成竹地说："做到了这一点，中国敦煌吐鲁番学在世界学术之林中的地位将会大大地提高，这是肯定无疑的。"④

1988年，季羡林首次提出"敦煌在中国，敦煌学在世界"。1989年12月在《敦煌吐鲁番文书研究笔谈》中，季羡林再次强调说："1988年在中国敦煌吐鲁番学会国际学术研讨会的开幕词中，我曾讲了两句话：'敦煌吐鲁番在中国，敦煌吐鲁番学在世界。'得到了与会的中外学者的赞同。原因是，大家都同意，学术乃天下之公器，不是哪一个国家哪一个人所得而私之的。我们提倡团结协作，互通有无，集全世界有关学人的力量，共同推进这一门学科的发展。"⑤季羡林的这两句话，既气魄恢宏，又实事

① 季羡林：《季羡林全集》第14卷，第217页；北京：外语教学与研究出版社2010年版。

② 颜廷亮：《季羡林先生对敦煌文化研究的一大理论贡献》，载《甘肃社会科学》2008年第6期。

③ 黄征：《敦煌学翻天覆地三十年》，载《艺术百家》2009年第3期（总108期）。

④ 季羡林：《季羡林全集》第14卷，第294页；北京：外语教学与研究出版社2010年版。

⑤ 季羡林：《季羡林全集》第14卷，第360页；北京：外语教学与研究出版社2010年版。

求是，一扫过去充斥在敦煌学界的悲伤、郁闷与小家子之气。“敦煌吐鲁番学在世界”与“敦煌吐鲁番学在国外”，一字之差，内涵迥然不同。当然，这是和中国学者在敦煌吐鲁番学研究中取得了长足进步密切相关的。只有自己拥有，才能与人共享。季羡林的“敦煌吐鲁番在中国，敦煌吐鲁番学在世界”，在中国乃至国际敦煌学界，产生了深远的影响。正如有学者所指出：“这些年来，不论是大学还是研究机构，都是沿着季老的这种思路，通过国际合作与交流，通过拓宽思路，使敦煌学越来越发扬光大，并在国际学术界产生着深远的影响。”①

（二）有关敦煌吐鲁番学的序跋贺词

在1983年前后，特别是在成立中国敦煌吐鲁番学会之后，作为首任会长的季羡林，对学会的工作吐哺握发，呕心沥血。学会第二任会长郝春文说，为加强国际交往，学会成立了“敦煌学国际联络委员会”。“从这个委员会的策划到最后组成，季先生都给予了及时和重要的指导。只要可能，凡是学会组织的国际、国内学术研讨会，季先生都会到场讲话并参加学术研讨。后来因为年高行动不便，不能亲临，也会发来贺信或视频讲话。现在，国内敦煌吐鲁番学研究者的对内和对外学术交流通道通畅，交往频繁。这与季先生和学会的推动不无关系。”②

在季羡林的著述中，不少有关敦煌吐鲁番学的序跋和贺词。它们和论文、专著一样，对当代中国敦煌吐鲁番学的发展，起到了巨大的作用。每次开会，当季羡林因特殊原因不能亲临会场，主持人宣读他的贺信或播放讲话视频，会场总是沉浸在肃静与愉悦之中。学者每有重要著作，能请到季羡林作序作跋，自然就成为人生中的一大快事。而季羡林写贺词和作序作跋，决不肯马虎从事，必认真思考，郑重下笔。所以，他有关敦煌吐鲁番学的贺词、序跋，都不是应景之作，而是季羡林敦煌吐鲁番学著述中的重要组成

135

部分，有的在中国当代敦煌吐鲁番学发展史上，具有重要的意义。由季羡林主编的《敦煌学大辞典》的编撰，是当代敦煌学史上的一大盛举。大辞典编撰工作由中国敦煌吐鲁番学会、敦煌研究院和上海辞书出版社联合发起，编撰委员会由全国二十余所科研院所、高等院校的一百多位专家学者组成，历时13年于1998年12月完成。有人称《敦煌学大辞典》是百年敦煌学的百科全书。它收入六十多个门类的6,925条词条，随文插图626幅，彩图123幅，附录10个。季羡林为《敦煌学大辞典》亲自写了词条"敦煌学"。而词条"敦煌学"是他将《敦煌学吐鲁番学在中国文化史上的地位和作用》一文修改而成。《敦煌学大辞典》序，季羡林写得言简意赅而又大气磅礴。季羡林强调："这一部辞典是中国全国敦煌学者通力协作的产品。"他说："现在，老一辈的敦煌学家，有的还健在，一批中青年学者又脱颖而出。他们朝气蓬勃，意气风发，掌握新资料，具备新见解。老中青三代团结协作，为编写这样一部空前的、大型的《敦煌学大辞典》奠定了牢固的基础。"[③]《敦煌学大辞典》的编写与出版，是中国当代敦煌学翻天覆地大变化的生动见证。

在季羡林所写序跋前言中，《敦煌愿文集》序言，是既平常又不平常的一篇。"愿文"是敦煌文书中的一大门类，是敦煌学研究的新热点。在黄征等学者孜孜不倦的努力下，"愿文"从一个不为人知的

① 赵声良：《大师的胸怀》，载《敦煌研究》2009年第4期。
② 郝春文：《季羡林先生扶持敦煌吐鲁番学会成长》，载上海《社会科学报》2011年11月3日。
③ 季羡林：《季羡林全集》第6卷，第379页；北京：外语教学与研究出版社2009年版。

名字变成了深入人心的名字。先后出版了《敦煌愿文集》（1995）、《〈敦煌愿文集〉校录订补》（2006）、《〈敦煌愿文集〉校录订补（二）》（2006）、《〈敦煌愿文集〉校录订补（三）》（2007）、《〈敦煌愿文集〉校录订补（四）》（2007）、《〈敦煌愿文集〉校录订补（五）》（2008），愿文的整理与研究是当代敦煌学研究的一大喜人收获。而这一收获，和季羡林的鼓励、支持分不开。黄征在《敦煌愿文研究述要》中说，1995年他和吴伟合作写成《敦煌愿文集》，写信请季羡林作序。“没想到季老很快就回了信。爽快地作了序言，并且风趣地说‘征兄，你觉得我这篇序言写得怎么样？’语气自信而略似调侃，我读后大为汗颜。”[①]季羡林的序言并不长，但是热情洋溢而切中肯綮，肯定《敦煌愿文集》是一部开拓性的著作；肯定愿文是敦煌文书中的一个大家族；指出敦煌愿文集以往基本上被忽视了；赞扬作者研究愿文集搜集如此齐全，分析如此深入，可以说是破天荒之举。季羡林和黄征之间还就“儿郎伟”问题进行切磋，尽管见解不尽一致。“但是由衷感谢季老对我的一向关怀和提携，我有今天的微薄成绩，与季老在我最穷愁潦倒时给予的支持和帮助有着直接的关系。”[②]据我所知，学术界得到季老支持帮助的人非常之多。

这样，《敦煌愿文集》序言所产生的作用，就远不止一篇普通序文的作用，它鼓舞帮助了许许多多的黄征。所以，我们说这篇序言既平常又不平常。而季羡林所写序跋前言，又有哪一篇不是如此？写文章帮助别人特别是年轻人，对季羡林就犹如家常便饭；对受到帮助的人，则终身受益，一辈子铭感五内。《敦煌愿文集》序言，是一个有说服力的例子。

季羡林到了晚年，因住院不便出席学术会议。但是，只要他得到消息，总是用贺词、题词或视频讲话的方式表示祝贺。如《“敦煌写本研究、遗书修复及数字化国际会议”贺词》（2003年9月15日）、《敦煌文物研究所创办60周年题词》（2004年4月）、《“转型期的敦煌学——继承与发展”国际学术研讨会贺词》（2006年8月22日）、《“丝绸之路——艺术与生活”论坛贺词》（2007年3月15日）、《“2007年龟兹学学术研讨会”贺词》（2007年7月），2009年1月，季羡林还应山东电视台之邀，题写了“盛世花开丝绸路”。

只要认真读一读季羡林的这些贺词、题词，就会发现，每一篇都是有感而发，都是经过精心构思而且具有独一性的作品，体现的是一位大学问家的责任、担当和期许、愿望。《“敦煌写本研究、遗书修复及数字化国际研讨会”贺词》表现了一位大学者紧跟时代步伐的“预流精神”。他说：“值此敦煌写本研究、遗书修复及数字化国际研讨会在国家图书馆隆重开幕之际，我这个为敦煌学鼓与吹的老啦啦队员，虽然因遵医嘱不能出院躬逢盛会，也为研讨会的顺利举办感到由衷的高兴！三年前，我在纪念敦煌藏经洞文献发现一百周年的会上引用过‘行百里，半九十’的俗语，就是为了说明敦煌学研究任务艰巨而前景灿烂，就是为了给新世纪里继续奋斗的同志鼓劲打气。”[3]在季羡林常用词典中，“老啦啦队员”“行百里，半九十”是出现频率颇高的，但是，在季羡林的笔下这两个词语常用常新。它们出现在这篇贺词中，表达了这位92岁的老人欢迎古籍电子化这样的新事物，同时告诫来者，在新世纪里依然要有奋斗到底的勇气，以免功败垂成。《“转型期的敦煌学——继承与发展”国际学术研讨会贺词》写于听了柴剑虹面陈详情半个月后的2006年8月22日，面对“后浪推前浪，新人追老人”的喜人形势，季羡林说：“近几年来，世界各国的敦煌学研究工作，在敦煌学国际联络委员会的精心组织、协调、指导下，开展得扎实有效，我们中国敦煌吐鲁番学会的众多

① 黄征：《敦煌愿文研究述要》，载《艺术百家》2009年第2期。

② 黄征：《敦煌愿文研究述要》，载《艺术百家》2009年第2期。

③ 季羡林：《季羡林全集》第30卷，第113页；北京：外语教学与研究出版社2010年版。

后起之秀，也齐心合力，与日俱进，取得了令世人瞩目的成绩。敦煌学百年历程，是一场万千学人投身学术新潮流的接力赛跑，后浪推前浪，新人追老人，而今提出以继承与发展为主题的创新与转型，我认为正是适逢其时，所以举双手赞成。”[①]《“2007年龟兹学学术研讨会”贺词》谈到了季羡林的学术绝活，他这样写道：“长期以来，学界有人说我是‘龟兹学爱好者’，此言不虚。我的兴趣主要在与佛教传入中国有最密切关系的龟兹佛教上，努力对新疆出土的吐火罗语（A）和（B）的写本残卷进行研究。”在许多人眼中的“老古董”“死文字”吐火罗文，能不能古为今用？季羡林的答案是肯定的。出示这个答案，是他写这个贺词的初衷。这样，研究吐火罗语，研究龟兹史，就不能局限于佛教文化。季羡林在贺词中写道：“我们要关注的不仅是佛教文化，作为古代丝绸之路重要门户的龟兹，是中西、中印文化学术交流最活跃的地区之一，四大文明交汇，各种宗教兼容，留下了极为丰富的历史古迹与文物遗存，也提出了许多有意义的研究课题。将现代文化理念和历史文化传统结合起来研究龟兹学，对科学地开发西部，繁荣经济，推进文化，构建和谐社会，有不可忽视的作用。”[②]这就是季羡林的可贵和伟大之处，一位96岁的老人，全无日薄西山的垂暮之气，有的是对学术的关注，对后人的关爱和对社会进步的关心。这也是季羡林所写贺词价值之所在。从他的贺词中，可以捕捉到中国当代学术史上最重要、最闪亮之点，也可以捕捉到季羡林心灵史上最真挚、最美好的期待。

（三）敦煌吐鲁番学的主要著作

百年敦煌学史，被人喻为是一部伤心史。又出现过“敦煌在中国，敦煌学在国外”“敦煌学回归故里”“夺回敦煌学中心”等等话语，表露出的是一种忧伤、不甘和发愤的心情。其间，出现了陈寅恪、常书鸿、段文杰等足以引为骄傲的杰出敦煌学家。但是，中国敦煌学者始终走不出“敦煌困惑”

或“敦煌心结”，何时才能让中国学者扬眉吐气、长空一啸——为敦煌学而骄傲？为了这个时刻的到来，季羡林奔走呼号、披肝沥胆地做了两件事，一件是拓宽敦煌学内涵，并奋身其中；一件是为敦煌学研究鼓与呼，包括精心建设中国敦煌吐鲁番学会。

出现“敦煌学在国外”的情况，除了清末、民国国家衰微之外，和我们一些学者的保守思想也有关。他们只注重敦煌残卷、遗文的研究，一心想独善其成。结果将“敦煌学”变成了“藏经洞学”，加上人员稀少，研究成果难以与国外匹敌。这种情景，一直到1983年中国敦煌吐鲁番学会成立，在季羡林会长的领导下，用数年时间一举得到改变。当1988年他提出“敦煌在中国，敦煌学在世界”时，不但中国学者一扫昔日的愁云惨雾，而且极大地振奋了国际学术界。古人说，一言兴邦。“敦煌在中国，敦煌学在世界”这一句话，开创了世界敦煌学史上一个崭新的时代——季羡林时代。季羡林本人为这个时代的到来，奉献出一篇十多万字的长序和三部专著：《〈大唐西域记〉校注前言》（1985）、《敦煌吐鲁番吐火罗语研究导论》（1990）、《糖史》（1997）、《吐火罗文〈弥勒会见记〉译释》（1998）。这篇长序和三部专著，在中国敦煌学史上大大拓宽了研究的视野，将藏经洞扩展到整个敦煌——吐鲁番（新疆地区）乃至中亚、南亚地区。同时，将研究的水平一下子与国际接轨，处于国际前沿或领先水平。所以，季羡林讲“敦煌学在世界”，除了讲敦煌学的研究具有世界性之外，更包括敦煌学研究具有世界影响和世界意义。他的这一篇长序和三部著作，就是“敦煌学在世界”的最有力的证明。

“文革”结束不久，中华书局即派谢方联系季羡林，商议校注玄奘的《大唐西域记》。1978年8月，季羡林召集孙毓棠、朱杰勤、宿白、张广达、

① 季羡林：《季羡林全集》第30卷，第120页；北京：外语教学与研究出版社2010年版。

② 季羡林：《季羡林全集》第30卷，第127页；北京：外语教学与研究出版社2010年版。

杨延福、张毅、耿世民、蒋忠新、赵守俨、谢方开会讨论校注事宜。大家知道，季羡林字齐奘，有玄奘情结。谢方说："季先生的玄奘情结不但表现在他对整理《西域记》的始终关怀上，而且更表现在他对具体工作的积极参与上。他的十多万字的《玄奘与〈大唐西域记〉》（《校注前言》）是最早完成的，然后他留出时间分批审阅各卷的注释稿。在审阅过程中他不但仔细批改，提出中肯的意见，而且对一些不符合质量要求的重要条目注释，还亲自重写。如长达三千多字的《四吠陀论》的注释，就是他全部重写的。"[①]王邦维完成硕士论文《〈大唐西域求法高僧传〉校注》之后，即协助季羡林审读《大唐西域记校注》书稿。2010年4月，王邦维著文《二十世纪八十年代西域研究的力作——季羡林先生与〈大唐西域记校注〉》，称季羡林当时有学术远见，"他认为，通过这项工作，可以大大推动国内对印度和西域的研究"[②]。历史已经证明，季羡林及其团队的学术成果赢得了国际声誉。根据季羡林等的校注译成的《大唐西域记》印地文版，2015年重印第二版，受到了印度学术界及政要的欢迎与重视。

《敦煌吐鲁番吐火罗语研究导论》是敦煌吐鲁番学的开新之作，1993年由台湾新文丰出版公司作为《敦煌学导论》丛刊第6辑出版。以后，又以《吐火罗语研究导论》之名，收入《季羡林文集》（1996）和《季羡林全集》（2009）。此书专业性很强，对敦煌吐鲁番学的内涵，作出了实质性地拓展。

《吐火罗文〈弥勒会见记〉译释》的问世，引起了敦煌学界的震惊。荣新江在《敦煌吐鲁番研究的典范》中认为，《吐火罗文〈弥勒会见记〉译释》不仅拓宽了敦煌学的研究领域，而且拓宽了敦煌学研究的思路。他说："所谓'敦煌学'，原本主要是研究藏经洞出土的写本文献，以后逐步扩大到石窟、壁画，汉简乃至周边地域出土的古代文献和遗存的古代文物，新疆吐鲁番、和田、库车等地出土的文献，理所当然地成为敦煌学研究的对象。”他承认1980年代以来，我国敦煌学者奋起直追，“取得了辉煌的成就，不必再‘伤心’了。但是让人忧心的是，敦煌学的范围极其广泛，我们在佛教、道教、摩尼教方面，在于阗语、粟特语、藏语文献方面，都和国际水准相距甚远，而国内庞大的敦煌学研究队伍中，仍然有许多人固守那些汉文世俗文书，炒冷饭，使得国内的敦煌学研究，正在日益走进困境。”[③]“季先生以古稀之年，克服重重语言障碍，用国际通用的英语，解读‘天书’般的吐火罗语文献，在向来被认为是研究西域古代语言文字中心的德国出版的这本专著，把中国的敦煌学研究成果，推向了世界。”[④]荣新江对季羡林此书的评价抓住了实质。

郁龙余称季羡林在耄耋之年，胜利完成《弥勒会见记》剧本的译释是一个奇迹，不但具有学术意义，而且具有影响意义。他在《梵典与华章》中说：“现在我们看见的这部《吐火罗文〈弥勒会见记〉译释》中英文合体本，是当今世界对《弥勒会见记》研究的最新成果，代表这一领域研究的最高水平。我们可以放言：吐火罗文《弥勒会见记》出土在中国，吐火罗文《弥勒会见记》研究也在中国。”[⑤]在《中外文学交流史·中国—印度卷》中，他进一步认为：“季羡林的《吐火罗文〈弥勒会见记〉译释》，特别是其中《巴利文、梵文、弥勒信仰在印度的萌芽》一节中所论述的七个问题《巴利文和梵文中〈弥勒会见记〉与〈弥勒授记经〉的各种异本》《Maitreya这个字的含义》《Maitreya与Aajita》《Maitreya与伊朗的关系》《Maitreya与Metrak》《弥勒信仰在印度的萌芽和发展》《弥勒与弥陀》，充满了对弥勒研究的新突破，

① 臧克家等：《人格的魅力——名人学者谈季羡林》，第76页；延吉：延边大学出版社1996年版。

② 中国敦煌吐鲁番学会等编：《敦煌吐鲁番研究》，第17页；上海：上海古籍出版社2011年版。

③ 乐黛云编：《季羡林与二十世纪中国学术》，第45页；北京：北京大学出版社2001年版。

④ 乐黛云编：《季羡林与二十世纪中国学术》，第45－46页；北京：北京大学出版社2001年版。

⑤ 郁龙余等：《梵典与华章》，第513页；银川：宁夏人民出版社2004年版。

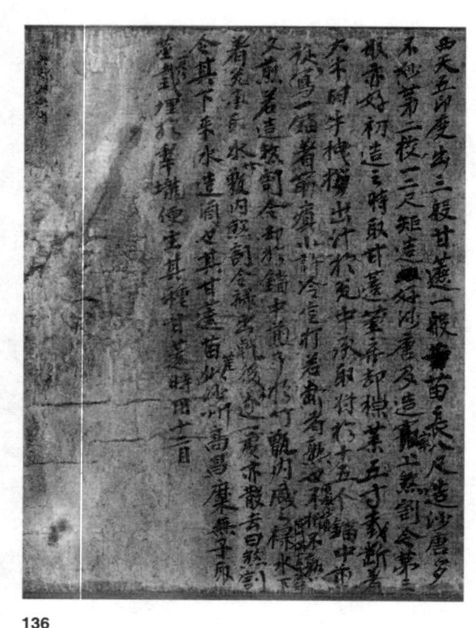

136

为我们提供了丰富的新材料和新论点。中外学人再要研究弥勒，应从研究他的《吐火罗文〈弥勒会见记〉译释》开始。”[①]

季羡林的《糖史》，是由一张敦煌残卷引起的煌煌巨著，第3303号是一张写经残卷，背面写有印度制糖法。季羡林据此写了《一张有关印度制糖法传入中国的敦煌残卷》（《历史研究》1982年第1期）。此后，又收入《季羡林学术论著自选集》（北京师范学院出版社1991年版）。季羡林写成《飴餳餳糖》，此文首发于深圳大学《中国文化与传播》第一期，后来成为《糖史》国内编第一章。《糖史》自1981年开始至1998年全部完成，是季羡林晚年历时最久、用力最多、篇幅最大的著作。全书共分三编，第一编为国内编（《季羡林全集》第18卷），第二编为国际编，第三编为结束语（《季羡林全集》第19卷）。葛维钧作《穷搜百代不世之功——读季羡林先生新著蔗糖史》，称：“季羡林先生以他博洽精深的学识和超过常人的毅力，为我们写出了糖的历史。他的研究成果，尽管他仅借一句话‘虽不中，不远矣’抵作评价，在我看来，却是充满了不争之理。学林中有好耳食之言，逞无根游谈的伪劣之作，也有穷源竟委，言必有征的不朽之篇。糖味甘甜，人人皆知；甘甜何来，凭谁而详？‘盖有非常之功，必待非常之人。’非观之如是，不足以明《糖史》的成就。”[②]《糖史》强调“于考据中见义理”，在季羡林学术史上具有由考据转向义理的标志性意义，在敦煌学史上是显示中国学者学术实力的扛鼎之作。

136 写有印度制糖法的敦煌写经残卷（卷号P3303）

137 季羡林指导博士研究生王邦维（1986）

二、大力培育敦煌吐鲁番学人才

137

季羡林是当代中国一位卓越的教育家。他一方面在北京大学从事教学工作60年，培养了大批学生；一方面通过各种方法为社会培养了更大数量的有用之才。2010年接任季羡林担任中国敦煌吐鲁番学会长的郝春文，在《季羡林先生扶持敦煌吐鲁番学成长》一文中，动情地说："在扶持国内外中青年学者方面，也是不遗余力。扶持的方式多种多样，或为中青年学者撰写的著作写序，或为他们评定职称撰写鉴定意见，或为他们申报项目等撰写推荐书，或直接出面为他们解决工作岗位和家庭困难等。可以毫不夸张地说，现在国内知名的敦煌吐鲁番学研究者，都曾得到过季先生的扶持和提携。"③

善教者，要敢于、善于金针度人，将治学秘诀教给别人。季羡林是一位乐此不疲之人。不知多少年轻人得益于此。方广锠在《季羡林与佛教研究》中，根据自己的切身体会，这样写道："季先生把他的研究方法、研究目的、研究成果，以及这种研究方法的地位与现状讲的清清楚楚，我再说什么都是画蛇添足。但季先生的忠告我们应当记住：从事佛教研

① 郁龙余、刘朝华：《中外文学交流史·中国—印度卷》，第249页；济南：山东教育出版社2015年版。

② 乐黛云编：《季羡林与二十世纪中国学术》，第135页；北京：北京大学出版社2001年版。

③ 郝春文：《季羡林先生扶持敦煌吐鲁番学成长》，载上海《社会科学报》2011年11月3日。

究，必须掌握多种外国语言，有一点梵文和巴利文的知识也是必要的……此外，英文、德文、法文、日文、俄文，最好多会几种。‘韩信将兵，多多益善’，不懂外文，无法进行佛教史的研究。”①

在培养学生方面，王邦维的成长是个典型案例。季羡林讲话，总是话语简单而朴实。王邦维已记不清有多少次向他请教和一起讨论。“对我们提出的问题，先生有时作具体的回答，更多的时候则是启发我们自己去思考。”②季羡林还会用讲故事的办法，教导学生独立思考、实事求是。其中，德国医学名教授让学生在考试时识别猪肝。学生不知所措，虽然觉得真像猪肝，但始终不敢说出口。季羡林说，这位教授就是要求学生树立并坚持科学研究的基本原则。

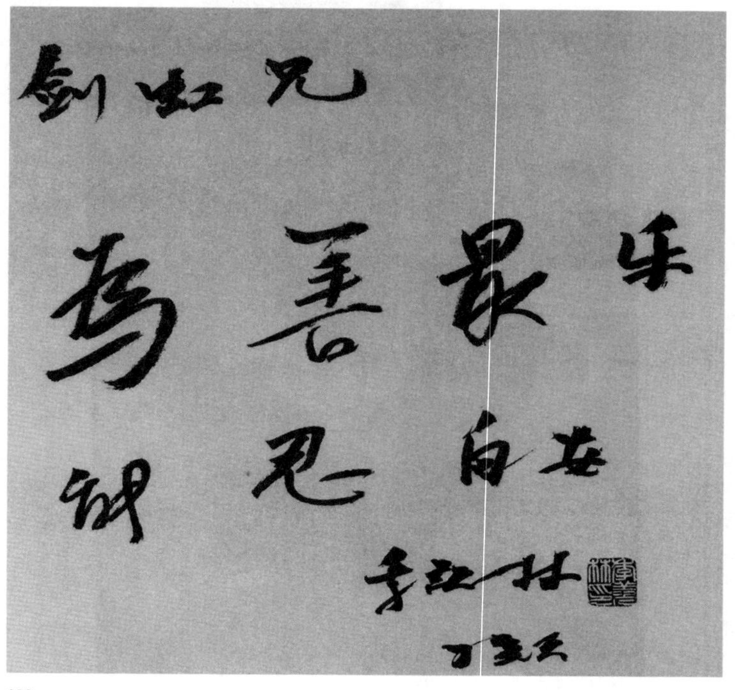

138 季羡林题“为善最乐 能忍自安”赠柴剑虹

还有一件事让王邦维终身难忘。为了写硕士论文，需要到北京图书馆查阅《赵城金藏》。那是稀世珍宝，研究生不能查阅，像季羡林这样学者则可以。季羡林得知后，立即说："那我们找个时间一起去吧。""于是安排了一天，先生为此专门与我一起去北图。以下的一切都很顺利。卷子从书库调出来，我立刻开始工作。先生先是站在旁边，看着我作记录。过来一阵，先生拿出早准备好的一摞《罗摩衍那》的清样，读自己的清样。就这样，整整半天的时间，先生一直陪着我，直到我校完录完卷子。"[③]

在柴剑虹心目中，季羡林是一位平凡的人，他说："刚一见面，就觉得似乎自己多年以前就早已是他的学生了。"当他得知柴剑虹因故中断了梵文学习，立即表示可以到北大跟他学三至五年。虽然最终因主客观条件所限，未能从学，但是，"却如沐春风，从心底感受到了一位老前辈对年轻人的殷切期望"[④]。

后来接季羡林班，成为中国敦煌吐鲁番学会第二任会长的郝春文，也深受季羡林的教泽。他在1996年写的《不知老之已至——我所知道的季先生》中说：他能成为一名敦煌文献的研究者，得校内外诸多师长的培养和帮助。在许多校外的学界前辈中，"对我帮助最大的就是季先生。在我成长的每个关键时刻，都得到了季先生的有力支持。其中有两次请季先生写鉴定正值暑季，酷热难当。与季先生联系时心中很是不安，但季先生每次都是不顾自己的繁忙，非常愉快地答应下来，并放下手头的工作，很快把鉴定写好。季先生就是这样扶持、提携了一代又一代，一批又一批的中青年"[⑤]。

上述诸多例子，都说明一件事，季羡林培养、提携年轻人，不论是校内的还是校外的，都是满怀热

① 方广锠：《季羡林与佛教研究》，载《敦煌研究》2002年第1期。

② 臧克家等：《人格的魅力——名人学者谈季羡林》，第205页；延吉：延边大学出版社1996年版。

③ 臧克家等：《人格的魅力——名人学者谈季羡林》，第207页；延吉：延边大学出版社1996年版。

④ 柴剑虹：《我心目中的平凡人》，《人格的魅力》，第162页；延吉：延边大学出版社1986年版。

⑤ 臧克家等：《人格的魅力——名人学者谈季羡林》，第219页；延吉：延边大学出版社1996年版。

诚，甚至到了掏心掏肺的程度。除了热诚之外，他还非常注意方式方法，讲究因地制宜，因人制宜。

不仅年轻一代在季羡林身上获得教益，已经卓有建树的著名专家学者，也都从他身上获益良多。敦煌研究院长樊锦诗，被称为“敦煌的女儿”，是卓越的敦煌学家。季羡林逝世后，她在悼文中这样写道：“先生生前曾于上世纪八十年代初以七十多岁的高龄亲自来敦煌莫高窟考察，由时任敦煌文物研究所副所长的我接待先生，先生曾对我作过一番语重心长的教导，表达了先生对改革开放初期如何化解‘文革’遗留矛盾、搞好敦煌文物工作的真切关怀，给我留下难以磨灭的深刻印象；此后我还曾多次有机会面谒先生，每次都亲承先生耳提面命，谆谆教诲，令我终生难忘。”[①]这些发自肺腑的话语，道出了她对季羡林的深切感念。

在已经成名的学者中，师从季羡林而获益良多的白化文颇为典型。他1955年毕业于北京大学中文系，学识渊博，文笔瑰丽。他两次提职称，都是季羡林写鉴定，故称季先生为“荐卷师”或“房师”。说自己虽不曾从学，但季羡林在学习中对他关怀备至。他说：“我亲炙大师之门十余年，有人问我，季老师是怎样一位老师呢？我会拿出张荫麟先生的《中国史纲·上古篇》来，把其中隐括成现代汉语的《论语》的话读给他们听：他们所遇到的是怎样一位先生呢？这位先生衣冠总是整齐而合宜的；他的视盼，和蔼中带有严肃；他的举止，恭敬却很自然。他平常对人朴拙得像不会说话，但遇着该发言的时候却又辩才无碍，间或点缀以轻微的诙谐。他所喜欢的性格是‘刚毅木讷’，他所痛恶的是‘巧言令色’。他永远是宁静舒适的，他一点也不骄矜。……他的广博而深厚的同情到处流露。我觉得，季老师就是这样一个导师”[②]。

在中国敦煌吐鲁番学会成立之后，按照季羡林写的《关于开展敦煌吐鲁番学研究及人才培养的初步意见》，各地的人才培养工作扎扎实实地开展了起来。如杭州大学（现为浙江大学）姜亮夫、蒋鸿礼、郭在贻先生的“敦煌学讲习班”，出了黄征等许多人才。季羡林则在北京大学开设“西域研究读书班”，与“敦煌学讲习班”南北呼应，成一时之盛。

荣新江在《季羡林先生领导的“西域研究读书班”侧记》中说：“‘西域研究读书班’是季先生取的名字，顾名思义，是以西域为研究对象的。古代中国典籍中的西域，指称的范围从小到大，包括了今天的新疆、中亚各国、印度乃至伊朗、西亚和欧洲，中心区域是中亚，这里正是许多不同学科的人都关心的焦点。从八十年代初，季先生就把一些研究工作中与西域有关联的学者召集在一起，不定期地聚会，我这个当时还是学生而后来成为教员的小卒，也一直忝陪末席。”[③] 他们学习的内容既古老又前沿，异常的丰富多彩。“在将近十年的时间里，读书班断断续续讨论过《大唐西域记》《南海寄归内法传》、中亚和西藏发现的梵文贝叶经、于阗文资料，粟特文资料，所谓‘图木舒克语’资料、新疆新发现的吐火罗语材料和《弥勒会见记剧本》、敦煌吐鲁番文书中的西域史料、汉文典籍中的南亚史料等等。”[④]

鱼为奔波始成龙。当年参加读书班的有张广达、王小甫、王邦维、耿引曾、段晴、张保胜、钱文忠、蒋忠新、郭良鋆、黄宝生、耿世民、林梅村，以及自称“忝陪末席”的“小卒”荣新江。其中，除了张广达早已是名家，其他人都是小字辈。可是，上完读书班之后，他们中哪个没有成为当代中国学术的骄傲？

中国敦煌吐鲁番学自1980年起，发生了翻天覆地的变化。这种变化，主要表现在两个方面。一是出现了大批高质量的学术研究成果，二是培养了相当数

① 樊锦诗：《沉痛悼念一代学术宗师季羡林先生》，载《敦煌研究》2009年第4期。

② 臧克家等：《人格的魅力——名人学者谈季羡林》，第69页；延吉：延边大学出版社1996年版。

③ 荣新江：《季羡林先生领导的“西域研究读书班”侧记》，《人格的魅力》，第241页；延吉：延边大学出版社1996年版。

④ 荣新江：《季羡林先生领导的“西域研究读书班”侧记》，《人格的魅力》，第243页；延吉：延边大学出版社1996年版。

量的新生力量，形成了“老中青”相结合的研究格局。在培养青年人时，季羡林除了教语言、教知识之外，更教他们方法。这一点，让青年学者终生受益。除此之外，季羡林还教他们创新精神。他总是现身说法，拿他的博士论文被导师用一个前括弧和一个后括弧，删去了他为显示才华而花许多时间写的绪论的例子，教导学生“没有创意不要写作”。季羡林重视学术品格的教育。他反对抄袭，包括隐性抄袭。他以身作则，教导学生尊重前辈。他说，中国敦煌学是在“四海翻腾内战频仍”中产生和发展的。“少数敦煌学的先驱者，往往是单枪匹马，万里孤征，专靠个人的努力与牺牲，筚路蓝缕，取得了可喜的成绩。他们含辛茹苦，为后人铺平了道路，我们后来人永远不会忘记的。”①

季羡林对敦煌学人才的培养，成才率之高是惊人的。有何秘诀？我认为，他除了教人知识之外，还教人方法、创新精神和学术品格，而这一切都是在以身作则中完成的。

三、筹建经营中国敦煌吐鲁番学会

中国敦煌吐鲁番学自从1980年代起，发生了翻天覆地的变化。从一部“敦煌在中国，敦煌学在国外”的伤心史，发展到扬眉吐气的“敦煌在中国，敦煌学在世界”全新学术格局。发生这种变化的关键因素，是于1983年创建了权威的学术团体“中国敦煌吐鲁番学会”。而这个学会，是季羡林按照中央精神，团结全国专家一手筹建创办起来的。在筹建过程中，困难重重，首先是思想不统一。在学会名称上，有人不同意叫“中国敦煌吐鲁番学会”。季羡林力排众议，反复解释，最终获得统一。事后大家都认为，“中国敦煌吐鲁番学会”的牌子是响亮的，因为它富有科学内涵与团结和谐的理念。

名人多困。季羡林长期困于兼职繁多，虽然他一再替自己减负，但收获甚微。一边大把人请他出任各种兼职，一边也有少数人说他为名所累。在众多兼职中，中国敦煌吐鲁番学会长是众望所归，也是他最为钟情和付出精力最多的一个。为了做好敦煌吐鲁番学会工作，他除了增大工作权重之外，还尽量推却其他兼职。实在推却不掉的，就担任一个荣誉职位。最典型的是1985年成立的中国比较文学会，这个学会也是季羡林全程积极参与筹办的。当时，当会长声望很高的是季羡林，但是他推辞了，最后协商结果，请杨周翰出任会长，乐黛云任副会长兼秘书长，季羡林任名誉会长，请巴金、冰心、钱钟书等任学术顾问。季羡林推却会长一职，不是为了推卸职责，而是为了多调动大家的积极性。事实证明，他为中国比较文学会一点也没少操心。但是与中国敦煌吐鲁番学会相比，毕竟有“身在其位”和“不在其位”的差别。

从1983年8月学会成立，一直到他2009年9月逝世，季羡林一直担任中国敦煌吐鲁番学会会长。而直到2010年4月，中国敦煌吐鲁番学会在杭州举行换届选举，新一届理事会推举郝春文接替季羡林担任第二任会长。郝春文在《季羡林先生扶持敦煌吐鲁番学成长》一文中说：在季羡林当会长的26年，“是中国敦煌吐鲁番学突飞猛进、赶上世界先进水平并在诸多领域取得领先地位的时期。在此过程中，学会在季先生领导下，在组织协调国内研究力量、人才培养、加强国内外交流、资料建设和资助学术著作出版等方面，都做了许多卓有成效的工作”[②]。此文以“推动学会形成基本运转格局”“奠定学科基础”“创办敦煌杂志社”等三个方面，梳理季羡林推进学会工作的主要成绩。

① 季羡林：《季羡林全集》第6卷，第379页；北京：外语教学与研究出版社2009年版。

② 郝春文：《季羡林先生扶持敦煌吐鲁番学成长》，载上海《社会科学报》2011年11月3日。

139 季羡林与黄征在北京中国敦煌吐鲁番学会理事扩大会议上

139

对于学会成立后，在学术研究方面所取得的重大成就，黄征在《敦煌学翻天覆地三十年》中，做出了精当的概括。他将百年敦煌学史分成四个时间：创立期（1908—1931）、发展期（1932—1966）、停滞期（1967—1977）、繁荣期（1978—2008）。季羡林任会长期间，正是中国敦煌吐鲁番学发展的繁荣期。在对前三个时期的研究做出归纳总结之后，作者对第四个时期繁荣期的学术成果进行了梳理总结。黄征是中国敦煌吐鲁番学繁荣的亲历者和见证者，他本人是姜亮夫、蒋鸿礼、郭在贻的高足，取得了一系列重要成果，如"出版、发表了《敦煌变文集较议》（郭在贻、张涌泉、黄征）、《敦煌变文校注》（黄征、张涌泉合著）、《敦煌愿文集》（黄征、吴伟）等合作著作和《敦煌语文丛说》《敦煌语言文字学研究》《敦煌俗字典》等个人著作，还有数百篇论文"①。作为行内专家，他对这个时期的主要学术成果的盘点，是客观而准确的。为了如实相告而又不掠人之美，我不得不学习先师季羡林，做一回文抄公，将黄征的相关文字抄在下面：

> 这表明敦煌学进入了繁荣期。因为只有中国学者真正投入了敦煌学的深入研究，敦煌学才可能在规模上与深度上达到空前的水平。外国学者虽然有着良好的学术条件，但由于语言的隔阂，尤其是敦煌文献的写本识读属于高难度研究，中国学者大多都觉得困难，外国学者更不容易了。

如今的敦煌学，外国专家只有在少数民族语言文献、美术、宗教等研究领域可能稍有优势，绝大部分研究领域已是中国学者的天下。例如潘重规主编的《敦煌俗字谱》（1978年），敦煌研究院编的《中国石窟·敦煌莫高窟》（1980—1982年），黄永武主编的《敦煌宝藏》（1981—1986年），季羡林的《中印文化关系史论文集》（1982年），周祖谟的《唐五代韵书集成》（1983年），苏莹辉的《瓜沙史事丛考》（1983年），姜亮夫的《莫高窟年表》（1985年），段文杰主编的《敦煌壁画》（1985年）、《敦煌彩塑》（1989年），饶宗颐的《敦煌书法丛刊》（1985年），朱凤玉的《王梵志诗研究》（1986—1987年），阎文儒的《中国石窟艺术总论》（1987年），姜伯勤的《唐五代敦煌寺户制度》（1987年），萧默的《敦煌建筑研究》（1989年），郭在贻等的《敦煌变文集较议》（1989年），项楚的《敦煌文学丛考》（1991年），林聪明的《敦煌文书学》（1991年），李正宇的《中国唐宋硬笔书法——敦煌古代硬笔书法写卷》（1993年），郑阿财的《敦煌文献与文学》（1993年），张广达、荣新江的《于阗史丛考》（1993年），常书鸿的《九十春秋——敦煌五十年》（1994年），荣新江的《归义军史研究》（1996年），张涌泉的《敦煌俗字研究》（1996年），黄征、张涌泉的《敦煌变文校注》（1997年），季羡林主编的《敦煌学大辞典》（1998年），等等，不胜枚举。

除了大批敦煌学研究著作如同雨后春笋般涌现，这个时期的敦煌文物、文献图版资料的全面公布，也是值得特别称道。敦煌写本以往分藏世界各地，即使在中国境内的也分藏在几十家博物馆、图书馆和各种收藏机构中，通常情况下都如同收藏古董、秘不示人，敦煌学家们无法正常阅读这些资料，更不要说拍照、

① 黄征：《敦煌愿文研究述要》，载《艺术百家》2009年第3期。

影印。

可是改革开放之后，中国敦煌吐鲁番学会出面与英国、法国、俄罗斯等国达成协议，共同刊布敦煌文献，事情得到了圆满的结果。如今，《英藏敦煌文献》非佛经部分14册，已由四川人民出版社出版（1990—1995）；天津文物公司藏品《敦煌写经》1册，已由文物出版社1998年出版；《甘肃藏敦煌文献》6册，已由甘肃人民出版社1999年出版；《浙藏敦煌文献》已由浙江教育出版社2000年出版；《中国书店藏敦煌文献》1册已由中国书店2007年出版；《国家图书馆藏敦煌遗书》150册，已由北京图书馆出版社2005年起陆续出版，估计年内可以出全。

其它地点收藏的敦煌文献，主要收编在由上海古籍出版社整理出版的《敦煌吐鲁番文献集成》中。这套总名为《敦煌吐鲁番文献集成》大型资料丛书，使流失海外长达一个世纪的藏经洞文献大部分通过出版的形式回归祖国。藏经洞文物总数大约近6万件（每一个编号为一件）。国内收藏近2万件，流失海外的大约为4万件左右。其中最主要的四大藏家，除了中国外，还有英国、俄国、法国。上海古籍出版社从1989年开始同当时苏联列宁格勒的东方研究分所进行《俄藏敦煌文献》的谈判，开始了出版《敦煌吐鲁番文献集成》的筹备工作，并组建了专业编辑室。

经过10年努力，古籍出版社共派出赴俄、法工作小组10批，共29人次，目前已经出版《俄藏敦煌文献》17册、《俄藏敦煌艺术品》5册、《法藏敦煌西域文献》34册、《北京大学图书馆藏敦煌文献》2册、《天津艺术博物馆藏敦煌文献》7册、《上海博物馆藏敦煌文献》2册、《上海图书馆藏敦煌文献》4册、《俄藏黑水城文献》17册、《英藏黑水城文献》4册等，影印出版了流失在俄国、法国的敦煌资料绝大部分。《俄藏敦煌文献》的收藏总量，理论上为各藏家之首。《法藏敦煌西域文献》是海外收藏敦煌文献中最为精彩的部分。《俄藏敦煌文献》为举世罕见的秘籍，按每件文献的编号统计为19000余号，内涵极为丰富，其中有历代刻本《大藏经》未收的佚籍，有可与英藏敦煌藏品联缀合璧的著名变文，有《诗经》《论语》《史记》《老子》《庄子》等传统古籍，还有数百件官私文书。唐大历六年抄《王梵志诗》，出六臣注外的《文选》及唐抄本《玉篇》等，均极为珍贵。《上海博物馆藏敦煌文献》所收的敦煌文献80号及附收唐宋写经11号，均为首次正式发表，具有极高的文献价值和艺术价值。《法藏敦煌西域文献》为法国伯希和的收集品，出版包括全部汉文和非汉文的法藏敦煌西域文献。此外，《吐鲁番出土文书》4册，已由文物出版社1992年出版；荣新江、李肖、孟宪实主编的《新获吐鲁番出土文献》2册，已由中华书局2008年出版。还有敦煌壁画、雕塑等艺术资料，文物出版社1982年出版了《敦煌莫高窟》5册，江苏美术出版社1993—1998年起陆续出版了《敦煌石窟艺术》22册，其它出版社也有多种大型敦煌画册出版。此不一一介绍。

此外，还有《敦煌研究》《敦煌学》《敦煌学辑刊》《敦煌学研究》《敦煌吐鲁番研究》《唐研究》等期刊，多年来发表了大批有关论文，很好地推动了中国敦煌学研究的向前发展。

在这个时期，国外的敦煌学则主要有日本学者的研究，超越了前期成就，如《讲座敦煌》（1980—1992年）、《大乘佛教·敦煌卷》（1989—1992年）等。欧美的敦煌学研究基本上与前期相当。[①]

此文发表于2009年，对科研成果的总结截止到2008年。对季羡林之后的学会工作，郝春文说："只有把敦煌吐鲁番学不断向前推进，才是对季先生最好

① 黄征：《敦煌学翻天覆地三十年》，载《艺术百家》2009年第3期。

的纪念。所以，我们将继承季先生等老一辈的优良传统，继续做好与国内外敦煌学学者和爱好者的联络与协调工作，积极推动国内外的敦煌吐鲁番学研究，把中国敦煌吐鲁番学会和《敦煌吐鲁番研究》杂志办得更好。”[①]

如今，季羡林已逝世多年，中国敦煌吐鲁番学又有了新的巨大发展。许多学者，每当谈到季羡林，总是充满感恩怀念之情。樊锦诗说：“先生的逝世使我国文化学术界失去了一位堪为师表的宗师，使敦煌学界失去了一位德高望重的领袖，使敦煌学者失去了一位和蔼可亲的导师。”[②]但是，季羡林精神不死，永远鼓舞着中国学者前进。

对季羡林主持的敦煌吐鲁番学研究的意义和难度，王晓平的认识到位且深刻。他在《从敦煌到日本海多文化交响的信念》中说：“这是一项艰巨性不亚于三峡工程、不亚于登月旅行的事业。小至只言片语、眉目手势，大至理论学说、文化方略，都隐藏着文化差异引起的麻烦。”[③]王晓平并非在此故作惊人之语。柴剑虹有一段文字可作佐证，他说：“乌鲁木齐会上有一场激烈的‘国际争端’，在两位年轻的中国学者与美国学者之间展开，本来是关于‘变文之变’的学术之争，因为论辩双方均欠冷静与虚心，唇枪舌战偏离了正题。对此，季先生在当时与事后都进行了严肃的批评。当然，对于一些非原则性的问题，季先生也会采取灵活的妥协的态度。”“季先生常说学会的事要大家商量来办，同时，该集中时要集中，也不能搞议而不决的，一盘散沙式的‘大民主’。”④

三十年过去，作为“世界学术新潮流”的敦煌学，出现了翻天覆地的变化，取得了前无古人的成就，呈现出大好发展前景。诚如柴剑虹所说：可以告慰季羡林先生的是，中国敦煌吐鲁番学会已经成功换届，新任常委理事、理事中增加了不少优秀的中青年学者。“学会全体同仁在新会长郝春文教授的带领下，一定会继续高举‘敦煌学在世界’的大旗，为国际敦煌吐鲁番学研究作出更多的贡献。”⑤ 大德著宏文，仁者成伟业。中国的敦煌吐鲁番学研究必将在“一带一路”建设中，焕发出新的更大的青春活力，为中国和世界的学术和经济发展，发挥应有的作用。

① 郝春文：《季羡林先生扶持敦煌吐鲁番学成长》，载上海《社会科学报》2011年11月3日。

② 樊锦诗：《沉痛悼念一代学术宗师季羡林先生》，载《敦煌研究》2009年第4期。

③ 乐黛云编：《季羡林与二十世纪中国学术》，第59页；北京：北京大学出版社2001年版。

④ 臧克家等：《人格的魅力——名人学者谈季羡林》，第163页；延吉：延边大学出版社1996年版。

⑤ 中国敦煌吐鲁番学会等编：《敦煌吐鲁番研究》第12卷，第27页；上海：上海古籍出版社2011年版。

第九章
笃信马克思主义的大学问家

第九章

笃信马克思主义的大学问家

一个时代出一个时代的学问家。春秋战国出诸子百家，宋明出理学家，清代出乾嘉学派，当代出马克思主义学者。马克思主义东渐已一个多世纪，作为执政党的理论基础，也已有六十多年历史。中国当代学者，或多或少，或正或反，自觉不自觉地都受到了马克思主义的影响。说季羡林是笃信马克思主义的大学问家，是因为他在学问上取得巨大成就的同时，也是一个坚定的马克思主义者；他对马克思主义理解得非常透彻，在学问研究中也自觉地加以运用。

季羡林学术领域之宽广，在现代中国乃至世界的学者中，很少有人能企及。在30卷的《季羡林全集》中，所提及的各种人物（不含文学作品中的虚构人物）达数千之众。在这全部的人物中，马克思、恩格斯出现的次数为第一，如果加上马克思主义的其他经典作家，在《季羡林全集》中出现的次数就更加领先了。

那么，季羡林是如何成为一名笃信马克思主义的大学问家的呢？

140 90岁的季羡林回母校济南一中并题词“十年树木，百年树人”（2001.10）

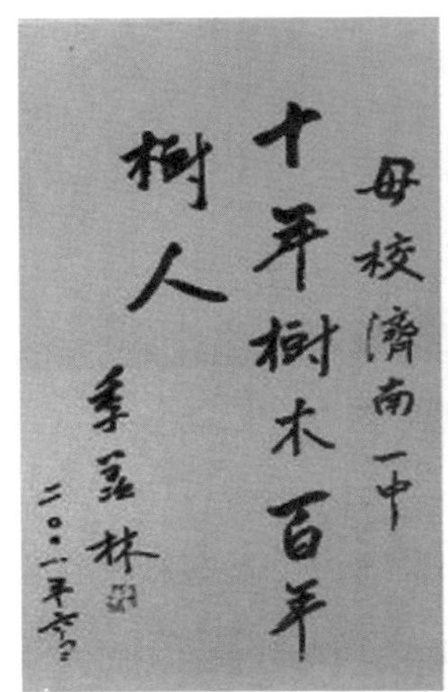

140

一、早年受到“左联作家”的深刻影响

季羡林接触马克思主义始于中学阶段。

季羡林出生于1911年，八年后的1919年爆发“五四”新文化运动。1920、1930年代正是他接受新思想、新知识形成世界观的时期。当时，山河破碎，军阀混战，民不聊生，社会思想极为混乱。许多人，特别是读书人，心情十分苦闷，他们都为自己和民族苦苦寻求出路。在诸多各种各样的新旧思想中，马克思主义深深吸引了年轻的季羡林。这种情况的出现，既跟当时中国社会和思想界的大气候有关，也和济南高中的小气候有关。

山东省立济南高中，由原山东大学附属中学高中部改设而来，是当时全省唯一的一所高中，集中了大批优秀人才。国文教师胡也频、董秋芳、夏莱蒂、董每戡等人，都是全国闻名的作家。其中，胡也频对季羡林影响最大，他是“左翼作家”，曾任“左联”执行专员。1930年，胡也频来到济南高中，每次上课，总是在黑板上写下“什么是现代文艺？”七个大字。其实，胡也频讲的是马克思主义文艺思想。季羡林在《忆念胡也频先生》中这样写道：“我们这一群年轻的大孩子听得简直像着了迷。我们按照他的介绍买了一些当时流行的马克思主义文艺理论书籍。那时候，‘马克思主义’这个词儿是违禁的，人们只说‘普罗文学’或‘现代文学’，大家心照不宣，谁也了解。有几本书的作者我记得名叫弗里茨，以后再也没有见到这个名字。这些书都是译文，非常难懂。据说是从日文转译的俄国书籍。恐怕日文译者就不太懂俄文原文，再转为汉文，只能像‘天书’了。我们当然也不能全懂，但是仍然怀着朝圣者的心情，硬着头皮读下去。生吞活剥，在所难免。然而，‘现代文艺’这个词却时髦起来，传遍了高中的每一个角落，仿佛为这古老的建筑增添了新的光辉。”[①]胡也频的夫人丁玲是一位蜚声文坛的革命女作家，也到过济南高中。季羡林回忆道：“丁玲的出现，宛如飞来一只金凤凰，在我们那些没有见过世面的青年学生眼中，她浑身闪光，辉耀四方。”[②]胡也频准备出一个刊物，在第一期的稿子中，季羡林写了一篇名叫《现代文艺的使命》的文章。季羡林认为，其幼稚可想而知，但是他自己“却颇有一点自命不凡的神气”。除了在课堂宣传，胡也频还在课外进行组织活动。“他号召组织了一个现代文艺研究会，由几个学生积极分子带头参加，公然在学生宿舍的走廊上，摆上桌子，贴出布告，昭告全校，踊跃参加。当场报名、填表，一时热闹得像过节一样。时隔六十年，一直到今天，当时的情景还历历如在眼前，当时的笑语声还在我耳畔回荡，留给我的印象之深，概可想见了。”[③]

关于胡也频，季羡林不止一次写到他。在《怀念衍梁》中说：“我们的第一位国文教员是胡也频先生。他当时年少气盛，而且具有青年革命家一往无前的精神，现在看起来虽然略有点沉着不够，深思熟虑不够，但是他们视反动派如粪土，如木雕泥塑，先声夺人。在精神方面他们是胜利者。”[④]

就这样，季羡林在济南高中，开始接触马克思主义文艺思想。尽管这种思想经过俄文、日文的转译，并不十分地道和准确，但仍吸引着青年季羡林。

在清华大学期间，季羡林读的是西洋文学系，有许多英、美、法、德的老师。季羡林的毕业论文是用英语写的《荷尔德林的早期诗作》。季羡林为什么选择德国诗人荷尔德林（1770—1843）作为他的论文研究对象？因为季羡林在清华求学读德语文学专业，此时荷尔德林的价值不仅在其逝世一百多年后被发现，而且红透半边天。为什么研究荷尔德林的早期诗作呢？因为他的早期诗作洋溢着革命热情。无疑，这和季羡林在中学期间接触马克思主义文艺思想、撰写《现代文艺的使命》有一定思想上的关联。

在德国哥廷根大学，季羡林学的是梵文、巴利文。但"哥廷根林苑派"和荷尔德林有着思想上的渊源关系。一心想在德国大学"镀金"的季羡林，与政治是隔离的。但是，自希特勒政府和南京汪伪政权"建交"之后，季羡林和张维等中国留学生主动宣布为"无国籍者"，以示与汉奸政府划清界线。并且，在不自不觉中，季羡林和反对希特勒的人士如哈隆教授、伯恩克小姐和她母亲等等，变得亲近起来。此时的季羡林还谈不上是马克思主义的拥护者，但是他的遭遇为日后相信马克思主义，奠定了思想基础。

对马克思主义的态度，季羡林在《回忆梁实秋先生》一文中，有着坦率直白的表达："一个人相信马克思主义，这当然很好，这说明他进步。一个人不相信，或者暂时不相信，他也完全有自由，这也决非反革命。我自己过去不是也不相信马克思主义吗？从来就没有哪一个人一生下来就是马克思主义者，连马克思本人也不是，遑论他人。我们今天知人论事，要抱实事求是的态度。"[⑤] 那么，季羡林是从什么时候开始相信马克思主义的呢？我们认为，是在新中国成立以后。

① 季羡林：《季羡林全集》第2卷，第176页；北京：外语教学与研究出版社2009年版。
② 季羡林：《季羡林全集》第2卷，第177页；北京：外语教学与研究出版社2009年版。
③ 季羡林：《季羡林全集》第2卷，第177页；北京：外语教学与研究出版社2009年版。
④ 季羡林：《季羡林全集》第2卷，第102页；北京：外语教学与研究出版社2009年版。
⑤ 季羡林：《季羡林全集》第2卷，第138-139页；北京：外语教学与研究出版社2009年版。

二、在翻译中了解相信马克思主义

季羡林说他过去不相信马克思主义，这是实情。在中学、大学和德国留学期间，他喜欢马克思主义，只是感性的，还谈不上信奉。

1949年，新中国成立，中华民族进入了一个历史新纪元，许多知识分子开始学习马克思主义。季羡林从这时开始学习马克思主义，并将之与印度研究相结合。

1950年，他首先和曹葆华合作翻译了马克思的《不列颠在印度的统治》和《不列颠在印度统治的未来结果》。翻译的动机自然而简单，他说："因为自己对印度史有点兴趣，所以平常对马克思同恩格斯关于印度的意见非常注意。"[①]正因为这样，当目录学家王重民告诉他马克思写有《印度大事年表》时，他一方面觉得自己"孤陋寡闻"，一方面又"有点半信半疑"，问其他朋友，也都摇头。当王重民将书给他借来，他的"怀疑一化而为无比的欣悦，仿佛眼前又添了一盏明灯"。季羡林预备将这部书译成中文，供研究印度史的朋友们参考。由于当时借到的是一个俄文译本，他就将联共中央委员会直属马列学院的序文译了出来。序不长，收在1951年1月19日他写的《介绍马克思的〈印度大事年表〉》一文中。译完之后，季羡林说："马克思并不是专门研究历史的，当然更不是专门研究印度史的，但他竟能对印度史下这样大的功夫，做这样彻底的工作，可见他的实事求是的好学的精神是如何伟大。他之所以成为科学社会主义的建立者，绝不是偶然的。在这一点上，他也是我们的榜样。"[②]对马克思的实事求是的好学精神的感佩，是季羡林信仰马克思主义的逻辑起点。

1953年6月3日，季羡林在《光明日报》发表《纪念马克思的〈不列颠在印度的统治〉著成一百周年》。文章说："人类社会的发展已经进入一个完全新的时代。但是马克思关于印度的文章一直到今天还没失掉它的意义。马克思的科学预见一天天在得到证实。事情的发展正是按照他指出的方向在进行着。”[③]文章指出，中国学者范文澜、吴玉章以及印度学者杜德的著作中，都能找到马克思的看法，并认为：“马克思在一百年以前就指出了东方历史的关键，给以后在这方面工作的人照亮了前进的道路。”[④]这里反映出的，是那个时代追求进步的知识分子所写文章的标志性特色。

这样，因为研究印度历史，季羡林关注马克思、恩格斯有关印度的论述，又因翻译马克思的论述，他切实了解、体会到马克思实事求是的好学精神，引为自己学习的榜样。于是，季羡林完成了从喜爱但还说不上相信马克思主义，到完全由衷地相信马克思主义的转变。

三、在学术研究中自觉运用马克思主义

季羡林学习、研究马克思主义认真而全面，好比一位志存高远的大匠，有了一把利器。学习并运用马克思主义对他的科研工作如虎添翼。比如，他的博士论文《〈大事〉中伽陀部分限定动词的变化》，属于比较语言学范畴。选择这个题目，与所学专业和导师瓦尔德斯密特的专长有关，同时也和当时欧洲的学术风气有关。“19世纪整个世纪，德国人、法国人、英国人、美国人，一方面，对印度语言，另一方面，对于欧洲语言，进行了大量的工作，明确无误地证明，这两种语言，确实是一个来源。”这场方兴未艾的比较语言热，把恩格斯也卷了进来。季羡林说：“恩格斯当时跟马克思有一个默契，说我们两

①季羡林：《季羡林全集》第10卷，第1页；北京：外语教学与研究出版社2009年版。
②季羡林：《季羡林全集》第10卷，第5页；北京：外语教学与研究出版社2009年版。
③季羡林：《季羡林全集》第10卷，第6页；北京：外语教学与研究出版社2009年版
④季羡林：《季羡林全集》第10卷，第8页；北京：外语教学与研究出版社2009年版。

个分工，马克思专搞政治经济，恩格斯搞军事和语言。恩格斯对19世纪当时发展起来的比较语言学是重视的，作过些研究，而且我看他的日记和信上都讲到，恩格斯学过梵文。”[1]

季羡林大量研究比较语言学和比较文学的论著，都自觉地采用了马克思主义的观点。不仅如此，他还希望其他学者努力学习马克思主义。在《比较文学随谈》中，季羡林说到了一个难题，若干中国的诗学概念，如“神韵”“境界”等等，“我们一看就懂，一深思就糊涂，一想译成外文就不知所措。怎么解决这个矛盾呢？我觉得，只有一个办法，那就是，加强文艺理论的比较研究。这里面包含着至少四个方面的学习：首先是学习马克思主义的文艺理论。”[2]

在研究工作中，季羡林运用马克思主义观点立场最多、最集中的，是在印度历史、宗教和史诗等三个学术领域。

141

141 季羡林编著《印度简史》

印度民族性格中有一个特点，“不大重视历史的记述，对时间和空间这两方面都难免有幻想过多、夸张过甚的倾向。因此马克思才有‘印度没有历史’之叹。”[3]在这种情况下，研究印度历史犹如黑夜行路，十分困难。所以，凡是研究印度历史，实际上是程度不同地重建印度历史。而重建印度历史，特别是重建印度中世纪历史，国际和印度史学界的共识是，离开了中国法显、玄奘、义净等等旅行家的著作，就无从谈起。季羡林深知自己重任在肩，在繁忙的学术、行政、教学活动中，挤出时间著有《印度简史》《1857—1859年印度农民起义》等论著，为印度历史的重建做出了重要贡献。无论国内外，研究印度历史者，不能不读季羡林的著作。季羡林研究印度历史，之所以获得如此巨大成功，主要依靠两条。一是自觉运用马克思主义的立场、观点，二是充分而娴熟地运用中国史料。在《印度简史》中，季羡林在论及印度古代农村公社问题时，自觉地将马克思关于印度的精辟论述和玄奘在《大唐西域记》中的记载结合了起来，才使他的论述新意迭出，令人折服。例如，在论述印度封建社会结构时，季羡林说：

这个社会的结构的基础是什么呢？马克思说："太古的狭小的印度共同体，一部分，还继续存在到现在。这种社会的基础，是土地共有，农业与手工业的直接结合，固定的分工。"[④]他在《不列颠在印度的统治》那篇论文里也谈到农村公社，说："从很古的时候起，此间居民就在这种简陋的公社管理形式下生活着。"[⑤]"居民对于整个帝国的崩溃和遭到瓜分毫不焦心；只要他们的村庄保留完整无损，他们就不管它是转归哪一国家统治或受哪个君主支配，因为他们内部的经济生活是仍旧没有改变的。"[⑥]印度封建社会的结构基础就是继承了古代的农村公社。

农村公社的社员最初是土地的集体所有者，向封建主缴纳贡赋。后来封建主逐渐把公社土地侵占，把以前自由的公社社员改为佃户，贡赋也就变成了地租。国王是他的国土内最高土地所有者，大部分土地都为他所占有。中国唐朝的和尚玄奘说：

① 季羡林：《季羡林全集》第12卷，第5页；北京：外语教学与研究出版社2009年版。
② 季羡林：《季羡林全集》第17卷，第286页；北京：外语教学与研究出版社2010年版
③ 季羡林：《季羡林全集》第13卷，第323页；北京：外语教学与研究出版社2010年版。
④《资本论》中译本第一卷，第430页；人民出版社1953年版。
⑤《马克思恩格斯文选》（两卷集）中译本第一卷，第326页；莫斯科外国文书籍出版局1959年版。
⑥《马克思恩格斯文选》（两卷集）中译本第一卷，第327页；莫斯科外国文书籍出版局1959年版。

> “国王的土地分为四部分：第一部分是为了国用，供给祭祀用的祭品；第二部分赐给辅佐宰臣；第三部分赏给聪明智慧的有学问的人；第四部分给各种教派，积累福德。所以赋税很轻，劳役不多，每个人都能从事世袭职业，租佃田地，种国王的地交六分之一的租税。”
>
> 以上说的是王田的情形。除了王田以外，还有世袭的封建领地，还有采邑。不管是什么形式，公社社员是生产的基本群众。[①]

季羡林以上所引玄奘的话，出自《大唐西域记》卷二的《印度总述·赋税》。原文是：“王田之内，大分为四：一充国用祭祀粢盛；二以封建辅佐宰臣；三赏聪睿硕学高才；四树福田，给诸异道。所以赋敛轻薄，傜税俭省，各安世业，俱佃口分。假种王田，六税其一。”由于将马克思的论点与玄奘的可靠史料紧密结合，季羡林的论述显得十分可靠可信。类似的情况，充满在这部《印度简史》乃至他对印度历史整个研究之中。

季羡林不仅自己自觉用马克思主义的观点立场来研究印度历史，而且将自己的心得体会与别人分享，希望别人也用马克思主义来搞研究。他在《〈印度古代史〉中译本序言》中说：研究印度史，可以翻译和撰述齐头并进，两者能相辅相成。“撰述当然要以我为主，以马列主义为指导，这一点是丝毫也不容动摇的。但这也并不就是说，不借鉴其他国家的成果。‘他山之石，可以攻玉’，是我们大家都熟悉而且信奉的格言。除了自己搜集资料，进行撰述之外，还要翻译。”对外国著作，季羡林特别强调，要了解“印度一些马克思主义历史学家的著作”[②]。季羡林这种金针度人的态度，让人肃然起敬。

印度是宗教的乐土，世界上几乎所有有影响的宗教，都能在印度找到踪影。在印度本土宗教中，以印度教和佛教的影响最大。这两大宗教，历史悠久，典籍浩繁，支派错综复杂。要研究好印度宗教，谈何容易！然而，季羡林独树一帜，成为当今世界有重要影响的印度教、佛教研究专家。

马克思主义对宗教问题有着自己鲜明的立场和一整套理论。季羡林十分信服。需要指出的是，季羡林对马克思主义的态度，是信服其唯物史观和辩证法的基本立场和基本观点，而不是用教条主义的办法，去生搬硬套一些具体的意见。季羡林对佛教的评价，全面、深刻地反映了他的立场。他说："我们是唯物主义者，我们当然不欣赏宗教、也不宣扬宗教，我同意马克思的名言：'宗教是人民的鸦片烟。'但是我们又是辩证唯物主义者，必须对具体的事物、具体的人进行具体的、全面的分析。佛教传入中国促进了中国唯心主义哲学的发展，宋朝理学就是一个具体的例子。但是魔高一尺，道高一丈。唯心主义的发展也促进了与之对立的唯物主义的发展。在中国思想史上，佛教也不无功绩，尽管这个功绩多半是从反面来的。我们不同意像有一些同志那样对佛教采取一笔抹煞、肆口谩骂的态度。这表面上看起来是非常'革命'的，实际上是片面性的一种表现，是没有力量对佛教进行细致分析批判的表现。其次，同佛教一起传进来的还有印度的文学、艺术、音乐、雕塑、音韵，甚至天文、历算、医药等等。这对我国文化的发展起了良好的作用。"[③] 马克思主义者是客观反映论者。马克思说过，宗教是有宗教需要的人所创造的。所以季羡林讲："我们必须承认客观实际，一个是历史的客观实际，一个是眼前的客观实际。"[④] 正是这种尊重实际的思想，让无神论的季羡林获得了宗教人士的普遍敬重。

季羡林特别重视运用马克思主义的基本原则，对一些具体结论则并不拘泥，更不迷信。他在《商人与佛教》中说："我在这里遵循的原则是马克思的两句话：'我们不把世俗问题化为神学问题。我们要把

① 季羡林：《季羡林全集》第10卷，第40-41页；北京：外语教学与研究出版社2009年版。
② 季羡林：《季羡林全集》第10卷，第302页；北京：外语教学与研究出版社2009年版。
③ 季羡林：《季羡林全集》第13卷，第318页；北京：外语教学与研究出版社2010年版。
④ 季羡林：《季羡林全集》第15卷，第179页；北京：外语教学与研究出版社2010年版。

神学问题化为世俗问题。’（《论犹太人的问题》，《马克思恩格斯全集》第一卷，第425页）我认为，这是最正确的原则。”[①]

季羡林正是遵循了马克思主义的这条“最正确的原则”，用来解释自己心中的一个疑问。他说：“我多少年来在脑筋里就有一个问号：为什么马克思、恩格斯常常提到的农村公社在佛经里面几乎看不到任何影子呢？我自己对于这个问题的回答是：佛教是以城市为大本营的，对乡村情况不了解，没兴趣。后来当然也到乡村去传教；但是在最初他们传教的对象只是住在城市里的商人。佛祖释迦牟尼的活动场所就是大城市。根据佛典的记载，他每年夏坐的地方都是城市，夏坐和平时停留的地方，所谓什么精舍之类，也都在大城市中，有的就是大商人赠送给他的。他同当时的国王也有深厚的交情，同大商人一样，也是出入宫廷，结交官府。总之，有这样一个在大城市中共同居住的背景，商人与佛徒关系密切就又增加了一个条件。在经济上，佛徒有求于商人；在政治上双方互相依靠。于是密切的关系就更加密切起来了。”[②]这篇论文发表之后，在国内外引起广泛反响。它为我们坚持马克思主义基本原理，但不拘泥于个别结论，而敢于有所突破和发展的科学研究态度，树立了一个很好的范例。

印度是一个史诗王国，除了《罗摩衍那》《摩诃婆罗多》两大史诗之外，还有大小《往世书》各18部。这些“往世书”，实际上是地方性的大大小小的史诗。史诗是活着的口头历史，研究印度社会、文化和历史，不能不研究史诗。

季羡林是印度史诗研究著名专家。他不但是《罗摩衍那》的中文译者，还写了《〈罗摩衍那〉初探》等论著。在史诗研究中，季羡林的锐利武器依然是马克思主义。《薄伽梵歌》是《摩诃婆罗多》中的一部分，因其重要，印度人常常将它和整部大史诗相提并论，甚至认为它的价值高于整部史诗，被称为“圣书”。如何向中国读者介绍《薄伽梵歌》，季羡林重视的是马克思主义学者的意见。他说：“为了帮助中国读者阅读、了解这一部印度人民的圣书，我在下面介绍印度近现代几家研究这部书的学者的意见。他们之中有的试图用历史唯物主义的观点来解释《薄伽梵歌》。”[③]接着，他介绍三位学者的观点：“首先，我想介绍号称印度马克思主义史学家一世祖高善必（D.D.Kosambi）。他在许多历史著作中都讲到《薄伽梵歌》，归纳起来，可以有以下几点：第一，这部书是公元3世纪末以前写成的；第二，它赞扬非暴力（这一点同Basham有矛盾）；第三，黑天是唯一的尊神，他充满了整个宇宙，天、地、地狱，无所不在。他能调和根本不能调和的东西，他是人们皈依的绝对的神。其次，我介绍印度历史学家Basham对《薄伽梵歌》的看法。……最后，我介绍印度马克思主义哲学家恰托巴底亚耶（D.Chatto-padhyaya）对《薄伽梵歌》的看法。”[④]无论是文学、史学还是哲学、宗教，季羡林非常推崇印度马克思主义学者的著作。

从上述介绍中，我们可以清晰地看到，季羡林在研究工作中存在着马克思主义情结。由于长期的浸润熏陶，季羡林对马克思主义深信不疑，运用马克思主义观点思考问题，成了一种习惯。他在研究《罗摩衍那》时，更是自觉地学习和运用马克思主义。他认为：“马克思对那些在人类社会童年产生出来的文学艺术作品，做过深刻精辟的分析，说明了它们为什么直到今天还为广大人民群众所喜爱。他虽然没有直接提到《罗摩衍那》，但是他的论断，在《罗摩衍那》这一部人类社会童年创造出来的史诗上，可以说已经得到完全的验证了。”[⑤]季羡林走的是先翻译后研究的路子。他没有将翻译与

① 季羡林：《季羡林全集》第16卷，第78页；北京：外语教学与研究出版社2010年版。

② 季羡林：《季羡林全集》第16卷，第81页；北京：外语教学与研究出版社2010年版。

③ 季羡林：《季羡林全集》第10卷，第306页；北京：外语教学与研究出版社2009年版。

④ 季羡林：《季羡林全集》第10卷，第306页；北京：外语教学与研究出版社2009年版。

⑤ 季羡林：《季羡林全集》第17卷，第132页；北京：外语教学与研究出版社2010年版。

研究截然分开，而是翻译与研究互相结合，互相促进。所以，《罗摩衍那》的许多研究成果先于译稿完成发表，更先于《罗摩衍那》大史诗的全译出版。

季羡林对《罗摩衍那》的翻译与研究，在世界《罗摩衍那》传播史上具有重要意义。在整个翻译、研究过程中，季羡林运用马克思主义的立场和方法，取得了许多开创性收获。他说："我正在翻译《罗摩衍那》。对这样一部规模庞大的史诗要想根据历史唯物主义的原则做出实事求是的评价，分清精华与糟粕，达到批判继承的目的，是一件十分艰巨的工作。在过去几年翻译过程中，我读了大量的书籍，思考了一些问题，逐渐对与《罗摩衍那》有关的一些问题形成了自己的一些看法。有些看法同过去的迥乎不同。但是我并不是故意标新立异，也并不是毫无根据地异想天开，而是在我目前的水平上经过一番深思熟虑提出来的。"[①]《〈罗摩衍那〉初探》等论著，是季羡林研究印度史诗的代表性成果。

在中国，一向有"六经注我"和"我注六经"之说。季羡林的高明之处，不纠缠于"注我""我注"之争，走出了一条创造性地运用马克思主义的路子，这恰恰是马克思主义中国化的生动体现。

在论述土地私有制产生时，季羡林认真梳理了马克思和恩格斯讨论的全过程，指出："在1879—1880年间马克思所作的《科瓦列夫斯基〈公社土地占有制，其解体的原因、进程和结果〉一书摘要》中，他承认古代印度有土地私有制。"[②] 因为季羡林洞悉马克思和恩格斯在土地私有制问题上的讨论情况，所以他在讲到中国情况时，就自然而然地有了创造性发挥，他认为："在奴隶社会中，中国也是土地公有制，'井田制'就是当时主导的土地所有制形式。劳动形式是'千耦其耘'和'十千维耦'的集体劳动。生产工具的变革，牛耕的推广，使耕地面积急剧增加，私田大量出现。私有土地的出

142 季羡林著《罗摩衍那初探》

142

现，带来了封建的依附关系。分散的、个体的、以一家一户为生产单位的农业经济就形成了我国封建经济的重要特点之一。我在这里还想根据上面引用的恩格斯的说法再加一点，这就是，商品生产的发展也促进了土地公有制的解体。”[③] 如果没有对马克思、恩格斯就土地私有制问题讨论的来龙去脉搞得清清楚楚，他的这“再加一点”是无论如何也加不出来的。

季羡林依据马克思主义的基本原理，对印度古代社会制度的性质及演变，做出了深入、系统的分析，所以对《罗摩衍那》的研究，就能高屋建瓴，大有鸟瞰一切之势。他在《〈罗摩衍那〉初探》中有一段精彩的总结：

现在我们稍稍总结一下。上面讲了一大篇，只是想说明，罗摩是原始居民，是冒牌的刹帝利，作为国王他是靠从农民那里收租，从商人那里收税过日子。所以他关心农民的生产和商人的贸易。至于究竟收多少租，古代印度的说法很不一致。按照一般的说法，一个国王要收农民生产的六分之一。这不是奴隶主总头子的剥削方式，而是新兴地主阶级总头子的剥削方式。奴隶主把奴隶看成是有两条腿会说话的牲畜，决不会讲什么几分之几的。他的对立面罗波那是一个婆罗门，是那些以吃肉为主的人们的代表，是外来的雅利安人的代表，是奴隶主的代表。印度此时已是封建

① 季羡林：《季羡林全集》第17卷，第132页；北京：外语教学与研究出版社2010年版。

② 季羡林：《季羡林全集》第17卷，第163页；北京：外语教学与研究出版社2010年版。

③ 季羡林：《季羡林全集》第17卷，第162页；北京：外语教学与研究出版社2010年版。

> 社会。封建社会的主要矛盾自始至终是农民与地主之间的矛盾。决不能说到了封建社会发展的某一阶段这矛盾才产生。但在封建社会初建时，没落奴隶主与新兴地主之间的矛盾还比较突出。《罗摩衍那》写的就是这样一种矛盾。而在这个矛盾斗争中，作为婆罗门的蚁垤不是站在婆罗门方面，而是背叛了婆罗门，倒向冒牌的刹帝利新兴的地主阶级总头子国王罗摩。[①]

如果没有对马克思关于古代社会一系列论述的正确领会，季羡林是不可能对《罗摩衍那》中的主要正面代表人物罗摩和反面代表人物罗波那之间的关系，作出如此大胆、犀利而准确的评述，也不可能对大史诗作者蚁垤仙人身上出现的身份和写作倾向之间的矛盾，作出了令人信服的阐述。

当然，印度大史诗《罗摩衍那》博大精深，成书过程十分漫长而复杂，对它的研究是一个永远在路上的进程，季羡林的研究也不可能定于一尊。但是，他努力学习、运用马克思主义，对大史诗作出积极大胆的探索研究，并且为大史诗的现代研究，开创出了一个崭新的局面，为以后的研究打下了良好的基础。

四、正确处理传统文化和马克思主义的关系

中国共产党是一个马克思主义政党，1949年以后，一直是中国的执政党。如何处理中国传统文化和马克思主义的关系，成了中国知识分子思想上的试金石。对马克思主义，有的人视之为异端邪说，避之唯恐不及；有的人将其作为升官发财的工具，而实际上并不真正相信和懂得马克思主义；有的人将其视作一种先进的思想武器，用以指导中国革命和自己的工作。由于语言和留学德国的原因，季羡林较早地接触到了马克思主义。而且，在1951年

出版了由他译自德文的卡尔·马克思著的《论印度》。1974年5月5日，在给臧克家的信中，季羡林写道："从明天起，我们系里停课学《哥达纲领批判》，这是一部伟大的著作，可惜中文译本有的地方如天书。我弄到了德文原本对了一下，并不如此。"[2] 1977年8月27日，在给臧克家的信中季羡林又说："学了几十年的马列主义，我现在发现，我原来刚入门，是一个初小一年级的学生。"[3]这句在当时背景的谦词，反映了他几十年学马列、信马列的事实。

但是，季羡林反对教条式地对待马克思主义，而是将历史唯物主义和辩证唯物主义，贯彻在自己的研究和工作之中。所以，季羡林是一位实实在在的马克思主义学者。他用马克思主义指导自己的语言学、佛学、印度史、文化交流史、印度学和东方学的研究。存在决定意识。当代中国知识分子接受马克思主义的影响，是极为自然的事。就像佛教传入中国，中国文学家或多或少都受到影响一样。就是一向被认为不受佛教影响的陶渊明和李白，甚至拒佛的韩愈，实际上也都受到了佛家的诸多影响。季羡林不把马克思主义词句挂在嘴上，而是从思想上、学理上尊重它，在实际研究和工作中，在吃透其精神实质的前提下，自觉应用。季羡林对马克思主义的态度是拥护但不盲从，坚持但有分析。总之，他是用马克思主义的方法对待马克思主义，不是为了一时之需来迎合马克思主义，更不是为了一己之私来讨好马克思主义。清末以来，西方种种思潮风起云涌，只有马克思主义能够引导和帮助中国人民走上独立、解放的光明大道。什么叫好，什么叫不好？什么叫精华，什么叫糟粕？季羡林认为，有用就是好，就是精华。马克思主义对中华民族的独立解放有用，就是好，就是精华。

① 季羡林：《季羡林全集》第17卷，第216–217页；北京：外语教学与研究出版社2010年版。

② 季羡林著，蔡德贵编：《季羡林书信集》，第17页；长春：长春出版社2010年版。。

③ 季羡林著，蔡德贵编：《季羡林书信集》，第32页；长春：长春出版社2010年版。

梁志刚在《季羡林谈义理》一书的《编者的话》中，援引季羡林的观点，说："中华文化是中华民族共同创造的，它历来就是开放的体系，历史上有过三次大规模的'输液'，一次是汉唐佛教的输入，一次是明清之际的西学东渐，一次是五四以来马克思列宁主义的输入。"并且认为："季羡林作为马克思主义史学家，对佛教中国化的研究，成果是独到的，贡献是有目共睹的。"[①]这段话从总体上讲，是正确的，但在措辞上，稍嫌生硬。季羡林与郭沫若、范文澜、翦伯赞等有别，不以史学家名，尽管他在佛教史、印度史、文化交流史的研究上，有着创造性的巨大贡献。所以，将"季羡林作为马克思主义史学家"一句，改为"季羡林以马克思主义史学观"，似乎更为妥帖些。

无论如何，在中国当代学者中，季羡林在处理马克思主义和中国文化的关系上，是一位堂正而令人敬佩的典范。

当下，全中国都在为实现民族复兴的中国梦而奋力。中国梦与世界梦相通。于是，中国文化现代化，马克思主义中国化，两者在同一个时空节点上不期而遇。许多有识之士，正在为此而沉思与求索。谢遐龄在《马克思主义与儒学》中说："马克思主义要扎根中国社会，必须解决两个问题。一是它的中国化问题，二是它与中国文化传统的通连问题。"[②]又说："儒学要注意解决如下难题：首先是与当代知识系统协调——特别是与科学（自然科学及社会科学）、西方哲学不相冲突——具备新形态，从而能被全人类接受；而后须为解决华人内部团结、与西方社会诸项规则相容等重大实际问题提供基础理论。任重而道远。国学不是那么容易的事业。"[③]汤一介则认为："处理好儒学与马克思主义的关系，使之能共存共新，互利互补，是一个需要长期认真研究的大课题。"[④]笔者认为，不论是马公（研究马克思主义的诸公）还是国公（研究中国国学的诸公），请关注季羡林义理，关注他有关文化交流、文化传统性和现代性的有关阐述，或许对马克思主义中国化和中国传统文化现代化，有所助益，使二者相辅相成，相得益彰。

季羡林学习、研究马克思主义，成了自己工作和生活不可缺少的一部分。所以，他的学习和研究是自觉的。马克思主义的指导促进了他的学术研究，他的学术成就又坚定了他对马克思主义的信仰。在季羡林那里，马克思主义是一种先进的理论，是科学的世界观与方法论。因而，它是非功利的，不是教条，不是标签，更不是吓唬人的虎皮。他不但亲近马克思主义，而且对马克思、恩格斯也有一种亲切感。晚年，季羡林写了一篇题为《安装心脏起搏器》的短文。他说："一看到起搏器，我立即莫名其妙地想到马克思。"因为，马克思的"无痛而终"，他认为"只能由于心脏突然停止跳动或脑血管出了问题，如果当年已经有了起搏器，而马克思又已装上了的话，他一定不会这样愉快地'无痛而终的'。他能够继续活下来，继续写他的《资本论》，写到什么程度，那就很难说。反正可以免掉恩格斯的许多麻烦"⑤。

纵观季羡林的学术人生，他之所以能取得超越许多同侪的巨大成就，可以总结出许多原因，如长寿、勤奋、意志力、遇到良师等等，还有一条至关重要的原因，就是他笃信马克思主义。如果季羡林不笃信马克思主义，没有这个锐利的武器，就不可能取得如此宏富的学术成就，季羡林学术史乃至整个人生历史就要重写。马克思、恩格斯的名字，在季羡林著作中的出现率高居榜首，遥遥领先，有力地告诉人们：季羡林是一位笃信马克思主义的大学问家。

① 季羡林著，梁志刚选编：《季羡林谈义理》，第4—5页；北京：人民出版社2010年版。

② 曾亦、唐文明主编：《中国之为中国：正统与异端之辨》，第5页；上海：上海人民出版社2012年版。

③ 曾亦、唐文明主编：《中国之为中国：正统与异端之辨》，第27页；上海：上海人民出版社2012年版。

④ 汤一介：《瞩望新轴心时代》，第142页；北京：中央编译出版社2014年版。

⑤ 季羡林：《病榻杂记》，第251页；北京：新世界出版社2007年版。

第十章
季羡林的情感世界

第十章

季羡林的情感世界

2006年8月6日，温家宝总理第三次来到301医院，祝贺季羡林先生95岁生日。他们饶有兴趣地探讨了“和谐”这个话题。季羡林说：“有个问题我考虑很久，我们讲和谐，不仅要人与人和谐，人与自然和谐，还要人内心和谐。”2007年8月6日，温总理来给季先生祝贺96岁生日，说：“我每次来都深得教益，去年咱们谈的‘和谐’，您提出人要自身和谐，我向中央作了反映，中央全会决定里就吸收您的意见。”[①]晚年的季羡林先生一派“和谐人瑞”的气象，他的心，他的情感世界，是那么平和、静谧。

随着季羡林先生的名声越来越大，读他著作的人越来越多，想了解他情感世界的人，也越来越多。然而，要真正搞清楚季羡林的情感世界绝非易事。我在撰写《季羡林评传》的过程中，阅读了凡能找到的几乎全部的材料。加上几十年来我对季羡林先生的亲近、体认，长时间的殚精竭虑，尽心构思，方才写成此文。即使这样，我也不敢说自己已经完全弄明白了季羡林的情感世界。我愿和读者一起来探寻季羡林丰富、真实的情感世界，追踪他百年人生的喜怒哀乐。进而以季羡林为镜，知人生得失。

① 梁志刚：《人中麟凤：季羡林》，第404页；北京：东方出版社2009年版。

② 季羡林：《季羡林全集》第4卷，第517页；北京：外语教学与研究出版社2009年版。

一、季羡林的爱情全景图

读书就是读人，读人重在读心。

季羡林的心，即他的情感世界，为人关注是较晚的事情。

在我的印象里，1992年，季羡林出版《留德十年》，书中第二六篇《迈耶（Meyer）一家》，首次披露了他留学德国期间，曾与德国女孩伊姆加德（Irmgard）有过一段像谜一样的恋情。这篇文章属于回忆录，但是以他的《留德日记》为依据，所以具有极大的真实性。文章披露的主要情节是：

由于清华同学田德望的关系，季羡林认识了和自己同住一条街的迈耶（Meyer）一家。迈耶有"两个如花似玉的女儿"。大女儿叫伊姆加德（有时他也译作伊姆嘉德），她会打字，且有打字机。因为打印博士论文和其他几篇文章，季羡林认识了这位女孩。这位女孩在一来二往中，爱上了风华正茂的季羡林。二战结束，季羡林急着归国，女孩要他留下。季羡林引了两段日记，1945年9月24日的日记说："她劝我不要离开德国。她今天晚上特别活泼可爱。我真有点舍不得离开她。但又有什么办法呢？像我这样一个人不配爱她这样一个美丽的女孩子。"[②] 9月2日的日记写道："三点到Meyer家，把稿子打完。Irmgard只是依依不舍，令我不知怎样好。"季羡林说："我就是怀着这样的感情离开迈耶一家，离开伊姆加德的。"《留德十年》写成于1988年，四年后出版。等到他和德国少女伊姆加德的恋情为人所知，季羡林已是八十老翁。他在《楔子》结尾处写道：捋扯雪芹做一绝：

> 毫无荒唐言，
>
> 半把辛酸泪。
>
> 作者并不痴，

人解其中味。[①]

这篇一千多字的短文，撩开了季羡林情感世界大幕的一角。从此，许多媒体和写家如获至宝，他们在出版物中，或略改标题，或全文照录，如《季羡林自传》（1996年）、《我这一生》（2008年）、《季羡林读人》（2010年）、《季羡林百岁人生笔记》（2011年）等等原文照录。有的书改动标题，内容不变，如《季羡林忆师友》（2006年）以《伊姆加德》，《真情季羡林》（2007年）以《德国普通人的温情》，《人中麟凤季羡林》（2009年）以《德国友人》，《平民泰斗——季羡林传》（2009年）以《婚姻与爱情》，《我们这一代读书人》（2013年）以《老朋友迈耶一家》的标题收录。

蔡德贵《季羡林传》（2013年）以《伊姆加德和她的家》，胡光利和梁志刚《季羡林大传》（2013年）以《一段苦涩的恋情》的标题刊出，不但标题有变化，内容也有较大增饰。所增内容，一是背景交待，二是自己的联想和感慨。将一个原本极简略的故事，变得丰满和完整起来。

143

巧妇难为无米之炊。《迈耶（Meyer）一家》提供的素材相当有限。《季羡林传》《季羡林大传》的作者，将《伊姆加德和她的家》和《一段苦涩的恋情》写到如此境地，已经极尽心力。令人高兴的是，2014年《季羡林日记·留德岁月》（六卷）正式出版，提供了更多的材料。这些材料，对我们更多地了解季羡林的情感世界，大有帮助。

《迈耶（Meyer）一家》所写

的季羡林和伊姆加德的恋情，是真实的，动人的。但是，比起《季羡林日记·留德岁月》（以下简称《留德日记》）来显得十分简约甚至简单了。据《留德日记》记载，季羡林和伊姆加德会面至少有几十次。会面的主要原因是打印博士论文和他早期的几篇重要文章，会面地点主要是在伊姆加德的家里，时间一般都在晚上8点至10点。其他时段、其他地点会面也有，但较少。来往多了，伊姆加德一家对季羡林另眼相看。

除了打字工作，他们也谈别的，包括宗教和政治。1944年8月2日，季羡林在日记中写道："八点到Meyer（迈耶）家里去，同Irmgard（伊姆加德）打字，打字完又坐下来谈了半天政治问题，十点多才回家来。"[②] 伊姆加德的政治观点如何，日记中没有写，应该和季羡林的观点相契相近。季羡林房东欧朴尔太太头脑比较简单，属于"拥希派"，而且很爱谈自己的政治观点，有几次两人之间闹得非常不愉快。季羡林在1943年12月21日的《日记》中这样写道："吃过晚饭，看报，听完消息，又同房东谈到政治。这蠢得像驴似的东西，又拥护起老希来了。我早就发过誓，不再同她谈政治，但看到她的蠢（我认为蠢也是罪恶），不由得发起火来，大吵一通。我再发誓，以后再同她谈政治，自己就是畜类。"[③] 这样一位女房东，在晚年季羡林的回忆中，充满着美好。他在《留德十年》中说："一想到我的母亲般的女房东，我就回忆联翩。在漫长的十年中，我们晨夕相处，从来没有任何矛盾。值得回忆的事情实在太多太多了，即使回忆困难时期的情景，这回忆也仍然是甜蜜的。"[④] 晚年季羡林对女房东的回忆是整体的、综合的、真挚的。

季羡林的日记写和伊姆加德的关系，大都写得很简单，如"八点到Meyer（迈耶）家里去打字，十

① 季羡林：《季羡林全集》第4卷，第400页；北京：外语教学与研究出版社2009年版。

② 季羡林：《季羡林日记·留德岁月》（第六卷），第1677页；南昌：江西人民出版社2014年版。

③ 季羡林：《季羡林日记·留德岁月》（第五卷），第1588页；南昌：江西人民出版社2014年版。

④ 季羡林：《季羡林全集》第4卷，第508页；北京：外语教学与研究出版社2009年版。

点半才回家来”（1944年9月15日）。写到他和伊姆加德感情的，除了《迈耶（Meyer）一家》中引用的两则外，比较动人的还有不少。1944年7月18日，他在日记中写道：“八点到Meyer（迈耶）家里去，她母亲约我到园子里去摘果子，我们只打了一页，就跟了去了。Irmgard（伊姆加德）今天特别美，有这样一个宛宛婴婴的女孩子走在身旁，我还颇有点不惯。到了园子里且摘且吃，一直到快十一点才回家来。”[①]

季羡林和伊姆加德之间，并非全是温存与亲昵，有时也有矛盾与不快。在1944年7月25日的日记中，季羡林写道：“Irmgard（伊姆加德）对打这论文一点兴趣都没有，颇令我心里难过，我真想另找人打下去。”[②]8月21日，季羡林在日记中说：“八点多到Meyer（迈耶）家里去，今天又不能打字，心里极不痛快，这篇文章不知道哪一天打完，立刻就回家来。”[③]伊姆加德为何不愿打字？日记中没有交待。可能是这几种情况：没有时间，嫌打字麻烦、辛苦，家人不支持，显然都不是。那么，只有一种可能，伊姆加德主动热情，而季羡林不置可否的为难态度，让她心生不满，耍点小脾气，也是在情理之中。当然，这无伤大雅。季羡林的博士论文和最初的几篇奠定他学术地位的论文，都是伊姆加德打印的。季羡林写这些文章辛苦，伊姆加德打印这些文章也很辛苦。季羡林在打印完《论中世纪印度语言中的不定过去时》之后，在日记中真实地写下了如释重负的心情：“吃过晚饭，到Meyer（迈耶）家里去，打字打到十点，Zu den mittelindischen Aoristen （《论中世纪印度语言中的不定过去时》）终于打完了，我心里叹了声谢天谢地。为这篇东西，不知费了我多少精力，写不用说，只说写好了打字，就带给我至少二十夜失眠，现在这一切都过去了。”[④]

以字为媒。季羡林和伊姆加德的关系，因为打字而持续和发展。虽小有不快，但总体上是温馨和美好的。1946年8月，季羡林几经辗转来到南京。

在前途未定、气候酷热难耐的情况下，他心中依然想着伊姆加德。在8月20日的日记中，季羡林这样写道："昨天夜里又是蚊子，又是臭虫，我一夜没有睡一点，起来了几次，把Irmgard写给我的信看了几遍，这美丽可爱的女孩子！"[⑤]伊姆加德刻在季羡林心中的永远磨灭不了的记忆就是美丽可爱。

季羡林在晚年所写的《迈耶（Meyer）一家》中，对这个家庭进行了充满暖意的回忆，说他们"是一个非常愉快美满的家庭"。还说："一直到我于1945年离开德国时，还经常到伊姆加德家里去打字。她家里有什么喜庆日子，招待客人吃点心、吃茶，我必被邀请参加。特别是在她生日的那一天，我一定去祝贺。她母亲安排座位时，总让我坐在她旁边。"[⑥]当时，许多留学生离开了哥廷根，"我一个人形单影只，寂寞之感，时来袭人。我也乐得到迈耶家去享受一点友情之乐，在战争喧闹声中，寻得一点清净。这在当时是非常难能可贵的。至今记忆犹新，恍如昨日。"[⑦]

季羡林写《迈耶（Meyer）一家》时，已经年届耄耋，心境平和了许多。他写和伊姆加德的情感，真实感人，但也有少许拔高。如1945年4月1日、1946年4月1日的日记，他就没有去给伊姆加德祝贺生日。这时，他考虑的是如何回国，儿女情长的事无暇顾及，或者他需要故意回避。

对于季羡林离开伊姆加德，学者们有不同评价。蔡德贵在《季羡林传》中说："季羡林的道德理念，切断了这桩可能发展成恋情的异国情缘！"[⑧]胡光利、梁志刚在《季羡林大传》中认为："季羡林尽管是爱伊姆加德的，但他骨子里却深藏着中华民族的

① 季羡林：《季羡林日记·留德岁月》（第六卷），第1669页；南昌：江西人民出版社2014年版。
② 季羡林：《季羡林日记·留德岁月》（第六卷），第1672页；南昌：江西人民出版社2014年版。
③ 季羡林：《季羡林日记·留德岁月》（第六卷），第1682页；南昌：江西人民出版社2014年版。
④ 季羡林：《季羡林日记·留德岁月》（第六卷），第1697页；南昌：江西人民出版社2014年版。
⑤ 季羡林：《此心安处是吾乡：季羡林归国日记1946—1947》，第62页；重庆：重庆出版社2015年版。
⑥ 季羡林：《季羡林全集》第4卷，第517页；北京：外语教学与研究出版社2009年版。
⑦ 季羡林：《季羡林全集》第4卷，第517页；北京：外语教学与研究出版社2009年版。
⑧ 蔡德贵：《季羡林传》，第270页；太原：山西古籍出版社1998年版。

人格真髓。他在家庭婚姻遭遇挫折和不幸的情况下，仍然死守着传统的道德底线，不敢越雷池一步。”[①]还有一种观点，认为季羡林因放弃爱情而抱憾终身。郭梅、杨溢在《大家丛书》中出了一本《平民泰斗——季羡林传》，书中写道：“他毕竟是有妻子、儿女的人，虽然他的婚姻是旧式的包办婚姻，但如果他迈出雷池一步，无疑就意味着是对妻子、儿女的背叛和抛弃，他的亲人无论如何都无法原谅他。可是要他放弃伊姆加德的爱，他自己就会遗憾终身。因此在很长一段时间里，幸福与痛苦、欢乐与自责的矛盾心理一直折磨着季羡林。最后，他终于决定，为了不伤害或少伤害别人，还是自己来咽下这个苦果——他选择了放弃爱情。”[②]赞同上述观点的人很多，这个观点也是客观而正确的。但是，上述观点还不全面。除了观念之外，“事业心”也是季羡林斩断和伊姆加德之间情丝的慧剑。

在1944年8月11日的日记中，季羡林写道：“谈话谈到中国的孝的观念，德国根本没有。德国夫妇的关系也同中国不同。他们（连英国美国等都在内）只是一个极端的个人主义，先想到自己的权利，绝不会替别人想，我现在感觉到娶一个德国女孩子非中国人之福。德国女孩子样子漂亮，态度活泼，确令人喜爱，但她们要求也大。一个中国人想在学问上有成就，还是中国女人好。”[③]读了这段话，再联想到1945年和1946年的4月1日，季羡林在离开德国前的两年里，没有去给伊姆加德过生日，就可以理解了。他是不愿意耽误伊姆加德的青春年华，他是决意要回国做学问的。1946年，季羡林回国后一人在北京生活，把家庭留在山东，直到1962年才把妻子彭德华和叔父续弦老祖接来北京同住，也是他的“事业心”在起作用。“文革”中，他一边做门房，一边背着人将梵文的《罗摩衍那》译成汉语，熬过了三千多个黑夜与清晨，也是“事业心”给了他力量。垂暮之年，季羡林几次讲“不封笔”，直到2009年7月10日，在他临终的前一天，

144

依然在写作，是“事业心”鼓舞着他走到生命的最后一刻。季羡林是中国21世纪的一支蜡烛，他将自己完完全全、彻彻底底燃尽，照亮了中国的学术天地。季羡林的事业心以及他的学术成就，是他牺牲了爱情、亲情和人之常情换来的。蒙受牺牲的除了他自己之外，还有他的恋人、家人和身边的人。

季羡林有自己的审美眼光。他最喜欢的，不一定是最漂亮的。在彭家四姑娘中，季羡林认为二姑娘冠华最漂亮，是心目中的美人。四姑娘蓉华，活泼可爱，季羡林和她最投缘，叫她“荷姐”。但是，到成婚时，双方家长把彭家三姑娘德华许配给了他。德华文静、勤快、寡言，这是双方老人看重的，而生性活泼好动的季羡林不喜欢这些性格。这样，他们的婚姻成了无爱的婚姻，埋下了不幸的种子。家庭不但不是季羡林幸福的港湾，而是成了他逃避和讨厌的地方。他在日记中，多次表明讨厌家庭。

季羡林对母亲的爱，是深入骨髓的。在他的作品中、日记中，多有流露。1934年4月，季羡林写成《母与子》，说一想到故乡，就想到一个老妇人。“她不但现在霸占住我的心，而且要永远地霸占住了。”[4] 毫无疑问，这位“老妇人”就是他的母亲。1943年5月6日，他在日记中说：“前天夜里又梦到母亲，大哭一场醒来，我这终天之恨大概没有弥补的一天了。”[5] 这样的文字，

① 胡光利、梁志刚：《季羡林大传》I，第275页；哈尔滨：哈尔滨出版社2013年版。
② 郭梅、杨溢：《平民泰斗——季羡林传》，第30页；南京：江苏人民出版社2009年版。
③ 季羡林：《季羡林日记·留德岁月》（第六卷），第1679页；南昌：江西人民出版社2014年版。
④ 季羡林：《季羡林全集》第1卷，第33页；北京：外语教学与研究出版社2009年版。
⑤ 季羡林：《季羡林日记·留德岁月》（第五卷），第1499页；南昌：江西人民出版社2014年版。

在他的日记中，并不少见。季羡林对母亲的感情，不但终身不变，而且愈老弥坚。他在望九之年写的《我的母亲》中说："这样的梦，我生平不知已有多少次。直到耄耋之年，我仍然频频梦到面目不清的母亲，总是老泪纵横，哭着醒来。对享受母亲的爱来说，我注定是一个永恒的悲剧人物了。奈之何哉！奈之何哉！"[①]

对家里其他人的感情，季羡林也是有变化的。由于从小寄养在叔父家中，少年季羡林对叔父是有怨言的。婶母去世后，他还明确反对叔父续弦。在1934年12月26日的日记中他这样写道："家里整理屋子。叔父有续弦的意思，我心里觉得不很痛快，并不是怕叔父有了小孩自己失掉继承权。我总觉着娶了新婶母以后，将来家庭不好处，恐怕要无故生许多枝节，心里非常不痛快。"但是，到了德国，尤其到了留学后期，季羡林对叔父的态度完全转变了，觉得对叔父非常愧疚。这种愧疚之情，大量地表现在日记中。在1943年5月18日的日记中，季羡林说："我从来不敢看叔父的相片，看了如万箭钻心，不由得流眼泪。"[②] 1944年6月2日，他在日记中写道："出国九年，离家万里，每一想到，心如刀割，不知叔父他老人家还康健不？"[③]同年8月31日的日记中，他写道："吃过晚饭，看报，听过消息，出去到释勒坪去走了走。在黄昏的树林里，无边的寂静中，乡思又蓦地逼上心头。出国已经九年了，白发添了许多，然而是一事无成，还是孤零零一个人拖了一只影子，想到叔父，肠寸寸断，真是无可奈何之日。"[④]

此类记述甚多。除了思念母亲、叔父之外，日记中也会提到三姨、堂妹（秋妹），但没有发现提到妻子德华，倒是有几处写到厌恶家庭。1935年2月28日，季羡林写道："下了课回家，三姨、秋妹都在，我没有吃饭，就回到学校里来，我讨厌家庭！"[⑤] 3月16日，他的日记中又有这样的文字："晚上回来，仍然是阴暗忧郁的家庭。我这家庭我真有点讨厌了。"[⑥]

此时，季羡林正在济南高中教书，他所说的家，是他结婚后的家。季羡林的儿子季承说他不爱母亲，这一点应该说没有说错。所谓“爱不能婚，婚非所爱”。个中缘由，不为外人道。我想，主要是性格相悖，加上文化程度悬殊。季羡林晚年说，她对我一辈子搞的这一套玩意儿根本不知道是什么东西，有什么意义。应该说，是道不同，不相为亲。不过，季羡林在垂暮之年，写了一组名为“寸草心”的文章，第四篇是《我的妻子》，写彭德华的。因“寸草心”是晚辈对长辈的敬词，所以他说明这一篇属于“借光范畴”。文章写得情真意切，读后令人肃然起敬。其中一段是这样的：“在文化方面，她就是这个样子。然而，在道德方面，她确是超一流的，上对公婆，她真正尽了孝道；下对子女，她真正做到了慈母应做的一切；中对丈夫，她绝对忠诚，绝对服从，绝对爱护。她是一位极为难得的孝顺媳妇，贤妻良母。她对待任何人都是忠厚诚恳，从来没有说过半句闲话。她不会撒谎，我敢保证，她一辈子没有说过半句谎话。如果中国将来要修‘二十几史’，而其中又有什么‘妇女列传’或‘闺秀列传’的话，她应该榜上有名。”[7]我在北大十九年，到深圳大学后也常有机会去朗润园季先生家，曾经无数次见到过她。读了季羡林的《我的妻子》，不禁在我脑海中，浮现出曾经亲眼目睹的一幕幕。季羡林写过许许多多文章，这一篇《我的妻子》是无论如何不能缺的。贫贱夫妻百事哀。他们夫妻曾经感情淡漠，一半是恶劣环境造成的。结婚之初，季羡林前途渺茫，面临失业。到德国后，又面临饥饿、轰炸，无国籍的困境。在《我的妻子》中季羡林没有用“忏悔”之类的字眼

① 季羡林：《季羡林全集》第3卷，第18页；北京：外语教学与研究出版社2009年版。
② 季羡林：《季羡林日记·留德岁月》（第五卷），第1504页；南昌：江西人民出版社2014年版。
③ 季羡林：《季羡林日记·留德岁月》（第六卷），第1652页；南昌：江西人民出版社2014年版。
④ 季羡林：《季羡林日记·留德岁月》（第六卷），第1686页；南昌：江西人民出版社2014年版。
⑤ 季羡林：《季羡林日记·留德岁月》（第一卷），第22页；南昌：江西人民出版社2014年版。
⑥ 季羡林：《季羡林日记·留德岁月》（第一卷），第26页；南昌：江西人民出版社2014年版。
⑦ 季羡林：《季羡林全集》第3卷，第22页；北京：外语教学与研究出版社2009年版。

145 晚年季羡林与彭德华

146 荷姐（左一）与彭德华（右一）

145

146

儿，而在篇终说："德华永远活在我的记忆里。"永远活在季羡林记忆里的人，也将永远活在读者的记忆里。

有人曾用"神秘莫测"来评论季羡林的情感世界。我认为，用逻辑的、线性的语言，很难说清楚季羡林的情感世界。我们不妨用形象思维来考虑。在我的脑海中，季羡林的情感世界，就是一幅浓墨重彩而又意境幽深的中国山水画：

画的右下方，是四姑娘山，画的是彭家四个姑娘。一峰大姑娘未见细述，二姑娘冠华漂亮，三姑娘德华端庄，四姑娘蓉华可爱。这四座山峦的体量、高低、形态和色彩如何安排？中国山水画家是懂的。自然，四姑娘山周围应该还有一些别的山峦，如他在《大宴群雌》中请来赴宴的二十几位女子。画的左边，是连绵起伏、错落有致的群山，有季羡林的父母、叔父、直到远祖季文子。这些山峦的大小、起伏、着色，中国画家自然也懂。在四姑娘山和季氏群山之间，有淙淙溪水，更有广袤的田野。田野上阡陌交错，一片男耕女织的繁忙景象。这田野，是季羡林的学术园地，是他的希望所在。画的左上方，有一轮红日，这就是季羡林。红日的一旁，有一朵白云，这是伊姆加德。白云四周还有几抹似有似无的彩云，这就是季羡林曾经心仪过的真假难辨、而又不必辨的女子。画溪水、田野、红日、云彩，中国画家不但懂得，而且了得。

季羡林和妻子彭德华的关系和感情，就是红日和四姑娘山的关系。在青年时期，红日照在一姑娘山、二姑娘山、四姑娘山上，端庄的三姑娘山生活在她们的阴影里。特别是四姑娘蓉华——荷姐，一直在季羡林心中占有特别的位置。2006年，季羡林在95岁时写了一篇《忆念荷姐》。他坦言："谈到媳妇，我有我的选择。我的第一选择对象就是荷姐。她是一个难得的好媳妇；漂亮、聪明、伶俐、温柔。"[①] 但

① 季羡林：《季羡林全集》第3卷，第424页；北京：外语教学与研究出版社2009年版。

是，除了1948年他从北大回济南，和她见了一面之后，就再没有见面的机会。季羡林到了暮年，红日西沉之时，他把光和热都投到了三姑娘山上，所以，才有了《我的妻子》一文。

季羡林和德国美女伊姆加德的关系和感情，就是红日和白云的关系。红日照亮白云，白云追逐红日。红日要照看他的山川、田野，不能因为白云而流连忘返。白云一往情深，追逐到永远，直到老去。有人说，中国人让西方女子终身痴心的有两个人，一是胡适，他让美国女子梦莲为他终身不嫁。一是季羡林，他让德国女子伊姆加德到老独守空房。我认为，季羡林和伊姆加德的故事，更加动人而令人回肠荡气。为避掠美之嫌，我抄一段胡光利、梁志刚两位师兄的文字在这里：

> 他怀着一种惆怅而急迫的心情，直奔迈耶先生的房子。他一边回忆往昔那些美好的时光，一边徐徐放慢了脚步。尽管北风很凉，但他身上仍然出着汗，那颗火热的心怦怦跳动。他是否会担心遇到熟人呢？而熟人又是否会指责他当年为什么不向伊姆加德求爱呢？为什么在她青春的花朵凋零时才来见她呢？
>
> 季羡林终于来到迈耶先生的房子前，他镇定一会儿，敲了敲门，心想一位白发苍苍、满脸皱纹的老人一定会出现在他眼前，这会给他带来多大的安慰呀！然而，开门的不是他想见的人，而是一个陌生的中年妇女。季羡林怔住了，急忙向她打听伊姆加德的消息，那人却摇了摇头儿，客气地说："对不起，我不知道伊姆加德小姐。"季羡林乘兴而来，扫兴而去，他心中又喃喃自语道："而今我已垂垂老矣，等到我不能想到她的时候，世界上恐怕就没人再想到她了！"是呀，这也将成为季羡林的永久的悔！

2000年，香港一位女导演为拍摄季羡林生平传记片，专程去了一趟

> 哥廷根。出人意料的是，她终于见到了伊姆加德，并进行了采访，据伊姆加德说，那天季羡林来到她家时，她正在原来住的房间的楼上，而她原来住的房间则换了新人，彼此并不认识。就这样，季羡林与伊姆加德失去了最后一次宝贵的见面机会。
>
> 伊姆加德虽然已是满头银发的老人，但却精神矍铄，风韵不减当年。当然，这消息不胫而走，像风似的传到季羡林的耳中。使他感到痛心的是，伊姆加德至今未嫁，徒守空房。为此，季羡林在逝世前“口述人生”时只是避重就轻地说：“她怎么能出嫁呢？她每天都待在家里，没有交际。没有交际又不能用中国‘父母之命，媒妁之言’的办法找对象，德国不兴这个。”难道真是这样吗？我们说，伊姆加德为谁等到了满头银发呢？[①]

胡、梁二位师兄又说：“季羡林生前感到慰藉的是，2001年正值他九十年华诞之际，收到了一份来自万里之外的珍贵礼物——伊姆加德的贺卡和她80岁的照片。伊姆加德遗憾地告诉他，她因年事已高，已不能漂洋过海来看他了！”[②]

读了以上内容，我将季羡林和伊姆加德的情感关系，喻为“红日白云之恋”，似无不妥。再看季羡林晚年一组诗文——《园花寂寞红》《人间自有真情在》和诗歌《1993年5月31日目送德国友人赵林克悌乘救护车赴医院》。这是一组有着特殊意义的诗文，三篇作品都写到德国女子赵林克悌。

季羡林在《园花寂寞红》中写道：“楼前右边，前临池塘，背靠土山，有几间十分古老的平房，是清代保卫八大园的侍卫之类的人住的地方。整整四十年以来，一直住着一对老夫妇：女的是德国人，北大教员；男的是中国人，钢铁学院教授。我在德国时，已

① 胡光利、梁志刚：《季羡林大传》I，第274页；哈尔滨：哈尔滨出版社2013年版。

② 胡光利、梁志刚：《季羡林大传》I，第275页；哈尔滨：哈尔滨出版社2013年版。

经认识了他们，算起来到今天已经将近六十年了，我们算是老朋友了。三十年前，我们的楼建成，我是第一个搬进来住的。从那以后，老朋友又成了邻居。有些往来，是必然的。”[①]1992年夏天，丈夫赵教授去世了，一双儿女都在德国。季羡林认为，她返回德国，正其时矣。“然而她偏偏不走。道理何在呢？我百思不得其解。现在，一个非常偶然的机会让我看到她采集大牵牛花的种子。我一下子明白了：这一切都是为了死去的丈夫。”在《人间自有真情在》中，这位干瘦得像只螳螂似的德国老太太，坚守古老的平房和小花园，是为了接替丈夫来伺弄这些牵牛花。“这一位看似乎柔弱实极坚强的老太太，已经走到了人生的尽头。这一点恐怕她比谁都明白。然而她并未绝望，并未消沉。她还是浑身洋溢着生命力，在心中对未来还充满了希望。她还想到明年春天，她还想到牵牛花，她眼前一定不时闪过春天小花园杂花竞芳的景象。”[②]

季羡林早年有过诗人梦，但自留学德国后，不再有诗作发表。但是，在1993年5月31日，他触景生情，“诗兴大作，在十分钟写此诗”。这大概是他“一生第二次写诗”。诗不长，全文如下：

救护车亮着红灯开走了

带走了一连串的梦

住了五十年的地方

只留下一片迷离的竹影

老伴去年先她离开了人世

儿女都在万里外飘零

日夜伴随着她的寂寥的

只有房前月季和屋后青松

如今月季和青松也失去了主人

小房子是人去房空

我再在夜里走过时

不会再看到那一盏昏黄的孤灯

湖水依旧粼粼

垂柳依旧青青

人生就是如此

如此就是人生[③]

至于白云周边那几抹似有似无的彩云，可以在季羡林日记中找到踪影。如1944年7月29日，他在日记中所记的龙小姐（Frl.Lange）。他认为："Frl.Lange（龙小姐）是我一生看到的最满意的女孩子之一，我简直无法形容，美还在其次。"[④]又如，1945年4月21日他写道："她请我吃点心，同座的有一位哲学女博士Frl.Dr.Steiff（史泰福博士小姐），非常美丽可爱。"[⑤]季羡林认为可爱的女子，除了美，还须有素质。至于师兄卞毓方在《天意从来高难问·晚年季羡林》中提到的俞大姻，应该不在彩云之列。这不是因为她是曾国藩的曾外孙女、兄长俞大维做过国民党政府国防部长，而是因为"文革"中，据称季羡林家中被抄出俞写给季羡林的信，只有一个"想"字，被称为"一字情书"，这太让人浮想联翩了。所以，作者卞毓方也持否定态度，说"猜测而已，造反派的话是不能当真的"[⑥]。

所有的彩云，都是造化的神来之笔，在画红日、

① 季羡林：《季羡林全集》第2卷，第262页；北京：外语教学与研究出版社2009年版。

② 季羡林：《季羡林全集》第2卷，第270页；北京：外语教学与研究出版社2009年版。

③ 季羡林：《季羡林全集》第2卷，第407页；北京：外语教学与研究出版社2009年版。

④ 季羡林：《季羡林日记·留德岁月》（第六卷），第1674页；南昌：江西人民出版社2014年版。

⑤ 季羡林：《季羡林日记·留德岁月》（第六卷），第1784页；南昌：江西人民出版社2014年版。

⑥ 卞毓方：《天意从来高难问·晚年季羡林》，第163页；北京：中国文联出版社2009年版。

白云、山川之际，不经意间洒落的墨彩洇化而成，只为渲染而已。在我心目中，季羡林的男女情感，就是这样一幅山水画。作题画诗一首：

红日普照本无私，
万物相争总嫌稀；
莫问白云是与非，
山川沐晖有早迟。

季羡林为什么从1992年8月30日至9月20日，在不到一个月的时间里，就同一件事写了三篇文章，而在1993年5月31日即时写成此诗，到底是什么给了已经八十多岁的季羡林这么巨大的创作冲动？动力来自多个方面，但我认为最大可能是是季羡林从赵林克悌身上看到了伊姆加德的影子！当年，季羡林和伊姆加德的恋情，无非三种出路：第一种，是他实际选择的，即回国与妻儿团聚；第二种，是他和伊姆加德到英国或留在德国做神仙眷侣；第三种，就是像赵教授和赵林克悌一样，到中国来工作。所以，季羡林对她的关注，在情理之中，用自己的笔把这种关注写下来，自然是应有之义。

白云追逐红日，红日着意白云。在季羡林的心目中，伊姆加德到底是什么地位呢？在日记中，写得极简约，在晚年的文章和口述中，也都语焉不详。读他晚年写的《我的美人观》，也不得要领。这都是季羡林刻意为之，让无数想一探究竟的人们徒唤奈何。

在这里，我要推荐一篇文章——《一座精美绝伦的汉白玉雕像》。这是季羡林在1985年8月17日晨写成的一篇极为精致的散文。1985年8月25日，季羡林以“第六届国际历史科学大会”中国代表团顾问的身份，出席在德国斯图加特召开的“第六届世界史学家大会”，发表论文《商人与佛教》。即将旧地重游，思绪万千，最想说的自然是对心上人的忆念。于是，他写下了

147 范曾作品《季羡林造像》

德國偉大詩人歌德說大自然不會犯錯誤犯錯誤的是人德國偉大的思想家恩格斯說我們不要過分陶醉於我們對自然的勝利中每一次勝利大自然都對我們進行了報復 我有一個公式人類在大自然面前翹尾巴的高度與人類前途的危險性成正比尾巴翹得越高危險性越大

季羡林先生語 乙酉 江東范曾

这篇谜一样的文章。文章在开始、中间和结束，三次写道："我迷惘，我吃惊，我瞪大了眼睛，我徒唤奈何……"描写的这座精美绝伦的汉白玉雕像，"洁白如玉，比玉更洁白；线条柔婉如垂柳，比垂柳更柔婉。"[①]她的美远超古希腊维纳斯雕像和北京团城白玉佛。放置它的地方，中国的五岳配不上，杭州西湖配不上，只有佛祖的莲花座和奥林匹克山顶配得上它。这篇散文的副标题——一个幻影，"但它确实是真的。我看得见，摸得着。一看到它，我眼里就闪起白光；一触到它，我手指头就感到滑腻，一缕奇妙的感觉直颤动到我灵魂深处。"[②]"我不敢多看，这样会亵渎了它。我不敢多去触摸，这样也会亵渎了它。"[③]

这座如此圣洁的汉白玉雕像，是谁的化身呢？答案只有一个，是伊姆加德的化身，是伊姆加德的升华。1945年9月24日，季羡林在日记中说："像我这样一个人不配爱她这样一个美丽的女孩子。"为什么他觉得"不配"爱伊姆加德？因为她除了美丽之外，还有其他可爱的东西。如何形容可爱而美丽的伊姆加德，在世界上最丰富的汉语词汇库中，季羡林竟找不着一个合用的词汇。于是，他创造了一个新词——宛宛婴婴。"宛宛婴婴"到底是什么意思，我们无法从词典中找到它的解释。宛宛，形容细弱貌。古人有诗："宛宛如丝柳，含黄一望新。"婴，小弱也。婴婴即嘤嘤。《诗经·小雅》有"伐木丁丁，鸟鸣嘤嘤"之句。但"宛宛婴婴"到底何意，我们只能用季羡林晚年大力倡导的"模糊美学"来理解。宛宛婴婴成了形容伊姆加德的专用词。四十年后，季羡林在耄耋之年获知，宛宛婴婴的伊姆加德终身未嫁。于是，她在季羡林的心目中，一下子升华成了"一座精美绝伦的汉白玉雕像"，不敢多看，不敢多去触摸，生怕亵渎了它。所以，季羡林说："我幸福，然而我不知所措……"[④]

以上，就是季羡林对伊姆加德的爱恋，就是红日对白云的着意。

二、“和谐人瑞”的情感进程

季羡林晚年倡导人与人、人与自然、人的内心“三个和谐”。“和谐人瑞”的形象不胫而走。少年、青年季羡林，和许多普通青少年毫无二致，是一个懵懵懂懂、喜欢体育运动又感情用事的青少年。正是时间和环境一点一点地将他变成著名学者，变成“和谐人瑞”。

情感和精神，决定人的喜怒哀乐、成败得失，甚至决定生死存亡。季羡林是中国知识分子的一面镜子。从他的百年人生中，我们可以看到，情感与精神怎样影响着他的人生历程。

从好胜心到事业心

季羡林认为，他少无大志。综观季羡林少年时期的表现，应该说他的这个评价，并非自谦。但是，季羡林身上有一种近乎本能的好胜心。

在家乡大官庄，季羡林有六年和母亲生活在一起。1917春节之后，他和父亲骑毛驴，用两天时间从家乡来到省城济南叔父家。这两天的路程，改变了季羡林的人生。从一个农村儿童变成了城市儿童、城市少年。

叔父季嗣诚是一位自学成才的能人，对侄子寄以很大期望。他把季羡林送进一家私塾念书，先生是一位白胡子老头，面色严峻，令人望而生畏。此时的季羡林还是一副农村野童的脾性，无心读书。“私塾先生见他野性不改，顽劣成习，怕败坏了私塾的校风，再也不愿意教他了。”[5]叔父再把他送到济南师范附属小学。但是，季羡林依然野性不改，经常和学

① 季羡林：《季羡林全集》第1卷，第474页；北京：外语教学与研究出版社2009年版。

② 季羡林：《季羡林全集》第1卷，第474页；北京：外语教学与研究出版社2009年版。

③ 季羡林：《季羡林全集》第1卷，第475页；北京：外语教学与研究出版社2009年版。

④ 季羡林：《季羡林全集》第1卷，第475页；北京：外语教学与研究出版社2009年版。

⑤ 蔡德贵：《东方学人季羡林》，第36页；北京：北京大学出版社2006年版。

生打架。“学校规定写墨笔字，每到上课的时候，他便和孩子们互相往脸上涂墨汁。回家以后，婶母马上训斥他，为什么跟人家打架？季羡林还不明白婶母怎么知道自己打架的，问秋妹，秋妹大笑，说你自己照镜子看看嘛！这一看，他也哈哈大笑起来。”[①]在自己家中，在母亲身边受管束，母亲也追打他。逼得急了，季羡林往大苇坑中一跳，在水中扮鬼脸哈哈大笑，母亲在岸上气得哭笑不得。自从来到叔叔家，他把大人的管教看成寄人篱下，性格渐渐变化，由一个天真活泼的农村野孩子，变成了性格内向的城市少年。

季羡林在2002年3月写成的《我的小学和中学》中，是这样写“我的性格”的：我在育新小学时期，“一点也不内向，外向得很。我喜欢打架，欺侮人，也被人欺侮。”“怎么会一下子转成内向了呢？”季羡林自己问自己。他的答案是：“我六岁离开母亲，童心的发展在无形中受到了阻碍。”[②]在另一处，他又写道：“我当时在家中颇受到歧视，心有所感，也作了一首十七字诗：

叔婶不我爱，

于我何有哉。

但知尽孝道，

应该。[③]

他到育新小学读书，花许多时间看武侠小说，练各种功夫，一心想当剑仙剑侠或者绿林好汉。不怎么努力学习，成绩平平。叔父为了今后找工作方便，让他开始课余学英语，这不但激发了季羡林的兴趣，而且成为他人生的一个亮点。

从1918年到1930年，12年间顽劣的季羡林换了五

① 蔡德贵：《东方学人季羡林》，第38页；北京：北京大学出版社2006年版。

② 季羡林：《季羡林全集》第4卷，第12页；北京：外语教学与研究出版社2009年版。

③ 季羡林：《季羡林全集》第4卷，第45页；北京：外语教学与研究出版社2009年版。

所中小学。季羡林人生的重大转折点是在山东大学附设高中。初中依然淘气的他，到高中出现了转机。蔡德贵在《东方学人季羡林》中写道：

从进入高中后，季羡林的所谓虚荣心一下子被提起来了，他一改过去贪玩不用功的习惯，开始用起功来，学习成绩在期末是甲等第一名，当时有五个班，所以有五个第一，但是相当于现在的95分以上的甲等第一名，却只有他一个人。第二学期，他同样得了甲等第一名，又超过95分。王寿彭有言在先，谁如果连续两个学期得甲等第一名，他就给谁题写一幅字。到1927年5月，季羡林连续两个学期的甲等第一名地位已经确定，于是王寿彭兑现了自己的诺言，给这位16岁的少年题字，王寿彭给季羡林题写的对联中的上联是：

才华舒展临风锦

下联是：

意气昂藏出岫云

题头是：

羡林老弟雅督（察）

这幅对联季羡林20世纪60年代从济南搬家到北京后，不知道放到什么地方了，一直没有找到，后来不经意被李玉洁发现，那种失而复得的喜悦笼罩着在场的所有人。

王寿彭兑现诺言，另外又写了一个扇子面，把清代诗人厉鹗的一首诗恭录在上面赠给季羡林：

净几单床月上初，主人对客似僧庐。

春来预作看花约，贫去宜求种树书。

隔巷旧游成结托，十年豪气早销除。

依然不坠风流处，五亩园开手剪蔬。

在扇面末端，王寿彭题写：“录《樊榭山房诗》，丁卯夏五，羡林老弟正，王寿彭。”一个教育厅长兼大学校长的硕学之士，对一个乳臭未干的高中生称“老弟”，看来还是没有架子的。[①]

王寿彭是前清状元，当时是山东大学校长兼省教育厅长，又是著名的书法家。王寿彭的奖掖，给季羡林极大激励。他在1998年8月写的《我的中学时代》中说：“虚荣之心，人皆有之；我独何人，敢在例外。于是我真正立下了‘大志’，决不能从宝座上滚下来，那样面子太难看了。我买了韩、柳、欧、苏的文集，苦读不辍。又节省下来仅有的一点零用钱，远至日本丸善书店，用‘代金引换’的办法，去购买英文原版书，也是攻读不辍。结果是‘皇天不负有心人’，两年四次考试，我考了四个甲等第一，大大地满足了自己的虚荣心。”[②]2002年3月，季羡林对虚荣心作了修改，说：“我在上面回忆北园高中时，曾用过‘虚荣心’这个词儿。到现在时间过了不久，我却觉得使用这个词儿，是不准确的，应改为‘荣誉感’。”[③]又说：“虚荣心只能作祟，荣誉感才能作美。我到了杆石桥高中，荣誉感继续作美。念了一年书，考了两个甲等第一。”[④]

季羡林的这段文字，具有心理学分析的示范意义。我觉得，人的最初的本能是好胜心，战胜自然界和社会上的困难，是为了生存。虚荣心和荣誉感，带有更多社会属性，再进一步发展，就是事业心了。季羡林最重要的

学术成果完成于七八十岁之后，《罗摩衍那》汉译完成于1984年，《糖史》和《吐火罗文〈弥勒会见记〉译释》完成于1998年。此时，季羡林已名满天下，支持他笔耕不辍的，不是好胜心和虚荣心，也不是荣誉感，而是事业心。好胜心、虚荣心、荣誉感的动力是有限的，而事业心的动力是无限的。因为，事业心不仅关乎个人，而且关乎民族和国家。

从牛脾气到攻坚精神

季羡林从青年到老年，一直强调自己有牛脾气。这种牛脾气作为一种精神和情感，左右或影响着他和周边人的关系。牛脾气的主要特征是犟，就是不随俗，就是偏执。

犟脾气用于社会，季羡林经常碰壁，吃苦头。

青少年时期，他在济南叔父家，和家里人搞不好关系，与他的犟脾气有关。正像他自己所说："我的本性，不大肯向别人妥协，同时，又怨着别人，不同我接近。"[5]又说："我自己的心胸总不免太偏狭，对一切都看不上眼。"[6]1933年夏天，季羡林从清华回济南，婶母突然得了急病，家人不免有怨气。他"就想到了许多不应当想的事情"，在信中对同学李长之说："我前途看不见光明，我渐渐发见自己是一只鸭子，正在被人填着，预备将来宰了吃肉。"他还认为，其实，还不这样简单，"事实是这样：我对秋妹感到十二分的不满，同时又听到，婶母的病是我气的。我听了，真是欲哭无泪啊"[7]。家庭关系出现这种僵局，与季羡林脾气的犟与倔、不善沟通有关。

在清华，和老师同学的关系也常有不和谐。他一直把李长之视为"畏友"，但又常发生龃龉。

① 蔡德贵：《东方学人季羡林》，第51页；北京：北京大学出版社2006年版。
② 季羡林：《季羡林全集》第4卷，第75页；北京：外语教学与研究出版社2009年版。
③ 季羡林：《季羡林全集》第4卷，第59页；北京：外语教学与研究出版社2009年版。
④ 季羡林：《季羡林全集》第4卷，第60页；北京：外语教学与研究出版社2009年版。
⑤ 季羡林：《季羡林全集》第4卷，第241页；北京：外语教学与研究出版社2009年版。
⑥ 季羡林：《季羡林全集》第4卷，第316页；北京：外语教学与研究出版社2009年版。
⑦ 季羡林：《季羡林全集》第4卷，第220页；北京：外语教学与研究出版社2009年版。

后来，李长之主持《文学评论》，因经费等原因，出现困难，季羡林说："我对这个刊物也真冷淡，写代表人不写我显然没把我放在眼里，我为什么拼命替别人办事呢？"[①]这里，站在我们面前的是一个倔强而自我、自负的季羡林。

在对吴宓的关系上，他曾表现得更倔、更绝。毫无疑问，吴宓是对季羡林最有影响的老师之一，对季羡林有诸多帮助、指点，季羡林也非常敬重他。1989年3月，季羡林在《回忆雨僧先生》一文中深情地写道："作为他的受业弟子，我同其他弟子一样，始终在忆念着他。"他还深情地回忆道："他当时给天津《大公报》主编一个《文学副刊》。我们几个喜欢舞笔弄墨的青年学生，常常给副刊写点书评一类的短文，因而无形中就形成一个小团体。我们曾多次应邀到他那在工字厅的住处'藤影荷声之馆'去做客，也曾被请在工字厅的教授们的西餐餐厅去吃饭。这在当时教授与学生之间存在着一条看不见但感觉到的鸿沟的情况下，是非常难能可贵的，至今回忆起来还感到温暖。"[②]但是当年，有一次，考完试吴宓将试卷发下来，季羡林得了个I，他就大骂了一通："吴宓把中西诗文比较paper发还，居然给我I，真浑天下之大蛋！我的paper实在值I，但有比我还坏的，也竟然拿E拿S。一晚上心里不痛快，我觉得是个侮辱。"[③]

叶公超也是季羡林感念的。他在1993年10月写的《也谈叶公超先生二三事》中说："我是非常感激公超先生的。我一生喜好舞文弄墨，年届耄耋，仍乐此不疲。这给我平淡枯燥的生活抹上了一点颜色，增添了点情趣，难道我能够忘记吗？在这里我要感谢两位老师：一个高中时期的董秋芳（冬芬）先生，一个就是叶公超先生。"[④]可是，在清华读书时，有一次晚上闲谈中，叶公超告诉季羡林"送给他的那篇东西他一个字也没看"，季羡林在第二天的日记中写道："心里老想着昨天晚上叶公超对我的态度——妈的，只要老子写出好文章来，怕什么鸟？”[5]

季羡林的犟、倔，在“文化大革命”中让他多吃了不少苦头。在《牛棚杂忆》一书中，季羡林用较多文字写“自己跳出来”。当时，他心中有数，如果不参加任何群众组织，就能“平安无事”。在两派群众组织不断的“威逼”“利诱”下，季羡林不耐烦了，自己跳了出来。他说：“我是天生的犟种，有点牛脾气。你越来逼我，我就越不买账。经过了激烈的思想斗争，我决心干脆下海。其中的危险性我是知道的。我在日记中写道：‘为了保卫毛主席的革命路线，虽粉身碎骨，在所不辞！’可见我当时心情之一斑。”“我本来是能够躲过这一场灾难的。但是，我偏偏发了牛劲，自己跳了出来，终于得到了报应：被抄家，被打，被骂，被批斗，被关进牛棚，差一点连命都赔上。我当时确曾自怨自艾过。”[6]批斗他的，两派群众都有，令他伤心的是，他支持的那一派，批斗起来毫不留情，甚至更狠。他的牛脾气，不但让他多吃了许多苦，而且对北大运动的早日结束，也无正面意义。

1988年3月4日到1989年4月5日，他断断续续写成《牛棚杂忆》草稿。此时，他还没有真正做到“内心和谐”。“写着写着，不禁怒从心上起，泪自眼中流。”到1992年6月将草稿改定写《后记》时，他说：“定稿与草稿之间最大的差别就在于，定稿中的刺儿少了一点，气儿也减了一些。我实际上是不愿意这样干的，为了息事宁人，不得不尔。”[7]草稿到定稿，隔了两三年时间，他的刺的确少了一点，气也减了一些，总是一种进步。到2006年8月，他提出“三个和谐”，中间又隔了十四年。我相信，此时季羡林如果有时间和精力，用“三个和谐”的思想，来重新

① 季羡林：《季羡林全集》第4卷，第334页；北京：外语教学与研究出版社2009年版。

② 季羡林：《季羡林全集》第2卷，第169页；北京：外语教学与研究出版社2009年版。

③ 季羡林：《季羡林全集》第4卷，第300页；北京：外语教学与研究出版社2009年版。

④ 季羡林：《季羡林全集》第2卷，第315页；北京：外语教学与研究出版社2009年版。

⑤ 季羡林：《季羡林全集》第4卷，第314页；北京：外语教学与研究出版社2009年版。

⑥ 季羡林：《季羡林全集》第5卷，第175页；北京：外语教学与研究出版社2009年版。

⑦ 季羡林：《季羡林全集》第4卷，第182页；北京：外语教学与研究出版社2009年版。

审视《牛棚杂忆》，一定会有许多新的感想，至少会认为，定稿比草稿中的“刺少了一点，气也减了一些”，不是不得不尔，而是自然而然。

季羡林的牛脾气用于学习和科学研究，让他尝足甜头，取得了一个又一个骄人的业绩。

季羡林以九十八岁高寿谢世，人称“世纪老人”。人家向他讨教养生经验，他说“无术是有术”。晚年，他在给臧克家等好友的信中，总是说自己身体“顽健”。这样，有人可能以为，季羡林从小身体健硕，很少得病，实际情况并非如此。季羡林是敏感型体质，伤风感冒是家常便饭，头疼失眠伴随一生。1932年9月14日，季羡林在日记中写道：“回屋后鼻涕大流。我一年总有三百六十次感冒，今天却特别厉害，乃蒙头大睡。”① 1932年10月31日，他在日记中又写道：“伤风几乎成了我的家常便饭，几乎每天有，不知是甚么原因。”②此时的季羡林年方21岁，风华正茂。到了德国，感冒、伤风流涕、失眠，依然不断出现。在留德日记中，常常能见到“涕流如泉水”的记载。1943年8月13日的日记中，季羡林写道：“吃过晚饭，接着看。鼻涕泉水似的流，非常别扭。”③

除了身体不适之外，恶劣的外部环境，对季羡林的学习和研究，带来了极大困难。

自从德国政府承认汪精卫伪政权，季羡林和张维等留学生不肯附逆，成了没有任何保障的无国籍人士。随着战争升级，饥饿、警报、轰炸，成了每天的必备节目。在留德日记中，这方面的记载比比皆是。1944年11月24日，季羡林在日记中写道：“吃了一片Bonidorm，勉强睡了点。早晨七点起来，吃过早点进城去。下去不远，在八十二园前面落了一个大Luftmine（强爆炸力的薄壳空投炸弹），附近房子全震坏了。以前的中文研究所也只剩了屋架子，几百年的大树齐顶削了去。进城经过大街到士心家，一路上玻璃窗子几乎没有一个完整的。只听得一片扫破玻璃的声音，景象极为凄惨。士心附近落了几个炸弹没炸。交通都gesperrt（禁行）。见到他们，看他们还活着，心里得到一点安慰。谈了谈。十二点半多出来到研究所去看了看，玻璃碎了一百多块。同Dr.Stange（斯坦格博士），Storck（斯托克）谈了谈，又回到士心家，吃过午饭，谈了会，同他们出来走过城里，看了看被炸的地方。他们一直把我送到家，屋里没有电灯，在黑暗里坐了会。他们走后，我正在吃晚饭，又来了Alarm（警报），我立刻就上（往）山上跑。刚到山上就听到飞机响，盘旋了几圈，蓦地听到半空里一声响，仿佛正照着自己头上飞下来，轰的一声，一片火光，震得群山如吼。自己抱住一棵树，喘息了会又没命的往上跑，静了会，又听到飞机响，又照前次重演一遍。自己又想哭，又想笑，心里的情绪无论谁也描写不出来，一直到九点警报解除，才下山回家来。走在路上还不知道自己的房子是否还立在那里。”[4]

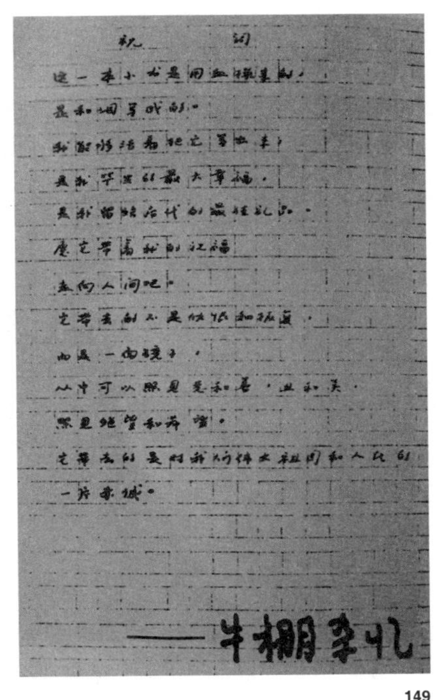
祝词

这一本小书是用血换来的，
是和泪写成的。
我能够活着把它写出来，
是我毕生的最大幸福，
是我留给后代的最好礼物。
愿它带着我的祝福
走向人间吧。
它带去的不是仇恨和报复，
而是一面镜子，
从中可以照见恶和善，丑和美，
照见绝望和希望。
它带去的是对我们伟大祖国和人民的
一片赤诚。

——牛棚杂忆

149

149 季羡林《牛棚杂忆》手稿

在这种地狱般恶劣的环境中，季羡林多次想到了死。1944年11月6日，季羡林的日记中有这样的记载：“八点多警报解除。房东又同她儿媳母亲闹意见，儿媳的父亲大打其外孙女，我也弄不清哪一块

① 季羡林：《季羡林全集》第4卷，第114页；北京：外语教学与研究出版社2009年版。

② 季羡林：《季羡林全集》第4卷，第140页；北京：外语教学与研究出版社2009年版。

③ 季羡林：《季羡林日记·留德岁月》（第五卷），第1538页；南昌：江西人民出版社2014年版。

④ 季羡林：《季羡林日记·留德岁月》（第六卷），第1719页；南昌：江西人民出版社2014年版。

150 季羡林《季羡林日记·留德岁月》手稿

对哪块，只觉得神经异常紧张，心里有说不出来的不痛快。呜呼，上苍待我，何其太酷，在这种时时刻刻都在死的黑影下生活里，来家也得不到一点安静，我又想到自杀。九点前始终又来了次Voralarm（前警报），不久又来了次。”[①]季羡林因内向而敏感。他在一次又一次的面临饥饿和轰炸的死亡威胁中产生了自杀的念头，和他在国内时几次想到死的情况，是大为不同的。然而，他没有选择死亡，而是选择学习和研究。二战期间，哥廷根大学惨淡经营，整个梵文班只有季羡林一个学生。他的导师瓦尔德施密特教授也应征入伍，在很长一段时间内，由早已退休的西克教授教他。他学的又是最冷僻的梵文、巴利文、吐火罗文、原始佛教混合语言。这需要坚强的决心和毅力。他在1992年6月《牛棚杂忆》的《余思或反思》中说：“觉得自己非常自私自利：中国人民浴血抗战，我自己却躲在万里之外，搞自己的名山事业。我认为自己那一点‘学问’、那一点知识，是非常可耻的，如果还算得上‘学问’和知识的话。有很长一段时间，我称自己为‘摘桃派’，坐享胜利果实。”[②]这一段自责的话，在“文革”中做检讨时，他曾多次说过。认为自己“自私自利”，在清华读书时，在日记中也多有记述。1938年9月18日，他在日记中说：“今天是九一八的周年纪念。回想这一年来所经的变化，真有不胜今昔之感。我这一年来感情的起伏也真不轻。但是到了现在，国际形势日趋险恶，人类睁着眼往

150

末路上走，我对国家的观念也淡到零点。”[3] 1933年1月6日，季羡林在日记中写道：“我最近发现了，在自己内心潜藏着一个‘自私自利’的灵魂。开口总说：‘为什么不抵抗呢？’也就等于说：‘别人为什么不去死呢？’自己则时时刻刻想往后退。有时觉得这种心要不得，然而立刻又有大串的理由浮起来，总觉得自己不能死，这真是没办法。”[4]

“文革”中的自责和清华读书时的自责，词句和内容惊人相似，季羡林刻苦研究学问的精神是可敬的，他的骨血是热的，不然，就不会有这种发自肺腑的自责。阅读6册150万字的《季羡林日记·留德岁月》，可知他学习、研究的艰难。之所以能坚持，很大程度上是依靠他固有的牛脾气、犟劲。1973年，季羡林还处于半解放状态，见到一套他要求购买的崭新的梵文《罗摩衍那》已从印度运抵，心就痒了，决定着手译成汉语。翻译过程充满艰难，他在译后记中说：“时间经过了十年，我听过三千多次晨鸡的鸣声，把眼睛熬红过无数次，经过了多次心情的波动，终于把这书译完了。”[5]凭着倔犟和韧劲，七篇八卷《罗摩衍那》汉译，在《季羡林全集》中占了四分之一篇幅，季羡林也借此奠定了中国著名翻译家的地位。同时，为中印文化交流作出了一项重大而实在的贡献。

“文革”后期，季羡林接触到吐火罗文残卷，对他来说吐火罗文已经几十年没有摸了，要重新启动，是十分困难的。“一种语言，别的地方都没有，既没有语法，也没有辞典，而且这个字很难认，一种写法有十几种念法，认起来，比较难。”[6]但是，他的牛脾气、犟劲又上来了，“硬着头皮”接受了任务。他拿出当年听西克教授讲课时的笔记和吐火罗文

① 季羡林：《季羡林日记·留德岁月》（第六卷），第1712页；南昌：江西人民出版社2014年版。

② 季羡林：《季羡林全集》第5卷，第176页；北京：外语教学与研究出版社2009年版。

③ 季羡林：《季羡林全集》第4卷，第117页；北京：外语教学与研究出版社2009年版。。

④ 季羡林：《季羡林全集》第4卷，第175页；北京：外语教学与研究出版社2009年版。

⑤ 季羡林：《季羡林全集》第29卷，第634页；北京：外语教学与研究出版社2009年版。

⑥ 季羡林：《季羡林全集》第12卷，第13页；北京：外语教学与研究出版社2009年版。

书籍，把吐火罗文重新捡回来，一字一句地弄懂残卷的内容。最后，季羡林写成《吐火罗文〈弥勒会见记〉译释》。“历时之久，用力之勤，不亚于翻译大史诗《罗摩衍那》。”[①]“我们看见的这部《吐火罗文〈弥勒会见记〉译释》中英文合体本，是当今世界对《弥勒会见记》研究的最新成果，代表这一领域研究的最高水平。”[②]现在，它在30卷的《季羡林全集》、第11卷《吐火罗文〈弥勒会见记〉译释》、第12卷《吐火罗文研究》和在季羡林的全部学术著作中，占有特殊的位置。其实，此时季羡林在学术研究上的牛脾气，已经上升为学术责任心。他知道“搞印欧比较语言学，不会吐火罗语是不行的”。他说：“今天，在欧洲，在美国，在日本，一个比较语言学家，要是不会点赫梯语，会点焉耆语、龟兹语，他就根本不能上讲台，落后了，这些语言非知道一些不行。”[③]

在很早以前，季羡林就接触到了关于糖的各种文字资料，于是就想写一部糖史。在他之前，世界上已有两部糖史，依他的脾气，不写则已，写则一定要后来居上，超过前者。“既然要干，就只好‘下定决心，不怕牺牲’了。”[④]“一无现成的索引，二少可用的线索，在茫茫的书海中，我就像大海捞针。”“在将近两年的时间内，我几乎天天跑一趟北大图书馆，来回五六里，酷暑寒冬，暴雨大雪，都不能阻我来往。”[⑤]打开30卷《季羡林全集》，第18、19两卷《糖史》，赫然在目。花费这么多时间与精力，撰写《糖史》，也是他的牛脾气使然。牛脾气背后是学者的历史责任感。季羡林认为：“人类总会越来越变得聪明，不会越来越愚蠢。人类历史发展总会是向前的，决不会倒退。人类在将来的某一天，不管要走过多么长的道路，不管要用多么长的时间，也不管用什么方式，通过什么途径，总会共同进入大同之域的。”他还进一步认为：“像蔗糖这样一种天天同我们见面的微不足道的东西的后面，实际上隐藏着一部错综复杂的长达千百年的文化交流的历

151 八十高龄的季羡林骑车去北大图书馆（1991）

151

史。我之所以不厌其烦地拼搏多少年来写一部《糖史》，其动机就在这里。如果说一部书必有一个主题思想的话，这就是我的主题思想。”[⑥]

所以，季羡林无论翻译《罗摩衍那》、研究吐火罗文还是写《糖史》，都和他的不服输的牛脾气有关。从牛脾气到科研攻关，坚韧不拔，最后取得胜利，牛脾气背后，是学者的责任心，对学术和历史的责任心。

从爱母情结到坚定爱国

在青年时期，季羡林虽有一腔正义，但是因“自私自利”而没有走向抗战第一线。应该说，在抗战期间，像季羡林这样，有抗战之心而无抗战之实，甚至满嘴牢骚不满的知识分子不在少数。但是，在新中国，季羡林和绝大多数知识分子一样，都变成了坚定的爱国者。这是为什么呢？

首先，他经过了自己的比较和选择。1946年，季羡林经过痛苦的“思想斗争”，在回祖国还是重返欧洲的选择上，终于有了决定。想搞研究，必须有资料，必须回哥廷根，而他现在必须回国。“在激烈的思想斗争之余，想到祖国在灾难中，在空前的灾难

①蔡枫、黄蓉主编：《跬步集：深圳大学印度学研究文选》，第306页；北京：北京大学出版社2011年版。

②蔡枫、黄蓉主编：《跬步集：深圳大学印度学研究文选》，第309页；北京：北京大学出版社2011年版。

③季羡林：《季羡林全集》第12卷，第14页；北京：外语教学与研究出版社2009年版。

④季羡林：《季羡林全集》第18卷，第4页；北京：外语教学与研究出版社2010年版。

⑤季羡林：《季羡林全集》第18卷，第4-5页；北京：外语教学与研究出版社2010年版。

⑥季羡林：《季羡林全集》第18卷，第8页；北京：外语教学与研究出版社2010年版。

中，我又是亲老、家贫、子幼。如果不回去，我就是一个毫无良心的、失掉了人性的人。如果回去，则我的学术前途将付诸东流。最后我想出了一个折中的方案：先接受由G.Haloun先生介绍的英国剑桥大学的聘约，等到回国后把家庭问题处理妥善了以后，再返回欧洲，从事我的学术研究。这实在是万般无奈的情况下想出来的一个办法。一回到祖国，特别是在1947年暑假乘飞机返回已经离开十二年的济南以后，看到家庭中的真实情况，比我想象的还要严重得多，我立即忍痛决定，不再返回欧洲。我不是一个失掉天良的人，我为人子、为人夫、为人父的责任，必须承担起来。我写信给Haloun教授，告诉了他我的决定，他回信表示理解和惋惜。”①

第一次选择之后，季羡林又进行了第二次选择，旧业（古代印度语研究）搞不成了，就利用中国浩如烟海的历史典籍研究中印文化关系史和比较文学史。他认为：“这个课题至少还同印度沾边，不致于十年负笈，前功尽弃。我反复思考，掂斤播两，觉得这真是一个极为灵妙的主意。”②

其二，在学习和运动中接受改造。季羡林说：“1949年迎来了解放。当时我同北大绝大多数的教授一样，眼前一下子充满了光明，心情振奋，无与伦比。我觉得，如果把自己的一生分为两段或者两部分的话，现在是新的一段的开始。当时我只有38岁，还算不上中年，涉世未深，幻想特多，接受新鲜事物，并无困难。”③在经受了“三反”“五反”等运动和无数次的开会学习，季羡林成了开会专业户。他不无诙谐地说：“我对开会真正下了功夫，费了时间。从上到下，从里到外，从大到小，从长到短，从校内到校外，从国内到国外，形式不同，内容各异，我都能应付裕如，如鱼在水，提其纲而挈其领，钩其要而探其玄，理论和实践，都达到了极高的水平。如果教委和国务院学位委员会批准建立‘开会学’博士点，我相信，我将是第一个合格的‘博导’。”④

那是一个唯上的年代，大搞群众运动、刮浮夸风的年代，季羡林将自己摆进去，给我们回忆了当时的情况。他说："当时我已经不是小孩子，已经四十多岁了，我却也深信不疑。我屡次说我在政治上十分幼稚，这又是一个好例子。听到'上面'说：'全国人民应当考虑，将来粮食多得吃不了啦，怎么办？'我认为，这真是伟大的预见，是一种了不起的预见。我佩服得五体投地。"⑤

其三，磨难后他的心更加红亮。家贫出孝子，国难见忠臣。"文化大革命"对广大知识分子来说，是一场巨大的磨难。磨难过去，真正爱国的知识分子的心变得更加红亮。季羡林是一位杰出的代表，因为他明白一个道理：历史的损失，只能靠历史的进步来弥补。阅读季羡林的文章，每一篇都隐隐地透露一种爱国情怀，有若干篇更是以爱国为题。季羡林写了许多怀人的文章，其中以纪念恩师陈寅恪的最多，称他是一位"真正的知识分子"，"中国20世纪最伟大的学者之一"，重要的一个原因是陈寅恪爱国。

在《爱国与奉献》中，季羡林讲了爱国主义成为中华民族传统的原因。他说："爱国主义是中华民族的优秀传统，历数千年而未衰。原因是中国历代都有外敌窥伺，屠我人民，占吾土地，从而激起了我们民族的爱国义愤，奋起抵抗，前赴后继，保存了我们国家的领土完整，维护了我们人民的生命安全，一直到了今天。"⑥他对爱国与奉献的关系，作了简单而透彻的阐述："以爱国主义的情操来推动奉献精神；以奉献的实际行动来表达爱国主义的情操，二者紧密相联，否则爱国主义只是一句空话，而奉献则成为无

① 季羡林：《季羡林全集》第5卷，第268页；北京：外语教学与研究出版社2009年版。
② 季羡林：《季羡林全集》第5卷，第271页；北京：外语教学与研究出版社2009年版。
③ 季羡林：《季羡林全集》第5卷，第277—278页；北京：外语教学与研究出版社2009年版。
④ 季羡林：《季羡林全集》第5卷，第280页；北京：外语教学与研究出版社2009年版。
⑤ 季羡林：《季羡林全集》第5卷，第293页；北京：外语教学与研究出版社2009年版。
⑥ 季羡林：《季羡林全集》第8卷，第483页；北京：外语教学与研究出版社2009年版。
⑦ 季羡林：《季羡林全集》第8卷，第483页；北京：外语教学与研究出版社2009年版。

源之水，无本之木。”[⑦]毫无疑问，这是季羡林总结自己一生的经验之谈。在《沧桑阅尽话爱国》中，季羡林这样表明心迹："我生平优点不多，但自谓爱国不敢后人。即使把我烧成了灰，我的每一粒灰也还是爱国的，这是我的肺腑之言。"[①]《再谈爱国主义》一文，强调了爱国主义有两种，一种是正义的爱国主义，一种是邪恶的爱国主义。这是他对历史经验的总结。

季羡林的爱国，还表现在对叛国、汉奸的批判之中。《周作人论——兼及汪精卫》是一篇重要的文章，对知识分子具有惊醒的作用。和平日久，在一片歌舞升平之中，思想渐渐变化，香花与毒草不分，食品与毒品失去界限。慢慢地，自然而然地发展到爱国与卖国不分、英烈与汉奸不辨。历史证明，这是极其危险的，若任其发展，势必亡国灭种。可是，多少人有这种敏锐眼光和批判精神？2002年，年逾九旬的季羡林写了这篇文章。季羡林根据周作人、汪精卫都曾有过辉煌的经历，而最后变节的情况，提出了一个保持晚节的严肃问题。不过，此文的意义不仅局限于对两个历史人物的评价，而且对当下的每一个人提出了警示。他说："我们的祖国早已换了人间。在今天的国势日隆、人民生活迅速提高的大好形势下，保持晚节的问题还有什么现实意义吗？有，而且很迫切。一些曾经出生入死为人民立过大功的人，一旦晚节不保，立即堕落为人民的罪人，走上人民的法庭，这样的例子还少吗？我们每一个人都要警惕。"[②]批判汉奸，鞭挞晚节不保者，是一种高尚的爱国行为。当下看，尤其有现实意义。

《无敌国外患者国恒亡》是季羡林的又一篇爱国文章。他说："根据我的观察和我自己的亲身体验，忧患意识却大大地衰退，衰退到快要消失的地步。有的人争名于朝，争利于市，好像是真正天下太平，可以塞高了枕头，酣然大睡了。"[③]这是一位爱国智者对我们的警示，体现的是一位爱国者的拳拳之心。

除了上述文章之外，季羡林的爱国文章还有《谈中国精神》《国学漫谈》《中国知识分子的爱国传统》《一个真正的中国人，一个真正的中国知识分子》《我们中国留学生都必须爱国》《中国人民站起来了》等等。

季羡林从一个一心想着自己名山事业的知识分子，最终成为自觉的、坚定的爱国者，有着曲折而又清晰的发展轨迹，同时又有着坚实的思想基石——爱母情结。季羡林心灵深处，终身不变、愈老弥坚的情感就是对母亲的爱。2006年，95岁的季羡林在《元旦思母》中说："母亲逝世已经超过半个多世纪了。我怀念她的次数却是越来越多，灵魂的震荡越来越厉害。我实在忍受不了，真想追母亲于地下了。"他每次想念母亲，眼前就会出现她的小画，告诫季羡林"永远不要停顿，要永远向前，千万不能满足于当前自己已经获得的这一点小小的成就。要前进，再前进。永不停息。"[④]

毫无疑问，是母亲，是对母亲的爱，鼓舞着季羡林克服一个又一个困难，取得一个又一个胜利。爱母亲，必然要爱母亲的土地，爱自己的祖国。爱母亲和爱祖国的统一，季羡林有一个经典的表述：两个母亲。他在95岁时写了一篇题为《两个母亲》的文章，并试拟了一篇小学课文。他说："我们都有两个母亲，除了生身之母外，还有一个养身之母，这就是我们的祖国。"[⑤]至理名言，如话家常。季羡林是这么说的，也是这么做的。

季羡林爱国情怀的形成，除了得益于他的个人因素之外，还得益于那个年代的知识分子的共性。郁秀在信中说："那一代知识分子，尤其是留学回来的知识分子，不得不提他们的爱国情怀。这是那一代知识分子的共性。那是后来的人不得比的，甚至不能理

① 季羡林：《季羡林全集》第8卷，第345页；北京：外语教学与研究出版社2009年版。
② 季羡林：《季羡林全集》第3卷，第471页；北京：外语教学与研究出版社2009年版。
③ 季羡林：《季羡林全集》第8卷，第296页；北京：外语教学与研究出版社2009年版。
④ 季羡林：《季羡林全集》第3卷，第419页；北京：外语教学与研究出版社2009年版。
⑤ 季羡林：《季羡林全集》第8卷，第581页；北京：外语教学与研究出版社2009年版。

解的。从钱学森到林徽因，再到季羡林，无一例外。他们接受最完整和进步的西方教育，掌握无比流利的外语，可是一遇到国家利益时，他们立刻把西方接受的那些主义和观念包括生活方式统统抛开，恨不得都成为屈原。比如林徽因的儿子在李庄问过林：如果日本人再打过来怎么办？林微因毫不犹豫地说：投江啊。我们投江去。季羡林先生也表达过自己对国家的热爱，他是这样写的：就算把我烧成灰，我的每一粒灰也还是爱国的。季羡林先生一生经历很多政治事件，也被关过牛棚，但初心未改。”作为一名70后的作家，她的这一看法来自于总结，颇为深刻。

从率性而为到三个和谐

研究季羡林思想发展轨迹，不能不重视他的一篇文章《三思而行》。三思而行，是季羡林远祖季文子的名言，但是遭到孔子的批评和纠正。季羡林在文章中说：“要数典而不忘祖，也并不难。这个典故就出在《论语·公冶长第五》：季文子三思而后行。子闻之曰：‘再，斯可矣。’这说明，孔老夫子是持反对意见的。吾家老祖宗文子（季孙行父）的三思而后行的举动，二千六七百年以来，历代都得到了几乎全天下人的赞扬，包括许多大学者在内。”[①]季羡林自称是季文子的最“肖”子孙，“我平常做事不但三思，而且超过三思，是否达到了人们要求诸葛恪做的‘十思’，没作统计，不敢乱说。反正是思过来，思过去，越思越糊涂，终而至头昏昏然，而仍不见行动，不敢行动。我这样一个过于细心的人，有时会误大事的。”[②]在文章结尾，他这样说：“我赞成孔子的‘再，斯可矣’。”[③]季羡林从季文子的“三思而行”到孔夫子的“再思而行”，并没有本质差异，因为他主张：“遇事必须深思熟虑，先考虑可行性，考虑的方面越广越好。然后再考虑不可行性，也是考虑的方面越广越好。正反两面仔细考虑完以后，就必须加以比较，作出决定，立即行动。”[④]

毫无疑问，季羡林考虑正反两方面因素的“二思而行”是非常正确的。这是他用八十年的实践，证悟出来的经验。

青年时代的季羡林，做事不假思索，率性而为，没有二思而行，更没有三思而行。他的《清华日记》和《留德日记》真实地保留了许多他率性而为的记录。在1945年4月23日的日记中，季羡林写道：“四点半士心同大程来，大程说他少得一罐肉一个面包，我当时大火。他似乎怀疑我故意账上作伪，更是火上加油，后来忽然想到或者周替他领去，我于是立刻同士心到周家去，他偏不在家。我们在街上一直等到快七点，才遇到他，果然是他替领的。这事总算解决了。”他学成归来，在越南西贡遇到了一些不趁心的人与事，他就火冒三丈，一竿子打翻一船人。在1946年4月14日记中，这样写道：“早晨六点半起来，吃过早点，就同虎文到和兴公司，同李先生到轮船码头去看大中华，我们到了，简直坠入五里雾中。据说头等舱没有了。看二等，简陋到令人吃惊。中国的茶房买办都争着把他们的屋子让给我们，当然我们要出惊人的代价。现在真是到了中国了，中国人是世界上最坏最没有廉耻的民族，中国永世也不会强起来。他们就像一堆蛆虫，我虽然也是一条蛆虫，但是我却恨这蛆虫们。”[⑤]心情、脾气和环境密切相关。在旧中国，在战乱中的德国，恶劣的环境，让许多人为了生存而变得自私自利。正像季羡林在另一天的日记中所说：“中国到处乱七八糟，毫无秩序，而且每个人都是自私自利，我对我们的民族真抱了悲观。”[⑥]在军阀混战、民生凋敝的旧中国，有多少人对国家和民族抱乐观态度呢？

季羡林抱着对民族和国家的悲观态度，从旧中国

① 季羡林：《季羡林全集》第8卷，第103页；北京：外语教学与研究出版社2009年版。

② 季羡林：《季羡林全集》第8卷，第104页；北京：外语教学与研究出版社2009年版。

③ 季羡林：《季羡林全集》第8卷，第104页；北京：外语教学与研究出版社2009年版。

④ 季羡林：《季羡林全集》第8卷，第104页；北京：外语教学与研究出版社2009年版。

⑤ 季羡林：《季羡林日记·留德岁月》（第六卷），第1918–1919页；南昌：江西人民出版社2014年版。

⑥ 季羡林：《季羡林日记·留德岁月》（第六卷），第1926页；南昌：江西人民出版社2014年版。

152 季羡林著《牛棚杂忆》

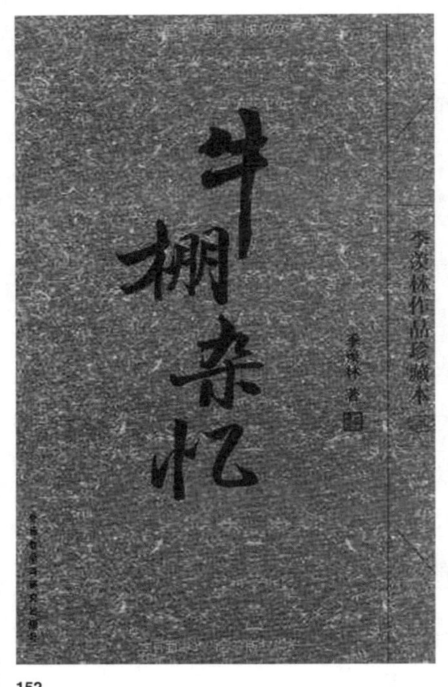

152

来到新中国。新中国的一切，让他耳目一新，让他心悦诚服地参加思想改造，参加历次运动。直到“文化大革命”初期。在将他打倒、关进牛棚之前，他和当时的大多数人一样，衷心拥护这场史无前例的运动。

1976年“文革”结束，从1988年3月至1989年4月草成，1992年改出，季羡林经过16年“反思、观察、困惑、期待”，写成《牛棚杂忆》一书。又经过6年的等待和修改，于1998年将定稿交由中央党校出版社出版。定稿和草稿内容一样，只是刺儿少了点，气灭了点。《牛棚杂忆》篇幅不大，不到20万字。但由于作者地位特殊，所写内容具有典型性，出版之后反响之巨大，超出预想。这种反响正反两种声音都有，以正面反响为主。

从情感视角看《牛棚杂忆》，季羡林各个时期的心路历程清晰可见。季羡林说自己的心是一面镜子，笔者认为这本《牛棚杂忆》是季羡林心境上的小凸镜，对某些细部可以看得更清楚。要读懂季羡林，读懂季羡林的心，不能不看《牛棚杂忆》。写《牛棚杂忆》时的季羡林，情感、心态相当平和。他说：“否极泰来，人间正道，浩劫一过，我不但翻身起来，而且飞黄腾达，‘官’运亨通，颇让一些痛打过我、折磨过我的小将们胆战心惊。如果我真想报复的话，我会有一千种手段，得心应手，不费吹灰之力，就能够进行报复的。可是我并没有这样做，我对任何人都没有打击，报复，穿小鞋，耍大棒。”[①]说似容易，真正做到极难。联想到青年时代的季羡林，为了一件小事可以大骂老师和同学，这真是一种霄壤之别。

这种飞跃没有止步。1996年，敏泽先生致信季羡林，要他写一部关于学术研究的“自述”，而且越长越好。于是在编好《季羡林文集》之后，他着手写《学海泛槎——季羡林自述》，并于2002年由山西人民出版社出版。此书对他一生学术作出总结，是季羡林研究的重要文献依据。《学海泛槎》的精华是“总结”部分，其中的《我的学术研究的特点》《学术研究发展的轨迹——由考证到兼顾义理》《我的义理》《一些具体的想法》《重视文化交流》《学术良心或学术道德》《没有新意，不要写文章》《对待不同意见的态度》等等，不但富有学术史价值，而且富有心智启示的意义。

《学海泛槎》标志着季羡林从著名专业学者迈向通才学者。这种由专到博的飞跃，极大地提升了他在中国学术星空中的光耀度。

从情感和心态视角来看，写《学海泛槎》时的季羡林，已经走出牛棚情结。不然，他无法从考证迈向义理，无法正确对待不同意见。他写此书时的情感和心态是极平和的。他在《前言》中说：“我毕生从事教书和研究工作，至今已届望九之年。在这样长的时间内，要说一点经验和教训都没有，还是说不过去的。要说有什么，有多少了不起的经验，那也不是事实。我的确是一匹老马，识一点途也是应当的。但是识的途是否正确，我却没有把握。我平生不喜欢说谎话，现在既然要写，我就照实直说，我决不夸大，也不矫情作谦虚状。如果有什么不妥之处，那是受了水平的限制，决非有意为之。这一点希望读者能理解。”[②]此时的季羡林，已经名满华夏，但说学术总结，如话家常，毫无架子。对于自己的人生，对于“文革”，他也有了新的理解。他说：“我常常想，

① 季羡林：《季羡林全集》第5卷，第3页；北京：外语教学与研究出版社2009年版。

② 季羡林：《季羡林全集》第5卷，第205页；北京：外语教学与研究出版社2009年版。

如果没有‘文化大革命’，如果我没有成为‘不可接触者’，则必终日送往迎来，忙于行政工作，《罗摩衍那》是绝对翻译不出来的。有人说：坏事能变成好事，信然矣。人事纷纭，因果错综，我真不禁感慨系之了。”[①] 这真有司马迁的胸襟和眼光。司马迁在《史记·报任安书》中说：“文王拘而演《周易》，仲尼厄而作《春秋》，屈原放逐，乃赋《离骚》，左丘失明，厥有《国语》，孙子膑脚，兵法修列，不韦迁蜀，世传《吕览》，韩非囚秦，《说难》《孤愤》，《诗》三百篇，大抵贤圣发愤之所为作也。”甚至我们可以说，没有宫刑，就没有《史记》；没有二战、“文革”，就没有季羡林学术。好事变坏事，坏事变好事，这就是辩证法，就是人间正道。

经过几年的学海泛槎，季羡林的情感和心态更趋平和，在考虑一系列义理问题的同时，自然而然地考虑人的和谐问题。到2006年8月6日，当他第三次和温家宝总理见面时，就把几年来考虑的“人和自然、人和人，人自身”三个和谐的想法和盘托出。“三个和谐”观念的提出，标志着季羡林不但在学术思想上登上了人生顶峰，而且进入了情感和精神世界的最高境地。

综上可知，在季羡林的百岁人生中，他的情感是这样变化的：从好胜心到事业心、从牛脾气到攻坚精神，从爱母情结到坚定爱国，从率性而为到三个和谐。就这样，他的人生在情感的变化中不断获得纯真和升华，最终，进入高山景行的人生最高境界。

① 季羡林：《季羡林全集》第5卷，第500页；北京：外语教学与研究出版社2009年版。

153 季羡林与妻子、婶母、孙女合影（20世纪80年代）

153

附编

附录

附编：

我为何要写《季羡林评传》

无论知人论世，还是知人论事，都告诉人们：有什么样经历的作者，写什么样的著作。为了帮助读者更好地了解、认知《季羡林评传》的价值、意义和缺失，我有义务将自己和传主季羡林先生的关系，作出客观、真实的介绍。

一、季羡林和我是师生关系

在北京大学，和季羡林有师生关系的人很多，甚至可以说，在季羡林任教任职期间，所有北大学生都能说，和季羡林的关系是师生关系。校外一些人和季羡林有师生之谊的也不在少数，向季羡林请益过的人更多。那么，季羡林和我是一种什么样的师生关系呢？

1965年夏，我从上海市上海县三林中学毕业。在语文老师陈一冰（围棋国手陈祖德、作家陈祖芬的父亲）和班主任周文良老师的鼓励支持下，我和班上两位女生金青、康林芳一起报考了北京大学，全部被录取。对这所农村中学来说，这是一个不错的成绩。金青考入西语系英语专业，康林芳考入化学系，我则考入东方语言文学系。当时，东语系有梵巴、印地语、日语、朝鲜语、泰语等13个专业。经过填表自选和组织分配相结合，我进入了印地语专业，成为印地语1965级的一名学生。当时，季羡林是系主任，金克木是教研室主任。于是，我成了季羡林、金克木的学生。梵巴专业自1946年成立东语系后，只有1960年招了一次本科生。我入校时，1960级梵巴班已经毕业。这个班成材率很高，后来成为中国社会科学院外国文学研究所所长兼中国外国文学学会会长的黄宝生，以及蒋忠新、郭良鋆、赵国华等等著名学者，均出自此班。1960级梵巴班是季羡林、金克木携手的杰作。这个班的张保胜、马鹏云毕业后留校，一位做政治思想工作，一位做业务工作。1965年我入校后，和其他同学一样都向张、马两位称老师，执弟子礼。印地语教研室的师资力量很强，除了主任金克木之外，还有副主任徐晓阳，以及彭正笃、殷洪元、刘安武、刘国楠、金鼎汉、马孟刚、张德福、刘宝珍。1965届印地语专业刚毕业留校的王树英，以及1966届毕业的王益香，一位做政治思想工作，一位做业务工作。我们一律称二位为老师，执弟子之礼。二位同在的场合，为了不致搞混，我称王益香为"小王老师"。其他年长的老师都直呼他们的名字，对我当然更直呼其名了。他们同辈之间，互称名字，以示亲热，称辈分最高的为"洒"，如彭洒、殷洒。这个"洒"，是印地语Sahab的简称，就是先生的意思。但我是不能这样称的，只能叫彭老师、殷老师。在北大，教师之间的称呼是很讲究的，如中文系的魏建功和王力，一位称魏老，一位称王先生。称季羡林是季先生，后来他名气越来越大，外面的人称他季老，东语系的人依然称季先生，作第三人称时，称他为"老先生"。我始终如一，称他为季先生。王树英老师是我们的班主任，说话细声慢气，总是与人为善，喜欢帮助别人。他有两件事，让所有人都吃惊。一是他当时身体不好，患有慢性肝炎，动不动就疲劳，嘴上常挂着"阿拉姆"（印地语，休

154 郁龙余和郑亦麟应邀出席第十届《罗摩衍那》国际大会（1993）

154

息、歇息之意）。没想到他身体后来越来越好，如今早已年过七旬，但每天依然笔耕不辍。当时，肝炎没有什么有效的药，他也买不起营养品，就一毛或一毛五买一脸盆西红柿吃，天天如此。二是作为政治辅导员留校的他，始终没有放松学术研究，尤其调入中国社会科学院南亚研究所（后扩大为亚太研究所）之后，他用中文、印地语撰写了大量研究中印文化的著作，成了一位著名的印度学家。王益香老师，因病在四十岁就去世了。

教研室主任金克木，当时已是名教授。我第一次见到他，只是见到他一个躺着的背影。那是一个中午，徐晓阳老师带我进一间办公室，只见一位身材矮小的老者，背冲着门口在沙发上躺着午休。徐老师见状就小声对我说，他就是我们的主任，说着就领着我出了门。

徐晓阳老师是武汉才女，金克木的得力助手，负责教研室的日常工作。不论在我读书期间，还是1970年留校工作后，她一直像长辈一样关心我。可惜，天公不作美，在“文革”初期她失去了心爱的丈夫。后来她自己的生活也不美满，也早早地去世了。彭正笃、殷洪元两位老师，都由南京东方语言专科学校合并到东语系而来，一位是四川人、一位是上海人，都是勤勤恳恳工作、对学生极为关心的老师。殷老师是1965级印地语班的任课老师，主要教语法。所以，我和殷老师接触比较多，到深大之后还曾为编撰《汉语印地语大词典》有过合作。当时教我们语音课的是马维光，他是殷老师的学生，毕业后分配在外交部。我们入学时，教研室的老师有的外借，有的有研究任务，挑不出一个教我们语音的老师，于是将马维光老师从外交部借来。马老师年轻有活力，我班同学都很喜欢他。后来回到外交部后，他一边做外交工作，一边研究印度文化，出版过印度宗教神话方面的专著《印度神灵探秘》等书。1993年底，我和妻子郑亦麟赴印度出席第十届《罗摩衍那》国际大会时，他刚好在我驻印使馆当文化参赞。见到我们分外高兴，热情招待，因为我们俩都是他教过的学生。

刘安武、刘国楠两位老师，一位是湖南人，一位是陕西人。他俩曾一同受国家派遣于1954年至1958年，在印度名校贝拿勒斯大学留学。刘安武老师入东语系之前，本是湖南大学中文系二年级的学生，他是响应国家号召改学印地语的。我在北大学习、工作期间，和刘安武老师接触较多，得到过他很多教益与帮助。我南下深圳时，他将自己案头还正在用的金克木先生写的《梵语文学史》作为礼物送给我，叫我不要丢掉印度文学、印度文化的研究。他自己更是焚膏继晷，笔耕不辍，终于成为印度文学研究的大家，被北京大学评为“资深教授”。 刘国楠教授则命运不济，后来在德里教书时，由于太劳累竟倒在街头，让人痛心不已。金鼎汉是哲学家金岳霖的侄子，本是西语系英语专业的学生，大三时要求转学印地语，经系主任冯至应允，季羡林亲自考查才同意他转系。他从印地语专业毕业后留校，担任专业秘书。

金鼎汉英语、汉语、印地语均好，“文革”中，大部分时间借在国家外文局，翻译《毛泽东选集》和《毛主席诗词》成印地文版。他怕教研室的集体科研项目互相牵扯多，所以编写词典、翻译文学作品等，他都不参加。1959年，他一个人独自翻译出版的普列姆昌德的中篇小说《尼摩拉》，是我国首部译自印地语的印度文学作品。他独力完成的《印地语汉语成语词典》，具有开创性，很见功力。马孟刚本是《文汇报》记者，读完印地语专业之后留校工作。他文笔很好，辅导学生极其用心。他曾和徐晓阳、孙宝刚等翻译出版过普列姆昌德的《舞台》等印度作品。张德福是辽宁人，毕业后留校工作。后为解决夫妻两地分居而调到南京解放军外国语学院，我曾去看过他。他工作热情，时时关心母校。1998年北大建校一百周年校庆，他和我应约去看望季羡林，受殷洪元、马孟刚等老师委托，提出编撰《汉语印地语大词典》一事，得到季羡林的肯定与支持。季羡林日后为此词典题写了书名。张德福组织人马，和北大老师一起编写，出力甚巨。刘宝珍是北京人，留校后在系总支工作，但业务研究始终不断，还参与翻译了若干印度文学作品。西藏大学成立时，他作为北大派出干部担任西藏大学副校长，主要负责和北京各方面的联系，对西藏大学的建设贡献很大。

以上，是东语系在专业上和季羡林关系最近的梵巴专业和印地语专业的师资情况。总体而言，梵巴专业少而精，一共四人：季羡林、金克木、马鹏云、张保胜。印地语专业，师资较强，1960、1970年代，处于印地语专业的黄金时期。这两个专业，加上乌尔都语专业，合起来称印度语言文学专业，在东语系资格老，力量强，代表着那个年代中国印度学教学和研究的最高水平。我从1965年到1970年，在印地语专业学习了五年。1970年毕业后留校，又在印地语专业教书工作了十四年。到1984年，为解决两地分居的问题，从北京大学调到刚刚建校一年的深圳大学。

155 印度文学院授予金鼎汉名誉院士称号（2015）

155

在北京大学19年，我主要都在印地语专业，专业里的老师人人热情真诚待我，寄予我很多希望。由于1960级梵巴班已于1965年毕业，梵巴专业不再有学生，所以在相当长的一段时间里，印度语言文学的三个专业（梵巴、印地语、乌尔都语）的老师都在一起活动和学习，互相接触的机会较多，在接触中对各自的思想、业务甚至家庭，就慢慢了解起来。我对季羡林的了解，要比对其他老师的了解多。我长期一人住在学校，系里、教研室有个大事小情，常常会找我跑腿。我时间多，不管谁找到我办事，我都不推脱。季羡林家住朗润园十三公寓，我无数次去找他，虽说一般都是就事说事，但次数多了，互相之间就熟了。加上他本来就没架子，关系自然渐渐深了起来。从外文楼到民主楼，再经过粮店，走过两座小石桥，走在北大最美最幽静的曲径上约八分钟，就到了季羡林的家。这条路，走熟了，我就是闭上眼睛，也不会掉到湖中去，更不会撞到树上去。那两座小石桥，是王府大官家园子里用来装扮乡村气的石板桥。不知什么时候，为推双轮车方便，将两块石板在中间撬开了一条不到半尺宽的缝。有的人走路不小心，脚崴进去了。还有人骑自行车，把车轮子崴进去了。住那里几十年的美国老教授温特，在清华大学时曾是季羡林的英文老师，九十岁那年就因前轮崴进中缝，人掉到水中，还搞成了骨折。而我不会，无论走路还是骑车，走那条路简直是享受。关于那条路，季羡林至少写过三篇散文，《花园寂寞红》《幽径悲剧》和《人间自有真情在》。这三篇散文写的都是我从外文楼到季羡林家去的那条曲曲弯弯，既沿湖又靠山的小路。所以，我读到这三篇散文，自然别有一番滋味在心头。这条路，曲折而又幽静：夏天，浓荫蔽道，青蛙发现有人来，急忙扑通扑通跳进湖里；在湖边叠石上晒太阳的鳖，也慌里慌张连爬带滚地掉下水。冬天，路上、小山上、湖面上全是雪，整个世界银装素裹，吸着清新寒冷的空气，呼着一团团白气，有着一种特别的情趣。在这条路上走的次数越多，我对季羡林的心就越懂得，他对我也越来越了解。渐渐地，在没有外人的时候，他会笑着叫我的外号——阿庆。季羡林大我三十五岁，平时不苟言笑，又是我的师长，他能笑着叫我的外号，说明当时心情很好，或者想要叫我做件什么重要的事。

从上述可知，季羡林是我的系主任，又同在一个专业，对我的教诲数不胜数，所以在我心中他一直是我的业师，他和我的最本质的关系，是师生关系。季羡林给我的最早、最深刻的教诲，是“一个字可以写一本书”。1965年听他这么说时，我惊得目瞪口呆。后来渐渐明白，此言不虚。一个佛、一个糖、一个茶，皆可写一本书。我是以学生的身份来撰写这本《季羡林评传》的。学生给老师写评传，有利有弊。简而言之，情况熟悉，信息丰富，且多第一手资料，这是优势，即有利条件。不利条件即弊端也同时存在，因为对传主熟悉，可能陷入具体资料和私人情感之中，不易客观冷静地分析问题，而且可能缺乏应有的高度和深度。

所以，我必须努力发扬优势，克服不利因素，认真写好此书。

二、“文革”中的季羡林和我

1965年9月，我进北京大学，第二年夏“文化大革命”就爆发了。5月25日，聂元梓等七个人的大字报一贴出来，北大校园很快升温，不久就出现了“群众组织”。首先出现的是“新北大公社”，聂元梓当头，北大大多数师生都参加了，参加者每人发一个印着“新北大公社”的红袖标。后来，“北大井冈山”成立了，是聂元梓他们的反对派，周培元当总勤务员（周总理得知后要他退出），参加的人不少。其中有些是从“公社”跑出来的。这两个组织，一个属于“天派”，一个属于“地派”，都打着中央的旗号，袖标和旗帜上印着“新北大公社”和“北大井冈山”，用的都是毛体字。东语系的公社组织称“新北大公社红九团”，井冈山组织称“北大井冈山第九纵队”。最初，搞运动的主要是教师，学生跟着跑。印地语专业学生主要是印地二（1964级）19人，印地一（1965级）15人，其中一人是越南留学生，名叫陈玉刚。他30岁，系里派我与他在25楼同住一室，帮忙解决一些学习和生活上的问题。“文革”开始后不久，他就和所有留学生一样回国了。这样，我们班只有14人。印地语专业不是每年都招生。1964年、1965年连续招生，而且所招人数还比较多，这种情况是首次出现。印地五、印地四的人数都不满十人。印地五很快都毕业工作去了，在学校搞运动的主要是印地二和印地一。两个年级都有人参加公社和井冈山，什么也不参加的好像没人。对新北大公社和井冈山这两个群众组织，季羡林事后有比较正确的评价。他说：“两派在行动上很难说有多少区别，都搞打、砸、抢，都不懂什么叫法律。”[1]当然，这是后来少数人的行为。

我和班上许多同学，在“新北大公社”成立后，自然而然地成了社员。后来出现了“井冈

① 季羡林：《牛棚杂忆》，第253页；北京：中共中央党校出版社1998年版。

山”，我原地不动，没有退社上山。季羡林是坚决反对聂元梓的，所以他是“井冈山”的，是第九纵队的“勤务员”。对这件事，季羡林后来也有过反省。他说：“我滥竽人民之中，深知这实在是来之不易。所以我最初下定决心，不参加任何一派，做一个逍遥派是我唯一可选择的道路，这也是一条阳关大道。”[①]结果，他“自己跳出来”，在日记中这样写道：“为了保卫毛主席的革命路线，虽粉身碎骨，在所不辞！”[②]于是，他在“文革”中吃了许多苦头。他在“文革”中的表现和遭遇，我基本上都不清楚。1998年5月，他将《牛棚杂忆》签署后送给我。我翻了一下，发现时间地点记得非常具体，大多数的事我都不了解。我问他：“季先生，你每天都记日记吗？”他说：“那个时候，谁还敢记日记。”回深圳后，我又仔细读了这本书，还作了一些标记。现在，为了写《季羡林评传》，我又认真读了一遍。

在“文革”中，我亲历的和季羡林有关的事情，我有责任把它们实事求是地写出来。整个“文革”期间，从1966年到1976年，除少数时间之外，我都在北大。总的态度，开始比较积极，后来逐渐消极，总体上说既不是上游，也不是下游，属于中游。班上虽然也分两派，但从未闹过。在我心中，两派同学不分彼此高下，甚至搞不清楚谁是哪个组织的，更没有亲疏。大家选我做班长，大概也是这个原因。有一段时间，逍遥派多了起来，有的托病回家复习所学知识。我自己不是逍遥派，作为班长帮助做一些应该做的事情。例如，冯就宜同学请病假回家复习英语，叫我每月将粮票领出来给他寄去，有何重要信息也要及时告诉他。毕业后，他成了一位优秀的英语老师，而且担任一所著名中学的校长。这些事情，我本已毫无印象，是与他几十年后见面谈起，我才重新有了记忆。他说当年寄粮票的挂号信封还在，对自己的后代说，这就是为人。在“文革”中，自己做错了的事，我都抱愧在心。所谓错事，不是指大势所趋，非个人能力所能扭转的事，而是指个人可以不做但是做了，而且结果不好的事。这样的错事一共有两件，虽是系革委会派遣或要求，但自己总是有责任。事情不是很大，但涉及两位同学，自责之心难泯。在此不便细述，以免因小失大，造成二次伤害。

整个“文革”，我只有不长的五段时间离开北大。第一段时间，1966年9月至1967年春。我先是乘火车去了趟广州，后来和东语系朝鲜语专业1965级学生韩振乾去南方串联，在南昌碰见北京钢铁学院两位女生，一位姓冯，一位大概姓赵。后来又碰见一位江苏镇江的初中生，姓董。我们从南昌到井冈山再到长沙韶山，一路挑担步行，自己做饭野炊，大概走了三千里路。最多时，一天走160里。到长沙后，开始“复课闹革命”，就坐火车回北京了。回到北大后，我及时将所借棉衣及伙食费寄回了接待站。以后一段时间里，我和两位北钢的同学有些联系，韩振乾和董同学联系较多，据说他后来做了《扬子晚报》的记者。至今回忆这段历史，觉得冯、赵、董三位都是极好的人，虽然几十年来，我和他们不再有联系，老韩也已于2012年去世。

第二段时间，1969冬到1970年春。东语系师生在工宣队、军宣队带领下，来到了延庆县“接受贫下中农再教育”。印地语专业和泰语专业分配在新华营大队，和贫下中农同吃同住同劳动。我第一次真正领略到了延庆的寒冷，懂得了北方农民的辛苦。为了解决师生取暖用柴，大队派最好的大车把式进深山砍荆条。结果遇到一户人家问，永宁的小鬼子走了没有？消息让我们大为吃惊。为了躲避日军祸害，这家人躲进深山二十多年不敢出来，不知道当今是个什么世界。后来，我到了趟永宁城，它是公社所在地，城墙完整甚至雄伟，但居民很少。据当地人说，当年樊梨花曾驻军于此。在新华营这段时间，虽然离开了北大，但没有离开季羡林。他和印地二的同学一起来到这里，一起开会学习，搞斗、批、改。

① 季羡林：《牛棚杂忆》，第51页；北京：中共中央党校出版社1998年版。
② 季羡林：《牛棚杂忆》，第55页；北京：中共中央党校出版社1998年版。

第三段时间，1971年12月至1972年12月。1970年北大招收了第一批工农兵学员。一年制短训班在北京校本部有九十多人。因学生多教师少，教研室主任徐晓阳安排我给他们上课。1971年秋，系里安排我到江西南昌鲤鱼洲北大分校所谓“草棚大学”。印地语专业、乌尔都语专业的本科生安排在那里上课。去鲤鱼洲之前，我回上海探亲，然后再去江西。到了分校，殷洪元、马孟刚、刘国楠等老师已将教学工作安排得井然有序。我就和1970级的同学住在一个草棚里，但工作在连队食堂，这个连队实际上是外语系师生。这样，我和这批工农兵学员就熟了起来。这个年级人数很多，后来大多数都改行了。但也出了不少人才。如上海国际问题研究所的吴永年研究员，后来成为北大博导的唐仁虎、唐孟生、刘曙雄等，就出自这个年级。在食堂里干，我和西语系、俄语系的许多教师就熟了起来，他们后来有的当了系主任，有的当了教研室主任，都成了北大的业务骨干。在草棚大学，我呆了一年左右，就和其他人一起统统撤回北京校本部了。

回到校本部，教学任务就多了起来。除了上课，我还担任一个班的班主任，班上除了中国学生，还有四位朝鲜留学生。1972年底，按照教学安排，我和教研室主任徐晓阳及王益香一起，带着1970级的学生到云南陆良华侨农场实习。那里有许多1962年中印边界战争后回国的印度华侨，其中有些眷属是印度人。这是一个不错的印地语实习环境。在那里，我们待了一个月，和华侨们朝夕相处，对他们的处境有了深切了解。徐晓阳还带着我，拜望了陆良县长兼农场场长。这位县长的名字，我记不得了，但是他的谦虚、实诚让我永远难忘。他没有一点官架子，让家里人倒上茶，端来许多葵花籽。整个农场，葵花籽是最常见的零嘴。我们一边吃瓜子，一边和县长聊天。这就是我离开北大的第四段时间。

1973年6月至8月，我受北京大学委托，参加北京市招生组到山东省招生，主要是复审材料，并进行面谈。决定录取后，将其档案材料带回学校。这是我离开北大的第五段时间。

除了以上五段时间，十年“文革”，我都在北京大学。为什么对季羡林《牛棚杂忆》中的大多数描写，我很陌生呢？原因很简单，我是一个普通学生和普通教员，季羡林所说的许多事都是比较高层次的，比如他和聂元梓的矛盾和斗争，他在牛棚里的事像我这样的人是无从知道的。那是一个激情奔放的年代，崇尚表现的年代。我也努力过，成立过一个人的“迎春到”战斗队。结果毫无影响，现在我不提的话，世界上就不会有人知道，曾经有过这么一件可笑而又笑不出来的事。不过，《牛棚杂忆》讲到的有些事情，我是知道的，甚至是亲身经历的。有必要在这里说一说。

我和班上同学听过许多次季羡林的批判会。会上，一般首先由他作自我批判。这在《牛棚杂忆》中有详细描述。他这样写道：“革命群众没有把我忘掉，时不时地还找我开个批判会什么的——要注意，是批判会，而不是批斗会；一字之差，差以千里——，主要是批判我的智育第一，业务至上。”“据说东语系最突出的问题就是智育第一，业务至上。对于这一点，我心悦诚服地接受。如果这就是修正主义的话，我乐于接受修正主义这顶颇为吓人的帽子。”[①]上述内容，季羡林常在大小批判会上，以现身说法的方式，告诫我们。不但心悦诚服，而且语重心长。可是，效果不佳，许多人还是认为“智育第一，业务至上”，像块臭豆腐，闻起来臭，吃起来香。我本人在嘴上没有说过这样的话，但在行动上确是这样做的。在一些人做逍遥派的时候，我开始编写《毛主席著作中的成语词典》。这样，我不但有事做，而且提高了自己的文化知识，又避免了“智育第一，业务至上”之类的指责。可惜，此书有始无终，一直没有出版。和我一起去步行串联的韩振乾，在中学

① 季羡林：《牛棚杂忆》，第55页；北京：中共中央党校出版社1998年版。

时就入了党，做事很有干劲。他在“文革”中一个人编了一本《汉朝植物词典》，后来正式出版，在朝鲜还获了奖。实在让人佩服。

在《牛棚杂忆》中，季羡林几处提到两位及门弟子，一位是“前高足”马鹏云，另一位是和马“像是枣木球一对”的某某。他这样写道：“最让我难以理解也难以忍受的是我的两个‘及门弟子’。其中之一是贫下中农出身又是‘烈属’的人，简直红得不能再红了。学习得并不怎样。我为了贯彻所谓‘阶级路线’，硬是把他留下当了我的助教。还有一个同他像是‘枣木球一对’的资质低劣，一直到毕业也没有进入梵文之门。他也是出身非常好的。为了‘不让一个阶级弟兄掉队’，我在课堂上给他吃偏饭，多向他提问。‘可怜天下老师心’，到了此时，我成了‘阶级报复’者。就是这两个在山（井冈山）上的人，把我揪去审讯，口出恶言，还在其次。他们竟动手动脚，拧我的耳朵。我真是哭笑不得，自己酿的苦酒只能自己喝，奈之何哉！这一位姓马的‘烈属’屡次扬言：‘不做资产阶级知识分子的金童玉女！’然而狐狸尾巴是不能够永远掩盖的。到了今天，这一位最理想的革命接班人，已经背叛了祖国，跑到欧洲的一个小国，当‘白华’去了。‘天网恢恢，疏而不漏’，自己吐出的吐沫最后还落在自己的脸上！”[①]在《牛棚杂忆》的另一处，季羡林描述了一次令他难忘的批判会：前面有几张大桌子，上面摆了不少东西。我仔细一瞧，有毛料衣服和裤子，有收音机（当时收音机还不像今天这样多，算是珍贵稀有的东西），还有一些零零碎碎的东西。还有几本用粗糙的纸张油印成本的梵文讲义。等到主席宣布开会目的，“我恍然大悟：原来今天这一出戏是针对我来的。我有点吃惊，但又不太吃惊——惯了。只听我这位前‘高足’，前‘接班人’怒气冲冲地控诉起来，表情严肃，声调激昂，诉说自己中了资产阶级学术权威的糖衣炮弹，中了资产阶级思想的毒，在生活上追求享受，等等，等等。说到自己几乎要背叛了自己出身的阶级时，简直是声泪俱下。他用手指着桌子上陈列的东西，意思是说，这些东西就是无可辩驳的证据。于是怒从心上起，顺手拿起了桌子上摆的那一摞讲义——原来是梵文讲义——三下五除二，用两手撕了个粉碎，碎纸片蝴蝶般地飞落到地上。我心里想：下一个被撕的应该轮到那漂亮的毛料西服裤或者收音机了！想时迟，那时快，他竟戛然而止，没有再伸出手去，料子西装裤和收音机安全地躺在原地，依旧闪出了美丽的光彩。我吃了一惊，恐怕全场的人都吃了一惊。”[②]马鹏云的做法，对老师季羡林的打击、伤害，无法形容。上面季羡林记述的一幕，就在我眼前发生，至今我还记忆犹新。当时我心里想，老马何必这样？事后得知，是工宣队师傅教他的，目的是为了让季羡林和马鹏云都有个好表现，一个好恢复组织生活，一个好轻装前进。其实，这师徒俩都是运动和自己个性的受害者。从某种意义上讲，马鹏云更惨。事后，他向老师跪拜以求宽恕。在北大待不下去了，就到中国社会科学院宗教所，参加《宗教词典》编撰。后来又到了欧洲，读了个博士。不久就在郁闷中去世了。听他的导师比利时皇家科学院院士魏查理（Dr.Charles Willemen）对我说，他妻子答应给他的博士论文出书，请魏查理作序。魏查理还说马鹏云的女儿堃堃很出息，在欧洲很有名气。可是，这些对马鹏云又有何补？当时他们师徒若能和解，多好！

被季羡林和马鹏云一起喻为“枣木球一对”的张保胜，则比较幸运，不但获得了季羡林的原谅，季先生还为他写了一篇《大钟寺梵文铭文考释》序。他们之间是如何和解的，我不得而知。但这种结果，令我打心底里高兴。不论是当时，还是后来，张保胜老师给我的印象是极好的，既坚持原则，又善于说服人。

《牛棚杂忆》还写到一位“印尼语教员”，这位老师我认识，是我们教研室主任徐晓阳的先生。在

① 季羡林：《牛棚杂忆》，第3页；北京：中共中央党校出版社1998年版。

② 季羡林：《牛棚杂忆》，第204页；北京：中共中央党校出版社1998年版。

运动初期，他就自杀了。这对徐老师的打击极大。她忍着悲痛，一边积极工作，教书、译书、编词典，一边抚养年幼的儿子。由于生活不顺利，她四十多岁就离开了人世。当我看到《牛棚杂忆》中的这段关于“印尼语教员”的描述，心想如能不写最好，夫妻俩都过世了。

说完我所知的“文革”中的季羡林，现在该说我自己了。

因为“文革”，本该1969年毕业的1964级不得不延时毕业，为了1970年迎接工农兵新学员，北大和其他大学一样，将1964级和1965级同时在1970年3月毕业。这样，本该1970年6月毕业的我们，就提前数月毕业了。临毕业前的情景形形色色，有突击确定恋爱关系的，有到处托人走门子的，但总体井然有序。当时毕业分配的原则是哪里来回哪里去。实际上，这是一次初步分配，回到各省之后还要具体再分配。因为要大量招收工农兵新学员，原有的老师肯定不够用，所以各系各专业都要在1964、1965两级毕业生中，挑选留校人员。东语系也不例外，一共留了十名毕业生。当时留校人员的要求有两条：一是没有派性，或派性不强；二是学习成绩要好。在当时情况下，这两条要求是符合实际的。关于“派性”，季羡林说：在中国，“只管目的，不择手段；造谣诬蔑，人身攻击；平平常常，司空见惯。因此就产生了一种新的‘物质’，叫做‘派性’。这种新东西，一经产生，便表现出来了无比强大的力量。谁要是中了它的毒，则朋友割席，夫妻反目。一个和好美满的家庭，会因此搞得分崩离析。我实在不能理解，为什么对抗外敌时都没有这么大的劲头，而在两派之间会产生这样巨大的对抗力量？”[①] 季羡林的这段关于派性的文字生动而深刻。当时，工宣队、军宣队进驻大学主要有两大任务，首先是批判派性，搞大联合，其次是进行斗批改。所谓斗，就是斗走资派、斗反动学术权威；所谓批，就是批判封、资、修；所谓改，就是教育改革。运动时间一长，许多人疲沓了。东语系的一位工宣队的贾连长，在许多会上操着上海口音说：“在一些人那里，斗，就是逗逗小孩；批，就是劈劈木柴；改，就是改善伙食。”这种说法，合乎中国人表达习惯，所以这几句话被人争相效仿，流传甚广。但从这几句颇有调侃味的话中，却道出了几分当时的真实情况。两条要求中的第二条，是学习成绩好。这实际上是个印象分，当时并没有考试什么的，哪来具体的成绩。不过，老师们的心中还是有数的。这两条要求总体上是执行得较好。为了保证留校教师的平衡，十人中五人是公社的，五人是井冈山的。这十人，本来就没什么派性，留校后就更无两派的痕迹。这是我的切身感受。

不过，这十个人的名单是怎样产生的，我一点也不知道。就这么宣布了，对我来说，既突然，又平常，更感到压力。留校后，我的工作不算积极主动，但只要系领导有事叫我，我都会有头有尾地干，不会撂挑子。我从小接受“听毛主席话，跟共产党走”的教育，培养了我的听跟习惯。小学时，没有听到老师说，要我加入少先队，所以我一直是个“非队员”。到了北大，班级团支部书记姚东桥说要吸收我入团，说支委研究都同意。我说，好啊。可是，她一看我填写的表格，颇为吃惊。问我：你小学、中学时是不是很顽皮？我说没有。怎么是“非队员”呢？她大惑不解。我说，没有老师叫我入队。听老师话，听上级指示，跟老师学，跟组织走。听跟习惯，影响了我一生。在北大是这样，到深大基本上也是这样。从云南陆良华侨农场回来，正等着安排下个学期的教学任务。1973年底的一天，系总支书记彭家声叫我去他办公室，说：“龙余同志，北招待所宋柏年打来个电话，说他们批判组要个办公室值班的，组织上决定派你去。怎么样？”“北招待所？”我问。彭书记解释说：“我们原来想请方薇老师去。可是人家说，要值夜班，女老师不方便。你现在又没有课，你去最合适。组织上相信你。”

① 季羡林：《牛棚杂忆》，第47页；北京：中共中央党校出版社1998年版。

我到北招待所，找到宋柏年。他是北京大学政工宣传组副组长，那会儿担任北京大学、清华大学大批判组副组长。我将彭家声所讲的一五一十告诉了宋柏年。他说："老彭什么都对你说了？那你就来这里干吧。"这个两校大批判组，有许多笔名，最常用的是梁效，还有柏青、秦怀文、高路、金戈、梁小章等等十几个笔名。"文革"末期，颇有名气。四人帮垮台，"文革"结束，这个写作组也寿终正寝。但是，由于政治的需要，对其进行了几年的过度审查、过度批判，反而使之名气更大了。坊间有传言：小报抄大报，大报抄梁效。梁效最大的罪行是1976年10月4日在《光明日报》发表《按毛主席的既定方针办》，说这是四人帮篡党夺权的动员令。实际上该文是《光明日报》编辑孙关龙约大批判组写的一篇约稿。这个事实，与最高层的定性有天壤之别。所以，对大批判组的审查搞了许多年。但事实总归是事实。动员令这件事，许多人信以为真，实际上反映了当时政治陷入了困境。

我从1973年底进北招待所，吃住在办公室，一直做行政事务，主要是接电话、通知事项、一般性接待和送文件。所谓文件，包括送大批判组整理编写的各种资料和文章稿件。主要送中南海和钓鱼台，有时也送中央各部委和清华、北大党委。从1973年底到1976年10月被查抄的近三年的时间里，我做的都是办公室工作，没有机会写过一篇文章。我最早的文章，发表在1982年《北京大学》校报上的短文《泰姬陵》和1982年第1期《南亚研究》上的《从〈梦溪笔谈〉看中印古代文化交流》。那时我已经36岁，我不但不早慧，而且迟钝手拙。

大批判组所在的北招待所，是一幢三层灰砖楼，用当年盖校医院余下的材料盖的，所以质量并不好。但它毕竟是个招待所，有自己的厨房和暖气锅炉房。这幢楼离季羡林所住的十三公寓很近。两楼之间隔着一座小山。季羡林在《小山赋》中说："东西长约三十米。"尽管那么近，那几年我日夜值班或外出送文件，吃住都在楼里，见到季羡林的机会不多。我没有可能告诉他，我在离他很近的楼里做什么。他对大批判组和我具体的了解，是日后通过和林庚、周一良交谈才真正弄清楚的。

三、“文革”后的季羡林和我

“文革”结束，大批判组被查抄。办了一两年的学习班，没有查出期望的、像样的东西。大批判组成员陆续回到原单位，我也回到了东语系。在和季羡林接触中，他一次也没有向我问起过在大批判组的情况，我也没有主动向他讲我的所作所为，但他对我是理解和信任的。他毕竟是个经验丰富的“老运动员”，报纸上、喇叭里说的，批判会上吼的，他一听心里像明镜似的。他对我的信任，主要表现在对我工作的支持和学习的关心上。“文革”之后，我对季羡林的认识大大深入了一步。他对“四人帮”有深仇大恨，从他的许多文章中可以清楚地看到这一点。而我又被认为是“四人帮”的同伙和应声虫。季羡林后来越来越炙手可热，用他的话来说在国家权力机关飞黄腾达过，要整人，给人穿小鞋很容易，但是他对我没有这么做。在没有任何解释、沟通的情况下，他待我一如既往，没有任何怀疑、不屑的表现。

与季羡林相反的是总支书记彭家声，是他代表总支叫我去大批判组帮忙的，还说那里要日夜值班，工作很辛苦，所以组织上派你去。他家住在北招待所到外面去的出口处的镜春园，我有时外出办完事会到他家坐一下。他非常热情，问这问那。凡是能告诉他的，我都会告诉他。一是因为他是总支书记，又是亲自派我去大批判组工作的人；二是我认为，被纪律和别人搞得神神秘秘的大批判组，其实没有什么可神秘的。所以，我对他没有保什么密。他对我的整个工作是最最清楚的。可是，大批判组被查、办一两年学习班后，我回到东语系，他别出心裁用一个小型批判会迎接我，声音最大、用词最尖端的恰恰是这位总支书记彭家声。我对这个世界的认识，一下子深刻了起来。世界上原来还有这样的人。他和宋柏年很熟，老宋常“狗彭狗彭”亲昵地叫他。我原以为他的脸长得像狗，所以老宋为表示亲昵才这么叫他。在这个批判会上，我顿时觉得他不但有着一张狗脸，而且有着一副狗肺。“文革”初期，彭家声不在东语系，我没有和他接触过，也就是说没有结怨的可能性。而他的太太是系里的日语老师，女儿是日语专业的学生，都留给我极为美好的印象。和彭家声形成鲜明对照的是贺剑城。他是“文革”初期的系总支书记，被斗得要死，吃了许多苦。有一天上午，轮到印地语专业开批判会，作为班长，我去把他领来。他在外文楼外停下，对我说：想抽支烟，行不行？我说行。就这件极小的事，他后来“解放”官复原职后，几次向我表示谢意，说：小郁，你是不知道，那支烟不知抽得多舒服。你说行，我心里就有数了。还有桂智贞书记、张殿英书记、吴新英书记，他们都诚恳待我。桂智贞老师后来到中国旅游学院当书记，还指导过我校的旅游文化专业。退休后，她和丈夫一起来深圳看我，一起忆旧聊天。唯独这位彭特别。不过后来我听说他家遭遇不幸，我又彻彻底底谅解了他。“四人帮”垮台，中国政治重新洗牌。他当时可能怕我连累他，所以要和我划清界限。其实，我常到他家坐的事，我从未告知他人，直到这次写书。何况，我和他所谈无任何不可告人之处。

通过大批判组这一段，我进一步认识了“文革”，进一步认识了季羡林和东语系的其他老师。我和季羡林的关系，在一件事情上体现得很典型。

“文革”后期，季羡林逐步获得了“解放”。有一天，我在外文楼遇见他。他叫我到他办公室。其实，这是一间空办公室，除了蒙满灰尘的办公桌椅、书架之外，什么也没有。我替他擦拭桌椅，又帮他把所有抽屉里的擦

156

156 谭云山《观光祖国诗及其他》

鼻涕纸清理掉。原来，他患有枯草热病，定期不定期地受折磨。发作时，鼻子流涕不止，只能不停用卫生纸擦。所以，他办公桌的几个抽屉里，装满了用过的手纸。我在清理，他坐在那里看着我。想说什么，又没有张口。靠东墙的书架上有一摞书，我帮他整理了一下，又把书架擦了个干净。这时，他对我说：这些书送给你，都拿走。我翻了翻，原来是文字改革出版社出版的文学作品注音本，每本只有几十页到一百多页不等。有《红楼梦》中的《尤三姐》，《儒林外史》中的《范进中举》《五河县》，鲁迅《门外杂谈》等，还有短篇小说罗家伦的《真挚的爱情》和几本“拼音文字史料丛书”，如《拼音字谱》《传音快字》《中国音标字书》等，共有十几本。季羡林说：“这些书都是以前文字改革出版社送的，大多是汉语拼音的注音本。你可以不管这些注音，看看内容就行。”在这一摞书中，有一本印度中印学会出版的《观光祖国诗及其他》，作者是谭云山。翻开，扉页上有他的题赠：

敬赠季教授羡林先生指教　谭云山
一九五九年十月廿二日　北京

我问：“这谭云山是什么人？”季羡林说：“这个人很了不起，是泰戈尔的朋友和学生。这本书，你可以好好读一读。”

季羡林这次赠书，对我意义很大。那时，我们手头缺书。有了书，就百读不厌。我阅读这十几本书，在文学、文化方面获益不浅。此事对我1984年到深圳大学中文系任教，无论怎么说都是有帮助的。通过阅读谭云山的赠书，我对谭云山的学识、爱国情怀及弘毅精神有所了解，为日后接受谭中先生捐赠，在深圳大学成立“谭云山中印友谊馆”，打下了第一块思想基石。友谊馆名是请季先生写的，而他这本转赠的《观光祖国诗及其他》，也成了谭云山中印友谊馆中的珍贵藏品。

历史往往在偶然中发生。我想那次赠书，并非刻意安排。季先生办公室中也仅有这些书，而那本谭云山赠书，因开本大小和注音本文学读物差不多而混于其间。我如果不整理那些书，不擦那个书架，可能就不会有赠书一事。为什么整个办公室、整个书架只有那一摞书呢？我想，可能其他书都被抄走了，还没有还回来。而这些书可以学习拼音，没有被抄走，抑或是季先生专门留在这里的？这可能是个谜了。

随着我的教学任务日益增多，我碰到的问题也自然增多，于是到十三公寓向季先生请教的次数也越来越多。一般的问题，凡是自己通过查书查字典能弄懂的，我不会去麻烦他。有些问题只有问他，才能有最好答案的，我就去找他。如有的书上说，五项基本原则，印度用的就是佛教中的“五戒”（Pancasila），为什么会这样？季先生告诉我：印度人欢喜老瓶装新酒。五戒不但是佛教的戒律，也是耆那教的戒律。他们喜欢用这些旧瓶、老词汇，一是老百姓好记，二是对抗西方文化。我曾问过他，为什么说印度人小气？他说，和中国人相比，印度人是小气的。埃及有首诗中说，印度人能从蚂蚁腿中刮出油来。小气、吝啬印度人称为“肯殊死”（Kanjus），这是有原因的。过去许多印度人有乞食的习惯，这在中国叫讨饭、乞丐，是被人看不起的。在印度不，出家人很多，都靠乞食为生。每家主妇早上开门，首先要布施给门外的出家人吃食。粥少僧多怎么办？只能每人少给一点。这在我们看来，就是小气了。听到季先生这么一讲，我心中释然了。一次，我给季先生讲从徐晓阳老师那里听来的萨兰的故事：萨兰是一位印地语专家，中国给的工资不少，教研室老师也很喜欢他，经常买礼物去看他。他很感动，说要请老师们吃饭。一天，教研室几位和他联系多的老师去了。他住在友谊宾馆，很豪华。萨兰很高兴，先招待大家吃水果。他将一个香蕉，剥了皮，切成一片一片的，放在盘子里，然后插上牙签，请大家品尝。徐晓阳老师给我讲这个故事时，笑得眼泪都出来了。季先生说：这是另外一个问题——嫁妆问题。这位萨兰先生，人很好，教书也用心。但是，他有五个女儿，嫁妆问题压得他喘不过气来。不能怪他，不能笑他。

因为离得近，我到季先生家去，都是即时的，没有预约。一般是下午或傍晚去，印象中他都在，没有吃过闭门羹。有时，去通知件具体的事，说完就走。凡是不能说完就走的，季先生就让到内屋或临河的书房。除了谈学术工作之外，也谈他小时候的故事、见闻、北京风俗等等。季先生不擅长发表慷慨激昂的演讲，但说话非常风趣、一针见血。有一次我问他：老外为什么都在身上喷香水，挺熏人的？他说：他们都有狐臭，喷香水可以压一压。我问：你在清华时，外国教授的水平怎么样？他说：还没有我们好的中学老师水平高。有时谈得兴起，出门时见两位老太太做好晚饭，碗筷都摆好了。但是，她们从来不催，只是静静地等。当时，我分不出两位老太太的辈份，也没有和她们深入说过话。后来才知道，一位叫老祖的，是季先生的婶母（叔父的续弦），一位是季先生的老伴。我在季先生家出出进进不知多少回，但没有吃过一次饭。因为我是学生出身，食堂和饭点的观念很深，一般不在别人家里吃饭。季先生也没有留人吃饭的习惯。他们家也吃得十分简单，拌黄瓜、西红柿，还吃马齿苋，都不是招待人的菜。极偶尔季先生也留我吃饭，很诚恳，我看看小桌子上的饭菜，笑笑就出门了。

在我的人生中，1984年夏天向季先生辞行，永远难忘。

我1970年留校，1972年结婚。妻子是同班同学郑亦麟。依当时分配政策，她分配回福建老家。本来，我们一直想排队，等东语系有了进人指标，就可以解决两地分居问题了。从1972年等到1983年，眼看就要有希望了。可是，突然系里调来一位单身的日语教师，快六十岁了。听说是落实政策回城的，是伪满洲国总理郑孝胥的后代。我一看，按年龄大小，肯定得让他先解决。于是，我心生调离北大的念头。当时，汕头大学到北京招人。忘记是通过什么渠道，我知道了这个消息，便向汕大副校长兼中文系主任罗列教授写信。罗列是中国人民大学新闻系教授，“文革”中人大新闻系和北大中文系合并，所以罗列也是北大的教授。信发出后，汕大人事处很快就向北大人事处发出调档函。我就等待进一步的消息。

1984年春节，听说中文系张卫东回北大探亲，我在一个晚上去看他，打听一下广东的物价和语言问题。张老师1983年才调到深圳大学，这次回北大，一是探亲，二是招兵买马。他一听我的情况，急忙问：档案寄出没有？我说还不知道。他要我第二天就去学校人事处问，如果没有寄出，赶快叫他们别寄了，你到我们深大去。然后，向我大量介绍深大的情况。从晚上十点一直说到凌晨二点。他妻子刘丽川从同学宿舍串门（实际是特地）回来，见我们谈兴正浓，就说：你们明天接着谈。凌晨，我回未名湖畔的宿舍备斋（红四楼），下了到深圳大学去的决心。

事情发展很快，深大那头有张卫东催着，不用我着急。不久，他要我到清华找史博文面谈。原来，深大派人事处副处长史博文回清华，专门负责在北京招人。和史博文一谈，我去深大一事就算最后定了。我就和教研室说，安排别的老师接我下半年的课。老师们都依依不舍，但两地分居是个老大难问题，谁也不好劝阻。徐晓阳老师说：张德福也是为了解决两地分居才离开北大到南京去的。我们也是不舍，但是他太难了。大女儿放在辽宁农村老家，让一只大公鸡把眼珠给啄下来了。我们怎么能拦他呢？你也一样，我们不好拦。教研室每一位老师都是这种态度，既惋惜，又不好拦。嘴上比较明确支持的是刘安武老师，他将案头正在用的一本《梵语文学史》送给我。说：到了那边，印度文学、印度文化不能丢。一丢，你在北大这么多年就白搞了。教研室的老师，一个个都话别了。到了要向季先生辞别的时候了。为了有个帮我说话的，我请刘老师陪伴我一起去，没想到他一口回绝了，叫我自己一个人去。

我在一个晚上，从红四楼（备斋）宿舍来到十三公寓季先生家。本来不长的路，变得漫长起来。平常轻松而随意的敲门，变得犹豫和沉重起来。进了门，向季先生说明辞行之意。他一言不发，不说好，也不说不好。我请他写封推荐信，他说：那边那么复杂，怎么写？沉默，空气像凝固了一样。他搓搓手望了我一眼，不知说什么好，眼中充满不舍、无奈和担心。我觉得再沉默下去不好，就说，我在那里有了着落，再回来看你。说着就告辞出门。季先生像往常一样，将我送到楼门口。我一步一回头地请他回屋，可是他一直站在那里望着我。我走到石桥边快要拐弯了，回头一看，他还在楼门口灯光下看着我。我心头涌上一股热流，我知道印地语专业招了好几届学生，正是用人之际。我也知道，我丢掉搞了19年的专业，到了深大改行会遇到多大的困难！那个夏天的晚上，季先生在自家楼门口昏黄的灯光下，头顶上一些趋光的虫子在飞舞着，他久久地望着我远去，直到我看不到他。我心中想，事到如今，不舍也得舍，无奈才要走。12年两地分居，我亏欠妻女太多。妻子生产时，我不好请假，全靠老丈人一家照顾。等我探亲假回去时，一对双胞胎女儿已半岁多，会满床爬了。到深大去，尽快全家团聚，是当时唯一的

157 张中行夫妇与郁秀

明智选择。我心中知道：只有在深大把工作干好，将季先生的担心变成放心，才是最重要的。这也是自己的根本出路。

我在北大读书、教书19年，南下广东之前得向师长一一辞行。除了向季先生特殊而令人难忘的告别之外，场面感人，至今印象深刻的，是向张中行先生一家辞别。以前，每次到他家，中行先生夫人总是非常热情拿出糖果招待我们的一对双胞胎女儿，有时还留吃饭或专门做点心款待。这次是离京前的辞行，老太太特别不舍。中行先生则取出他编注的两册《文言文选读》，良思许久，在第一册的扉页上写道："龙余亦麟同志多年南北分居，顷同往深圳任教，检此书为赠。张中行八四、八。"在第二册上写道："龙余亦麟连年南北分居，顷及同往深圳任教，用此小书赠行并志喜也。甲子夏暑仲翁于北京之燕园。"之后，再见中行先生就很少了。记得1999年11月2日，我和小女郁秀去看望季先生的前一天，又应约赶往城中中行先生新的寓所。他们全家都很高兴，就眼下广告泛滥等现象有说不完的话，还拍了不少照片，中行先生还签赠了一本诗集《说梦草》，扉页上书写"郁秀小友正之"几个字，流利而娟秀，看不出是一个90岁老人所写。现在，中行先生和他太太早已去世，但当时交谈的情况，却如在眼前。

到深圳大学后，就离京别师一事，写过一首打油诗：

燕园梵学十九年，
得识气象万万千。
只为全家团圆梦，
携书别师赴岭南。

四、季羡林对我所作的口述

在北京大学近二十年的时间中，季羡林先生对我耳提面命，有亲炙之恩。这是一种纯粹的师生关系。我们不谈家庭琐事，不谈飞短流长，只谈我好奇的知识性问题。到了深圳大学，我努力工作，和深大荣辱与共。2007年5月23日作诗一首《贺深大评估获优》：

离京别师廿三春，
俯首新圃忙耕耘。
忽报评估高分过，
泪飞花木舞东风。

在燕园，我和季先生的许多交谈内容，极为珍贵，我愿意将它们中的一部分如实记录下来，以飨广大读者。

关于季羡林的赤贫家庭

“文革”中，非常重视家庭出身。季先生说他家是村里最穷的，比贫农还穷，是赤贫户。我很好奇，他留学十年，西装革履，怎么会是赤贫家庭呢？那时的留学生，哪一个不是来自有钱人家？有一次，我们用聊天的方式，就他的家庭和家乡的贫困问题进行了深入交谈。

郁龙余：季先生，你说你们家一贫如洗，到底怎么个穷法？

季羡林：我们家乡是个出名的穷地方，地里不长庄稼，收成低。地主人家，没有灾荒，能保证一年四季有粮吃，包括吃地瓜。不用出去逃荒。一般人家，要有半年时间逃荒。一年逃荒两三个月的算不错了。我们家收的粮食只够吃一两个月，只能去给别人做帮工讨口饭吃，村里讨不着了，就去远处讨。成群结队到远处去讨，叫逃荒。最有名的逃荒，就是闯关东。也有继续往前走的，去海参崴，去俄国。俄国的汉学家，一口山东口音，都是逃荒的山东人教的。

郁龙余：你能否举举例子，说明你们家乡比别的地方穷？出奇的穷？

季羡林：我们村上有的人家，连腌咸菜的盐都买不起。怎么办？实在没办法了，就想穷办法、极办法，人不吃盐不行，就没力气。什么办法呢？就是小便时集中一个地方，一般是院墙的西南角。这样，尿中的水分蒸发了，盐分却留在了土里。到腌萝卜时，把那些土挖起来，放在大缸里倒上水用力搅，然后将土滤出，把盐水澄清。这样，反复弄几次，最后盐分够了，水也清了，就将萝卜倒进缸里去腌。

这种事，我闻所未闻，吃惊地问：这是真的？

季羡林苦涩地笑笑，说："真的。最穷的人家就是这么做的。我自己看见过。"

郁龙余：那样腌出来的萝卜，够咸吗？有尿味吗？

季羡林：有点盐就行，吃起来有点儿咸有点儿酸，就可以了。没有尿味，我吃过。

郁龙余：还有什么稀奇的事？

季羡林：那个时候，就是穷，家家户户没饭吃。所以，逃荒时总是说，可怜可怜我吧，给口饭吃吧。年轻一点的，开不了这个口，就埋头帮别人干活，帮着推车，挑担，有什么活就干什么活。被帮的也是穷苦人，就从自己手巾里掰一块窝头分给人吃。帮干活的千恩万谢，三下五除二，那点窝头或别的什么吃的，一转眼就消灭了，没了。

郁龙余：我家也在农村，也有许多穷人，但没有见过这样的。

季羡林：为什么说江南好呢？我们家在鲁西北，是出名的穷地方。山东也有好地方，山东半岛，青岛那里就比我们家乡好。所以，那里的天主教堂就到我们家乡来发展教徒。手段非常简单，凡是入天主教的，每人发一斗红高粱。结果，许多人都去领这一斗红高粱。那时，一斗红高粱，掺上野菜，可以是一个人一个月的口粮。可是，这一斗红高粱吃完了，这些农民也就不信教了。明年再发红高粱，再信，再去领。那些农民信的是粮食，是实惠。西方来的传教士很不理解，其实很好理解，人首先要活命。不然，什么都谈不上。

郁龙余：季先生，你德国读完博士回来，村上的人是怎样欢迎你的？

季羡林：先在济南，我受到欢迎，他们知道博士是怎么回事，也有人知道梵文是怎么回事。回到村里，他们就不大知道了。只知道我读成回来，要做大官了，赚大钱了。所以，欢迎是肯定的，也十分诚恳。

郁龙余：怎么个诚恳？有没有请酒？

季羡林：有。村上最有钱的地主，就请我喝酒。

郁龙余：吃得怎么样，丰盛吗？

季羡林：呵呵（苦笑），他用一根葱炒了一个鸡蛋，还有一杯高粱酒和一根生葱。

郁龙余：你们两个人就吃这点儿东西？

季羡林：不，就我一个人。他坐在一旁陪我，一边说话，一边看着我吃。

郁龙余：这地主太小气了！

季羡林：不，不是小气。他是真心请我的，真心得我不好推辞。这次请我，不能说倾其所有，但可以说已极尽其力了。我们那里实在穷，遇到荒年，他家靠吃红薯过日子，不出去逃荒，就算最有面子的大户人家了。他是真心请我，还想今后沾我一点光，所以才请我，真的不是小气。

郁龙余：南方和北方的地主太不一样了。我们村只有富农，没有地主。那几户富农很有钱，他们还开厂，叫织布厂，专门给上海大中华橡胶厂织雨鞋内的衬里布。解放后，他们的厂关门，机器被国家赎买了，每户分得好多钱。

季羡林：你们那是上海郊区，江南，不一样，很不一样。

这次和季先生交谈，让我认识到中国非常大，各地情况千差万别。同时觉得，请季羡林喝酒的地主，虽然地很多，还有雇工和牛，但实际的生活水平最多是个中农。让他长期戴地主帽子，遭受批斗，是非常冤枉的。

关于湖北赈灾彩票中头彩的故事

关于季羡林父辈购买湖北水灾赈灾彩票中头彩的故事，在他的著作中有不同的描述，在蔡德贵的《季羡林传》《季羡林年谱长编》和梁志刚、胡光利的《季羡林大传》，以及季承的书中都有不同的描述。这些描述大同小异，再加上一些编著者的综合性描述，可谓版本众多。

这个故事曾真实地存在过。由于时间已久，真正的当事人早已离世。记述这些故事的，都不是当事人。何况记忆本身也靠不住，这一点从季羡林对这个故事的记述前后有所差异，就可以得到印证。“文革”后期，在一个宁静的下午，季先生给我讲述了这个故事。因为这个故事很传奇，它一直牢牢地印在我的脑海里。我所听到的这个故事，和现在所能看到的，总体上说也是大同小异。但是在某些地方与众不同，所以我有必要把这个故事如实地记下来，供大家研究和阅读。

季羡林这样说：

> 我给你讲一个我们家闯关东的故事。我的家乡在鲁西北，很穷，地里不长庄稼。碰到灾年大家就逃荒。我们家父亲一辈人多地少，就是丰年打的粮也不够吃。有一年，大饥荒，没办法了就闯关东。我父亲和他好几个兄弟都去了。关东也不是那么好闯的，那一年身上的钱用完了，又没找到新的营生。正在大家走投无路的时候，传来湖北水灾卖赈灾彩票的消息。原来那一年湖北发大水，灾情十分严重。于是，有各种各样的赈灾活动，有直接捐钱的，有义卖的，有义演的。还有一种是卖赈灾彩票，就是你出钱买彩票，彩票上有号码。彩票全卖出之后，就抽奖。用这个办法来鼓励大家买彩票。这个办法果然有效，买彩票的人很踊跃，而且在逃难的山东灾民中也传开了。我父亲听到这个消息，心就动了，他想搏一搏。于是他和我叔叔商量，结果很快就决定了。可是，他们身上只剩下半块钱了，而买彩票是一元一张。怎么办？就在山东老乡中找人，结果有一个也想买彩票，出了半块钱，合起来买了一张彩票。当时，我父亲他们既想赌一赌，希望能中奖；同时，又不抱太大希望，那么多人买彩票，要中奖太渺茫了。他们所以买，心想，这半块钱，也救不了全家，拿去买彩票，还做了好事。如能中奖，好上加好。不中，也无所谓，反正已经是濒临绝境了。就在这种思想下买了彩票，在既抱希望又不抱希望中等待。奇怪的事情出现了，谁也没有想到，我们合买的彩票中奖了，中了头彩，四千元，四千块大洋！
>
> 那个时候，大洋很值钱，四千块大洋是笔大财、横财。于

是，和另外一位合买的人对半分账，一家两千块。

有了这一大笔钱怎么办呢？马上回家，不闯关东了。回到村上，干的第一件事情是盖大瓦房。因为，我们家在村里最穷，只有一点薄地，住的是草房，所以被人看不起。现在有钱了，要盖全村最高的青砖大瓦房，要光宗耀祖。可是，一时到哪儿去买砖买木材呢？那时，我们老家那一带，很少有盖新房的。砖窑、木行极少。所以农村盖瓦房，三年备料，一年盖房。可是，我父亲哪里等得及？他要马上盖，立即盖，放出话去，谁将自己的瓦房拆了，砖、瓦、木料我按五倍的价钱买。重赏之下必有勇夫。结果，村上一家地主将自己的瓦房拆了，将全部砖瓦木料卖给了我们家。很快，几间高敞的北房和厢房盖起来了。盖的时候，远近来看热闹的人群络绎不绝。我父亲讲面子，有点儿豪气，凡是来道贺的，其实是凑热闹的，统统请吃饭。很快，我父亲名声大振，他就更加好客了。在镇的集市上，常常在饭馆里，动不动就说：在场的有一个算一个，统统我请客。在一片片的叫好声中，二千银元全用完了，又回到身无分文的境地。没法子，又去打工，又去逃荒。最后，就卖房子。整幢的不好买，只能拆了卖砖、卖木料，三钱不值两钱。没多久，一切又回到了原状，而且再也无法翻身。到了我出生时，家里已穷得揭不开锅，六岁时不得不把我送到济南。由我在济南铁路上做事的叔叔抚养。

关于季羡林家中收藏的谈话

一天下午，我到季羡林家中办事。事情办完，他让我在他临北窗书房中，和他面对面聊天。这次聊天内容很有意思，许多内容都集中在他家的收藏之上。话题由北大东门外成府的一位“格格”引起。

郁龙余：季先生，东门外我们沿学校围墙去清华时，常常会看见一位“格格”，疯疯癫癫的，穿着一件无袖的布背心，头发蓬乱，嘴里总是唠唠叨叨，但不知她说些什么。你见过吗？她是真的格格吗？

季羡林：见过。是不是格格，不知道。

郁龙余：成府街上，以前是否有许多大官的府第？

季羡林：应该是。北大、清华这一带明清以来，有过许多王府和大官的园子。我们住的朗润园、镜春园等等都是。至于那个格格的真假，不用去管她。反正北京各种格格、阿哥、大爷、奶奶极多，还有许多失业的太监。原先，他们都是锦衣玉食，前呼后拥，排场十足。民国后，特别是解放后，他们的日子越来越不好过了。只有出账，没有进账，日子一长，不就坐吃山空了吗？怎么办？卖东西。先是卖首饰啊，玉器啊，接着卖字画、文物，等等。到解放时，卖东西困难了。他们的日子就不好过。

郁龙余：是否有钱人少了，没有人买他们的东西了？

季羡林：对。一些有钱人跑了，到上海、香港去了，有的去了台湾、海外。再加上从清朝垮台，卖了几十年了，许多好东西该卖的都卖了。还有，就是一解放，北京不发钱，实行供给制，实物工资。我是教授，每月给我1100斤小米，从解放区运来的。

郁龙余：你领到过小米？

季羡林：领到过。国民党时，物价飞涨，用车驮着钞票去买东西。为了防止这种情况发生，刚解放时，用小米来抵工资。靠卖物件过日子的那些人，这段时间不好过。不过，时间很短，到1952年就发人民币了。后来，给教授定级别，一级教授每月340元，二级教授280元。我们就成有钱的人。那个时候，340元很值钱，于是，那些卖东西的人就找上门来了。

郁龙余：他们怎么会认识你呢？你在大学里教书，平时和他们又没有什么接触。

季羡林：这是个行当。他们有办法。那些破落的大户人家，一般都由女人出面，什么四奶奶，六奶奶，很多奶奶。她们手下有一批掮客，有的是前清的小太监，或是他们府上的佣人。这些人消息十分灵通，哪家奶奶有什么，想卖什么，什么价钱，他们都一清二楚。然后就打听买家，一旦谈好，东西就给你送来了，从不失信。我在沙滩时，就和他们打过交道，买过一些东西。搬到海淀来了，他们也跟着来了，问这要不要，问那要不要？我家里的旧东西，大都是他们送来的。这张红木书桌（季先生指着他写字的七巧桌）也是他们送来的。

郁龙余：多少钱？

季羡林：30块钱。这个价在那时候是公道的，现在不止了。我有些字画，是朋友送的，不是买的。那时常开一些会，搞些活动，参加的人中就有著名的画家、书法家，他们愿意送。后来，我有了收藏的念头，就托内行的朋友，私下去买。这样，东西又好，价钱又便宜。总之，五六十年代，东西很便宜，我买了点东西，这还要感谢那些掮客。没有他们，我一无消息，二无兴趣，就不会买那些东西。

郁龙余：掮客的钱谁给？你给还是那些奶奶给？

季羡林：一般是那些奶奶们给，他们内部也是有规矩的。他们很守规矩。有时，我觉得东西买得合算了，也会给一点。这些掮客很辛苦，不但脑子好，身上也有工夫，多大的一个柜子，一个人背着就走，进门出门还不会碰撞。

158 左起：郁龙余、汤一介、乐黛云、景海峰、何道宽（1999.10.22）

158

季先生还和我谈过许多话题，如他的几次出访，清华大学中国教授、外国教授的水平问题，对东语系一些教师的评价，东语系和中文系教师的比较，等等。在此恕我不能一一细叙。

五、到深大后我与季羡林的关系

1965年至1984年，由于“文革”等特殊的原因，我和季先生之间联系很多。但是，那是一种事务性的联系，是学生和老师、新教师和老教授之间的联系。这种联系就像一日三餐一样，是自然的、自由自在的。在这里，有一点必须如实告白，“文革”之后季羡林恢复东语系主任，后来又当了北大副校长、全国人大常委等等，我在北大时，对此全无概念，既不知道他怎么当的，更不知道他是何时当的。就像许多人不知他曾当过北大工会主席一样。比如，1984年夏我向季先生告别时，心里根本不知道他是什么职务。季先生就是季先生，只知道他名气越来越大，越来越忙，但有事还得找他。

1984年到了深圳大学之后，我从别人的眼光和言谈中，从报章杂志的有关文章中，渐渐弄清楚了季先生众多头衔和光环的实际意义。季先生从“我的老师”变成了“众人的老师”。但是，我和季先生的联系不但没有中断，而且得到大大加强。这种关系也从事务性关系转化为学术性、事业性关系。毋庸否认，其中有一些联系是受他人之托而发生的，但都属于学术圈子里的正当行为。

我从北大来到新建一年的深大，参与了中文系的成立大会。成立大会上，香港学者饶宗颐、罗亢烈等等，都来祝贺。知道我是季羡林的学生他们十分高兴，谈了许多印度文化的话题。深大中文系主任乐黛云，副主任胡经之，都来自北大中文系，另外一位副主任封祖盛从中山大学来。由于乐、胡二位主任互相轮班，半年在北大，半年在深大。所以，我受他们委托，帮助系里做一些行政、人事方面的工作。在当时的深圳，充满新气象。乐黛云除了当系主任之外，还兼任比较文学研究所所长，我就当她的助手，印了一张所长助理的名片。她的丈夫汤一介也一起来到深大，担任国学研究所所长。

由于我和季先生的特殊关系（其他人是这么认为的），中文系和季先生的联系都由我来进行。中文系成立后做的第一件大事，是1985年10月29日—11月2日承办中国比较文学学会成立大会暨首届学术研讨会。季羡林是主要推动者，并当选为名誉会长。我本来是这次大会的主要工作人员，可是由于不适应广东气候，会前竟然病倒，急得乐黛云老师直掉眼泪。不过，在省、市领导和全校的通力支持下，会议开得很成功。乐黛云主持大会，季羡林致开幕词，广东省副省长王屏山，深圳市副市长邹尔康、宣传部长李定，深圳大学党委书记、第一副校长罗征启及副校长李天庆、杨伊白等与会。由于会上老友、熟人多，加上我身体又不好，会议期间我和季先生没有进行深入的交流和谈话。1986年，乐黛云老师要我编一本《中印文学关系源流》，收了季先生的五篇文章。它们是《“猫名”寓言的演变》《印度文学在中国》《〈五卷书〉译本序》《〈沙恭达罗〉译本新序》《〈西

159 季羡林为郁龙余、孟昭毅主编《东方文学史》题词“振兴东方文化，迎接二十一世纪”

159

游记〉里面的印度成分》。我请他为此书写一篇序，他于1985年5月5日写好《〈中印文学关系源流〉序》并依时寄来，我将其和书稿一起寄到湖南文艺出版社。可是出版社嫌此序仅强调资料对比较文学的重要性，而没有对宏大意义的阐述，来信表示不刊用此序。我和乐黛云老师虽然几经努力，但是见到书时还是不见此序，我觉得很是受挫，这是我第一次向季先生求序，他依时写好寄来，出版社不用，让我情何以堪！此序后来收在《季羡林全集》第17卷《学术论著九》中。并加上了一个题注：“本篇曾被改题为‘资料工作是影响研究的基础’发表。”季羡林先生在文末是这样评价《中印文学关系源流》的：“纵观这本书的全部内容，我认为，它的指导思想，或者它的做法是同我的想法一致的。选入的文章几乎都是有关直接影响的东西。也或许是，正是为了给本书辩护，我才写出了自己的观点。总之，本书的选编态度是严肃的，我提出的想法也是严肃的。是非曲直，读者自能判断。我现在再向深圳大学，向乐黛云同志，向郁龙余同志表示谢意，感谢他们给中国比较文学研究做出了这样一个可喜的贡献。”[①]

1987年，汤一介主编《港台海外中国文化论丛》，邀我编《中西文化异同论》和《中国文化与宗教》两书。《中西文化异同论》于1989年由三联书店出版。《中国文化与宗教》一书，我又请季先生写序，他于1987年10月写好寄来。可是，因故这套论丛没有出齐，我编的《中国文化与宗教》及季先生的序没有出版。我又一次受到挫折，季先生在序言中写道：“郁龙余同志编选了《中国文化与宗教》一书，作为《港台海外中国文化研究丛书》之一。根据上面我说的理由，我认为是非常有意义的工作。”[②]我读了这个序言，真是内心感到有愧。

1986年、1987年两次求序得而未刊，以后我就不

① 季羡林：《季羡林全集》第17卷，第417页；北京：外语教学与研究出版社2010年版。
② 季羡林：《季羡林全集》第14卷，第278页；北京；外语教学与研究出版社2010年版。

160 季羡林与郁龙余（1991.6.30）

161 季羡林为《文化与传播》题词（1992）

160

文化交流或文化传播是促进人类社会发展的重要动力之一。办好这个学术集刊有助于我国的社会主义建设事业

季羡林

一九九二年六月二日

161

好意思再请季先生写序。1994年，我和孟昭毅教授主编的《东方文学史》（上下册）在陕西人民出版社出版，2001和2015年又在北京大学出版社出版合编本。考虑到季先生已经为多种《东方文学史》写序，又想到我两次请他写序而未刊，所以请他为此书题词。我在1994年4月写的《后记》中说："在编写过程中，我们始终得到了老一辈权威学者的关怀与指导。北京大学季羡林教授为本书欣然题词：'振兴东方文化，迎接二十一世纪。'"[①] 2000年，《中国印度文学比较》一书稿成，我请季先生题写书名，请乐黛云教授写序。我在《后记》中写道："感谢季羡林先生以耄耋之年为本书题笺，感谢乐黛云先生为本书作序。"[②]自从我1984年调入深大中文系，乐黛云老师就给予特别关照，她非常正式地对我说："做中国大学者必须中西印三通，光懂中西还不行。你是搞印度出身的，有条件三通，好好努力，不然太可惜了。"[③]乐黛云这段与众不同的深刻话语，应该说是受到她公爹著名佛学家、印度学家汤用彤先生影响的结果。所以，她一直鼓励我在深圳大学搞印度文学、文化研究。这当然和季羡林先生也有密切关系。汤用彤是季羡林的师辈。1946年，季羡林进北大，聘为教授和新成立的东方语文学系主任，作为文学院长的汤用彤功莫大焉。加上乐黛云搞比较文学研究、成立中国比较文

学学会，季先生都是鼎力支持者。她家后来又和季先生同住朗润园十三公寓，关系至为亲近。作为深大中文系首任系主任的乐黛云大力支持我开展工作，这让季羡林先生彻底宽了心。

1984年夏的那个夜晚，我向季先生辞行，他几乎无语。我请他写封推荐信，他说："那里那么复杂，怎么写？"这大大出乎我的意料，心里也一直琢磨，季先生为何这样说？后来，殷德厚先生在无意之中给我解开了谜底。他曾多次到深大，找胡经之老师和我。我们和他座谈，请他做过讲座。熟悉了之后，他主动和我谈起这一段不为人知的往事。

原来殷德厚是北大中文系出身，和乐黛云同班。毕业后到内蒙古大学任教，后又到广州暨南大学和香港教书，是一位极有学问的教授，和季先生有密切关系。清华大学副校长张维是季先生在德国留学时的同学。当汪伪政权攫取中国驻德大使馆之后，两人都不肯附逆，宣布为无国籍人士。1983年，成立深圳大学的动议获得越来越多人的赞成。很快中央任命张维为深圳大学首任校长，他就自然想到身为北大副校长的老同学季羡林，请季羡林推荐人才。季羡林推荐殷德厚为深大中文系主任。后来，是乐黛云当了深大中文系主任而不是殷德厚。我想，1984年夏，季羡林在我向他辞别时几乎无语，不肯写推荐信的原因，大概就在这里。原来，这中间又有一段插曲。"文革"之后，清华一直想摆脱单一的工科大学的格局，努力恢复解放前老清华的文学院。此事由清华党委副书记罗征启抓。经国学大家钱穆之子钱逊介绍，他到北大找汤一介，汤一介一口答应。后来，清华恢复文学院一事久拖不决，罗征启也被派往深圳大学任党委书记兼第一副校长。于是，他又来到北大，告诉汤一介先生：清华组建文学院一事受阻，请你们夫妇到深圳大学来发挥作用。此事我

① 郁龙余、孟昭毅主编：《东方文学史》，第623页；北京大学出版社2001年版。

② 郁龙余等：《中国印度文学比较》，第283页；北京：中国社会科学出版社2001年版。

③ 郁龙余等：《中国印度文学比较》，第283页；北京：中国社会科学出版社2001年版。

能作主。汤一介提出一个条件，在深大给一套房子，让他的书有地方搁。罗征启将自己楼下的一套房——海望楼302给他们留下。等乐黛云从美国哈佛大学访学归来，夫妇俩就一起来到了深大，住进了这套房。按照约定，他们半年在深大，半年在北大。为了提高使用率，他们二位要我们全家住进去，给他们留一间正房即可。

我在深大站住脚跟之后，季先生继续从各个方面支持和鼓励我。1991年6月30日，北京大学召开东语系南亚文化研究所成立大会，我应邀出席，会议地点在外文楼103室，中间休息时，张殿英老师突然叫我：你来一下，老先生要跟你谈一谈。说着就把我拉进了101室，只见季先生坐在沙发上等我。我赶忙上去握手，问："季先生，有什么事？"他笑了笑："没事没事，就是想跟你聊聊。你在那里怎么样？习惯了吗？"我就把深大和中文系的近况给他讲了讲，他听了十分高兴，说："有事，随时找我，写信。"张殿英老师还专门给季先生和我照了一张相。

1992年，深圳大学中国文化与传播系创办《文化与传播》。我请季羡林先生题字并赐稿。他于6月2日挥毫题字："文化交流或文化传播是促进人类社会发展的重要动力之一，办好这个学术集刊，有助于我国的社会主义建设事业。"他还寄来论文《飴餳餳餹》，和题字一起刊登在1993年出版的《文化与传播》创刊号上。

1993年3月3—5日，季羡林、任继愈一行应邀赴澳门出席"东西方文化交流——历史与展望国际学术研讨会"。我和妻子郑亦麟也应邀出席。会上，季羡林作演讲《东方文化和西方文化》，谈三十年河东，三十年河西。第二年吴志良编辑出版《东西方文化交流——国际学术研讨会论文选》，收入季羡林演讲词。3月5日，成立澳门文化研究会，季羡林、任继愈任名誉会长，梁披云任会长，贺田、马若龙任副会长，魏美昌任理事长。这次澳门之行总体上很成功，这要归功于梁披云老先生、吴志良先生和黄晓峰、刘月莲夫妇等的悉心筹措。“由澳门大学澳门研究中心、澳门社会科学学会、澳门中山学会和澳门基金会联合主办的澳门‘东西方文化交流’国际学术研讨会，假澳门货币暨汇兑监理署会议厅举行。应邀与会学者约70余人。主持者对洋人的热情引起季老的反感，着中山装坐在主席团，演讲。”（蔡德贵：《季羡林年谱长编》第122页）其实，以上是史家平和的写法。实际情况是：季羡林、任继愈是这次大会的主嘉宾，可是在安排座位和介绍来宾时，没有按常规和常理来办，明显失礼。这种怠慢之举，引起澳门学者不满。此时，季羡林站了起来，坐在他旁边的任继愈也站了起来。我坐在季羡林的后排，和其他大陆学者一样也站了起来。正准备跟着季羡林离场，会议主办方急忙来人解释劝慰。大家见季羡林坐下，才都纷纷坐下。一场不愉快，就这样暂时化解了。后来，我们到梁披云先生家作客，他说你们的做法是对的，我都对他们说了。他们根本不懂季老的地位和身份。此事看似偶发，其实反映出殖民地澳门的许多深层问题。季先生在会上的行为，有理有节，表现出中国知识分子应有的骨气，令人敬佩。季先生在文章中不止一次谈到气节、风骨的问题。澳门之行，他用自己的行为给我们上了生动的一课。

1993年12月，我和妻子郑亦麟应邀赴印出席第十届“罗摩衍那”国际大会。北大东语系金鼎汉老师是此次会议的特邀嘉宾，印度政府为表彰他为发展中印文化所作出的特殊贡献，在会议期间向他颁授总统奖。会议主办方希望“罗摩衍那”国际大会，能够在中国召开一次，说这将是《罗摩衍那》研究史上一件非常有意义的大事。我和金鼎汉老师商议后，在会上宣布：深圳大学愿意召开第十一届《罗摩衍那》国际大会。结果，各国都有开会积极性，到

①郁龙余等：《中国印度文学比较》，第283页；北京：中国社会科学出版社2001年版。

1996年4月，深圳大学迎来了第十三届“罗摩衍那”国际大会，盛况空前，来了三十多位印度、泰国和斐济等国的与会者。北大金鼎汉教授、李赋宁教授与会。季先生因忙不能出席，专门委托李赋宁教授在会上宣读他的贺信。

1990年代，季先生花了数年时间，完成了一部考据史上的力作——《文化交流的轨迹：中华蔗糖史》。其间，季先生将部分成果拿到深大来发表，同时还采用了中文系“全唐诗检索系统”的部分成果。他在书中写道：“唐代诗文渺如烟海，我不可能从头到尾认真翻检。听说深圳大学将《全唐诗》输入电脑，我于是写信给郁龙余教授，请他协助。蒙他不弃，转请有关同志，将有关‘蔗糖’的条目利用电脑检出。”[①]季先生的来信是1987年8月25日写的，全文如下：“我听说，深圳大学将全部《全唐诗》输入电子计算机，这实在是一件盛事，值得大大地祝贺。我想请你使用这一台计算机给我查一点资料，在《全唐诗》中有关糖、餹、餳、石蜜的出处，能否查出来？如需要任何费用，请通知，当立即寄上。请代我向你爱人和孩子致意。”此事我尽力去做了，但当时技术还不十分成熟，结果不是特别圆满。季先生在著作中使用了我提供的资料，并作了专门的说明。

1997年，香港回归，是全中国人民的一件大事，我们应该为此做些什么。由此理念出发，我与北大出版社的好友江溶商议。几经切磋斟酌，决定出一本具有深远纪念意义的集诗书画文为一体的《中国的声音》。两人意气相投，一拍即合，决心尽绵薄之力，联络中国大陆、台湾、香港、澳门四地的有识人士，挥毫泼墨，赋诗作画，撰文填词，迎接、欢呼香港回归，一雪百年之耻。在征稿中，地无分南北，人无分老少，政无分国共，族无分大小，纷纷投稿响应，出现了非常热烈的局面。而这一切，极大地得益于主编季羡林先生的影响力。香港的回归，让他对中国完全的统一充满信心，在《血浓于水——〈中国的声音〉主编寄语》中，他这样写道：“行将见金瓯无缺之时即至，合浦珠还之日可期，振中华之天声，比光芒于日月，我们中华民族扬眉吐气的时刻，必将到来，跂予望之矣。”[①]自我南下深圳以来，和季先生与母校北京大学合作，最有意义的大事之一就是成功出版这部大型图册《中国的声音》。

1996年，我和朋友何严武合作办了一份香港杂志《今日东方》，作为主编，我请季先生为创刊号写了一篇《卷首语》，在1997年的中文版上，刊登了两岸四地的陈立夫、费孝通、启功、饶宗颐、梁披云等名人庆祝香港回归的题诗。如今，这些作品都已经成了无价的珍藏。

1997年，深圳大学实行学院制。中国文化与传播系和外语系合并，成立深圳大学文学院，由我任院长。如何当好院长，我没有经验，于是请季羡林先生担任“深圳大学文学院院长顾问”，他欣然慨允。我的同事，便选了一幅季先生的照片，下方写着“深圳大学文学院院长顾问季羡林教授”的字样，挂在我办公室的墙上。

1998年5月，北京大学百年校庆。我和南京解放军外国语学院的张德福教授，受殷洪元、马孟刚等教授之托一起到十三公寓拜访季先生，重点谈了编写汉语印地语大词典之事。他表示全力支持，说无论从哪个方面讲，都是一件好事。日后，他还给我寄来了写好的书名——汉语印地语大词典。

1999年3月，我想办一个反映印度文学、诗学研究成果的刊物，起名《文镜》。这是中印古代都有的名字，请季先生题写刊名。接到信后，他欣然命笔，写下了潇洒漂亮的“文镜”两个字。签名盖章之后，请张殿英教授给我寄来。信中还夹一张北京大学信笺，上书“收到请回音”。但刊物没有办起来，成了我的又一件憾事。

1999年11月3日，我携小女郁秀去看望季先生。那是小女留学后的第一次回国。季先生十分高兴，他

① 季羡林：《季羡林全集》第18卷《糖史》（一），第100页；北京：外语教学与研究出版社2010年版。

162 第十三届国际《罗摩衍那》大会在深圳大学召开（1996）

163 季羡林与郁龙余、郁秀合影（1999.11.3）

164 季羡林题《文镜》

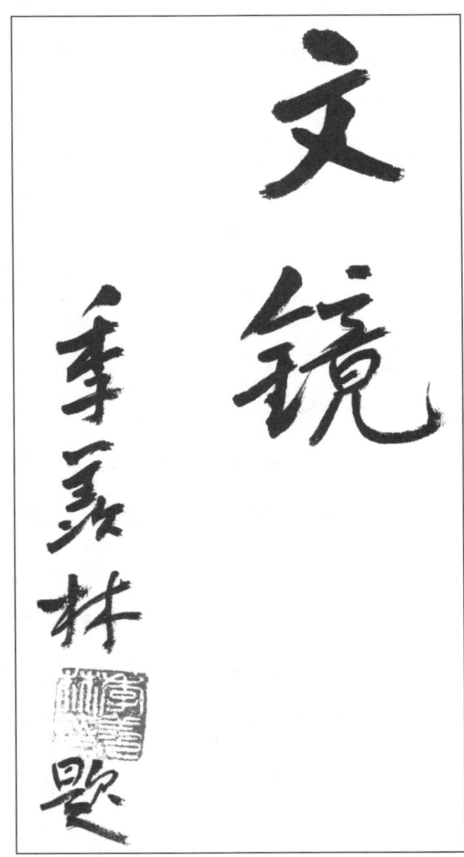

163
164

对年轻人一向友爱，当年对我这个年轻学子如此，现在对小女亦如此。何况季先生在我的两个女儿很小的时候就见过她们，现在小女出了书，算是有了一点小成绩，季先生是很高兴的。季先生对郁秀说："你的《花季·雨季》我看过，我还向许多人推荐过。你得的那个大奖（国家图书奖），我参加过讨论，在香山开的会，我说我支持。"季先生谈了很多，像他接受杨澜采访的花边故事，他为什么喜欢猫。当时只有一只猫在场，季先生谈开心了，问郁秀：你想都看看他们吗？然后他开了门，七八只猫浩浩荡荡地进军了，上蹿下跳，场面很开心。随后我们合影留念，给我们拍照的是张殿英老师。客厅正好挂着巨幅的大画家范曾画的季先生的画像，季先生很幽默地指指画上季先生，说：我们来跟季先生照相吧。于是照片上呈现了两个季先生，一个是真人季先生，一个是范曾画的季先生。告别时，李玉洁老师说："欢迎再来，郁秀来，随时欢迎！"

2000年，暨南大学副校长、著名学者饶芃子教授邀我为她主编的《比较文艺学丛书》编一本《中国印度文学比较论文选》。在此论文选中，我收了季羡林先生的《〈罗摩衍那〉在中国》《关于神韵》等二篇文章。我在后记中写道："1985年，季羡林先生曾为我编选的《中印文学关系源流》一书作序。这个序因故未能在出版时收入。现在再读此序，深感先生高瞻远瞩，洞穿层峦迭嶂。其中许多观点，是多么深刻而亲切。先生对我的工作也做了肯定：'综观这本书的全部内容，我认为，它的指导思想，或者它的做法是同我的想法一致的。'今天，我以同样的态度来编选这本《中国印度文学比较论文选》，希望它能为对中印文学比较有兴趣的读者带来帮助，更希望它能对我国比较文学研究的发展有所裨益。"①

2000年，是跨入21世纪的第一年。许多人都想在这一年做点儿有意义的事。旷昕，原是国家新闻出版总署的一位很有前途的中层干部，看中了深圳这个地方能干实事。于是，毅然南下来到深圳。工作出色，当了海天出版社的总编辑。1996年，郁秀的《花季·雨季》在海天出版，旷昕亲自担责任编辑。此时，郁秀本人已在美国留学，有关出版事务由我来做。这样，我和旷昕就熟悉了起来。不知他从哪里听来的不实信息，在去一所中学的路上，他说郁秀是郁达夫的孙女。我急忙纠正，告诉他，郁达夫是浙江人，我们是上海人，两个郁没有关联。这样，一来二去，互相都觉得是实在人，许多事情就想到了一起。作为出版人，他对我想编一套现代名家散文选的想法很敏感。在1999年的某一天，我们两人一拍即合，定名为《当代中国散文八大家》。并决定请季羡林先生当丛书主编，我当执行主编。季先生得到消息，很是推脱，认为他当主编，自己的散文集又入编，有自卖自夸之嫌。后来，经不住我的坚持和一再分析，又加上"季羡林卷"的主编乐黛云教授和"金克木卷"的主编龙协涛教授的不断工作，季先生终于点头同意，并答应用他的《漫谈散文》作为《当代中国散文八大家》的代总序。乐黛云又精心撰写了一篇《真情·真思·真美》，做季羡林卷《三真之境》的前言，其他各卷的前言，也都由名家精心撰写。这套丛书，在旷昕的倾心督导下，从设计、装帧、校对到印制，一切顺利而臻乎完美。季先生作为《季羡林散文精选》的作者和丛书的主编，有一笔不少的稿费。出版社问我怎么寄，我说不用寄钱，统统按折扣价买成书寄去。旷昕问："这样行吗？"我说："行。"果真我的决定深得季心，季先生见到书十分高兴。后来还寄过几次，我进京时也直接送过。现在，许多人手上有季先生签名的《三真之境》，成了永远的珍贵纪念。旷昕也颇为得意，不过有一次他不无遗憾地说：郁老师，你的执行主编忘了印在版权页上，只印在勒口上。我说："没关系，事成就行。"我们都是做事的人。这句

① 郁龙余编：《中国印度文学比较论文选》，第319页；杭州：中国美术学院出版社2002年版。

话，深得旷心。后来他升迁了，我们好多年没见过面了。但此刻，当初的场景，还历历在目。这是神交的力量。

2001年1月9日，季先生来信，推荐吴明华到深大即将成立的出版社工作。说“在我与他近十年的交往中，我觉得他脑子聪颖、点子多，开拓创新能力强，同时又作风严谨，编辑功力更佳。”我“特此郑重推荐”，可惜，深大出版社一直没能成立，所以此事未能办成。

2001年，我出版《中国印度文学比较》一书，季先生欣然为此书题写书名。2004年9月，我主持编著的《梵典与华章——印度作家与中国文化》出版。此书是钱林森教授主编的“外国作家与中国文化”跨文化丛书中的一种。书前有季羡林、王元化和汤一介三位先生的题词。还有季先生和我的《华夏天竺　兼爱尚同——关于印度作家与中国文化关系的对话》。此书是我带领深大研究生一起完成的，受到读者广泛好评。2005年7月29日，温家宝到解放军总医院看望季羡林，谈及《梵典与华章》温家宝总理说：“我今年4月访问印度。出访前看到了《梵典与华章》一书，开卷就有您的题词：‘文化交流是推动人类社会前进的重要动力之一。如果没有文化交流，我们简直无法想象人类今天的社会会是一个什么样子’。”“这是我的思想。一个人、一个国家如果关起门来过日子，那不行。”季羡林面带微笑。“我们不仅要继承和发扬自己的优良文化传统，也要学习借鉴其他国家的先进文化和经验。”温家宝向周围的人说。“就是爱国主义和国际主义相结合。”季羡林补充道。[①] 2005年，此书获北方十五省市自治区第十二届哲学社会科学优秀图书奖，2006年获第四届中国高校人文社会科学研究优秀成果二等奖。这些荣誉的获得，与季先生的关心支持是分不开的，2004年5月，我在《梵典与华章》的后记中这样写道：

最后，我要感谢季羡林先生。他年事已高，自去年闹“非典”住院疗养以来，一般不再接受采访。但这套丛书是在他亲自关怀下诞生的，他是印度学权威学者，与他对话，是最佳选择。他破例接受了我的要求。这才有了卷首这名为《华夏天竺　兼爱尚同》的访谈录。正如钱林森教授所说，“能与季老就中印文学和文化关系做一个对话，这不仅对印度卷，而且对整个丛书都是一个提升，也是他作为我们丛书的学术指导，对我们的鼓舞和鞭策。”在这篇《对话》中，季先生坚持或重申了自己的一些基本观点，也提出了许多新的真知灼见。他对《对话》稿逐字逐句反复推敲，最后才审定。

今年3月4日，季先生要李玉洁老师向我电话传达他的八点意见。其中重申“不要说著名不著名，咱们有事说事”外，还指出了稿中一个错别字，说“不是年老年弱，而是年老体弱吧。”我立即将此事告诉我的学生，请他们以我为鉴，一个年近花甲的教授，反复核对了几次，还得由一个年过九旬的老教授来纠正错别字！我们做学问一定要如履薄冰，战战兢兢。季先生对我的教诲，显示他在暮年依然拒绝虚荣，对追求真知的执着，决不肯有半点马虎。使我再次受到深刻教育。回想起季先生几十年来对我的关爱，我不知怎样感谢才好，惟有祝愿他健康长寿。[②]

2005年7月，深圳大学发文，正式成立深圳大学印度研究中心，聘任季羡林为顾问，刘安武、孙培钧、黄宝生为名誉主任，郁龙余为主任。当我将深圳大学校长章必功教授签署的聘书送到季先生手上时，他喜悦之情溢于言表。此时的季先生，声名如日中天，根本不缺荣誉。他喜悦的，是看到学生做对了一件大事。此时的他，与1984年夏天的那个夜晚比，简直判若两人。

2006年，我主笔的《中国印度诗学比较》一书出版。乐黛云教授在《序》中称：“龙余对中印文学的研究称得上是‘十年积累。十年思考’，虽然由于种种原因不免断断续续，但始终是连成一线而结出了硕

① 郁龙余等：《梵典与华章》，第532页；银川：宁夏人民出版社2004年版。
② 郁龙余等：《中国印度诗学比较》，第36页；北京：昆仑出版社2006年版。

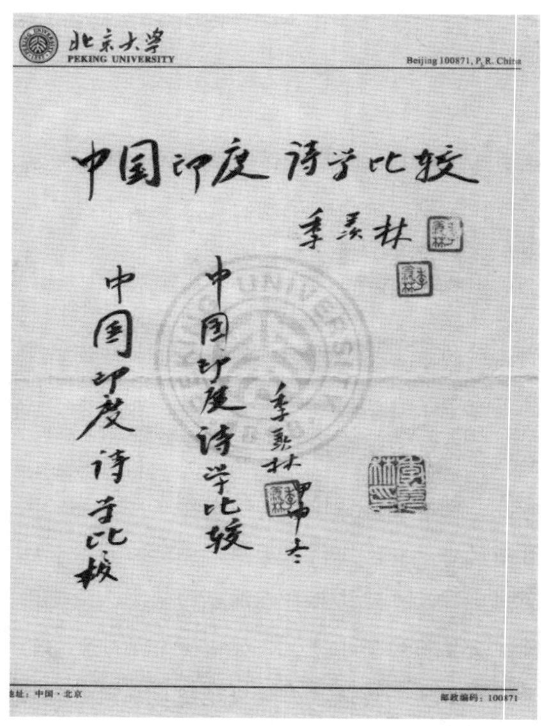

165 季羡林为郁龙余等著《中国印度诗学比较》题词

果！目前这部《中国印度诗学比较》不愧是在坚实的学术资料基础上长期铸造出来的集大成之作。”[①] 此书出版后，受到业内人士和广大读者的好评，2007年获深圳大学人文社会科学优秀成果一等奖，2009年获广东省哲学社会科学优秀成果二等奖。《中国印度诗学比较》的撰写与出版，同样得到了季羡林先生的支持与关心。2006年1月，我在《后记》中写道：“最后，我尤其要感谢季羡林先生。他一直关心我的写作。2004年，在求稿信盈尺的情况下，他为《中国印度诗学比较》题写了书名。可是，爱之愈切，藏之愈深，现在我竟怎么也找不到他的手迹了。今年是季先生的九十五岁华诞。作为献礼，《东方文化集成》编委会决定将这套丛书出满100种。拙著有幸入选，我又高兴又惭愧。高兴的是，经过多年的辛苦书稿终于完成，并能纳入季先生为总主编的《东方文化集成》出版，荣幸之至；惭愧的是，四十年来，先生给我多多，我却总是辜负，丢失的又何止一纸题笺！将所有化作一个心愿，祝先生身体健康，寿比南山。”[2] 令人高兴的是，2015年7月的一天，我在寻找一篇旧文时，突然间在一个文件夹中发现了季先生的这个题笺。他一共写了三款，一款横写，两款竖写，盖了两种四枚印章。这是季先生晚年的作风，生怕写得不好，印盖得不清晰，所以总是多写几遍，多盖几个章，以备选用。突然之间找到了这张题笺，我在惊喜之余，请朱璇、蒋慧琳将它扫描进了电脑，生怕它得而复失。

2006年，是中印友好年。10月22—27日，我们举 办“2006中印友好年深圳大学印度节”。印度驻华大使馆为印度节提供了影片，期间举行了三场演讲，郁龙余的《释豃“liang”（CHINDIA）》，董友忱的《泰戈尔和中国》和程瑞声的《亲历中印友谊》。我给季先生写信，请他为深圳大学印度节写一个祝词。他给我们寄来了一个重要而意义深远的祝词，全文如下：

在过去几千年中，中国翻译了大量的佛教典籍，中华文化之所以能久盛不衰，与吸收佛教文化的精华，是分不开的。但是我个人认为，中国高僧翻译之功甚勤而研究则没能跟上，现在，虽已时过境迁，但研究仍有其重要性。

祝深圳大学佛教学研究不断取得胜利。

季羡林

二〇〇六年九月二十一日

季先生的这个祝词，指出了一个重要的历史事实，历代高僧重视翻译不重视研究，同时希望深圳大学年轻学者补上这一课，加强佛教学研究。应该说，季羡林的这个祝词对我们的研究工作，起到了重要的指导性作用，提高了我们对佛教的认识水平。我们于2013年5月和杭州佛学院

① 郁龙余等：《中国印度诗学比较》，第36页；北京：昆仑出版社2006年版。
② 郁龙余等：《中国印度诗学比较》，第598页；北京：昆仑出版社2006年版。

166 季羡林为中国比较文学会成立20周年题词

167 章必功手捧季羡林题赠“桃李无言 下自成蹊”

166

167

联合成立中印文化交流中心，以及启动翻译印度现代佛教创始人安贝德卡尔的《佛与佛音》、重印玄奘《大唐西域记》（印地文版）等等，都与这种认识水平的提高有密切关系。经过一年半的努力，在深圳大学印度研究中心和杭州佛学院的支持下，外文出版社于2015年再版重印了印地文版《大唐西域记》。5月14日，国家主席习近平在西安大慈恩寺，将这部新印的《大唐西域记》印地文版和中文版一起，作为国礼赠送给到访的印度总理莫迪。

深圳大学中文系，包括后来和传播系合并而成的中国文化与传播系，先后办过两个以书代刊的学术刊物《中国文化与中国哲学》《文化与传播》。季羡林先生是这两个刊物的顾问，并将自己最新的研究成果送来发表。深圳大学印度研究中心成立后，为了向读者介绍重要的中印文献，出版“中印研究丛书”，至今已出版了《理解CHINDIA——关于中国和印度的思考》《中印大同》和《谭云山》。季羡林先生担任《中印研究丛书》首席顾问，并为这套丛书题写了书名。

中国比较文学会1985年诞生于深圳大学。二十年后的2005年，深圳大学迎来了中国比较文学学会第八届年会暨国际学术研讨会。会议开得十分成功，可谓学者云集，盛况空前，来自国内外的近四百位与会者，带来了大批高质量的论文。季羡林先生因忙未能与会，但是发来了祝词。年会一开始，会长乐黛云宣读学会创始人之一、94岁高龄季羡林先生的祝辞：“承接古今，汇通中外。”①

2007年8月4日晚，张殿英老师来电话，说见到了季先生，他很高兴，说让郁龙余为《东方文化集成》多出力。《综合文化编》的主编他不当了，让郁龙余和孟昭毅来当。8月10日我给季羡林先生写信，说自己接了张老师的电话，既高兴又惭愧。表示我会努力，直到找着有雨的云，可能的话，多找几朵下雨的云。上述“有雨的云”，类似暗语，是指东方文化研究的支持者。这里大有故事，容后细述。

郁龙余主编、董友忱编选的六种“泰戈尔诗歌精选”《爱情诗》《哲理诗》《自然诗》《生命诗》《神秘诗》《儿童诗》由外语教学与研究出版社于2007年、2008年出版。这套丛书的编辑出版，始终受到季羡林先生的关心与支持，季先生还为丛书题写了书名。

上海辞书出版社于2009年出版了“外国戏剧鉴赏辞典大系”，社长和总编非常希望得到德高望重的季羡林先生的题笺。我受他们的委托，2007年8月10日写信请季先生题写丛书名。信中说：“两年前，上海辞书出版社和全国的一批学者着手组织编写《外国文学辞典大系》。这是一个大工程；计划出版15种辞典，每种120万字。现在，这个著述计划即将完成，九月三十日是截稿日，许多作者已提前完成。我主编的《外国戏剧鉴赏辞典》（古代卷）也已经完成。到明年，这部大系就能面世。就在此时，大家都非常希望请您为大系题写书名。因为，您是外国文学专家，大系中多处纪录着您的翻译和研究的成果。特别是上海辞书出版社社长张晓敏先生，非常希望您能为《外国文学鉴赏辞典大系》题写书名，并要我向您讨字。敬请慨允。”季羡林先生知道我是受人之托，不顾年老体衰，提笔书写了书名寄我。我把季先生的题字寄到上海，出版社上上下下

① 郁龙余主编：《承接古今　汇通中外——中国比较文学学会第八届年会暨国际学术研讨会论文集》，第428页；银川：宁夏人民出版社2008年版。

非常高兴，一再要我向季先生表达最衷心的感谢。

谭云山是印度泰戈尔国际大学中国学院的开创者，中印现代文化交流的伟大使者，享有“现代玄奘”之誉，季羡林先生一向对其十分敬仰。2006年，谭云山哲嗣谭中将“谭云山文献”捐赠深圳大学。我们将这些文件电子化，并于2008年11月21日建成“谭云山中印友谊馆”，向深大师生和中外来访者开放。如今，这个友谊馆成了中印友谊和文化交流的见证者和工作站。而“谭云山中印友谊馆”的馆名，即出自季羡林先生的手笔。在深圳大学举行开馆仪式之后，在北京外国语大学、北京大学分别召开“首届中国南亚国际学术论坛，谭云山师觉月诞辰110周年国际学术研讨会”。应郁龙余之请，季羡林题写了“首届中国南亚国际学术讨论”。

1999年开始，我在深圳大学招收文艺学专业比较文艺学方向的硕士研究生，前后共有13名。其中有7名考取北京大学印度语言文学专业博士。到2013年，七人全部获得学位毕业，成了我国印度学研究的一支重要力量。他们在北京大学学习期间，有机会就去拜访季羡林先生。季先生见到他们，心中十分高兴。而这些学生都以见到季先生为荣。后来，季羡林住进了301医院，学生再想见到他，就非常困难了。

季羡林对深圳大学和深圳特区，怀有一种深沉而炽热的爱。我曾写有一篇名为《季羡林的深情大爱》的文章，记述他用各种形式，主动褒扬深大和深圳。他是很有风骨的一代大家，一般不给当官的题字写条幅。当他听说，深大校长章必功是位“平民校长”，坚持“大学无官”，坚持“办学以学生为本，育人以素质为本，素质以做人为本”，竟大为感动，欣然挥毫，写下“桃李无言，下自成蹊”八字相送。章校长喜不自胜，将这个条幅搁在自己办公室茶几之上，以为自勉。他卸任之后，其他饰物都收了起来，唯独将季先生的这八字题赠奉为至宝，挂在自己新室的墙上。

从以上简述中可知，自我1984年离开北京大学，离开季羡林先生，我做的许多件有意义的事情，都和北京大学和季羡林先生有着密切的联系。为了让大家有一个真实而具体的印象，作为一个例子，我将自己2007年6月7日写给季先生的信节抄在下面[①]：

季先生：您好！

……

这次到北京，我会给您送去以下物品：

一、谭中主编：《CHINDIA/中印大同：理想与实现》一本。

二、《深圳大学》学报，2007年第3期一本，载有“中印关系国际研讨会”和“2007年中国南亚学会年会”的三篇论文及照片，您的祝词在《综述》中有表述，并在开幕式上作了传达。

三、凤凰卫视采访您的专辑光盘——《赤诚布衣》一个。

四、我新写的论文一篇，题为《大国和大国学术》。我花了半年时间，刚刚改定。作为薄礼，献给您的九十六岁诞辰。这篇文章，用了您的许多思想和观点。2005年，您为“中国比较文学学会第八届年会暨国际学术研讨会”的题词“承接古今，汇通中外”，是本文的核心内容。文章共分三部分：（一）直面中国学术的现状与问题，（二）中国学术发展的应取路向，（三）中国学术的应有品质。中国现代学术的应有品质，我考虑了两条，一是“承接古今，汇通中外”，二是利乐世界并且泽及子孙。文章还不

① 此信根据原信复印件抄出，四处括弧中的文字为原文所有，现在给予必要修正。

168

成熟，请您指教。方便时，可请杨锐（瑞）老师将要点念给您听。

五、《季羡林用笺》二十本。

季先生，几年前我曾向您说过，等我退休之后写一本80万字的《季羡林评传》。现在，我要推迟这个计划，原因有两个，一是我尚未退休，而且比以前更忙；二是您有大量文字尚未发表，如您的英文作品、日记等。计划推迟对《评传》质量的保证，是有益的。

这次在深圳开“中印关系国际研讨会“，来了一百多人。熟人之间，少不了谈起您，大家都为您祝福。期间，不少学者都希望能出一本题为《助手眼中的季羡林》的书，并要我牵头向您报告。我认为，这是一件好事。现在，坊间关于您的书不少，但唯独缺这方面的内容。最熟悉您，对您帮助最大，最以您为荣的，是您的助手——李铮、李玉洁和杨锐（瑞）。他们赢得了广大读者的尊敬。乐黛云教授曾说，要给李玉洁写传。要给一位学者的助手写传，此话又出自一位著名学者之口，其意义非同小可。所以，我想由我做一个策划人（出版社有这个头衔），请李玉洁和杨锐（瑞）老师手写或口述（录），开始《助手眼中的季羡林》的写作，她们是写作主体，如果需要我可以义务帮忙统稿。此事，曾在电话中向杨锐（瑞）说过一些，她对您高山仰止，婉拒了我的想法。所以，我也不敢向李玉洁老师说起此事。无论如何，如果要写此书，应从得到您的支持和允许开始。如有见面，我还会面述。

此致

敬礼

郁龙余

二〇〇七年六月七日于深圳大学①

季羡林先生对我在深圳大学的工作是满意的。2013年，为庆祝深圳大学建校30周年，学校组织人手录像采访30位老教授、老领导。蔡德麟老校长说：2003年，他在北京养病期间，通过北大哲学系黄枬森教授的关系，去301医院看望季先生。季先生为他的《东方智慧之光》一书，题写了“弘扬东方文化，促进中日友好”几个字。并对他说：“蔡校长，你深大我的弟子很多，但是真正跟我学的就是郁龙余。”这既是一句极平实的话，又是对我极高的评价。我知道这句话的分量，一直用它来勉励自己，将自己晚年的工作和研究做好，用留得下来的成绩，来回报季羡林先生对我的信任和肯定。

六、写《季羡林评传》的目的与原则

自1980年代起，季羡林三个字为越来越多的国人所认识，他的名声像滚雪球一样，越滚越大。到1990年代，已经如雷贯耳，如日中天，在中国，没有一位学者，没有一位知识分子，他的名声能盖过季羡林的。进入21世纪，“季羡林热”持续发展，找他的人，相识的，不相识的，天天门庭若市。一向冷清的未名湖后湖朗润园，变得空前热闹起来。此时，凡是真心热爱季先生的人，包括他的同事和学生，都不忍心去打扰他，凡是能不找他的事，就尽量不找他。实在想他了，就到朗润园十三公寓前走一下。公寓前的泥地上出现了两行字，以此表达1998级日语专业的学生对这位世纪老人的敬慕。这两行字的一行是“季老好　98级日语”，另一行是“来访　98级日语”。此事让这位耄耋老人感动不已，于是，有了散文《写在泥地上的两行字》。他这样写道：“我现在已

① 季羡林：《季羡林全集》第3卷，第105页；北京：外语教学与研究出版社2009年版。

经望九之年，我走过的桥比这一帮大孩子走过的路还要长，我吃过的盐比他们吃过的面还要多，自谓已经达到了‘悲欢离合总无情’的境界，然而，今天，我一看到这两行写在泥土地上的字，我却真正动了感情，眼泪一下子涌出了眼眶，双双落到了泥土地上。”[①]这些青年学生所代表的，是一种真正的爱，季先生的眼泪更是一种真情流露。

然而，我不得不指出：这个世界上确实存在着另外一些人，他们千方百计、百计千方围着季先生转，将季先生当作唐僧肉，不管他年老体弱，不管他是否身体不适，不管季羡林本人、北京大学和医院的规定和劝阻，无休无止地找他题字、合影、踅摸东西，使他身心俱疲。季羡林本来对“相期以茶”，活一百〇八岁信心满满，但经不住那些踅摸东西的索取者的折磨，在九十八岁时遽然离去。按照当时北京大学的安排，按照301医院的条件与水平，他完全可以再多活几年的。2006年6日，季先生在《赠301医院》中，称这所医院是中国的标志、符号、光荣和骄傲，“既治好了我的病，也治好了我的心”。2006年8月，在《九十五岁初度》中，季先生说：“现在我们的国家是政通人和，海晏河清。可以歌颂的东西真是太多太多了。歌颂这些美好的事物，九十五年是不够的。因此，我希望活下去。岂止于此，相期以茶。”2009年1月17日，他为山东举办的“盛世花开丝绸路”全国行动题词，落款是“季羡林虚度百岁”。2009年3月，他写下：“祝祖国繁荣昌盛，季羡林时年九十九。”一边写还一边说：“夸张了一点，稍微夸张了一点。”他指出的自然是年龄，不过夸大一岁而已（怀谦《心和气暖》，载《人民日报》2009年3月30日）。

对于季先生住院后繁忙的接待任务，我是非常清楚的。我有要紧的事，都写信或打电话联系，决不贸然造访或“想办法”进楼。在李玉洁老师做助手期间，我一直没有见过季先生。多次开会到北京，李玉洁告诉我：

"郁老师，你是老人，季先生太累，能不见就不见了。有事要办，咱们办事。""非典"之后，她更是说："谁也承担不起这个责任，不上来了。一握手，下午一量体温升高了，算谁的？你我都担不起这个责任。"有一次，季先生给《泰戈尔诗歌精选》题写了书名。我和外研社的责编赶到301医院，李玉洁从楼上下来，在传达室和我们交谈，讲季先生近况。我请李玉洁和责编拿着题字照了一张相以为留念。还有一次，我去301医院，在传达室碰见一位销售经理。他们公司生产一种新的消毒纸巾，季先生用后效果很好。李玉洁在电话里让他等一会儿，说自己正忙脱不了身。我对这位经理说，费用我先给你，你不必等了。事后，李玉洁要把所垫的费用给我。我说：我们做学生的，刚巧碰上此事，付这一点钱是完全应该的。结果，她还是通过邮局将四百元钱汇给了我。

在我的印象中，李玉洁老师和她的丈夫杨通方教授，对季先生抱着一种感恩的、负责的态度，希望他健健康康多活几年。她说，季先生健康活着，是你我之福，国家之福。多次对我说："郁老师，你不知道，我的压力有多大！"关于她家和季先生的关系，她曾非常详细地给我讲过。现在，我概而要之，记述如下。李玉洁老师说：

我是一位华侨。一九五〇年代从东南亚回国，正当英年，个子高挑，一副归侨打扮。北京大学让我给侯仁之教授当助手。侯教授一看我的样子，摇摇手不肯要。学校就让我去找季先生，季先生要了我。后来侯先生后悔了，又来要我。我不干。有一段时间，我们家和季先生住一个楼，中关村一公寓，两家门对门。季先生对我们家多有照顾。我们家老杨的事，"文革"中你们都知道了。没有季先生，我们的日子就很难过。"文革"初期，他还保护我们，后来他也倒楣了。季先生对我们全家的保护、照顾，让我们感激不尽。后来，北京大学和中国社会科学院联合成立了南亚研究所，季先生当所长。我就给他管办公室。我退休之后，就给他帮忙，一直帮到现在。

当时听了李玉洁的讲述，我心中颇为感叹。她如今已经是七八十岁了的人，还天天做服务工作，联络、读报、发送文稿、安排接待，等等。季先生一旦病情变化，体温上升，她就像丢了魂似的，焦虑不安。有人说，李玉洁是不拿工资的全职义工，天下少有。她告诉我，全家都支持她这么做，她想退也无法退了，最害怕自己生病。有一次我去十三公寓看望汤一介、乐黛云老师，谈到李玉洁时，乐老师说："李玉洁可谓'天下第一义工'。将来，我有了空，要给她写一本传记。"乐老师是我信任的人，她的这句话，我印象很深刻。季、汤两家同住一栋楼，搞中国文化书院，两家往来很多。每年夏天，他们还去香山一个庙里避暑。这中间，少不了李玉洁的事。乐老师有许多机会接触到李玉洁，对她的人品和能力，有真切的了解。在我和汤老师面前说写传，一定是李玉洁给了她特别的好印象。

作为助手，季先生对李玉洁的要求严格，要求她原原本本地传达他的意见，不能有半点走样。在我和季先生的联系中，深深感觉到了这一点。其中，有一次印象特别深刻。我去季先生家谈事。正谈着，李玉洁从书房推门进来，对季先生说：《光明日报》来电话，说那篇文章还要请先生核实一下。季先生告诉她该如何回答。一会儿，李玉洁推门又进来说：《光明日报》说能否这样改一改，我也觉得挺好的。季先生问："是我写文章，还是你写文章？"李玉洁见状，低着头回电话去了。不仅对李玉洁是这样，季先生对报刊的记者、编辑也这样，不希望改他的东西。他的这个态度，不是一开始就有的。而是发生了几次差错之后，他才下了这个决心，不准别人改他的东西。季羡林的《中华蔗糖史》一书，在写作过程中，有几章已在一些杂志上发表过。但是，"在个别地方，难免为所谓'责任编辑'所改动过。如果，改得对，我当然十分感激。可情况往往不是这个样子。在我的一篇文章中，我使用了‘窸窣’二字，这并不是罕见的怪字，连小学生用的小字典中都有，可是我们的‘责任编辑’却大笔一挥改成‘蟋蟀’二字，真令我啼笑皆非。”[①]季先生的这个决定，有一点武断和风险，因为他也是会出差错的。还有他晚年的字让人难认，电脑录入时不免出差错，中间又缺少校对环节，结果《泰山颂》中的“齐青未了”“齐鲁未了”变成了“齐王未了”“鲁王未了”。其实，知道杜甫《望岳》诗的，就能改正文稿。但是，他发现，让人改的东西，差错更多。于是，就不准别人改他的稿子。

季先生的最后一任助手杨锐，是一个尽心尽力而又通情达理的人。她告诉我，她和李玉洁家有点亲戚关系。在季先生没有住院时，就开始到他家来帮忙了，所以对工作比较熟悉。2006年8月8日，李玉洁突然中风病倒了，8月9日她就自然而然、责无旁贷地顶了班。杨锐很年轻，服侍一位九十多岁的病人，很不容易。自从季先生住进301医院，我再也没有见过他的面，只是听李玉洁、杨锐说说季先生的近况。直到2007年6月，一天我去301医院办事。杨锐说：季先生今天刚好有空，身体也比较好，想和你谈谈，你上来见见他。于是，她下楼来带我上去，给我和季先生照了合影。这次一共谈了个把小时。杨锐说，季先生会见熟人，一般半个小时，你是特殊的，你从深圳来。这是我自季先生住院以后，唯一一次见到他。这次交谈，季先生心情很好。我告诉他：“我准备写一本《季羡林评传》，想听听你的意见。”他对我笑笑，说：“你写吧。”他知道我不是马上写，等条件成熟后再写。时间过得很快，谈着谈着快一个小时了。杨锐看看表说，我们时间差不多了。我和杨锐告别季先生，来到301医院的另一幢楼，看望中风住院的李玉洁老师。她一见到我，很是激动，但是言语不清，我只能听懂大概意思。她的听力没问

① 季羡林：《季羡林全集》第18卷，第12页；北京：外语教学与研究出版社2010年版。

169 季羡林与助手杨锐

170 季羡林与助手李铮在香港中文大学（1988.11）

169
170

题，我就把刚才见到季先生的情况，一一告诉她。告别时，她拉着我的手很是不舍。我告诉她，以后有机会再来看她，要她好好休养。后来，有一次，宁夏人民出版社的副社长哈若蕙女士（《梵典与华章》责任编辑）给我打电话，说想见见季先生。我告诉她，现在想见季先生比较难。建议她派人采访李玉洁，她是真正知道季先生的人。后来，哈若蕙女士派了两位编辑去采访，谈了几次没有深入采访下去。说她口齿不清楚，手写也困难。只能作罢。

2008年1月，我受北京外国语大学校长郝平先生之聘，出任北外客座教授、亚非学院南亚研究中心主任。按当时的设想，我一年中将有几个月的时间在北京。季先生知道后很高兴，表示我如果有时间，每周来他这儿，帮着录音和整理材料。当时，我答应了下来。可是，后来郝平校长到教育部工作去了，我在北外的情况也有了变化，无奈不能兑现我对季先生的承诺。

杨锐为人坦率，工作负责尽心。不去照顾自己的父母和家庭，而是接了李玉洁的班，完全是受到季先生忘我精神的感召。一次，我在谈话中感谢她。说："季先生的真正受益者是我们这些学生，他活得越长寿，业绩越大，我们做学生的沾光就越多。但是，我们都没有来服侍他。所以，我们打心底里感谢你和李老师。"杨锐说："要感谢得感谢季先生。在他身边工作，虽然很辛苦，但是很光荣。而且，是季先生给了我这份工作，真的非常感谢他。"她说这番话时，态度真诚，动了真感情。

以上，是我所接触和了解的杨锐女士。

季先生的第一位助手李铮，许多人的文章中提到过他。我和他接触时间很长，他是做秘书的好材料，季先生写的字，无论多么潦草，他都能正确无误地认读转写。有时，季先生对以前写的字，自己也吃不准，而李铮能准确分辨，让季先生自己都吃惊。李铮没有好的文凭，干了几十年，才是个副教授。这在越来越讲学历的年代，是无可奈何的事。像陈寅恪、金克木这样没有好学历能当名教授的时代过去了。季先生虽然在北大说话的分量很重，但对此事他也是爱莫能助。有人对此不解，怨季先生不肯帮忙。这些人不懂北大的规矩，不懂季先生的为人。李铮本人非常爽直清正。有一年，他跟我说好带太太到香港办完事，到深圳来玩几天。我十分高兴，告诉他我们全家欢迎他们来。可是，他们没有来。事后见面问起，他说还是怕给你添麻烦。李铮替我做了许多事，帮了我许多忙，可是他连让我尽一次地主之谊的机会都不给。在我的心目中，李铮像季羡林先生的儿子一样。有一次，我在给季先生的信中，直接表达了这种感受。这是我的真情流露。一想起李铮，我心里总觉得对他有一种莫名的亏欠感。

以上，就我所知简单地写了季先生的三位助手和他的关系。季先生对他的师友、学生和读者、医生，乃至和其他有过一面之缘的人的态度，在他的文章中一个个都清晰可辨。可是，别人包括和他最亲近的人，对他真实的态度是千差万别的：

有的人将季羡林视作精神导师，人生楷模，不断从他身上汲取前进的力量；

有的人将季羡林视作财富宝藏，发财机会，无穷无尽地从他身上踅摸自己的利益；

有的人将季羡林视作民族良知，学界宗师，坚定不移地捍卫心中的这面旗帜；

有的人将季羡林视作性情中人，难得知己，执着地爱着他的率性真情；

有的人将季羡林视作人生读本，子孙学范，努力要求自己和儿女向他看齐；

有的人将季羡林视作派性对手，人生障碍，竭力贬低、攻击、揭老底；

有的人将季羡林视作成名捷径，登天阶梯，没有读懂他的著作就匆忙“商榷”“切磋”；

有的人真心敬重季羡林，但不敢苟同他的一些观点与说法，为了不失良知和责任，用不同方式包括写文章，表达自己的意见；

有的人将季羡林身前身后视作两人，判若云泥，失落、彷徨、郁闷之情充满胸间；

……

一万个人的心中，有一万个季羡林。一万个人心中的季羡林，九千九百九十个充满正义、真情和正能量。这从近二三十年来令人目不暇接的出版物中可以得到印证。诸如《季羡林讲真话人生箴言录》《季羡林真实人生》《季羡林为人处世》《季羡林读书与做人》《季羡林谈师友》《季羡林谈佛》《季羡林的人生智慧》《季羡林学人箴言》《我们那个时代：季羡林忆师友》《当时只道是寻常：跟季羡林品百味人生》《中流自在心：季羡林谈修身养性》《一花一世界：跟季羡林品味生活禅》《季羡林谈人生》《宁静致远系列》五集（《季羡林读书》《季羡林读史》《季羡林读人》《季羡林读史》《季羡林读景》）、《不完满才是人生——性情老者季羡林：我想和年轻人谈谈人生》《读史阅世九十年》《我的学术人生》《假若再上一次大学》《处世公德·处世篇》《东西漫步·交流篇》《励志图强·励志篇》《我的书斋·学习篇》《我的人生感悟》《季羡林自述：我这一生》《季羡林对话集：21世纪——东方文化全面复兴的新纪元》《我的文学人生路》《真情季羡林》《季羡林说写作》《季羡林说国学》《季羡林谈师友》《季羡林谈人生》《季羡林谈读书治学》《三十年河东、三十年河西》《学问人生——季羡林自述》《季羡林精选文集》（七集）、《问学论道》《人生感悟》《故人情深》《新世新语》《学人箴言》《燕园偶遇》

《病房客话》《季羡林百岁人生笔记》（三集）、《我的路》《季羡林百年散文精华》《中国精神中国人》《季羡林讲演录》《季羡林的一生》《季羡林书信集》《季羡林年谱长编》《季羡林妙语录》《真话能走多远》《季羡林私人史》《我们这一代人》《季羡林的八堂人生课》《季羡林的五堂国学课》《季羡林美文60篇》《我的先生朋友们》《季羡林的人生哲学》《品读季羡林的人生智慧》《季羡林谈义理》《禅和文化与文学》《师道师说·季羡林卷》《季羡林点灯系列》六种（《不完满才是人生》《我们那个时代》《读史阅世九十年》《假若再上一次大学》《心里那一片天地》《我的学术人生》）《志虑心物：我的生命遐想录》《忆往述怀：我的人生哲思录》《贤行润身：我的生活随想录》《季羡林人生智慧全集》等等，可谓琳琅满目，不一而足。有同事告诉我，在各种网店能买到的季羡林的著作或有关季羡林的著作，多达三百多种。这样看来，出版总署于友先署长说季羡林是出版社的衣食父母，不是一句戏言，而是在某种程度上反映了季羡林的影响非常广泛而且持久。

在众多有关季羡林的著作中，出现了一些研究季羡林人生和学术的著作，这是“季羡林学”（季学）的奠基之作。按出版时间前后，我列举如下：

1. 《季羡林教授八十华诞纪念论文集》，江西人民出版社1991年出版。

2. 贾锐责编：《人格的魅力——名人学者谈季羡林》，延边大学出版社1996年7月出版。

3. 蔡德贵：《季羡林传》，山西古籍出版社1998年1月出版。

4. 于青：《东方鸿儒——季羡林传》，花城出版社1998年5月出版。

5. 乐黛云编：《季羡林与中国二十世纪学术》，北京大学出版社2001年出版。

6. 张光璘：《季羡林先生》，作家出版社2003年9月出版。

7. 蔡德贵：《东方学人季羡林》，北京大学出版社2006年8月出版。

8. 蔡德贵：《真情季羡林》，中国书店2007年1月出版。

9. 卞毓方：《季羡林：清华其神，北大其魂》，江西教育出版社2007年7月出版。

10. 季羡林国际文化研究院编：《凡人伟业——中外学人眼中的季羡林》，中国文联出版社2008年10月出版。

11. 梁志刚：《人中麟凤：季羡林》，东方出版社2009年4月出版。

12. 卞毓方：《天意从来高难问：晚年季羡林》，中国文联出版社2009年8月出版。

13. 蔡德贵编著：《季羡林年谱长编》，长春出版社2010年1月出版。

14. 卞毓方主编：《华梵共尊：季羡林和他的家人弟子》，广东教育出版社2010年4月出版。

15. 施汉云：《我眼中的季羡林》，新世界出版社2011年2月出版。

16. 张世林主编：《想念季羡林》，新世界出版社2011年8月出版。

17. 王邦维主编：《季羡林先生与北京大学东方学》，阳光出版社2011年12月出版。

18. 胡光利、梁志刚：《季羡林大传》（三卷），哈尔滨出版社2013年1月出版。

上述研究季羡林的著作，大体上可分成两种：一种是季羡林的传记类，一种是名人评价季羡林文集。迄今为止，还没有出现一本全面、深入、系统地评价季羡林人生和学术思想的评传。我写《季羡林评传》，就是要填补这个空白。像季羡林这样的大学者，如果当代没有人及时地写出评传，无论怎么说也是当代人的懒笔不作为。所以，我不揣谫陋，自告奋勇撰写《季羡林评传》。我写《季羡林评传》之心，起于2001年受乐黛云教授之嘱，为《季羡林与中国二十世纪学术》撰写《季羡林与印度文学》一文。有了心，就有行动。开始将季先生送我的书，友人送我的书，我自己买的书摆在一起，经常思考《评传》的架构。2007年夏，向季先生正式报告我计划写《季羡林评传》，一是有义务让他知晓，二是想听听他的意见。尽管季先生只是呵呵笑着示可，并没有告诉我具体应该怎么写，要注意些什么。但对我而言，目的已经达到。季先生的“呵呵示可”，对我已产生足够大的推力。我知道，评传难写，像季先生这样的旷世大学者的评传尤其难写。除了有自信心之外，还要有一点他信心。这他信心中，传主季先生的信心最最重要。正是他的“呵呵示可”，给了我极大的鼓舞，使我的自信心更加坚定。我和季先生之间，从未说过任何重话，交谈间轻轻的一句话，就可决定或否定一件大事。例如，1998年见到《胡适日记》出版，我曾对季先生说，你的日记也可以出版了。他说，还早。我心中立刻明白季先生对日记的出版，有着自己的考虑。目前还不是时候。我无须再多说一个字。同样，此时季先生的“呵呵示可”，对他对我都已足够。

撰写《季羡林评传》原则。

我写《季羡林评传》的目的，就是将我心中的季羡林写出来，供广大读者全面、系统、深入地了解真正的季羡林；同时为季羡林研究者提供新的视角和素材，为季羡林学（季学）的深入发展尽一份应有的绵薄之力；二则，用事实和分析，和季羡林的批评者切磋，和季羡林的反对者论辩；三则……四则……总而言之，为现代中国学人与学术研究，添上一砖半瓦。无论如何，撰写《季羡林评传》，我用十年的时间思考与准备，才动笔写成。写作时，我心中焚着一炷香，以示对传主、读者和事实的虔诚。

总之，这是一部严肃的书。如何才能写好一部严肃的评传呢？这是需要我认真思考的。

万事万物都有道，有规矩，有原则。写好评传，更是如此。我写《季羡林评传》的原则是什么呢?

（一） 客观，真实，实事求是

评传具有史学意义，不是文学创作，不可虚构。撰写《季羡林评传》，要有史胆、史识，重视史料的丰赡性、典型性。归结到一点：客观、真实、实事求是，是写好《季羡林评传》的基础。作为弟子辈、业内之人，给师长、术业泰斗写评传，最易感情用事或不识庐山；最易拘泥细琐或向天虚赞；最易门户之见或亲疏无当。只有坚持客观、真实、实事求是的原则，方可克服可能出现的以上弊端。知难行亦难。虽有以上认识，在具体行文间，能否时时贯彻，需要刻刻自省，亦需读者方家批评指正。

（二） 成就说到位，缺失也说到位

传主季羡林名闻天下，地位崇高，具有多方面的才华与功绩，将他的成就评论到位，极不容易，一定要眼光全面，见地深刻，对季羡林的学术与人生作出到位的评价。不虚饰，不拔高，不矮化，而是恰如其分。即古人所说“誉人不增其美，毁人不益其恶”（王充《论衡》），做到这一点固然极不容易，然而更困难的，是全面地、正确无误地指出他的成就、社会影响和缺憾、失误。他离我们很近。评价、判断一个人，无论是成就还是缺失，都需要一定距离。所以，对今天的我而言，要将季羡林的成就和缺失评价到位，是艰难的努力目标，也是巨大的自我挑战。

（三） 重视现象，不做现象尾巴

季羡林名闻中华大地，在国外也广有影响，出现了季羡林现象，产生了季羡林学（季学）。《季羡林评传》自然是季学的组成部分。如何研究好季羡林，为季学出一分力，首先要重视季羡林现象分析。对这个现象产生的原因、现状及发展有所把握，而不是迷失于现象，做现象的尾巴，做现象的奴隶。就是《抱朴子》中所说的“不雷同以偶俗”。这就要求跳出现象本身，从中国学术史、社会史和中外学术交流史来看这种现象。另外，还需要对中国当代政治生态和教育现状有所观察。总之，将季羡林现象当作研究对象，透过现象抓住背后的本质，而不是流连、钟情于现象。揭示、评析季羡林现象背后的本质，是《季羡林评传》的精粹与生命。

（四） 对传主、读者和历史负责

盛世治史、盛世崇文。撰写《季羡林评传》，既是对季羡林的学术和人生作出自己的评价，也是为中国当代学术研究贡献一份绵薄之力。季羡林是我的传主，更是我的业师，是当代中国学术的重要代表，我写评传必须对他负责。评传是写给广大读者看的，必须对读者负责。《季羡林评传》不可欺世，不可媚俗，要在读者面前呈现一个真实、真情、真切的季羡林。这是对读者最大的负责。《季羡林评传》不仅是写给当下人看的，也是写给后人看的，必须经得住历史考验，必须对将来负责，即对历史负责。对当下和将来负责，既是统一的，也是矛盾的。如何处理好当下和将来的关系，至关重要。处理好这一关系，既是对现在读者和将来读者负责，同时也是对传主季羡林负责。

（五） 不给自己提过分要求

中国是一个文化大国、学术大国、史学大国，才人辈出，我只是汪洋大海中一滴水。我何其有幸，生活在季羡林时代，并投其门下，有机会撰写《季羡林评传》。可以肯定，我写的《季羡林评传》可能是第一本，但不会是最后一本，一定会有其他的季羡林评传问世，只是时间的问题。人贵有自知之明。我和季羡林在关系和时间上距离太近，这既有有利的一面，也有不利的一面。同时，我的阅历、学识、才能，都离写一本最好的《季羡林评传》有巨大距离。毫无疑问，我写《季羡林评传》是自告奋勇的。但这仅是事情的一个方面。另一方面，我也是“被逼无奈”。季羡林2009年逝世至今已有五年，我一直关注有否全面、深入、系统研究季羡林学术和人生的评传问世。可是，我至今没有发现。于是，我不揣谫陋，不顾学力不逮，鼓足勇气拿起笔来开始撰写《季羡林评传》。季羡林在世时，我当面对他说，要写一本80万字的《季羡林评传》。现在看来，这个要求有点高了。对评传来说，成功与否不在规模，而在质量。如今，我不给自己提过分的要求，只想实事求是，尽心尽力，全神贯注，发愿写好这本评传。

我对季羡林研究的已有成果。

我在以往的季羡林研究中，已有如下成果：

《中国翻译史上的破天荒之作——读季羡林吐火罗文〈弥勒会见记〉译释》（《学术研究》2001年第2期），《季羡林的治学之道》（《北京大学学报》2001年第3期），《季羡林与印度文学》（乐黛云编《季羡林与中国二十一世纪学术》北京大学出版社2001年版），《继往开来，华梵共尊：中国现代印度学与季羡林》（《梵典与华章》2004年），《季羡林的治学之道》（《凡人伟业——中外学人眼中的季羡林》，中国文联出版社2008年版），《又一座不可逾越的高峰》（卞毓方主编《华梵共尊：季羡林和他的家人弟子》，广东教育出版社2010年版），《季羡林和印度文学研究新局》（《中外文学交流史·中国—印度卷》，山东教育出版社2015年版），《季羡林从语言到文学研究》（《新中国外国文学研究60年》（印度卷），重庆出版社2016年版）。

以上是我对季羡林研究的已有成果。无论如何，它们是我撰写《季羡林评传》的起跑线。

季羡林出生于1911年8月2日，做了几个月的清朝“遗少”，又经历了“一战”、“二战”，历尽磨难而愈挫愈勇，立志活到“茶寿”一百〇八岁。温家宝总理于百忙之中，在六年中五次到医院看望季羡林，传为学界佳话。他有30卷宏著问世，对其中深奥的论著很少有人能读懂。但是，对他的收藏、遗产、名分，却有不少人争抢。其实，这一切早在季羡林的预料之中，他按照他生前的座右铭，无惧无喜地走完人生，迈向大化。季羡林先生逝世后七周，我写了一首诗《羡林先生满七》：

忽闻季师驾鹤去，便见士人欲断魂。
三朝二战茶寿志，六载五望百岁身。
宏著奥义几多识，浮财虚名不少争。
此情此景早参透，无惧无喜大化中。

此诗对季羡林先生一生的功绩、际遇和归宿做了归纳，也是我对他的一个基本评价。这个评价，如果要说得更简练一点，就是他的老搭档东语系老总支书记贺剑城先生，在季羡林遗体告别仪式后对我说的一句话：季先生这辈子不容易。

季先生是我们时代的镜子，社会的良知，学术的标尺，民族的宝贵财富。

附录：

季羡林学术年谱简编

蒋慧琳 编

1911—1916年（出生到五岁）

季羡林生于清宣统三年（1911年8月6日）山东省清平县（今并入临清市）康庄镇大官庄一个农民家庭。在临清时用名季宝山，乳名“双喜”。到济南后叔父为其更名为季羡林，字希逋、齐奘，别署羡林、羡；在德国发表文章用的名字是Dschi Hian-Lin。

祖父季老苔弟兄（分别叫汝吉，即举人；秀吉，即季老苔）一辈从康庄镇的王里长屯移居到大官庄，季氏的大本营如今仍然在王里长屯。季姓的祖先，按照季羡林的说法，就是春秋时期的季文子，“文子忠而有贤行”（《论语·公冶长》）。父亲季嗣廉，认字，能读书，是好充大爷的人物，喜欢在集市上请客吃饭，人称季七爷；母亲季赵氏，邻村王里长屯人。

季羡林六岁以前在清平跟随马景恭老师识字。小时候家境极为艰难，平常以高粱面饼子为主食，蘸着从盐碱地里提炼出来的苦盐吃。

1917年（六岁）

因家贫被送到济南过继给叔父抚养。叔父季嗣诚没有受过正规教育，但靠自学获得了知识和本领。他能作诗、填词、写字、刻图章；喜爱宋明理学。到济南不久，叔父安排季羡林进曹家巷私塾，读《百家姓》《千字文》《四书》等。

1918年（七岁）

这一年，生过一次天花，非常危险，痊愈后落下较浅的麻子。

秋天，进济南南城城墙根门内升官街西头的山东省立第一师范附设小学。校长是王士栋兼任。因课本中有一篇童话《阿拉伯人和骆驼》，被叔父强迫转学。

1920年（九岁）

转学进济南新育小学，即今天的山东省实验小学，因认识一个“骡”字，定为高级小学一年级。读闲书《封神演义》《彭公案》《施公案》《济公传》《七侠五义》《小五义》《东周列国志》《说唐》等。

课余开始学英文。参加作文比赛，题作《游开元寺记》排在八九名之后。

1923年（十二岁）

小学毕业，考取正谊中学。学校有国文杜老师、徐金台老师授课，英文郑又桥老师授课；此间，深受鞠思敏老师爱国主义教育影响。下午课后参加古文学习班，读《左传》《战国策》《史记》等；晚上在尚实英文学社继续学习英文。

开始接受叔父编选的《课侄选文》教育。外国文学则读了《莎氏乐府本事》《泰西五十轶事》《天方夜谭》《纳氏文法》等。

1924年（十三岁）

这一年，印度诗圣泰戈尔到济南，并发表演讲。季羡林当时对泰戈尔一无所知，因为好奇，跟着大人们挤进了泰戈尔发表演说的会场。季羡林回忆道："他的话我似懂非懂，只是觉得他那长须长袍非常有趣。他一身的仙风道骨给我留下了难忘的印象。"后来在上世纪60年代，他写了3篇有关泰戈尔的文章。

1925年（十四岁）

春天，父亲在故乡清平官庄病倒，季羡林和叔父从济南回老家探望。暑假，父亲去世，他再次从济南回临清奔丧。

1926年（十五岁）

在正谊中学初中毕业，不需考试直升高中。半年后，转入新成立的山东大学附设文科高中，受到王寿彭、王昆玉等先生的看重。作文《读〈徐文长传〉书后》受到王昆玉老师的赞赏，批语是"亦简劲，亦畅达"。自学《韩昌黎集》《柳宗元集》以及欧阳修、三苏的文集。读冯友兰的《人生哲学》。开始学习德文。

1928年（十七岁）

日本占领济南，辍学一年。创作短篇小说《文明人的公理》《医学士》《观剧》，发表在天津的《益世报》。署名希逋。

1929年（十八岁）

2月份复学，就读新成立的山东省立济南高中。开始读泰戈尔的作品，翻译泰戈尔的诗，模仿泰戈尔的诗体写一些小诗。受到胡也频、董秋芳、董每戡、夏莱蒂等老师赏识。一篇《现代文艺的使命》深得胡也频喜爱。在董秋芳老师"随便写来"的启迪下，写了一篇习作，记述自己回乡奔父丧的悲痛心情。得到的批语是："一处节奏""又一处节奏"。

高中三年的六次考试，得六个"甲等第一名"，受到山东大学校长王寿彭的嘉奖，亲笔写了一副对联并一个扇面赠送季羡林。

这一年，由叔父、婶母包办，与彭德华结婚。

1930年（十九岁）

翻译屠格涅夫的散文《老妇》《世界的末日》《老人》及《玫瑰是多么美丽，多么新鲜啊！》等，先后在山东《国民新闻》《趵突周刊》和天津《益世报》上发表。

高中毕业，报考邮务生，未能如愿。夏季到北京参加大学入学考试，在大约八九千"举子"中脱颖而出并"连中双元”——同时考上清华大学和北京大学，为了将来留学的便捷，选择入清华大学西洋文学系，专修德文。受陈寅恪、吴宓、叶公超、朱光潜等大师指教。旁听陈寅恪的《佛经翻译文学》，开始对佛教研究感兴趣。选修朱光潜《文艺心理学》，对这门课印象深刻，获益匪浅。季羡林后来说：“这两门课对我以后的发展有深远的影响，可以说一直影响到现在。我搞一点比较文学和文艺理论，显然是受了朱先生的熏陶。而搞佛教史、佛教梵语和中亚古代语言，则同陈先生的影响分不开的。”

选修法文和俄文。相继写出散文《枸杞树》《黄昏》《回忆》《年》《兔子》《母与子》《红》《寂寞》并发表在报刊上。翻译多篇外国名家的短篇小说。协助吴宓编辑《大公报》文艺副刊。在当时的作家中，他喜欢沈从文、巴金、老舍、徐志摩；对左翼作家的创作态度有质疑，因为他想写的是“永久的东西”，而不是“瞪着眼睛造谣”出来的应景之作。在外国作家中，他欣赏Holderlin、Verlaine、Baudelaire、Blake、Keats等人的象征或者唯美派风格。

1931年（二十岁）

“九一八”之后，去南京请愿，要求政府出兵抗日。

1932年（二十一岁）

读法文、德文、俄文，还决心读希腊文。到城里八大胡同、中南海公园、琉璃厂看梅兰芳演戏。

决定翻译近代小品文，把翻译的第一批“外国文坛消息”稿交到吴宓手中。

因读过巴金的《灭亡》便开始关注他，恰逢在杨丙辰先生宴请的晚宴中第一次见到了巴金本人。

10月的一天，见到胡适并听他演讲，题目是《文化冲突的问题》。记得胡适这次讲演的神态、语速都很好，但为时间所限，帽子又太大，故匆匆收场，没能深入下去，给季羡林留下少许遗憾。

《大公报·文学副刊》第一次发表季羡林摘译的几则文坛消息，此后《文学副刊》上的“欧美文坛杂讯”和“近顷欧美文人逝世汇志”陆续登有他摘译的文坛消息，如有《辛克莱回忆录》（书评）等，但均无署名。

应郭佩苍邀请，晚上去民众学校做教员，讲《农民千字课》。

1933年（二十二岁）

春，女儿婉如出生。

译作《代替一篇春歌》发表在《清华周刊》第39卷第1期。

《现代才被发现了的天才——德意志诗人薛德林》发表在《清华周刊》第39卷第5、6期。

摘译美国女作家勃克夫人新出版长篇小说《儿子们》的消息，发表在1933年5月22日《大公报·文学副刊》第281期。

1933年1月29日，美国女诗人萨拉·蒂斯代尔逝世。吴宓交代季羡林写一篇纪念文。季羡林从美国评论周刊《新共和》杂志摘译有关蒂斯代尔的生平事迹，顺利完成了纪念文章的写作。

为最新出版的诗集《烙印》和小说《家》写书评，发表在《大公报·文学副刊》1933年9月4日和9月11日。是当时最快的评论。

母亲去世，从清华回济南临清奔丧，万分悲痛。从此无论身处何地都思念母亲，对母亲的逝世抱终天之恨。后来写就的《赋得永久的悔》，悔的就是写其不该离开故乡，离开母亲。

《大公报·文学副刊》发表他介绍燕京大学教授陆志韦第三本白话诗集《申酉小唱》的短评文章。他评价这本诗集有两个新倾向：一是哲理的倾向，一是民歌的倾向。客观而论，季羡林的评价是有见地的。

《北晨学园副刊》第7号“诗与批评”版，发表《关于〈烙印〉的几句话》。

《枸杞树》在《文艺副刊》上连载，得到文学圈内人士好评。

1934年（二十三岁）

1月6日，在“文学季刊社”见到巴金、沈从文、俞平伯、郑振铎、朱自清、台静农、靳以等。

散文《回忆》发表在《清华周刊》第41卷第3、4期文艺专号。

《夜会》（书评）、《寂寞》发表在《文学季刊》创刊号。

《黄昏》发表在《文艺月刊》第5卷第3期。

《兔子》发表在《文学季刊》第2期。

《母与子》发表在《现代》第6卷第1期。

《红》发表在《文学》第3卷第4期。

《近代德国大诗人薛德林早期诗的研究》发表在《文学评论》第1卷第2期。

《救救小品文》发表在《文学评论》第1卷第2期。

《读〈梁允达〉及〈村长之家〉》（剧评）发表在天津《大公报·文艺副刊》。

清华大学外国文学系毕业。论文题目是：The Early Poems of Hölderlin（《论荷尔德林早期的诗》），指导教师是德国教师艾克（Ecke）。

秋，应济南山东省立高中校长宋还吾之邀，担任该校国文教员。

季羡林喜欢陶渊明的诗，请聚文斋书店送来一部明刊

《陶渊明集》，想搜集所有的陶渊明印本，作一个版本源流考。

1935年（二十四岁）

1月，从报上看到德国远东协会致函清华要求互派助教学生，写信给吴宓，询问详细办法。

2月，《留夷》出刊，非常高兴。开始翻译《查拉图斯特拉如是说》。

3月，忙着编第五期《留夷》。

4月，写《老人》，接到李长之来信，得知清华与德国远东协会交换研究生办法已决定，并替他报了名。

5月15日，儿子季延宗出生。夏，婶母老祖陈绍泽跟叔父结婚。《老人》发表在《益世报》（文学副刊第12期）。被《民国日报》聘为文学顾问。

6月，开始翻译《抽思》。接到尤炳圻的信，得知自己被清华留德西洋文学系选送留学，非常高兴。

7月，移交《留夷》的编辑事务给柏寒。

8月，《去故国》发表在《益世报》（文学副刊第25期）。分别拜见了冯友兰、闻一多、蒋廷黻；和乔冠华一起到天津的俄、德两国领事馆办签证。31日，与乔冠华、王竹溪、敦福堂等人一起乘火车离京。

9月14日到柏林。和乔冠华一起在柏林大学补习由赫姆讲授的德语口语。

德国学术交换处起初是派季羡林到东普鲁士的格尼斯堡大学，后又改派他到哥廷根（Goettingen）大学。原本以为在哥廷根读两年书便回国，没想到一住就是十年。

结识章士钊之子章用，此后经常到章用家吃饭、喝茶、畅谈诗文。把到德国后写的第一篇文章《表的喜剧》及《听诗》寄给储安平，分别发表在《文学时代》1936年第1卷的第3期、第6期。

《夜来香开花的时候》发表在《益世报》（文学副刊第31期）。

1936年（二十五岁）

春季，在课表上看到瓦尔德施密特开的梵文初学课，下定选择攻读梵文的决心。季羡林主修是印度学，副修是英国语文学和斯拉夫语文学。

为了学好语言，在学术上作出成绩，此后十年，季羡林几乎过着苦行僧般的学人生活。每天往返于房东欧朴尔家与梵文研究所之间，除了吃饭、睡觉，就是同四门外语拼命。生活极其单调、乏味。由于梵文既重要，又难学，所以他把主要精力全用在学习梵文上。

1937年（二十六岁）

交换期满，日军发动卢沟桥事件，有家难归。留学费用即将中断，季羡林既矛盾又苦恼。所幸受汉文系主任古斯塔夫·哈隆教授推荐，到哥廷根大学汉学研究所任中文讲师，兼管印度学研究所和汉学研究所，留学生活才又有了新保障。

1937年由商务印书馆出版、中德学会编译的“中德文化丛书”——《五十年的德国学术》（四卷），其中拉丁语系的语文学署名是：吕布克（Wilhelm Meyer Lübke）和季羡林。

1939年（二十八岁）

瓦尔德施密特教授参军。已退休的西克教授，以垂暮之年出来代替上课。西克教授是著名的梵文大师，是世界上仅有的几位读通了吐火罗文的大师之一。在西克教授代课的三个学期中，他把最擅长的印度古代诗歌集《梨俱吠陀》、印度古典语法《大疏》和吐火罗文，悉心传授给季羡林。

好友章用病逝，季羡林深感痛惜。后来，写了《忆章用》一文。

1940年（二十九岁）

第五学期进入瓦尔德施密特指导的“讨论班”，读中国新疆吐鲁番出土的梵文佛经残卷。

第六学期同导师商量博士论文的题目，季羡林告诉导师希望研究佛典梵语的语法。

1941年（三十岁）

哥廷根大学毕业，获哲学博士学位。博士论文题目是：Die Konjugation desfi-niten Verbums in den Gathas des Mahavastu（《〈大事〉中伽陀部分限定动词的变格》），引起轰动。轰动主要来自Prof.Krause（克劳泽教授）对他的论文赞不绝口，其中，对他论文中关于Endungmatha（动词语尾matha）的一段关于语尾——matha的附录，给予极高的评价。据说在古希腊文中有类似的语尾，这种偶合，对研究印欧话系比较语言学有突破性的意义。

这一年，在印度学、斯拉夫语言、英文考试中得全优，补考英文口试，又得一个sehrgut。

德国留学期间学习的外语：希腊文、拉丁文、梵文、南斯拉夫文（塞尔维亚、克罗地亚文）、斯拉夫文、俄文、吐火罗文、德文、英文、法文、阿拉伯文、印度古代语言（包括阿育王碑铭的语言、巴利语、古典戏曲中的语言、佛教混合梵语等等）。

1942年（三十一岁）

德国政府承认南京汉奸汪伪政府，国民党政府公使馆被迫迁到瑞士。

因护照到期又无法延长，季羡林和张维几个留在哥廷根的留学生到警察局宣布为无国籍者。

1943年（三十二岁）

《Parallelversionen zur tocharischen Rezension des Punyavanta——Jātaka》发表在 《德国东方学报》第97卷第2期。

1944年（三十三岁）

《Die Urnwandlung der Endung –aṃ in–o und–u im Mittelindischen》发表在德国《哥廷根科学院集刊·语言学历史学类》（1944年第六号）。 648

博士后五年内，写了几篇长的学术论文，每一篇都有新的创见；直到今天还不断有人引用。留德期间，是他毕生学术生活的黄金时期。

1945年（三十四岁）

跟其他留学生一起离开德国去瑞士，等待大使馆安排回国。

与德国弗里茨·克恩（Fritz Ker）波恩大学的历史教授共同翻译《四书》，得稿费。

季羡林在留德十年日记里面写到："我真爱书，书简直是我的命。" 在哥廷根大学那些年，他在系图书室读了大量中国古籍，尤其是笔记小说以及佛教大藏经。据统计他在德国读过的书有：

《楚辞》《中国近三百年学术史》《古代学者简史》《张季植先生传记》《红楼梦》《德国文学史》《甲寅》《威尼斯之死》《佛陀和他的学说》《佛陀的生涯及思想》《胡适文存》《人物评述》《法国大革命史》《拿破仑论》《印度哲学宗教史》《中国思想》《古印度文学》《印度古代文学史》《印度往事》《佛教传说》《文艺心理学》《中国的精神和力量》《太平天国野史》《太平天国新记》《苏曼殊年谱及其他》《近代中国史料》《曾国藩书札》《西康图经》《章实斋先生年谱》《五十年来德国的学术》《禹贡》《梁任公全集》《王荆公集》《古文字学导论》《英国文学史》《老残游记》《庸盦笔记》《庸闲斋笔记》《夜雨秋灯录》《池北偶谈》《阅微草堂笔记》《谐铎》《满清稗史》《子不语》《春在堂随笔》《清代笔记》《客窗闲话》《两般秋雨盦随笔》《冷庐杂识》《国学论文索引》《中国韵文史》《最近三十年中国文学史》《山静居诗话》《拜经楼诗话》《石洲诗话》《北江诗话》《余冬诗话》《四溟诗话》《今世说》《先进遗风》《小沧浪笔谈》《归田诗话》《菽园杂技》《翰林记》《乔治·比勒》《天竺心影》《画禅室随笔》《词学通论》《渔洋精华录》《中国的西北角》《中华两千年史》《古史辨自序》《中国文学大系》《俄国之兴起》《近代散文抄》《述异记》《唐人说荟》《越缦堂笔记》《西比利亚之征服》《坚瓠集》《萍踪寄语》《现代英国的历史和形态》《中国的新生》《云自在堪笔记》《六度集经》《涧泉

日记》《漱华随笔》《东坡诗话录》《搜身后记》《东斋记事》《涑水记闻》《魏书·释志老》《柳边纪略》《记宁古塔事情》《老学庵笔记》《柳南随笔》《贤愚经》《茶余客话》《刘宾客嘉话录》《朝野佥载》《祝允明野记》《文昌杂录》《中吴纪闻》《滇南新语》《却扫编》《续世说》《岭表录异》《卫藏通志》《塞外杂识》《台海史槎录》《破僧事》《近百年史料续编》《辅仁学志》《吕留良及其思想》《图书评论》《西域佛教之研究》《熙朝新语》《重论文斋笔记》《郎潜纪闻》《芸蕞编》《燕下乡睉录》《后汉书·西域记》《三借庐笔谈》《客窗闲话》《世说新语》《吴梅词学通论》《天放楼文言》《天放楼诗集》《中华公论》《惜抱轩集》《定庵杂诗》《文望溪文抄》《曾文正公诗文集》《宋之问集》《洪北江集》《唐诗纪事》《陈迦陵文集》《震川集》《东方和我们》《丝绸之路》《成吉思汗传》《盛明杂剧》《四声猿》《新俄新小说家三十人集》《永忠年谱》《德·昆西》《布登勃洛克家族》《在西方，没有什么新的》《东西文化之交流》《沈从文自传》《蜀道难》等。

1946年（三十五岁）

《文艺复兴》月刊创刊于上海，郑振铎、李健吾主编。主要撰稿人有郭沫若、茅盾、巴金、叶圣陶、郑振铎、李健吾、钱钟书、沈从文、路翎、季羡林等。

春天，写信给在英国剑桥大学任教的哥廷根旧友哈隆教授，谢绝剑桥之聘，决定不再回欧洲。离开瑞士，经法国马赛，搭乘为法国运兵的英国巨轮，在海上生活一个月后，到越南西贡。在西贡的一所中学讲演。讲演的题目是《新疆发现的古代语言》。在此停留一个多月，后又乘船经香港到达上海。

5月19日，抵达上海，住臧克家先生家。过了几天，赴南京，与李长之重逢，经李介绍结识梁实秋。接受梁先生在一家大饭店宴请，且与其夫人和女儿见面。在南京拜谒恩师陈寅恪，受陈寅恪引荐，到中央研究院拜见北京大学代校长傅斯年。

不久，南京中央图书馆馆长蒋复璁设宴款待季羡林，并转告他，教育部长朱家骅有意让季留在南京工作。但季已由陈寅恪推荐到北京大学。

7月，《胭脂井小品序》，发表在《北平时报》（文园第1期）；《东方语文学的重要性》发表在《大公报》；《忆章用》发表在《文学杂志》第3卷第4期；

8月，《寻梦》发表在《上海侨声报》；《老子在欧洲》（署名齐奘）发表在《中央日报·中央副刊》。

9月，储安平在上海创办《观察》周刊，至1948年12月25日被国民党查封，该刊共出五卷。撰稿人有：胡适、冯友兰、费孝通、傅斯年、马寅初、钱钟书等。季羡林在上面共发表7篇文章：第一卷第二十一期的《论翻译》，第二卷第一期的《西化问题的侧面观》、第五期的《邻人》，第三卷第七期的《论现行的留学政策》，第四卷第三期的《论聘请外国教授》、第十三期头条《忠告民社党和青年党》，还有第六卷第三期的《把学术还给人民大众》。

阴法鲁陪同季羡林去拜会文学院长汤用彤。汤先生告诉季羡林，按照北京大学的规定，在国外获博士学位的人，最高只能聘任为副教授的职称。实际上一周之后，季羡林就被聘为教授，成为北大历史上最年轻的教授。

兼任文学院东方语言文学系主任、文科研究所导师。创办东语系，新成立的东方语文学系最初分设为三个组。第一组包括蒙文、藏文、满文；第二组包括梵文、巴利文、龟兹文（吐火罗文A）、焉耆文（吐火罗文B）；第三组是阿拉伯文。除系主任季羡林外，还有三名教师：王森原、马坚、金克木。不久，又增加马学良、于道泉两位教员。

梵文班招生，只有三个学生，其他专业没有学生；学生人数比教师人数还少。

胡适校长的秘书不懂外文，外事工作就让季羡林帮忙处理，那三年，季羡林经常到胡适办公室同其一起工作。

与在清华大学时结识的老友沈从文重聚。又因为住得比较近，此后经常见面往来。值得一提的是，季羡林自大学起，就喜欢读沈从文的作品，到了德国还时常怀念这位“可爱、可敬、淳朴、奇特的作家”。

汤用彤在北大图书馆拨给季羡林一间研究室，为其提供研究方便。季羡林一向嗜书如命，一有空闲，便潜入研究室，“躲进小楼成一统”，潜心默读，坐拥书城。

季羡林与胡适同为北大教授会成员、北大文科研究所导师、北京图书馆评议会成员，而该评议会总共7人，全是当时北京顶尖级学者。

《学术研究的一块新园地》发表在10月《益世报》。

《大学外国语教学法刍议》发表在《世界评论》第1卷第3期。

《论自费留学》和《关于东方语文学的研究》分别发表在11月和12月的《大公报》上。

《一个故事的演变》发表在《北平时报》（文园第8期）。

1947年（三十六岁）

汤用彤在北大开魏晋玄学课，季羡林得到他的许可，每堂去听，没有缺过一次；汤先生上课没有讲义，只是口述，季羡林记了厚厚一大本笔记。

夏天，乘飞机回济南探亲。此为留德归国后第一次回济南。跟家人分别十二年，再聚首感慨万千，日夜思念的叔父变老了，一对儿女也已长大。这次在济南待了一个多月，见了很多的亲友。

被聘请主编《山东新报》的《国学周刊》，刊名由胡适题词；在济南青年会作学术讲演：《从比较文学的观点上看寓言和童话》，后发表在《山东新报》（国学周刊第1期）、北平《经世日报》（读书周刊第68期）。

《梵文〈五卷书〉：一部征服了世界的寓言童话集》发表在《文学杂志》第2卷第1期。

《谈翻译》发表在《观察》第1卷第21期。

《一个流传欧亚的笑话》，发表在《大华日报》（学文周刊）5月15日。

《现代德国文学的动向》发表在《文艺复兴》第3卷第3期。

《西化问题的侧面观》发表在《观察》第2卷第1期。

《纪念一位德国学者西克灵教授》发表在《大公报》图书周刊第8期。

《邻人》发表在《观察》第2卷第5期。

《近十年来德国学者研究汉学的成绩》发表在《大公报》图书周刊第19期。

《我们应该多学习外国语言》发表在5月18日《北平时报》。

《东方语言学的研究与现代中国》发表在《文讯月刊》第7卷第4期。

《木师与画师的故事》发表在《大公报》文史周刊（第30期）。

《送礼》发表在7月13日《大公报》（星期小品第8期）。

《浮屠与佛》发表在《中央研究院历史语言研究所集刊》第二十本。

《中国文学在德国》发表在《文艺复兴》中国文学专号（中）。

《中国人对音译梵字的解释》发表在《山东新报》（国学周刊第5期）、北平《经世日报》（读书周刊第71期）。

《论梵本〈妙法莲花经〉》发表在《学原》第1卷第11期。

《语言学与历史学》发表在《申报》（文史第1期）。

《论梵文纯文学的翻译》发表在《山东新报》（国学周刊第14期）、北平2月16日《民国日报》。

印度尼赫鲁政府在北京大学开设印度学术讲座，第一任教授是师觉月博士。师觉月第一次在北大演讲时季羡林参加，胡适出席并用英文致欢迎词、讲述中印历史上的友好关系，并如数家珍地介绍师觉月各个时期的学术成就。

1948年（三十七岁）

有关佛陀与佛孰先孰后，胡适与陈垣二位先生争论得面红耳赤。佛教最初并非直接从印度传到中国，而是通过中亚各国的媒介传入。季羡林利用自己掌握吐火罗语的优势，用中、英文两种语言发表力作《浮屠与佛》，提出“佛陀”乃“佛”之加长，“佛”非“佛陀”之略称，使“佛”的出现早于“佛陀”这一史实得以澄清。陈寅恪把这篇文章推荐给《中央研究院史语所集刊》，后发表。该刊是当时国内最具权威性的学术刊物。

郑振铎在《文艺复兴·中国文学专号》的《题辞》中对北京大学成立东方语文系表示祝贺，指出季羡林和金克木都是对梵文学有深刻研究的。

北京大学颁发聘请季羡林为文学院教授的聘书。

为纪念北京大学五十周年校庆而作《论梵文ṭḍ的音译》一文，罗常培先生对此文的评价是：“考证谨严，对斯学至有贡献。”

6月15日，为筹办印度大诗人泰戈尔的画展，季羡林向徐悲鸿借其名作《泰翁的画像》。画展筹备阶段，季羡林请徐悲鸿、廖静文和吴作人作指导。

《柳宗元〈黔之驴〉取材来源考》发表在《文艺复兴》第9期。

《〈儒林外史〉取材的来源》发表在1月31日《申报》。

《论聘请外国教授》发表在《观察》第4卷第3期。

《论南传大藏经的翻译》发表在《申报》3月13日“学僧天地”。

《从中印文化关系谈到中国梵文的研究 》发表在北京3月10日《经世日报》。

《“猫名”寓言的演变》发表在4月24日《申报》。

《忠告民社党和青年党》发表在《观察》第4卷第13期。

《佛教对于宋代理学影响之一例》发表在5月22日《申报》。

《读马元材著〈秦史纲要〉》发表在6月26日《申报》。

1949年（三十八岁）

2月5日，《列子与佛典》定稿，请胡适斧正。胡适挑灯夜读，立即复信：“《生经》一证，确凿之至！”

2月18日，写出《三国两晋南北朝正史与印度传说》。

接到时任中共中央宣传部副部长胡乔木的来信，胡乔木在信中征询季羡林：现在形势顿变，国家需要大量的研究东方问题、通东方语文的人才。问季羡林是否愿意把南京东方语专、中央大学边政系一部分和边疆学院合并到北大来。季羡林看完信激动不已：这于国于民于己于北大都是一件大好事，正求之不得，岂有拒绝之理？他立即回信，表示完全同意。

6月，奉华北高等教育委员会之命，南京东方语言专科学校合并到北京大学东方语言文学系。

1950年（三十九岁）

中国史学会成立，郭沫若为会长，吴玉章、范文澜为副会长，设有亚洲史组，成员有向达、季羡林、张礼千、周一良、马坚、张秀民、余元庵等十余人。

为即将出版的《新时代亚洲小丛书》写序。

兼任辅仁大学教授至1952年，讲授《语言学》。

李铮初中毕业，经季羡林同意，到东语系工作，协助季羡林做系办公室杂务工作。

1951年（四十岁）

《大公报》编辑《史学周刊》，第3期刊发季羡林的《介绍马克思的"印度大事年表"》。

1月26日，教育部通知：教育部决定在全国范围内选送100名青年到东语系学习印地、蒙古、维吾尔、阿拉伯、越南、暹罗（泰语）、缅甸、日本、朝鲜及西南少数民族语文，学习期限4年。

4—11月，季羡林、张礼千、李有义、马学良主编的《新时代亚洲小丛书》由上海东方书社先后出版。

7月28日，中国史学会成立，季羡林当选为理事。

新华社公布赴印度和缅甸访问的中华人民共和国文化代表团。季羡林是团员之一。9月20日下午代表团前往印度和缅甸两国进行友好访问。到印度先在加尔各答，后又以先遣队的身份到首都新德里，住中国驻印度使馆，冯友兰和丁西林、李一氓、季羡林等人专门被安排到总统府下榻。应印度方面的邀请，代表团先后访问德里大学、回教大学、阿里加大学，参观印度古代宫殿建筑、圣雄甘地墓，在圣地尼克坦国际大学住两天，访问泰戈尔故居，住在泰戈尔生前住过的北楼。

秋，全国高等院校进行院系调整，清华大学、燕京大学之文理学院各系与北京大学合并，北京大学迁至燕京大学原址，季羡林搬进蓝旗营公寓。

译自德文卡尔·马克思著的《论印度》由人民出版社出版。

1952年（四十一岁）

5月16日，中印友好协会在北京隆重成立，会长为文化部副部长丁西林，副会长为陈翰笙，理事有老舍、吴印咸、吴作人、吴茂荪、季羡林、洪深、胡愈之、陈叔亮、冯友兰、刘白羽、刘尊棋、邓拓、戴爱莲、龚普生、张明养，共15人。

7月，季羡林与陈寅恪、梁思成、陈岱孙、翦伯赞、王力、林徽因、郭绍虞、钟敬文等被评为一级教授。全国当时共评出一级教授几十名，评审极为严格。

东语系院系调整以前的主要教员有：季羡林、于道泉、张礼千、马坚、金克木、马学良；调整以后的主要教员有季羡林、张礼千、马坚、金克木、徐祖正。

9月底，北京大学从城内沙滩迁至西郊原燕京大学校址，东语系搬进原燕京大学西校门内北侧的一栋二层的古典式建筑，定名为“外文楼”。季羡林从1952年开始在外文楼上班，直至1983年卸任系主任职务，在外文楼上了整整31年班。

在《世界知识》发表《团结起来，拯救和平》。

当选为北京市第一届人民代表大会代表。

文学研究所成立，隶属于北京大学，1955年划归中国科学院哲学社会科学学部。后来又陆续成立苏东文学组和东方文学组，分别由卞之琳、戈宝权、季羡林担任组长。1964年，西方组、苏东组、东方组分出，与中国作家协会下属的《世界文学》编辑部合并，成立外国文学研究所。

1954年（四十三岁）

《中国纸和造纸法输入印度的时间和地点问题》发表在《历史研究》第4期。

《东方语文范围内的科学研究问题》发表在《科学通报》第5期。

12月1日，北京大学由校工会出面召集文科部分教师和文学研究所研究员座谈会，研究如何通过《红楼梦》研究在北大进一步开展学术讨论的问题，主持会议的是工会主席季羡林。

再一次被评为一级教授。

任中国文字改革委员会委员。

1955年（四十四岁）

为北京大学东语系影印的《金刚般若波罗蜜经谚解》写序。

发表论文《吐火罗语的发现与考释及其在中印文化交流中的作用》《中国蚕丝输入印度问题的初步研究》。

4月2—22日，以郭沫若、陈翰笙为团长的中国代表团，到印度新德里参加“亚洲国家会议”，另外有巴金、冰心、黄佐临、能海法师、季羡林。会议期间到阿格拉参观泰姬陵。

6月1—10日，中国科学院在北京饭店举行学部成立大会，6月3日中华人民共和国国务院发布命令：中国科学院学部委员名单共233人。历史学方面有季羡林等等，但实际上当选以后是被安排在语言学领域。

10月，与刘大年、吕振羽参加中国史学家代表团赴德意志民主共和国，参加“国际东亚学术研讨会”、德国汉学家会议，访问民主德国。

10月27日，中国科学院成立语言研究所学术委员会，并举行第一次会议。这个委员会由18位委员组成，有王力、叶圣陶、吕叔湘、吴文祺、罗常培、季羡林等。

不得已参加批判胡适会议，公开表示简直是浪费时间。

叔父季嗣诚在济南因患癌症去世。

译自德文的《安娜·西格斯短篇小说选》出版。

1956年（四十五岁）

译自梵文的迦梨陀娑剧本《沙恭达罗》由人民文学出版社出版。

发表《吐火罗语的发现与考释及其在中印文化交流中的作用》。

高校教授重新评级，仍然被评为北京大学一级教授。

担任中国科学院哲学社会科学部委员。

当选为“中国亚洲团结委员会”委员。

1957年（四十六岁）

《中印文化关系史论丛》《印度简史》分别由人民出版社和湖北人民出版社出版。

《原始佛教的语言问题》发表在《北京大学学报：哲学社会科学版》第1期。

5月23—30日，参加中国科学院学部委员第二次全体会议。

翻译剧本《沙恭达罗》由中国青年艺术剧院搬上话剧舞台，吴雪执导，梅熹、白珊等主演。周恩来陪同印度副总统拉达克里希南观看演出，季羡林介绍故事情节。

1958年（四十七岁）

《1857—1859年印度民族起义》由人民出版社出版。

10月4日，作为中国作家代表团成员，与冰心、巴金、茅盾、周扬、赵树理等一同出席在苏联塔什干举行的亚非作家会议。

《再论原始佛教的语言问题——兼评美国梵文学者弗兰克林·爱哲顿的方法论》发表在《语言研究》第1期。

写出论文《印度文学在中国》。

1959年（四十八岁）

写出《印度寓言和童话的世界旅行》。

《对于新诗的一些看法》发表在《文学评论》第3期。

《五四运动后四十年来中国关于亚非各国文学的介绍和研究》发表在《北京大学学报：哲学社会科学版》第2期。

应邀赴缅甸，参加“缅甸研究会（Burma Research Society）五十周年纪念大会”，在大会上作《原始佛教的语言问题》的发言，英译文发表在会刊上。到缅甸北部古都蒲甘游览，参观万塔之城。

译自梵文的印度古代寓言故事集《五卷书》（Pañcatantra）中译本由人民文学出版社出版。

为培养文艺学专业的高级人才，中宣部和教育部委托原中国科学院文学研究所和人大联合办文学研究班和进修班，季羡林为研究班讲授印度戏剧。

1960年（四十九岁）

北京大学东方语言文学系招收第一批梵文巴利文本科生，同金克木教授一起为这批学生上课。

写出论文《关于〈优哩婆湿〉》。

1961年（五十岁）

写了三篇关于泰戈尔的文章：《泰戈尔与中国》《泰戈尔的生平、思想与创作》《泰戈尔短篇小说的艺术风格》。

《必须用汉语拼音字母的读法来读》发表在《语文建设》第2期。

应向达先生之邀，给历史系学生讲吐火罗语。

1962年（五十一岁）

应邀赴伊拉克参加巴格达建城1800周年纪念大会，之后参观埃及、叙利亚。

11月，在云南思茅、西双版纳，当选为中国亚非学会理事兼副秘书长。

译自梵文的印度迦梨陀娑的剧本《优哩婆湿》（Vikramorvasiya）由人民文学出版社出版。

《古代印度的文化》发表在《历史教学》第10期。

发表著名散文《春满燕园》。

4月29日，孙子季泓出生。

1963年（五十二岁）

写出论文《关于巴利文〈佛本生故事〉》《〈十王子传〉浅论》。

4月12日，孙女季清出生。

1964年（五十三岁）

5月，北京大学校领导在临湖轩举行专家座谈会，就宗教问题研究听取有关专家意见。参加座谈会的除了校党政领导外，还有金岳霖、贺麟（学部哲学所），季羡林、金克木、马坚（北大东语系），周一良（北大历史系），任继愈、朱谦之和研究所其他成员，部分宗教界人士也参加了会议。

参加中国教育代表团出访埃及、阿尔及利亚、马里、几内亚等国。

1965年（五十四岁）

夏天，新中国第一批梵文巴利文专业学生毕业。

写出论文《原始佛教的历史起源问题》

1966—1969年（五十五—五十八岁）

“文化大革命”受批判、进“牛棚”，以“反革命分子”“走资派”“国民党残渣余孽”等身份受到接二连三的批斗。“人生识字忧患始”，慨叹命运对他的嘲讽——如果幼时不离开故乡到济南求学，就一直安稳的在乡下生活。做一个农民还可以“管教”知识分子。

1970年（五十九岁）

向东语系图书室的管理员提出请求，通过国际书店到印度订购梵文精校本《罗摩衍那》，不到两个月，八大本精装梵文原著寄到。

1972年（六十一岁）

季羡林很长时间被系里安排教英语课，这一年的9月，所承担的英语教学任务结束。另开《印度史》课，继续他从前所搞的梵文和巴利文研究。

10月20日，到中国历史博物馆，指导中国通史展览，写出《审查中国通史陈列意见》。

1973年（六十二岁）

5月，开始搜集《印度佛教史》的资料。时年着手翻译《罗摩衍那》（Ramayana），直至1977年将这部18755页的宏篇巨制译完。

1974年（六十三岁）

几位农场工人在新疆焉耆县西南“明屋”七个星千佛洞附近挖掘时，沙土中突然出观了一叠残破的古代文书，上面的文字形状古怪。不久，文书被送到新疆博物馆，判断为一千多年前中亚流行的婆罗米字母书写的残卷。专家们根据出土地点，判断这是吐火罗文（古代中亚文字），至于残卷内容谁也看不懂。

4月22日，以北京大学副校长的身份出席日本创价学会会长池田大作在北京大学的讲演。

1975年（六十四岁）

5月，新疆博物馆副馆长李遇春得知，偌大的中国，就只有季羡林一个人懂吐火罗文这种稀奇古怪的文字，全世界也仅有二十几人懂得。于是他携带残卷，不远千里来到北京，千方百计找到季羡林家，请求解读。季羡林确定此为吐火罗语材料——《弥勒会见记剧本》。自那之后17年，季羡林翻译出这部天书。

1976年（六十五岁）

4月，开始吐火罗语翻译。

5—6月，学校安排在批林批孔中以“评法批儒”的名义，给工农兵学员上过一次古典文献的课。

10月，看印度佛教资料，读《大藏经》，为《印度佛教史》写作做准备。

1977年（六十六岁）

开始恢复政治地位，也有头衔，但“下了定决心，不再干行政工作，甩掉一切乌纱帽”。中华书局组织班子注释《大唐西域记》，不得不“挂帅”。

1978年（六十七岁）

大学复课，恢复北京大学东语系主任职务。

3月7—23日，应印度柯棣华大夫纪念委员会的邀请，作为以团长王炳南为首的对外友协代表团成员，途经巴基斯坦前往印度访问。在德里参观比尔拉庙、阿格拉红堡和泰姬陵等。奈都夫人陪伴遍游全印度。

6月，经中国社会科学院和北京大学领导商定，由双方合建一个综合性的南亚研究所，筹备小组由双方派人组成。组长为北大的季羡林教授，成员包括翰老（陈翰笙）、中联部的林华轩、北大亚非所所长赵宝煦、社科院宗教所副所长黄心川和社科院世界史所研究员陈洪进和孙培钧。在北京大学东语系会议室发起并召开“北京地区南亚问题座谈会”，讨论南亚地区形势和各种学术问题。

8月18日，在外文楼主持召开《大唐西域记》第一次工作会议。

9月23日，在北京大学图书馆召开北京大学五四文学社恢复成立大会。

10月，担任北京大学副校长、北京大学与中国社会科学院合办的南亚研究所所长。

这年起至1989年底，看书、写作时间主要是从早晨4点到8点上班以前。

12月26日，写出《〈西游记〉里面的印度成分》。

12月，访问印度。

中国外国文学会成立，当选为副会长。

结识日本创价学会会长池田大作。

1979年（六十八岁）

受聘为中国大百科全书外国文学卷编委会副主任兼任南亚编写组主编；中国南亚学会成立，当选为会长。

《泰戈尔与中国》发表在《社会科学战线》。

3月，访问印度新德里大学，印度文学院举行隆重的欢迎会迎接他。会上印方致欢迎辞说：“在中华人民共和国建国前的两千多年中，印度是中国的老师；中华人民共和国建国以后，中国是印度的老师。”这番话得到满堂掌声。季羡林在致答谢辞时补充说，中印两国有长期的文化交流，不过，既是“交流”，就绝对不会是“一边倒”。在新德里和曾经在北大任教的老朋友普拉萨德一家聚会。

夏天，应任继愈之邀，到中国社会科学院世界宗教研究所作学术报告，讲座的主题是印度佛教和《大唐西域记》。

7月，出席中国大百科全书《外国文学》组会议，担任外国文学卷主编。

8月底，以北京大学副校长身份和任继愈、黄心川、谷苞等考察新疆克孜尔石窟。在乌鲁木齐学术报告会上作报告，题目是《吐火罗语与尼雅俗语》。

10月，写完《漫谈比较文学史》。

为《天竺心影》写“楔子”。

冬天，中国南亚学会在北京大学正式成立，季羡林当选为会长。

学术专著《〈罗摩衍那〉初探》由外国文学出版社出版。

1980年（六十九岁）

散文集《天竺心影》出版。

4月7日，为中日合作出版的《中国石窟·敦煌莫高窟》写序《中日友谊万古长青》。

4月21日，为《东方研究（历史专号）》写前言。

4月22日，以副校长身份和王竹溪代表周培源校长主持池田大作在北京大学《寻求新的民众形象》的讲演。

5月20日，中国文字改革委员会第一次全体委员会议在全国政协礼堂举行。出席会议的有胡乔木、胡愈之、张友渔、吕叔湘、王力、季羡林、周有光等20位委员。

7月，为北京大学创刊的《国外文学》杂志写发刊词。

7月15—26日，应日本室伏佑厚邀请，赴日参加“印度学佛学会议”，住东京新大谷饭店，结识梵文和佛学权威中村元、峰岛俊雄等；随后，到达京都访问。

在一次宴会上，日本梵学大家原实教授问季先生：“听说您在德国学过梵文，教授是哪一位呢？”先生答道：“在哥廷根，教授是瓦尔德施密特。”原实教授接着问：“您或许就是那位研究梵语不定过去式的Dschi Hian-Lin？”原实教授后来对人说，他简直不敢相信，40年代就发表了两部德文专著、推动佛教混合梵语研究的杰出学者，三十多年后竟坐在自己面前。

7月29日，中国人民对外友好协会为印度伟大的人民作家普列姆昌德举行诞辰100周年纪念会。北京大学副校长季羡林在会上介绍普列姆昌德的生平，并提及，中国早在50年代就出版了他的小说《戈丹》和《妮摩拉》。

学术论文《关于〈大唐西域记〉》发表在《西北大学学报：哲学社会科学版》第4期。

9月，应陕西省社科院之邀到西安讲学，作题为《玄奘与〈大唐西域记〉》的学术讲演。

10月，中国语言学会在武汉成立。季羡林为副会长。

为胡隽吟女士的《胡隽吟译〈学术论文集〉》写序。

季羡林、翁独健、孙毓棠等十几位先生联名发起成立中外关系史学会，同时组成筹备小组。

11月4—15日，率领中国社会科学代表团赴联邦德国参观访问，在哥廷根拜会了分别三十五年的恩师瓦尔德施密特教授，双方都有恍若梦境之感，紧紧握住对方的手不忍松开；全程是由瓦尔德施密特的接班人H.Bechert教授陪同；季羡林被聘为哥廷根科学院《新疆吐鲁番出土佛典的梵文词典》顾问。

12月，被任命为国务院学位委员会委员，兼外国语言文学评议组负责人，第二届中国语言学会会长。

《罗摩衍那》（一）由人民文学出版社出版。

散文集《季羡林选集》由香港文学研究社出版。

1981年（七十岁）

《新疆与比较文学的研究》发表在《新疆社会科学》第1期。

《论〈五卷书〉》发表在《国外文学》第2期。

《泰戈尔的生平、思想和创作》发表在《社会科学战线》第2期。散文集《朗润集》由上海文艺出版社出版。

《罗摩衍那》（二）由人民文学出版社出版。

开始着手写作《糖史》，之后经历一个漫长的过程。

由北京大学中文、西语、东语和俄语系及亚非研究所与南亚研究所共同发起，成立了北京大学比较文学研究会，季羡林被推选为会长，李赋宁为副会长，乐黛云为秘书长，聘钱钟书为顾问，出版《比较文学研究会通讯》。

中国外语教学研究会成立，当选为会长。

《外国文学研究》1981年第1期发表《本刊顾问答〈外国文学研究〉记者问——季羡林同志答本刊记者问》。

《北京日报》发表《争分夺秒，老而不已——访北京大学副校长季羡林教授》。

2月，写出《新疆与比较文学研究》；为刘国楠、王树英编著的《印度各邦历史文化》写序。

3月，出席北京大学《俄国文学史》编委会议。

4月3日，由原国家人事局牵头，在国务院第二招待所召开中国翻译工作者协会第一次筹备会议，季羡林应邀出席了会议。

8月，为北京大学编辑的《中国与亚非国家关系史论丛》写序。

任中国外语教学研究会会长、中国敦煌吐鲁番学会会长、中外关系史学会常务理事、中国作家协会理事、中国民族古文字研究会名誉会长。

9月，写出《应该重视比较文学研究》《〈西游记〉与〈罗摩衍那〉》。倡议每月举行一次老中青梵文研究工作者学术交流会。

11月，为韩延杰翻译的《惊梦记》写序。

11月13日，《文艺报》编辑部在北京新侨饭店六楼会议室召开“散文创作座谈会”，夏衍、季羡林、臧克家、沈从文、李健吾、吴伯箫、吴组缃、萧乾等参加会议。

12月10日，国务院发布《关于恢复古籍整理出版规划小组的通知》，时任中央纪委副书记的李一氓任组长，季羡林任顾问。

1982年（七十一岁）

《中印文化关系论文集》由三联书店出版；《印度古代语言论集》由中国社会科学出版社出版；《中印文化关系史论文集》由三联书店出版；《罗摩衍那》（三）（四）由人民文学出版社出版。

开始写关于郑振铎、章用、李广田等人的回忆文章。

《蔗糖的制造在中国始于何时》发表在《社会科学战线》第3期。

《吐火罗文A中的三十二相》发表在《民族语文》第4期。

《聊城师范学院学报（哲社版）》1982年第2期发表《当代翻译家：季羡林自传》。

1月，为王常在《中文谚语选》写序。

5月5日，为陆树仑、竺少华校点的《三宝太监西洋记通俗演义》写序。

5月23日，答《北京晚报》记者问。

6月，写《比较文学随谈》；为《重印梵文妙法莲花经》写引言。

6月23日，《中国翻译工作者协会章程》通过，当选为副会长。

7月，为《名言大观》写序；为令恪翻译印度作家克·阿·阿巴斯的《还有一个没有回来》写序。

7—8月，暑假期间，为高教部在河北承德师专举办“东方文学教师讲习班”讲《必须加强对东方文学的研究》。

9月，参加全国印度文学研究会成立大会。

9月，写《还乡十记》前言；写《大唐西域记今译》前言。19日，在济南参加比较文学学术研讨会，与许衍梁、余修等老友会面，住山大招待所。

10月，北京大学举行李大钊、蔡元培铜像落成典礼，校领导陪同中央首长和来宾到会场，季羡林当日同平时一样身着朴素的衣着去参加典礼。一位不认识他的学生以为他是参加建像的工人代表，就带他到后排的座位上。他不声不响地坐下来参加了会议。后来，当同学们知道他是季副校长时，惊叹不已。

10月25日，主持在西安陕西宾馆由中国比较文学学会筹备组举行的比较文学研究问题座谈会，出席座谈会的有：冯至、叶水夫、伍蠡甫、杨周翰、李赋宁、杨宪益等。

指导中国大百科全书《语言文字》卷筹备工作。

被聘为中国社会科学院外国文学研究所兼职研究员。

12月，在西安举办的中国外国文学学会第三届理事会上，廖鸿钧教授提出创办一本比较文学期刊的议案，得到与会学者的热烈支持。在由季羡林先生主持召开的专题座谈会上，作出了创办一本全国性比较文学期刊的决定，刊物题名《中国比较文学》，随后便成立了季羡林（主编）、方重、施蛰存（副主编）、王佐良、叶水夫、朱维之、杨周翰、杨宪益、杨绛、李赋宁、林秀清、廖鸿钧等21人组成的编委会。编辑部由华东师范大学和上海外语学院联合组成。

写出《关于葫芦神话》；为王树英等四人编译的《印度民间故事》写序。

应邀到北京饭店和印度戴维夫人长谈，戴维夫人请季羡林翻译自己的著作《炉火情——泰戈尔谈话录》，季继而译出第一章。

1983年（七十二岁）

获北京市教育系统先进工作者称号。

当选第六届全国人民代表大会代表。

当选第六届全国人大常委会委员。

在中国语言学会第二届年会上当选为会长。

5月8—10日，参加在合肥举行的中国语言学会年会，在闭幕式上讲话。

5月20日，中国翻译工作者协会第一届理事会第一次全体会议和北京市翻译工作者协会成立大会，在北京全国政协礼堂同时举行。季羡林当选为中国翻译工作者协会副会长（姜椿芳为会长）和北京市译协会长。

5月，获北京市教育系统先进工作者称号。为《印度民间故事集》写序。

6月，为秋妹的丈夫《弭菊田画集》写序。

7月，为吴继路主编的《启明星》写序。

8月，与常书鸿、周林等20余位学者向党中央、国务院联名写信，建议成立中国吐鲁番学会，很快得到党中央、国务院批准，并得到财政部的大力支持，季羡林随后参加中国敦煌吐鲁番学会筹备组工作。

8月15—22日，“中国敦煌吐鲁番学会成立暨1983年全国敦煌学术讨论会”在兰州、敦煌莫高窟召开，季羡林当选为中国敦煌吐鲁番学会会长。

9月，为《北大研究生论文集》（文科版）写序。

9月27日，民族文化宫举行影印梵文贝叶写本《妙法莲华经》发行赠书仪式。政协副主席赵朴初、统战部副部长江平、北京大学季羡林教授出席并讲话。

10月，为印度小说家萨士诊特·饯德托·介得古《秘密组织——道路社》汉文译稿写序；为《中外关系史议丛》写序。

在《高教战线》第10期发表《关于开展敦煌吐鲁番学研究及人才培养的初步意见》。

10月，《中国比较文学》创刊，季羡林在发刊词中写道："我们想建立中国学派，正是想纠正过去的偏颇，把比较文学的研究从狭隘的西方中心的小圈子里解放出来，把中国广大的比较文学爱好者的力量汇入全世界比较文学研究的洪流之中。"

11月，为王邦维选译的《佛经故事选》写序；为尚会鹏、方广铝翻译中村元的《印度古代史》写序。

《罗摩衍那》（五）由人民文学出版社出版。

1984年（七十三岁）

《罗摩衍那》（六）（七）由人民文学出版社出版。这部闻名于世的印度史诗的汉译本在中国出版，是季羡林为中国翻译史和中印文化交流史建立的一座丰碑。

主编的《印度民间故事集》（第一辑）由中国民间文艺出版社出版。

《中世印度雅利安语二题》发表在《北京大学学报：哲学社会科学版》第3期。

《外国文学研究中的几个问题》发表在《外国语》第5期。

2月20—24日，《中国大百科全书·语言文字》在北京举行第一次会议。出席会议的有编委会顾问王力、吕叔湘，编委会主任季羡林。

2月，写出论文《〈罗摩衍那〉在中国》；为《薄伽梵歌汉译本》写序。

3月，为《中国敦煌吐鲁番学会研究通讯》写小引；为梁立基编译的《东南亚民间故事选》写序。

3月，季羡林、刘安武编的《印度两大史诗评论汇编》在中国社会科学出版社出版。

《印度文学研究集刊》由上海译文出版社出版。

4月，为刘安武《印度印地语文学史》写序。

5月3—10日，赴上海外国语大学作题为"外国文学研究中的几个问题"的讲学。在上海戏剧学院戏剧文学系作学术报告，着重介绍印度的戏剧文化，以分析眼光看待中国、印度和欧洲的戏剧特征。

8月，为《敦煌吐鲁番学研究译丛》写序。

9月15日，季羡林出席由中国对外友好协会在北京举行的为庆祝印度史诗《罗摩衍那》中文全译本出版盛大庆祝会。对外友协副会长楚图南、印度驻华大使文卡特斯瓦兰、人民出版社社长韦君宜等出席了招待会。会上，韦君宜赠送《罗摩衍那》中文全译本给印度驻华大使文卡特斯瓦兰。

9月25日，在北京举行语言文字应用研究所成立大会，王力、吕叔湘、季羡林等90多名专家学者参加。

9月27日，中国人民对外友好协会、中国社会科学院和北京大学南亚研究所举行隆重活动，纪念印度民族独立领袖甘地诞辰115周年，季羡林与会并在会上致词。

10月，出席在杭州召开的“印度两大史诗讨论会”。

12月，到香港讲学。经广州至深圳，在深圳大学写出《外国文学研究应当有中国特色》。

任北京大学校务委员会副主任。

当选为中国史学会常务理事。

中国教育国际交流学会成立，当选为会长。

中国高等教育学会成立，当选为副会长。

1985年（七十四岁）

论文集《原始佛教的语言问题》由中国社会科学出版社出版。

主持《〈大唐西域记〉校注》并亲自撰写10万字的前言《玄奘与〈大唐西域记〉》。该书由中华书局出版。

组织翻译并亲自校译的《〈大唐西域记〉今译》出版。

当选中国作家协会第四届理事会理事。

1月，为《摩奴法论汉译本》写序。

2月，为吴德铎的《比较文学论文集》写序。

2月2日，参加在印度新德里举行的“印度与世界文学国际讨论会”和“蚁垤国际诗歌节”，被大会指定为印度和亚洲文学（中国和日本）分会主席；用英文在大会发言；与尼赫鲁大学教授谭中会见。

3月，与印度副总统会见。归途在香港中文大学作“印度文学在中国”的讲演。

5月，为法国学者苏尔梦编著的《文学的移居——中国传统小说在亚洲》写序；为郁龙余选编的《中印文学关系源流》写序。

6月，为张至善、张铁伟翻译的阿里·阿克巴尔的《中国纪行》写序；写出论文《原始社会风俗残余》。

7月，为罗炤编《西藏现藏梵文贝叶经目录》写序。

7月28日，中国语言学会第三届年会在昆明举行。开幕式由中国语言学会副会长清格尔泰主持，会长季羡林致开幕词。

7月，中华书局提前出版《第十六届国际历史科学大会中国学者论文集》，书中有刘大年、季羡林等学者文章。

7月，与任继愈、宿白、徐萍芳等参加在中国社会科学院举办的“联合国教科文组织佛教艺术巡回展专家咨询会议”，担任顾问，在会上强调，对于印度佛教来说，中国佛教本来是流，但是经过长期发展，它成了中国佛教，便成为佛教的第二源，所以巡回展应该中印数量对等，各占250个展板。

8月初赴乌鲁木齐，主持敦煌——吐鲁番学国际学术讨论会。会上阐述人类四大文化体系，进而概括为东西文化两大体系，赢得国内外学界的普遍赞誉。

8月25日，作为第六届国际历史科学大会中国代表团顾问，随团长刘大年赴德意志联邦共和国斯图加特参加“第十六届世界史学家大会”，提交英文论文《商人与佛教》，并在会上宣读；住斯图加特邮政旅馆，会后参加德国总统魏茨泽克举办的招待会，与刘大年一起受到德国总统的接见。

10月，由35所高等学校和科研机构共同发起的中国比较文学学会在深圳大学正式成立，大会选举季羡林为名誉会长，杨周翰担任会长。

10月11日，参加在深圳召开的中国比较文学学会成立大会暨首届国际学术讨论会，在会上致闭幕词，强调只有把东方文学真正纳入比较文学的研究范围，才能开阔视野，任中国比较文学学会名誉会长。

10月，为耿引曾《中印关系史料汇编》写序。

11月，再次访问印度。

11月，为《1986年敦煌吐鲁番学术讨论会论文专集》写序《回顾与展望》。

12月2日，致信中国大百科全书出版社刘辉，谈吐火罗文本和回鹘文本《弥勒会见记剧本》的性质问题。

复旦大学、上海外国语学院、华东师范大学与北京大学、中国社科院外文所1984年10月联合创办的学术刊物《中国比较文学》，1985年被定为中国比较文学学会机关刊物，由北京大学教授季羡林任主编，上海外国语学院教授方重、华东师范大学教授施蛰存任副主编。

《原始社会风俗残余——关于妓女祷雨的问题》发表在《世界历史》第10期。

译自英文的印度作家梅特丽耶·黛维（Maitraye Devi）写的《家庭中的泰戈尔》（Tagore by Firside）中译本由漓江出版社出版。

1986年（七十五岁）

主编的《东方文学作品选》由湖南人民出版社出版。

主编的《中外文学书目答问》由中国青年出版社出版。

1月，为《北京大学地方语文文学系建系40周年纪念专刊》（1946—1986）写序。

2月，为韦旭升校注的朝鲜长篇小说《谢氏南征记校注》写序。

2月8日，《人民日报（海外版）》发表《生当盛世，竭尽绵薄——访著名文学翻译家季羡林》。

2月，为乐黛云的《比较文学与中国现代文学》写序。

4月2日，为张文定编辑的《中国比较文学年鉴》写出前言。

《印度古代语言论集》和论文《新博本吐火罗语A（焉耆语）〈弥勒会见记剧本〉 1. 31/2 1. 31/11. 91/11 . 91/2四页译释》，同时获1986年度北京大学首届科学研究成果奖。

6月，应室伏佑厚、中村元邀请，率领中国教育国际交流协会访日赠书代表团回访日本，23日，在早稻田大学讲演《东洋之心》，在其他地方作《和平和文化》《经济与文化》的讲演。

《论东方文学——〈简明东方文学史〉绪论》发表在《国外文学》第4期。

9月18日，为北京大学东语系和比较文学研究会联合召开"全国首届东方文学比较研究学术讨论会"写发言稿《当前中国比较文学的七个问题》。

10月，参加在北京由民盟中央举办的历年"多学科学术讲座"，以《我国社会经济科技发展战略问题》作为总题目，与费孝通、钱伟长等10位主讲人，分别就中国科技、文化、教育、人口等10个方面的战略发展问题发表了有见地的看法。会后收入知识出版社出版的《多学科学术讲座丛书》（第一辑）"中国文化发展战略问题"。

11月24—30日，参加全国人大代表团赴尼泊尔在加德满都德什拉特体育场举办的"世界佛教联谊会第十五届大会"，住加德满都苏尔提旅馆。应邀到以前国王名字命名的、拥有六万学生的特里布文大学演讲《中国的南亚研究——中国史籍中的尼泊尔史料》。

12月，为《东方文化史话》写序。

受聘为冰岛大学"吐火罗文与印欧语系"研究顾问。

《季羡林散文集》由北京大学出版社出版。

1987年（七十六岁）

主编的《简明东方文学史》由北京大学出版社出版。

主编的《东方文化史话》由黄山书社出版。

2月，为上海辞书出版社出版的《东南亚历史辞典》写序。

3月，为《文化意识的觉醒》写序。

4月，为《国外中国学论丛》写前言。

5月29日，和赵朴初赴西安鉴定如来佛真身舍利，在陕西省人民政府举行的新闻发布会上指出：扶风县法门寺如来指骨舍利和佛教文物的发现是继半坡和秦俑的发现后的第三次重要发现。这次发现在历史、文化、宗教、政治、经济、科学技术和文化交流等等方面都有重要意义。

5月，应邀参加在香港中文大学举行的"国际敦煌吐鲁番学国际谈论会”，发表有关吐火罗文研究的论文。

6月，为辽宁人民出版社出版的《中外文学系年》写序；为《中国普列姆昌德研究论文集》写序；为聊城师范学院学报编辑部编选《中国楹联墨迹荟萃》写序；为葛雷和张连奎的《什么是比较文学》写序。

8月10—25日，北京大学东方文化研究所举办“东方文化系列讲座”，在讲座上作《文化交流的必然性和复杂性》报告。

9月15日，出席北京大学召开的“海涅国际学术讨论会”。

10月，为乐黛云主编的《中西比较文学教程》写序；为郁龙余编选的《中国文化与宗教》写序。

11月，《原始佛教的语言问题》获北京市哲学社会科学和政策研究优秀成果荣誉奖。

11月，为《王力先生纪念论文集》写序；在南京为杨武能《歌德与中国》写序。

11月，写《为胡适说几句话》，这是新中国成立以来，第一篇实事求是评价胡适的文章。

12月3日，在南京召开的中国外国文学学会的第三届年会上，被选为中国外国文学学会第一副会长，会长是冯至。

12月，为陈惇、刘象愚著《比较文学概论》写序；为北京大学东语系编写的《东方风俗词典》写序。

《cīnī问题——中印文化交流的一个例证》发表在《社会科学战线》第4期。

《佛教开创时期的一场被歪曲被遗忘了的“路线斗争”——提婆达多问题》发表在《北京大学学报：哲学社会科学版》第4期。

《传统文化与现代化》发表在《北京大学学报：哲学社会科学版》第5期。

主编的《东方文学作品选》（上、下）获1986年中国图书奖。《〈大唐西域记〉校注》及《〈大唐西域记〉今译》获第二届陆文星一韩素音中印友谊奖。

担任《外国文学研究》杂志顾问。

《原始佛教的语言问题》获北京市哲学社会科学和政策研究优秀成果奖。

1988年（七十七岁）

主编《东方文学作品选》（上、下）获1988年中国图书奖。

论文《佛教开创时期一场被歪曲被遗忘了的“路线斗争”——提婆达多问题》，获北京大学科学研究成果奖。

1月，为庆祝北京大学校庆90周年而编写的《精神的魅力》写序。

2月，为吕林编写的《北京大学》写序。

3月，开始写《留德十年》初稿；为陈守成等主编的《中国民族文学与外国文学比较》写序；为陈锋君、闽光沛、林良光、张敏秋的《印度社会述论》写序。

3月，开始写作《牛棚杂忆》；致信张敏秋，建议陈锋君、闽光沛、林良光、张敏秋所写《印度社会概观》改名为《印度社会述论》，认为原书名不响亮，不容易打动人心。

4月，北京大学校刊编辑部编的纪念北京大学建校90周年的文集《精神的魅力》出版，并在北京大学热卖；季羡林为《精神的魅力》所作序《梦萦未名湖》，引用《沙恭达罗》诗句："你无论走得多么远也不会走出我的心，黄昏时刻的树影拖得再长也离不开树根。"

5月26—30日，赴中山大学参加"纪念陈寅恪教授国际学术讨论会"，在大会上发言并且致闭幕词。

6月，任中国文化书院院务委员会主席。

7月，为山东师范大学范梦的《东方美术史》（云南人民出版社1991年版）作序。

8月15—21日，参加中国敦煌吐鲁番学会在北京举行的1988年敦煌吐鲁番学术讨论会，致大会开幕词和闭幕词，提出"敦煌吐鲁番在中国，敦煌吐鲁番学在世界"的口号，打消中日两国学者之间的隔阂；在闭幕式上说："我的提法是基于这样一种认识，世界上任何一门学科都不能独立的，关起门来是搞不好研究的，敦煌、吐鲁番学也不能例外。"

受聘为中华人民共和国文化部"中国文学翻译奖"评委会委员。

受聘为江西人民出版社《东方文化》丛书主编。

9月，写出《关于神韵》；为《五卷书》汉译本新版写出后记。

入秋开始流鼻涕、气喘，患外国人所说"枯草热"。

10月6—7日，出席由中国佛教协会在北京主办的"中日佛教学术交流会议"。

《印度文化特征》发表在《电影艺术》第8期。

为耿引曾《汉文南亚史料学》写序。

11月2—15日，赴香港中文大学讲学，在中文大学讲的题目之一是《从大乘佛教起源谈到宗教发展规律》；写出《吐火罗文A（焉耆文）〈弥勒会见记剧本〉与中国戏剧发展之关系》。

12月，为《纪念陈寅恪先生诞辰百年学术论文集》写序；为赵国华《生殖崇拜文化论》写序。

1989年（七十八岁）

获中国民间文艺家协会"从事民间文艺工作三十年"荣誉证书。

获国家语言文字委员会"从事语言文字工作三十年"荣

誉证书。

受聘为重庆出版社《语言·社会·文化》丛书编委会顾问。

1月，为《东方文化丛书》写总序。

2月，为《敦煌吐鲁番国际学术讨论会论文集》写序；为依田熹家翻译成日文的《季羡林散文集》写序。

3月1日，婶母老祖陈绍泽患肾功能衰竭去世。后来写了《我的婶母》一文悼念老祖。

3月，为北京大学日本文化研究生汇集的《中日比较文化论集》写序；为《回忆吴宓先生》写序。

4月1日，在《文汇报·笔会》发表《一个有特殊风格的人》是为悼念旧友沈从文。

4月，《牛棚杂忆》写出初稿；为中国文化书院编写的《中国文化年鉴》写序。

6月，《佛教与中印文化交流》由江西人民出版社出版。

9月，担任《神州文化集成》丛书主编；给史有为的《外来词——异文化的使者》写序；在北大主持最后一次“西域研究读书班”。

10月，为台湾林聪明教授的《敦煌文书学》写序。

12月，为新加坡周颖南《南国华声——周颖南创作40周年》写序。

《关于神韵》发表在《文艺研究》第1期。

《梵语》《吐火罗语》都发表在《外语教学与研究》第2期。

《从宏观上看中国文化》发表在《北京大学学报：哲学社会科学版》第3期。

《〈梨俱吠陀〉几首哲学赞歌新解》发表在《北京大学学报：哲学社会科学版》第4期。

年末，古干（竹林居士）在赵朴初、季羡林两位老人的嘱托与指导下开始筹备编辑《佛教画藏》大型图书。季羡林作序，其中提到：《佛教画藏》的出版，实能济西方文化之穷，并使东方文化为人类造福，为人类未来造福，使人类免于灾难，其意义不可说不大矣。7年之后，《佛教画藏》由河北美术出版社出版。

1990年（七十九岁）

论文集《佛教与中印文化交流》由江西人民出版社出版。

受聘为河北美术出版社《画说世界五千年》丛书编委员顾问。

《吐火罗文A（焉耆文）〈弥勒会见记剧本〉与中国戏剧发展之关系》发表在《社会科学战线》第1期。

1月，为林悟殊教授翻译的德国波恩大学教授克里木凯特所著力作《达·伽马以前中亚和东亚的基督教汉译本》写序；为刘波《走向世界文学的桥梁》写序；为韦旭升所著朝鲜长篇小说《抗倭演义（壬辰录）及其研究》写序；为辜正坤等编《世界名诗鉴赏辞典》写序。

4月，为李明伟等人的《丝绸之路贸易史研究》写序；为北京大学东方语言文学系和中国社会科学院中青年学者编写的《东方趣事佳话集》写序。

春，在南亚所举办梵文学习班。5月，在电教楼作治学经历的讲座。

7月，为周南京等学者编写的《世界华侨华人词典》写序。

7月20日，与赵宝煦、罗荣渠参加《光明日报》社举办的"每月谈"座谈会，在会上谈中外文化交流。

7月，写出《比较文学之我见》；为荣新江的《归义军史研究》写序。

8月，为安徽娄天劲《世界三大文化之谜》写序；为汉族和维吾尔族学者合著成果《吐鲁番学研究专集》写序。

8月，《中印文化关系史论文集》获中国比较文学会与《读书》编辑部联合举办的全国首届比较文学图书评奖活动"著作荣誉奖"（最高奖）。

9月，为胡亚曼编写的《新编百家姓印谱》写序；为徐永安的《欧美文学论集》写序；应李赋宁和蔡恒请求，为《第一届吴宓学术讨论会论文选集》写序；为中国社会科学院和北京大学合作的《印度古代文学史》写前言。

秋，录先师陈寅恪诗一首，应杨辛、梁思陵两先生嘉命收入《北京大学当代学者墨迹选》由北京大学出版社于1992年出版。

11月，为《学者论大学生的知识结构与智能》写序。

1991年（八十岁）

《印度古代文学史》获国家优秀教材一等奖、国家级教学成果（教材）二等奖。

主编《简明东方文学史》获北京大学第三届科学研究著作荣誉奖。

《吐火罗文和回鹘文本〈弥勒会见记〉性质浅议》发表在《北京大学学报：哲学社会科学版》第2期。

《再谈东西文化》发表在《哲学动态》第7期。

《万泉集》由中国文联出版公司出版。

应邀参加中国教育国际交流协会代表团访问韩国。

主持《传世藏书》编校工作，2000余名年富力强的古籍整理工作者参与整理编校，历时5年编成的《传世藏书》，收先秦至清代光绪的历代典籍1000种，共计2.5亿字。

写《21世纪：东方文化的时代》，文中提出一个令学界振聋发聩的论点："从人类的全部历史来看，我认为东方文化和西方文化的关系是'三十年河东，三十年河西'。目前流行全世界的西方文化并非历来如此，也决不可能永远如此。到了21世纪，'三十年河西'的西方文化将逐渐让位于'三十年河东'的东方文化。人类文化的发展将进入一个新的时期。"

《比较文学与民间文学》由北京大学出版社出版。

1月，为《海外中国学家译文丛书》写序；为袁义达编写的《中华姓氏大词典》写序。

1月13日—5月11日，写出《留德十年》清稿。

春天，为陶东风主持的《爱国主义教育词典》题写书名，和陶东风谈对曾国藩、李鸿章的评价问题，认为要重新评价，不要一棍子打死。

3月，为山东济南一中19岁的小校友王亮《浅草集》写序；为柏寒《中国古典文学在国外》写序。

4月，为《北大亚太研究》写序。

4月29日，出席纪念泰戈尔诞生130周年、逝世50周年大会，在会上发言。

5月，中华炎黄文化研究会成立，季羡林参与有关工作。

6月30日，参加北京大学东语系南亚文化研究所成立大会，并且发表讲话。

6月，中国大百科全书出版社出版《中国与日本文化研究（第一集）》（繁体竖印），由季羡林、钟敬文、樱井龙彦等著。

7月，为龙协涛《文学解读与美的再创造》写序；为雷洁琼《1783年孟加拉的农民起义》写序。

8月，北京大学图书馆在北大文库举办季羡林80寿辰展览。

9月为《中国著名中学作文精华（北京四中卷）》写序；为"勺海拾回的小诗"摄影展写前言。

10月，为赵丽明等人合作的《中国女书集成》写序。

12月，应杨通方教授邀请，为《朝鲜学论文集》写序。

《外国文学评论》1991年第4期发表钱文忠《季羡林教授学术思想与成就略述》、黄宝生《季羡林先生的治学风格》。

季羡林从八十岁这一年开始，表明自己是陶渊明的信徒，并且把陶渊明的诗"纵浪大化中，不喜亦不惧。应尽便须尽，无复独多虑"当作座右铭。

1992年（八十一岁）

《东方文化与东方文学》发表在《文艺争鸣》第4期。

《21世纪：东方文化的时代》发表在《文艺理论研究》第4期。

发表论文《"天人合一"新解》，主张发扬东方的、中国的"天人合一"传统，人与自然和谐相处。

2月，为《历史名城——临清市志》写序。

3月27日，为王小甫《唐、吐蕃、大食政治关系史》作序。

6月3日，《牛棚杂忆》写出定稿。

6月，为《瑜珈师地论·声闻地梵文原文影印本》写《小引》；为新加坡郑子瑜《挑灯集——郑子瑜散文选》写序；为北京语言学院出版社出版的《世界文化史故事大系·中国卷》写序；为南京大学等单位编写的《犹太百科全书》写序。

6月23日，女儿婉如因患直肠癌去世。

中国译协于6月11—14日在北京召开第二次全国代表会议，理事会决定增聘黄华同志为名誉会长，季羡林和吴富恒等为名誉理事。

7月，为老朋友李森的《李森学术论文集》写序；为王丽娜等编写的《西文中国学研究图书目录》写序；应郑判龙之邀，为延边大学朝鲜研究中心推出的《朝鲜学——韩国学与中国学》写序。

9月，为《中国古典文学八大名著白话精缩》写序；下旬，在房山参加中国敦煌吐鲁番学会年会。

9月29日—10月上旬，应人民日报社和日本朝日新闻社邀请，飞赴武汉，参加在武汉、荆州、宜昌举办的"展望21世纪的亚洲国际研讨会"。

10月，读完《洛阳——丝绸之路的起点》一书，立即给这本书的编辑来学斋和薛瑞泽写信，在信中说："丝绸之路不应以长安为起点，而应以洛阳为起点，这个观点我以前多次提过，我认为这是不刊之论。"

11月3—4日，出席北京大学东方学系和伊朗文化研究中心举办的伊朗学在中国的学术研讨会。

11月，为新加坡《陈瑞献选集》写序；为《汤用彤先生诞生100周年纪念论文集》写序；为山东临清《清渊诗词选集》写序。

11月，被印度瓦拉纳西梵文大学授予最高荣誉奖"褒扬状"。

12月，为《伊朗学在中国学术讨论会论文集》写序；为北京大学亚太研究中心编辑的《韩国学论文集》写序。

《佛教与中印文化交流》获北京市第二届哲学社会科学成果一等奖。

1993年（八十二岁）

2月，为北京大学教授陈炎《海上丝绸之路与中外文化交流》写序。

3月3—5日，赴澳门参加"东西方文化交流——历史与展望国际学术研讨会"。主持者对洋人的热情引起季老的反感，演讲《东方文化和西方文化》，谈三十年河东，三十年河西。会后收入到吴志良编辑的《东西方文化交流——国际学术研讨会论文选》，该书由澳门基金会出版。

获北京大学“505”中国文化奖。

受聘为泰国东方文化书院国际学者顾问。

3月10日，出席在北京中央民族学院召开的中国少数民族比较文学研究会成立大会暨首届学术讨论会，并发言。

4月，为《周林文集》写序。

5月，为江苏文艺出版社出版的《世界散文精华》写序。

5月14日，北京大学中国传统文化研究中心与北大出版社联合举行《国学研究》第一卷出版座谈会。著名学者季羡林、张岱年、邓广铭、林庚等参加了座谈。季羡林在发言中说：“打出‘国学’二字是很大的勇气！”

5月24日，参加在北京举办的“香山东方伦理道德与青年教育国际研讨会”， 在会上发言《只有东方文化能拯救人类》。

5月为《张侠画集》写序；为陶德臻、张朝柯、何乃英、郑忠信主编的《东方文学名著鉴赏大词典》写序；为中央党校孙鼎国等主编的《人学大词典》写序。

6月，为童宗盛编选的《最可敬的人——中国大学校长忆师恩》写序。

7月，为胡戟等编写的《玉华宫》写序；为王慎之编选的《清代海外竹枝词》写序。

8月，为谢福苓和林良光编辑的《孟加拉国政治与经济》写序。

9月，为山东临清谢华、朱继龙的合著《谢华朱继龙绘画合集》写序；为《东方文学史》写序；为梁雪予的《雪庐诗稿》写序；为李润新的《文学语言概论》写序。

10月，为林煌天等编撰的《中国翻译词典》写序。

12月，为高鲲、张敏秋主编的《南亚政治经济发展研究》写序；为自己担任总主编的《中外文化交流史丛书》写序。

为北大四院老同学邓可因、王光裕、刘国正、白婉清等在该年校庆聚会时提议编印的诗集《不褪色的青春——北大四院老同学诗集》作序。

参加童庆炳主编的《心理美学丛书》鉴定会兼学术讨论会。

1994年（八十三岁）

主持撰写的《〈大唐西域记〉校注》获第一届国家图书奖（古籍整理类）；译著《罗摩衍那》获第一届国家图书奖（文学类）。散文《赋得永久的悔》获茅盾文学奖。

1月，为《中国翻译名家自选集》写《小引》；为陈雪根编辑的《中德关系词典》写序；为乐黛云编辑的《海外博士文丛》写序。

2月，为吉林摄影出版社推出的《世界十大史诗画库》写序。

《关于“天人合一”思想的再思考》发表在《中国文化》第1期。

主持校注的《〈大唐西域记〉校注》、译作《罗摩衍那》获中国第一届国家图书奖。

《东方论坛》1994年第2期发表王邦维《学问在中西之间——季羡林先生对印度文化的研究》。

4月，为中国敦煌吐鲁番学会编辑的《敦煌吐鲁番学论集》写序；为韩国金九的《白凡逸志》汉译本写序；为方广锠博士《敦煌学佛教学论丛》写序。

5月，成立了由季羡林任总编纂，胡绳、任继愈、周一良、张岱年、饶宗颐等担任顾问，并由刘文俊具体负责的《四库全书存目丛书》编纂委员会；全国五十多个大学和研究机构以及美国、日本、台湾等地近百位文史专家和古籍学者都参加了编纂工作。

6月19日在北京八中举行“第二次绿色恳谈会”暨“绿色文化分院成立大会”，中国文化书院院务委员会主席季羡林出席讲话。

6月22日，为《雅俗文化书系》写序。

7月，为北京大学青年学者的论文选编《未名集》写序；为孟华编《汉译法国人文社会科学著作目录汇编》写序。

8月，为《文化的回顾与展望——中国文化书院建院10周年纪念论文集》写序；31日，赴广州参加中山大学筹办的“陈寅恪《柳如是别传》国际学术研讨会”。

《中国图书评论》第4期发表季羡林《抽象理想之至境》。

9月11日，由胡绳任总顾问、季羡林任总编纂，国内外近百名古籍整理专家和版本学者组成的编纂“四库全书存目丛书”委员会成立。

9月20日，出席在北京西山八大处空军招待所召开的“中国外国文学学会第五届年会”。

9月23日，参加在北京友谊宾馆召开的“长城国际学术研讨会”。

10月，为《敦煌学辞典》写序。

10月18至20日，中国文联、作协、山东大学等十多个单位，在京联合召开“臧克家文学创作研讨会”，季羡林在会上发表《我的朋友臧克家》。

11月，为卞立强翻译池田大作著《人生箴言》写序；为《东方文论选》写序。

12月6日，夫人彭德华去世，陷于悲痛之中。后写成《我的妻子》一文，以示悼念。

12月，为邓文宽、荣新江校勘的《敦博本禅籍校录》写序；为林良光教授《印度政治制度研究》写序。

获中国作家协会中外文学交流委员会颁发的“彩虹翻译奖”。

先后担任《传世藏书》《百卷本中国历史》等书主编。

领衔主编《东方文化集成》丛书，中国东方文化研究会和北京大学东方学研究院联合组成编委会。

应聘为宝山钢铁（集团）公司宝钢教育基金理事会顾问，担任北京圆明园学院名誉院长。

到天津应南开大学的邀请在东方艺术系小礼堂作学术报告，讲有关古典文学研究的话题。

1995年（八十四岁）

《蔗糖在明末清中期中外贸易中的地位——读〈东印度公司对华贸易编年史〉札记》发表在《北京大学学报：哲学社会科学版》第1期。

《白糖问题》发表在《历史研究》第1期。

《现代中国文学史研究回顾》发表在《北京大学学报：哲学社会科学版》第3期。

5月，参加在北京大学举办的“儒家文化与现代企业管理研讨会”，在会上发言。

5月9日，在北京外国语大学中文学院作讲演《西方不亮，东方亮》，后发表在《中国文化研究》第4期。

《沙恭达罗》迦梨陀娑著，季羡林译，由中国工人出版社出版。

《炉火情：泰戈尔谈话录》黛维著，季羡林译，由漓江出版社出版。

《季羡林佛教学术论文集》由台湾东初出版社出版。

主编的《简明东方文学史》获全国高校外国文学教学研究会首届优秀著作奖。

《留德十年》获第二届新闻出版署直属出版社选题奖一等奖。

《中国翻译名家自选集·季羡林卷》由中国工人出版社出版。

8月30日，参加北京外国语大学外研社组织的新版《大英汉词典》出版研讨会，给予词典很高的评价，说外研社办了一件大好事。

9月，到首都师范大学讲演，谈中西文化异同。

12月，教育部周远清在北京举办大学生文化素质教育讲座，请季羡林先生、张岂之先生、杨叔子先生等专家讲演。

1996年（八十五岁）

《人生絮语》《怀旧集》《季羡林自传》《人格的魅力》《我的心是一面镜子》《季羡林学术文化随笔》相继出版。

在“清华大学人文学院首届人文学生节”开幕典礼讲

演。

3月，为《东方文化集成》写总序。

4月，风入松书店举办第一次学术研讨会——《陈寅恪的最后二十年》学术座谈会，专门推介《陈寅恪的最后二十年》一书。季羡林、任继愈、张岱年等知名学者参加了研讨会。

《"天人合一"新解》发表在《中国气功科学》第4期。

《清代的甘蔗种植和制糖术》发表在《文史哲》第4期。

4月，为《东方文化议论集》写序。

5月，北京大学举办"东语系建系五十周年暨季羡林教授执教五十周年庆祝大会"。

6月，为"中国现代语言学丛书"作序。

7月7日，女婿何颐华去世。

8月，在北京大学中国经济研究中心国学讲座系列（之二），作《东方文化》的讲演。

9月12日，北京外国语大学海外汉学研究中心举行成立大会。季羡林教授等人参加，出任北京外国语大学海外汉学研究中心名誉主任。

10月，"小病乍愈，窗外落叶如飞蝶"，写成《大运河丛书总序》。

10月25日，参加中国社会科学院在人民大会堂为庆祝陈翰笙百岁华诞举行的座谈会，与刘大年交谈，发表讲话《毫不利己　专门利人》，赞扬陈翰笙先生。

11月10—11日，分别在北京香山饭店和人民大会堂出席宝钢教育基金理事会第四次全体会议、96宝钢教育基金颁奖仪式、高校文科优秀博士文库编委会首次会议。

12月，写完《胡适全集》序言《还胡适以本来面目》。

1997年（八十六岁）

《文化交流的轨迹——中华蔗糖史》由经济日报出版社出版。

《朗润琐话》《精品文库·季羡林卷》《中国二十世纪散文精品·季羡林卷》《东方赤子》相继出版。

主编的《东方文学史》获第三届国家图书奖。

《赋得永久的悔》获鲁迅文学奖。

1月，为缅甸的《琉璃宫史》汉译本作序，此书于10年后，即2007年在商务印书馆出版。

4月2日，为周晓燕《走向成熟丛书》作序；为张守常《思旧集》《拂晓集》写序。《人民日报》发表徐怀谦《为往圣继绝学——访学者季羡林》。

5月，为钟敬文担任顾问，张岱年、邓九平主编的《人世文丛》、《透过历史的烟尘》写序。

9月，为彭松夫人叶宁的《舞蹈论》写序。

10月7日上午，参观曲阜师范大学，下午3点在阙里宾舍为孔子学术会堂讲演。

年底，由江西教育出版社出版的《季羡林文集》，已出至第16卷。

1998年（八十七岁）

1月24日，国务院副总理李岚清看望北京大学教授季羡林。

1月，钟敬文、季羡林、邓九平主编的《书斋漫话》《书苑雅奏》由中国友谊出版公司出版。

1月，为郝平《北京大学创办史实考源》题写书名并作序；为钱文忠《瓦釜集》写序。

1月，蔡德贵撰写的《季羡林传》由山西古籍出版社出版；这是第一部季羡林的传记，请臧克家题签，饶宗颐写序。

4月，为《绍兴百镇图赞》作序。

5 月，与中青年一起撞钟，向北京大学百年校庆致意。

5月《范曾的艺术》大型画册即将出版，季羡林题杜甫诗两句以为贺："丹青不知老将至，富贵于我如浮云。"

由中共中央党校出版社出版的《牛棚杂忆》，反响非同寻常。

《吐火罗文A〈弥勒会见记剧本〉》英译本在德国出版。这是季羡林一部非常重要的学术著作。它的内容包括两个部分：一、研究吐火罗文A残卷《弥勒会见记》的英文专著；二、用中文撰写的长篇导论。

《季羡林文集》24卷由江西教育出版社陆续出版。

6月，为《中华泰山》作序。

《谈文学中的"多余的人"》发表在《昌潍师专学报》第6期。

10月6日，为王大鹏主编的《百年国士》写序。

10月，中国人民对外友好协会和中国南亚学会联合在北京召开大会，纪念谭云山博士诞辰一百周年。季羡林和印度驻华大使南威哲先生热情致词，高度赞扬谭云山博士在促进中印文化交流所作出的卓越贡献。季先生说，谭云山的特殊性在于他和中印两国领袖都有深厚友谊，是沟通两国的"金桥"。

重要学术专著《糖史》写作完成，全书共分三编：第一编为国内编，第二编为国际编，第三编为结束语，共计73万余字。收入《季羡林文集》。

季羡林主编的《敦煌学大辞典》，由上海辞书出版社出版。

1999年（八十八岁）

1月7日，北京大学中国传统文化研究中心与北京大学出版社在临湖轩举办《中华文明之光》丛书出版座谈会。全国人大副委员长丁石孙、全国政协副主席罗豪才及季羡林、张岱年、吴树青、郝斌、何芳川等出席了会议。

3月26日，应圣严法师邀请由郝斌、李玉洁老师陪同到达台北，参加台湾法鼓人文社会学院召开的“人文关怀与社会实践系列——人的素质学术研讨会”。

4月，为张之先《荷花摄影集》写序。

4月21日，《中华读书报》发表段晴《写在〈季羡林文集〉出版之际》，专门介绍其中《印度古代语言》卷中收集的季羡林先生早期学术论文。

5月，出席“五四运动和20世纪的中国——纪念五四运动80周年国际学术研讨会”。

6月，为主编的“20世纪现代汉语语法八大家选集”写序。

7月5日，印度文学院授予季羡林名誉院士学衔。

7月，为《汤用彤全集》写序。

8月21日，小学六年级学生张钫来采访，写出《在季羡林爷爷家的那片荷塘前》，强调学生要实现三个贯通：文理贯通、古今贯通、中外贯通，后来以《小苗和大树的对话》为题入选小学五年级课本。

9月27日，向家乡临清捐赠大型图书《传世藏书》，在临清季羡林资料馆参观。

10月22日上午，北京大学外国语学院成立。东方学系并入外国语学院，更名为东方语言文化系。

在广州岭南堂参加“纪念陈寅恪教授国际学术研讨会”。

12月9日，北京大学季羡林海外基金与江西教育出版社联合主办的《季羡林文集》出版暨季羡林先生米寿座谈会在北京大学勺园举行，庆贺《季羡林文集》喜获第四届国家图书奖。

12月14日，为柴剑虹《敦煌吐鲁番学论稿》作序。

《季羡林散文全集》由中国广播电视出版社出版。

2000年（八十九岁）

蔡德贵的《季羡林传》由人民出版社出版。

1月，为北京语言文化大学编辑的《世界文化史故事大系》写序；为《西学东传人物丛书》写序；为傅强的《中国飞天艺术》写序；为卞毓方散文《长歌当啸》写序；为北京大学校友沈渊编写的《德语动词形容词与介词固定搭配用法词典》写序。

2月，为韩振乾主编的《千禧韩中词典》写序。

3月，为陈锋君教授《东亚与印度：亚洲两种现代化模式》写序。

4月，为辽宁少年儿童出版社推出的《东方民间故事精品评注丛书》写序。

5月30日上午，印度总统纳拉亚南到北京大学，季羡林和北京大学校长许智宏共同为泰戈尔半身铜像揭幕。

为大众文艺出版社出版的《中国当代文化书系》题写书名。

6月22日，首都师范大学历史系和中国敦煌吐鲁番学会联合举办的“纪念敦煌藏经洞发现一百周年国际学术研讨会”在首都师范大学国际会议厅举行。中国敦煌吐鲁番学会会长季羡林致开幕词。

6月，为北京大学研究生院编辑的《燕园师林第四集》写序。

7月29日，国家文物局、甘肃省人民政府在敦煌举行隆重仪式，授予季羡林、饶宗颐、邵逸夫、中国敦煌研究院、日本东京国立文化财研究所、美国盖蒂基金会等个人和机构“敦煌文物保护研究特殊贡献奖”。

8月，为《赵元任全集》写序。

9月，学者写出贺寿的对联和寿序，其中刘梦溪《季羡林先生九十寿序》是一篇妙文，季羡林说：“2000年梦溪为我九十生日所写，这也只有梦溪才写得出来。”

9月26日，参加《大中华文库》的首辑译作《论语》《老子》等12部书出版座谈会。

10月26日，出席由中华炎黄文化研究会、中国人民大学、中国艺术研究院共同举办的“经济全球化与中华文化走向”国际学术研讨会。

12月，为恩师董秋芳的《董秋芳译文选》写序；为唐师曾《重返巴格达》写序；为刘国龙的《龙抄本牛棚杂忆》写序；为王尧编写的老同事于道泉《平凡而伟大的学者——于道泉》写序；为《文韬武略宝典——〈论语〉与〈孙子兵法〉》写序。

12月25日，由《联谊报》与《人民政协报》联合主办的“华宝斋与中国传统文化发展研讨会”在北京全国政协礼堂举行，季羡林、启功、任继愈、李锐、汤一介等著名学者出席研讨会。

出席汉英对照《大中华文库》第一期工程完成的座谈会。

年底，北京大学图书馆专门设立了“季羡林工作室”。

开始主编《敦煌学研究丛书》(12本)。

中国社会科学院科研局组织编选《季羡林集》，由中国社会科学出版社出版。

任继愈、启功、季羡林、张岱年等作学术顾问的《中华私家藏书》由中国工人出版社出版。

德国驻华使馆代表哥廷根大学授予季羡林“金质奖章”，该证书专门颁发给在该校获博士学位五十年以上，且在学术方面作出突出贡献者。

《文化交流的轨迹——中华蔗糖史》获“长江读书奖”

的“专家著作奖”。

2001年（九十岁）

主编的《东方民间故事精品评注丛书》（15卷）由辽宁少年儿童出版社出版，并获冰心儿童图书奖；《糖史》荣获“长江读书奖”一等奖。

北京大学出版社出版《季羡林与二十世纪中国学术》一书，全面总结季先生的学术理论。

《弥勒信仰在新疆的传布》发表在《文史哲》第1期。

《佛教传入龟兹和焉耆的道路和时间》发表在《社会科学战线》第2期。

1月，安徽美术出版社出版郑汝中、台建群等编中英文的《中国飞天艺术》，由季羡林作序。

1月20日下午，首都科技界、新闻界知名人士近300人聚集一堂，迎春联谊会暨中华世纪坛·世纪论坛聘请学术顾问、委员仪式在中华世纪坛世纪大厅隆重举行。著名学者费孝通、季羡林担任世纪论坛学术委员会主任。

2月，为《跨文化丛书·外国专家与中国文化》写序；为《名家绘清华》写序。

2月25日下午，由北京文化发展基金会组织的“保护中华文化遗产座谈会”在北京大学正大国际中心举行。季羡林作为特邀理事参加座谈会。

《学术研究》2001年第2期发表郁龙余《中国翻译史上的破天荒之作——读季羡林吐火罗文〈弥勒会见记〉译释》。

3月，为张彦的《记者无悔》写序；为徐城北的《京剧与中国文化》写序。

4月5日，到中国人民大学逸夫会议中心参加《清史》编纂座谈会，并发表讲话，刊登在《清史研究》2001年第3期。

5月，在北京达园参加《文史哲》创刊50周年庆祝活动，致词发表在《文史哲》2001年第3期。

王元化写出《季羡林教授九十寿序》，序中说：季羡林平生力行乃师陈寅恪之言，以东方语文学之新材料、新工具，精研西域佛教文史之新问题。述作等身，河润千里，传音振响，布教八方，自王（国维）陈（寅恪）一还，于东方学用意之专愿，力之大，成就之卓绝，未有如先生者。先生外坦荡而内纯正，于新知旧学皆有真情……

6月5日，与周一良出席在北京大学国际交流中心举行的“唐宋妇女史研究与历史学、国际学术”研讨会，并在开幕式发表讲话，强调妇女史研究的意义和北京大学中古史中心的学术地位。

《学海泛槎：季羡林自述》由山西人民出版社出版。

《千禧文存》由新世界出版社出版。

《北京大学学报(哲社版)》2001年第3期发表郁龙余《季羡林的治学之道》。

7月,由乐黛云编《季羡林与二十世纪中国学术》在北京大学出版社出版。

7月6日,季羡林将自己收藏的一批珍贵藏书、手稿、古今字画等捐赠给自己工作了55年的北京大学,并举行了捐赠仪式。

7月21日,由中华炎黄文化研究会主管的《炎黄春秋》杂志社在北京隆重集会,热烈庆祝创刊十周年。中央和首都有关部门负责人、著名专家、学者及社会各界150多位知名人士与会。习仲勋、费孝通、程思远、任建新、季羡林、张岱年等数十位老领导、老学者为《炎黄春秋》题词致贺。

7月,为黑龙江大学戴昭铭长篇小说《大漠孤烟》写序。

8月,《季羡林藏书票》由北京大学出版社出版,共收藏书票24枚。

9月11日,参加全国政协外事委员会在京举办的"21世纪论坛——不同文明对话"研讨会,并且在会上发言。

9月,为汤黎健的《敦煌佛画》写序。

10月9—10日,参加由民盟北京市委和中国社会科学院文化研究中心联合举办的"人文奥运与北京文化建设研讨会",作题为《21世纪:东方文化的时代》的发言,阐明在21世纪东方文化将取代西方文化成为主导,人类文化发展将进入一个更高阶段的观点。

10月26—28日,出席在北京师范大学召开的"中国民俗学学科建设与人才培养学术研讨会",在会议上发表讲话。

11月1日,中国东南亚研究会第六届年会暨学术研讨会正式开幕,季羡林在会议上发表讲话,盛赞新世纪以来中国的几大喜事,提出从全球发展的高度来认识中国与东南亚的关系等问题。

11月3日,在《千年论坛》作讲座《21世纪的人文与社会》,探讨人与自然的关系,对人类目前在对待自然界问题上的短视是一个警告。主张文理科不应该只是互相补充,还应该互相渗透。

11月4日,北京琉璃厂西街中国文化遗产书店举办"弘扬民族优秀文化,构建中国风格的新文化"的学者座谈会。会上,季羡林对文化遗产书店在保护传统文化的方面给予了肯定。

11月22—24日,北京师范大学民俗典籍文字研究中心在京举办中国民俗学学科建设及人才培养专题研讨会,著名民俗学家钟敬文提交了长篇学术报告,季羡林、启功、冯骥才和来自各地的近百名学者参加研讨会。

北京大学对朗润园主岛的土山岗阜进行整修，季羡林作为朗润园的老住户，专门为此题写“朗润园”三字于石碑之上。

2002年（九十一岁）

《新纪元文存》由新世界出版社出版。

《文史哲》第1期发表朱威烈《从文化战略视角看季羡林先生的学术思想》。

《探索与争鸣》第1期发表秦维宪《21世纪：东方文化复兴的世纪——东方学大师季羡林先生访谈录》。

《敦煌研究》第1期发表方广锠《季羡林与佛教研究》。

与于光远、冯骥才等85位著名专家学者签名发出《抢救中国民间文化遗产呼吁书》，启动“中国民间文化遗产”抢救工程。

北京大学于2002年正式提出编纂《儒藏》。在张岱年、季羡林等先生的支持和鼓励下，成立了以许智宏校长为首的编纂领导小组和以汤一介教授为首席专家的编纂工作小组。

4月17日上午，《东方文化集成》丛书出版与21世纪东方文化座谈会在北京大学民主楼报告厅隆重举行。丛书总主编、编委会主持人季羡林亲临会场。

《随笔》2002年第3期发表郑荣来《潇洒笔墨，坦荡人生——读〈季羡林人生漫笔〉》

9月5日下午，北京大学亚太研究院成立，季羡林教授担任研究院名誉院长，赵宝煦教授担任学术委员会主任。

10月6日，第13届冰心文学奖在北京中国现代文学馆举行颁奖，季羡林的《我爱北京的小胡同》获奖。

10月12日，庆祝“季羡林先生92华诞暨人文教育主题茶话会”在北京大学举行。周汝昌、丁聪、于光远、厉以宁等先生及100多位文化界、艺术界知名人士汇聚一堂，共贺季羡林先生92华诞，一同研讨人文教育。

10月，写成长文《在病中》，其中郑重提出：辞“国学大师”、辞“学界（术）泰斗”、辞“国宝”。

12月7日，澳门理工大学举行授予季羡林先生最高名誉教授仪式，郝平副校长出席仪式。

12月10日，香港浸会大学举行颁授学位典礼，授予季羡林先生荣誉文学博士学位。

福建教育出版社推出吴阶平、季羡林总主编，任继愈等任分卷主编的《20世纪中国学术大典》，该书是以条目形式总结百年来自然科学、工程技术、社会科学、人文学科领域中国学人学术成果的大型工具书。

2003年（九十二岁）

6月，在301医院写出《病榻杂记》小引。

9月18日，带病出席由北京大学和安徽教育出版社联合召开的“胡适全集出版暨胡适思想研讨会”，作为主编发表讲话。

《季羡林文丛》四卷由沈阳出版社出版。

张光璘《季羡林先生》由作家出版社出版。

2004年（九十三岁）

散文集《清塘荷韵》出版。

9月17日，为在北京大学百周年纪念讲堂举行的北京大学中国经济研究中心成立十周年庆祝大会，写信给中心主任林毅夫：“毅夫先生：创业维艰，古有明训。”

9月26日，来自印度尼西亚、马来西亚、菲律宾、泰国、新加坡的华文作家齐聚301医院，为季羡林举行授奖仪式，授予季羡林亚洲优秀作家奖。

《华夏天竺兼爱尚同——关于印度作家与中国文化关系的对话》（季羡林、郁龙余）发表在《深圳大学学报：人文社会科学版》第4期。

《丝绸之路与西行行记考》发表在《中国海洋大学学报：社会科学版》第6期。

《东学西渐与“东化”》发表在12月23日《光明日报》。

《玄奘时代及其后两地的佛教信仰》发表在《延边大学学报：社会科学版》第4期。

《内蒙古师范大学学报（哲社版）》2004年第6期发表邱瑞中《玄奘与印刷术之产生——读季羡林先生〈关于大乘上座部的问题〉后感》。

为郁龙余《梵典与华章》（宁夏人民出版社2004年版）题词：“文化交流是推动人类社会前进的重要动力之一。如果没有文化交流，我们简直无法想象人类今天的社会会是一个什么样子。”

2005年（九十四岁）

《南亚研究》2005年第1期发表印度哈拉普拉萨德·雷易著、刘建译《中国的马克斯·穆勒——记季羡林先生》。

7月20日，深圳大学成立深圳大学印度研究中心。研究中心由郁龙余教授担任主任，聘任季羡林教授为顾问，刘安武、孙培钧、黄宝生等教授为名誉主任。

8月15日，温家宝致信季羡林，评价说：先生苦学不倦，笔耕不辍，著作丰厚，学问深刻，用力甚勤，掘发甚广，实为人中麟凤。先生待人真诚，行事正直，脚踏实地，实事求是，尤为人之楷模。先生的人品深为我所景仰。

《鸠摩罗什时代及其前后龟兹和焉耆两地的佛教信仰》发表在《孔子研究》第6期。

《天津师范大学学报（社科版）》第4期发表孟昭毅《中国比较文学泰斗季羡林—— 季羡林比较文学思想论略》。

11月1日，在第19届世界诗人大会上，因诗作《泰山颂》当选为世界“桂冠诗人”。

2006年（九十五岁）

1月，由新浪网组织的2005年度中国文化人物网络票选揭晓。排在前四位的是：金庸、崔永元、刘心武和季羡林。

1月，由人民网最终评选出的2005年“年度十大文化人物”，其中有季羡林、费孝通等。

《此情犹思——季羡林回忆文集》（共五卷）由哈尔滨出版社出版。

受聘为2008年奥林匹克运动会中国组委会顾问。

1月，由季羡林研究所编辑、当代中国出版社出版：《季羡林谈人生》《季羡林谈读书治学》《三十年河西三十年河东》《季羡林谈师友》《季羡林谈写作》《季羡林谈佛》《季羡林谈翻译》。

5月14日，北京大学举行盛大集会“庆祝东方学学科建立六十周年、季羡林教授执教六十周年暨九十五华诞”。国务院总理温家宝写来亲笔贺信，赞扬他是“人中麟凤”。

王元化先生题写《季羡林教授九十五寿序》，评价季羡林为“学界耆哲，力行乃师寅恪之言”，“述作等身，河润千里；传音振响，布教八方。自王（国维）陈（寅恪）以还，于东方学用意之专，愿力之大，成就之卓绝，未有如先生者”；“外坦荡而内淳正”“新知旧学皆有真情”，“高文博学之通儒”。

8月6日，温家宝总理到医院看望先生，祝贺他95岁生日。

9月25日，为2006中国印度友好年——深圳大学印度节开幕式致贺词。

9月，被中国翻译协会授予“翻译文化终身成就奖”。

10月20日，《人民日报·海外版》发表《国学大师季羡林：中华文化增添奥运魅力》。

10月20—22日，由北京大学东方文学研究中心、北京大学外国语学院和中国外国文学学会东方文学分会联合举办的“东方文学学科发展史”学术研讨会在北京大学召开。诸位专家学者作了发言。发言题目分别为：张朝柯《季羡林先生对东方文学研究会的扶植与指导》、梁立基《季羡林与东方文学——从我个人的经验体会谈起》、孟绍毅《季羡林与东方比较文学》、张晖《论季羡林“四大文化体系”理论的提出和发展》、张思齐《季羡林先生的治学格局与为学方法》、王立《季羡林教授的主题学研究方法》、李谋《季羡林先生与北京大学的东方文学研究》。

12月12日，中国外交部长李肇星与印度驻华大使尼鲁帕玛·拉奥琪相约到解放军总医院看望中国著名印度学专家季羡林教授。

12月13日，北京大学授予季羡林“蔡元培奖”。

12月，花三个月的时间抄写而成的《牛棚杂忆》手稿本，由中国言实出版社出版。

为谭中、耿引曾合著的《印度与中国——两大文明的交往和激荡》作序。

2007年（九十六岁）

《病榻杂记》由新世界出版社出版，中国外文局副局长、中国翻译协会常务副会长郭晓勇和新世界出版社《病榻杂记》责任编辑张世林、中国译协常务副秘书长姜永刚来到先生面前，将两个版本的《病榻杂记》新书送到先生病榻前的小桌上。

季羡林、庞朴、汤一介以及已故周一良四位著名学者主编的《东方文化丛书》由江西人民出版社出版。该丛书撷取多部撰写有关东方文化颇具影响的著作，旨在回答一系列相关问题：什么是东方文化？中国文化在东方文化中占什么地位？东方文化的发展前景如何？

东方出版中心出版吴志菲、余玮《中国高端访问（2）：中国当代文坛具有影响力的21人》，季羡林为其中之一。

1月5日，中央电视台“东方时空”《感动中国》候选人物展播，关于季羡林的颁奖词是：“智者乐，仁者寿，长者随心所欲。曾经的红衣少年，如今的白发先生，留得十年寒窗苦，牛棚杂忆密辛多。心有良知璞玉，笔下道德文章。一介布衣，言有物，行有格，贫贱不移，宠辱不惊。”

1月26日上午，召开《病榻杂记》座谈会，学者谈及媒体报道季羡林教授辞三顶桂冠的事件十分感慨：季羡林教授不但没有达到目的，媒体反而给季羡林教授又追加上了一顶新的“伟大的人格魅力”桂冠。

《南亚研究》第1期发表薛克翘《季羡林先生与印度文学》。

4月，上海古籍出版社出版柴剑虹《敦煌学与敦煌文化》，其中有写季羡林的文章——《高举“敦煌学在世界”的旗帜——记敦煌学研究跨世纪的领头人季羡林教授》。

《明报》月刊5月号刊登袁行霈《生命的赞歌——羡林先生〈病榻杂记〉读后》，文章说：“一个没有典范的社会是悲哀的，一个虽有典范而不懂得尊敬的社会更是悲哀的。我们还有季先生这样一些典范，而我们也知道应当如何敬之爱之，用他们的人格和学问来规范我们自己。”

7月27日，《人民日报》发表卞毓方《一位文化老人的“和谐观”》。

7月28日，欧阳中石一家拜访；中评社发表《季羡林建议张艺谋奥运辞幕式“抬孔子”》。

8月6日，在北京大学新闻网上开有“季羡林”专题网站。这是北京大学师生首次在网上给季老祝寿。

10月19日，中央电视台“人物”栏目播出《国学大师——季羡林》，简介说：他是北京大学唯一的终身教授，学术著作达千万字，他精通多种语言，专门研究冷门的梵文和吐火罗文。他留德10年，去过30多个国家，却总是一身中山装。季羡林先生被誉为国宝级学者、知识分子楷模，他是北京大学唯一的终身教授。

12月27日，辽宁电视台综合频道播出乐黛云主讲《亲历》——《季羡林：劝君莫惜金缕衣，花开堪折直须折》。

12月30日，《人民日报》文化版推出年终报道：“2007抹不去的记忆”，季羡林列在首位。

《季羡林文集》由江西教育出版社推出重版本。

2008年（九十七岁）

1月27日，据《印度时报》网站报道，印度总统帕蒂尔日前批准了2008年度印度国家最高荣誉奖“莲花奖”（Padmaaward）授奖名单，包括印度本国在内全世界共有135人获得这一大奖，在这135人中最引人注目的获奖者当属97岁季羡林，这也是中国人首次获得这一荣誉，印度媒体用“莲花奖，首次跨越喜马拉雅山”来形容这次特殊而又迟到的授奖。

推出 12卷自选集，分别是《红》《一生的远行》《牛棚杂忆》《我的心是一面镜子》《赋得永久的悔》《悼·念·忆——另一种回忆录》《读书·治学·写作》《谈国学》《谈人生》《佛》《三十年河东，三十年河西》《风风雨雨一百年》。

5月12日，日本学士院正式聘任季羡林先生为客座院士。至此，季羡林先生成为百年来第一位获得日本学士院客座院士身份的中国籍会员，也是国际印度学领域获此殊荣的第三人。在他之前，唯有两名法国印度学领域的学者Sylvain Lévi（1863—1935）以及Louis Renou（1896—1966）曾获得此项殊荣。

为北京外国语大学亚非学院南亚研究中心和北京大学、深圳大学举办的“首届中国南亚国际学术论坛·谭云山师觉月诞辰110周年国际学术研讨会”，应郁龙余教授之邀题写“首届中国南亚国际学术论坛”。

6月11日，作品成为高考热门候选试题，云南、青海语文考试中“现代文阅读”是季羡林早年的作品《马缨花》。

湖北语文考试“现代文阅读选文”选用季羡林的散文《雾》。

6月20日，《中国青年报》报道：季羡林先生向北京大学捐赠稿费100万元建立北京大学季羡林助学金。

7月15日中午，柴剑虹拜访，商谈《季羡林全集》出版事宜；下午在北京外国语大学外研社办公楼9层多功能厅，召开《季羡林全集》启动仪式。《全集》（1~12集）于2009年、《全集》（13~30集）于2010年由外语教学与研究出版社出版。

9月27日，德国哥廷根大学颁发证书，授予季羡林教授、博士为哥廷根大学杰出校友证书。

10月23日，被评为山东“精气神”形象大使。

12月，《季羡林谈义理》由黑龙江人民出版社出版。

12月5日，《人民日报·海外版》发表蔡德贵报道：《季羡林先生2008年获得国外3个重要荣誉》，印度莲花奖、日本学士院客座院士、德国哥廷根大学杰出校友。

2009年（九十八岁）

1月20日，上午刘延东拜年，下午李克强拜年。

2月7日上午10点，香港凤凰卫视播出陈晓楠主持的“我的中国心”之一“国有一老——季羡林”。

7月11日上午8时50分，季羡林在301医院因突发心脏病去世。刘延东、温家宝先后到医院送别季老。

7月12日，香港学界泰斗饶宗颐通过《南方日报》独家发布亲笔悼词：国丧二宝，哀痛曷极。

智者乐，仁者寿，这位平易近人的长者在走过98年风雨岁月后溘然长逝。一介布衣，言有物，行有格，贫贱不移，宠辱不惊。皓首穷经始见学人本色，春风化雨堪为一代名师。先生已去，大树飘零，自此暮鼓晨钟不再，一曲梵音，山高水长，后来诸君，方知大师难为。

7月29日，新华网北京电：印度总理曼莫汉·辛格日前致函中国国务院总理温家宝，代表印度政府和人民对季羡林先生的逝世表示沉痛的哀悼。辛格表示，季教授是世界最著名的印度学家之一。他在佛学和印中千年文化交流史领域知识渊博，并因此广受尊重。他将印度典籍译成中文，对增进中国对印度文化的理解发挥了关键作用。

后　记

《季羡林评传》及其写作过程，充满着故事。评传中的故事来自传主季羡林先生漫长而传奇的一生，在此毋庸赘述。写作中的故事，略述几则，因为这有利于读者对本书的了解。

我有写《季羡林评传》之心，始于2001年为乐黛云老师编的《季羡林与二十世纪中国学术》撰写《季羡林与印度文学》一文。当时，颇有气壮山河的气概。2007年夏，在向季先生汇报时，说要写一部80万字的季羡林评传，他老人家呵呵示可。我就一直忙着做思想和资料的准备工作。

真正动笔写《季羡林评传》是从2013年开始的。当时，《中外文学交流史·中国——印度卷》和《新中国外国文学60年》印度卷已经结稿，写《评传》的材料也已准备齐全。写到一半，朱璇从北大博士毕业，我就邀她一起写作。分工是这样的：我写初稿，朱璇帮助修改、校订，有不清楚的地方，一起商议，最终由我定稿。从口气和视角上，好像是我一人所写，其实是两人合著。在我培养研究生的过程中，发现这是一个事半功倍的好经验。获得教育部优秀成果二等奖的《梵典与华章》和获得广东省优秀成果二等奖的《中国印度诗学比较》的写作，走的就是这条路子。我和朱璇合著的《〈摩奴法论〉与印度社会》一书，走的也是这条路子。在合著过程中，朱璇博士充分显示了她的卓越才华。正是这份才华，让我不由自主地邀她合著。这里还有一个重要理由，我相信《季羡林评传》是需要不断修改和再版的，有了朱璇的参加，以后修改、再版的任务就不用我担心了。

从动心到动笔，准备了十多年，但动笔到出书才两三年，出现了加速度。这是因为出现了加速器——祝丽责编。她用十年时间，编辑出版了十七卷本的《中外文学交流史》丛书，成了当代中国学术出版史上的一盏明灯。我和刘朝华的《中外文学交流史·中国——印度卷》刚完稿，她就邀我参加编辑40卷的《季羡林作品全集》。高情难却，我答应了。当她得知《季羡林评传》即将结稿，就诚恳希望由山东教育出版社出版。理由是充分的，《季羡林作品全集》和《季羡林评传》由同一家机构出版，相得益彰，合情合理。尽管好几家出版社都想出《季羡林评传》，但是我坚决地答应了她的要求。2015年7月，祝丽来信说：2016年1月印度新德里举办世界书展，中国是主宾国，她希望《中外文学交流史·中国——印度卷》和《季羡林评传》在今年之内出版，明年到印度参展，并与印度著名出版社签约出版英文版。这样，我们的校对、定稿工作不得不提速起来。

朱璇将《季羡林评传》的三校稿打印成四本，我就一本一本依次校阅统稿。国庆长假，可按计划完成第四本的校阅统稿任务。天有不测风云。10月4日，台风彩虹来袭，广州、佛山出现罕见的龙卷风，深圳也是雨急风狂。这天夜里，我因找寻荀子"圣可积而致，途之人可以为禹"的准确表述与出处，正在翻阅《诸子文粹》一书。到凌晨两点半，我见妻子的床头灯亮着，一看发现她倒在洗手间门口，伸手要我拉她起来。原来，她旧病复发，人已半瘫。我立即陷入天旋地转之中。镇静之后，把她送进北京大学深圳医院。我必须倾心陪护，时刻不离。在昆明召开的中国南亚学会年会和在杭州召开的中国印度文学研究分会年会，虽然早已写好论文，也只得写信告假。感谢医学进步，吾妻坚强，十五天后她病情逐渐稳定好转。我就在妻子的病床边，将《季羡林评传》最后的校对、统稿工作做完。其间，朱璇、黄蓉、蒋慧琳、杨晓霞、蔡枫等诸位老师及其家人，以及许多领导、友人对我帮助、关怀备至。在此书校毕付印之时，妻子亦已痊愈。在此，向他们一并致谢。

几年来，此书的录入、打印全部由任瑜老师完成，我向她表示衷心感谢。附录《季羡林学术年谱简编》由蒋慧琳编写。著名书法家黄子良先生为本书题写书名，特此鸣谢。

郁龙余

二〇一五年十一月十五日

图书在版编目（CIP）数据

季羡林评传 / 郁龙余等著 . -- 济南： 山东教育出版社，2016

ISBN 978-7-5328-9242-6

Ⅰ. ①季… Ⅱ. ①郁… Ⅲ. ①季羡林（1911~2009）—评传 Ⅳ. ① K825.4

中国版本图书馆 CIP 数据核字 (2015) 第 311334 号

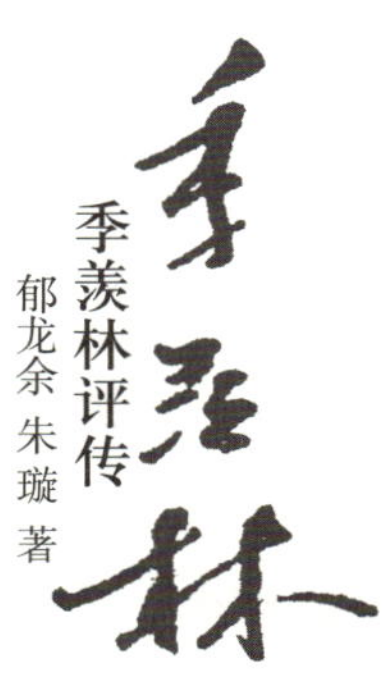

季羡林评传

郁龙余 朱璇 著

策划组稿 **祝 丽**

责任编辑 **祝 丽 孙光兴**

艺术指导 **吕敬人**

书籍设计 敬人书籍设计 JINGREN BOOK DESIGN 吕旻＋黄晓飞

主 管 山东出版传媒股份有限公司

出版者 山东教育出版社（济南市纬一路 321 号 邮编：250001）

电 话 （0531）82092664 传真：（0531）82092625

网 址 www.sjs.com.cn

发行者 山东教育出版社

印 刷 济南大邦印务有限公司

版 次 2016 年 7 月第 1 版 2016 年 7 月第 1 次印刷

规 格 720mm × 1100mm 16 开本

印 张 43.75 印张

字 数 531 千字

书 号 ISBN 978-7-5328-9242-6

定 价 **158.00** 元

（如印装质量有问题，请与印刷厂联系调换） 印厂电话：400-0531-118